TASCABILI BOMPIANI

VOCI NEL TEMPO

"Suonala ancora, Sam"

Le più belle battute del grande cinema

a cura di Roberto Casalini

prefazione di Gianni Riotta

TASCABILI
BOMPIANI

Realizzazione editoriale: ART Servizi Editoriali s.p.a. - Bologna

ISBN 88-452-4547-0

IX edizione Tascabili Bompiani gennaio 2006

A Milena e Paola

PREFAZIONE

Tanti anni fa, a Londra, mi capitò di assistere a una proiezione del film *Rochy Horror Picture Show*. Non solo gli spettatori conoscevano a memoria le battute della sceneggiatura, ma erano vestiti come i personaggi, e ne ritmavano le sequenze a battimani.

Da sempre il tormentone delle battute a cinema è patrimonio di divertimento. “Suonala ancora, Sam”. “Frankly, my dear”, “I do not give a damn”. “Siamo in missione per conto di Dio”. “Ti fa male?” “No, solo quando respiro”. Dalla memoria affiorano questi “sound bites” e non so se Roberto Casalini li ha introdotti in questo suo libro (lascio al lettore la verifica, e la soluzione: da quale pellicola provengono?). “Suonala ancora, Sam” è il Libretto Rosso delle Citazioni del Presidente Cinema. Il Corano del cinefilo. Rabbrividisco se penso ai giornalisti che infiorano i propri articoli con citazioni dai dizionari di citazioni (come identificarli? Semplice, sono gli unici che non hanno testi preferiti, oggi citano Manzoni, domani Salinger, seguendo l’indice dei soggetti). Che faranno ora di questa fatica del Casalini? Quanti editoriali, servizi, reportages vedremo infiocchettati con la sua corolla?

Ben vengano i ladri di citazioni, se il tesoro esposto è ricco. La guerra: “Ho perso tutte le guerre in cui mi son trovato” dice il samurai Shimura de *I sette samurai*. “Alla fine noi vinceremo, perché moriremo liberi” dice Geronimo. “Evado di giorno perché non mi va di essere un evaso da notte” bofonchia Totò. “Volevamo cambiare il mondo e invece il mondo ha cambiato noi” da *C’eravamo tanto amati*.

Verissimo: e quante oziose ricostruzioni dei moti giovani d’un tempo, abbiamo visto illustrate da questa frase? Perché c’è chi non sa leggere un libro, mai e poi mai leggerebbe un saggio, un documento, un paper, e va avanti a battute, rubate al cinema. Allora, caritatevole, il Casalini soccorre tutti; Volete la Summa del cinema citabile? Eccola. Gran bel tipo il Casalini. Professione caporedattore. Il mio mestiere di quando ero giovane: il più bello e duro del giornalismo. I direttori dirigono, i giornalisti scrivono, ma il caporedattore tiene duro e manda il giornale in edicola, malgrado le isterie degli uni e degli altri.

Casalini è caporedattore a “Io Donna”, il settimanale del “Corriere della Sera”. Averne colleghi così. C’è in lui una saggezza da bonzo, una calma innata e ironica, mai rassegnata, un’infinita pazienza per le prime donne e i loro sbuffi di ego.

Solo un’acribia del genere poteva permettergli di collazionare quest’opera. Colta, divertita, accanita, complessa e intelligente.

Ci sono battute sbagliate “Le cazzate sono la cosa più bella della vita”, ovviamente da un film francese. E battute vere “Abbiate un po’ di ideali. È tutto quello che vi chiedo” come invoca James Stewart di *Mister Smith va a Washington*.

Ecco, questo libro farà alzare il tasso di noleggio delle videocassette, perché vi rispedirà davanti al televisore per rivedere il resto, quel che manca delle battute.

Le battute che sono la sigla di tante vite normali, da Franco e Ciccio “Sarò Franco” “E io sarò Ciccio” fino a “Non mi piacciono i tipi come me”. Da che film è tratta: leggere per scoprire, carini.

Gianni Riotta
Torino luglio ’99

PREFAZIONE

PREMESSA

Il peccato più diffuso nel cinema è il voyeurismo: James Stewart che, con la gamba ingessata, ne *La finestra sul cortile* inganna il tempo spiando i vicini di casa con il binocolo. O il diciannovenne timido di *Decalogo 6*, dotato di cannocchiale per sorprendere tutte le sere l'affascinante dirimpettaia che si spoglia. La rappresentazione di un analogo "piacere dell'orecchio" è più rara e, se si vuole, più professionale (o più turpe): il maestro di intercettazioni della *Conversazione*, il misantropo giudice in pensione di *Film rosso* che, con un'apparecchiatura sofisticata, registra le telefonate delle villette contigue alla sua.

Per due anni, anch'io ho registrato parole, con mezzi quanto mai rudimentali. Munito di taccuino, ho passato in rassegna oltre mille film a caccia di frasi fulminanti, sentenze apoftegmatiche, battute memorabili, lampi di assurdo, battibecchi, brevi dialoghi (qualche volta anche lunghi o lunghissimi: è il caso del faccia a faccia tra Robert De Niro e Al Pacino in *Heat*, o dell'accalorata discussione sulle mance tra i rapinatori de *Le iene*), monologhi di varia estensione, da quello fluviale del barbiere ebreo ne *Il grande dittatore* a quello laconico e fulminante ("No!", senz'altro la frase più breve che ho raccolto) del mimo Marcel Marceau ne *L'ultima follia di Mel Brooks*. Spinto dal demone della classificazione, non ho trascurato neppure il "paratesto": didascalie e cartelli ad apertura e chiusura dei film (il cinema di Jean-Pierre Melville e di François Truffaut ne è pieno), titoli di giornali, scritte di ogni tipo (una frase tra le più belle l'ho trovata impressa sulla maglietta di uno degli allibratori che passano le giornate nella tabaccheria di Auggie Wren, in *Smoke*: "Se la vita è sogno, che cosa succede al risveglio?").

Il risultato è questo libro: 4023 frasi tratte da 1116 film, con oltre 2000 attori e registi coinvolti. Che cosa mi ha spinto a questo puzzle un po' maniacale, a questo gioco di pazienza virtualmente dilatabile all'infinito? A impresa ultimata, non saprei dirlo con esattezza. Forse c'entra qualcosa la sfida con se stessi: non nell'accezione nobile di chi deve scalare vette sempre più alte, ma in quella più prosaica di chi prova la coazione a ripetere sempre lo stesso giochino sul computer, o nella sala giochi, per migliorare il proprio punteggio. Così, a dispetto degli elenchi e delle tabelle di marcia iniziali, dei loro tempi e delle loro più o meno rigorose inclusioni ed esclusioni, il materiale è cresciuto come acqua che trabocchi da un secchio: da 500 film iniziali a oltre mille, da 2.000 battute a oltre 4.000. Ciò grazie anche agli amici incuriositi e/o complici che si facevano vivi per suggerire: "Hai messo la battuta di Paul Newman in *Detective's story*?... Guarda che stanotte alle due trasmettono *La ballata di Cable Hogue*, è una miniera... Ma come, non recuperi niente di Abatantuono quando faceva il terrunciello?... Però, al tuo posto io qualcosa di Jerry Lewis lo inserirei...". E via e via e via, come direbbe Roberto Benigni.

Forse c'entra qualcosa la mia passione per gli aforismi: quasi vent'anni fa inventavo i giochi per la rubrica domenicale di "La Stampa" curata da Giampaolo Dossena prendendo come spunto i *Detti e contraddetti* di Karl Kraus, oggi la pubblicazione di *Altri pensieri spettinati* (Bompiani) del polacco Stanislaw Jerzy Lec, senz'altro il più grande degli aforisti contemporanei, mi sembra una festa. Soltanto di rado le frasi dei film arrivano alla paradossalità sferzante e definitiva degli aforismi: spero, tuttavia, che tra gli oltre quattromila coriandoli di celluloide che ho collezionato se ne trovi qualcuno degno di (cito a memoria da *Pensieri spettinati* di Lec, l'antenato dell'attuale, che Bompiani pubblicò nel 1982) "Guai se i freudiani andassero al potere, perché i sogni diventerebbero reati".

Infine, forse c'entra qualcosa anche l'amore per il cinema, e fare questo libro era il modo più semplice e certo per costringermi a vedere (o a "rivedere", come si usa dire) alcuni plotoni di film importanti che non avevo mai visto. Così, annotando frasi, molto ho rivisto ma soprattutto moltissimo ho visto. Non ho rivisto (purtroppo? per fortuna?) i primi due film della mia infanzia, il lacrimoso *Marcellino pane e vino*, mio battesimo dello schermo, anno di grazia 1957, in un cinema parrocchiale di Cagliari; e *Piccole donne*, quello del 1949 diretto da Mervyn LeRoy, visto più o meno nello stesso periodo e del quale, più che Liz Taylor e June Allyson, ricordo Rossano Brazzi perché piaceva tanto alla mia mamma. Non ho più rivisto le pellicole canoniche della mia gioventù "militante", da *All'armi siam fascisti* alla *Battaglia di Algeri*, da *Antonio das Mortes* all'*Ora dei forni*: una ripulsa un po' fantozziana, ma li ho visti troppe volte allora e, per favore, basta con la *Corazzata Potemkin*. Il resto, lo trovate nel libro che state sfogliando.

Che non è una "storia del cinema attraverso le battute". Per la semplice ragione che spesso i piccoli film contengono grandi battute o dialoghi brillanti (per esempio, *Il club delle prime mogli*) e che, altrettanto spesso, i grandi film sono nobilmente laconici quando non addirittura muti, per chi va in caccia di "memorabilia" (*Roma città aperta*; o, meglio ancora, *Il traditore* di John Ford e *Duel* di Steven Spielberg, dai quali non mi è riuscito di cavare una sola frase).

Nelle mie intenzioni, piuttosto, questa racconta vuole essere un omaggio agli sceneggiatori, ai dialoghisti e, per le versioni italiane, agli adattori (quale genio ha inventato, per *Frankenstein junior*, "il lupo ulu-là, il castello ulu-lì"?). Un nome per tutti, ma se ne potrebbero, se ne dovrebbero citare centinaia: il grande Ben Hecht, al quale dobbiamo tra gli altri *Prima pagina*, *Notorious*, *Partita a quattro*, *Scarface* e *Gilda*. Di lui si racconta che, chiuso in un albergo per venti ore al giorno, e pagato ventimila dollari, in una settimana di lavoro riscrisse tutti i dialoghi di *Via col vento*. Non aveva letto il libro di Margaret Mitchell, non sapeva di che cosa si dovesse occupare: a riassumergli la trama provvidero in un'ora, arrivando anche a mimare i personaggi, il produttore David Selznick e il regista Victor Fleming. Al resto pensò lui, e scusate se è poco.

E ora, le "istruzioni per l'uso". Tranne rare eccezioni (film inediti in Italia o che, con tutta la buona volontà, non sono riuscito a reperire) le frasi trascritte sono quelle parlate nei film, e non quelle delle sceneggiature. Il libro è organizzato come una sorta di "dizionario delle citazioni", con temi di riferimento principali che, al loro interno, raccolgono le frasi in vari sottotemi. Un esempio: il tema principale "destino" si articola nei sottotemi destino, caso, occasione, fortuna, sfortuna, jella e jettatori. All'interno di ogni tema le frasi sono ordinate alfabeticamente – salvo nel caso in cui siano collegate fra loro – e seguite dal nome dell'attore che le pronuncia e, se necessario, dal nome del destinatario, nonché dal titolo del film. Concludono il libro le schede dei film (una sintetica trama, preceduta dai dati tecnici: titolo originale, regista, paese di origine, anno, bianco e nero oppure colore, tempo, disponibilità in videocassetta segnalata dalla sigla HV, e seguita da un giudizio di merito in stellette, da uno a cinque) e l'indice tematico. Per quanto riguarda i dati relativi all'anno di uscita e alla durata dei film, i dizionari tematici offrono dati non univoci: io mi sono uniformato ai dati forniti da *Il Morandini. Dizionario dei film 1999* di Laura Luisa e Morando Morandini (Zanichelli).

È rimasto fuori qualcosa? Sì, tanto, tantissimo. Come sempre, in lavori simili, non si vorrebbe mai concludere, e decine di film sono stati ingiustamente esclusi. Tra i miei rimpianti, c'è quello di non avere potuto dedicare attenzione al comico nazionalpopolare (Franchi e Ingrassia fra tutti: ma in quale film ci sarà stato lo scambio di battute "Sarò Franco", "E io, invece, sarò Ciccio"?) e di non essere riuscito a rintracciare *Brian di Nazareth* (la leggendaria "Hai più culo che anima", che Quentin Tarantino fa riprendere a Tim Roth in *Le iene*: ma chi la diceva a chi?).

Ma anche le omissioni non vengono per nuocere. Parafrasando Woody Allen, reduce da una maratona amorosa ("Come diceva Balzac: altra materia da romanzo"), se ne può parlare alla prossima edizione del libro.

ROBERTO CASALINI
Milano, 31 maggio 1999

Ringraziamenti. Questo libro non sarebbe stato possibile senza l'aiuto di mia figlia Paola, che mi ha spronato ed è arrivata ad andare al cinema col taccuino pur di segnalarmi frasi, e di mia moglie Milena, che ha condiviso con me dozzine di film che non avrebbe voluto vedere, ha sopportato i miei tempi bizzarri e ha messo pace fra me e il computer.

Quattro amici, in particolare, mi sono stati di inestimabile aiuto con segnalazioni, suggerimenti, critiche, osservazioni, ricerche e generosi prestiti di cassette. A Claudio Carabba, Piero Pantucci, Paola Piacenza e Ranieri Polese tutta la mia gratitudine.

Numerosi altri amici hanno colmato le mie lacune e risposto alle mie domande. Sperando di non dimenticare nessuno, grazie di cuore a Marco Bacci, Andrea Cane, Claudio Canova, Alberto Mantovani, Rosanna Mastrodonato, Mario Monicelli, Letizia Rittatore Vonwiller, Gianni Riotta, Bruno Elena e Guido Terni (ragazzo, vatti a guardare la frase 3877!) e Tiziana Toffelordi. E al giornale "Primissima" con il suo direttore Piero Cinelli, che promuovono il premio Chupa Chups dedicato alle migliori battute dell'anno e mi hanno gentilmente permesso di utilizzare il materiale raccolto, ciò che credo di aver fatto con molta moderazione.

Un grazie particolare a Franco Grassi, che ha seguito questo libro fin dall'inizio con cortesia, partecipazione e competenza. E a Elvira Modugno, che ha effettuato la revisione del testo.

Desidero ricordare, infine, Maria Antonia Dell'Aquila, che mi fece pubblicare le prime frasi di cinema, spingendomi a dare corpo a questo progetto, su "Brava Casa" nel 1997: alla sua amicizia il libro, come l'autore, devono molto.

TITOLI DI TESTA

1. -Aspettate un momento! Aspettate un momento! Non avete ancora sentito niente!

(Al Jolson pronuncia le prime parole del cinema sonoro, *Il cantante di jazz*).

L'ABITO

2. -Cara, c'è una festissima stasera. Mettiti qualcosina di chic e biancheria d'amianto.

(Cary Grant a Jayne Mansfield, *Baciala per me*).

3. -Che ci fai in un vestito di Armani, hai svaligiato una banca?

(Bette Midler all'ex marito Dennis Farina, *Questo pazzo sentimento*).

4. -Chissà se hanno le mutande di cotone nel futuro.

(Christopher Lloyd, *Ritorno al futuro*).

5. -Elvira è sempre in ritardo: passa metà della sua vita a vestirsi e l'altra metà a spogliarsi.

(Al Pacino a proposito di Michelle Pfeiffer, *Scarface*).

6. -Forse non dovresti vestire così.

-Ho una camicetta, non vedo che altro dovrei portare.

-Non dovresti portare quel corpo.

(William Hurt e Kathleen Turner, *Brivido caldo*).

7. -Ha presente quelle scarpe basse, le espadrillas? Quelle senza lacci però... Ecco, ora è diventato un fatto normale, invece anni fa c'erano alcune ragazze che le portavano scalcagnate dietro, quasi a pantofola. Ecco, questo fatto mi infastidiva: senso di sporcizia, di sfacciataggine... Ma insieme, quanto mi eccitava...

(Nanni Moretti al commissario Roberto Vezzosi, *Bianca*).

8. -Lo sapevo che avrebbe tenuto le mutande: lei ha la faccia di una che tiene le mutande.

(Patrick Chesnais a Miou-Miou, *La lettrice*).

9. -Lo sa quanti poveri animali hanno dovuto uccidere per fare questa pelliccia?

-E tu lo sai quanti ricchi animali mi sono dovuta scopare per comprarmela?

(JoBeth Williams risponde a una passante, *Nei panni di una bionda*).

10. -Mi eccita la seta, ho sete di seta. La calza è bella!

(Totò, *Che fine ha fatto Totò baby?*).

11. -Mi faccia mettere qualcosa addosso... Ora vado in cucina e mi vesto.

-In cucina?

-Sì. Quando fa caldo così, sa cosa faccio? Gli intimi li tengo in frigo.

(Marilyn Monroe e Tom Ewell, *Quando la moglie è in vacanza*).

12. -Mi piace un soprabito inventato dagli americani, il cocomero, quello che si aggancia con i calamari.

(Totò a proposito del montgomery, *La banda degli onesti*).

13. -No, grazie. Indossiamo il nostro abito migliore e siamo pronti ad affondare da signori. Però gradiremmo un brandy.
(Il miliardario Benjamin Guggenheim-Michael Ensign rifiuta il giubbotto di salvataggio, mentre il Titanic affonda, *Titanic*).
14. -Non so aprire la chiusura lampo. Nessuno è disposto ad aiutarmi?
(Rita Hayworth agli spettatori del night, *Gilda*).
15. -Ogni scarpa una camminata, ogni camminata una diversa concezione del mondo.
(Nanni Moretti, *Bianca*).
16. -Quello che odio è questa giacca bianca: sembro un gigolò brasiliano.
(Woody Allen, *Storie di amori e infedeltà*).
17. -Sei giovane, graziosina... Oddio, ti vesti come un profugo polacco!
(Elaine Stritch alla figlia Mia Farrow, *Settembre*).
18. -Se questo vestito camminasse da solo per i boulevard, io lo seguirei e una volta raggiunto lo fermerei per dirgli: "Aspetta, delizioso vestito, voglio presentarti a Ninotchka: siete fatti l'uno per l'altro".
(Melvyn Douglas alla comunista sovietica Greta Garbo, in visita a Parigi e vestita finalmente con eleganza, *Ninotchka*).
19. -Si rammenta quando, diversi anni fa, sono uscite le minigonne? Gli uomini erano come impazziti. Ma io ero piuttosto preoccupato, perché ho pensato: be', a questo punto non possono più accorciare, e dovranno per forza allungare.
(Charles Denner a Geneviève Fontanel, *L'uomo che amava le donne*).
20. -Su, prendi il mio fazzoletto. Pare impossibile ma nei momenti più gravi non hai mai un fazzoletto.
(Clark Gable consola ironicamente Vivien Leigh, che sta lasciando, *Via col vento*).
21. -Tenente... Apprezzo l'offerta, ma non posso accettare i suoi pigiami.
-Perché no?
-Be'... A dire il vero è un po' imbarazzante: una ragazza non si mette il pigiama del primo che incontra.
-Ma se dentro non c'è l'uomo, che male c'è?
(Dina Merrill e Tony Curtis, *Operazione sottoveste*).
22. -Ti spiace se vado a infilarmi in qualcosa di più comodo?
(Jean Harlow a James Hall, *Gli angeli dell'inferno*).
23. -La vostra camicia è proprio orrenda.
-Cos'ha che non va?
-Oh, nulla, per un guardiano di cavalli.
(Gloria Swanson riveste il giovane protegé William Holden, *Viale del tramonto*).

L'UNIFORME

24. -Una donna che ha un debole per le uniformi deve essere preparata a cambiare amante molto alla svelta o la sua sarà una vita molto triste.
(Michael Hordern commenta una fugace avventura del soldato Ryan O'Neal con la contadina tedesca Diana Korner, *Barry Lyndon*).

25. -Tutte le uniformi sono merda.
(Marlon Brando, *Ultimo tango a Parigi*).

L'ELEGANZA

26. -Mi sento assolutamente infelice con diciannove forcine ficcate dritte nel cervello. Ma pare che si debba essere eleganti o morire.
(Katharine Hepburn è costretta a fare toilette per andare a un ballo, *Piccole donne*).
27. -Tu hai lo stile di una pianta di lattuga, tesoro!
(Diane Lane al gangster Dutch Schultz-James Remar, *Cotton Club*).
28. -Vesto, so vestire, porto anche le ghette.
(Totò, *Sua Eccellenza si fermò a mangiare*).

L'ABITUDINE

29. -È questo il bello: l'irregolarità. L'abitudine è la tomba dell'amore.
-Sei stato a vedere un film della Bardot?
(Ray Walston propone a Felicia Farr di fare l'amore al pomeriggio, *Baciami, stupido*).
30. -Io le brutte abitudini le prendo subito.
(Alberto Sordi, *La più bella serata della mia vita*).
31. -Le vecchie abitudini sono dure a morire: se non le elimini tu ti eliminano loro.
(Mel Gibson, *Payback*).

LA TRADIZIONE

32. -La tradizione è l'illusione della perpetuità.
(Woody Allen, *Harry a pezzi*).

L'INDIFFERENZA

33. -Nulla importa all'uomo il quale dice che nulla importa.
(Eduardo De Filippo, *A che servono questi quattrini?*).

IL MUTAMENTO

34 -Credevamo di cambiare il mondo, e invece il mondo ha cambiato noi.
(Stefano Satta Flores, *C'eravamo tanto amati*).
35. -Nulla finisce. Cambia soltanto.
(Charlie Chaplin, *Luci della ribalta*).
36. -Qualcosa doveva cambiare perché tutto restasse com'era prima.

(Burt Lancaster, *Il gattopardo*).

37. -Se non cambi non cresci, ti accartocci e basta.
(Mia Farrow, *Mariti e mogli*).

38. -Se vogliamo che tutto rimanga com'è, bisogna che tutto cambi.
(Alain Delon, *Il gattopardo*).

39. -Sì, perché il ciclone quando arriva non è che t'avverte: passa, piglia e porta.
(Leonardo Pieraccioni commenta i cambiamenti repentini della sua vita, *Il ciclone*).

40. -Sono cambiate le cose.
-Le cose sono cambiate ma non io.
(James Coburn e Kris Kristofferson, *Pat Garrett e Billy the Kid*).

41. -Willie è diventato un altro, non è più la stessa persona.
-Be', mi dispiace per chi gli è subentrato.
(Sarah Jessica Parker e Woody Allen a proposito del collerico Peter Falk, *I ragazzi irresistibili*).

L'OSTINAZIONE

42. -Non sono io che mi ostino, è la vita che si ostina.
(Marie Rivière, *Il raggio verde*).

43. -Quando me metto in testa 'na cosa io, deve esse quella! O il mondo m'ammazza a me, o io ammazzo lui!
(Franco Citti, *Accattone*).

L'ADDIO

44. -Abbiamo sempre impiegato i nostri momenti più belli a dirci addio.
(Elizabeth Taylor a Montgomery Clift, *Un posto al sole*).

45. -Gli addii migliori sono quelli più brevi. Arrivederci.
(Sydney Greenstreet a Humphrey Bogart, *Il mistero del falco*).

46. -Addio, cara.
(Ray Milland alla moglie Grace Kelly: frase in apparenza tra le più banali, in realtà agghiacciante. Milland saluta la moglie che resta in casa mentre lui va a cena con amici, ma sa che entro un paio d'ore un killer ingaggiato da lui la ucciderà, *Il delitto perfetto*).

47. -Addio, imbecilli.
(Woody Allen, sfuggito a un attentato, prima di essere stordito dai guerriglieri, *Il dittatore dello Stato libero di Bananas*).

48. -Addio Rick, Dio t'assista.
(Ingrid Bergman a Humphrey Bogart, *Casablanca*).

49. -Su, su...buona fortuna, bambina.
(Humphrey Bogart a Ingrid Bergman, *Casablanca*).

50. -Addio, schiavi!
(L'impiegato Edward G. Robinson, entrato nelle grazie del padrone, saluta i colleghi, *Tutta la città ne parla*).

51. -Bisogna saper guardare in faccia la realtà: è stato un sogno, un sogno molto bello e basta. Tu hai diciott'anni, io ne ho cinquantadue. Non è per quei trentaquattro anni di differenza, che poi sarebbero il meno, è che il nostro amore non può avere nessun avvenire. Coraggio Titti, è meglio che ci togliamo il coltello dalla piaga e non ci pensiamo più. Ma sii adulto... Addio, Titti.

-Addio merdaiolo, ci si vede domani al solito posto, a mezzogiorno.

(Ugo Tognazzi cerca di lasciare la giovane amante Silvia Dionisio, *Amici miei*).

52. -Casomai non vi rivedessi, buon pomeriggio, buona sera e buona notte.

(Jim Carrey si congeda dalla soap-opera in cui ha vissuto prigioniero per trent'anni, *The Truman show*).

53. -Domattina e negli anni che verranno tu mi rammenterai come un sogno che lentamente svanisce... Lucy, che cosa abbiamo perso! Addio, amore.

(Rex Harrison, fantasma del capitano Daniel Gregg, si congeda da Gene Tierney prima di svanire, *Il fantasma e la signora Muir*).

54. -È stato tutto un sogno pazzesco, che mi aveva allontanato dalla realtà. Diciamoci addio qui, Ringo.

-Noi non ci diremo mai addio.

(La prostituta Claire Trevor e il bandito John Wayne, *Ombre rosse*).

55. -Ho preparato la canoa con i rami di cedro. È tempo di andare per te, William Blake. È tempo di tornare da dove sei venuto... Nel posto dal quale sono venuti tutti gli spiriti e al quale tutti gli spiriti tornano. Questo mondo non ti appartiene più...

(L'indiano Gary Farmer saluta il moribondo Johnny Depp, che ha deposto in una canoa sulla quale farà l'ultimo viaggio, *Dead man*).

56. -Io non saprò più niente di te, Tommy: tu potresti morire e io non lo saprei. E se ti arrestano, chi me lo verrà a dire?

-Ma', forse è come diceva Casy. Uno non ha un'anima per sé solo, ma un pezzetto d'una grande anima, che è la grande anima di tutta l'umanità. Quindi...

-Che cosa, Tommy?

-Quindi non importa, perché io non potrò mai morire. Io sarò dovunque, dovunque ci sia un uomo. Dovunque ci sia un uomo che soffre e combatte per la vita, io sarò là. Dovunque ci sia un uomo che lavora per i suoi figli, io sarò là. Dovunque il genere umano si sforzi di elevarsi, coi ricchi e coi poveri, in questa comune aspirazione di continuo miglioramento, e dove una famiglia mangerà le frutta d'un nuovo frutteto, o andrà a occupare la casa nuova, là mi troverai.

(Henry Fonda, braccato dai poliziotti, si congeda dalla madre Jane Darwell, *Furore*).

57. -Me ne vado, Alì.

-Perché?

-Me lo chiedi? Perché sono arrivato alla fine di me stesso.

(Peter O' Toole-Lawrence d'Arabia, dopo la conquista di Damasco, annuncia a Omar Sharif-Alì l'intenzione di rientrare in Inghilterra, *Lawrence d'Arabia*).

58. -Non c'è bisogno di dirci addio: vivremo ognuno nel ricordo dell'altro.

(Il reverendo Walter Pidgeon e il ragazzo Roddy McDowall, *Com'era verde la mia valle*).

59. -Non credo che avremo ancora l'occasione di ballare insieme.

(Giulietta Masina saluta Marcello Mastroianni alla stazione, *Ginger e Fred*).

60. -Non dire addio... Non ancora, mi hai capito?

-Ho tanto freddo!

-Senti, Rose, tu te la caverai, andrai avanti con la tua vita: avrai molti bambini e li vedrai crescere. Morirai quando sarai vecchia, al calduccio, nel tuo letto: non qui, non stanotte, non così...

(Leonardo DiCaprio a Kate Winslet, prima di morire assiderato nell'Oceano Atlantico, *Titanic*).

61. -Non è giusto che noi continuiamo a vederci. Io magari sarò imperfetto, però voglio essere coerente: non ci dobbiamo vedere, mai più.

-Ma perché?

-La felicità è una cosa seria, no? Ecco, allora, se c'è, dev'essere assoluta.

-E che vuol dire?

-Vuol dire senza ombre, senza pena. È difficile per tutti, per me invece è impossibile: forse non ci sono abituato.

-Ma le cose cambiano, le persone si trasformano, le situazioni... Io non capisco questa specie di obbligo, senza che fra noi sia successo niente.

-Tanto tu, prima o poi, mi lasceresti. Io non ci posso pensare che un giorno... Magari siamo in terrazzo, tu ormai vivi a casa mia...Ti avvicini e mi fai: "Sai Michele, ti devo parlare", e poi mi spieghi che è stato tutto molto bello, però ormai non si può più andare avanti, l'amore è finito...

-Ma come fai a saperlo?

-Lo so.

-Allora per non soffrire dopo lo fai adesso, così, senza che ci sia una ragione, senza motivo...

(Nanni Moretti e Laura Morante, *Bianca*).

62. -Non mi hai neanche detto addio.

-Io addio non lo dico mai.

(Jeff Daniels e Melanie Griffith, *Qualcosa di travolgente*).

63. -Sì, tesoro, ti faccio andare in vacanza. Avrai qualche speranza di salvare la vita: il che vuol dire che se fai la brava ci rivedremo più o meno tra una ventina d'anni. Se invece t'impiccano, ti ricorderò per sempre.

(Humphrey Bogart consegna la donna che ama, Mary Astor, alla polizia, *Il mistero del falco*).

64. -Va bene, va bene, trovati qualcuno meno ingordo di me. Non sarà facile ora che Albert Schweitzer è morto e san Francesco d'Assisi dicono che non stia troppo bene neanche lui.

(Walter Matthau alla moralista Glenda Jackson, *Visite a domicilio*).

65. -Viva la Lega della Moralità! Conservatevi!

(Il medico alcolizzato Thomas Mitchell alle beghine, mentre lascia la città di Tonto, *Ombre rosse*).

IL COMMIATO

66. -Devo veramente andarmene?
-Veramente, fisicamente, immediatamente.
(Jack Lemmon, cacciato di casa da Walter Matthau, *La strana coppia*).
67. -In altre parole, mi stai cacciando fuori?
-Non in altre parole, queste sono le parole esatte.
(Jack Lemmon e Walter Matthau, *La strana coppia*).
68. -Dominic, io ti lascio. Voglio degli affittuari, non dei padroni.
(Georgina Cates a Rufus Sewell, amante esigente che avanza delle pretese, *Illuminata*).
69. -Non è stato un piacere non conoscerti.
(Andie MacDowell a Hugh Grant, con il quale avrebbe dovuto andare a letto, *Quattro matrimoni e un funerale*).
70. -Signor Bannister, ho un messaggio per lei dal personale dell'albergo.
-Davvero? Che cosa dice?
-Addio.
-È tutto qua il messaggio?
-Le saremmo grati se se ne andasse via di qua.
-Quando?
-Ieri, signore.
(John Hillerman e Ryan O'Neal, che ha provocato un incendio nella sua stanza facendo esplodere il televisore, *Ma papà ti manda sola?*).
71. -Ti ci vorrebbero almeno quattro secondi per andare di qui alla porta: te ne do due.
(Audrey Hepburn caccia George Peppard, *Colazione da Tiffany*).
72. -Verso un regno dove buongiorno vuol dire veramente buongiorno!
(Didascalia alla fine di *Miracolo a Milano*).

IL RITORNO

73. -Avevi detto che saresti tornato e l'hai fatto: è una cosa davvero eccezionale, di questi tempi.
(Teri Garr a Griffin Dunne, *Fuori orario*).
74. -Eh, sapevo che tornavi a me: tornano sempre.
(Betty Garrett a Frank Sinatra, *Un giorno a New York*).
75. -Sapevo che sarebbe tornato: da me ritornano tutti.
(La cantante Marlene Dietrich al professore Emil Jannings, *L'angelo azzurro*).

L'AFORISMA

76. -Un antico proverbio dice: "Il vincitore si prende tutto il bottino".
-Io invece conosco un altro detto: "Non mi pisciare sulla schiena per poi raccontarmi che ha piovuto".
(Frank Schofield e John Vernon, *Il texano dagli occhi di ghiaccio*).

77. -L'aquila non perse mai tanto tempo come quando si lasciò insegnare dal corvo.
(L'indiano Gary Farmer, *Dead man*).
78. -Che muoia Maciste con tutti i farisei.
(Roberto Benigni, *Johnny Stecchino*).
79. -Chi dorme non piglia tempo, chi ha tempo non aspetti pesce.
(Jim Carrey, *The Truman show*).
80. -È sempre meglio essere una pecora viva piuttosto che un leone morto.
(Jeff Daniels, *Qualcosa di travolgente*).
81. -Mal costume, mezzo gaudio.
(Totò, *Sua Eccellenza si fermò a mangiare*).
82. -Il mattino ha l'oro in bocca.
(Frase che Jack Nicholson scrive ossessivamente sui fogli che dovrebbe riempire con i capitoli del suo romanzo. Nell'edizione originale la frase è "All work and no play makes Jack a dull boy", Molto lavoro e nessuno svago hanno reso Jack un ragazzo stupido, *Shining*).
83. -Non puoi montare due cavalli con un sedere solo.
(Woody Allen, *Broadway Danny Rose*).
84. -Saggezza è compagna di vecchiaia, ma il cuore di un fanciullo è puro.
(Peter Sellers cita – e forse inventa – un proverbio indiano privo di senso, *Hollywood Party*).
85. -Se una rana avesse le ali, non sbatterebbe tante volte il culo per terra.
(Warren Beatty, *I compari*).
86. -Tale madre, tale figlia, tale matrigna, tale figligna.
(Totò, *Un turco napoletano*).
87. -La verginità di una giovane è come un orzaiolo nell'occhio del diavolo.
(Proverbio irlandese posto a epigrafe di *L'occhio del diavolo*).

IL MOTTO

88. -Born to kill.
("Nato per uccidere", scritta sull'elmetto del marine Matthew Modine, che ostenta anche il simbolo pacifista, *Full metal jacket*).
89. -Di qualsiasi cosa si tratti, sono contro.
(Groucho Marx, *Horse feathers*).
90. -È questo il motto: per cambiare vita, cambiare opinioni.
(Serge Reggiani, *Tre amici, le mogli e (affettuosamente) le altre*).
91. -First to go, last to know.
("I primi ad andare, gli ultimi a sapere", striscione appeso nella sede del giornale dell'esercito americano *Stars and stripes*, *Full metal jacket*).
92. -Sai, se dovessi scegliermi un motto, il mio sarebbe certamente "Nessun divieto".
(Rita Hayworth a Glenn Ford, *Gilda*).
93. -Tradizione, onore, disciplina, eccellenza.
(Motto della Walton Academy, scandito a voce alta dagli allievi, *L'attimo fuggente*).

94. -Tradimento, orrore, decadenza, escremento.
(Lo stesso motto, parodiato da alcuni allievi, *L'attimo fuggente*).

LA CITAZIONE

95. -La bellezza è verità, la verità bellezza: questo è tutto ciò che voi sapete in terra e tutto ciò che vi occorre sapere.
(John Keats, citato a conclusione di *Il ritratto di Jennie*).
96. -Chi sa se morire non sia vivere... e se ciò che i mortali chiamano vita non sia morte.
(Euripide, citato all'inizio di *Il ritratto di Jennie*).
97. -Come dice Pascal: "Il cuore ha ragioni che la ragione stessa non capirà mai".
(Thomas Mitchell, *Angeli con la pistola*).
98. -Come diceva John Wayne: "Un giorno senza sangue è come un giorno senza sole".
(Il marine Matthew Modine, *Full metal jacket*).
99. -Io ho sei servitori fedeli, che mi dicono quello che io so: essi si chiamano...
-... Si chiamano cosa, perché, quando, e come, dove, chi.
(Doris Day e Clark Gable citano Rudyard Kipling, *Dieci in amore*).
100. -Mi viene in mente l'osservazione di Chesterton quando dice che la vera avventura non sta nel girare il mondo o nello scalare montagne, ma nello scavalcare la siepe del vicino.
(Stephen Fry, *Gli amici di Peter*).

LO SCIOGLILINGUA

101. -La rana in Spagna gracida in campagna...
(Audrey Hepburn, *My Fair Lady*).
102. -Il ratto rosa rose il raso rosso.
(Gene Kelly prende lezioni di dizione da Bobby Watson, *Cantando sotto la pioggia*).
103. -Sisto Sesto spesso s'intesta se si insiste, e resiste.
(Gene Kelly prende lezioni di dizione da Bobby Watson, *Cantando sotto la pioggia*).
104. -Supercalifragilisticespiralidoso.
(Julie Andrews, *Mary Poppins*).

L'AMERICA

105. -L'America non esiste. Io lo so, ci ho vissuto.
(Pierre Arditi, *Mon oncle d'Amérique-Mio zio d'America*).
106. -Io credo nell'America. L'America feci la me fortuna. E io criscivo a me figghia come n'americana, e ci detti libertà...
(L'impresario di pompe funebri Salvatore Corsitto, venuto a chiedere

vendetta al boss Marlon Brando contro due giovani che hanno cercato di stuprare e sfigurato la figlia, frase iniziale di *Il padrino*).

107. -Io voglio pace in terra per gli uomini di buona volontà.

-Ah Dio, che assurdità!

-Io voglio pace in terra...

-Noi siamo il governo degli Stati Uniti, non facciamo queste cose.

(David Strathairn, *hacker* che ha collaborato con le autorità, chiede una ricompensa all'incredulo dirigente dell'FBI James Earl Jones, *I signori della truffa*).

108. -Ma dove cazzo hanno messo l'America?

(Slim Pickens, scappato da un sommergibile giapponese che lo aveva catturato al largo della California, *1941 - Allarme a Hollywood*).

109. -Non esiste l'America, non esiste la democrazia! Esistono solo IBM, ITT, TNT, Dupont, Texo. Sono queste le nazioni del mondo, oggi.

(Ned Beatty, *Quinto potere*).

110. -Quando mai l'America è stata corretta? Può darsi che siamo nel giusto, una volta ogni tanto, ma siamo corretti solo molto raramente.

(Quentin Tarantino, *Four rooms*).

111. -Questa non è più una nazione di individui indipendenti, oramai. È una nazione composta da duecento e oltre milioni di esseri transistorizzati, deodorizzati, più bianchi del bianco, tutti profumati al limone: del tutto inutili come esseri umani, e rimpiazzabili come pezzi di un'auto.

(*L'anchorman* televisivo Peter Finch, *Quinto potere*).

112. -Senti, per favore: non mi venire a parlare dell'America! Io ho un sacco di amici ad Anzio, sotto la sabbia, con i bikini seduti sopra. Una volta mi veniva la pelle d'oca ogni volta che guardavo quella bandiera. Quand'ero ragazzo e stavo solo in una stanza a sentire la radio e suonavano l'inno nazionale, io mi alzavo in piedi, tutto solo in quella stanza, e mi mettevo sull'attenti. Non mi venire a parlare dell'America! Adesso con quella bandiera ci fanno i sospensori.

(Jack Lemmon a Jack Gilford, *Salvate la tigre*).

GLI AMERICANI

113. -Gli americani, come europei, non sono granché.

(Barbara Hershey, *Ritratto di signora*).

114. -Un americano si vergognerebbe di vivere alle spalle di sua moglie.

-Sì, ma io sono inglese e non ci sono questi pregiudizi nelle civiltà più antiche e progredite.

(Anjanette Comer e Robert Morse, *Il caro estinto*).

115 -Arrestano forse gli assassini in questo paese? Non lo credevo.

(Orson Welles a Rita Hayworth, *La signora di Shangai*).

116. -La vedi la differenza tra le nostre culture? L'americano confessa, il francese spiega.

(Micheline Presle ad Adolph Green, *Voglio tornare a casa*).

117. -Lei è perfetto per la parte. E scommetto che visita uno psichiatra, che prende tranquillanti, che è terrorizzato dall'ulcera e mangia troppa insalata.

-Relazione di Lady Ryan sulle attività dell'uomo americano...
-Lei inoltre è abbonato a *Selezione*, è socio del tennis club, ha lavorato per pagarsi l'università oppure ha vinto una borsa di studio...
-No, ho lavorato per pagarmi gli studi. Ero cantante, lo creda o no.
-... E giocava da mediano nella squadra di calcio...
-Esatto.
-... Ed era nei marines durante la guerra...
-No, nell'aviazione.
-... E l'ha finita da maggiore generale...
-Sbaglia di nuovo, ero colonnello. Nient'altro?
-Sì. Lei chiama sempre la sua ragazza "dolcezza" o "tesoro"...
(L'inglese Deborah Kerr traccia a Robert Mitchum l'identikit dell'americano ricco, *L'erba del vicino è sempre più verde*).

118. -Non siete convincente, John: siete come un personaggio americano in un film straniero.
(Grace Kelly a Cary Grant, *Caccia al ladro*).

119. -I padri moribondi e le madri in parto vanno a un dollaro la dozzina, oggigiorno. Casa e famiglia sono ormai solo antiquariato della civiltà, insieme alla bandiera, alle scuole serali, alle spille da balia, a Cecil De Mille e alla verginità. Gli abbiamo dato la virtù: loro vogliono il vizio. Gli abbiamo dato il romanticismo: loro preferiscono il sadomasochismo. E il sogno americano oggi dev'essere un sogno da sporcarsi le lenzuola.
(Richard Mulligan, *S.O.B.*).

120. -Paese che vai, americani che trovi.
(Totò, *Siamo uomini o caporali?*).

121. -Siete fessi voi americani.
-Non capisco perché.
-Sì... La prova è che ammirate Lafayette e Maurice Chevalier, che sono proprio i due più grossi cretini di Francia.
(Jean-Paul Belmondo a Jean Seberg, *Fino all'ultimo respiro*).

NEW YORK

122. -Capitolo primo. "Adorava New York. La idolatrava smisuratamente..." No, è meglio "la mitizzava smisuratamente", ecco. "Per lui, in qualunque stagione, questa era ancora una città che esisteva in bianco e nero e pulsava dei grandi motivi di George Gershwin..." No, fammi cominciare da capo... Capitolo primo. "Era troppo romantico riguardo a Manhattan, come lo era riguardo a tutto il resto: trovava vigore nel febbrile andirivieni della folla e del traffico. Per lui New York significava belle donne, tipi in gamba che apparivano rotti a qualsiasi navigazione..." Eh no, stantìo, roba stantìa, di gusto... Insomma, dai, impegnati un po' di più... Da capo. Capitolo primo. "Adorava New York. Per lui era una metafora della decadenza della cultura contemporanea: la stessa carenza di integrità individuale che porta tanta gente a cercare facili strade stava rapidamente trasformando la città dei suoi sogni in una..." Non sarà troppo predicatorio? Insomma, guardiamoci in faccia: io questo libro lo devo vendere. Capitolo primo. "Adorava New York, anche se per lui era una metafora della decadenza della cultura contemporanea. Com'era difficile esistere, in una società desensibilizzata dalla droga, dalla musica a tutto volume, televisione, crimine, immondizia..." Troppo arrabbiato. Non devo essere arrabbiato. Capitolo primo. "Era duro e romantico come la città che amava. Dietro i suoi occhiali dalla montatura nera, acquattata ma pronta al balzo, la potenza sessuale di una tigre..." No, aspetta, ci sono: "New York era la sua città, e lo sarebbe sempre stata...".

(Lo scrittore Woody Allen alle prese con l'incipit del suo romanzo, *Manhattan*).

123. -La città di New York conta 8.042.783 abitanti: mettendoli tutti sdraiati e in fila, e calcolando una statura media di un metro e sessantanove per ognuno, da Times Square si potrebbe raggiungere Karachi, nel Pakistan.

(Jack Lemmon, *L'appartamento*).

124. -È l'alba, tra poco...

-Perché la luce è strana e bianca?

-Perché qui siamo a Broadway, dove l'alba l'accende un elettricista.

(Marlon Brando e Jean Simmons, *Bulli e pupe*).

125. -Guarda qua! New York! Una folla che si urta, si spinge, lotta, combatte, si scanna per vivere, e tu ne fai parte! Nel Texas non c'è altro che mucche, coyotes e... petrolio. E persino l'aria lì non vale: non è altro che aria... A New York l'aria si addenta come una bistecca, ha carattere... Jane, non puoi vivere nel Texas!

(Tony Randall a Doris Day, *Il letto racconta...*).

126. -Mi trovavo a New York da diciannove minuti e undici secondi ed ero già sul lastrico.

(Matthew Broderick, *Il boss e la matricola*).

127. -Prendete quei quattro alberi striminziti nel centro di New York, quelli per me sono una rarità. E dov'è qui la tumultuosa sotterranea? Cosa avete qua attorno che faccia del chiasso? Dov'è l'inebriante fragore di otto milioni di anime che si odiano e si amano? Dov'è la folla, e le luci abbaglianti, e le donnine profumate che ti sfiorano nei bar... E soprattutto, dov'è un ottantesimo piano da cui precipitarsi quando si è in questo stato?

(Kirk Douglas in preda allo sconforto nel New Mexico, *L'asso nella manica*).

128. -Qui siamo a New York: se ce la fai qui ce la puoi fare ovunque.

(Jack Nicholson getta nella spazzatura il cane di un vicino di casa, *Qualcosa è cambiato*).

129. -Sai cosa mi piace di questa città? Che ci si può perdere tranquillamente in un bicchiere d'acqua credendo di nuotare nell'oceano.

(Clancy Brown, *Blue steel-Bersaglio mortale*).

IL FAR WEST

130. -È un territorio immenso... La sola cosa che c'è di più grande è il cielo.

(Kirk Douglas, *Il grande cielo*).

131. -Noi pionieri non siamo che dei poveri esseri umani sperduti in questa landa isolata da tutti, e lo saremo per chissà quanto tempo. Ma io credo che non durerà in eterno: un giorno questa regione sarà un luogo meraviglioso per viverci. Ma forse noi ci lasceremo le cuoia, prima che questo succeda.

(Olive Carey, *Sentieri selvaggi*).

132. -Quando arrivai qui ero ancora un pivello appena laureato in legge, con la borsa piena di codici, un ottimo orologio d'oro, nonché 14 dollari in contanti. Avevo seguito alla lettera il consiglio del mio professore di diritto privato: "Va' nel West, giovanotto, va' nel West, se vuoi trovare fortuna, gloria e avventura".

(James Stewart, *L'uomo che uccise Liberty Valance*).

133. -Sa, tenente, cosa disse di questa terra il generale Sheridan? Che se l'inferno e l'Arizona fossero suoi, vivrebbe all'inferno e si affitterebbe l'Arizona.

-Questo... questo, credo, lo disse del Texas.

-Può darsi, ma alludeva all'Arizona.

(Douglas Watson e Bruce Davison, *Nessuna pietà per Ulzana*).

134. -Se esiste una legge, nel West, è che i bastardi hanno dei fratelli.

(Kathleen Turner, *All'inseguimento della pietra verde*).

LO SCERIFFO

135. -Accogliente questo posto... Scusi, signora... Anche a farsi la barba c'è da rischiare la pelle. È lei lo sceriffo? Che aspetta a tirar fuori quell'ubriaco?

-Ci vada lei, se ha davvero tanto fegato.

-Non mi pagano per questo.

-E a me non mi pagano abbastanza.

(Henry Fonda appena arrivato a Tombstone, fatto bersaglio di un proiettile esploso da un ubriaco nel saloon, e lo sceriffo Harry M. Woods, *Sfida infernale*).

136. -Non si sarà per ipotesi messo in testa di moralizzare la città?

-Bah, a dire il vero non ci avevo pensato, ma non è una cattiva idea. Mi pagano per questo.

(Il pistolero Victor Mature e lo sceriffo Henry Fonda, *Sfida infernale*).

137. -Parli troppo, sceriffo, al contrario della tua pistola che sta sempre zitta.

(Il pistolero Victor Mature a Henry Fonda, *Sfida infernale*).

138. -Gli sceriffi non hanno moglie: hanno solo una vedova.

(Jayne Mansfield, *La bionda e lo sceriffo*).

I PELLEROSSA

139. -Chi fa i conti senza gli indiani deve rifarli non una, ma dieci volte.

(Gregory Peck, *L'avamposto degli uomini perduti*).

140. -La differenza fra un uomo bianco e un indiano, in tutte le situazioni, è che l'indiano è rosso. E l'indiano è rosso per un'ottima ragione: per poterlo distinguere da noi.

(Paul Newman, *Buffalo Bill e gli indiani*).

141. -Gli indiani inseguono una cosa finché credono di averla inseguita abbastanza, poi la piantano. Lo stesso succede quando fuggono: non si rendono conto che ci possa essere qualcun altro che continua a inseguire la sua preda.

(John Wayne, *Sentieri selvaggi*).

142. -Non discuto mai con un apache sullo sterco di cavallo: l'esperto è lui.

(Burt Lancaster, *Nessuna pietà per Ulzana*).

143. -Il Popolo degli Uomini, figlio mio, è convinto che ogni cosa sia viva: non solo gli uomini e gli animali, ma anche l'acqua, la terra, le pietre, e tutto ciò che da essi proviene, come i capelli. L'uomo al quale sono stati strappati ha perso un poco di se stesso: parte della sua vita la possiedo io col suo scalpo. Per noi tutto è immutabile, in eterno. L'uomo bianco invece crede che tutto sia mortale, le pietre, la terra, gli animali, anche gli uomini, anche quelli del suo popolo. E più una cosa è viva, più i bianchi fanno di tutto per distruggerla. È questa la differenza.

(Il capo cheyenne Dan George a Dustin Hoffman, *Piccolo grande uomo*).

L'AMICIZIA

144. -L'amicizia con gli uomini? È come spremere sangue da una rapa.

(Paulette Dubost, *La regola del gioco*).

145. -L'amicizia non è al di sopra di tutto?

-Niente è al di sopra di tutto. Io poi sono contrario all'amicizia: è una combutta tra pochi, una complicità antisociale.

(Nino Manfredi e Stefano Satta Flores, *C'eravamo tanto amati*).

146. -Che razza di amicizia era la tua?

-Adeguata.

(Sean Penn a Kevin Spacey, compagno di lavoro che lo sta piantando in asso, *Bugie, baci, bambole & bastardi-Hurlyburly*).

147. -Lei crede nell'amicizia?

-L'amicizia resta, gli amori finiscono.

-Le teorie di questo genere cambiano ogni giorno: domani dirà il contrario.

(Tanya Lopert e Sandrine Bonnaire, *Sotto il cielo di Parigi*).

148. -Louis, forse oggi noi inauguriamo una bella amicizia.

(Humphrey Bogart a Claude Rains, finale di *Casablanca*).

149. -La mia amicizia tu non la volevi. Avevi paura di trovarti in debito...

(Il boss Marlon Brando all'impresario di pompe funebri Salvatore Corsitto, *Il padrino*).

150. -Perché ti porti dietro un rudere come me?

-Abbiamo cominciato insieme e insieme finiremo.

-Anch'io la penso così, e così concepisco l'amicizia.

(Edmond O' Brien e William Holden, *Il mucchio selvaggio*).

151. -Vi dà noia, a voi donne, l'amicizia...
-Sì, quando rende gli uomini imbecilli.
(Jean Gabin e Arletty, *Aria di Parigi*).

L'AMICO

152. -Gli amici vanno e vengono nella vita, come i fattorini in un albergo.
(La voce fuori campo di Richard Dreyfuss, *Stand by me-Ricordo di un'estate*).
153. -Un amico serve quando hai torto: quando hai ragione non ti serve a niente.
(Sam Melville, *Un mercoledì da leoni*).
154. -I buoni amici sono molto più rari degli amanti. Per giunta, il sesso manda sempre all'aria anche le migliori amicizie.
(Liza Minnelli, *Cabaret*).
155. -Un buon amico vale tutte le donne di tutti i paesi vicini e lontani.
(Jean Gabin, *La bella brigata*).
156. -Caro George, ricorda che nessun uomo è un fallito se ha degli amici.
(L'angelo Henry Travers a James Stewart, *La vita è meravigliosa*).
157. -Chi non sa dare una mano agli amici, non sa dare un calcio ai nemici.
(Albert Finney, *Crocevia della morte*).
158. -Ci sono cose che un uomo non può fare. Non ho ideali politici né morali, non ho niente dentro di me eccetto me stesso. Quel me stesso può violare tutte le leggi ma non può tradire un amico. No, mille volte no!
(William Holden rifiuta di fare arrestare l'amico Tetsuro Tamba per salvare la vita alla donna che ama, Capucine, *La settima alba*).
159. -Ci vorrebbe qualcuno con cui ridere, parlare... Ma non una puttana, un amico. Ecco, gli amici, quelli sì: proprio una gran voglia di vederli, di star con loro, ma a quest'ora l'unica è andare a casa...
(Philippe Noiret smonta dal lavoro notturno al giornale, *Amici miei*).
160. -Da quel giorno stemmo sempre insieme, Jenny e io, come il pane e il burro.
(Tom Hanks a proposito di Robin Wright, *Forrest Gump*).
161. -È bello trovarsi tra volti amici.
(Il contrabbandiere Stewart Granger incontra un gruppo di tagliagole, *Il covo dei contrabbandieri*).
162. -Eccoli qui, gli amici miei. Cari amici...
(Philippe Noiret, *Amici miei*).
163. -Io scelgo i miei amici per il loro aspetto e i miei nemici per la loro intelligenza.
(Philippe Noiret, *Nuovo Cinema Paradiso*).
164. -Io sempre amico di uomini con bella moglie.
(Peter Lorre, *L'agente segreto*).
165. -Lo sai cos'è un amico? È un uomo che ti conosce a fondo e nonostante ciò ti vuole bene.
(Vittorio Gassman, *Profumo di donna*).

166. -Mi piace Max, è un amico... E poi, quando si affeziona, è per la vita e per la morte.
(Lino Ventura a proposito di Jean Gabin, *Grisbì*).
167. -Nessun uomo può essere amico di una donna che trova attraente: vuole sempre portarsela a letto.
-Allora stai dicendo che un uomo riesce a essere amico solo di una donna che non è attraente...
-No, di norma vuole farsi anche quella.
(Billy Crystal e Meg Ryan, *Harry, ti presento Sally...*).
168. -Non bastano tutti i cammelli del deserto per comprarti un amico.
(Didascalia all'inizio di *Marrakech Express*).
169. -Oh, non è cattiva davvero, è solo un po' scema. È sempre a innamorarsi di qualcuno solo perché è bello... E io che glielo dico: innamorarsi dei ricchi è facile come innamorarsi dei disperati... Ma lei dice, sì, ma se sono alti, bruni e belli: non dà mai un'occhiata al reparto cassa... Perciò sono la sua meglio amica: ha proprio bisogno di una come io che la educo.
(L'arrivista Marilyn Monroe a proposito di Jane Russell, *Gli uomini preferiscono le bionde*).
170. -Perché dovrei essere amica di un uomo che non conosce altri amici che se stesso?
(Eva Dahlbeck all'ex amante Gunnar Björnstrand, *Sorrisi di una notte d'estate*).
171. -Se non confidi i tuoi segreti agli amici, che amico sei?
(Harvey Keitel a William Hurt, *Smoke*).
172. -Senti, figliolo, ci sono altre cose nella vita oltre alle femmine, e una è la coscienza di esserti comportato bene con un amico. Pensaci su.
(Jerry Lacy-Humphrey Bogart a Woody Allen, *Provaci ancora Sam*).
173. -Sono io quello che cerca, sono stato io.
-Ma perché? Erano suoi amici, che cosa le avevano fatto?
-Mi avevano deluso. Gli amici ti deludono, la gente normale no. A me piacciono le coppie felici. Io li aiuto, li indirizzo sulla strada giusta, gli do consigli. Però non li seguo più quando fanno quegli errori così stupidi. Cominciano a dirsi le bugie, poi si separano, poi ritornano a stare insieme: però è troppo tardi, perché ormai sono feriti, e cattivi... e allora non li voglio più vedere. Una volta era più facile giudicare, come con le scarpe: c'erano solo alcuni modelli, molto caratterizzati. Erano quel tipo di scarpa e basta. Ora invece è tutto più confuso: uno stile si è intrecciato a un altro, le cose non sono più nette.
-No, scusi, stavamo parlando dei suoi amici...
-Sì, gli amici non possono comportarsi così. Perché io mica divento amico del primo che incontro. Io decido di voler bene, scelgo. E quando scelgo, è per sempre.
(Nanni Moretti, dopo avere ucciso gli amici che avevano tradito i suoi ideali confessa al commissario Roberto Vezzosi, *Bianca*).
174. -Sono tutti amici, finché non c'è il conto da pagare.
(Robert De Niro, *Ronin*).
175. -Vi amavo tutti, quando eravate vivi.
(Jean Marais agli amici che lo ospitano, *Io ballo da sola*).

IL NEMICO

176. -Io dormirò tranquillo, perché so che il mio peggior nemico veglia su di me.
(Clint Eastwood a Eli Wallach, che voleva eliminarlo ma è costretto ad accudirlo perché solo lui sa dove è nascosto il bottino, *Il buono, il brutto, il cattivo*).
177. -Non voglio fare la vittima, voglio fare il nemico.
(Nanni Moretti, bersaglio delle Brigate Rosse, incontra anni dopo Valeria Bruni Tedeschi, che gli ha sparato alla testa, *La seconda volta*).
178. -Quando non sei in grado di combattere, devi abbracciare il tuo nemico. Se ha le braccia intorno a te, non può puntarti contro il fucile.
(B. D. Wong a Brad Pitt, *Sette anni in Tibet*).
179. -I tibetani dicono che il nemico è un grande maestro, perché solo un nemico ti aiuta a rafforzare la pazienza e la compassione.
(Brad Pitt, *Sette anni in Tibet*).

LA SIMPATIA E L'ANTIPATIA

180. -Lei sta rendendo molto difficile trovarla simpatico.
(Il killer Walter Matthau al rompiscatole Jack Lemmon, *Buddy Buddy*).
181. -Non mi piacerebbe neanche se mi piacesse. Lui ha il potere di irritarmi.
(Marsha Mason a proposito di Richard Dreyfuss, *Goodbye amore mio!*).

L'INCONTRO

182. -Ho attraversato gli oceani del tempo per trovarti.
(Gary Oldman-Dracula a Winona Ryder, *Dracula di Bram Stoker*).
183. -Lenny, tu sei indipendente: invita persone a casa, dai dei party, esci con sconosciuti...
-Ma... non conosco sconosciuti!
(Jessica Lange e la sorella zitella Diane Keaton, *Crimini del cuore*).
184. -Sarebbe stato bello incontrarsi prima...
-Anche di un giorno, sì.
(Julie Christie e Omar Sharif, *Il dottor Zivago*).
185. -Tu non credi nelle percezioni extrasensoriali, non ti piace il rock, non vuoi sniffare: è come uscire con un arcivescovo.
(Dianne Wiest all'accompagnatore Woody Allen, *Hannah e le sue sorelle*).

L'AMORE

186. -Abbandonarmi per chi, per chi? Per un altro naturalmente, eh? Voi l'amate quest'altro, vero?
-Oh, io amo tutti e nessuno...
(Pierre Brasseur e Arletty, *Amanti perduti*).

187. -Ah, l'amore!... La sola gioia del mondo! La sola liberazione, la sola verità!... Ah! L'armonia!... Riuscire a trovare l'armonia...
(La cameriera Rita Maiden cita *Morte a credito* di Celine, *Una donna sposata*).
188. -Ah, senti, c'è un unico tipo di amore che regge: quello non corrisposto.
(Jodie Foster a Mia Farrow, *Ombre e nebbia*).
189. -Ah, vorrei non amarti tanto!
(Ingrid Bergman a Humphrey Bogart, *Casablanca*).
190. -Amami ora, per il tempo che mi rimane.
(Il condannato a morte Montgomery Clift a Elizabeth Taylor, *Un posto al sole*).
191. -L'amore abbraccia tutto, anche la morte.
(Liv Ullmann, *L'immagine allo specchio*).
192. -L'amore deve essere libero, è la legge naturale: niente catene né firme, né benedizioni.
(Fernando Rey, *Tristana*).
193. -L'amore è come la luna: se non cresce, cala.
(Massimo Ceccherini, *Il ciclone*).
194. -L'amore?
-Eppure esiste.
-Che ne sapete?
-Ho amato anch'io.
-Siete stata, cioè, fisicamente attratta da un uomo.
-Era qualcosa di più.
-Già, per le donne è sempre qualcosa di più.
(Charlie Chaplin e Marilyn Nash, *Monsieur Verdoux*).
195. -L'amore esiste solo per gli sciocchi.
(Nastassja Kinski, *Un sogno lungo un giorno*).
196. -L'amore è scomparso dal mondo. Non può più esistere sulla terra. Non c'è più spazio, per l'amore, e nemmeno tempo.
(Harriet Andersson, *Il segno*).
197. -L'amore è una malattia? Sì, ma è curabile.
(Amy Brenneman, *Amici e vicini*).
198. -L'amore è uno stato di confusione nel quale la vittima non può distinguere tra l'aspirazione spirituale, il desiderio carnale e l'orgoglio del possesso. L'uomo saggio sa soddisfare le diverse seti a fonti diverse.
-E la donna saggia?
-La donna saggia modella la sua vita secondo il sistema delle banche moderne: ella non dà il suo amore, ma solo lo presta dietro piena garanzia e al più alto interesse.
(José Ferrer e Suzanne Flon, *Moulin Rouge*).
199. -L'amore fa male, forse?
-Sì, l'amore fa male. Come un grande avvoltoio plana sopra di noi, si immobilizza e ci minaccia. Ma la minaccia può essere anche promessa di gioia. Sei bella, Hélèna, così bella che guardarti è una sofferenza.
-Ieri dicevate che era una gioia.
-È una gioia e una sofferenza.
(Catherine Deneuve e Gérard Depardieu, *L'ultimo metrò*: il dialogo ri-

prende quello fra Catherine Deneuve e Jean-Paul Belmondo in *La mia droga si chiama Julie*).

200. -L'amore? Già, certo, l'amore... Fuoco e fiamme per un anno, e cenere per trenta.

(Burt Lancaster, *Il gattopardo*).

201. -L'amore ha una misura: quello a cui si è pronti a rinunciare.

(Ava Gardner, *Pandora*).

202. -L'amore invecchia come la speranza: troppo presto.

(Leslie Howard, *La foresta pietrificata*).

203. -L'amore non esiste: ci sono solo prove d'amore.

(Jean Marais, *Io ballo da sola*).

204. -L'amore non è un'opinione: è una reazione chimica.

(Thelma Ritter, *Il letto racconta...*).

205. -L'amore non ha niente a che fare con l'intelligenza.

(Jacques Borel, *Una gita in campagna*).

206 -L'amore non semplifica le cose, sai: quello che trova distrugge, ti spezza il cuore. Ma noi, noi non siamo qui per cercare la perfezione. I fiocchi di neve sono perfetti, le stelle sono perfette: non noi. Noi siamo qui per distruggere solo noi stessi, e per spezzare i nostri cuori, per innamorarci delle persone sbagliate e per morire. Dimentica i romanzi d'amore, sono tutte balle.

(Nicolas Cage a Cher, *Stregata dalla luna*).

207. -Anche se mi ami, tu hai paura di dirmi che mi ami, ma l'amore non è un po' di ginnastica nel letto una volta alla settimana.

-È anche quello.

-Quella è biologia. È in fondo al cuore che si trova l'amore, e non in mezzo alle gambe... È molto più importante quello che c'è tra noi che quello che manca.

(Ewa Balszczyk e il marito Piotr Machalica, che le ha appena confessato di essere diventato impotente, *Decalogo 9*).

208. -C'è un vecchio detto, molto vero: l'amore fa passare il tempo, il tempo fa passare l'amore.

(Errol Flynn, *Tre giorni di gloria*).

209. -Che mi dici dell'amore?

-Sopravvalutato. Biochimicamente non è diverso da una grande scorpacciata di cioccolata.

(Keanu Reeves e Al Pacino, *L'avvocato del diavolo*).

210. -Come faccia una donna ad amare un uomo, proprio non capisco.

-La donna non giudica secondo l'estetica, e nel peggiore dei casi spegne la luce.

(Gunnar Björnstrand ed Eva Dahlbeck, *Sorrisi di una notte d'estate*).

211. -Comincio a credere che non conta quanto tu ami qualcuno: forse quello che conta è quello che riesci a essere quando sei con qualcuno.

(William Hurt, *Turista per caso*).

212 -Comunque ho imparato che l'amore non deve essere passione o idillio, necessariamente: è anche farsi compagnia, appunto. Sa, è come un paraurti contro la solitudine, io credo.

(Judy Davis, dopo aver superato la crisi matrimoniale con Sydney Pollack, *Mariti e mogli*).

213. -Conoscete il proverbio cinese che dice: "Fidati dell'amore solo se non dà alcun vantaggio?"
(Geraldine Fitzgerald, *L'idolo cinese*).
214. -Il cosiddetto amore è come un giocoliere con tre clave, i cui nomi sono cuore, parole, sesso. È molto facile giocare con le tre clave, ma è anche molto facile farne cadere una.
(Eva Dahlbeck, *Sorrisi di una notte d'estate*).
215. -Credo nell'amore per il nostro prossimo. Se tutti gli esseri umani fin da piccoli imparassero a curarsi l'uno dell'altro, il mondo sarebbe diverso.
(Liv Ullmann, *Scene da un matrimonio*).
216. -Devi sapere che l'amore e l'amicizia vanno a braccetto con la stima, e io invece non ti stimo affatto. E guarda, neanche quando credevo di amarti ti stimavo.
(Jean-Pierre Léaud a Claude Jade, *Baci rubati*).
217. -Dobbiamo aver qualcuno da amare. Se non lo abbiamo è come essere morti.
(Gertrud Fridh, *La terra del desiderio*).
218. -È così cretina la gente: vuole amare a tutti i costi.
(Simone Paris, *Aria di Parigi*).
219. -È davvero una situazione complicata, cugina Sonja. Sono innamorata di Aleksij. Lui ama Alicia. Alicia ha una relazione con Lev. Lev ama Tatjana. Tatjana ama Simkin. Simkin ama me. Io amo Simkin, ma in modo diverso da Aleksij. Aleksij ama Tatjana come una sorella. La sorella di Tatjana ama Trigorian come un fratello. Il fratello di Trigorian ha una relazione con mia sorella, che gli piace fisicamente ma non spiritualmente...
(Jessica Harper a Diane Keaton, *Amore e guerra*).
220. -Emily, non posso più nasconderlo: ti amo. È la solita vecchia storia: un uomo e una donna... Romeo e Giulietta... Biancaneve e i sette nani...
(Groucho Marx a Margaret Dumont, *Un giorno alle corse*).
221. -È talmente semplice, l'amore...
(Arletty, *Amanti perduti*).
222 -Finché l'amore dura, cazzo, non c'è niente di meglio!
(Barbra Streisand, *L'amore ha due facce*).
223. -Finito, l'amore.
-Non lo amavi, o meglio lo amavi solo per essere generosa e perdonarlo quando era colpevole.
(Henri de Maulblanc e Tina Irissari parlano di Antoine Monnier, *Il diavolo probabilmente...*).
224. -I francesi possono parlare d'amore, gli americani non conoscono gli inganni dell'amore: lo stupro forse, l'amore no.
(John Ashton, *Voglio tornare a casa*).
225. -Il giorno che lasciasti Parigi ero come stordita. Se tu sapessi quanto ti amavo... quanto ti amo ancora!
(Ingrid Bergman a Humphrey Bogart, *Casablanca*).
226. -In amore il meglio è all'inizio: quando ancora non ci si conosce bene, quando si è ancora gentili.
(Julien Carette, *L'angelo del male*).

227. -In definitiva, che cos'è l'amore? È una spasmodica smorfia che finisce in uno sbadiglio.

(Eva Dahlbeck, *Una lezione d'amore*).

228. -In questo momento non sento più nessun amore per te. Non ho mai pensato che potesse accadere, e invece è successo...

(Diane Keaton al marito Al Pacino, *Il padrino-Parte seconda*).

229. -Io credo che l'amore non si possa comprare che con l'amore.

(Marlon Brando, *Viva Zapata!*).

230. -Io ho imparato a pensare all'amore in cinese...

-O è una nuova raffinatezza o un nuovissimo giochetto.

-I cinesi dicono: è molto difficile che l'amore duri a lungo, perciò colui che amerà troppo pavidamente non riuscirà ad essere amato, alla fine.

-Questa sentenza potrebbe essere arbitraria.

-Ma ne conosco un'altra: la natura umana è eterna, e anche l'amore è nella natura umana, perciò chi ama sarà amato, alla fine.

(Rita Hayworth e Orson Welles, *La signora di Shangai*).

231. -Io non avevo nessuna idea dell'amore. E neanche tu. Se l'avessimo incontrato per la strada, nessuno dei due l'avrebbe riconosciuto.

(Paul Newman a Piper Laurie, *Lo spaccone*).

232. -Io non ti chiedo che una cosa: anche se non mi ami più, lasciati amare. Oh sì, permettimi di amarti!

(Isabelle Adjani a Bruce Robinson, *Adele H-Una storia d'amore*).

233. -Io non voglio essere venerata, ma amata.

(Katharine Hepburn, *Scandalo a Filadelfia*).

234. -Io ti amo. Avrei dovuto dirtelo molto tempo fa, senza scherzare. Avrei dovuto dirti le parole. Perché io so, ora, che l'amore che non esprimiamo è l'unico dolore che ci segue fin qui.

(Richard Dreyfuss, dall'aldilà, a Holly Hunter, *Always-Per sempre*).

235. -Io ti amo... Eh, che cosa vuoi fare? Non sei tenuto a dirmelo anche tu... E poi, guarda che non ti strozzi mica se ci provi...

(Mercedes Ruehl a Jeff Bridges, *La leggenda del Re Pescatore*).

236. -Io ti amo più di quanto tu creda: ti amo più dei bambini, più dei giardini che ho coltivato. Ti amo più delle preghiere del mattino, più della pace e del cibo che ristora. Più del sole che riscalda, più del piacere della carne, e anche più della vita... Io ti amo più di Dio...

(Audrey Hepburn a Sean Connery, dopo averlo avvelenato, *Robin e Marian*).

237. -Io ti amo: secondo me tu sei la più bella invenzione dopo i profiteroles, e credo che mi verranno le convulsioni se non potessi avere quel primo bacio...

(Robin Williams a Amanda Plummer, *La leggenda del Re Pescatore*).

238. -Io voglio amare, sì: voglio il fuoco e voglio il ghiaccio. Rifiuto quella tiepida dolcezza in cui mi volevi immergere. Tu non puoi capire che la vera felicità sono in realtà lampi che ci bruciano, che ci annientano.

(Fanny Ardant a Ruggero Raimondi, *La vità è un romanzo*).

239. -Lei crede all'amore a prima vista?

-Non so, ma certo fa risparmiare un sacco di tempo.

(George Raft e Mae West, *Night after night*).

240. -Linda, l'uomo che ero quando avevo vent'anni ti avrebbe amata molto.

(William Holden a Susannah York, *La settima alba*).

241. - LOVE - HATE.

(Amore e odio, le due parole che il predicatore folle Robert Mitchum ha tatuate sulle dita della mano destra e della mano sinistra, *La morte corre sul fiume*. La parola LOVE è tatuata anche sulla mano del serial killer Ted Levine, *Il silenzio degli innocenti*).

242. -Ma di una cosa sono certo: che vi amo, Rossella. A dispetto vostro e mio, e a dispetto dello stupido mondo che ci crolla intorno, vi amo. Perché siamo uguali, gentaglia tutti e due, egoisti e scaltri, ma capaci di guardare le cose in faccia e chiamarle con il loro nome.

(Clark Gable a Vivien Leigh, *Via col vento*).

243. -La mancanza di amore è la più crudele e abietta delle pene.

(Klaus Kinski, *Nosferatu, il principe della notte*).

244. -Marta, mi ami?

-Ma se ti conosco appena!

-Non importa, l'amore non cerca presentazioni: o si ama o non si ama.

(Don Ameche e la futura moglie Gene Tierney, *Il cielo può attendere*).

245. -Ma tesoro, amerai anche il mio cervello, eh?

-Una cosa per volta.

(Priscilla Lane a Cary Grant che la bacia con passione, *Arsenico e vecchi merletti*).

246. -Ma tu mi ami?

-Amore è un termine troppo debole per... Ecco, io ti straamo, ti adamo, ti abramo.

(Woody Allen a Diane Keaton, *Io e Annie*).

247. -Maxwell, io non sono un poeta, io non muoio per amore: io lavoro a Wall Street.

(Il finanziere Woody Allen al medico Tony Roberts, *Commedia sexy in una notte di mezza estate*).

248. -M'hai detto: ti amo. Ti dissi: aspetta. Stavo per dirti: eccomi. Tu m'hai detto: vattene.

(Didascalia inziale di *Jules e Jim*).

249. -Mi dispiace.

-Amare vuol dire non dover mai dire "Mi dispiace".

(Ryan O'Neal e Ali MacGraw, *Love Story*).

250. -Per quelle cose che ho detto, e il modo in cui ho agito poco fa, scusami, sai.

-Ora senti una cosa tu: amore significa non dover mai dire "scusami".

-È la cosa più cretina che abbia sentito.

(Ryan O'Neal e Barbra Streisand sfottono *Love Story*, *Ma papà ti manda sola?*).

251. -Il mio amore per te ha il colore dell'odio.

-E il mio per te solo quello dell'amore.

-Il mio amore per te è contorto e starà sempre per finire.

-E il mio per te è costante come una fiamma.

(Katherine Borowicz, John Turturro e Rufus Sewell provano le battute di una commedia, *Illuminata*).

252. -Mi vuoi bene?
-Mmm...
-Molto?
-Anche di più.
-Quanto?
-Troppo.
(Il detective Robert Mitchum e la dark lady Jane Greer, *Le catene della colpa*).
253. -Nessun amore vero è eterno.
(Jean-Louis Barrault, *La ronde-Il piacere e l'amore*).
254. -Nessuno mi poteva salvare: soltanto uno sguardo d'amore.
(Jean Marais, che l'amore di Josette Day ha liberato dall'incantesimo che gli conferiva un aspetto mostruoso, *La bella e la bestia*).
255. -Ninotchka, è mezzanotte e metà Parigi parla d'amore all'altra metà.
(Melvyn Douglas a Greta Garbo, *Ninotchka*).
256. -Non discuto mai d'amore a stomaco vuoto.
(Eva Marie Saint, *Intrigo internazionale*).
257. -Non lo credevo possibile, ma l'amore mi piombò addosso come un elefante, e fui scagliato in una giungla di sogni.
(Johnny Depp si innamora di Faye Dunaway, *Arizona dream*).
258. -No, non ti ho mai amato, né te né nessuno. Sono guasta dentro.
(Barbara Stanwyck a Fred MacMurray, *La fiamma del peccato*).
259. -Non ti libererai più di me.
-Non ho mai tentato.
(Cary Grant e Ingrid Bergman, *Notorious-L'amante perduta*).
260. -Non vi amo più di quanto mi amiate voi. Dio aiuti un uomo che vi ami veramente.
(Clark Gable a Vivien Leigh, *Via col vento*).
261. -Non vi scoraggiate così, caro maggiore: non siete l'unico uomo che non amo.
(Kay Francis a Charles Ruggles, *Mancia competente*).
262. -Oh, l'amour, l'amour, come ti butta giù a volte... ma come ti tira su anche!
(Mary Boland, *Donne*).
263. -Pronto...
-Sono Julie. Volevo chiederle... Lei mi ama?
-Sì.
-Da molto?
-Da quando ho cominciato a lavorare con Patrick.
-Lei pensa che io sia meravigliosa?
-Sì.
-Affascinante?
-Sì.
-Pensa a me? Sente nostalgia per me?
-Sì...
-Venga qui, per favore.
-Adesso?
-Sì, adesso.

-È sicura?
-Per favore, venga.
(Benoit Régent e la vedova di Patrick, Juliette Binoche, *Tre colori-Film blu*).
264. -Quando imparerai che l'amore è un soufflé, non una pizza?
(Taina Elg a Kay Kendall, *Les girls*).
265. -Roger, tesoro, voglio che tu sappia che ti amo. Ti ho amato più di quanto una donna abbia mai amato un coniglio
(Il cartone animato Jessica Rabbit al marito Roger Rabbit, *Chi ha incastrato Roger Rabbit*).
266. -Sai, faresti qualunque cosa per la persona che ami, eccetto ricominciare ad amarla.
(Cher, moglie tradita, a Chazz Palminteri, *Infedeli per sempre*).
267. -Sciocche lettere, così infantili e così banali... Sono lettere d'amore, queste, per lei? Ha mai letto delle vere lettere d'amore? Di George Sand, Foscolo, Browning? Cosa conosce dell'amore la sua miserabile anima che si rivela in queste lettere? Può capire lei che cosa sia amare un uomo perdutamente, da rinunciare a tutto per essergli vicino, perché lui le sia vicino? Questo è l'amore che io conosco!
(La ricattatrice sfregiata Joan Crawford all'adultera Osa Massen, a cui sta per consegnare un fascio di lettere compromettenti in cambio di diecimila corone, *Volto di donna*).
268. -Se cadi, salta in sella prima che ti prenda la paura. Questa regola vale anche per l'amore, ragazzo mio.
(Gunnar Björnstrand al figlio – nipote nell'edizione italiana – Björn Bjelfvenstam, *Sorrisi di una notte d'estate*).
269. -Sei fatta per l'amore, e soltanto l'amore dovresti fare.
(Gilbert Roland a Mae West, *Lady Lou-La donna fatale*).
270. -Senti, sorella, la mia idea dell'amore è che l'amore non si scandalizza mai di nulla.
(Paulette Goddard a Norma Shearer, *Donne*).
271. -Se stasera ho voglia di morire, è perché non ti amo più. Sono disperata per questo. Vorrei essere già vecchia per averti dedicato tutta la mia vita. Vorrei non esistere più, perché non posso più amarti.
(Jeanne Moreau a Marcello Mastroianni, *La notte*).
272. -Se tutto è imperfetto in questo imperfetto mondo, l'amore invece è perfetto nella sua assoluta e squisita imperfezione.
(Gunnar Björnstrand, *Il settimo sigillo*).
273. -Siete sempre stato in me. Vi ho pensato ad ogni istante. Voi m'avete impedito di invecchiare, di discendere, di rovinarmi. Trovavo la mia vita talmente misera, mi sentivo così sola ma dicevo: non dovrai mai essere triste, dovrai essere sempre lieta, perché qualcuno ti ha amata.
(Arletty ritrova, dopo molti anni, Jean Louis Barrault, *Amanti perduti*).
274. -Sono stufa degli uomini che parlano d'amore.
-Senti...
-Davvero. Ne parlano tanto che si dimenticano di farlo.
-Io non sono così distratto.
(Arletty e Jean Gabin, *Alba tragica*).
275. -So solo che ti amo.

-Questa è la tua disgrazia.
-Aspetta...Rhett, Rhett, se te ne vai, che sarà di me, che farò?
-Francamente, me ne infischio.
(Vivien Leigh e Clark Gable, *Via col vento*).
276. -Sto con Bud perché mi piace, sto con Bud perché a me non nasconde il buono che ha con sé, sto con Bud perché mi fa sentire come Lynn Bracken, non come una sosia di Veronica Lake che va a letto soltanto per soldi. Sto con Bud perché lui non è capace di fingersi quello che non è, e sto con Bud per tutto ciò che ha di diverso da te.
(La prostituta Kim Basinger parla del poliziotto Russell Crowe al superiore Guy Pearce, *L.A. Confidential*).
277. -Una storia d'amore è come un match di football: ha bisogno di un intervallo. Ci si riposa, ci si guarda, poi dopo si riparte.
(Josiane Balasko, *Troppo bella per te!*).
278. -Una storia d'amore è come un'opera d'arte: una scintilla, molta pazienza, e la patina del tempo.
(François Cluzet, *Troppo bella per te!*).
279. -Ti amo.
-Mi ami? Che parola grossa...
-Perché dici così? Perché?
-È un errore confondere la pietà con l'amore.
(Jamie Smith e Irene Kane, *Il bacio dell'assassino*).
280. -Ti amo.
-Sprecare l'amore per un vecchio?
-L'amore non è mai sprecato.
(Claire Bloom e Charlie Chaplin, *Luci della ribalta*).
281. -Ti amo, Lulamae.
-Lo so, e vorrei che tu non mi amassi. L'hai sempre fatto questo sbaglio di amare degli esseri ribelli. Portavi a casa degli animali selvatici, e una volta era un falco con un'ala spezzata, e un'altra un gatto della prateria con una zampa rotta. Te ne rammenti?
-Lulamae, ascoltami.
-Non si può dare il proprio cuore a una creatura selvatica. Più le si vuole bene e più diventa ribelle, finché un giorno se ne riscappa nella prateria e vola in cima a un albero, e poi su un albero più alto, e poi in cielo.
(Buddy Ebsen, marito di Audrey Hepburn, cerca invano di convincerla a tornare a casa, *Colazione da Tiffany*).
282. -Ti amo, zucchino mio.
-Ti amo, coniglietta mia.
(Amanda Plummer e Tim Roth, *Pulp Fiction*).
283. -Ti dirò qualcosa sull'amore, Dennis: ha un appetito insaziabile, si divora tutto, famiglia, amicizia... Non hai idea di quanto sia vorace... Ma ti dirò un'altra cosa: basta nutrirlo, e può essere stupendo.
(Keith Gordon a John Stockwell, *Christine la macchina infernale*).
284. -Tu sei qualcosa che viene dalla terra e che è bello toccare.
(Jean-Pierre Léaud a Stacey Tendeter, *Le due inglesi*).
285. -Tutte le storie d'amore devono avere un inizio, un centro e una fine.
(Fanny Ardant, *La signora della porta accanto*).

286. -Tutte sciocchezze! L'amore non esiste.
(Joan Crawford, *Grand Hotel*).
287. -Tutti vogliono l'amore: ogni specie d'amore.
(Charles Denner, *L'uomo che amava le donne*).
288. -Tutto ciò che sono, è ciò che sei tu.
(Joseph Fiennes a Cate Blanchett, *Elizabeth*).
289. -Gli uomini non capiscono mai niente dell'amore: siamo dei dilettanti. Io ti amo come sei, Mathilde, anche se non t'ho mai capita. Non ho mai mentito, nella mia vita, solo perché è troppo complicato, e improvvisamente scopro che vivo con una bugiarda, che dormo con una bugiarda, che faccio l'amore con una bugiarda. E che amo una bugiarda.
(Henri Garcin alla moglie Fanny Ardant, che lo tradisce con Gérard Depardieu, *La signora della porta accanto*).
290. -Vedi, tu corri dietro a qualsiasi gonnella, qualsiasi... Siamo tutte uguali per te, ma moltissimi uomini sanno distinguere e un bel giorno trovano quella che preferiscono a tutte le altre. È quello che si chiama amore: tu forse non l'hai mai provato, ma ne avrai almeno sentito parlare.
(Ann Sheridan a Cary Grant, *Ero uno sposo di guerra*).
291. -Voglio essere come voi siete, vedere come voi vedete, amare come voi amate.
(Winona Ryder a Gary Oldman-Dracula, *Dracula di Bram Stoker*).

L'INNAMORAMENTO

292. -All'inizio sono sempre fuochi artificiali...
(Woody Allen, *Storie di amori e infedeltà*).
293. -Capii subito di essere innamorato. I primi sintomi furono immediati: non so se succede anche a voi, ma a me viene il mal di mare.
(Woody Allen a proposito di Janet Margolin, *Prendi i soldi e scappa*).
294. -Col mio ex marito c'eravamo innamorati a prima vista. Forse gli dovevo dare una seconda occhiata.
(Mia Farrow, *Crimini e misfatti*).
295. -Come si scopre di essere innamorati? Si è innamorati quando si comincia ad agire contro il proprio interesse.
(Jean-Pierre Léaud, *L'amore fugge*).
296. -David, innamorati di me. Oh, quanto ti amo! Io non ho mai incontrato uno come te in tutta la mia vita! Io ti amo da morirne...
(Shirley MacLaine a Frank Sinatra, *Qualcuno verrà*).
297. -Dimmi, quando uno si sente completamente idiota, vuol dire che è innamorato?
(Jean-Louis Trintignant a Fanny Ardant, *Finalmente domenica!*).
298. -Dovrei avere imparato ormai: quando si è innamorate di un uomo sposato non bisogna mettersi il rimmel.
(Shirley MacLaine a Fred MacMurray, mentre si asciuga le lacrime, *L'appartamento*).
299. -È così, non ci sono santi: io ti amo.
-Anch'io credo di essere innamorata di te, Charlie.
-Non ho detto innamorato. Innamorato è temporaneo. Sì, perché dopo

ci si innamora subito di un altro: tutti si innamorano di continuo, e poi dopo gli passa. Io le so queste cose, mi ricordo che ho letto tutto un articolo su una rivista specializzata... Quando sei innamorato, è solo... Aspetta, come si diceva? Ecco: c'è una secrezione ormonale che ti cambia il senso dell'odorato, e così una persona reagisce in un certo modo... Capito? Ecco che è, essere innamorati: non è niente.

(Jack Nicholson e Kathleen Turner, *L'onore dei Prizzi*).

300. -Io ho un'arte speciale per innamorarmi dell'uomo sbagliato nel luogo sbagliato nel momento sbagliato.

(Shirley MacLaine, *L'appartamento*).

301. -Io non m'innamoro spesso: amo una volta sola.

(Vincent Price a Gene Tierney, *Femmina folle*).

302. -Io non sono mai stata una giovane innamorata. Chi lo sa perché.

-Non ti avvilire: i cosiddetti giovani innamorati sono rari su questa terra, si potrebbero contare sulle dita. L'amore li ha sfiorati come un dono e una punizione.

(Harriet Andersson e Åke Fridell, *Sorrisi di una notte d'estate*).

303. -Lei è mai stato innamorato?

-Mi dev'essere successo...

(La violinista Emmanuelle Béart e il liutaio Daniel Auteuil, che non crede ai sentimenti, *Un cuore in inverno*).

304. -Ma ci siamo amati...

-Ah no, ero io che ti amavo: tu eri innamorato. Non è la stessa cosa. Poi tu sei sempre stato scettico e dubitavi spesso di me.

-Be', per forza. Mi dicevi: "Ti amo perché ti amo", e allora...

-E allora? Non ti sembrava una ragione sufficiente?

(Gli ex amanti Gérard Depardieu e Fanny Ardant, *La signora della porta accanto*).

305. -Mac, sei mai stato innamorato?

-No: ho fatto il barista tutta la vita.

(Henry Fonda e J. Farrel McDonald, *Sfida infernale*).

306. -Mentre il mondo crolla, scegliamo proprio questo momento per innamorarci!

(Ingrid Bergman a Humphrey Bogart, *Casablanca*).

307. -Non sai come sono fatti: ti innamori, li ami davvero, pensi che sia l'idillio più bello dopo quello di Giulietta e Romeo, e sai che ti succede? Si fanno prestare i soldi per spenderli con altre donne o per scommettere alle corse... Poi una mattina ti svegli, lui se n'è andato e il sassofono con lui, e tutto quello che ti rimane è un paio di calzini vecchi e un tubetto di dentifricio tutto strizzato.

(Marilyn Monroe spiega a Tony Curtis la sua attrazione per i sassofonisti, *A qualcuno piace caldo*).

308. -Pensala come credi, io e Linda siamo innamorati.

-Sì, a parte il fatto che lei si scopa il mio ex siete una coppia perfetta.

(Matthew Broderick parla della sua ex, Kelly Preston, con Meg Ryan, *Innamorati cronici*).

309. -Lo psichiatra mi chiese se avevo una ragazza, e io risposi di no. E poi mi chiese se ero mai stato innamorato. Ecco, dunque, una volta io credetti di esserlo: mi fischiavano le orecchie, il cuore mi batteva, ero tutto rosso... Avevo la varicella.

(Woody Allen, *Prendi i soldi e scappa*).

310. -Quante volte ti sei innamorata nella vita?

-Compresa questa?

-Compresa questa.

-Una.

(Il baro George Segal e la ballerina da saloon Goldie Hawn, *La volpe e la duchessa*).

311. -Sai perché gli innamorati bisticciano di continuo? Per il gusto di fare la pace.

(Charles Laughton a Deanna Durbin, *La prima è stata Eva*).

312. -Senti, io non ce la faccio a innamorarmi un'altra volta: troppa fatica, troppo lavoro.

(Marsha Mason a Richard Dreyfuss, *Goodbye amore mio!*).

313. -La verità è che non m'innamoro soltanto della ragazza, m'innamoro di tutta la famiglia: amo il padre, la madre, amo lei se amo i genitori.

(Jean-Pierre Léaud, *L'amore fugge*).

314. -Vi sono secondi che durano secoli. Il colpo di fulmine è un secolo che dura un secondo.

(André Dussolier, *Tutta una vita*).

315. -Vuoi sentirne una bella? Credo di innamorarmi di quel tanghero.

(Jane Russell a Marilyn Monroe a proposito di Elliott Reid, *Gli uomini preferiscono le bionde*).

L'AFFETTO

316. -Ho bisogno d'affetto. È da molto tempo che io sto cercando qualcuno che mi voglia bene, ed ora sono io a voler bene... ed è così facile. Perché è così facile, ora?

(Natalie Wood a James Dean, *Gioventù bruciata*).

317. -Il nostro affetto sta per nascere: bisogna lasciarlo tranquillo come un bambino.

(Jeanne Moreau a Henri Serre, *Jules e Jim*).

318. -Provo per te un affetto senza fine, un affetto impensabile. È un'angoscia avere in sé un affetto così immenso.

(Gunnar Björnstrand a Liv Ullmann, *Persona*).

319. -Quelli che si vogliono bene non devono perdersi.

(Nanni Moretti, *Bianca*).

IL CORTEGGIAMENTO

320. -Allora, senti bene. Tu fermi la macchina davanti a lei, ok? Prima di scendere metti la sicura alle portiere... Scendi con calma, vai verso di lei, la accompagni alla macchina, tiri fuori la chiave, la infili e le apri lo sportello. Poi fai salire lei e le richiudi lo sportello, fai il giro passando dietro la macchina e guardi verso di lei. Se lei non si allunga a togliere la sicura per farti entrare, mollala.

-Così, tutto a un tratto?

-Dammi retta: se non si allunga verso lo sportello a togliere la sicura per farti entrare, significa che è una grande egoista, e quello è solo la punta dell'iceberg. Mollala, e mollala alla svelta.

(Il gangster Chazz Palminteri spiega al ragazzo Lillo Brancato il suo test per scegliere la donna giusta, *Bronx*).

321. -L'appartamento è di sopra: è un amore. Lo vuole vedere?

-Mi scusi, ma non ho tempo e... e poi lei deve aver sonno.

-Certo non posso forzarla, ma c'è una cosa che vorrei sapere: lei è stupido, maledettamente timido o io sono particolarmente brutta stamane?

(La modella Marie Daems cerca di portarsi in casa il pugile Roland Lesaffre, *Aria di Parigi*).

322. -Ascoltatemi, Garance, è grave: mai per una donna ho provato...

-L'amore, Pierfrancesco, l'amore?

-Non fatemi la difficile, sciocchina: vi desidero ma... ho dell'orgoglio.

-E preferireste che io facessi i primi passi? Avete in testa troppo fuoco per me, e in cuore del ghiaccio: troppe correnti d'aria...

(Marcel Herrand e Arletty, *Amanti perduti*).

323. -Con lei bisogna star lenti sulle briglie e lasciarla andare in testa, e non impressionarsi se non rientra nel gruppo, perché tanto è certo che riprende nel finale.

-Neanche lei però ama le briglie.

-Finora nessuno me le ha messe. Lei ha qualche idea?

-Sa, i cavalli bisogna vederli al lavoro sul terreno. Certo lei ha classe, però non so se resiste alla distanza...

-Molto dipende da chi ho in sella. Però devo dire che lei ha l'aria di saperci fare: finora si è condotto ottimamente.

(Lauren Bacall e Humphrey Bogart si studiano, *Il grande sonno*).

324. -Conosco il sistema: si comincia con una preghiera e si finisce con una Bibbia in una mano e me nell'altra.

(L'entraîneuse Joan Crawford sospetta dei discorsi spirituali del predicatore Ian Hunter, *L'isola del diavolo*).

325. -Ho tolto il nastro che avevo intorno al collo e l'ho nascosto sulla mia persona. Se lo trovi, puoi tenerlo. Ti permetto di cercarlo dovunque tu voglia: sarò molto delusa di te se non lo troverai.

(Gay Hamilton stuzzica il cugino Ryan O'Neal, *Barry Lyndon*).

326. -Ho ordinato il plenilunio per lei.

(William Holden a Jennifer Jones, *L'amore è una cosa meravigliosa*).

327. -Io mi domandavo qual era la sua specialità...

-Oh, ne ho molte, ma la più redditizia è dire a una ragazza che ha degli occhi profondi come laghi vulcanici, le labbra accese come i fiori dell'erica, che sono solo e assetato d'amore. Poi di solito scoppio in lacrime... Molto spesso funziona.

(Marilyn Monroe ed Elliott Reid, *Gli uomini preferiscono le bionde*).

328. -Io non sono un commesso, non sono impiegato qui. Mi è bastato vedervi e vi ho seguito. Se foste andata al ristorante sarei diventato cameriere, se foste entrata in un edificio in fiamme sarei diventato pompiere, se aveste preso l'ascensore l'avrei fermato tra un piano e l'altro per tutta la vita.

(Don Ameche, che si è finto commesso di libreria, si dichiara alla futura moglie Gene Tierney, *Il cielo può attendere*).

329. -Ma è un tale spreco! La luna piena, lo yacht vuoto...

(Il vecchio ganimede Joe E. Brown cerca di portare a bordo Jack Lemmon-Daphne, che rifiuta, *A qualcuno piace caldo*).

330. -Ma perché tanto panico per un innocente tete-à-tete?

-Ho una certa pratica di questi innocenti tete-à-tete, non è il primo da cui scappo a gambe levate. Champagne, e spero le piaccia il caviale, e qualcosa di freddo per finire così ci togliamo i domestici di torno, è più divertente servirsi da soli, non trova? E poi, dopo cena: signorina, chissà come sarà stanca, perché non si stende su questo bel divanetto? Oh, no, conosco tutte le mosse.

(Richard Wattis e Marilyn Monroe, invitata per una serata intima con il reggente di Carpazia Laurence Olivier, *Il principe e la ballerina*).

331. -Ma te lo ricordi come ci si comporta con le ragazze?

-Mi tornerà in mente: sai, è come andare in bicicletta...

(Walter Hampden e l'indaffarato figlio Humphrey Bogart, *Sabrina*).

332. -Piccolo fiore del deserto, ti proteggerò come un pastore protegge il gregge!

-Le conosco queste storielle di pastori, reverendo Sloane, ma tu le pecore non le pascoli con me!

(Il predicatore donnaiolo David Warner e Stella Stevens, *La ballata di Cable Hogue*).

333. -Quando io ero in terza elementare tua madre era incinta di te. Quando io ho preso la licenza liceale, tu succhiavi ancora i coni gelati... Non esco con i ragazzini.

(Ellen Burstyn respinge Harvey Keitel, *Alice non abita più qui*).

334. -Quando una ragazza ha meno di ventun anni è protetta dalla legge, quando ha superato i sessantacinque è protetta dalla natura. A qualsiasi età intermedia, è caccia libera.

(Cary Grant, *Operazione sottoveste*).

335. -Sai, a volte quando sei lassù sulla corda tesa, io ti guardo e ti trovo così...

-Come?

-Commestibile.

-Quanto appetito hai ora?

-Sono sempre affamato dopo lo spettacolo, e tu?

-Non riesco mai a dormire a stomaco vuoto.

-C'è qualcosa che ti stuzzica in modo speciale?

-Non faccio storie, mangio quello che mi metti davanti.

(Il clown John Mulkovich e la trapezista Madonna, *Ombre e nebbia*).

336. -Sai che con me non occorrono tante commedie... Non devi dir niente, non devi neanche far niente, neanche un gesto... O, se vuoi, basta un fischio... Tu sai fischiare, vero, Harry?

(Lauren Bacall a Humphrey Bogart, *Acque del Sud*).

337. -Sai perché aspetta sempre l'ultimo momento? Perché ti trova sempre.

-Cioè sono troppo disponibile?
-Disponibile? Sei come una cravatta vecchia appesa nel suo armadio: quando se la vuol mettere è sempre lì.
(Joan Blondell mette in guardia Katharine Hepburn dalla remissività nei confronti del fidanzato Gig Young, *La segretaria quasi privata*).
338. -Se uno ti accompagna all'aeroporto, è chiaro che è all'inizio di una relazione. Ecco perché io non accompagno nessuno all'aeroporto all'inizio di una relazione.
-Perché?
-Perché alla fine le cose cambiano, e tu non l'accompagni più all'aeroporto, e io non voglio sentirmi dire: "Come mai non mi accompagni più all'aeroporto?"
(Billy Crystal e Meg Ryan, *Harry, ti presento Sally...*).
339. -Solo per decidere come rimorchiarla ci vogliono almeno tre settimane.
(Hugh Grant a proposito di Andie MacDowell, *Quattro matrimoni e un funerale*).
340 -Tu certo sei un buon materiale da infatuazione.
(Meryl Streep a Dennis Quaid, *Cartoline dall'inferno*).

IL BACIO

341. -Aprite gli occhi e guardatemi. No, non vi bacerò neanche, benché ne abbiate bisogno. È questo il guaio: dovreste essere baciata, e spesso, e da un esperto.
(Clark Gable a Vivien Leigh, *Via col vento*).
342. -Baciami, baciami come se fosse l'ultima volta.
(Ingrid Bergman a Humphrey Bogart, *Casablanca*).
343. -Baciami, stupido!
(Felicia Farr a Ray Walston, *Baciami, stupido*).
344. -I baci di donna sono come bicchieri di vino: tu bevi e bevi e bevi e finisci col soccombere.
-Ma chi non parla mai male delle donne non le ama: perché per capirle ed amarle devi soffrire per loro colpa. Allora e solo allora puoi trovare la felicità sulle labbra della tua diletta.
-Ma un bacio non è altro che il desiderio di divorare ciò che baci.
-... Che cos'è un bacio? Semplicemente il desiderio di sperderti nell'anima della donna che ami.
(Daniel Emilfork Berenstein e Donald Sutherland-Casanova, *Il Casanova di Federico Fellini*).
345. -Com'era?
-Molto interessante: non ero mai stata baciata da un sociopatico prima.
(L'ex galeotto Tim Roth e la ragazza bene Drew Barrymore, *Tutti dicono I love you*).
346. -E la dissolvenza?
-Cosa?
-Sempre, quando il bacio si fa ardente, subito prima dell'intimità c'è la dissolvenza.

(L'attore Jeff Daniels, che è uscito dallo schermo, dopo aver baciato la spettatrice Mia Farrow, *La rosa purpurea del Cairo*).

347. -E non mi baciare! Lo sai, no, che nun me piace il bacio! I baci li danno le femminucce e gli uomini sessuali.

(Il boss mafioso Roberto Benigni a Nicoletta Braschi, *Johnny Stecchino*).

348. -È un soldato del Sud che vi ama, Rossella, che vuole stringervi tra le sue braccia, che vuol portare con sé il ricordo dei vostri baci. Non mi importa che mi amiate: manderete un soldato incontro alla morte con un dolce ricordo. Rossella, baciami. Baciami ora!

(Clark Gable a Vivien Leigh, *Via col vento*).

349. -Fu un bacio vero, profondo, carnale... Insomma, con la lingua, parecchia lingua... E poi ci si baciò tantissimo, eh? Quattro o cinque ore di seguito.

(Leonardo Pieraccioni commenta il "magic moment" con Lorena Forteza, *Il ciclone*).

350. -Io nacqui al suo bacio, morii quando mi lasciò, vissi finché ebbe vita il suo amore.

(Humphrey Bogart, *Il diritto di uccidere*).

351. -Ma come hai imparato a baciare così?

-Vendendo baci per il soccorso invernale.

(Tony Curtis e Marilyn Monroe, *A qualcuno piace caldo*).

352. -Il momento più bello del bacio secondo me è quando vedi il suo viso che si avvicina al tuo e capisci che stai per essere baciata. Quell'attimo... quell'attimo prima è una cosa stupenda.

(Voce fuori campo all'inizio di *Ritratto di signora*).

353. -Non ho mai baciato in automobile prima d'ora.

(Cary Grant a Joan Fontaine, *Il sospetto*).

354. -Non posso parlare, quando mi baci.

-E io non posso baciarti, quando parli.

(Taina Elg e Gene Kelly, *Les girls*).

355. -Non sono mai stata baciata da uno che poteva diventare papa.

(Joan Collins a Vittorio Gassman, aristocratico romano, *La congiuntura*).

356. -Per un tuo bacio, darei metà della mia vita.

-Oh... Ritorna domani e ti bacerò due volte.

(Ivan Lebedev e Mae West, *Goin' to town*).

357. -Reggiti forte, perché baciare è il mio mestiere.

(James Caan a Marsha Mason, *Capitolo secondo*).

358. -Sai che ti dico? Finché non ti hanno baciato in uno di quei piovosi pomeriggi parigini non sei mai stata baciata.

(Woody Allen a Juliette Lewis, *Mariti e mogli*).

359. -Senti, baci da Dio!

-Lui ha preso tante cose da me...

(Charlotte Rampling e Woody Allen, *Stardust memories*).

360. -Ti proverò che tutto quello che ti ha detto tua madre è sbagliato: baciami, Norman.

(Diane Varsi a Russ Tamblyn, *I peccatori di Peyton*).

361. -Tuo fratello ti ha insegnato a baciare?

-Sì, ma solo in teoria. Diceva che la cosa peggiore che può capitare a un ragazzo è quando ha l'impressione di mettere le labbra in un piatto di semolino.

-... Se non altro ha alluso alle labbra.

-Mi disse anche: "Ricordati che la cosa più importante è pulirti molto bene la bocca e tenere le labbra chiuse in modo che lui non ti baci i denti". Un giorno andammo a vedere *Il postino suona sempre due volte*. C'era quel grosso primo piano di... come si chiamano? Lana Turner e John Garfield... e le loro teste si avvicinano, è il momento più emozionante, c'è musica in sottofondo, ora si baceranno, e proprio mentre stanno per farlo... aprono la bocca, e io: "Oh mio Dio, che cosa gli succede? Non sanno neanche baciare". Mi giro, guardo mio fratello per sentire cosa ha da dire, ma lui, santo Dio, non dice neanche una parola: guarda fisso lo schermo, e non ha aperto bocca per tre settimane e poi, un bel giorno, dice: "Sì, credo che baciando si debbano aprire un pochino le labbra, ma non tanto".

-Ah, che Dio lo benedica, sennò avrei dovuto faticare troppo.

(Kris Kristofferson ed Ellen Burstyn, *Alice non abita più qui*).

362. -Va meglio, se partecipi.

(Lauren Bacall a Humphrey Bogart, *Acque del Sud*).

GLI AMANTI

363. -Gli amanti sono sempre vili.

(Maurice Ronet, *Ascensore per il patibolo*).

364. -Un ex amante come buon amico può sempre servire nella vita.

(Naima Wifstrand alla figlia Eva Dahlbeck, *Sorrisi di una notte d'estate*).

365. -Figurati un po': mi voleva mollare per sua moglie.

(Joan Crawford, *Donne*).

366. -Io gli amanti li sgranocchio a dozzine.

(Brigitte Bardot, *Piace a troppi*).

367. -Isaak, tu sei stato un amante dolce come le fragole...

(Gunn Wållgren a Erland Josephson, *Fanny e Alexander*).

368. -Mi piace essere l'altra donna: è così francese.

(Bette Midler, a letto con l'ex marito che sta tradendo con lei la seconda moglie, *Questo pazzo sentimento*).

369. -Nelle camere d'albergo ci si sente sempre colpevoli. Non sarò molto morale, ma le cose clandestine non mi piacciono.

(Jeanne Moreau al suo amante Henri Serre, *Jules e Jim*).

370. -Pensa a me come a una deviazione sull'autostrada della vita.

(Woody Allen alla giovanissima amante Mariel Hemingway, *Manhattan*).

371. -Questa non è la vita, Wil: è una stagione rubata.

(Gwyneth Paltrow all'amante Joseph Fiennes-William Shakespeare, *Shakespeare in love*).

372. -Sì, è vero, ero l'amante di Massoulier: una storia vecchia... Mi lasciavi sempre sola. E comunque la sua morte non m'interessa: era un maiale, e poi faceva l'amore come un ombrello.

(Caroline Sihol al marito Jean-Louis Trintignant, *Finalmente domenica!*).

LA SOFFERENZA

373. -Amare è soffrire. Se non si vuol soffrire, non si deve amare. Però allora si soffre di non amare. Pertanto amare è soffrire, non amare è soffrire, e soffrire è soffrire. Essere felice è amare: allora essere felice è soffrire. Ma soffrire ci rende infelici. Pertanto per essere infelici si deve amare. O amare e soffrire. O soffrire per troppa felicità. Io spero che tu prenda appunti.

(Diane Keaton a Jessica Harper, *Amore e guerra*).

374. -Anch'io ho sofferto, ho sofferto come un cane. Per quasi tre quarti d'ora.

(Adolfo Celi ricorda quando è stato piantato dalla moglie, *Amici miei*).

375. -Avete lo sguardo di qualcuno che ha molto sofferto. I vostri occhi sembrano chiedere: perché debbo soffrire ancora?

(Masayuki Mori a Setsuko Hara, *L'idiota*).

376. -È ingiusto che soffra solo io. Soffrire in due, invece, è meno noioso.

(Mila Parely a Marcel Dalio, *La regola del gioco*).

377. -Ho sofferto anch'io, se vuoi saperlo.

-Ah, tu hai sofferto! Per che cosa? Per le scarpe strette, forse?

(Gunnar Björnstrand e l'ex amante Eva Dahlbeck, *Sorrisi di una notte d'estate*).

378. -Ho sofferto moltissimo, avevo sempre mia moglie davanti agli occhi. Altrimenti che sofferenza era?

(Totò, *Totò, Peppino e i fuorilegge*).

379. -La sofferenza è l'unica promessa che la vita mantiene.

(Aung Ko, *Oltre Rangoon*).

380. -Soffri? E invece io non soffro più. Non bisogna soffrire tutti e due insieme: quando smetterai tu, comincerò io.

(Jeanne Moreau all'amante Henri Serre, *Jules e Jim*).

381. -Vado a soffrire in campagna, è l'unica.

(Totò, *Totò sceicco*).

L'ODIO

382. -In fondo non so se ce l'ho con te più per il male che ti ho fatto che per quello che tu hai fatto a me.

(Gérard Depardieu all'ex amante Fanny Ardant, *La signora della porta accanto*).

383. -Io non ti odio. Vorrei tanto ucciderti, ma non ti odio.

(John Turturro ad Anthony Quinn, *Jungle fever*).

384. -Io più pensavo a te e più ti avrei voluto vedere morto, fatto a pezzettini, squartato e gettato ai maiali.

-Gesù, che precisione... Hai pensato anche ai minimi particolari.

(Julie Kavner e l'ex fidanzato Woody Allen, *Ombre e nebbia*).

385. -Io so odiare perché so amare, senza limiti.

(Romy Schneider, *Fantasma d'amore*).

386. -La odiavo tanto che non potevo dimenticarla neanche un minuto: era nell'aria che respiravo, nel cibo che mangiavo.

(Glenn Ford a proposito di Rita Hayworth, *Gilda*).

387. -Mi domando se esista qualcosa di più orribile di un marito e di una moglie che si odiano.

(Erland Josephson cita Strindberg, *Scene da un matrimonio*).

388. -Mio figlio non mi ama e sua madre mi odia. Sai, Pamela, l'odio può tenere legate due persone più fortemente che l'amore.

(Van Heflin spiega la sua situazione familiare all'antico amore Katharine Hepburn, *Una donna si ribella*).

389. -L'odio è l'unica cosa che riesce a darmi calore.

(George Macready, *Gilda*).

390. -Odio gli inglesi perché rendono necessario l'odio.

(Il patriota irlandese Liam Neeson, *Michael Collins*).

391. -Odio ogni molecola del suo corpiciattolo.

(Il commissario Herbert Lom a proposito del collega e rivale Peter Sellers-Clouseau, *La pantera rosa colpisce ancora*).

392. -Quando una donna è capace di amare un uomo fino alla disperazione, può anche odiarlo allo stesso modo.

(Jean Harlow, *Sui mari della Cina*).

393. -Se odi con tanta passione, chissà come sai amare.

(Clark Gable a Joan Crawford, *L'isola del diavolo*).

394. -Il tuo vero talento è odiare.

-Sei tu l'esperta. Se lo dici tu...

(Katharine Hepburn e il figlio John Castle, *Il leone d'inverno*).

395. -Tu possiedi l'odio, un odio giovane, puro, assoluto. Ma sta' attento: questo potenziale d'energia e furore è troppo importante per farne la ragione di una personale vendetta: sarebbe un lusso, uno spreco inutile.

(Helmut Griem, ufficiale delle SS, istruisce Renaud Verley, *La caduta degli dei*).

L'ANIMA

396. -L'anima? Me ne frego dell'anima!

(Joseph Turkel, condannato a morte, al confessore Emile Meyer, *Orizzonti di gloria*).

397. -Comprendere l'animo umano è come cercare con una tazza di vuotare il mare.

(Harold Warrender, *Pandora*).

398. -E io, che parte farò?

-Tu sei un gran babbeo, e quindi farai la parte dell'anima.

(Nils Poppe ed Erik Strandmark allestiscono una sacra rappresentazione, *Il settimo sigillo*).

399. -La mia anima è esattamente ciò che io ne ho fatto finora.

(John Wayne, *Il pistolero*).

400. -Le persone come me hanno sempre trascurato l'anima e se ne rendono conto quando comincia a soffrire.

-A volte è il corpo d'impaccio, a volte l'anima.

(Christine Buchegger e l'omosessuale Walter Schmidinger, *Un mondo di marionette*).

401. -Possa Dio aver pietà della vostra anima.

-Perché no? Dopotutto è roba sua.

(Fritz Leiber e Charlie Chaplin, *Monsieur Verdoux*).

402. -Siamo un esercito di milioni di povere anime invalide che si aggirano per il mondo chiamandosi con parole disperate senza riuscire a comprendersi, suscitando in noi terrore.

(Liv Ullmann, *L'immagine allo specchio*).

403. -Tu mi congeli lo spirito, ecco quello che fai. Fai gelare il mio spirito.

(Warren Beatty a Julie Christie, *I compari*).

GLI ANIMALI

404. -A me i gatti neri mi guardano in cagnesco.

(Totò, *Totò contro i 4*).

405. -Avevo un gatto da guardia che era una bellezza. Lo tenevo in cassaforte per non fare avvicinare i ladri.

(Totò, *Chi si ferma è perduto*).

406 -Cavalli celebri: il cavallo di Troia, i cavalli di Frisia, piazza Magnacavallo e il cavallo dei pantaloni.

(Totò, *Totò, lascia o raddoppia?*).

407. -I cavalli dovrebbero fare solo gli stalloni.

-E perché, noi no?

(I cow-boys Robert Redford e Willie Nelson, *Il cavaliere elettrico*).

408. -Il cavallo è un animale utile. Non è giusto farlo soffrire solo perché appartiene a un asino.

(Gregory Peck, *Cielo giallo*).

409. -C'è una differenza fondamentale tra noi e i cammelli: che i cammelli sembrano stupidi, ma in effetti lo sono. Ma loro lo diventano per via genetica, mentre invece noi lo diventiamo a tappe. Anche se poi non diventeremo mai dei cappotti, e quindi non conosceremo mai l'umiliazione di passare il resto dei nostri giorni andando su e giù per via Montenapoleone indossati da un imbecille che cerca la camicia giusta.

(Paolo Rossi, *I cammelli*).

410. -Che razza di cane hai?

-La peggiore.

-Davvero?

-È un bassotto. Sai, è un sostitutivo del pene, per me.

-Oh, nel tuo caso avrei pensato ad un alano.

(Woody Allen e Diane Keaton, *Manhattan*)

411. -Che tipi di topi sono? Topazi? Bene, si possono eliminare con la toponomastica, ma il gatto rimane sempre il rimedio migliore.

(Totò, *Fifa e arena*).

412. -Conta il portamento in campo. Meglio quello di un ghepardo che quello di uno scimpanzè. Forti tutti e due. Ma lo scimpanzè salta in giro tutto il giorno per trovarsi le noci. Il ghepardo schivo si muove con assoluta nonchalance con la sua andatura lenta e sexy. Io gioco come un ghepardo.

(Leonardo DiCaprio nel campo di basket, *Ritorno dal nulla*).

413. -Cuore tenero, eh?

-Solo per i cavalli.

(Burt Lancaster e Gary Cooper, che ha appena abbattuto un cavallo morente, *Vera Cruz*).

414. -E inoltre mi ha parlato di certe donne del suo villaggio, donne che per via del sangue alieno che corre nelle loro vene possono mutarsi in felini come le pantere. Se una di queste donne dovesse innamorarsi e un uomo normale dovesse stringerla in un abbraccio, sarebbe spinta dalla sua natura mutante a ucciderlo.

(Lo psichiatra Tom Conway sveglia dall'ipnosi la paziente Simone Simon, *Il bacio della pantera*).

415. -"La gallina è un animale composto dall'esterno e dall'interno... Se si toglie l'esterno, resta l'interno... E quando si toglie l'interno, allora si vede l'anima."

(André S. Labarthe cita il tema di un ragazzino, *Questa è la mia vita*).

416. -La gente pensa che i pesci siano stupidi ma io ho sempre saputo che non lo sono, perché loro sanno sempre quando stare zitti. È la gente che è stupida, i pesci sanno tutto e non hanno bisogno di pensare.

(Johnny Depp, *Arizona dream*).

417. -Io, signori, negli ultimi due mesi sono stata invitata a cena da ventisei vermi diversi.

(Audrey Hepburn, cacciatrice di miliardari a scopo matrimoniale, *Colazione da Tiffany*).

418. -Lupo ulu-là e castello ulu-lì.

(Marty Feldman dà il benvenuto in Transilvania a Gene Wilder, *Frankenstein junior*).

419. -La madre del vitello è detta volgarmente vacchetta.

(Totò, *San Giovanni decollato*).

420. -Noi fummo i gattopardi, i leoni. Chi ci sostituirà saranno gli sciacalli, le iene. E tutti quanti, gattopardi, leoni, sciacalli e pecore, continueremo a crederci il sale della terra.

(Burt Lancaster a proposito dell'aristocrazia al crepuscolo, *Il gattopardo*).

421. -Non c'è più nessun dubbio ormai che discendiamo dalle scimmie. Il guaio è che non siamo più capaci di risalire fino a loro.

(Marcello Mastroianni, *Ginger e Fred*).

422. -Non mi ascolta: è come parlare a un mulo.

(Stan Laurel a proposito del suo mulo, *Fra Diavolo*).

423. -Non ti fidare di un uomo che non ama gli animali. E non ti fidare di un animale che non ama gli esseri umani.

(Claudia Cardinale, *La pantera rosa*).

424. -Pare che lei aiuti le persone che hanno problemi con i cavalli.

-Io aiuto i cavalli che hanno problemi con le persone.

(Kristin Scott-Thomas e Robert Redford, *L'uomo che sussurrava ai cavalli*).

425. -I pesci hanno anticipato tutto quello che è venuto dopo. Non capisco perché l'evoluzione sia andata avanti: poteva fermarsi lì.

(Eric Deacon, *Lo zoo di Venere*).

426. -La scimmia non è proprio una bestia del regno animale, ma bensì la metamorfosi vulcanica ed umanitaria integerrima, la paratomia dell'uomo sintetico, una sintesi delle cellule umanitarie che, a prescindere dalle cellule umanitarie della corpulenza anatomica maschile, escludendo naturalmente la parte addominale fisiologica, abbiamo il nervo simpatico che soffre di antipatie e di simpatie, così che, calcolando le distanze tecniche tra l'uomo e il gorilla, accediamo al campo specifico della sua perfetta rassomiglianza con lo scimpanzè. È chiaro?

(Totò, *Due cuori fra le belve*).

427. -Sentite: un giorno, lungo le coste del Brasile, vidi l'oceano così pieno di sangue da sembrare quasi nero, mentre il sole tramontava in un cielo di fuoco. Ci ancorammo a Fortaleza, e alcuni di noi presero le lenze per pescare. Fui il primo ad afferrare qualcosa: era un pescecane, e poi ne venne un altro, e poi un altro ancora. In un momento, tutto il mare era pieno di pescicani, e ne venivano sempre altri, l'acqua ne era coperta. Quando il mio pescecane poté liberarsi dall'amo, aveva una larga ferita dalla quale perdeva sangue in abbondanza, e forse l'odore del sangue eccitò gli altri. Cominciarono a divorarsi fra di loro... e persino a mordere se stessi. Si sentiva nell'aria la follia del sangue che saliva fino a noi: un cupo alito di morte gravava tutt'intorno. Non ho visto mai cosa più orrenda, prima del picnic di questa sera... E badate bene, neanche uno dei pescicani di quel groviglio in furia sopravvisse. Tenetene conto.

(Il marinaio Orson Welles ai "pescicani" Everett Sloane, Glenn Anders e Rita Hayworth, *La signora di Shangai*).

428. -Sento "Buon giorno, signore". Mi giro e vedo un grosso coniglio appoggiato a un lampione. E io mi stupisco, perché quando abiti in una città così tanto quanto ci ho abitato io, conosci tutte le facce dei tuoi concittadini.

(L'eccentrico sognatore James Stewart, *Harvey*).

429. -Signora, lei è una tigra, una pantera, un puma!

(Totò, *Animali pazzi*).

430. -Si vede che lei non ha un gatto.

-E che me ne faccio del gatto? Ho la ragazza.

(Elliott Gould-Philip Marlowe e Rodney Moss, *Il lungo addio*).

431. -Tu pensi che una zebra sia un animale bianco a strisce nere o un animale nero a strisce bianche?

(Joss Ackland a Frances Barber, *Lo zoo di Venere*).

432. -L'uomo discende dalla scimmia, io no perché sono raccomandato.

(Totò, *Due cuori fra le belve*).

433. -Vendo informazioni sicure sui cavalli. Qui ne ho una che non può fallire: solo un dollaro.

-No, grazie, un'altra volta. Scusa, ma punto su Sanapa. Un'altra volta, eh...

-Ehi, senti: Sanapa è il più brocco di tutta la pista.

-Allora com'è che vince sempre?

-Ah, vince sempre solo perché arriva primo.

-Be', io mi accontento che arrivi primo.

(Chico Marx e Groucho Marx, *Un giorno alle corse*).

434. -Un verme, con pochissime eccezioni, non è un essere umano.
(Gene Wilder, *Frankenstein junior*).

LA CACCIA

435. -Di certo sapete tutti benissimo cos'è un gattopardo: tra le fiere è la fiera più fiera, quella con maggior fierezza. Per chi fa la caccia grossa è una preda ambita: il gattopardo si occulta nella vegetazione, e per stanarlo serve un canepardo.
(Groucho Marx, *Animal crackers*).
436. -Uccidere o morire in montagna o nel Vietnam è esattamente la stessa cosa. Ma deve succedere lealmente.
-Come? Un colpo solo?
-Un colpo solo.
-Io non ci credo più tanto a questa storia del colpo solo, Mike.
-Tu devi contare su un colpo solo, hai soltanto un colpo. Il cervo non ha il fucile: dev'essere preso con un colpo solo. Altrimenti non è leale.
(Robert De Niro e Christopher Walken vanno a caccia, prima di partire soldati, *Il cacciatore*).

LA PESCA

437. -Dal punto di vista di una donna, tutto il tempo che gli uomini passano a parlare di pesci è davvero umiliante.
(Jean Simmons, *L'erba del vicino è sempre più verde*).
438. -Vuoi che t'insegni a pescare? Come si fa a pigliare una grossa trota o un pesce persico? Ti piacerebbe?
-Sì.
-Sai, quando avevo l'età tua certe volte andavo a pesca con tutti i miei fratelli e con mio padre, tutti insieme. E pensa: io ero il solo che pigliava pesci, nessun altro era capace all'infuori di me. Sai come facevo? Ogni volta che buttavo la lenza nell'acqua dicevo un'Ave Maria. E ogni volta che dicevo un'Ave Maria i pesci abboccavano... Che non mi credi? È vero, sai. È un segreto.
(John Cazale al nipote James Gounaris, *Il padrino-Parte seconda*).

L'APPARENZA

439. -Credi che non ti capisca? Tu insegui un sogno disperato, questo è il tuo tormento. Tu vuoi essere, non sembrare di essere. Essere in ogni istante cosciente di te, e vigile. E nello stesso tempo ti rendi conto dell'abisso che separa ciò che sei per gli altri da ciò che sei per te stessa e provoca quasi un senso di vertigine, un timore di essere scoperta, di vederti messa a nudo, smascherata, riportata ai tuoi giusti limiti. Perché ogni parola è menzogna, ogni gesto falsità, ogni sorriso una smorfia. Qual è il ruolo più difficile? Togliersi la vita? Ma no, sarebbe poco dignitoso. Meglio rifugiarsi nell'immobilità, nel mutismo, così si evita di dover mentire, oppure mettersi al riparo dalla vita, così non c'è bisogno di recitare, di mostrare un volto finto o fare gesti non voluti. Non ti pare? Questo è ciò che si crede ma non basta celarsi perché, vedi, la vita si manifesta in mille modi diversi ed è impossibile non reagire. A nessuno importa sapere se le tue reazioni siano vere o false. Solo a teatro il problema si rivela importante e forse neanche lì. Io ti capisco, Elisabeth... e quasi ti ammiro. Secondo me devi continuare a recitare la tua parte fino in fondo finché essa non perda interesse, e abbandonarla così come sei abituata a fare passando da un ruolo all'altro.

(La dottoressa Margaretha Krook alla paziente Liv Ullmann, un'attrice che si è chiusa nel mutismo, *Persona*).

440. -Detto fra noi, non c'è niente di autentico. È tutto un trucco, me compresa.

-E a cosa le serve il trucco?

-A difendermi. La vita mi ha insegnato che l'autentico non piace.

(La modella Marie Daems mostra la casa-negozio arredata con falsi mobili antichi in cui lavora al pugile Roland Lesaffre, *Aria di Parigi*).

441. -Un uomo non è mai se stesso quando parla in prima persona. Mettetegli una maschera e vi dirà la verità.

(La rockstar Jonathan Rhys Meyers, *Velvet goldmine*).

442. -La vita di un uomo è la sua immagine.

(Ewan McGregor, *Velvet goldmine*).

LO SPECCHIO

443. -Io sono il tuo specchio, Belle: riflettiti in me e io ti ridarò ciò che tu mi dai.

(Lo specchio a Josette Day, *La bella e la bestia*).

444. -Lo specchio è a pezzi.

-Sì, lo so, mi piace così: mi ci vedo come mi sento.

(Jack Lemmon e Shirley MacLaine, che si contempla in uno specchietto da trucco dopo avere appreso che Fred MacMurray non la ama, *L'appartamento*).

LA FOTOGRAFIA

445. -È la foto del nonno. È un po' mossa, ma nonno aveva il Parkinson.

(Giorgio Panariello, *Bagnomaria*).

446. -La fotografia di mio padre stava in tutti i commissariati: era fotogenico.

(Il contrabbandiere Totò, *La legge è legge*).

447. -Nessuna foto di papà?

-Non stette in casa il tempo necessario per fargli una foto.

(Walter Matthau e Carol Burnett, *Un marito per Tillie*).

L'ARTE

448. -L'arte è un lavoro sporco, qualcuno deve pur farlo.
(Scritta sulla t-shirt di Giovanni (Giovanni Storti), *Così è la vita*).
449. -Nessuna opera d'arte è completa finché non interviene il caso.
(James Mason, *Pandora*).
450. -No, non è vero che l'arte sia semplice. Perché lo sarebbe? La vita stessa non è semplice, né lo è la mente umana... Né, in quanto a questo, lo è il cuore.
(José Ferrer-Toulouse-Lautrec, *Moulin Rouge*).
451. -Ogni quadro, se è buono, è un atto d'amore.
(Edward G. Robinson, *La strada scarlatta*).
452. -Questa è proprio l'arte che preferisco, quella che penso servirà domani: un'arte chiara, netta, senza retorica, che non dica bugie, che non sia adulatrice.
(Marcello Mastroianni, *La dolce vita*).
453. -Santa libertà dell'arte, santa fragilità dell'arte!
(Gunnar Björnstrand, *La vergogna*).
454. -Sapete come si cerchi di arrivare alla perfezione almeno nell'arte... perché... è talmente difficile nella vita.
(Woody Allen spiega perché ha utilizzato per una sua commedia, cambiando il dialogo in senso a lui favorevole, l'addio con Diane Keaton, *Io e Annie*).

L'ARTISTA

455. -Così ora sarete povera per il resto dei vostri giorni...
-Un artista non è mai povero.
(Brigitte Federspiel e la cuoca Stéphane Audran, esule francese che ha speso la vincita alla lotteria per preparare un banchetto ai danesi che l'hanno ospitata, *Il pranzo di Babette*).
456. -Dipinge bene, mi ricorda il Tinturicchio.
(Totò, *Totò, Eva e il pennello proibito*).
457. -È inutile essere un artista se devi vivere come un impiegato.
(Paul Newman, *La stangata*).
458. -Futurista, impressionista, realista? Veramente io sono socialdemocratico monarchico napoletano.
(Totò, *Totò cerca casa*).
459. -Ho l'impressione che tu stia arrossendo, signor grande artista: non riesco a immaginare monsieur Monet che arrossisce.
-Monet dipinge paesaggi.
(Kate Winslet e Leonardo DiCaprio, che la sta ritraendo nuda, *Titanic*).
460. -Io non capisco che razza di arte è la tua: astrattista, futurista, esistenzialista?
-La mia arte è assenteista, cioè vale a dire: nelle mie opere manca sempre qualche cosa... Vedi questa?
-Cos'è? Un cippo funerario?
-Profano! Questa è una "Madre con il bambino che piange".

-E dov'è la madre?
-La madre è uscita: ecco perché il bambino piange.
-Sì, va be', ma io non vedo neanche il bambino.
-Ma il bambino è sciocco: è corso dietro alla madre.
(Mario Castellani e Totò, *Totò cerca moglie*).
461. -Sono un pittore che ha fatto opere insegne.
(Totò, *Totò, Eva e il pennello proibito*).
462. -Voi artisti siete tutti uguali: ipersensibili riguardo a voi stessi, ma dei sentimenti altrui ve ne infischiate.
(Nina Foch a Gene Kelly, *Un americano a Parigi*).

IL COLLEZIONISTA

463. -Ma porcaccia miseria, ma vedi un po' se adesso devo pure togliermi un rene per un francobollo del cavolo!
-È il Mercurio rosa austriaco del 1851, non per un francobollo qualsiasi.
(Jerzy Stuhr e il fratello Zbigniew Zamachowski, fanatici collezionisti che accettano la proposta di donare un organo in cambio di un francobollo rarissimo, *Decalogo 10*).
464. -Senta, signor Kane, visto che è in vena di promesse, c'è un mucchio di quadri d'autore e di statue in Europa che ancora non ha comprato...
-Non so farmene una colpa, Bernstein: gli artisti fanno quadri e statue da duemila anni, e io li compro solo da cinque...
(Everett Sloane e Orson Welles, *Quarto potere*).

L'AUTOMOBILE

465. -L'automobile, secondo me, determinerà dei cambiamenti persino nella mente umana.
(Joseph Cotten, *L'orgoglio degli Amberson*).
466. -Così gli ho detto, mai più: o ti trovi una macchina più grande o una ragazza più piccola.
(Joan Shawlee a proposito del collega David Lewis, che ha fatto l'amore con lei in macchina, *L'appartamento*).
467. -Era nuova di zecca: aveva l'odore delle macchine nuove. Che è poi il miglior profumo del mondo, a parte quello di donna.
(Robert Bossom rievoca i primi giorni della Plymouth Fury che sta vendendo a Keith Gordon e che si rivelerà stregata, *Christine la macchina infernale*).
468. -Hai precedenti esperienze di rapimenti?
-Eccome. Sai che fo quando rapisco qualcuno? Prima lo chiamo da un telefono, poi gli mando lo chauffeur.
-Oh, tu hai lo chauffeur... E che tipo di macchina hai?
-Niente, non la tengo: tengo solo lo chauffeur.
-Forse sono pazzo: ma, avendo lo chauffeur, non si dovrebbe avere la macchina?

-Be', io l'avevo. Però costa troppo avere lo chauffeur. Allora ho venduto la macchina.

-Ah, ciò dimostra la mia ignoranza: io tenevo la macchina e vendevo lo chauffeur.

-Ma io devo avere lo chauffeur che mi porta al lavoro.

-Ma senza la macchina, come ti porta al lavoro?

-Non deve portarmi al lavoro: non ho lavoro.

(Groucho Marx e Chico Marx, *Horse feathers*).

469. -Io bene come in macchina non sto in nessun posto.

(Vittorio Gassman, *Il sorpasso*).

470. -Oh no, è il motore! È partito un pistone.

-Poi torna?

(Dan Aykroyd e John Belushi con l'auto in panne, *The Blues Brothers*).

471. -Scusi, da quanto tempo guida lei?

-Io? Da... da dieci minuti!

-Ah, pensavo meno!

(Nicoletta Braschi e l'imbranato Roberto Benigni, *La vita è bella*).

IL TAXI

472. -Si diventa tristi a guidare un taxi.

-È vero, fratello. Tristi... e furbi.

-Furbi in che modo?

-Osservatori: si impara a leggere sui visi.

(Il passeggero Humphrey Bogart e il taxista Tom D'Andrea, *La fuga*).

473. -Taxi! Portami via da questo film!

(Harvey Korman, *Mezzogiorno e mezzo di fuoco*).

L'INSEGUIMENTO

474. -Ehi, sveglia, andiamo.

-Ok.

-Giri l'angolo, poi rallenti. Dobbiamo seguire un'auto, le spiace?

-Sono tutta sua.

-Fosse vero!

(Humphrey Bogart-Philip Marlowe e la taxista Joy Barlowe, *Il grande sonno*).

475. -Ragazzino! Vie' qua, famme montà... Segui quella macchina!

(Memmo Carotenuto, *I soliti ignoti*).

476. -Segua quella macchina blu!

-E immagino che vuoi che metta la sirena al massimo e passi col rosso, eh?

-No, devi guidare piano, prendere i cento bigliettoni e chiudere quella cazzo di bocca, ok?

(La bambina Natalie Portman e il tassista Abdul Hassan Sharif, *Leon*).

477. -Segua quel taxi!

(Phil Roth, *Ma papà ti manda sola?*).

478. -Segua quel taxi!
-Credevo che non lo dicessero più neanche al cinema.
(Carmen Maura e Guillermo Montesinos, *Donne sull'orlo di una crisi di nervi*).
479. -Segui quella macchina.
-Da sempre aspettavo che qualcuno me lo chiedesse.
(Gregory Peck e il taxista, *Arabesque*).

LA BELLEZZA

480. -Ammazza che fusto!
(Alberto Sordi a se stesso, *Un americano a Roma*).
481. -La bellezza è un'eccezione, un insulto al mondo, che è laido. Raramente gli uomini amano la bellezza. La cercano, semplicemente, per paura di sentirne parlare, per tenerla in catene.
(Louis Salou, *Amanti perduti*).
482. -La bellezza non è mai sprecata.
(Brian Aherne, *Il diavolo è femmina*).
483. -La bellezza serve dappertutto, ma in Virginia è una necessità: non ti danno neppure la patente se sei brutta.
(Thelma Ritter, *Gli spostati*).
484. -È importante essere belle?
-La bellezza non è indispensabile per una prostituta. Ha, tuttavia, un ruolo importante nella sua carriera; è il suo fisico che classificherà una ragazza nella gerarchia della prostituzione e, soprattutto, che attirerà su di lei l'attenzione dei prosseneti. Infatti la bellezza fisica della donna può essere per loro fonte di immensi guadagni.
(Anna Karina e Sady Rebbot, *Questa è la mia vita*).
485. -È strano: quando la luce mi colpisce in un certo modo, sono quasi bello.
(Peter O'Toole, *Ciao Pussycat*).
486. -È troppo bello, è troppo muscoli d'acciaio e sex appeal: non posso stare con un uomo che sembra essere stato vinto a una lotteria.
(Holly Hunter a proposito di Brad Johnson, *Always-Per sempre*).
487. -Guarda Omàr quant'è bello... spira tanto sentimento.
(Totò, *Totò sceicco*).
488. -In fondo, è tutto bello. Basta solo interessarsi alle cose e trovarle belle. In fondo, le cose sono come sono, nient'altro, ma così. Un viso è un viso. I piatti sono i piatti. Gli uomini sono gli uomini. E la vita è la vita.
(Anna Karina, *Questa è la mia vita*).
489. -Io ho il senso della bellezza, bellezza.
(Jean-Paul Belmondo a Jean Seberg, *Fino all'ultimo respiro*).
490. -Lo sai bene che sei bello perché ti amo, ma stavolta sei più bello degli altri giorni: tu brilli.
(Maria Casarès a Jean-Louis Barrault, *Amanti perduti*).
491. -Oh, Tunner! Per favore, smettila di cercare di essere interessante. Non ti dona per niente. Sei troppo bello.
(Debra Winger a Campbell Scott, *Il tè nel deserto*).

IL FASCINO

492. -Non sempre le donne sono premiate per il loro fascino: di solito sono punite per questo.
(Paulette Goddard, *Un marito ideale*).
493. -Relegata nel Vermont senza il telefono in mano perderesti metà del tuo fascino.
(Harold Ramis alla yuppie Diane Keaton, che sogna di andare a vivere in campagna, *Baby boom*).

LA DONNA BELLA

494. -Le bellezze che mi passano davanti sono il naturale prolungamento della bellezza di mia moglie, l'arricchiscono con la loro bellezza ricevendone in cambio un poco della sua. La bellezza di lei garantisce la bellezza del mondo, e viceversa. Quando abbraccio Hélène, abbraccio tutte le donne.
(Bernard Verley a proposito della moglie Françoise Verley, *L'amore il pomeriggio*).
495. -Come un angelo nella giungla, ed una giungla molto selvaggia... Tu non puoi capire, cowboy. Tu non hai mai visto un angelo, e nemmeno una gentildonna, o una vera signora.
(Il gambler John Carradine a John Wayne, nel vedere Louise Platt, *Ombre rosse*).
496. -È eccitante essere belle.
(Sandrine Bonnaire, *Sotto il sole di Satana*).
497. -È una donna fantastica, divina, paradisiaca, radiomarellica.
(Totò a proposito della fidanzata Vera Carmi, *Due cuori fra le belve*).
498. -Io sono sempre bella quando sto per morire.
(Greta Garbo, *Margherita Gautier*).
499. -Lei è bella, troppo bella.
-Perché troppo?
-Troppo bella per me.
(Michel Bouquet e Jeanne Moreau, *La sposa in nero*).
500. -Lei è come la Svizzera: bella ma insipida.
(Faye Dunaway a proposito di Paulina Porizkova, *Arizona dream*).
501. -Lei è divertentissima.
-Provi bellissima, funziona molto meglio, creda a me.
-È quello che ho detto: lei è bellissima, V. I.
(Stephen Meadows abborda Kathleen Turner, *Detective coi tacchi a spillo*).
502. -Ma cosa tu ci veda in una donna giovane, bella e in gamba, non lo so.
(Oscar Levant a Fred Astaire, a proposito di Cyd Charisse, *Spettacolo di varietà*).
503. -Maggie, quando sarai grande e incredibilmente bella e intelligente e con quella gentilezza nascosta che scoraggia anche i più coraggiosi, puoi evitare di ridurre in poltiglia tutti gli uomini che incontrerai solo perché te lo potrai permettere? Grazie.

(George Clooney alla figlioletta di quattro anni Mae Whitman, dopo un litigio con Michelle Pfeiffer, *Un giorno, per caso*).

504. -Sei bella, conturbante e, se mi consenti, adiacente.

(Totò, *Signori si nasce*).

505. -Sei bella così. Sembri la verità che esce dal pozzo.

(Jean Gabin ad Arletty, *Alba tragica*).

506. -Sei sempre bella e desiderabile, possiedi una perfezione che manca alla perfezione stessa, un'armonia che non ha neanche ciò che è perfetto.

(Gunnar Björnstrand all'ex amante Eva Dahlbeck, *Sorrisi di una notte d'estate*).

507. -Tu sei una persona molto più bella della media.

-Oh, Sam, non esagerare...

-No, davvero. Tu sei eccezionalmente bella, tu sei una bellissima ragazza, tu sei un'insolita bellamente ragazza, sei ragazzamente bella e...

(Woody Allen si confonde nel dichiararsi a Diane Keaton, *Provaci ancora Sam*).

LA BIONDA

508. -È difficile che una bionda sia finanziariamente nei guai.

(Jean Harlow, *Il mio amore eri tu*).

509. -Lei non mi ha mai guardato come donna. Con lei, se non si è una bionda platino, con unghia finte, ciglia finte, non si può neanche sperare in uno sguardo.

(Fanny Ardant a Jean-Louis Trintignant, *Finalmente domenica!*).

510. -Sai, ci dovrebbe essere una legge contro le bionde di ventiquattro anni con grosse tette e che si chiamano Debbie.

(Cher, moglie tradita, a Chazz Palminteri, *Infedeli per sempre*).

511. -Gli uomini non preferiscono davvero le bionde: è solo che sembriamo più stupide.

(Ginger Rogers, *Seguendo la flotta*).

I COSMETICI

512. -Con la giusta sfumatura di rossetto e un bel paio di scarpe nuove una ragazza sente che tutto è possibile.

(Kathleen Turner, *Detective coi tacchi a spillo*).

513. -Incipriati, pupa. Ti porto a spasso.

(John Wayne a Lauren Bacall, *Oceano rosso*).

514. Mi scusi cara, lei cosa fa contro i radicali liberi?

-Io proprio niente. In un paese democratico è giusto che lo siano anche loro. Venda le sue creme e lasci in pace le minoranze.

(Qui pro quo tra la venditrice di cosmetici Lisa Marie Russell e la cliente Janeane Garofalo, *Un uomo in prestito*).

515. -Non ho mai visto nessuno con tanto trucco: come se lo leva la sera, con lo scalpello?

(Alphonsia Emmanuel a proposito di Rita Rudner, *Gli amici di Peter*).

516. -Sei pallida. Hai finito il rossetto o hai sofferto per la mia assenza?

(Clark Gable a Vivien Leigh, *Via col vento*).

IL PROFUMO

517. -Buon profumo... Cos'è?

-Un insetticida. Le piace?

(Martha Hyer al "moscone" Frank Sinatra, *Qualcuno verrà*).

518. -Non credo che questo sia adatto alla sua personalità: si chiama "Pudore".

(La commessa Joan Crawford a Rosalind Russell, *Donne*).

519. -Oh no, amico mio, puzzerai come un bordello algerino.

(Jerry Lacy-Bogart a Woody Allen che si è profumato, *Provaci ancora Sam*).

520. -Se volete dare l'impressione di essere veramente un raffinato, mettetevi addosso qualcosa di diverso da quella puzzolente acqua di colonia.

(Julie Christie a Warren Beatty, *I compari*).

521. -Signora? Dà un'annusata al profumo: Bordel numero cinque.

(David Wayne a proposito della prostituta Carol Burnett, *Prima pagina*).

522. -Uhm, che profumo...

-È una novità. Attrae le bestie e ripugna agli uomini.

-A me non ripugna.

-Appunto.

(Il gangster Lee Marvin e la sua pupa Gloria Grahame, *Il grande caldo*).

LA CHIRURGIA PLASTICA

523. -Dovremo gonfiarti le tette con il silicone.

-Pensavo che si usasse la paraffina.

-No, la paraffina le renderebbe infiammabili! Tu non vuoi le tette infiammabili, vero?

(Il chirurgo John Carradine a Rex Reed, che si sta sottoponendo a un'operazione per cambiare sesso, *Il caso Myra Breckindridge*).

524. -E la roba che ti tolgono, te la puoi tenere?

(Bette Midler a Goldie Hawn, *Il club delle prime mogli*).

525. -Elise, guardati: sei stata tirata, cucita, farcita e rimboccata, sembri un tacchino.

(Diane Keaton a Goldie Hawn, *Il club delle prime mogli*).

526. -Elise, se ti inietto un altro po' di collagene le tue labbra finiranno col sembrare i bordi di un canotto.

(Il chirurgo Rob Reiner a Goldie Hawn, *Il club delle prime mogli*).

527. -Ha un aspetto meraviglioso, si è fatta fare qualche ritocco?

-Tesoro, è un mosaico.

(Bronson Pinchot e Bette Midler a proposito di Goldie Hawn, *Il club delle prime mogli*).

528. -Hai rifatto qualche pezzo o tutta l'impalcatura?

(Bette Midler a Goldie Hawn, *Il club delle prime mogli*).

529. -Io la farò più vecchio ma bello: avrà l'aspetto di chi ha vissuto.

-Ho vissuto, purtroppo.

(Il chirurgo Houseley Stevenson e l'evaso Humphrey Bogart, che si cambia i connotati, *La fuga*).

530. -Oh mio Dio, si è rifatta tutta la faccia. Hanno preso il naso e gliel'hanno iniettato nelle labbra.

(Bette Midler a proposito della rivale Gail O'Grady, *Questo pazzo sentimento*).

531. -Se ti faccio un altro tiraggio, ti ritroverai a fare l'occhiolino con le labbra.

(Il chirurgo Rob Reiner a Goldie Hawn, *Il club delle prime mogli*).

LA BRUTTEZZA

532. -Mi sembra di essere una vecchia bambola buttata in soffitta perché nessuno la vuole.

(Gloria Grahame, dopo essere stata sfigurata con il caffè bellente da Lee Marvin, *Il grande caldo*).

533. -Non ho mai visto un uomo tanto brutto sembrare tanto bello.

(Mary-Louise Parker a proposito di Viggo Mortensen, innamorato di Nicole Kidman, *Ritratto di signora*).

534. -Non sono brutto, ma mi arrangio.

(Totò, *Totò contro Maciste*).

535. -Oh, mia cara, mi dispiace, ma al confronto della tua la pelle di un rinoceronte sembra un velluto.

(Rosalind Russell a Phyllis Povah, *Donne*).

536. -Tu sei talmente brutto che sembri un capolavoro d'arte moderna.

(Il sergente istruttore Lee Ermey alla recluta Vincent D'Onofrio, *Full metal jacket*).

IL BENE

IL BENE E IL MALE

537. -C'è un conflitto in ogni essere umano tra il razionale e l'irrazionale, tra il bene e il male, però il bene non sempre trionfa. A volte, le cattive tentazioni hanno la meglio su quelli che Lincoln chiamava "i migliori angeli della nostra indole", i buoni istinti morali. Ogni uomo ha un suo punto di rottura.

(Il generale G. D. Spradlin a Martin Sheen, *Apocalypse now*).

538. -È penoso ammetterlo, ma il male è necessario.

(Pierre Fresnay, *Il corvo*).

539. -Nessuno tiene più conto dei valori umani, neanche i governi se ne preoccupano. Loro parlano di popoli, di proletari, io parlo di astuti e di fessi. Non cambia nulla.

(Orson Welles, *Il terzo uomo*).

540. -Non esistono il bene e il male, ma solo la necessità, e si vive secondo le proprie esigenze.

(Gunnar Björnstrand, *Il posto delle fragole*).

541. -Papà diceva che sulla terra ci sono solo due cose, il bene e il male, e nient'altro in mezzo.

(Mariette Hartley, *Sfida nell'Alta Sierra*).

542. -Sai, trovo che il male non è così brutto quando è passato.

(Tim Holt a Walter Huston, *Il tesoro della Sierra Madre*).

LA MORALE

543. -L'assenza dei princìpi è stato il mio principio, l'inganno la mia morale, il vizio la mia virtù, l'incontinenza il mio rimorso e la miscredenza la mia fede.

(Jarl Kulle-Don Giovanni, *L'occhio del diavolo*).

544. -L'immoralità può essere piacevole, ma non al punto di poter prendere il posto di una vita intemerata e di tre buoni pasti al giorno.

(Edward Everett Horton, *Partita a quattro*).

545. -La gente, caro signor Ivan III, si divide in due specie: quelli che farebbero tutto pur di farsi un nome e quelli che farebbero quasi tutto.

(Judy Holliday a Peter Lawford, *La ragazza del secolo*).

546. -Tu non hai valori. Tutta la tua vita è nichilismo, cinismo, sarcasmo e orgasmo.

-Be', in Francia con uno slogan così vincerei le elezioni.

(Caroline Aaron, ebrea ortodossa, al fratello Woody Allen, *Harry a pezzi*).

LA COSCIENZA

547. -La coscienza è solo un trucchetto: non esiste. E se invece credete di averla è meglio che la tiriate fuori, dovunque ce l'abbiate nascosta, le diate la caccia e l'uccidiate.

(Brad Dourif, *La saggezza nel sangue*).

548. -È molto interessante, molto interessante davvero, e divertente oltretutto, vedere un vecchio liberale incallito venire a faccia a faccia con i suoi princìpi.

(Cecil Kellaway a Spencer Tracy, in crisi perché la figlia Katharine Houghton sta per sposare il nero Sidney Poitier, *Indovina chi viene a cena?*).

549. -Non volevo urtare la tua coscienza.

-Coscienza? Molti anni fa l'ho nascosta da qualche parte e non sono più riuscito a trovarla.

-Dove l'hai cercata?

-Nel mio portafoglio.

(Il detective Robert Mitchum e il malavitoso Kirk Douglas, *Le catene della colpa*).

550. -O sei roso dai morsi della coscienza, o da quelli della fame.

(Totò, *La banda degli onesti*).

L'ONESTÀ

551. -Le anime belle, le figurine del presepe, le persone oneste... Ne ho conosciute tante, erano tutte come te. Facevano le tue domande... E con voi, il mondo diventa più fantasioso, più colorato... Ma non cambia mai!

(Il ministro Nanni Moretti a Silvio Orlando, *Il portaborse*).

552. -Ecco, io preferisco... uomini brillanti ed estrosi, anche se un po' mascalzoni, a uomini grigi, noiosi, ma onesti. Perché, alla fine, il grigiore, la noia, e anche l'eccessiva onestà, faranno senz'altro più danni al Paese.

(Il politico rampante Nanni Moretti, *Il portaborse*).

553. -Ferris, noi siamo quelli che siamo: non possiamo venderci a nessun prezzo. Lo sai quanto vale guardarti negli occhi? Quanto mille anni di vita.

(Capucine, condannata a morte, a William Holden, che ha rifiutato di consegnare un comune amico agli inglesi per salvarla, *La settima alba*).

554. -Il guaio è che non riesci a liberarti di quel pizzico d'onestà che c'è in te.

(Martin Balsam a Dustin Hoffman, *Piccolo grande uomo*).

555. -Insomma, a me me piaci, perché sei prima di tutto de cultura, poi sei incorruttibile e tosto. Io amo l'onesti, perché nell'onesti c'è quella purezza che, se je capita l'occasione, diventano tarmente mascalzoni che t'ammolleno le fregature pejo de li mascalzoni diciamo normali.

(Il vecchio palazzinaro Aldo Fabrizi al giovane avvocato idealista Vittorio Gassman, che in seguito diventerà suo genero e, appunto, mascalzone, *C'eravamo tanto amati*).

556. -Io la credevo retta.

-Retta? Che vuol dire? Una linea può esserlo, o una via. Ma il cuore di un essere umano?

(Karl Malden e Vivien Leigh, *Un tram che si chiama desiderio*).

557. -Io sono sempre franco e onesto con le donne. A New York sono franco, a Chicago sono onesto.

(Samuel L. Jackson, *Spy*).

558. -Lei va in cerca di guai, mio giovane amico. Essere troppo onesti in un mondo disonesto è come spennare un pollo controvento: si finisce sempre con la bocca piena di penne.

(Il barista Lou Jacobi al poliziotto ingenuo Jack Lemmon, *Irma la dolce*).

559. -Melania è stupida, ma non nel senso che credi. È una donna troppo onesta per concepire la disonestà nelle persone cui vuol bene.

(Clark Gable a Vivien Leigh a proposito di Olivia De Havilland, che la difende dalle accuse di insidiare suo marito Leslie Howard, *Via col vento*).

560. -Noi invece siamo sempre pronti a sospettare della gente che ha fama di essere onesta.

(Il detective Martin Balsam, *Psyco*).

561. -Odio quando la gente mi dice: “Sii onesta”. Mi mette in una tale soggezione...

(Jean Simmons, *L'erba del vicino è sempre più verde*).

LA DISONESTÀ

562. -Dice che hai circuito il signor Miller offrendogli una ragazza.

-Non l'ho circuito, l'ho ubriacato. E le ragazze erano sette.

(I pubblicitari Tony Randall e Rock Hudson a proposito di Doris Day, che accusa Hudson di averle rubato un cliente, *Amore, ritorna!*).

563. -Jack, ci sono persone in questa vita che puoi fregare e altre che non puoi. Io sono il “non puoi”.

(Chazz Palminteri a Ryan O' Neal, *Infedeli per sempre*).

564. -Non... non ne voglio parlare male, ma è uno schifoso disonesto immorale verme. Lo dico con tutto il dovuto rispetto.

(L'impresario Woody Allen a proposito di un attore che lo ha abbandonato, *Broadway Danny Rose*).

565. -Se gli date la mano, dopo vi consiglio di contarvi le dita.

(Un avvocato a proposito del collega imbroglione Walter Matthau, *Non per soldi... ma per denaro*).

566. -Tu non capisci, Johnny, non mi conosci abbastanza.

-Ti conosco e ti capisco: sei una piccola vagabonda capace di vendere anche tua madre, ma a parte questo sei in gamba.

(Il rapinatore Sterling Hayden e la dark lady Marie Windsor, *Rapina a mano armata*).

LA CORRUZIONE

567. -La corruzione è l'unico modo per sveltire gli iter e quindi incentivare le iniziative. La corruzione, possiamo arrivare a dire paradossalmente, è essa stessa progresso.

(L'industriale Vittorio Gassman, *In nome del popolo italiano*).

568. -Ma in questo mondo sono tutti corrotti?

-Non conosco mica tutti...

(Il comunista disilluso Horst Buchholz e il sovietico Leon Askin, scappato in Occidente per convenienza personale, *Uno, due, tre!*).

569. -Papà diceva: di un uomo che non si fa corrompere non ci si può fidare.

(Rock Hudson, *Amore, ritorna!*).

LA CATTIVERIA

570. -Allora, come ti senti, Jimmy?

-Cattivo e figlio di puttana, signore.

(Il colonnello Robert Duvall e un soldato, *Apocalypse now*).

571. -E se pensi a qualcun'altra, rinunciaci: tu vai bene solo per me, tu sei fatto del mio stesso stampo. Siamo cattivi, tu ed io: per questo andremo d'accordo.

(La dark lady Jane Greer a Robert Mitchum, *Le catene della colpa*).

572. -La gente buona ha bisogno di noi cattivi per il contrasto.

(Greta Garbo a Melvyn Douglas, *Non tradirmi con me*).

573. -Io non sono cattiva: è che mi disegnano così.

(Jessica Rabbit, cartone animato che sembra Rita Hayworth, *Chi ha incastrato Roger Rabbit*).

574. -Non hai paura di me? Dicono che sono un uomo cattivo.

-Sono la donna giusta per un uomo cattivo.

(Fred Kohler e Mae West, *Goin' to town*).

575. -Non sono cattivo, Nanà, sono triste.

-E io non sono triste, Paul, sono cattiva.

(André S. Labarthe e Anna Karina, *Questa è la mia vita*).

576. -Quando sono buona, sono molto buona. Ma quando sono cattiva sono ancora meglio.

(Mae West, *Non sono un angelo*).

LA BONTÀ

577. -Che cosa sanno i buoni, se non quello che imparano dagli eccessi di noi cattivi?

(Tony Todd, *Candyman-Terrore dietro lo specchio*).

578. -Brutto vizio l'altruismo.

(Gina Lollobrigida, *Io, io, io... e gli altri*).

579. -È il tuo benefattore, negro di merda. Aprimi!

(Il trafficante d'armi Samuel L. Jackson al suo uomo Chris Tucker, al quale ha appena pagato la cauzione per farlo uscire di galera, *Jackie Brown*).

580. -È un errore per una donna avere il cuore più grande della borsa.

(Robert Taylor a Greta Garbo, *Margherita Gautier*).

581. -Io sono un benefattore: quando uno è in difficoltà, subito lo disficolto.

(Totò, *Sua Eccellenza si fermò a mangiare*).

582. -Io voglio essere buono. Voglio essere, per il resto della mia vita, solamente un atto di bontà.

(Il teppista Malcolm McDowell chiede al cappellano della prigione Godfrey Quigley di essere sottoposto alla terapia anti-violenza, *Arancia meccanica*).

583. -Secondo una certa teoria si riconoscono dai tratti sia quelli che salvano il prossimo sia quelli che hanno bisogno di essere salvati.

(Teresa Marczewska, *Decalogo 8*).

584. -Sono stufa di essere buona.

(Carmen Maura, *Donne sull'orlo di una crisi di nervi*).

585. -Sta' molto attenta alle buone azioni, cara. In primo luogo costano troppo, e poi non sono mai sincere.

(Naima Wifstrand alla figlia Eva Dahlbeck, *Sorrisi di una notte d'estate*).

586. -Ti credevo buono e generoso...

-Eh, se semo stufati d'esse bboni e generosi!
(Stefania Sandrelli rimprovera l'ex fidanzato Nino Manfredi, che ha appena picchiato il nuovo fidanzato della donna, Vittorio Gassman, *C'eravamo tanto amati*).

LA GENTILEZZA

587. -Da quello è più facile farsi rompere i denti che farsi dire buongiorno.
(Barry Fitzgerald a proposito dello scorbutico e attaccabrighe Victor McLaglen, *Un uomo tranquillo*).
588. -Non sono abituato alla gentilezza.
(Michel Simon, *L'Atalante*).
589. -Rick, voi siete molto gentile, ma io non so se dovrei accettare i vostri doni.
-Non sono gentile: vi sto tentando. Non do nulla senza ricevere qualcosa in cambio. Mi ripago sempre.
(Vivien Leigh e Clark Gable, *Via col vento*).
590. -Signora, sono a sua completa disposizione, corpo, anima e frattaglie.
(Totò, *Totò cerca moglie*).

LA SCORTESIA

591. -La scortesia per me è una deformità inconcepibile.
(Lo psicopatico Anthony Hopkins, *Il silenzio degli innocenti*).
592. -Sono villano di temperamento: ho vinto il campionato mondiale di villania.
(Clark Gable, *Accadde una notte*).

LE BUONE MANIERE

593. -Che c'è di peggio di vedere lui che dopo cena mi strappa un capello e lo usa come filo interdentale, a tavola?
(Meg Ryan racconta a Billy Crystal un appuntamento galante finito male, *Harry, ti presento Sally...*).
594. -La delicatezza, come hanno detto i filosofi, è la buccia di banana su cui scivola la verità.
(Fredric March, *Partita a quattro*).
595. -Domando la parola.
-Domando la parola... Cos'ha da essere tanto compìto?
-Per la stessa ragione per cui lei non lo è: sono stato educato così.
(Scontro fra i giurati George Voskovec ed Ed Begley, *La parola ai giurati*).
596. -Un'educanda che dice le parolacce è una maleducanda.
(Totò, *Signori si nasce*).

597. -L'educazione tante volte è vigliaccheria.
(Totò, *Totò e Peppino divisi a Berlino*).
598. -Un gentiluomo non fuma in presenza di una signora.
-Tre settimane fa ho estratto un proiettile a un tale che era stato ferito da un gentiluomo. Il proiettile era nella schiena.
(Il gambler John Carradine e il medico alcolizzato Thomas Mitchell: la signora è Louise Platt, *Ombre rosse*).
599. -Un giorno, in collegio, la mia professoressa spiegò la differenza fra il tatto e l'educazione. Un signore, in casa di amici, apre la porta di una stanza da bagno e scopre una donna nuda. Si ritira subito, chiude la porta e dice: "Oh, scusi, signora". Questa è educazione. Lo stesso signore, aprendo la stessa porta, scoprendo la stessa donna nuda, dice: "Oh, scusi, signore". Questo è tatto.
(Delphine Seyrig, *Baci rubati*).
600 -Lei pensa sempre di poter trattare le persone come foche ammaestrate?
-E in genere mi ubbidiscono.
(Lauren Bacall e Humphrey Bogart, *Il grande sonno*).
601. -Mangia, finché è caldo.
-Ti aspetto.
-Mangia: l'educazione rovina le pietanze.
(Ingrid Bergman e Cary Grant, *Indiscreto*).
602. -Rudy è pieno di discrezione. Non fa domande sulle vostre finanze, gli basta dare un'occhiata alle suole delle vostre scarpe.
(William Holden a proposito del suo calzolaio, *Viale del tramonto*).
603 -Il segreto non sta nell'usare le cattive maniere, o le buone maniere, o un particolare tipo di maniere, ma nell'usare le stesse maniere con tutti i propri simili.
(Rex Harrison educa Audrey Hepburn, *My fair lady*).
604. -Sei un cafone, hai agito con modi interurbani.
(Totò, *Totò, Peppino e i fuorilegge*).
605. -I suoi modi non mi piacciono.
-I suoi non mi entusiasmano, ed è lei che ha voluto vedermi. Non m'importa se i miei modi non le piacciono. In confidenza, non piacciono neanche a me: ci piango su spesso, specialmente durante le lunghe sere d'inverno.
(Lauren Bacall e Humphrey Bogart, *Il grande sonno*).
606. -Vedi, quand'ero piccolo mi hanno insegnato ad essere un gentiluomo, poi a scuola a pregare e mentire, e poi in guerra a uccidere e a nascondermi. Tutto qui.
(John Barrymore, *Grand Hotel*).

IL BERE

607. -A me non piacciono i vizi. E a te?
-No, neanche a me. Però mi piace bere.
(Donna Reed e Montgomery Clift, *Da qui all'eternità*).
608. -Basta un sorso solo per capire se è buona la bottiglia.

(Proverbio coniato da Thelma Ritter, *Il letto racconta...*).

609. -Hai sete?

-Come? No, non direi.

-Se hai sete, un drink te la fa passare, se non ce l'hai con un drink la previeni, e prevenire è sempre meglio che curare.

(Alison Eastwood e John Cusack, *Mezzanotte nel giardino del bene e del male*).

610. -Lei non beve niente?

-Io non bevo.

-Proprio mai?

-Sono soddisfatta della realtà, non ho bisogno di evadere.

-Be', anch'io sono soddisfatto della realtà, soddisfattissimo. Ma per me la realtà comprende anche una buona bevuta, di tanto in tanto.

(David Niven e Claudia Cardinale, *La pantera rosa*).

611. -Lo sai che cosa ha detto il dottore?

-Sì, che non dovrei bere: fa male al cuore. E alla mente non pensa?

(Claire Bloom e Charlie Chaplin, *Luci della ribalta*).

612. -Il mio fratello... era anche un famoso giornalista di Bombay e un gran bevitore. Era per la bottiglia quello che Louis Armstrong è stato per la tromba.

(Saeed Jaffrey a proposito di Roshan Seth, *My beautiful laundrette*).

613. -Mi piace vedere un uomo con un bicchiere in mano: gli dona.

(Ingrid Bergman a Cary Grant, *Indiscreto*).

614. -Mi piacerebbe chiederti di restare e offrirti un drink, ma temo che potresti accettare.

(Joan Crawford a Jeff Chandler, *Delitto sulla spiaggia*).

615. -Noi abbiamo un proverbio nel Texas: non bere niente che sia più forte di te. O più grande.

(Rock Hudson a Doris Day, *Il letto racconta...*).

616. -Non bevete da sola, Rossella: si viene sempre a sapere, e ci si rovina la reputazione.

(Clark Gable a Vivien Leigh, *Via col vento*).

617. -Non bevo mai, neanche un goccio di vino a tavola: se bevo alcolici, divento pazzo. Ma sembra che debba pagare per gli altri, per i padri, i nonni che bevevano: ho nel sangue generazioni e generazioni di ubriachi.

(Jean Gabin, *L'angelo del male*).

618 -Non sono mica un'ubriacona: posso smettere quando voglio, solo che non voglio, specialmente quando sono giù.

(Marilyn Monroe, *A qualcuno piace caldo*).

619. -Non stai bevendo un po' troppo?

-Non ti preoccupare, tanto io sono astemio.

(Nicoletta Braschi e Roberto Benigni, *Johnny Stecchino*).

620. -Non ti fa male bere?

-Ah, malissimo. Ma tanto si deve morire, io, te e tutti gli altri scemi: un po' prima, un po' dopo...

(Joel McCrea e Basil Ruysdael, *Gli amanti della città sepolta*).

621. -Sa come si dice? Quando il bicchiere è pieno lo vuoto, quando invece è vuoto lo compiango.

(Michel Bouquet a Jeanne Moreau, *La sposa in nero*).

622. -Sto male, ho una colica apatica, ho bevuto troppi liquori stranieri: curassò, pernacchio.
(Totò, *Totò, Peppino e i fuorilegge*).
623. -Ti ricordi tutto anche se bevi...
-Bere non mi guasta la memoria: guai, altrimenti non berrei... Capisce, dimenticherei anche quant'è buono il rum, e allora comincerei a bere acqua...
-Forse dimenticheresti anche l'acqua.
-È impossibile: ne ho vista troppa.
(Fred Dosch e il marinaio Walter Brennan, *Acque del Sud*).

IL BRINDISI

624. -Ah, non se la prenda così, professore! Brindiamo all'avvenimento. Ecco, salute!
-Mi permetta: ai suoi trionfi!
(La cantante Marlene Dietrich e il professore Emil Jannings, che ha appena picchiato un uomo che la molestava, *L'angelo azzurro*).
625. -Ai maggiordomi di tutto il mondo e alla loro tolleranza. Bontà loro.
-Così sia.
(Cary Grant e Ingrid Bergman, *Indiscreto*).
626. -Ai suoi occhi!
-Al suo setto nasale!
(James Tolkan-Napoleone e Diane Keaton, *Amore e guerra*).
627. -Alla buona salute.
(Leonardo DiCaprio - Luigi XIV con l'amante di turno, Juditte Godreche, *La maschera di ferro*).
628 -Alla buona salute e alla felicità.
(Ian Holm, *Un'altra donna*).
629. -Alla faccia sua!
(Il bandito Warren Oates all'indirizzo del generale messicano Emilio Fernandez, *Il mucchio selvaggio*).
630. -All'Africa.
(Campbell Scott con Debra Winger, *Il tè nel deserto*).
631. -Alla memoria di Robert E. Lee Prewitt, detentore del record mondiale di sbornia.
(Montgomery Clift ubriaco brinda a se stesso, *Da qui all'eternità*).
632. -Alla mia rivale: la cavalleria degli Stati Uniti.
(Maureen O'Hara al marito colonnello John Wayne, *Rio Bravo*).
633. -Alla mia salute!
(Jean-Louis Trintignant brinda con Irène Jacob, *Tre colori-Film rosso*).
634 -Alla tua salute, bambina.
(Humphrey Bogart a Ingrid Bergman, *Casablanca*).
635. -Alla vita! La magnifica, pericolosa, breve, stupenda vita! E al coraggio di viverla!
(Lionel Barrymore, *Grand Hotel*).
636. -Alleluja!
-Non lo conosco: brindiamo a noi tre.

(Ray Walston e Dean Martin con Kim Novak, *Baciami, stupido*).
637. -Al male, che rende pepata la vita!
(Billy Crystal-Satana, *Harry a pezzi*).
638 -Al valore di ogni singolo giorno!
(Kate Winslet, *Titanic*).
639. -Al vero amore, di qualunque forma e dimensione si presenti a voi.
(Simon Callow, *Quattro matrimoni e un funerale*).
640. -A tutte le piccole cattive abitudini che ci sono care!
(David Niven a Claudia Cardinale, *La pantera rosa*).
641. -A tutti voi, miei cari, al vostro futuro! Niente è scritto.
(John Gielgud, *Providence*).
642. -A un mondo ideale privo di compromessi!
(La diva Dianne Wiest brinda con il giovane drammaturgo John Cusack, *Pallottole su Broadway*).
643. -A un nuovo mondo di dèi e mostri.
(Ernest Thesiger, *La moglie di Frankenstein*).
644. -Be', vento in poppa, come dicono i marinai!
-Bon voyage.
(Il falso proprietario di yacht Tony Curtis e Marilyn Monroe, *A qualcuno piace caldo*).
645. -Beva e si senta uomo.
(Dean Martin a Ray Walston, *Baciami, stupido*).
646. -Beviamo al nostro patto: né approcci amorosi né bisticci.
-Proprio come coniugi normali.
-Ho detto niente bisticci.
(Gary Cooper e Claudette Colbert: prove di matrimonio, *L'ottava moglie di Barbablù*).
647. -Bevo al delitto!
(Glenn Anders a Orson Welles, *La signora di Shangai*).
648. -Bevo a noi, sulla vetta del mondo!
(James Cagney a Virginia Mayo ed Edmond O'Brien, *La furia umana*).
649. -Bevo a questo puro sentimento, e all'amore, ma soprattutto io bevo all'oro!
(Il vecchio bandito Edmond O' Brien, *Il mucchio selvaggio*).
650. -Bevo per il mio amore.
(Ulla Jacobsson, che sta per tradire il marito Gunnar Björnstrand con Björn Bjelfvenstam, *Sorrisi di una notte d'estate*).
651. -Un brindisi alla bellezza. E alla verità, che invece è tutt'altro che bella.
(Robert Stack, *Come le foglie al vento*).
652. -Un brindisi alle mogli fedeli.
(Jarl Kulle, convinto di essere stato tradito dalla moglie Margit Carlqvist, *Sorrisi di una notte d'estate*).
653. -Chi non beve con me, peste lo colga.
(Amedeo Nazzari, *La cena delle beffe*. Citato ironicamente da Alberto Sordi, *I vitelloni*).
654. -Ciao all'anno vecchio, ciao all'anno nuovo! Rin-din-din-din.
(Shirley MacLaine brinda con Fred MacMurray, *L'appartamento*).
655. -Come il dottore dice, se non smetto di bere andrò all'altro mon-

do... Tanto, morirò ad ogni modo. E anche tu. E tutti quanti. Alla salute, Roy!
(Donald MacBride a Humphrey Bogart, *Una pallottola per Roy*).
656. -Con l'augurio, amici, che il meglio del vostro passato possa essere il peggio del vostro futuro.
(Tom Amandes, *Spy*).
657. -Crepi la miseria!
(La ballerina Marilyn Monroe a cena con il reggente della Carpazia Laurence Olivier, *Il principe e la ballerina*).
658. -E ora vi racconterò la storia dello scorpione. Uno scorpione voleva attraversare un fiume, e chiese a una rana di portarlo. "No", disse la rana. "No grazie: se ti lasciassi salire sulla schiena potresti pungermi, e la puntura dello scorpione è la morte." "Ma insomma, ascolta", disse lo scorpione, "dov'è la logica in questo?" Perché gli scorpioni cercano sempre di essere logici. "Se ti pungessi, tu moriresti, e io affogherei." La rana si convinse, e si lasciò salire lo scorpione sulla schiena. Ma proprio nel bel mezzo del fiume sentì un dolore terribile e capì subito che lo scorpione l'aveva punta. "E la logica?", gridò la rana morente mentre affondava, trascinando con sé lo scorpione. "Non c'è logica in questo." "Lo so", disse lo scorpione, "ma non posso farci nulla: è il mio carattere." Beviamo al carattere!
(Orson Welles, *Rapporto confidenziale*).
659. -Facciamo un brindisi all'amore alle mie condizioni. Sono le sole condizioni che un uomo rispetta: le proprie.
(Orson Welles, *Quarto potere*).
660. -Lunga vita al crimine.
(Humphrey Bogart, *Il mistero del falco*).
661. -Una meraviglia questo vinello caldo, veramente: è il buon Dio che ti scende in gola con calzoni di velluto rosso. Alla tua, Battista! Alla vostra, amici! E non dimenticate che stasera avete brindato con Giulio Cesare...
(L'attore Pierre Brasseur, al primo ingaggio, a Jean-Louis Barrault, *Amanti perduti*).
662. -Questo si chiama il brindisi di Maso, che era pieno di whisky dagli stinchi al naso, finché un rene gli rose e il fegato gli esplose.
(Marilyn Monroe, *Gli uomini preferiscono le bionde*).
663. -Skol! Alla nostra!
(Greta Garbo con Marie Dressler, *Anna Christie*).
664. -L'ultimo dottore che mi ha diffidato dal bere, traversando Piccadilly è scivolato su una buccia di banana ed è finito sotto una carrozza. Alla vostra!
(Christopher Lee a Colin Blakely, *La vita privata di Sherlock Holmes*).
665. -I vostri bicchieri, amici. Il brindisi georgiano è sempre preceduto da una storiella. Ho fatto un sogno. Mi trovavo in un cimitero dove le tombe erano segnate in maniera curiosa: 1922-1927, 1823-1830, sempre una piccola differenza fra la nascita e la morte. Nel cimitero c'era un uomo molto vecchio, e gli domandai come mai avesse vissuto tanto, mentre tutti gli altri erano morti così giovani. "Non è così", mi disse. "Non è che moriamo presto, è che nelle nostre tombe noi non scriviamo gli anni di vita di

un uomo, bensì il numero di anni che ha conservato un amico". Beviamo all'amicizia!
(Orson Welles, *Rapporto confidenziale*).

IL VINO

666. -Non bere vino né forti bevande, né tu né i tuoi figli insieme a te, se non vuoi morire. Non guardare dentro il vino quando è purpureo, quando lascia il suo colore nella coppa e quando spuma come una sorgente, se non vuoi che ti morda come un serpente o ti punga come uno scorpione. Pensaci. È scritto nella Bibbia, ma in questa comunità l'alcool costa solo cinque cents al bicchiere.
(Il predicatore Dub Taylor, *Il mucchio selvaggio*).
667. -Tu bevi poco, mio caro Norfolk.
-Il vino mi dà sempre alla testa, Maestà.
-Attento, perché perdere la testa per il vino è molto meglio che perderla per un tradimento.
(Montagu Love-Enrico VIII a Henry Stephenson-Duca di Norfolk, che tarda a unirsi al brindisi di corte, *Il principe e il povero*).
668. -Vedi, il vino è fatto come un uomo: può avere dei difetti e può essere simpaticissimo lo stesso. Anzi, qualche piccolo difetto può anche giovare.
(Pippo Campanini a Giulio Brogi, *La strategia del ragno*).

LO CHAMPAGNE

669. -Al di sopra degli otto gradi, lo champagne è camomilla.
(Francis Blanche, *Bella di giorno*).
670. -Lo champagne è la gazzosa degli adulti.
(Bernadette Lafont, *Mica scema la ragazza!*).
671. -Lo champagne ha un gusto ancora migliore dopo mezzanotte, non trova?
(Louis Jourdan a Joan Fontaine, *Lettera da una sconosciuta*).
672. -Champagne: quarantacinque gradi sul braccio sinistro, culo della bottiglia sull'ultima costola... Si toglie la gabbia con maestria. Importantissimo: l'espulsione del tappo non deve essere rumorosa, ma una candida nota bassa... Ancora importantissimo: non ci deve essere fuoriuscita... Lo champagne non deve sgorgare fuori dalla bottiglia, né dai bicchieri: roba da villani!
(Il cameriere Roberto Benigni spiega come si stappa lo champagne, *La vita è bella*).
673. -Figliola, ci sono delle cose che assolutamente non si fanno. Per esempio bere Dom Perignon del '53 a una temperatura superiore ai quattro gradi centigradi: sarebbe peggio che ascoltare i Beatles senza tappi nelle orecchie.
(Sean Connery a Shirley Eaton, *Agente 007 missione Goldfinger*).
674. -Mo' esce Antonio.

(Totò storpia la marca di champagne Moët Chandon, *Totò, Peppino e la dolce vita*).

675. -Non c'è niente di meglio dello champagne.

-Sì che c'è.

-Cosa?

-Dell'altro champagne.

(Peter Lawford e Judy Holliday, *La ragazza del secolo*).

676. -Quando ero bambino mio padre mi diceva: "Lo champagne è il latte delle persone grandi".

(Charles Denner, *La sposa in nero*).

677. -Quando un uomo dice no allo champagne, dice no alla vita.

(Pierre Segui, *Il cacciatore*).

678. -Si accomodi, si segga, si rilasci, beva una coppa di champagne.

-Le ho già detto che non bevo.

-Ah, lo champagne non è bere: è un minimo di alcool con un massimo di cordialità.

(David Niven e Claudia Cardinale, *La pantera rosa*).

I LIQUORI

679. -C'è chi fa acrobazie sul trapezio volante, c'è chi diventa presidente della repubblica. Io so bere il cognac.

(José Ferrer-Toulouse-Lautrec, *Moulin Rouge*).

680. -Come lo vuole il brandy?

-Nel bicchiere.

(Il maggiordomo Charles D. Brown e Humphrey Bogart-Philip Marlowe, *Il grande sonno*).

681. -Come vedete, sono molto malato. Volete mitigare le mie sofferenze offrendomi un po' d'acquavite? Benché sia la mia rovina l'acquavite è anche il mio balsamo.

(Bengt Ekerot, *Il volto*).

682. -Ehi bello, dammi un goccio di whisky e fa presto: ho la slitta in divieto di sosta.

(Hal Smith-Babbo Natale al barista Benny Burt, *L'appartamento*).

683. -Mandatemi subito due mezzi whisky doppi.

(Groucho Marx, *Un giorno alle corse*).

684. -Ma quale spaccio clandestino! Su una barca è spaccio clandestino, nei quartieri alti è ospitalità.

(Robert De Niro-Al Capone, contrabbandiere di alcool durante il proibizionismo, *The untouchables-Gli intoccabili*).

685 -Mia madre è arrivata a novant'anni, e sapete perché? Non ha mai toccato un bicchiere di whisky... si attacca direttamente alle bottiglie.

(Dean Martin, *Baciami, stupido*).

686. -Il mio scotch è buono: lo bevo persino io.

(Il barista Sig Ruman, *Gli avventurieri dell'aria*).

687. -Non piangere mai sul whisky versato.

(Jack Lemmon a Marilyn Monroe, *A qualcuno piace caldo*).

688. -Portami un whisky e qualcosa per allungarlo... e bada alla porzione, piccolo.
-Te lo servo in un secchio?
-Ecco, è proprio quello che ci vorrebbe.
(Greta Garbo e il barista Lee Phelps. Sono le prime parole che la Garbo pronuncia in un film. Letteralmente, la frase suona: "Dammi un whisky, con ginger ale a parte, e non essere tirchio, tesoro", *Anna Christie*).
689. -Il whisky americano è la sola cosa. Se stesse in me, tutto lo champagne di Francia potrebbero gettarlo in acqua.
(Jessie Royce Landis, *Caccia al ladro*).

L'ACQUA

690. -Cosa posso fare per voi, signora?
-Vorrei avere dell'acqua, se non vi dispiace.
-Acqua? Oh... Vedete, qui è dal tempo del diluvio universale che nessuno ha voluto più saperne dell'acqua.
(Claudia Cardinale e il barista Lionel Stander, *C'era una volta il West*).
691. -Mi piace bere tutto al di fuori dell'acqua: non riesco proprio a digerirla.
(Orson Welles, *La signora di Shangai*).

IL CAFFÈ

692. -Come lo bevi il caffè?
-Da sola.
(Jeff Chandler e Joan Crawford, *Delitto sulla spiaggia*).
693. -Niente di meglio che una tirata e una tazza di caffè. Vedete, c'è chi ha la febbre dell'oro e dell'argento, altri vogliono tanta terra con greggi e armenti, altri invece hanno un debole per il whisky e per le donne. Però, gratta gratta, di cosa ha bisogno un uomo? Di una fumata e di una tazza di caffè.
(Sterling Hayden, *Johnny Guitar*).
694. -Questo caffè è una ciofeca! Sull'insegna, invece che "Caffè dello Sport", dovete scrivere "Ciofeca dello Sport".
(Totò, *I due marescialli*).
695. -Quando io morirò, tu portami il caffè, e vedrai che io resuscito come Lazzaro.
(Eduardo De Filippo alla domestica, *Fantasmi a Roma*).

IL LATTE

696. -Bevete più latte/ il latte fa bene/ il latte conviene/ a tutte le età!/ Bevete più latte/ prodotto italiano/ rimedio sovrano/ di tutte le età./ Bevete più la.../ bevete più la.../ Bevete più latte!
(Coretto, diretto da Dante Maggio, mentre viene montato un gigante-

sco manifesto pubblicitario con Anita Ekberg e un bicchiere di latte, *Le tentazioni del dottor Antonio/Boccaccio'70*).

697. -Ci sarebbe qualcosa di liquido?

-Lì c'è un po' di latte.

-Ah, latte... I Borgia trattavano meglio.

(L'ubriacone Barry Fitzgerald e Victor McLaglen, *Un uomo tranquillo*).

L'UBRIACHEZZA

698. -Una cosa che non mi era mai piaciuta era la vista d'un vecchio sporco sbronzo che abbaia canzonacce care ai suoi padri e procede di rutto in rutto come se avesse tutta una lurida orchestra nelle sue putride budella.

(Il teppista Malcolm McDowell si appresta a seviziare il vagabondo Paul Farrell, *Arancia meccanica*).

699. -Di che nazionalità siete?

-Ubriacone.

-Allora siete cittadino del mondo.

(Humphrey Bogart risponde alle domande del nazista Conrad Veidt, e il capo della polizia francese Claude Rains allenta la tensione con l'ultima battuta, *Casablanca*).

700. -È almeno una settimana che non ti vedo sbronzo: mi preoccupi.

(Raymond Buissières a Pierre Brasseur, *Il quartiere dei lillà*).

701. -Jack, Jack... Andiamo, dammi una mano.

-Quello deve soltanto smaltire la sbornia. Qualcuno lo aiuterà: andiamo.

-Chi, Madre Teresa di Calcutta? È andata in pensione. Avanti, tocca a noi.

-Forse vuole restare qui. Vuoi restare qui?

-Oh sì, certo, io adoro dissanguarmi nella merda di cavallo: sei più umano di Gandhi!

(Robin Williams e Jeff Bridges a Central Park, alle prese con Michael Jeter, ubriaco e ferito, *La leggenda del Re Pescatore*).

702. -L'arrestarono per eccesso di velocità: andava a settanta all'ora, d'accordo, ma era nel garage... Sapete che quando le fecero il test trovarono il due per cento di sangue nel suo alcool?

(Robert De Niro, *Re per una notte*).

703. -Mi offri da bere, Fred, tesoro?

-Certo.

-Ma... Prima devi promettermi di non riportarmi a casa finché non sarò ubriaca.

(Audrey Hepburn e George Peppard, *Colazione da Tiffany*).

704. -Mi ubriaco spesso, ma non chissà per quali motivi. È solo un modo di fare.

(Ewan McGregor, *Una vita esagerata*).

705. -L'ultima volta che l'ho visto era ubriaco fradicio, con gli occhi bruciati dall'alcool. Ogni volta che portava la bottiglia alla bocca, non era lui che la beveva: era la bottiglia che gli beveva il cervello.

(Will Sampson a proposito di Jack Nicholson, *Qualcuno volò sul nido del cuculo*).

IL BAR

706. -I bar li conosco bene.
(Dean Martin, *Un dollaro d'onore*).
707. -Con tanti ritrovi nel mondo, doveva venire proprio nel mio!
(Humphrey Bogart a proposito dell'ex amante Ingrid Bergman, *Casablanca*).
708. -Con tutti i saloon che ci sono in tutte le città del West, lui entra proprio nel mio. Parla, Sam!
(Barbra Streisand a Ryan O'Neal, rifacendo il verso a Bogart in *Casablanca*, *Ma papà ti manda sola?*).
709. -Nei bar non ci si annoia mai: non è come in chiesa che resti solo con l'anima tua.
(Michel Piccoli, *Bella di giorno*).

BOTTA E RISPOSTA

710. -Ah, forse non è il caso.
-È sempre il caso!
(Jean-Louis Trintignant e Vittorio Gassman, *Il sorpasso*).
711. -Ahi, mi fate male, basta, brutti finocchi!
-Sta' zitto e porgi l'altra guancia.
(Gastone Moschin, che impersona Cristo in una via crucis, e Ugo Tognazzi che assieme agli altri amici, vestito da romano, per rovinargli la comparsata lo maltratta, *Amici miei atto II*).
712. -A proposito. Lo sai che differenza c'è fra un serpente a sonagli e una coscia di pollo?
-Che differenza c'è? No, non lo so.
-Dovresti stare più attento a quello che mangi.
(Dick Van Dyke e Ed Wynn, *Mary Poppins*).
713. -Chi è?
-Tu chi vorresti che fosse?
-Fred Astaire, ma mi accontento di quel che mi porta il destino.
(Glenda Jackson e Walter Matthau, *Visite a domicilio*).
714. -Ci vediamo.
-È una promessa o una minaccia?
(Ellen Burstyn e il figlio Alfred Lutter III, *Alice non abita più qui*).
715. -Com'è atroce il mio destino! Le altre donne trovano felicità e amore, io nient'altro che delusioni.
-Ma ne trovi tanto spesso...
(Zsa Zsa Gabor e José Ferrer, *Moulin Rouge*).
716. -Come mai si intende di serpenti, signorina?
-Ne ho conosciuti parecchi, nella mia vita.
(Richard Webb e Mari Aldon, *Tamburi lontani*).
717. -Dove sei stato ieri sera?
-È passato tanto tempo, non me ne ricordo.
-Ci vediamo stasera?
-Non faccio mai piani in anticipo.

(Madeleine Lebeau e Humphrey Bogart, *Casablanca*).

718. -Ehi, tu, lo sai che la tua faccia somiglia a quella di uno che vale duemila dollari?

-Già, ma tu non somigli a quello che li incassa.

(Un cacciatore di taglie e Clint Eastwood, *Il buono, il brutto, il cattivo*).

719. -Era una relazione di lunga data?

-Io non ho mai relazioni di lunga data, signor Gittes.

(Jack Nicholson e Faye Dunaway, *Chinatown*).

720. -È soltanto un'idea borghese, un pregiudizio ormai superato...

-Un pregiudizio non è mai superato.

(Laetitia Carcano e Antoine Monnier, *Il diavolo probabilmente...*).

721. -Fior de cucuzza/ 'na donna per 'sti baffi andava pazza,/ e adesso che li perde ce va in puzza!

-Fiore de merda,/ io me so' lliberata de 'na corda,/ adesso tocca a'n'altra a fa la serva!

(Stornelli provocatori tra Maria Bernardini e Anna Magnani, neo sposa ed ex amante di Franco Citti, *Mamma Roma*).

722. -Gradirei conoscere i particolari del mio incarico per sapere che equipaggiamento chiedere all'aiutante maggiore.

-Guarda se ha una testa di ricambio.

(L'ausiliaria americana Ann Sheridan e l'ufficiale francese Cary Grant, che non si sopportano, fanno i preparativi per una missione segreta insieme, *Ero uno sposo di guerra*).

723. -Hai freddo?

-No, cadevo.

-Dormi!

(Gaston Modot e Lya Lys, *L'age d'or*).

724. -Hai un gusto incantevole.

-Il mio gusto è squisito: i miei occhi sono incantevoli!

(Il commediografo John Cusack e la diva Dianne Wiest, *Pallottole su Broadway*).

725. -Leggerò la vostra mano... Dunque, vediamo: ci sono due donne in voi...

-Sì, ma in me nessuna vuole venire a letto con voi.

(Gérard Depardieu e Andréa Ferréol, *L'ultimo metrò*).

726. -Lei dice cazzo tante volte.

-E lei conosce bene l'oggetto.

(La squillo Kim Basinger e il poliziotto Russell Crowe, *L.A. Confidential*).

727. -Lei è caduto dalle scale da bambino?

-Ho sempre usato l'ascensore.

(Groucho e Chico Marx, *The cocoanuts-Noci di cocco*).

728. -Lei non ha l'aria di un collezionista di prime edizioni.

-Colleziono anche bionde sotto vetro.

(La bibliotecaria Carole Douglas e Humphrey Bogart-Philip Marlowe, *Il grande sonno*).

729. -Ma che cos'hai nella testa?

-Bisogna per forza averci qualcosa?

(Stéphane Freiss e Sandrine Bonnaire, *Senza tetto né legge*).

730. -Ma lei lo sa che cosa sta dicendo?

-Sì, ma non lo penso.
(Margaret Dumont reagisce ai complimenti di Groucho Marx, *The cocoanuts-Noci di cocco*).
731. -Mi chiedevo dove fosse finita: avevamo appuntamento!
-Ma io pensavo fosse un invito, non un ordine di comparizione.
(Edward Fox e Vanessa Redgrave cenano assieme in albergo, *Un mese al lago*).
732. -Mi piacerebbe rivederla.
-Mi vuole per un interrogatorio o per un appuntamento?
(Il poliziotto Russell Crowe e la squillo Kim Basinger, *L.A. Confidential*).
733. -Mi scusi, non l'ho fatto apposta.
-È questo il suo torto.
(Humphrey Bogart e Lauren Bacall, *Il grande sonno*).
734. -Mi sento dentro un grande romanzo.
-Può darsi che ti passi!
(Peter O'Toole e Romy Schneider, *Ciao Pussycat*).
735. -Non avrei mai immaginato di vederti ancora.
-Sono come una moneta falsa: spunto sempre fuori.
(Alison Doody e Harrison Ford, *Indiana Jones e l'ultima crociata*).
736. -Non sei più l'uomo che ho conosciuto dieci anni fa.
-Non sono gli anni, amore, sono i chilometri.
(Karen Allen e Harrison Ford, *I predatori dell'Arca perduta*).
737. -Non so in che veste sia qui...
-Da camera, cara.
(Joan Blondell al suo capo Spencer Tracy, sorpreso a casa di Katharine Hepburn in vestaglia, *La segretaria quasi privata*).
738. -Oh, scusami, torno subito.
-Non sbrigarti.
(Woody Allen e Bette Midler, *Storie di amori e infedeltà*).
739. -Peste McCabe, il pistolero?
-Uomo d'affari, fa meno impressione.
(René Auberjonois e Warren Beatty, *I compari*).
740. -Quanti uomini sarebbero stati più sicuri, se le avesse portate già da tempo!
-Ma.. Non saprei... Non uso solo le mani, sai?
(Il poliziotto Cary Grant ammanetta la maliarda Mae West, *Lady Lou-La donna fatale*).
741. -Roma non fu costruita in un giorno...
-Certo, non c'ero io a controllare i lavori.
(Michael Wincott e Lance Henricksen, *Dead man*).
742. -Rossetto sulla camicia!
-Nessuno è senza macchia.
(Edra Gale, moglie gelosa, e Peter Sellers, marito erotomane, *Ciao Pussycat*).
743. -Sai, io conosco un tipo con la gamba di legno di nome Smith.
-E come si chiama quell'altra gamba?
(Dick Van Dyke e Ed Wynn, *Mary Poppins*).
744. -Sapevo che vi avrei incontrato.
-Per recuperare il coltello che mi lanciaste nella schiena?

(William Holden a Nancy Olson, che gli ha bocciato una sceneggiatura, *Viale del tramonto*).

745. -Senta, se avesse bisogno di me chiami questo numero.
-Di giorno o di notte?
-Di notte è meglio. Di giorno lavoro.
(La taxista Joy Barlowe e Humphrey Bogart-Philip Marlowe, *Il grande sonno*).

746. -Sergente Cantrell.
-Come si scrive?
-Senza sbagliare.
(Keith David e Pat Hingle, *Pronti a morire*).

747. -Serve una mano?
-No grazie, ne ho già una.
(Richard Roth e Gene Wilder, *Frankenstein junior*).

748. -Siete di quelli che soffrono all'idea che la loro cara Parigi sia in mano tedesca?
-Parigi non mi è particolarmente cara.
-E come ci vedreste a Londra?
-Chiedetemelo quando ci sarete.
-Ah, che diplomazia!
-E in quanto a New York?
-Ci sono certi quartieri di New York, maggiore, che sarebbe imprudente cercare di invadere.
(Humphrey Bogart risponde alle provocazioni degli ufficiali nazisti Conrad Veidt e Richard Ryen, *Casablanca*).

749. -Sorella, ho demolito quattro primati!
-Bravo, rompe la roba e se ne vanta!
(Un atleta della nazionale olimpica e Marilyn Monroe, *Gli uomini preferiscono le bionde*).

750. -Stai bene? Prova a dire qualcosa.
-Qualcosa...
(Eric Stoltz e Uma Thurman che ha appena superato un'overdose, *Pulp Fiction*).

751. -Stai giocando col fuoco.
-Almeno mi scalderò.
(Dennis Price e Joan Greenwood, *Sangue blu*).

752. -Tu mi smuovi qualcosa, non so come ma... fino nel profondo.
-Dalle parti dell'appendice?
(Richard Gere e Diane Lane, *Cotton Club*).

753. -Vidi la signora Potter allo zoo.
-Faceva visita alle vipere?
(Virginia Weidler e Lucile Watson a proposito della maldicente Phyllis Povah, *Donne*).

LA CAMPAGNA

754. -La campagna mi innervosisce: ci sono i grilli, e il silenzio, e non sai dove andare dopo cena, e le reti alle finestre con le falene morte spiaccicate... A parte l'eventualità delle visite dei Manson e altre famiglie di Satana.

(Woody Allen, *Io e Annie*).

755. -Non mi piace la campagna. I serpenti mi rendono nervoso.

(Daniel Day-Lewis, *My beautiful laundrette*).

LA TERRA

756. -Di tutto quello che mio padre mi ha lasciato, quello che preferisco sono le terre. È sulla terra che si vede il risultato del lavoro.

(Francisco Rabal a Silvia Pinal, *Viridiana*).

757. -Resistete ai soprusi! Abbiate coraggio! Restate! Iddio non ha creato questa terra per un uomo solo.

(Van Heflin sprona i contadini a resistere alla prepotenza degli allevatori, *Il cavaliere della valle solitaria*).

758. -Oseresti dire, miss Rossella O'Hara, che la terra non conta nulla per te? Ma se è la sola cosa per cui valga la pena di lavorare, di lottare, di morire, perché è la sola cosa che duri.

(Thomas Mitchell alla figlia Vivien Leigh, *Via col vento*).

759. -Questa terra è vostra. Ma voi dovete proteggerla: non sarà vostra a lungo se non la difendete, se è necessario con la vostra vita e con la vita dei vostri figli. Non sottovalutate i vostri nemici: essi torneranno. E se la vostra casa è bruciata, ricostruitela. Se il vostro grano è distrutto, seminate di nuovo. Se i vostri figli muoiono, crescetene altri. Se vi cacciano dalla valle, andate a vivere sulla montagna. Ma vivete! Siete sempre in cerca di capi...

(Marlon Brando ai contadini messicani, *Viva Zapata!*).

760. -Trai la tua forza da questa terra, da Tara, Rossella. Tu ne sei parte ed essa è parte di te.

(Clark Gable a Vivien Leigh, *Via col vento*).

LA CITTÀ

761. -A me piace moltissimo la puzza della strada: mi fa sentire bene, mi si aprono i polmoni quando la sento.

(Robert De Niro, *C'era una volta in America*).

762. -La calca e il rumore non mi trattengono dal prendere il mio bagno di folla. Amo la folla come il mare, non per annegarci o confondermi, ma per sfidarne la superficie come un navigatore solitario, docile in apparenza al suo ritmo, ma per meglio riprendere il mio, ogni volta che la corrente cambia o si scioglie... Come il mare, la folla mi tonifica e scatena l'immaginazione, e quasi tutti i pensieri mi vengono per strada, anche quelli che riguardano il mio lavoro.

(Bernard Verley, *L'amore il pomeriggio*).

763. -E così eccomi di nuovo in strada: terza domenica d'agosto, il ritorno del reduce nel vecchio quartiere. Non è rimasto niente. Come in quei vecchi film di cowboy. Solo che al posto dei cespugli e della merda di vacca qui ci sono carcasse di macchine e merde di cani. Questi giovani io non li riconosco: il mio quartiere non esiste più.

(Al Pacino ritorna a casa dopo cinque anni di galera, *Carlito's way*).

764. -Ma è una città enorme! Quanti abitanti farà?

-Dieci o dodicimila, a sentire mio zio Zeb.

-Cosa?

-Ma sì.

-Bah... Chissà poi perché si ammucchiano così. Non so proprio che gusto ci provino.

-Io non ci potrei vivere in quel formicaio.

(I cacciatori di pellicce Kirk Douglas e Dewey Martin contemplano St. Louis, *Il grande cielo*).

765. -Mi piace che ci sia gente in strada a qualsiasi ora: è questo che mi piace di Parigi. Non c'è niente di più sinistro dei pomeriggi in provincia o in periferia: mi deprimono in modo terribile.

(Bernard Verley, *L'amore il pomeriggio*).

766. -Sono abituata alle strade, sono il mio pane le strade!

(La prostituta Lily Tomlin, *Ombre e nebbia*).

767. -La strada è stata la nostra scuola. Che cosa ci ha insegnato? A sopravvivere... Ma non avremmo proprio più potuto ottenere nulla dalla strada. Forse sono superstizioso, ma sento che la strada ci ha dato moltissimo e a questo punto avremmo forzato la fortuna a voler continuare. La strada si è rimangiata molta gente in gamba che di lì aveva cominciato...

(Robbie Robertson spiega perché il gruppo rock The Band si scioglie, *L'ultimo valzer*).

768. -Vengono fuori gli animali più strani, la notte: puttane, sfruttatori, mendicanti, drogati, spacciatori di droga, ladri, scippatori. Un giorno o l'altro verrà un altro diluvio universale e ripulirà le strade una volta per sempre.

(Robert De Niro, *Taxi driver*).

LA CASA

769. -Dove vive?

-Ho una casa a Long Island ma vi abito solo tre mesi all'anno.

-Ah, eccola di nuovo chiamare casa un domicilio. Non può essere una casa se ci abita solo tre mesi all'anno.

-Ah, in fondo ha ragione.

-Lei è divorziato?

-Sì, lo sono. Se non lo fossi, forse avrei una casa anziché un domicilio.

(Deborah Kerr e Robert Mitchum, *L'erba del vicino è sempre più verde*).

770. -Era quello un luogo strano, una di quelle costruzioni solenni che inorgoglivano un tempo i magnati del cinema. Una casa abbandonata fa sempre un effetto sinistro. Questa poi era un rudere: aveva l'aria di una di quelle vecchie gentildonne decadenti cariche di antichi veli sdruciti e di cianfrusaglie fuori moda, che vivono isolate dal mondo fra i fantasmi di un passato fastoso.

(William Holden descrive la villa di Gloria Swanson, *Viale del tramonto*).

771. -Grande casa è come grassa donna: difficile trovare strada.
(Peter Sellers, *Invito a cena con delitto*).
772. -Hanno creato grandi palazzi, ma non hanno saputo creare persone degne di abitarli.
(Gary Cooper, *È arrivata la felicità*).
773. -Lei sembra a casa sua in qualsiasi posto.
(Yves Montand a Marilyn Monroe, *Facciamo l'amore*).
774. -Non saremo mai più tanto vicini a casa come ora.
(L'astronauta Robert Duvall al suo equipaggio, prima che tutti si sacrifichino in una missione suicida per salvare la Terra da una cometa, *Deep impact*).
775. -Pago settecento dollari al mese e ho i topi con i bongo e una rana, e ho l'acqua marrone.
(Woody Allen si lamenta della sua nuova casa, *Manhattan*).

L'ARREDAMENTO

776. -Arredare non è una scienza esatta: a volte le cose devi vederle, poi cominci a sentirle.
(Geraldine Page, *Interiors*).
777. -Capito, Nicole, i vantaggi delle rivoluzioni? Valorizzano tutto ciò che distruggono.
(L'antiquaria Françoise Fabian alla commessa Bettina Rheims, *Una donna e una canaglia*).
778. -Che strano posto.
-Sì, è fantastico: lo ha arredato Dracula?
(Heather MacRae e Woody Allen entrano a casa di John Carradine, *Tutto quello che avreste voluto sapere sul sesso ma non avete mai osato chiedere*).
779. -Dica, chi ha arredato questo, la moglie di Frankenstein?
(La spogliarellista Barbara Stanwyck al professore Gary Cooper, *Colpo di fulmine*).
780. -Letto matrimoniale a dodici piazze: gli storici asseriscono che servì a Numa Pompilio nella sua prima giovinezza.
(Totò, *Il monaco di Monza*).
781. -Sgabello a quattro zampe di pura noce di cocco. Ha suscitato sempre discussioni tra gli esperti. Alcuni asseriscono tenacemente che era un Luigi XV. Altri, invece, erano d'accordo che fosse un Luigi XVI. Io dissento sia dagli uni che dagli altri: per me è un Gaetano prima maniera.
(Totò, *Il monaco di Monza*).

L'ARCHITETTURA

782. -Io non costruisco per avere clienti: cerco clienti perché voglio costruire.
(L'architetto idealista Gary Cooper, *La fonte meravigliosa*).
783. -Sai che proprio non riesco a credere che questa sia Beverly Hills?

-Be', l'architettura è molto coerente: il neoclassico ibridato con lo spagnolo, ibridato con il Tudor, ibridato col giapponese.

(Diane Keaton e Woody Allen, *Io e Annie*).

IL CINEMA

784. -Avete fabbricato un capestro di parole per strangolare il cinema... Ma il microfono registrerà i suoi rantoli, e il technicolor fotograferà la sua rossa lingua ciondoloni.

(La diva del muto Gloria Swanson a William Holden, *Viale del tramonto*).

785. -Il cinema è come una battaglia: amore... odio... azione... violenza... morte... In una parola: emozione.

(Samuel Fuller, *Il bandito delle ore undici*).

786. -Come fa lei per scegliere un film?

-Come scelgo una donna: correndo dei rischi.

(Silvano Tranquilli e Lino Ventura, *Una donna e una canaglia*).

787. -Come sono vuote le chiese! Solo i cinematografi sono pieni: è lì che la gente oggi va a confessarsi.

(Vittorio Gassman, *Anima persa*).

788. -È buffo come i colori del vero mondo divengano veramente veri soltanto quando uno li vede sullo schermo.

(Malcolm McDowell, *Arancia meccanica*).

789. -È una trovata che non dura!

-Anche dell'automobile si disse così.

(Il regista Douglas Fowley e il musicista Donald O'Connor discutono dell'avvento del sonoro, *Cantando sotto la pioggia*).

790. -È un bel film. L'ha visto?

-Non vado mai al cinema.

-Davvero? Perché no?

-La vita è troppo breve.

(Tim Robbins e Greta Scacchi, *I protagonisti*).

791. -La fotografia è la verità e il cinema è la verità ventiquattro volte al secondo.

(Michel Subor, *Le petit soldat*).

792. -Io non vorrei mai passare il resto della mia vita a Casablanca, sposata a uno che gestisce un bar. Ti sembrerò una snob ma è così.

(Meg Ryan a Billy Crystal, dopo aver visto *Casablanca* insieme, *Harry, ti presento Sally...*).

793. -Io per un film potrei piantare un uomo, ma per un uomo non pianterei mai un film.

(Nathalie Baye, *Effetto notte*).

794. -La lavorazione di un film somiglia al percorso di una diligenza nel Far West: all'inizio uno spera di fare un bel viaggio, poi comincia a domandarsi se arriverà a destinazione.

(François Truffaut, *Effetto notte*).

795. -Lo dicevo, che nel cinema c'è qualcosa che non va.

-È finito, distrutto. Un tempo, col nostro mestiere, gli occhi di tutto il mondo erano stregati da noi. Ma non era sufficiente per loro, oh no!, dovevano impadronirsi anche degli orecchi. Allora aprirono le loro bocche bestiali e vomitarono parole, parole, parole...

(William Holden e la diva del muto Gloria Swanson, *Viale del tramonto*).

796. -Nel cinema, gli attori sono la borghesia, l'immagine è il proletariato, la colonna sonora è la piccola borghesia, eternamente oscillante tra l'una e l'altro. L'immagine, in quanto proletariato, deve prendere il potere nel film, dopo una lunga lotta.

(Nanni Moretti, *Io sono un autarchico*).

797. -Noi sappiamo che il tuo posto è con Dick. Sei parte del suo lavoro, gli dai la forza di andare avanti. Se quell'aereo decolla e tu non sarai con lui, te ne pentirai. Magari non oggi, e forse neanche domani, ma presto, e per il resto della tua vita.

-Oh Sam, che belle parole!

-Sono di *Casablanca*. Ho aspettato tutta la vita l'occasione di usarle.

(Woody Allen e Diane Keaton si lasciano all'aeroporto, *Provaci ancora Sam*).

798. -Perché il cinema americano è amato e quello francese no?

-Perché racconta piccole storie con mezzi enormi. Quello francese grandi storie con mezzi minuscoli.

(Bernard Tapie e Fabrice Luchini, *Uomini e donne: istruzioni per l'uso*).

799. -Per me *La corazzata Potemkin* è una boiata pazzesca!

(Il mite impiegato Paolo Villaggio si ribella ai superiori che lo costringono a frequentare il cineforum aziendale, *Il secondo tragico Fantozzi*).

800. -Questa è la mia vita, e lo sarà per sempre. Non esiste altro: solo noi e la macchina, e nell'oscurità il pubblico che guarda in silenzio. Eccomi, De Mille, sono pronta per il mio primo piano.

(La diva del muto Gloria Swanson, impazzita dopo aver ucciso William Holden, scambia i riflettori e le luci della polizia per quelli di un set, *Viale del tramonto*).

801. -Scusi signora, voglio sapere se il film che date, *I sentieri della gloria*, è una storia d'amore...

-È un film di guerra, ambientato nel '14 -'18, i francesi che si battono contro i tedeschi...

-Ah, allora ci sono cannoni, soldati, non ci sono donne!

-Sì, come no? I soldati hanno sempre una foto di donna nel portafogli...

(Fanny Ardant e la cassiera Anik Belaubre, *Finalmente domenica!*. Le battute sono un omaggio a Stanley Kubrick e alludono al film antimilitarista *Orizzonti di gloria*, a lungo proibito in Francia, anche se il titolo è stato travisato nei dialoghi italiani).

802. -Siamo arrivati a metà dell'avventura. Io, prima di cominciare a girare, desidero soprattutto fare un film che sia bello. Non appena sorgono le prime grane devo ridurre le mie ambizioni, augurandomi che io riesca a finire il film. Verso la metà della lavorazione faccio un esame di coscienza, e mi dico: potevi lavorare meglio, potevi dare di più, ora ti resta l'altra metà per rimetterti in pari, e da quel momento cerco di rendere più vivo tutto ciò che si vedrà sullo schermo.

(Riflessioni del regista François Truffaut, *Effetto notte*).

803. -Su, Alphonse, vieni: ora te ne torni in camera, ti rileggi il copione, e ti metti a lavorare un po' e poi cerchi di dormire. Domani si lavora, e il lavoro è più importante. Non fare il cretino, Alphonse: sei un bravissimo attore, il lavoro va a gonfie vele. Lo so, c'è la vita privata, ma la vita privata zoppica per tutti. I film sono più armoniosi della vita, Alphonse: non ci sono intoppi nei film, non ci sono rallentamenti. I film vanno avanti come i treni, capisci? Come i treni nella notte. La gente come me e come te, lo sai bene, siamo fatti per essere felici nel nostro lavoro del cinema.

(François Truffaut a Jean-Pierre Léaud, che dà in smanie dopo essere stato piantato da Dani, *Effetto notte*).

HOLLYWOOD

804. -A Hollywood ci sono solo tre età: bambola, procuratore legale e a-spasso-con-Daisy.

(L'attrice in crisi Goldie Hawn, *Il club delle prime mogli*).

805. -Il clima qui mi si confà e la gente è molto gentile e generosa: parla per il piacere di ascoltarsi e non pretende mai che tu li ascolti. Ricordatelo, caro, è il segreto del quieto vivere in questo paese.

(John Gielgud, scenografo inglese da trent'anni a Hollywood, spiega l'ambiente del cinema e l'America al nipote Robert Morse, *Il caro estinto*).

806. -Dovrei emigrare da qualche altra parte, dove i pervertiti sono ben accetti: Hollywood.

(Il pornografo Woody Harrelson, *Larry Flynt-Oltre lo scandalo*).

807. -Questo è il Sunset Boulevard, il Viale del Tramonto a Hollywood. Sono le cinque del mattino. Arriva la polizia, la Squadra omicidi col solito codazzo di cronisti. In una di queste sfarzose ville è stato commesso un delitto. Lo leggerete sui giornali del mattino e ne sentirete parlare alla radio. Lo trasmetterà anche la televisione, perché questo è un fatto grosso e nella vicenda c'è coinvolta una diva del cinema...

(La voce fuori campo di William Holden racconta come è stato ucciso da Gloria Swanson, all'inizio di *Viale del tramonto*).

L'ATTORE

808. -A farsi fottere! Ma non mi sceglie mai?

-Io mi sono fatta fottere, ma non mi sceglie mai lo stesso.

(Due starlet a proposito del regista Roy Scheider, *All that jazz-Lo spettacolo continua*).

809. -Allora, quell'attore che ha sognato per tutta la vita di recitare *Amleto*, finalmente riesce a farsi mettere su lo spettacolo, ma era talmente cane, talmente cane, che tutte le sere si faceva fischiare. Allora una sera ne ha avuto abbastanza, e cosa fa? Si ferma nel bel mezzo del monologo "To be or not to be", volta la faccia verso il pubblico e dice: "I didn't write that shit", non sono io che ho scritto questa merda.

(Valentina Cortese, *Effetto notte*).

810. -Gli attori, li trovo idioti, li disprezzo. Sì, è così: gli dici di piangere e piangono, gli dici di camminare a quattro zampe e lo fanno. Lo trovo grottesco. Non so, non è gente libera...

(Michel Subor, *Le petit soldat*).

811. -Gli attori non sono gente onesta: sono capaci di inventarsi sentimenti che non hanno.

(Eduardo Noriega a Penélope Cruz, *Apri gli occhi*).

812. -Basta fare il clown. La vita non è più buffa per me, non mi fa più ridere. D'ora in poi sono un comico in pensione.

(Charlie Chaplin, *Luci della ribalta*).

813. -C'era un attore che aveva cento paia di scarpe: tante gliene avevano tirato.

(Totò, *L'imperatore di Capri*).

814. -C'era un'attrice austriaca, Hedy Lamarr. Era una regina di Hollywood. Ebbene, rimpiangeva talmente il clima piovoso del suo Tirolo natìo, che aveva fatto installare nel giardino della sua proprietà in California una macchina per la pioggia.

(Jean-Pierre Aumont, *Effetto notte*).

815. -Che tristezza dover essere buffo.

-È ancora più triste quando non ridono. Ma che emozione quando guardi laggiù e li vedi ridere, e odi il mormorìo che aumenta e sale verso di te...

(La ballerina Claire Bloom e il vecchio clown Charlie Chaplin, *Luci della ribalta*).

816. -Credo che innamorarsi delle attrici sia una caratteristica tipica degli uomini che invecchiano.

(Robert Forster, *Jackie Brown*).

817. -Dite, che razza di originale è quella Norma Desmond?

-La più grande attrice del suo tempo, ma voi siete giovane. Riceveva diciottomila lettere di ammiratori alla settimana, gli uomini pagavano il suo parrucchiere per una ciocca dei suoi capelli. Ci fu un maharajà che venne dall'India per avere una delle sue calze di seta: quando la ottenne, ci si strangolò.

(William Holden ed Eric von Stroheim parlano di Gloria Swanson, *Viale del tramonto*).

818. -Eh, sicuro, a te le parole, le frasi ti lasciano freddo e tu non ne hai bisogno, perché racconti la tua storiella senza parole, e la racconti bene, sai? Non c'è niente da dire, sei un portento: tu parli con le gambe, rispondi con le mani... Uno sguardo, un'alzata di spalle, due passi in avanti, un passo indietro, e op... perfetto, hanno compreso in Paradiso.

-Sì, comprendono tutto, perché sono povera gente, ed io sono come loro. Li amo, li conosco: la loro vita è assai piccina, ma fan sogni splendidi, e non vorrei soltanto farli ridere, vorrei farli sognare, fremere d'emozione e di piacere.

-E tutto ciò senza dire loro un sì.

(L'attore Pierre Brasseur e il mimo Jean-Louis Barrault, *Amanti perduti*. Il Paradiso nel gergo teatrale è il loggione).

819. -In fondo, chi è lei per darsi tante arie? Non è che un'ombra sullo schermo, un'ombra: non è carne ed ossa, lei.

(L'attrice teatrale Debbie Reynolds al divo del muto Gene Kelly, *Cantando sotto la pioggia*).

820. -Io gli attori li amo finché se ne stanno in palcoscenico, che è il loro posto, ma provi a metterli giù nella vita reale e tutto il mondo va a scatafascio.

(La ballerina Marsha Mason all'attore Richard Dreyfuss, *Goodbye amore mio!*).

821. -Io non lascio niente a nessuno, anzi ho deciso di fare tutto quello che mi capita: faccio programmi radio al mattino, all'ora di pranzo faccio doppiaggi e la sera la comparsa alla Comedie Française, e poi tutti i giovedì recito Molière per i bambini delle scuole, e se mi offrono un ruolo al cinema, anche di due battute, dico sì. Voglio arrivare, e per farlo c'è un solo modo: accettare tutto, farsi vedere da un sacco di gente e incontrarne ogni giorno di nuova...

(Sabine Haudepin, giovane attrice ambiziosa, *L'ultimo metrò*).

822. -Io provo una grande ammirazione per gli artisti, credo che l'arte di recitare abbia grande importanza, specialmente per chi non sa superare da solo le proprie difficoltà.

(Bibi Andersson a Liv Ullmann, *Persona*).

823. -Li amo molto, li amo per quello che sono: il coraggio, la serietà professionale e il disprezzo della morte che sembrano avere. Capisco la loro forza e anche la lealtà difficile e brutale. Mi affascinano quando cercano di manipolarvi e in quel momento provo invidia per la loro buona fede e la chiaroveggenza. Li amo con tutte le mie forze, perciò non potrò mai far loro del male.

(Il regista Erland Josephson a proposito degli attori, *Dopo la prova*).

824. -Mi dispiace di farla morire ancora una volta.

-Ah, ci sono abituato. Su ottanta film che ho girato, sono morto ventiquattro volte: due sedie elettriche, due impiccagioni, qualche pugnalata, qualche suicidio, e non so quanti incidenti. Ma non sono mai morto di morte naturale. Ah, del resto è giusto che sia così: perché io non trovo che la morte sia naturale.

(Il regista François Truffaut e l'attore Jean-Pierre Aumont, *Effetto notte*).

825. -Non sa muoversi, non sa cantare, non sa ballare: è multiforme.

(Donald O'Connor a proposito della diva Jean Hagen, *Cantando sotto la pioggia*).

826. -Non vi siete accorta che manca un attore?

-Manca un attore?

-Be', come no? Sta scritto qui, nel copione, alla scena tre: Carl entra con Affanno. Allora, chi fa la parte di Affanno?

(Gérard Depardieu si produce in una freddura per rompere il ghiaccio con l'ostile Andréa Ferréol, *L'ultimo metrò*).

827. -Qual è il credo di ogni attore? Lo spettacolo anzi tutto! Con pioggia, neve, sole o vento, lo spettacolo anzi tutto!

(Donald O'Connor, *Cantando sotto la pioggia*).

828. -Siete Norma Desmond, la famosa attrice del muto. Eravate grande.

-Io sono sempre grande. È il cinema che è diventato piccolo.

(William Holden e Gloria Swanson, *Viale del tramonto*).

829. -Sì, parlare come se si citassero delle verità. È il vecchio Brecht che diceva questo. Gli attori devono citare.

(Marina Vlady, *Due o tre cose che so di lei*).

830. -Lo spettacolo è finito.
-No, no, non smetto mai di recitare. Io ho sempre recitato, sempre e dovunque mi trovassi. Io sono il mio doppio: io recito al mattino quando mi guardo nello specchio, recito nei ristoranti quando chiedo un po' di pane, recito quando dico a mia madre che le voglio bene. Io amo, adoro la mia professione, e la servo costantemente. È la mia sola amica.
(John Turturro e Susan Sarandon, *Illuminata*).
831. -Strano come gli attori siano vulnerabili.
-No, invece è normale. Tutti quanti hanno paura di essere giudicati. Nel vostro mestiere, il giudizio fa parte della vita, sia nel lavoro che fuori dal lavoro.
-Eh, già... Quando incontriamo qualcuno ci domandiamo: cosa pensa di me? Chissà se mi ama... Ma io penso che sia la stessa cosa per tutti gli artisti. Quando Mozart era bambino, e gli chiedevano di suonare, rispondeva: "Ora ti suonerò tutto quello che vuoi, ma prima dimmi che mi ami".
-E poi... è il mestiere in cui ci si bacia di più.
-Lei lo ha notato, vero? Sì, non facciamo che baciarci: pare che la stretta di mano fu inventata per dimostrare che non si era armati, che non si era nemici, ma per noi questo non basta... Bisogna dimostrare che ci si ama: mio tesoro, my darling, my love, sei magnifica... Se ne ha bisogno.
(L'attore Jean-Pierre Aumont e il medico David Markham, *Effetto notte*).
832. -Straordinaria, non è vero? E niente dialoghi. A noi non occorrevano i dialoghi, bastava il volto. E dove, dove sono i volti di un tempo?... Forse uno, la Garbo.
(La diva del muto Gloria Swanson commenta un suo vecchio film, *Viale del tramonto*).
833. -Voi siete un attore e io vi ammiro, come uomo e come cane, ma voi non potete essere stato una spalla, voi non avete mai fatto nemmeno il ginocchio.
(Totò, *Il ratto delle Sabine*).
834. -Una volta mi hai detto che recitare è un'esigenza morale.
(L'attrice Lena Olin al regista Erland Josephson, *Dopo la prova*).

IL REGISTA

835. -Che cos'è un regista? Un regista è uno a cui vengono fatte in continuazione domande... domande su qualsiasi cosa... A volte lui sa la risposta, a volte no...
(François Truffaut, *Effetto notte*).
836. -Io non voglio vincere premi: voglio dei film che finiscano con un bacio e facciano soldi.
(Walter Pidgeon, *Il bruto e la bella*).
837. -Joe, Dio creò il mondo in sei giorni, e senza fare un'ora di straordinari. Tu non riesci a montare un film di novanta minuti in sette mesi, e per di più con gli straordinari.
(Il produttore Max Wright al regista Roy Scheider, *All that jazz-Lo spettacolo continua*).

LO SCENEGGIATORE

838. -Secondo te chi è più infelice, uno sceneggiatore o un critico cinematografico?
-Le loro mogli.
(Jean-Louis Trintignant e Milena Vukotic, *La terrazza*).
839. -L'ultima cosa che ho scritto trattava di una vecchia quercia. Non l'avreste mai riconosciuta sullo schermo. La quercia era diventata un motoscafo.
(William Holden a Gloria Swanson, *Viale del tramonto*).

IL PRODUTTORE

840. -Come ebbe a dire un grande produttore di Hollywood: "Troppa realtà non è quello che vuole il pubblico".
(Leonardo Cimino, *Stardust memories*).
841. -Lo sai, non c'è l'Oscar per la produzione.
-Vuoi scherzare?
-Proprio così, l'Oscar per la produzione non esiste. Da dove vengono fuori i film se nessuno li produce, da dove vengono fuori per te?
(Il produttore frustrato Dustin Hoffman e Robert De Niro, *Sesso e potere*).
842. -Perché voglio fare film? Semplice: mi piacciono le ragazze.
(Warren Stevens, *La contessa scalza*).

IL PUBBLICO

843. -Andrew, lo sai qual è la parte peggiore del personaggio pubblico? Il pubblico.
(Rita Rudner a Kenneth Branagh, *Gli amici di Peter*).
844. -E poi voglio dimenticare il pubblico.
-Non credo. Lei lo ama troppo.
-Non ne sono tanto sicuro. Forse lo amo ma non lo ammiro.
-Io credo di sì.
-Individualmente sì, ognuno ha qualcosa di grande, ma come folla è come un mostro senza la testa che non si sa da che parte si volterà. Può essere spinto in qualsiasi direzione.
(La ballerina Claire Bloom e il vecchio clown Charlie Chaplin, *Luci della ribalta*).
845. -Io penso che si può capire molto di un pubblico da come accoglie un buon mangiatore di spade.
(La mangiatrice di spade Mia Farrow, *Ombre e nebbia*).

L'APPLAUSO

846. -Ieri sera non ho avuto applausi... Oh, quel teatro mezzo vuoto, ballare senza scopo... Oh, ero furiosa. Alla fine ho atteso, ho atteso, ma l'applauso non è venuto... Nulla, nulla... Siamo tramontati, mio caro. Siamo morti, finiti.

(Greta Garbo, danzatrice russa in declino, *Grand Hotel*).

847. -Ondate d'amore che trapassano la ribalta per avvolgerti.

(Anne Baxter, *Eva contro Eva*).

I CARTONI ANIMATI

848. -Per te Braccio di Ferro può battere Superman?

-Ma tu sei pazzo!

-Perché no? Una volta l'ho visto sollevare cinque elefanti con una mano sola.

-Ah, tu non capisci niente: quello è un cartone animato, Superman è un uomo vero. Un cartone animato non può battere un uomo vero.

(I dodicenni Jerry O'Connell e Corey Feldman discutono, *Stand by me-Ricordo di un'estate*).

849. -Secondo voi... Paperino è un papero, Topolino è un topo, Pluto è un cane, ma cos'è Pippo?

(Interrogativi del dodicenne Will Wheaton, *Stand by me-Ricordo di un'estate*).

IL TEATRO

850. -Ascolta, ascolta un momento il silenzio su questo palcoscenico. Quanta energia spirituale vi è racchiusa, quanti stati d'animo veri o recitati! Risate, scatti d'ira, passioni, non so cos'altro ancora. Tutto è rimasto qui dentro, imprigionato, e continua a vivere segretamente accanto a noi.

(Erland Josephson a Lena Olin, *Dopo la prova*).

851. -Ci vediamo stasera a teatro. Le guarderò il posto finché non arriva. Quando sarà arrivata, se lo guarderà da sé.

(Groucho Marx a Margaret Dumont, *La guerra lampo dei fratelli Marx*).

852. -Credevo che odiassi il teatro.

-Vero. Odio anche la vista del sangue, ma... l'ho nelle vene.

(Claire Bloom e Charlie Chaplin, *Luci della ribalta*).

853. -I drammaturghi ci imbrogliano sull'amore. Lo rendono carino, comico, lascivo, ma non possono renderlo vero.

(Judi Dench, *Shakespeare in love*).

854. -Quando la fine del mese è difficile, il pubblico popolare va a teatro per distrarsi. Ha bisogno di lusso, di danze, di fasti: di tutto quello che non ha. Vuole poter credere che la vita è facile.

(Charles Boyer, *Stavisky il grande truffatore*).

855. -Quando si trova proprio alle strette, una stella internazionale torna al teatro.

-Questo mai! Il doppio mento io me lo tengo in privato: ho visto troppe arteriosclerosi riesumate sui palcoscenici.

(Lionel Barrymore e Marie Dressler, *Pranzo alle otto*).

856. -Il teatro, il teatro... Ma perché si deve credere che il teatro esista solo nell'interno di alcuni bruttissimi edifici ammassati nel cuore di New York o di Londra, di Parigi o di Roma? Ascolta, piccola, e impara. Vuoi sapere che cos'è il teatro? È il circo equestre ed è l'opera. Sono i rodei, i varietà, i balletti, le danze dei selvaggi, Pulcinella, i cantastorie. Tutto è teatro: dovunque ci sia magia, fantasia e pubblico, c'è teatro.

(Gary Merril ad Anne Baxter, *Eva contro Eva*).

857. -Il teatro procura gioia a tutti, tranne a chi lo fa.

(Emmanuelle Béart, *Il viaggio di Capitan Fracassa*).

LA CIVILTÀ

858. -Allora questa è un'altra grande differenza tra la nostra civiltà e la vostra. Voi ammirate l'uomo che si spinge avanti, verso la cima, in ogni campo della vita, mentre noi ammiriamo l'uomo che abbandona il suo ego.

(La giovane tibetana Victor Wong a Brad Pitt, che le ha mostrato l'album con i ritagli di giornale dedicati alle sue imprese atletiche, *Sette anni in Tibet*).

859. -La civiltà è avere tutto quello che vuoi quando non ti serve.

(Totò, *Tototarzan*).

860. -Cosa credete che succeda quando una civiltà crolla? Chi ha cervello e coraggio se la cava, chi non ne ha cola a picco.

(Leslie Howard commenta la sconfitta dei sudisti, *Via col vento*).

861. -Sai come finiscono le civiltà? Quando l'idiozia dilaga con moto naturalmente accelerato.

(Antoine Monnier, *Il diavolo probabilmente...*).

IL PROGRESSO

862. -Guardati attorno: una volta era un deserto, e ora è un giardino. Non ne sei fiero?

(Vera Miles al marito James Stewart, anziano senatore che ritorna nel Far West dopo anni, *L'uomo che uccise Liberty Valance*).

863. -Howard, ogni progresso dell'umanità nasce nella mente di qualcuno. Ma gli costa caro, e tu non ne sai il prezzo.

(Henry Hull a Gary Cooper, *La fonte meravigliosa*).

LA CONOSCENZA

864. -C'è un'amara verità che mammina avrebbe da dire.

-Parla. Puoi fidarti di me.

-Tu sai che con Giovanni non è finita. Piuttosto che cedere la contea il re preferirebbe farsi amputare tu sai cosa... E quanto al matrimonio di Riccardo, aspettiamo prima la seconda portata. Soltanto il corredo prenderà degli anni.

-Lo so. Tu sai che io so. Io so che tu sai che io so. Noi sappiamo che Enrico sa. Ed Enrico sa che noi lo sappiamo. Siamo una famiglia sapiente.

(John Castle e sua madre Katharine Hepburn fanno il punto sugli intrighi ereditari alla corte dei Plantageneti, *Il leone d'inverno*).

865. -Conosco pezzi grossi, pezzi piccoli, pezzi medi, pezzettini. Conosco persino il cognato del fratello di un sacrestano.

(Totò, *La legge è legge*).

866. -Non conosco niente, niente. E voglio conoscere, sì, voglio conoscere!

-Che cosa?

-Tutto: perché le stelle cadono e gli uccelli no, dove va il sole di notte, e perché la luna cambia forma. Voglio sapere da dove viene il vento...

(Kirk Douglas-Spartaco e Jean Simmons, *Spartacus*).

867. -Si conoscono da molto lei e Bruno?

-No, ci siamo incontrati stamattina.

-Allora lo conosce bene: la prima impressione che si ha di lui è quella giusta.

(Luciana Angiolillo e Jean-Louis Trintignant, a proposito di Vittorio Gassman, *Il sorpasso*).

LA CULTURA

868. -Che ci tiri fuori da me comunque, insomma? Intellettualmente poi non parliamone: sei così superiore a me.

-E non trattarmi dal basso in alto!

(La studentessa Barbara Hershey e il suo compagno, il pittore Max von Sydow, *Hannah e le sue sorelle*).

L'INTELLETTUALE

869. -L'intellettuale è più avanti, è più su, è più giù, egli è irraggiungibile, egli è più oltre.

(Stefano Satta Flores, *C'eravamo tanto amati*).

870. -Gli intellettuali della mia generazione hanno cercato molto un equilibrio tra la politica e la morale: la ricerca dell'impossibile.

(Burt Lancaster a Stefano Patrizi, *Gruppo di famiglia in un interno*).

871. - Io dico che sono come la mafia: si uccidono solo tra loro.

(Woody Allen, *Stardust memories*).

872. -Lei si preoccupa soltanto di chi perde. Tipico degli intellettuali: egoisti ma pieni di pietà.

(Monica Vitti a Marcello Mastroianni, *La notte*).

873. -Non lo sai che quello è un Robin Hood della cultura? È uno che ruba ai colti per dare agli ignoranti.

(Walter Matthau a Carol Burnett, *Un marito per Tillie*).

874. -Non prendere questo atteggiamento con me: te l'ho insegnato io.

(Il professore Rex Harrison all'allieva Audrey Hepburn, *My Fair Lady*).

LA RICERCA

875. -Ditemi, qual è la cosa che vi elettrizza di più?
-La sto ancora cercando.
(Cary Grant e Grace Kelly, *Caccia al ladro*).
876. -Mi scusi... Mi scusi, sto cercando il signor Miller.
-Non mi troverà mai.
(Doris Day e l'ubriaco Jack Oakie, *Amore, ritorna!*).
877. -Si dice che un uomo vuole sempre sapere cosa c'è dall'altra parte della collina.
-Tu non vuoi saperlo?
-C'è solo un'altra collina.
(John Howard e Ronald Colman, *Orizzonte perduto*).
878. -Sta' attento a quello che cerchi: potresti trovarlo.
(Peter Jason a Clint Eastwood, *Gunny*).

LA CURIOSITÀ

879. -Oh, io sono un mezzo fallito. Il poco che so lo devo al mio professore, Albert Sorel. "Cosa vuol diventare?", mi domandò. "Diplomatico." "Ha una grossa fortuna?" "No." "Può con qualche apparenza di legittimità aggiungere al suo cognome un nome celebre?" "No." "E allora rinunci alla diplomazia." "Ma allora cosa posso fare?" "Il curioso." "Non è un mestiere." "Non è ancora un mestiere. Viaggi, scriva, traduca, impari a vivere dovunque, e cominci subito. L'avvenire è dei curiosi di professione. I francesi sono rimasti chiusi in casa da troppo tempo. Troverà sempre un giornale che paghi le sue scappatelle."
(Henri Serre racconta a Oscar Werner e Jeanne Moreau perché è diventato giornalista e scrittore, *Jules e Jim*).
880. -Sapete che siete un uomo curioso?
-Siete voi a far diventare curioso ogni uomo che v'incontra.
(La dark lady Jane Greer e il detective Robert Mitchum, *Le catene della colpa*).

L'IGNORANZA

881. -Certe cose avvengono perché non si sa la grammatica: tutti ne approfittano degli ignoranti.
(Carlo Battisti, *Umberto D.*).
882. -Vergognatevi, siete un branco di alfabeti!
(Mickey Shaughnessy ai componenti della gang di Glenn Ford, *Angeli con la pistola*).
883. -Vorrei che tutti si istruissero, che tutti approfittassero del cervello. È pericoloso vivere in un mondo di persone ignoranti.
(William Holden a Judy Holliday, *Nata ieri*).

IL CORPO

884. -Che mani meravigliose che ha! Ma, mi dica, sono proprio le sue? (Totò, *Totò, lascia o raddoppia?*).

885. -Ci stanno quelli che pensano di tornare a vivere nel corpo di un altro.

-Speriamo che non mi tocchi il corpo tuo.

-E chi ti chiede di beccarti il mio? Ti dico solo che potresti rinascere con un corpo diverso, hai capito? Magari ti capita quello d'un cane, o d'un presidente...

(Dustin Hoffman e Jon Voight, *Un uomo da marciapiede*).

886. -Con un corpo così, c'è sempre bisogno della guardia del corpo. Neanche di notte, nel deserto del Sahara, tinta di nero e chiusa in un sacco, passereste inosservata.

(Gene Kelly a Judy Garland, *Il pirata*).

887. -Il cuore attraverso le sistole e le diastole pompa il sangue e lo fa circolare a destra e a sinistra. Nel fisico malandato la circolare sinistra va ottimamente, quella che non funziona è la circolare destra. Si tratta di una distonia congenita, consiglio di andare a piedi.

(Totò, sedicente medico personale di Mussolini, *Sua Eccellenza si fermò a mangiare*).

888. -Hai le mani pulite? Allora fammi una cortesia, spegnimi la luce.

(Totò, *I tre ladri*).

889. -Hai sempre avuto un'ossatura perfetta, l'hai presa da me... Sarò un bellissimo scheletro, quando arriverà il momento.

(Phyllida Law alla figlia Emma Thompson, *L'ospite d'inverno*).

890. -Ho la mano leggera come una piuma, non per niente mio nonno faceva il bersagliere.

(Totò, *Totò a colori*).

891. -Io dichiaro il mio amore e rispetto per il corpo umano: i muscoli sodi, la pelle liscia... La pelle liscia... A Cap Ferrat, quei giorni, uscendo dal mare, il corpo forte, salato... No, non sono vanitoso. "Sei brutto", diceva Molly sorridendo, "ma bello a modo tuo, Clive Langham". Io amavo il sole, il vino fresco... Ah, Dio, sento ancora il sapore...

(John Gielgud, *Providence*).

892. -Le manca un polmone? Un altro se ne sta andando? E lasciamolo andare, mo' ci mettiamo a correre dietro a un polmone! Piuttosto, mi tolga una curiosità: lei è vivo?

(Totò, *Gli onorevoli*).

893. -Il mio corpo è un tempio, e io ho il culto di questo tempio.

(Il salutista Richard Dreyfuss, *Goodbye amore mio!*).

894. -Non era il momento adatto per perdere la testa... Non è così che si tiene testa alla vita... Non si può dire che fosse una testa dura... Non sarà mai alla testa di una grande compagnia.

(Mike Myers contempla un avversario decapitato, *Austin Powers*).

895. -Non so che cosa preferisco di te: le lentiggini o le lentiggini?

(Ben Gazzara a Patti Hansen, *E tutti risero*).

896. -La questione è: io ho imparato qualche cosa dalla vita? Solo che gli esseri umani sono divisi in due: mente e corpo. La mente abbraccia

tutte le più nobili aspirazioni: come poesia, filosofia... Ma chi si diverte è il corpo.
(Woody Allen, *Amore e guerra*).
897. -Una ragazza con gli occhi a mandorla, la bocca a ciliegia e le guance di pesca. Non sarà mica un'ortolana? Mah, purché non abbia il naso a patata e la testa a pera.
(Totò, *Totò cerca moglie*).
898 -Ruby, i tuoi capelli d'oro, i tuoi occhi affascinanti, il tuo sorriso incantatore, le tue braccia...
-Ehi, è una proposta la tua o stai facendo un inventario?
(Roger Pryor e Mae West, *Belle of the Nineties*).
899. -Sei solo carne e cosce, carne e cosce.
(Ugo Tognazzi a Claudia Cardinale, *L'udienza*).
900. -Sono naturali i tuoi capelli?
-Sì, tranne che per il colore.
(Cary Grant e Jayne Mansfield, *Baciala per me*).
901. -Le spalle di una donna sono gli avamposti della sua mistica e il suo collo, se è viva, ha tutto il mistero del confine, di una terra di nessuno nel conflitto fra la mente e il corpo.
(Al Pacino a Charlize Theron, *L'avvocato del diavolo*).
902. -Su, raddrizzati, sembri un punto interrogativo.
(Ann Sheridan a Cary Grant, che ha dormito in una vasca da bagno, *Ero uno sposo di guerra*).
903. -La tua pelle è di una tale bellezza!
-Sì, lo so, ne ho su tutto il corpo.
(Tutte Lemkow e Diane Keaton, *Amore e guerra*).
904. -Visto che ho un corpo, ho bisogno di una corpa. Mi sono spiegato?
(Totò, *Totò nella luna*).

LA FACCIA

905. -Con quella faccia tu non salveresti neanche un cappone a Natale.
(Il condannato a morte Gene Hackman al giovane difensore Chris O'-Donnell, *L'ultimo appello*).
906. -Da vicino hai una faccia da marziano.
-Sì, perché sono sulla luna.
(Jean-Paul Belmondo e Jean Seberg, *Fino all'ultimo respiro*).
907. -Ma che faccia buffa che hai! Ma sei sicura di essere una donna? Sembri un carciofo.
(Richard Basehart a Giulietta Masina, *La strada*).
908. -Ma guarda che faccia! Che avrà fatto di male per avere una faccia così?
(Phyllida Law a proposito di Sandra Voe, *L'ospite d'inverno*).
909. -Ma piuttosto, si vergogni ad andare in giro con quella bombetta!
-E lei si vergogni ad andare in giro con quella faccia.
(Enrico Viarisio e Aldo Fabrizi, *Prima comunione*).

910. -La mia faccia non mi è nuova, ce l'ho da quando sono nato.
(Totò, *Fermo con le mani!*).

911. -Mi piace il tuo viso: aperto e senza espressione. Non dice niente. È la faccia che ho sempre sognato.
(Betty Garrett a Frank Sinatra, *Un giorno a New York*).

912. -Ognuno ha la faccia che ha, ma qualche volta si esagera.
(Totò, *I tartassati*).

913. -La parola che le serve è bronzo, per descrivere la mia faccia.
(George Sanders a Gene Tierney, *Il fantasma e la signora Muir*).

914. -Bronzo, ha detto? Gliela lucido io quella faccia! E tutte le smorfie che ti faceva, come un gatto a un pescivendolo: dovevi prenderlo a schiaffi.
(Rex Harrison, geloso di George Sanders, a Gene Tierney, *Il fantasma e la signora Muir*).

915. -Sai da dove ti vengono le rughe? Dalla tua indifferenza. E questa lieve curva che va dall'orecchio alla punta del mento non è nitida come un tempo. Questo significa che sei superficiale e indolente. E lì alla radice del naso ora c'è troppo sarcasmo, c'è troppo scherno. E sotto i tuoi occhi inquieti mille rughe impietose, secche, quasi inavvertibili di noia e di impazienza.
(Il medico Erland Josephson all'amante Ingrid Thulin, *Sussurri e grida*).

916. -Sto cercando un mezzo sigaro con dietro la faccia di un gran figlio di cagna, alto, biondo e che parla poco.
(Eli Wallach a proposito di Clint Eastwood, *Il buono, il brutto, il cattivo*).

917. -Ullallà... Hai una faccia da cicca spenta.
(Catherine Spaak a Ugo Tognazzi, *La voglia matta*).

GLI OCCHI

918. -Avete gli occhi azzurri, mi danno un senso di riposo.
(Arletty a Jean Gabin, *Alba tragica*).

919. -Che bel colore hanno i suoi occhi! Sono azzurri come la divisa di un sergente.
(Groucho Marx a Margaret Dumont, *The cocoanuts-Noci di cocco*).

920. -Da un occhio ci vedo male, sono preside.
(Totò, *Totò cerca moglie*).

921. -La domanda potrà stupirla, me ne rendo conto: lei... lei... venderebbe un occhio?
(Elena Nicolai ad Alberto Sordi, *Il boom*).

922. -In questa stagione il cielo, a Parigi, ha esattamente il colore dei suoi occhi.
(Yves Montand a Marilyn Monroe, *Facciamo l'amore*).

923. -Professor Jones?
-Sì.
-Ne ero più che sicura. Vedo che ha gli occhi di suo padre...
-E le orecchie di mia madre. Ma il resto è tutto suo.
-A quanto sembra, le parti migliori sono già state prese.

(Il primo incontro fra Alison Doody e Harrison Ford, *Indiana Jones e l'ultima crociata*).

924. -I suoi occhi... laghi gemelli di gioia e d'ebbrezza in cui ogni uomo sarebbe felice di annegare.

-In quale dei due?

(Laurence Olivier e Marilyn Monroe, *Il principe e la ballerina*).

925. -Ti piace essere guardata, eh? Tu non esisti che negli occhi di qualcun altro.

(Richard Jordan alla cognata Kristin Griffith, che sta cercando di sedurre, *Interiors*).

926. -I tuoi occhi sembrano stagni argentati, e il tempo passa e va.

(Nicolas Cage a Kathleen Turner, *Peggy Sue si è sposata*).

927. -Vedete, è come voi: ha un occhio lieto e l'altro un po' triste.

(Jacqueline Laurent paragona Jean Gabin al proprio orsacchiotto, *Alba tragica*).

IL SENO

928. -Hai mai provato a riflettere quanto saggio e quanto benevolo sia stato il Signore Iddio a dotare le donne di due poppe? Sono giuste come numero e giuste come posto.

-E dove altro volevi che gliele mettesse, dietro le spalle?

(Il predicatore David Warner e Jason Robards, *La ballata di Cable Hogue*).

929. -Non sei mai stata nei boy scout?

-Fui scartata per deficienza toracica.

(Gregory Peck e Sophia Loren, *Arabesque*).

930. -Puppe a pera, tu c'hai le puppe a pera, pera pera pera...

(Francesco Nuti vince una rassegna di cantautori con un inno al seno, *Madonna che silenzio c'è stasera*).

IL SEDERE

931. -Avete carta bianca? E pulitevici il culo!

(Totò, *I due colonnelli*).

932. -Le dispiace girarsi un po'?

-Girarmi? Perché?

-Voglio darle un'occhiata.

-Allora guardi la mia faccia: non canto mica col culo!

(Il proprietario di bar Dean Casper e la cantante Ellen Burstyn, in cerca di una scrittura, *Alice non abita più qui*).

933. -Un momento, generale: al culo non si comanda. Deve dire a questa gente che ho diritto a un po' più di raccoglimento, di intimità... Un uomo in certi momenti deve essere lasciato solo.

(Slim Pickens, catturato dai giapponesi che gli hanno somministrato l'olio di ricino per fargli "restituire" la bussola che ha ingoiato, *1941-Allarme a Hollywood*).

LE GAMBE

934. -Le gambe delle donne sono dei compassi che misurano il globo terrestre donandogli il suo equilibrio e la sua armonia.
(Charles Denner, *L'uomo che amava le donne*).

935. -Hai notato anche come sono differenti le gambe delle donne?
-Certamente. Alcune arrivano su su fino al sedere, altre si fermano parecchio più sotto.
(David Warner e Jason Robards, *La ballata di Cable Hogue*).

936. -Harry, dobbiamo guardarci da quegli uomini: non sono tipi raccomandabili.
-Da che lo deduci?
-Non mi hanno guardato le gambe.
(Jennifer Jones e Edward Underdown, *Il tesoro dell'Africa*).

937. -L'ultimo paio di gambe che ti ha interessato ci è costato ventimila dollari.
(Humphrey Bogart al fratello scapestrato William Holden, *Sabrina*).

IL SANGUE

938. -Dai vestiti il sangue non va mai via, ma dalle mani se ne va alla svelta.
(Michel Simon, *Il porto delle nebbie*).

939. -E arriviamo al flusso sanguigno. Il sangue scorre dalla testa fino ai piedi: dà un'occhiata ai piedi, si schifa e torna alla testa. Ciò si chiama "circolo del poker".
(Il professor Groucho Marx tiene una lezione di anatomia, *Horse feathers*).

940. -Hai perso molto sangue, ma l'abbiamo ritrovato quasi tutto.
(Il gangster Jay Mohr a uno dei suoi uomini, *Mafia!*).

LO SPOGLIARSI

941. -Forse v'interessa l'uomo che si spoglia? È un simpatico spettacolo, ed è anche uno studio utile di psicologia, rivela il carattere: dimmi come ti spogli e ti dirò chi sei... I metodici si tolgono prima la giacca, i distratti i calzoni, i romantici le scarpe...
(Clark Gable a Claudette Colbert, *Accadde una notte*).

942. -Signora, ma come, lei si spoglia così davanti a un uomo maschile?
(Totò, *Totò cerca casa*).

IL DESIDERIO

943. -Cara, ardo dal desiderio, siamo qui per un'avventura... e allora avventuriamoci!
(Totò, *Totò, Eva e il pennello proibito*).

944. -Dove cominci tu? E dove comincia l'immagine che mi faccio di te? In altre parole, come distinguere tra la realtà e il desiderio che mi prende?
(Philippe Leroy alla moglie Macha Méril, *Una donna sposata*).
945. -In questo mondo ci sono solo due tragedie. La prima è quella di non ottenere ciò che si vuole, la seconda è di ottenerlo.
(Stephen Fry, *Wilde*).
946. -Io ti desidero: il mio desiderio è così grande che sembra la Florida.
(Robin Williams ad Amanda Plummer, *La leggenda del Re Pescatore*).
947. -Io voglio solo te.
-Meglio così, perché è quello che avrai.
(Joan Allen e John Travolta, *Face/Off-Due facce di un assassino*).
948. -Io vorrei avere una profonda relazione con una bellissima donna che si sciolga sin dal primo momento in cui mi incontrerà.
(River Phoenix, *hacker* che ha collaborato con l'FBI, chiede la sua ricompensa, *I signori della truffa*).
949. -La mia teoria è che non solo ciò che si desidera si ottiene, ma quel che ci tocca l'avevamo voluto. Chiaro?
(Jack Lemmon a Judy Holliday, *La ragazza del secolo*).
950. -Non ho molti desideri. Ma darei qualsiasi cosa per avere una bella pacca sul sedere.
(Katharine Hepburn ricorda quando era giovane e desiderata, *Lo Stato dell'Unione*).
951. -Per averla, venderei mia madre ai beduini.
(Woody Allen a proposito di Suzanne Zenor, *Provaci ancora Sam*).
952. -Se vuoi il ponte di Brooklyn, non hai che da chiedermelo: se non me lo vendono, lo rubo.
(James Cagney a Priscilla Lane, *I ruggenti anni Venti*).
953. -Il signore desidera?
-No.
(Un cameriere e Totò, *Una di quelle*).
954. -Voglio una donnaa!!!
(Urlo del pazzo Ciccio Ingrassia, in cima a un albero, *Amarcord*).
955. -Vuoi la luna? Ti ricordi quando volevi la luna?
(Emma Gramatica a Francesco Golisano, *Miracolo a Milano*).

L'AVIDITÀ

956. -In questo mondo c'è posto per tutti: la natura è ricca, è sufficiente per tutti noi; la vita può essere felice e magnifica. Ma noi lo abbiamo dimenticato. L'avidità ha avvelenato i nostri cuori, ha precipitato il mondo nell'odio, ci ha condotti a passo d'oca a far le cose più abiette. Abbiamo i mezzi per spaziare, ma ci siamo chiusi in noi stessi; la macchina dell'abbondanza ci ha dato povertà; la scienza ci ha trasformato in cinici; l'abilità ci ha resi duri e cattivi. Pensiamo troppo e sentiamo poco. Più che macchinari, ci serve umanità. Più che abilità, ci serve bontà e gentilezza. Senza queste qualità, la vita è violenza, e tutto è perduto.

(Il barbiere ebreo Charlie Chaplin, dopo essersi sostituito al suo sosia, il dittatore Adenoid Hynkel, tiene un discorso a un'adunata nazista, *Il grande dittatore*).

LA TENTAZIONE

957. -A che serve resistere a una tentazione? Tanto, ce n'è subito un'altra.
(Mae West, *Annie del Klondike*).

LA NECESSITÀ

958. -Nulla è più necessario del superfluo!
(Giustino Durano, *La vita è bella*).

IL DESTINO

959. -A livello d'inconscio è accertato che il fato non esiste.
(Piéral, *Quell'oscuro oggetto del desiderio*).

960. -Il destino è crudele: ti offre una gioia, ti fa sperare, e poi di colpo ti abbandona. E allora tutto crolla intorno a te nel fango e nella polvere.
(Maj-Britt Nilsson, *Un'estate d'amore*).

961. -Ecco, per vostra regola non sono un filosofo ma un fatalista. Il proiettile o la bottiglia che un giorno dovranno porre fine alla mia terrena esistenza certo esistono, in qualche posto. Perché preoccuparmi del dove e del quando?
(Il medico alcolizzato Thomas Mitchell, *Ombre rosse*).

962. -Ero un bravo cowboy, ma successe qualcosa.
-Già, è così. Succede sempre qualcosa.
(John Wayne spiega a Claire Trevor perché è diventato un bandito, *Ombre rosse*).

963. -Ha citato Shakespeare, *Enrico IV*, credo: "A me non importa della vita, la dobbiamo tutti a Dio. Il mio destino sia quel che sia, si muore una volta sola".

(Victor Kilian riferisce al comandante dell'aeroporto Cary Grant il discorso in spagnolo del medico Lucio Villegas, che era stato dissuaso dal partecipare a un rischioso volo per soccorrere un ferito, *Gli avventurieri dell'aria*).

964. -Io credo che molti guardando al passato riescano a determinare quando furono toccati dal destino: un nuovo posto, un'eredità inaspettata, una qualche decisione. Ma io no. Il mio destino è entrato in me impercettibilmente, come la prima goccia di pioggia che cade inosservata sulla finestra. Fu solo dopo la terza, o la quarta, o la quinta goccia che cominciai ad avvertire questa pioggia che doveva travolgere la mia vita.

(Edward G. Robinson, veggente involontario, spiega a Gail Russell e John Lund quando ha cominciato a prevedere le sciagure che sarebbero accadute agli altri, *La notte ha mille occhi*).

965. -Ma vi siete mai chiesto se ne vale proprio la pena, se il gioco vale la candela?

-Sarebbe come chiedere perché respiriamo. Se non respiriamo moriamo, se noi cessassimo di combattere il mondo perirebbe.

-E che importa? Così finirebbero le sue miserie.

-Sapete a chi somigliate? A un uomo che cerca di convincere se stesso di qualcosa a cui egli non crede. Ognuno ha il suo destino, buono o cattivo che sia.

-Sì, capisco bene.

-Non si direbbe. Si direbbe invece che cerchiate di sfuggire a voi stesso: non ci riuscirete mai.

(Humphrey Bogart e il capo della resistenza antinazista Paul Henreid, ferito dopo essere sfuggito a un arresto, *Casablanca*).

966. -Il mio destino è di non arrendermi.

(Nicole Kidman, *Ritratto di signora*).

967. -Niente sta scritto.

(Peter O'Toole, *Lawrence d'Arabia*).

968. -Noi siamo come il destino: chi va a star bene e chi va a prenderselo in culo.

(James Woods, *C'era una volta in America*).

969. -La polizia, aprite. E poi? Mm... Come potrei farmi capire? Impossibile. È andata così, era destino.

(Jean Gabin, dopo avere ucciso Jules Berry, *Alba tragica*).

970. -Se il destino funziona ogni volta è perché la gente crede ogni volta che le cose andranno diversamente.

(Derek Jacobi, *L'altro delitto*).

971. -Solo una persona può decidere il mio destino, e quella persona sono io.

(Orson Welles, *Quarto potere*).

972. -Un uomo ha la sua via tracciata: non può cambiarla. Non avrei dovuto dimenticarlo.

(Alan Ladd prende congedo dal piccolo Brandon de Wilde, *Il cavaliere della valle solitaria*).

IL CASO

973. -Il caso ha questo di straordinario: avviene naturalmente.

(Charles Boyer, *I gioielli di Madame de...*).

974. -Non lo so... se abbiamo ognuno il suo destino o se siamo tutti trasportati in giro per caso come da una brezza.

(Tom Hanks, *Forrest Gump*).

LA FORTUNA

975. -Barry era una di quelle persone abbastanza furbe da impadronirsi di una fortuna ma incapaci di conservarla. Infatti, le qualità e le energie che portano un uomo a conquistare una fortuna sono spesso le stesse che lo portano poi a perderla.

(Michael Hordern a proposito dell'avventuriero Ryan O'Neal, *Barry Lyndon*).

976. -Basta con i colpi di fortuna, con le lotterie, coi telequiz, coi totosport, coi totototi. La fortuna bisogna guadagnarsela.

(Totò, *Gambe d'oro*).

977. -La fortuna bisogna farsela venire.

(Renato Salvatori, *Rocco e i suoi fratelli*).

978. -Io la fortuna me la sono sempre fatta con le mie mani, e se ancora so giudicare la gente, anche lei.

(Willis Bouchey a James Stewart, *Cavalcarono insieme*).

979. -Io sono fortunato, io: ho la macchina rovinata, un vestito quasi nuovo da buttare via, la salute manomessa, forse una broncopolmonite con prognosi riservata, la capa scassata. Ah, come sono felice, come godo, che goduria!

(Totò, *Totò e Carolina*).

980. -Non te la prendere: la fortuna è dietro l'angolo.

-Sì, ma ci sta da parecchio: vorrei sapere quale angolo, e quando lo volterà.

(William Powell e Pat Flaherty, *L'impareggiabile Godfrey*).

981. -Quando vinco, la fortuna non c'entra.

(Il pistolero Gene Hackman, *Pronti a morire*).

982. -Qui c'è scritto che tu sei molto fortunato.

-Guarda che ci dev'essere un errore di stampa.

(Lauretta Masiero legge la mano a Totò, *Totò a Parigi*).

983. -Sai cos'è la fortuna? È credere che sei fortunato, ecco tutto.

(Marlon Brando a Nick Dennis, *Un tram che si chiama desiderio*).

984. -Sai, dicono che la fortuna è superstizione... No, non è superstizione: lo sai che cos'è? La fortuna è un'arte, un'arte che io ho.

(Glenn Ford a Peter Falk, *Angeli con la pistola*).

985. -Siamo i figli di puttana più fortunati del mondo, lo sai?

(Leonardo DiCaprio all'amico Danny Nucci, dopo aver vinto due biglietti per il Titanic in una partita a poker, *Titanic*).

986. -Tu dimmi cosa, nella vita, non richiede fortuna... Toh, guarda il mio vecchio: non era giocare d'azzardo quando vangava e sperava in un raccolto? A volte lo otteneva, e altre no. Perciò, se uno deve rischiare, meglio farlo senza vangare.

(Il giocatore d'azzardo Dean Martin a Frank Sinatra, *Qualcuno verrà*).

987. -La verità è che bisogna essere delle carogne per avere fortuna.

(Pietro Germi, *Il ferroviere*).

988. -Volevo rivederti: sapevo che avevi avuto fortuna.

-La fortuna non c'è entrata per niente.

-Ho detto così per delicatezza.

-Non mi vergogno di come ho fatto quello che ho: la cosa importante è che ce l'ho.

(Il pistolero Sterling Hayden e la padrona di saloon Joan Crawford, *Johnny Guitar*).

LA SFORTUNA

989. -Bah, lasciamo perdere questi argomenti. Non credo che sarai mai violentata.

-No, con la jella che ho.

(Woody Allen e Diane Keaton, *Provaci ancora Sam*).

990. -"Un cavallo... Un cavallo... Il mio regno per un cavallo": sono sei mesi che non ne becco uno.

(Robert De Niro, scommettitore jellato, *Toro scatenato*).

991. -La cosa peggiore che ti può capitare è scoprire che è ancora vergine, o una donna poliziotto.

-Con la sfortuna che ho, mi capiterà un poliziotto vergine.

(Jerry Lacy-Bogart rincuora Woody Allen, che si prepara per un appuntamento galante, *Provaci ancora Sam*).

992. -È la seconda legge della termodinamica: prima o poi tutto si muta in merda. È il mio enunciato, non quello dell'*Enciclopedia Britannica*.

(Judy Davis, *Mariti e mogli*).

993. -È la storia della mia vita: se c'è una ciliegia col verme, tocca sempre a me.

(Marilyn Monroe, *A qualcuno piace caldo*).

994. -Io lo so perché sta piovendo. Avrei potuto profetizzarlo: sta piovendo perché il tergicristallo è andato a farsi fottere. Se il tergicristallo stava a posto ci sarebbe stato un sole accecante pure di notte.

(Dustin Hoffman, *Eroe per caso*).

995. -Sai una cosa, Ann? Mi sento un maleficio addosso... Mi sento come una calamita, che però attrae merda.

(Jeff Bridges, *La leggenda del Re Pescatore*).

LA JELLA E GLI JETTATORI

996. -A me mi porta male il 13, ma anche il 14, il 15 e il 17. Peggio di così non si può andare.

(Totò, *Il monaco di Monza*).

997. -C'era una donna che gli uomini li faceva cadere per terra stecchiti. Non che fosse particolarmente affascinante, ma portava jella.

(Totò, *Un turco napoletano*).

998. -Jellato io? Ma se avevo uno zio con una gobba che era una bellezza!

(Totò, *Totò al giro d'Italia*).

999. -Mi vesto a lutto perché sono morto: mi hanno assassinato, spargendo la voce che sono uno jettatore.

(Totò, *La patente/Questa è la vita*).

1000. -Il pericolo ci sovrasta, in questo ufficio c'è uno jettatore: non uno jettatore da poco, ma uno jettatore ereditario. Il nonno era imbarcato sul Titanic e fu l'unico superstite del naufragio. Lo sbarcarono a Messina e la notte stessa venne il terremoto. Saranno coincidenze che coincidono, ma una coincidenza oggi, una coincidenza domani...

(Totò, *Chi si ferma è perduto*).

1001. -Sciò, sciò, menagramo!

(Totò, *Totò e Carolina*).

LA DIFFICOLTÀ

1002. -Sono così stufa di tutto. Avrò anche un figlio. Tante complicazioni e neanche un vestito da mettermi...

(Harriet Andersson, *Monica e il desiderio*).

LO SVANTAGGIO

1003. -Cominciando dal niente apprezzeremo anche di più ciò che riusciremo ad avere.

(Claudette Colbert a Henry Fonda, *La più grande avventura*).

1004. -Ho letto, non so dove, che uno svantaggio non è che un'opportunità per migliorare: questo posto è pieno di opportunità.

(La telefonista Deanna Durbin mostra la sua camera ammobiliata al miliardario Robert Cummings, *La prima è stata Eva*).

L'ABILITÀ

1005. -Affogherebbe in uno sputo se non ci fossi io qui a impedirgli di caderci dentro.

(Il sergente Burt Lancaster a proposito del capitano Philip Ober, *Da qui all'eternità*).

1006. -Che ne diresti di stare un po' più attento?

-Sono un ragazzo e tutti i ragazzi sono imbranati. Stiamo ancora crescendo e non sappiamo dove finisce il corpo e dove comincia il mondo.

-Il mondo finirà presto se non ti sbrighi a imparare.

(William Hurt e Harold Perrineau jr., che ha fatto cadere una pila di piatti, *Smoke*).

1007. -Chissà se è in gamba come diceva Wheeler...

-Io direi di sì: è tanto in gamba che non sente la necessità di dimostrarlo.

(Dean Martin e John Wayne a proposito del pistolero adolescente Ricky Nelson, *Un dollaro d'onore*).

1008. -Dove hai preso la patente, al parco giochi?

(Giovanni (Giovanni Storti) a Giacomo (Giacomo Poretti), guidatore maldestro, *Così è la vita*).

1009. -È una primitiva: non ha spirito né anima né conversazione, e ogni volta che mangia bisogna mandarla in tintoria.

(Walter Matthau a proposito della futura moglie Elaine May, *È ricca, la sposo e l'ammazzo*).

1010. -Hanno trovato Williams?
-Quelli non troverebbero un pesce rosso dentro il vaso.
(Jack Lemmon e Charles Durning a proposito dei poliziotti che danno la caccia a un evaso, *Prima pagina*).
1011. -Non sei neanche capace di trovarti il culo con due mani.
(Cher alla figlia Winona Ryder, *Sirene*).
1012. -Quando cerco qualcuno lo trovo sempre. Per questo mi pagano.
(Il killer Lee Van Cleef, *Il buono, il brutto, il cattivo*).
1013. -Sei bravo.
-Non sono bravo. Sono il migliore.
(Faye Dunaway e Warren Beatty, *Gangster story*).
1014. -Sono così dannatamente veloce che posso svegliarmi all'alba, rapinare due banche, un treno e una diligenza, staccare le penne del culo a un'anatra sparando da novanta metri e tornare a letto in tempo per darle il buongiorno a modo mio.
(Il pistolero sbruffone Leonardo DiCaprio a Sharon Stone, *Pronti a morire*).

LA SEMPLICITÀ

1015. -Alla fine, uno deve costringere le cose complicate a soluzioni elementari.
(Walter Matthau, *Un volto nella folla*).
1016. -Le ragazze mi dicevano: sii semplice. Io facevo quel che potevo. Ma è così difficile essere semplici!
(Denis Lavant, *Rosso sangue*).

DIO

1017. -A Dio piace guardare: è un guardone giocherellone. Rifletti un po': lui dà all'uomo gli istinti, ti concede questi straordinari doni, e poi che cosa fa? Te lo giuro che lo fa per il suo puro divertimento, per farsi il suo bravo cosmico spot pubblicitario del film. Fissa le regole in contraddizione: una stronzata universale. Guarda ma non toccare, tocca ma non gustare, gusta ma non inghiottire... E mentre tu saltelli da un piede all'altro, lui che cosa fa? Se ne sta lì a sbellicarsi dalle matte risate, perché è un moralista, è un gran sadico. È un padrone assenteista, ecco che cos'è, e uno dovrebbe adorarlo? No, mai!
(Al Pacino-Satana a Keanu Reeves, *L'avvocato del diavolo*).
1018. -Anche se dovesse esistere, ha lavorato talmente male che mi meraviglio che la gente non si coalizzi tutta e non lo trascini in tribunale.
(Alan Alda, *Tutti dicono I love you*).
1019. -Con Dio sono in pace, con l'uomo no.
(Charlie Chaplin, *Monsieur Verdoux*).
1020. -Dio ci mette alla prova.
-Non ci poteva dare una prova scritta?

(Un soldato e Woody Allen affrontano la battaglia con i francesi, *Amore e guerra*).

1021. -Dio ci si arrapa con i marines, perché noi ammazziamo tutto quello che vediamo. Lui fa il suo mestiere, noi facciamo il nostro. E per dimostrargli il nostro apprezzamento per averci dato tanto potere, noi gli riempiamo il cielo di anime sempre fresche.

(Fervorino natalizio del sergente Lee Ermey ai suoi marines, *Full metal jacket*).

1022. -Dio esiste, Dio non esiste: che importanza ha? Vi siete mai chiesti se l'uomo esiste? Dio creò l'uomo a sua immagine... È bello: Schloime a immagine di Dio. Ma chi l'ha scritta questa frase nella *Torah*? L'uomo. Non Dio, l'uomo. L'ha scritta senza modestia, paragonandosi a Dio. Dio forse ha creato l'uomo, ma l'uomo, l'uomo, il figlio di Dio, ha creato Dio solo per inventare se stesso... L'uomo ha scritto la Bibbia per paura di essere dimenticato, infischiandosene di Dio... Noi non amiamo e non preghiamo Dio, ma lo supplichiamo. Lo supplichiamo perché ci aiuti a tirare avanti: cosa ci importa di Dio per come è?, ci preoccupiamo solo di noi stessi. Allora la questione non è solo sapere se Dio esiste, ma se noi esistiamo.

(Il matto del villaggio Lionel Abelanski mette fine alla disputa fra l'ebreo ateo e comunista Michel Muller e l'ortodosso Rufus, *Train de vie-Un treno per vivere*).

1023. -Dio è un lusso che non mi posso permettere.

(Martin Landau, *Crimini e misfatti*).

1024. -Dio non ama i codardi.

(Sean Connery, *The untouchables-Gli intoccabili*).

1025. -Dio, perché mi hai abbandonato?

(Il pastore Gunnar Björnstrand, *Luci d'inverno*).

1026. -D'ora in poi saremo nemici, Tu ed io. Perché Tu hai scelto quale tuo strumento un vanaglorioso, libidinoso, sconcio, infantile ragazzo, e a me hai donato soltanto la capacità di riconoscere la tua incarnazione. Perché Tu sei ingiusto, sleale, crudele. Io ti bloccherò, lo giuro, io ostacolerò e danneggerò la tua creatura terrena, e per quanto starà in me io rovinerò la tua incarnazione.

(F. Murray Abraham-Salieri si rivolge a Dio, che gli ha preferito Mozart, *Amadeus*).

1027. -E allora perché vengono qui?

-Perché credono in Dio.

-Così giovani?

(Virna Lisi e George Segal in una chiesa protestante affollata di ragazzi, *Tenderly*).

1028. -E credi ancora in Dio?

-Sì, certo: ci si deve credere in Dio. Ma non sono convinta che Dio abbia fatto l'uomo a sua immagine e somiglianza. Perché la maggior parte delle stronzate le fanno gli uomini. No, io credo che l'uomo sia a immagine del diavolo e la donna sia fatta della sostanza di Dio: perché in fondo le donne fanno i bambini e quindi anche loro sono creatrici. Il che, tra l'altro, spiega perché le donne sono tanto attratte dagli uomini: diciamoci la verità, il diavolo è un sacco più interessante. Sono stata a letto con qualche santo e credimi, parlo per esperienza: una palla...

(Jeff Bridges e Mercedes Ruehl, *La leggenda del Re Pescatore*).

1029. -E se anche fosse vero il peggio, e se Dio non ci fosse e tu campassi una volta sola e amen? Be', non vuoi partecipare all'esperienza? E che diamine, mica tutta è una noia.

(Woody Allen, *Hannah e le sue sorelle*).

1030. -Ho avuto paura. La porta si è dischiusa, ma il Dio che è entrato era solo un ragno. Si è avvicinato a me e io l'ho visto in faccia: un viso ripugnante e gelido. Si è lanciato su di me, voleva possedermi ma io mi sono difesa. Vedevo continuamente i suoi occhi così freddi e calmi. Non è riuscito a penetrare in me, così ha strisciato sul mio petto e se ne è andato su per la parete. Ho visto Dio.

(L'incubo della schizofrenica Harriet Andersson, *Come in uno specchio*).

1031. -Io e il buon Dio abbiamo fatto un patto: io non vado a casa sua e lui non viene a casa mia.

(Il gangster Laurence Fishburne spiega a Vanessa Williams perché non frequenta la Chiesa, *Hoodlum*).

1032. -Io sono religioso e credo che ce la faremo, se il buon Dio ci dà una mano. Ma dovrà lasciar perdere tutto e dedicarsi solo a noi.

(Arthur O'Connell, marinaio in un sommergibile in avaria, *Operazione sottoveste*).

1033. -Io vorrei sapere: senza fede, senza ipotesi. Voglio la certezza. Voglio che Iddio mi tenda la mano e scopra il suo volto nascosto, e voglio che mi parli.

-Il suo silenzio non ti parla?

-Lo chiamo e lo invoco, e se Egli non risponde io penso che non esiste.

-Forse è così, forse non esiste.

-Ma allora la vita non è che un vuoto senza fine: nessuno può vivere sapendo di dover morire un giorno come cadendo nel nulla, senza speranza.

(Max von Sydow e Bengt Ekerot, *Il settimo sigillo*).

1034. -Le sto chiedendo se crede in Dio.

-È incredibile: è la terza volta stasera che qualcuno mi fa la stessa identica domanda... Io vorrei crederci, davvero: sarei molto più felice.

-Già, ma non ci riesce...

-Non riesco, no.

-Dubita dell'esistenza di Dio e non riesce a fare il salto necessario per arrivare alla fede...

-Non riesco neanche a fare il salto necessario per credere alla mia esistenza!

(John Cusack e Woody Allen, *Ombre e nebbia*).

1035. -Ma certo che Dio esiste: siamo fatti a sua immagine.

-E io sarei a sua immagine? Guardami: credi che Lui porti gli occhiali?

-Non con quella montatura.

(Diane Keaton e Woody Allen, *Amore e guerra*).

1036. -Ma perché, perché non è possibile cogliere Dio coi propri sensi? Per quale ragione si nasconde tra mille e mille promesse, e preghiere sussurrate, e incomprensibili miracoli?

(Max von Sydow, *Il settimo sigillo*).

1037. -Mi hanno sputato addosso tante di quelle volte che quando accade, non lo vedo più. Se lei fosse un ebreo a Sbà, imparerebbe a non aver paura. Perlomeno, non di Dio. Anche nei momenti in cui è più terribile, Dio non è mai crudele come gli uomini.

(Il negoziante Ammou Graia a Debra Winger, nel Sahara, *Il tè nel deserto*).

1038. -Il mio rabbino... diceva: "Siamo tutti in colpa agli occhi di Dio".

-Tu ci credi in Dio?

-No, no, però mi ci sento in colpa.

(Woody Allen e Mia Farrow, *Broadway Danny Rose*).

1039. -Non ci prenderanno: siamo in missione per conto di Dio.

(Dan Aykroyd, inseguito dalla polizia, a John Belushi, *The Blues Brothers*).

1040. -Non posso morire adesso. Credo di aver voglia di uccidermi. Spero che Dio un giorno abbia bisogno di me e mi liberi da questa prigione.

(Liv Ullmann, *Sinfonia d'autunno*).

1041. -Oh, se solo Dio mi desse qualche segno, se solo mi parlasse una volta! Che so io, una frase... due parole... un colpo di tosse...

(Woody Allen, *Amore e guerra*).

1042. -Perché, tu credi in Dio?

-Be', io credo che... che ci sia qualcosa lassù che ci osserva dall'alto.

-Sì, purtroppo è il governo.

(Diane Keaton e Woody Allen, *Il dormiglione*).

1043. -Quando ero piccolo, sugli otto anni, cercavo di fare amicizia con Dio invitandolo a casa mia a guardare la TV. Mai fatto vivo.

(Leonardo DiCaprio, *Ritorno dal nulla*).

1044. -Se c'è vera gioia nel mondo, essa proviene da Dio, in ogni forma: fiori, feste, musica, danze. Perfino la gioia di un abito di seta, o di un paio di scarpe coi tacchi alti, è opera di Dio.

(Arthur Kennedy a Betta St. John, *Fratelli messicani*).

1045. -Se Dio avesse voluto essere pesce, sarebbe stato balena.

(Harry Andrews, *Moby Dick, la balena bianca*).

1046 avrebbe una spiegazione, sarebbe un sollievo; la morte solo una frattura, la fine del corpo e dell'anima; la crudeltà della gente, la sua solitudine, i suoi timori, tutto sarebbe chiaro come la luce del giorno: le sofferenze non dovrebbero più essere spiegate.

(Gunnar Björnstrand, pastore luterano in crisi, *Luci d'inverno*).

1047. -Sonja, e se Dio non esistesse?

-Boris Dimitrovic, stai scherzando?

-E se fossimo solo un branco di gente assurda che corre intorno senza nesso o ragione?

-Ma se non esistesse Dio la vita non avrebbe alcun significato. Perché dovremmo continuare a vivere? Perché allora non suicidarsi?

-Be', non facciamo gli isterici. Potrei sbagliare: io oggi mi uccido e domani Lui concede un'intervista...

(Woody Allen e Diane Keaton, *Amore e guerra*).

1048. -Tutta la realtà esplose e io ne caddi fuori. È come un incubo, tutto può accadere, papà. Non posso vivere in questo nuovo mondo.

-Sì, se avrai qualcuno su cui sostenerti.
-Dio? Dammi una prova di Dio. Non puoi.
-Sì che posso. Dio è la certezza che l'amore esiste come cosa concreta in questo mondo di uomini... Ogni genere d'amore, il più elevato e il più infimo, il più oscuro e il più splendido. Ogni specie d'amore... Il desiderio e la repulsione, miscredenza e fede... Non so se l'amore dimostra l'esistenza di Dio o se l'amore è Dio stesso... Questo pensiero è il solo conforto alla mia miseria e alla mia disperazione. Di colpo la miseria è diventata ricchezza e la disperazione speranza. È come essere graziati in punto di morte.
(Lars Passgård e il padre Gunnar Björnstrand, *Come in uno specchio*).
1049. -Tutte le volte che ho messo Dio a confronto con la realtà, l'ho visto diventare feroce, distante e crudele: un mostro, quasi.
(Il pastore luterano Gunnar Björnstrand, *Luci d'inverno*).
1050. -Tutto ha una vita. Tutto è Dio o il pensiero di Dio. Non solo il bene, ma anche le cose più cattive. Tu che ne pensi?
-Se esiste un Dio, è un Dio di cacca e di piscio, che vorrei prendere a calci in culo.
(Mats Bergman e il piccolo Bertil Guve, *Fanny e Alexander*).
1051. -Una volta credevi in Dio.
-Certo, ma ci credo ancora, mio caro. Io credo in Dio e nella misericordia divina, e i morti son più felici morti. Non perdono granché a non essere qui.
(Joseph Cotten e il criminale Orson Welles, il quale replica all'accusa di avere venduto una partita di penicillina scaduta che ha provocato la morte di alcuni bambini, *Il terzo uomo*).
1052. -Vuoi dire che Dio è vanitoso?
-No, non è vanitoso. Vuole godersi le cose belle come noi. Io credo che Dio si incazza se tu, di fronte al colore viola di un campo di fiori, neanche te ne accorgi.
(Whoopi Goldberg e Margaret Avery, *Il colore viola*).

LA PREGHIERA

1053. -Dall'oscurità che tutti ci attornia mi rivolgo a te, o Signore Iddio: abbi misericordia, ché siamo inetti, e sgomenti, e ignari.
(Max von Sydow, *Il settimo sigillo*).
1054. -Dio, perché mi hai fatto così infelice, trepida e chiusa? Perché non debbo capire i miei tormenti? Perché devo tanto soffrire per la mia indifferenza? Se tu hai uno scopo facendomi soffrire, allora dimmelo: sopporterò senza lamenti i miei dolori. Sono forte: nel corpo e nell'anima mi hai fatto forte, ma a quale scopo io non lo so. Perché tu non l'adoperi questa mia forza? Dai un significato alla mia vita, e avrai la tua ancella per servirti.
(Ingrid Thulin, *Luci d'inverno*).
1055. -E vidi un nuovo cielo e una nuova terra, perché il cielo di prima e la terra di prima se ne sono andati e il mare non c'è più. E io, Giovanni, vidi la città santa, la nuova Gerusalemme, discendere dal cielo...

(Il prete James Lancaster, mentre il Titanic s'inabissa, *Titanic*).

1056. -La gente può perdonarsi a vicenda, non è vero? C'è pietà sulla terra. Ma al di fuori del fragile anelito del calore umano non c'è che crudeltà, crudeltà, eterna crudeltà... I miscredenti spesso si mettono a pregare. Io prego. La preghiera mi libera dall'angoscia.

(Erik Hell, *Il rito*).

1057. - Grande bottiglia, perdona i miei peccati perché sto per andarmene per sempre. Posso bere un sorsetto? Grazie. Amen.

(Il soldato Joseph Turkel, condannato a morte dalla corte marziale, si ubriaca mentre attende l'esecuzione, *Orizzonti di gloria*).

1058. -Grazie, mio Dio, per avermi concesso di svegliarmi sana e serena dopo una notte trascorsa in sonno profondo sotto la tua benevola protezione. Ti prego oggi qui come ogni giorno di far custodire e difendere dai tuoi angeli la mia bambina che nella tua insondabile saggezza hai voluto chiamare al tuo fianco.

(Kari Sylwan, *Sussurri e grida*).

1059. -Ho recitato una sola preghiera in vita mia: usa di me, adoperami! Ma Dio non ha mai capito che schiavo forte e devoto io fossi diventato. E perciò son rimasto inutilizzato.

(Bengt Ekerot, *Il volto*).

1060. -Lowrie, voglio che tu dica qualche parola sulla tomba di Bass. Puoi dire: "Bass ha lottato tenacemente in tutta la sua vita. Ora se la deve vedere con te, Signore, come del resto ha sempre fatto".

(Istruzioni del capitano John Huston all'esploratore Dennis Waterman, lasciato a vegliare il trapper morente Richard Harris, *Uomo bianco va' col tuo Dio!*).

1061. -Mio Dio, fate che arrivi a casa prima di morire.

(Ingrid Thulin, malata in un paese straniero, *Il silenzio*).

1062. -Neanche una goccia d'acqua da ieri, o Signore. Comincio ad avere sete. L'ho detto per ricordartelo. Amen.

(Il cercatore d'oro Jason Robards, dopo due giorni trascorsi nel deserto, *La ballata di Cable Hogue*).

1063. -Ieri ti ho confessato che avevo sete. Oggi speravo che mi avresti mandato un po' d'acqua. Anche se ho peccato, mandamene giù qualche goccia, e prometto che non lo farò più, qualunque cosa ti abbia offeso... E parlo sul serio.

(Jason Robards dopo tre giorni nel deserto, *La ballata di Cable Hogue*).

1064. -Da quattro giorni sto senz'acqua. Se hai deciso di farmi scontare i miei peccati, fallo mentre sono ancora in vita. Signore Iddio, stammi a sentire: se non mi mandi un po' d'acqua subito, non avrò neanche la possibilità di pentirmi. Ti ho avvertito. Tra un po' arriverò lassù a cavallo di una cornacchia... Signore, l'hai voluto tu: sono più morto che vivo. Amen.

(Jason Robards dopo quattro giorni nel deserto, *La ballata di Cable Hogue*).

1065. -Ma tu vedi, Dio! Tu vedi, vedi la morte di un innocente, vedi la mia vendetta e non l'hai impedito. Io non ti capisco! Eppure adesso chiedo il tuo perdono. Non conosco altro mezzo per conciliarmi con queste mie mani, non conosco altro modo per vivere. Ti faccio voto, o Signore, qui, in penitenza del mio peccato, di edificare una chiesa con queste mie mani.

(Max von Sydow, dopo avere ammazzato i tre pastori che hanno violentato e ucciso sua figlia Birgitta Valberg, *La fontana della vergine*).

1066. -Non portammo niente nel mondo e niente porteremo nell'aldilà. Il Signore ha dato e il Signore ha tolto. Benedetto sia il suo nome.

(John Wayne, *Il fiume rosso*).

1067. -O Signore, ti prego, fa' che sia investita da un uomo ricco con la Rolls Royce.

(La ballerina disoccupata Marsha Mason, *Goodbye amore mio!*).

1068. -Per pregare non intendo dire percuotersi il petto come una beghina presa da frenesia religiosa. Pregare è solo una forma di pensare rettamente e nobilmente. Quando preghi pensa, pensa bene a quello che dici, fa dei tuoi pensieri delle cose concrete, e in questa maniera la tua preghiera avrà forza, e questa forza diventerà parte del tuo corpo, della tua mente e della tua anima.

(Il pastore protestante Walter Pidgeon al ragazzo Roddy McDowall, *Com'era verde la mia valle*).

1069. -Preghiamo per un ragazzo che correva meno veloce di me.

(Il prete Pat O'Brien ricorda l'amico gangster James Cagney, appena giustiziato sulla sedia elettrica, che conobbe il carcere per la prima volta e divenne criminale per un furto commesso da ragazzo assieme a lui, che si salvò dall'arresto dandosi alla fuga, *Gli angeli con la faccia sporca*).

1070. -Salvaci, o Signore. Salvaci dalla plastica, salvaci dalle scorie radioattive, salvaci dalla politica del potere, salvaci dalle multinazionali, salvaci dalla ragione di Stato, salvaci dalle parate, dalle uniformi e dalle marce militari. Salvaci dal disprezzo per il più debole, salvaci dal mito dell'efficienza e della produttività, salvaci dai falsi moralismi, salvaci dalle menzogne della propaganda.

(Il prete José Sacristan, *L'ingorgo-Una storia impossibile*).

1071. -Signore, proteggi gli innocenti. Il vento e le piogge li flagellano, ed essi sopportano.

(Lillian Gish, *La morte corre sul fiume*).

1072. -Signore, rendi la salute a questa creatura innocente. In cambio, Signore, ti offro la mia salute e la mia vita. Accetterò umilmente tutte le disgrazie e tutte le difficoltà, tutti i mali e tutti i dolori che possono venire inflitti ad un uomo.

(Il prete Francisco Rabal guarisce una bambina ammalata, *Nazarin*).

1073. -Signore, rendimi strumento della tua pace. Dovunque c'è odio, fammi portare amore. Dovunque c'è offesa, perdono. Dovunque c'è discordia, unione. Dovunque c'è dubbio, fede. Dovunque c'è disperazione, speranza. Dovunque c'è tristezza, gioia. Perché è nel donare che noi riceviamo, è nel perdonare che siamo perdonati, ed è nel morire che rinasciamo alla vita eterna.

(Capucine, patriota malese condannata a morte dagli inglesi, prega prima dell'esecuzione, *La settima alba*).

1074. -Signore, siamo alla fine del nostro viaggio. Fra non molto saremo alla tua presenza. Ti prego di aver pietà di noi. Non giudicarci dalle nostre

debolezze, ma dal nostro amore. E apri le porte del cielo, ti prego, a Charlie e a me.
(Katharine Hepburn, *La Regina d'Africa*).

CRISTO

1075. -Penso che Gesù fosse un egocentrico: mica ha sofferto solo lui!
(Dwier Brown, *Planet of love-Galassie in collisione*).
1076. -Perché l'hai fatto? Ti abbiamo già dimenticato la mattina dopo...
(Zoë Lund, *Il cattivo tenente*).
1077. -Tu lo hai già trovato Gesù, Gump?
-Dovevo cercarlo? Non lo sapevo, signore.
(Il tenente Gary Sinise e il soldato Tom Hanks, *Forrest Gump*).

I MIRACOLI

1078. -Un giorno imparerete che si può sperare nei miracoli anche tardi, e sarà un bel giorno per voi.
(Martine Carol a Oscar Werner, *Lola Montès*).
1079. -Potessi vedere un miracolo! Solo un miracolo: un passaggio del Mar Rosso, o una resurrezione, o mio zio Sacha offrire un pranzo...
(Woody Allen, *Amore e guerra*).
1080. -Troppi ancora credono ai miracoli. La verità è che l'unico vero miracolo economico lo fece quello che moltiplicò pani e pesci e diede da mangiare alla gente gratis, in allegria.
(Ugo Tognazzi, *La vita agra*).

IL DIAVOLO

1081. -Il diavolo è un borsaro nero delle anime.
(Totò, *Totò al giro d'Italia*).
1082. -Il diavolo si è arrabbiato perché gli ho rotto le corna? Ma non si deve preoccupare: tanto, se è sposato, gli ricrescono.
(Totò, *Totò all'inferno*).
1083. -Dio è morto! Solo Satana vive nel mondo! È l'Anno Uno, e Dio è morto!
(Sydney Blackmer, *Rosemary's baby-Nastro rosso a New York*).
1084. -Ma chi è allora che si diverte a farsi beffe dell'umanità?
-Sì, chi ci manovra sotto sotto?
-Il diavolo, probabilmente...
(Dialogo tra i passeggeri di un autobus, *Il diavolo probabilmente...*).
1085. -Satana è il signore di questo mondo: ce l'ha nelle sue mani, ha vinto ancora.
(Gerard Dépardieu, *Sotto il sole di Satana*).
1086. -Scusi ma... intanto, come vi siete incontrati con questa...

-Così, per caso, una notte gli (*sic!*) sono entrato dentro, pum, all'improvviso, mentre dormiva... Zac...

-E lei come ha reagito?

-E lei niente, non se n'è neanche accorta, dormiva... Di notte, tac, sono entrato dentro... Sono stato due giorni dentro ma lei non si è mica accorta di niente...

-Lei ha posseduto quella signora di 64 anni per due giorni, a letto?

-Non solo a letto, che discorsi, non solo a letto, no, anche... anche in cucina, in bagno... insomma, fuori, per la strada, in autobus, in bicicletta, dove andava andava... Che faccio, esco e entro continuamente? Quando son dentro son dentro, se uscivo scappava: tutta la famiglia provava a tirarmi fuori, ma io niente, eh eh eh... (...)

-Scusi, ma perché si era scelto una donna di 64 anni?

-E che m'interessava quanti anni c'aveva? Io... io son scappato, c'avevo voglia di entrare dentro a qualcuno, che m'interessa quanti anni c'ha: ho trovato la signora, zac, ci sono entrato dentro, no? E che, mi metto a chieder l'età? Se trovavo lei, entravo dentro a lei; se trovavo la signora, entravo dentro alla signora, eh, ah, ah...

(Commedia degli equivoci in un ristorante romano dove un gruppo di preti festeggia un giovane collega assieme ai genitori di lui. Al gruppo, del quale fa parte l'esorcista Walter Matthau, si è aggiunto Roberto Benigni, diavolo appena scacciato dal corpo di una parrucchiera, che perseguita l'esorcista e viene da questo presentato, per evitare scandali, come un nipote un po' scombussolato per dispiaceri d'amore, *Il piccolo diavolo*).

1087. -Tu sei quella cosa schifosa che stava dentro la signora?

-Sì, no... No, la signora è quella cosa schifosa che stava fuori di me.

(L'esorcista Walter Matthau e il diavolo Roberto Benigni, appena scacciato dal corpo di una grassa parrucchiera napoletana, *Il piccolo diavolo*).

L'INFERNO

1088. -C'è stato qualcuno che ha scritto: "L'inferno è l'impossibilità della ragione". Questo posto è così: è l'inferno.

(Charlie Sheen in Vietnam, *Platoon*).

1089. -Ci sono due inferni, quello che si può toccare con un dito e quello che si sente nel cuore.

(Harvey Keitel, *Mean streets-Domenica in chiesa, lunedì all'inferno*).

1090. -Ho paura di morire e di andare all'inferno.

-Siete in ottima salute. E forse l'inferno non c'è.

(Vivien Leigh e Clark Gable, *Via col vento*).

1091. -L'inferno è come un cartoccio: in basso i peccatori occasionali che forse presto avranno finito di soffrire, per quanto ne sappia, e su di loro i diversi gironi, il più alto dei quali è sulla terra, dove è il nostro inferno, ideato dalle menti più acute, subdole e smaliziate del genere umano.

(Gunnar Björnstrand, *L'occhio del diavolo*).

1092. -L'inferno è meno crudele degli uomini.

(Michel Simon, *La bellezza del diavolo*).

1093. -Lei mi vorrà scusare, ma c'è tanto da fare quaggiù che si direbbe a volte che il mondo intero stia andando all'inferno.
(Il diavolo Laird Cregar dà il benvenuto a Don Ameche, *Il cielo può attendere*).
1094. -Non ho paura dell'inferno: ci viviamo già.
(Bernard-Pierre Donnadieu, *Quarto comandamento*).
1095. -Quinto piano: borseggiatori della metropolitana, mendicanti aggressivi e critici letterari. Sesto piano: estremisti di destra, serial killer, avvocati che vanno in TV. Settimo piano: i media. Spiacente, il piano è al completo. Ottavo piano: criminali di guerra evasi, predicatori televisivi e sostenitori di armi da fuoco...
(Voce femminile all'altoparlante mentre Woody Allen scende all'inferno in ascensore, *Harry a pezzi*).
1096. -Va all'inferno!
-E dove credi che siamo?
(David Carradine e una prostituta, *L'uovo del serpente*).
1097. -Va' all'inferno!
-Io non vado in nessun posto dove posso incontrare un vostro amico.
(Jeremy Irons e il domestico Hilton McRae, *La donna del tenente francese*).
1098. -Il vero inferno è su questa terra: è la miseria, la solitudine, la cattiveria degli altri.
(Michel Simon a Gérard Philipe, *La bellezza del diavolo*).
1099. -Vorrei tanto credere nell'inferno per potervici mandare tutti.
(Dagmar Ebbesen, *Una lezione d'amore*).

L'ANGELO

1110. -Gli angeli non hanno memoria.
(John Phillip Law, *Barbarella*).
1101. -Signore, se porterò a buon fine questa missione, potrei avere poi le ali? Sono più di duecento anni che le sto aspettando, e già si comincia a mormorare.
(Henry Travers, angelo di seconda classe, a Dio, *La vita è meravigliosa*).

LA DOMANDA

1102. -Avete mai provato a sedervi su di un gatto raffreddato che con la coda si fa il solletico sotto i piedi?
(Totò, *Totò le Mokò*).
1103. -Bene, Clarice, gli agnelli hanno smesso di gridare?
(Anthony Hopkins a Jodie Foster, che gli aveva raccontato un suo incubo ricorrente, *Il silenzio degli innocenti*).
1104. -Che fa nella vita oltre a sedurre gli uomini sul rapido di Chicago?
(Cary Grant a Eva Marie Saint, *Intrigo internazionale*).

1105. -Chi ha parlato? Chi cazzo ha parlato? Chi è quel lurido stronzo comunista checca pompinaro che ha firmato la sua condanna a morte?
(Il sergente Lee Ermey alle reclute che hanno disobbedito alla consegna del silenzio, *Full metal jacket*).

1106. -Ci sono tante cose che vorrei chiederle! Vediamo, se lei che sa tante cose è capace di insegnarmele: perché si nasce, e perché i pulcini escono dall'uovo uguali alla gallina?... E perché tre avvoltoi portano male, mentre due sono di buon augurio? E mi dica, perché i topi che sono così piccoli sono tanto furbi, mentre le vacche che sono tanto grandi sono così stupide?... E perché le anime escono prima dal purgatorio se si danno dei soldi a un prete?.. E mi dica...
(La prostituta Rita Macedo al prete Francisco Rabal, *Nazarin*).

1107. -Dietro la giungla c'è una radura, proprio dove il fiume fa un'ansa, e hanno gettato un ponte: lo vede?
-E perché l'hanno gettato?
(Groucho e Chico Marx, *The cocoanuts-Noci di cocco*: è la battuta iniziale di un lungo dialogo basato sull'equivoco lessicale. Nella versione italiana, si è reso con il bisenso – gettare il ponte nel senso di costruirlo e di buttarlo via – il dialogo originale basato sull'omofonia. Groucho diceva infatti: "Qui c'è una piccola penisola e qui c'è un viadotto (*viaduct*) che la collega alla terraferma" e Chico obiettava: "Perché un'anatra (*Why a duck*)?".

1108. -Dì un po' Eddie, hai un coniglio in tasca o sei contento di vedermi?
(Joanna Cassidy a Bob Hoskins, facendo il verso a Mae West, *Chi ha incastrato Roger Rabbit*).

1109. -E adesso io?
(Rod Steiger, *Giù la testa*).

1110. -Ehi, c'è nessuno qui che si chiama Lucignolo?
(Jeff Bridges, ubriaco, vaga per strada con un burattino di Pinocchio, *La leggenda del Re Pescatore*).

1111. -È mai stato punto da un'ape morta?
(Walter Brennan e poi Lauren Bacall, a più riprese, *Acque del Sud*).

1112. -Un garibaldino morto mentre suonava la tromba: fu trombosi acuta, o acuto di trombetta?
(Totò, *Destinazione Piovarolo*).

1113. -Ma è possibile che tuo padre ti mandi in giro sola?
(Ryan O'Neal a Barbra Streisand, *Ma papà ti manda sola?*).

1114. -Ma i pesci trombano?
(Francesco Nuti, *Son contento*).

1115. -Ma quanto costano le banane a Palermo?
(L'autista di scuola bus Roberto Benigni, sosia ignaro di un pentito di mafia, crede che gli sparino contro perché ha rubato una banana, *Johnny Stecchino*).

1116. -Ma scusi, che ragione avrei di andare in giro con un osso in tasca?
(L'ereditiera Katharine Hepburn, il cui cane ha rubato al paleontologo Cary Grant la clavicola intercostale che gli mancava per ricostruire lo scheletro di un dinosauro, *Susanna*).

1117. -Ma si può invitare a cena una suora?
(Silvio Orlando a Margherita Buy, *Fuori dal mondo*).

1118. -Non farmi domande, così non ti dirò bugie.
(Michael Madsen a Geena Davis, *Thelma & Louise*).
1119. -Perché chiedi sempre perché?
(Giuliano Gemma a Jacqueline Sassard, *Arrivano i Titani*).
1120. -Perché poi una persona deve amare un'altra persona?
(Shirley MacLaine a Jack Lemmon, *L'appartamento*).
1121. -Posso farvi una domanda indiscreta?
-Speravo tanto che la faceste.
(Cary Grant e Grace Kelly, *Caccia al ladro*).
1122. -Sei sotto shock o sei solo esterrefatta?
(Jeff Bridges a Barbra Streisand, *L'amore ha due facce*).
1123. -Se non c'è nessuno, perché non mi risponde qualcuno per dirmi che non c'è nessuno?
(Totò, *Sua Eccellenza si fermò a mangiare*).
1124. -Ti diverti con le figurine, Eddie?
(Joanna Cassidy a Bob Hoskins, sorpreso tra le braccia del cartone animato Jessica Rabbit, *Chi ha incastrato Roger Rabbit*).
1125. -Ti ho fatto una semplice domanda, non c'è bisogno di diventare Woody Allen.
-Le donne non domandano, insinuano.
(Gwyneth Paltrow e il fidanzato John Lynch, imbarazzato mentre cerca di mentire, *Sliding doors*).
1126. -Il toro va preso per le corna. È vero, ma come faccio a sapere se il mio padrone di casa ce le ha?
(Totò, *Tototruffa '62*).
1127. -Tu sei vero? Proprio vero?
(Amanda Plummer a Robin Williams che le ha appena dichiarato il suo amore, *La leggenda del Re Pescatore*).
1128. -Uno che faceva un censimento una volta tentò di interrogarmi. Mi mangiai il suo fegato con un bel piatto di fave e un buon Chianti.
(Lo psicopatico cannibale Anthony Hopkins, *Il silenzio degli innocenti*).
1129. -Voglio farti una domanda: quando sei arrivato qui, hai visto per caso scritto davanti a casa mia "deposito di negri morti"?
(Quentin Tarantino al killer Samuel L. Jackson, che gli si presenta a casa con un cadavere da occultare, *Pulp Fiction*).

LA DOMANDA E LA RISPOSTA

1130. -Avete in tasca un'aringa?
-Mi dispiace, sono uscito senza aringhe.
(La ragazza povera Ginger Rogers e il miliardario Walter Connolly al parco, davanti alla vasca delle foche, *La ragazza della Quinta Strada*).
1131. -Che cosa fa crescere l'erba?
-Sangue, sangue, sangue.
-E che lavoro facciamo per vivere?
-Uccidere, uccidere, uccidere.
(Domande e risposte scandite dal sergente istruttore Lee Ermey e dagli allievi marines durante la marcia, *Full metal jacket*).

1132. -Cosa sono i "39 scalini"? Andiamo, rispondi! Cosa sono i "39 scalini"?

-I "39 scalini" sono un'organizzazione di spie che raccolgono informazioni a favore dei servizi segreti...

(Robert Donat, accusato ingiustamente di un omicidio in realtà commesso da un'organizzazione spionistica, durante uno spettacolo di varietà rivolge a voce alta – e alla presenza dei poliziotti – la domanda a Wylie Watson, che è Mr. Memory, l'uomo che sa tutto. E Mr. Memory, il quale è anche una spia, pur sapendo che la risposta è pericolosa e forse mortale – e infatti verrà interrotta da uno sparo – non può venir meno al riflesso condizionato di rispondere sempre e comunque, *Il club dei 39*).

1133. -David, che cosa hai fatto?

-Dì una cosa qualsiasi e io l'ho fatta.

(Virginia Walker e Cary Grant, che senza volerlo ha avuto ogni sorta di disavventure, *Susanna*).

1134. -Di dove sei?

-Voi di dove siete?

-Vuoi smetterla di rispondere alle mie domande con altre domande?

(Gary Cooper e Ben Piazza, *L'albero degli impiccati*).

1135. -Dove sei adesso?

-Dappertutto.

(Ben Gazzara fa l'amore con Audrey Hepburn, *E tutti risero*).

1136. -Forse è una domanda indiscreta?

-No, le domande non sono mai indiscrete. Le risposte lo sono, a volte.

(Clint Eastwood e Lee Van Cleef, *Per qualche dollaro in più*).

1137. -Ho detto "no" solo una volta, perché non avevo sentito la domanda.

(Ginger Rogers, *Quarantaduesima strada*).

1138. -Lei chi è?

-Io sto bene, grazie. Lei chi è?

-Anch'io sto bene, ma lei non può entrare, a meno che non mi dia la parola d'ordine.

-Bene, qual è la parola?

-Oh, no, deve dirmela lei. Ehi, le dico cosa faccio. Le do tre risposte. È il nome di un pesce.

-Mary?

-È mica un pesce, quella.

-Ah no? Be', beve come se lo fosse. Mi faccia pensare, è storione?

-Ehi, è matto? Lo storione è un dottore che ti apre in due quando stai male. Via, le do un'ultima possibilità.

-Ce l'ho! Merluzzo.

-Questa è buffa, ce l'ho anch'io il mal di testa.

Che cosa prende per il mal di testa?

-Be', qualche volta prendo un'aspirina, qualche volta prendo del calomelano.

-Ehi, mi farei un miglio a piedi per del calomelano.

-Vuol dire del calomelano di cioccolata? Anche a me piace, ma ha mica individuato. Ehi, che succede? Capisce mica l'inglese? Lei non può entrare qua dentro se non dice pescespada. Via, le do un'altra risposta.

-Pescespada, pescespada, credo di esserci. È pescespada?
-Ehi! Proprio così. Ha indovinato.
-Piuttosto bravo, eh?
-Ottimo, ha indovinato. Va bene.
(Chico Marx e Groucho Marx: il primo controlla l'ingresso di uno spaccio clandestino di alcolici, il secondo vuole entrare ma non sa la parola d'ordine. Il dialogo surreale si basa su alcuni equivoci linguistici: *sturgeon-surgeon*, cioè storione-chirurgo, e *haddock-headache*, cioè merluzzo-mal di testa, *Horse feathers*).

1139. -Mi scusi... Devo soltanto chiedere una cosa. Le dispiace se le passo avanti?
-No, niente affatto. Ma se lo fa, le stacco il naso a morsi e glielo caccio in culo.
(Robin Williams e Yudie Bank fanno la coda, *Come ti ammazzo un killer*).

1140. -Mi spaventano più le risposte che le domande.
(James Garner, *Victor Victoria*).

1141. -Niente domande, niente risposte: questo è il nostro lavoro, bisogna accettarlo e andare avanti.
(L'agente segreto Jean Reno nel finale di *Ronin*).

1142. -Non ho più risposte: solo domande.
(Vincent Lindon, *La crisi!*).

1143. -Parola d'ordine?
-Non voglio.
-Controparola?
-Ma devo.
(Zbigniew Zamachowski e il cambiavalute clandestino Cezary Pazura, *Tre colori-Film bianco*).

1144. -Paul, sei addormentato?
-Solo le mani e i piedi.
(Jane Fonda e Robert Redford nella loro mansarda freddissima, *A piedi nudi nel parco*).

1145. -Prima ero innamorato solo delle risposte, ma da quando ho conosciuto te mi piacciono anche le domande. Credo che le risposte rendano saggi, ma le domande rendono umani.
(Yves Montand a Barbra Streisand, *L'amica delle 5 e mezzo*).

L' INFORMAZIONE

1146. -Dunque: noi vogliamo sapere, per andare dove dobbiamo andare, per dove dobbiamo andare. Sa, è una semplice informazione.
(Totò a un vigile, *Totò, Peppino e la... malafemmina*).

IL DILEMMA

1147. -Che dici, vengo? Mi si nota di più se vengo e me ne sto in disparte o se non vengo per niente?
(Nanni Moretti, *Ecce bombo*).

1148. -Davanti al dilemma: prendere o lasciare?, chiamatemi fesso, io prendo.
(Totò, *Totò, Vittorio e la dottoressa*).
1149. -Metti che la nave sbatta su un iceberg e affondi... Quale delle due andresti a salvare?
-Affogherei, nel dubbio.
(Due atleti della nazionale olimpica commentano l'arrivo a bordo delle passeggere Jane Russell e Marilyn Monroe, *Gli uomini preferiscono le bionde*).
1150. -Omonimo o anonimo? Boh! Sempre parenti sono. Ai postumi l'ardua sentenza.
(Totò, *Rita, la figlia americana*).
1151. -L'universo si sta dilatando.
-L'universo si sta dilatando?
-Be', l'universo è tutto e si sta dilatando: questo significa che un bel giorno scoppierà, e allora quel giorno sarà la fine di tutto.
-Ma sono affari tuoi, questi?
(Il bambino Jonathan Munk e la madre Joan Newman, *Io e Annie*).
1152. -Vincerà l'amicizia o l'amore? Sceglieremo di essere onesti o felici?
(Vittorio Gassman medita di rubare Stefania Sandrelli al suo migliore amico, Nino Manfredi, *C'eravamo tanto amati*).

IL DONARE

1153. -È duro avere accanto una che dà tanto e ha bisogno di così poco.
(Michael Caine alla moglie Mia Farrow, *Hannah e le sue sorelle*).

LA GENEROSITÀ

1154. -Signor Pollock, i beduini hanno l'abitudine di dire agli ospiti: tutto ciò che posseggo è tuo. Io non arrivo a tanto.
(Il petroliere arabo Alan Badel a Gregory Peck, attratto dalla sua amante Sophia Loren, *Arabesque*).

L'ELEMOSINA

1155. -L'elemosina degrada sia chi dà sia chi riceve.
(Antoine Monnier, *Il diavolo probabilmente...*).
1156. -L'elemosina non offende la dignità di chi la riceve...
(Il prete Francisco Rabal, *Nazarin*).
1157. -Per caso ha qualche spicciolo?
-Sì, certamente.
-Allora potrebbe darmi qualcosa?
-Sì che potrei...
-Aspetti... E perché non me li dà?
-Perché ti compreresti un bidone di birra. Vorrei riuscire ad andare da

casa in ufficio senza essere molestato dalla decadenza della società occidentale... E poi sono tirchio.
(Il mendicante Don Keefer e l'avvocato Jim Carrey, costretto da un sortilegio a dire, per 24 ore, soltanto la verità, *Bugiardo bugiardo*).

IL REGALO

1158. -A proposito del regalo...
-Deve costare molto: è così piccolo!
(Cary Grant e Ingrid Bergman, *Indiscreto*).
1159. -Be', non hai voluto un pompino, così ho pensato di prenderti una cravatta.
(La squillo Mira Sorvino a Woody Allen che l'ha aiutata, *La dea dell'amore*).
1160. -I regali fanno piacere a chi li fa.
(Vittorio Gassman, *Anima persa*).

L'ERRORE

1161. -A volte mi capita di fare una sciocchezza dopo l'altra, e non c'è nulla che possa fernarmi. Il giorno che incontrai quella donna avrei dovuto fuggire subito, se avessi conservato un filo di buon senso. Ma appena l'ebbi vista... appena l'ebbi vista perdetti del tutto la ragione, e irrimediabilmente.
(Orson Welles rievoca il suo primo incontro con la dark lady Rita Hayworth, *La signora di Shangai*).
1162. -La cosa che mi irrita di più è che tu fai anche gli sbagli nel modo sbagliato.
(Walter Matthau a Maureen Stapleton, *Appartamento al Plaza*).
1163. -Ho fatto un enorme sbaglio stasera: avrei dovuto invitare a pranzo anche la tua mente.
(David Wayne corteggia invano Katharine Hepburn, che ha litigato con il marito Spencer Tracy, *La costola di Adamo*).
1164. -Ma le cose mica bisogna provarle, per sapere se vanno bene oppure no: lo si può prevedere, così non si fanno errori.
(Nanni Moretti, *Bianca*).
1165. -Noi siamo, senza possibili eccezioni di sorta, a prova di errore e incapaci di sbagliare.
(Il computer Hal 9000 a un giornalista televisivo, *2001: Odissea nello spazio*).
1166. -Senti, basta che una sbagli perché gli uomini le corrano dietro.
(Mae West a Rochelle Hudson, *Lady Lou-La donna fatale*).
1167. -Il tabacco fu uno dei miei grandi sbagli.
-Sbagli?
-Insomma... I deserti, per esempio, furono uno sbaglio, e rimediai con il petrolio. Le nespole? Ci feci troppi noccioli. Come dicevo, ci si prova.
(George Burns-Dio spiega la creazione a John Denver, *Bentornato Dio!*).

IL PECCATO

1168. -L'assoluzione dei propri peccati non si ottiene in chiesa, ma per la strada e in noi stessi.

(Voce fuori campo all'inizio di *Mean streets-Domenica in chiesa, lunedì all'inferno*).

1169. -A volte il peccato ha in sé qualcosa di grandioso...

-Forse è vero, ma forse è per questo che l'è ancora più grandioso rinunciarvi.

-Sì sì sì sì, certo... Ma senza il peccato, dove andrebbe a finire la bellezza sublime del pentimento?

(Gastone Moschin cerca di sedurre la bigotta Domiziana Giordano, *Amici miei atto II*).

1170. -Bisogna essere un povero sacerdote per conoscere la spaventosa monotonia del peccato.

(Maurice Pialat, *Sotto il sole di Satana*).

1171. -È così raro che un peccatore che ha successo si senta infelice!

(Jean Simmons, *Bulli e pupe*).

1172. -Hai mai la sensazione, a volte, che ti stiano punendo per i tuoi peccati?

(Jeff Bridges, *La leggenda del Re Pescatore*).

1173. -Non sentite rimorso per i vostri peccati?

-E chi sa cos'è il peccato, venuto com'è dal cielo con l'angelo cacciato da Dio? Chi può dire il fine ultimo cui serve? Dopotutto, cosa farebbe lei senza i peccati?

(Il confessore Fritz Leiber e Charlie Chaplin, *Monsieur Verdoux*).

1174. -Ogni tanto non do l'assoluzione: perché non sono veramente pentiti. Anzi, a volte vorrei picchiare qualcuno. Sì, è un pensiero che ho sempre più spesso.

-Addirittura picchiare? Ma non c'è un altro modo?

-Mi parlano solo di sesso, mi parlano solo di peccati sessuali: perché sanno che sono peccati veniali, e anzi mi sa che gli fa pure piacere ricordarsene. Ma dei peccati veri, di quelli contro gli altri, non ne parlano mai.

(Il prete Nanni Moretti e il frate Pietro De Vico, *La messa è finita*).

1175. -Il peccato non è stato inventato a Montmartre: vi è stato solo perfezionato.

(Shirley MacLaine, *Can-Can*).

1176. -Sono integro e puro, non ho commesso peccati né di carne né di pesce.

(Totò, *Totò le Mokò*).

LA COLPA

1177. -Da bambino, Leonard viene preso di mira dagli antisemiti. I genitori, che non prendono mai le sue difese e gli addossano sempre la colpa di tutto, parteggiano per gli antisemiti. Spesso, per punizione, lo rinchiudono in uno sgabuzzino al buio. Quando sono arrabbiati per davvero, entrano nello sgabuzzino con lui.

(La voce fuori campo spiega l'infanzia di Woody Allen, *Zelig*).

1178. -Dare la colpa agli altri non vale il fiato che ci sprechi.

(Brendan Gleeson, *I dilettanti*).

1179. -De quello che è, ognuno è la colpa sua, lo sai sì?... Sì, ma il male che fai te, per colpa tua, è come 'na strada, dove camminano pure l'altri, pure quelli che nun ciànno colpa.

(Anna Magnani a Luisa Orioli, *Mamma Roma*).

1180. -Sei sempre riuscita ad assolverti, a discolparti di tutto. Chissà se un giorno ti renderai conto che la tua assoluzione non puoi deciderla da sola. Devi prenderti la responsabilità delle tue colpe, come tutti gli altri.

(Liv Ullmann alla madre Ingrid Bergman, *Sinfonia d'autunno*).

1181. -Si sente colpevole?

-Colpevole?

-Verso se stesso.

-Colpevole senza esserlo. So di essere più intelligente degli altri, più lucido. E sono cosciente della mia superiorità. Ma se facessi qualcosa, mi renderei utile sia pure in minima parte a un mondo che mi fa schifo. Tradirei le mie idee, e questo mi farebbe solo sprofondare di più. Preferisco che non ci sia via d'uscita.

(Lo psichiatra Régis Hanrion e l'aspirante suicida Antoine Monnier, *Il diavolo probabilmente...*).

IL RIMORSO

1182. -Ecco, penso: ma chi scrive queste cose, non è che la sera, magari prima di addormentarsi, ha un momento di rimorso?

(Nanni Moretti a proposito dei critici cinematografici che esaltano i film splatter, *Caro diario*).

1183. -È importantissimo il rimorso: io lo sento continuamente, e non ho mai fatto niente.

(Woody Allen, *Broadway Danny Rose*).

1184. -È la prima volta in vita mia che provo rimorso per quello che ho fatto.

-A voi (*le porge il fazzoletto*)... asciugatevi gli occhi. Se poteste ricominciare da capo fareste lo stesso. Siete come il ladro, cui non dispiace affatto di avere rubato, ma è molto molto afflitto di andare in galera.

(Vivien Leigh e Clark Gable, *Via col vento*).

LA VERGOGNA

1185. -Cercano noi: ci metteranno contro un muro e ta...ta...ta...ta... Troveranno due donne morte, ci porteranno all'obitorio femminile e quando ci spoglieranno io morirò dalla vergogna.

(Jack Lemmon a Tony Curtis: i due, testimoni oculari involontari di una strage, si sono travestiti da donna per sfuggire ai gangster che danno loro la caccia, *A qualcuno piace caldo*).

1186. -C'è stato un momento in cui ti avrei voluto morto, ma sarà la vergogna la tua tortura, e la tortura sarà la tua vita, che ti auguro sia lunga.

(Brad Pitt a B. D. Wong, che ha aiutato i cinesi a conquistare il Tibet, *Sette anni in Tibet*).

1187. -Il destino non mi avrebbe mai fatto sposare un uomo come lui. E così sposai la vergogna. È la vergogna che mi ha tenuto in vita, la consapevolezza che veramente non sono come le altre donne. Io non avrò come loro dei figli, un marito, il piacere di una casa. A volte ho pietà delle altre donne: io ho una libertà che esse non sanno neanche cos'è. Nessun insulto, nessuna accusa ora può toccarmi. Sono io che ho fatto volontariamente quel passo. Io non sono nulla, non sono più quasi umana: io sono la donna del tenente francese, la puttana.

(Meryl Streep, *La donna del tenente francese*).

1188. -Ti dovresti semplicemente vergognare!

-Oh, la vergogna è un sentimento negativo inventato dai pietisti al solo scopo di sfruttare la razza umana.

-E questo chi l'ha detto?

-Io l'ho detto, questo.

-Tu non credi nella vergogna?

-Io credo soltanto nella felicità.

(Julie Andrews e Robert Preston, *Victor Victoria*).

1189. -L'ultima volta che si è vergognata, quella lì, è stato quando le hanno fatto le foto sulla pelle dell'orso, a tre mesi.

(Spencer Tracy a proposito di Ruth Warren, la ragazza che si accompagna a suo figlio Arthur Walsh e che si è messa in posa da pin-up per i fotografi, simulando imbarazzo, *L'ultimo urrà*).

1190. -La vera vergogna è provare vergogna.

(La farmacista lesbica Benedetta Mazzini, *Il ciclone*).

1191. -Vorrei che ci fosse un solo giorno in cui io non debba sentirmi così confuso e non debba provare la sensazione di vergognarmi di tutto.

(James Dean, *Gioventù bruciata*).

LA TIMIDEZZA

1192. - Io ero sempre molto timido in fatto di ragazze. Ricordo che da piccolo io presi di nascosto un libro pornografico stampato in braille e stropicciavo le parti sconce.

(Woody Allen, *Il dittatore dello Stato libero di Bananas*).

IL PENTIMENTO

1193. -L'unica cosa che so è che è meglio pentirsi di quello che si è fatto piuttosto che di quello che non si è fatto.

(Tom Segall, *Le strategie del cuore*).

IL PERDONO

1194. -Non chiedo mai perdono, io.
(Il piccolo Bertil Guve, dopo essere stato battuto dal patrigno Jan Malmsjö, *Fanny e Alexander*).
1195. -Quando si ama si perdona tutto.
(Herbert Marshall, *Ombre malesi*).
1196. -Questo senso di colpa non lo sopporto. È colpa mia se Max si è suicidato. Sento che devo occuparmi anche del fratello. L'unica cosa reale è la paura. Che devo fare per essere perdonata?
-Vuole che io preghi per lei. Viviamo così lontano da Dio che forse non ci sente quando chiediamo aiuto. Perciò dobbiamo aiutarci tra noi e darci l'un l'altro quel perdono che un Dio remoto ci nega. Tu sei perdonata per la morte di tuo marito. Non devi più sentirti in colpa. Chiedo il tuo perdono per la mia apatia e per la mia indifferenza. Vuoi perdonarmi?
-Sì, la perdono.
(Liv Ullmann e il prete James Whitmore, *L'uovo del serpente*).
1197. -Sai, mio padre diceva sempre che il perdono è la sola cosa in cui il male non può affondare i denti.
(David Proval a Tim Roth, *Four rooms*).
1198. -Se mi facessi ammazzare da lui non potrei perdonarmelo mai.
(Gregory Peck a proposito del losco petroliere arabo Alan Badel, *Arabesque*).

LE SCUSE

1199. -Io le scuse le accetto a casa mia dalle diciassette alle venti e non oltre.
(Totò, *Totò, Fabrizi e i giovani d'oggi*).
1200. -Le scuse sono come i buchi del culo, Taylor: tutti quanti ne hanno uno.
(Il sergente John C. McGinley a un soldato, *Platoon*).
1201. -Vorrei che esistesse qualcuno a cui poter dire che mi spiace.
(Michael Redgrave, *Un americano tranquillo*).

LA VENDETTA

1202. -È questo il tuo modo di vendicarti?
-No, è il mio modo di vedere le cose.
(James Woods e Robert De Niro, amico da lui tradito tanti anni prima, prima della resa dei conti, *C'era una volta in America*).
1203. -La giustizia degli uomini è impotente a punirmi: io sono già morta. Sono morta lo stesso giorno in cui è morto David. Lo raggiungerò quando l'avrò vendicato.
(La vedova Jeanne Moreau, che sta eliminando uno ad uno gli uomini che le hanno ucciso il marito, al confessore, *La sposa in nero*).
1204. -Io non ho mai avuto nessuna passione.

-E come lo chiami quel desiderio di vendetta che si annida in ogni particella della tua anima? È una passione che alimenterà i ciclamini sulla tua tomba.

(Jason Robards e David Warner, *La ballata di Cable Hogue*).

1205. -Lei crede di vendicarsi, ma sbaglia: non ci si può vendicare degli uomini, non si finirebbe mai. Bisognerebbe vendicarsi non solo dei loro delitti, ma anche della loro ignoranza, di quasi tutti i loro pensieri.

(Il confessore a Jeanne Moreau, *La sposa in nero*).

1206. -L'ho trovata a letto con il mio migliore amico. Stavano scopando quando sono entrato. Mi ha fatto male, ma ho avuto la mia vendetta.

-Li hai uccisi?

-No, ho lasciato che se lo sposasse. Ora si rendono la vita impossibile a vicenda.

(Chazz Palminteri e Cher, *Infedeli per sempre*).

1207. -Noi siamo bravi nel vendicarci. Vero, Johnny?

(Rita Hayworth a Glenn Ford, *Gilda*).

1208. -Non lo rivoglio indietro, io lo voglio disintegrare, incenerire... Quando avrò completato l'opera di lui resterà una macchietta irregolare sul pavimento.

(Meg Ryan a proposito dell'ex fidanzato Tcheky Karyo, *Innamorati cronici*).

1209. -Non ne vale la pena, Hogue: la vendetta prende sempre l'acido. Ti conviene dimenticare.

(Stella Stevens a Jason Robards, che vuole vendicarsi dei due soci che lo hanno abbandonato nel deserto, *La ballata di Cable Hogue*).

1210. -Non posso lavare le offese con il sangue, perché sono anemico.

(Totò, *Gli onorevoli*).

LA PERFEZIONE

1211. -Come uomo Warburton era quasi senza difetti.

-L'ho rifiutato perché era troppo perfetto.

(Martin Donovan e Nicole Kidman a proposito di Richard E. Grant, *Ritratto di signora*).

1212. -Mamma, non si ama una persona perché è perfetta.

(Kim Novak a Betty Field, *Picnic*).

1213. -Non c'è niente di più perfetto delle armi e degli strumenti musicali.

(Vittorio Gassman, *Anima persa*).

L'INNOCENZA

1214. -Come mai li hai fermati? Hai il cuore tenero per gli uomini innocenti?

-Non ne esistono, che io sappia.

(Gary Cooper e Burt Lancaster, *Vera Cruz*).

1215. -Hai massacrato di botte un innocente, lo capisci?
-Innocente? Innocente di che?
(Frances Fisher e Gene Hackman, *Gli spietati*).

L'ETÀ

1216. -L'età è un limite che imponiamo a noi stessi.
(H.B. Warner, *Orizzonte perduto*).
1217. -Lo sai qual è l'età più bella? Te lo dico io qual è: è quella che uno ha.
(Vittorio Gassman, *Il sorpasso*).
1218. -Ne hai fatto di strada in poco: qualche anno fa cantavi per guadagnarti la cena, ed eccoti stella di prima grandezza a ventotto anni.
-Ventiquattro.
-Ma certo, ti chiedo perdono: ventiquattro.
-Ne ho avuti ventiquattro per quattro anni e voglio averli per altri quattro. Poi ne avrò ventisette per un po'.
(José Ferrer-Toulouse-Lautrec e Zsa Zsa Gabor-Jane Avril, *Moulin Rouge*).
1219. -Pavel Pavlovic, la mia impressione è che, non vi offendete, siate molto giovane.
-Monsieur Komaronskij, ora non vi offendete voi: la gente migliora con l'età?
(Rod Steiger e Tom Courtenay, *Il dottor Zivago*).
1220. -Quanti anni hai, Mary?
-Diciotto.
-Diciotto? Ma se l'anno scorso ne avevi diciassette!
(James Stewart e Donna Reed, *La vita è meravigliosa*).
1221. -Questo è uno dei pochi vantaggi dell'età: le delusioni diventano ordinaria amministrazione.
(William Powell, *Come sposare un milionario*).
1222. -Sapete, centoundici anni fa, quando io avevo solo dieci anni...
(Dustin Hoffman comincia a raccontare, *Piccolo grande uomo*).

L'INFANZIA

1223. -I bambini puzzano!
(Sam Neill, *Jurassic Park*).
1224. -I bambini sono peggio dei grandi: fanno la spia, non sanno ammirare che l'autorità, si vendono per una caramella.
(Marlon Brando, *Ultimo tango a Parigi*).
1225. -I bambini sono più forti degli uomini. Essi resistono.
(Lillian Gish, *La morte corre sul fiume*).
1226. -I bambini sono resistenti: sbattono dappertutto, contro la vita, ma hanno un angelo custode. E poi hanno la pelle dura.
(Virgine Thévenet, *Gli anni in tasca*).
1227. -E poi, se uno ha avuto un'infanzia difficile, non deve mica farla pagare a tutti.

(Dani a proposito di Jean-Pierre Léaud, *Effetto notte*. Stessa coppia di attori e stessa battuta in *L'amore fugge*).

1228. -Un'infanzia infelice irlandese è peggio di un'infanzia infelice qualunque, e un'infanzia infelice irlandese e cattolica è peggio ancora.
(Joe Breen, *Le ceneri di Angela*).

1229. -La mia infanzia è stata così spiacevole che non ricordo niente fino all'età di trentun anni.
(Lou Reed, *Blue in the face*).

1230. -Mi dica, signor Williams, lei era infelice da piccolo?
-No, no: ho avuto un'infanzia perfettamente normale...
-Capisco: voleva uccidere suo padre e dormire con sua madre...
(Lo psicanalista Martin Gabel esamina Austin Pendleton, *Prima pagina*).

1231. -Mi ricordo che stavo dalla nonna: avevo quattro anni.
-Tu non hai mai avuto quattro anni: sei nata maggiorenne.
(Quinn Cummings, dieci anni, e la madre Marsha Mason, *Goodbye amore mio!*).

1232. -Ognuno di noi ha un ricordo sbagliato dell'infanzia. Sai perché diciamo sempre che era l'età più bella? Perché in realtà non ce lo ricordiamo più com'era.
(Jean-Louis Trintignant a Vittorio Gassman, *Il sorpasso*).

1233. -Sarebbe un sogno se i bambini venissero alla luce con la sicurezza e con l'assoluta certezza che riceveranno l'educazione più indicata e che vivranno sereni e felici. E invece, quando veniamo al mondo, dobbiamo correre i nostri rischi.
(Audrey Christie, *Splendore nell'erba*).

1234. -Tutti sogniamo di tornare bambini, anche i peggiori tra noi. Forse i peggiori lo sognano più di tutti.
(Jaime Sanchez a William Holden, *Il mucchio selvaggio*).

LA GIOVINEZZA

1235. -Basta, Teddy, non fare il ragazzino!
-Lo sono. Sono nel pieno della mia giovinezza, e si è giovani una volta sola.
-Sì, però si rimane stupidi per sempre.
(Battibecco fra i dodicenni River Phoenix e Corey Feldman, *Stand by me-Ricordo di un'estate*).

1236. -Che spreco è la giovinezza! E che imprudenza!
(Vittorio Gassman, *Lo zio indegno*).

1237. -Comincio a chiedermi se essere giovani è poi tutta questa gran cosa: noi sognamo la gioventù, la ricordiamo come il tempo degli usignoli e del Babbo Natale, ma cos'è in realtà? Uno stato incosciente quasi di idiozia e una serie di disastri da farsa. Questa è la gioventù: non so come le sopravviviamo.
(Cary Grant, *Il magnifico scherzo*).

1238. -Giorni come perle rotonde e lucenti unite da un filo d'oro...

Giorni densi di gioia e spensieratezza... Notti di sogni ad occhi aperti... Quando dormivamo? Non ne avevamo il tempo.
(Maj-Britt Nilsson, *Un'estate d'amore*).
1239. -I giovani amano sempre: amano solo se stessi e l'amore che provano per se stessi.
(Gunnar Björnstrand, *Sorrisi di una notte d'estate*).
1240. -Il guaio dei ragazzi è che sono tanto giovani, non capiscono ancora niente... Quand'ero piccolo credevo che da grande sarei diventato un fantastico, meraviglioso, eroico essere umano.
(Dustin Hoffman, *Eroe per caso*).
1241. -Lo sai, Ethel? Non credo di essere proprio giovane come credo di essere.
(L'attempato Charles Boyer, che ostenta pose da giovanotto, a Mildred Natwick dopo un'indigestione, *A piedi nudi nel parco*).
1242. -Mio zio dice che sono una miniera di parole.
-Questo suo zio non le ha mai detto di non parlare mai con gli sconosciuti?
-No. Ha detto solamente che se qualcuno mi chiedeva l'età dovevo dire: "Ho vent'anni e poco sale nella zucca". Sono due cose che legano.
(Julie Christie e Oscar Werner, *Fahrenheit 451*).
1243. -Non bisogna essere troppo giovani.
(Natalie Paley a Katharine Hepburn, *Il diavolo è femmina*).
1244. -Non si deve rimpiangere la giovinezza, ma assumere le proprie responsabilità e fare il proprio dovere fino alla fine.
(Susumu Fujita, *Non rimpiango la mia giovinezza*).
1245. -Oh, ma qui si parla di giovani! Ma è un argomento vecchio...
(Stefania Sandrelli, *La terrazza*).
1246. -Perché la gioventù dev'essere così crudele e spietata, spietata con se stessa soprattutto?
(Naima Wifstrand, *Sorrisi di una notte d'estate*).
1247. -Resta giovane.
(Louis Ducreux alla figlia Sabine Azéma, *Una domenica in campagna*).
1248. -Si è ridicoli da giovani, con quell'assurda spavalderia: sembra che niente debba finire.
(Jeanne Moreau, *La notte*).

I GIOVANI E I VECCHI

1249. -La lussuria è soltanto dei giovani e dei vecchi.
(Gunnar Björnstrand, *Sorrisi di una notte d'estate*).
1250. -Non spetterebbe ai giovani preoccuparsi, ma solo ai vecchi.
(Fred Stone, *Primo amore*).

GLI ADULTI

1251. -Gli adulti non sono che dei bambini con un impiego.
(Kenneth Branagh, *Gli amici di Peter*).

1252. -Be’, vedi, questo è uno dei vantaggi dell’essere adulti: puoi fare il bambino quanto ti pare e piace.
(George Clooney alla figlioletta Mae Whitman, *Un giorno, per caso*).

I VENT’ANNI

1253. -Lo sai perché si hanno vent’anni? Per fare sesso con tutte le persone che vuoi, non per sposarne una.
(Bette Midler alla figlia Paula Marshall, *Questo pazzo sentimento*).
1254. -Nessuno ha più vent’anni.
(Jack Lemmon, *Salvate la tigre*).
1255. -Però, morì a vent’anni fa incazzà.
-Eh... I ribelli morono sempre a vent’anni, pure quando nun morono.
(Il carbonaro Danilo Mattei e suo padre naturale, il monsignore Nino Manfredi, *In nome del Papa Re*).

I TRENT’ANNI

1256. -Bill ha trentadue anni e ne dimostra trentadue. Li dimostrava cinque anni fa e li dimostrerà ancora fra vent’anni. Maledetti uomini!
(Bette Davis a Hugh Marlowe, *Eva contro Eva*).
1257. -Ho trentadue anni e tu ventinove. A quarant’anni vorrai una donna: io ne avrò quarantatré, ne prenderai una di venticinque e io resterò sola.
(Jeanne Moreau a Henri Serre, *Jules e Jim*).

I QUARANT’ANNI

1258. Io ho quarantadue anni e lei diciassette: sono più vecchio di suo padre. Ci crederesti che sto con una ragazza che ha un padre che è più piccolo di me?
(Woody Allen a Michel Murphy a proposito di Mariel Hemingway, *Manhattan*).
1259. -Quest’estate compirò 45 anni. Obiettivamente sono finito. Impiegherò gli ultimi anni ad andare in giro ad avvelenare l’esistenza degli altri.
(Erland Josephson, *Scene da un matrimonio*).
1260. -Siamo invecchiati, siamo inaciditi, siamo disonesti nel nostro lavoro. Gridavamo cose orrende, violentissime, nei nostri cortei, e ora guarda come siamo tutti imbruttiti!
-*Voi* gridavate cose orrende e violentissime, e *voi* siete imbruttiti. Io gridavo cose giuste e ora sono uno splendido quarantenne.
(Il protagonista ex contestatore di un tipico film italiano, e la reazione dello spettatore Nanni Moretti, *Caro diario*).

I CINQUANT'ANNI

1261. -Ah, senti, cinquanta non sono poi tanti...
-No, lo so, non tanti, ma... All'improvviso apri gli occhi e tiri le somme.
(Mia Farrow e Gena Rowlands, *Un'altra donna*).
1262. -La sola cosa bella di fare i cinquant'anni è che non li rifai.
(Ian Holm, *Un'altra donna*).
1263. -Tu sei una donna di cinquant'anni. Apri gli occhi! Non c'è niente di tragico ad avere cinquant'anni, se non se ne vogliono avere venti a tutti i costi.
(William Holden a Gloria Swanson, *Viale del tramonto*).

LA VECCHIAIA

1264. -Alla mia età succede che uno si chini in avanti e si ritrovi improvvisamente con la testa sprofondata in un'altra realtà, dove i morti non sono più tali e i vivi appaiono come tanti spettri: ciò che un momento prima sembrava chiaro, diventa bizzarro e del tutto incomprensibile.
(Erland Josephson, *Dopo la prova*).
1265. -Che effetto fa arrivare a ottant'anni?
-Due volte peggio che arrivare a compierne quaranta.
(Dabney Coleman ed Henry Fonda, *Sul lago dorato*).
1266. -Come mi sento vecchio! E come mi sento inadatto a esserlo!
(Maurice Pialat, *Sotto il sole di Satana*).
1267. -È brutta la vecchiaia. Un giorno capirete cosa significhi per un soldato: oggi capitano di uno squadrone e tutti i suoi uomini dipendono da lui, i tenenti tremano quando sbraita... e domani invece sarà felice se il maniscalco si offrirà di ferrargli un cavallo.
(John Wayne a Joanne Dru e Mildred Natwick, *I cavalieri del Nord-Ovest*).
1268. -Era talmente vecchio che aveva fatto la prima comunione con Garibaldi.
(Totò, *La banda degli onesti*).
1269. -Ho cercato tutto il giorno di tirare alcune profonde conclusioni per aver vissuto fino a ottant'anni: non ho trovato niente. La sorpresa è arrivarci così in fretta.
(Henry Fonda, *Sul lago dorato*).
1270. -Non c'è al mondo impurità così impura come la vecchiaia.
(Mark Burns, *Morte a Venezia*).
1271. -Potresti ancora fare qualcosa, se tu lo volessi? O credi che siamo troppo vecchi per essere di nuovo giovani, io e te?
(Anna Prucnal a Marcello Mastroianni, *La città delle donne*).
1272. -Può levarsi la giacca, se vuole...
-La ringrazio.
-È troppo caldo qui per chiunque abbia del sangue nelle vene. E può anche fumare: mi godo ancora l'odore del tabacco. Eh, gran bell'affare quando uno è ridotto a godersi la vita per procura! Lei sta contemplando in me i miseri e malinconici resti di una vita spensierata: paralisi comple-

ta degli arti inferiori. Non mangio quasi niente e il mio sonno è così vicino alla veglia che quasi si confondono. Si può dire che vivo di calore, come un ragno appena nato.
(Il vecchio generale Charles Waldron e Humphrey Bogart-Philip Marlowe, *Il grande sonno*).
1273. -Sono un uomo vecchio in un mondo vuoto: non abbandonarmi.
(Peter O'Toole alla giovane amante Jane Merrow, *Il leone d'inverno*).

L'INVECCHIARE

1274. -Anche tu sei invecchiato.
-Dicono che sia l'unico modo per non morire giovani.
(Peter Bohlke e Michel Bouquet, *Toto le héros-Un eroe di fine millennio*).
1275. -C'è sempre una donna al mondo che riesce a ingannarci, e il solo modo di evitare questi guai è quello di invecchiare. Perciò io sarò contento di invecchiare.
(Orson Welles, frase finale di *La signora di Shangai*).
1276. -Che inferno invecchiare, specialmente quando ti senti ventun anni dentro!
(Elaine Stritch, *Settembre*).
1277. -Come ti senti a invecchiare?
-Perché, ti senti vecchia? Ma se sei uno schianto.
-Ti ho chiesto come ti senti. È una cosa che ti scoccia?
-Non ci penso molto.
-Davvero?
-Okay, mi scoccia un po' per i capelli. Dieci anni fa avevo cominciato a perderli. Sicché ci ho messo una pezza.
-E ti ha dato fastidio?
-No, altrimenti non l'avrei fatto. L'ho fatto per sentirmi meglio con me stesso, e ha funzionato. Quando mi guardo allo specchio mi assomiglio.
-Per gli uomini è diverso.
-Mi spiace, ma su questo argomento non riesco proprio a trovare nessuna ragione per compatirti... Anzi, scommetterei che a parte un'acconciatura alla Angela Davis devi essere identica a quando avevi ventinove anni.
-Il culo non è più lo stesso.
-Più grosso?
-Già.
-Non mi sembra un difetto... C'è qualche altra cosa che ti preoccupa?
-Solo che mi trovo sempre a ricominciare daccapo...
(Pam Grier e Robert Forster, *Jackie Brown*).
1278. -Credo che migliorerò invecchiando. Ecco, sapete, credo che sarò il tipo virilmente calvo, sapete, come dire l'esatto contrario dell'argentato distinto, per esempio... Ecco, e se no nessuno dei due, e divento uno di quelli che spandono i filini di bava dalla bocca e che vagano per i mercatini con la borsa della spesa, sbraitando contro il socialismo.
(Woody Allen, *Io e Annie*).
1279. -È davvero un delitto invecchiare.

(Maria Schneider, *Ultimo tango a Parigi*).

1280. -Invecchia insieme con me: il meglio deve ancora arrivare.

(Laurence Olivier a Katharine Hepburn, *Amore fra le rovine*).

1281. -Non ci stiamo mutando in un paio di comode vecchie scarpe?

-Comode, mai.

(I coniugi Diane Keaton e Woody Allen, *Misterioso omicidio a Manhattan*).

1282. -Non è che faccia salti di gioia all'idea di invecchiare, ma capita a tutti prima o poi, persino a te: tu hai cinquantun'anni.

-Questa è la differenza fra noi due: io non mi ci rassegno. Non mi rassegno all'idea di avere cinquantun'anni, perché non mi rassegno ad invecchiare.

-Tanti auguri! Sarai il più giovanile di tutto il cimitero.

(Maureen Stapleton e Walter Matthau, *Appartamento al Plaza*).

1283. -Questo paese sta invecchiando ed io voglio invecchiare con lui.

(James Coburn rinuncia a usare la pistola, *Pat Garrett e Billy the Kid*).

1284. -Per i vecchi non c'è più aria, allora che razza di mondo è questo?

(Il vagabondo Peter Farrell, aggredito da Malcolm McDowell e dalla sua banda di teppisti, *Arancia meccanica*).

1285. -Quando gli uomini... No, quando le donne... raggiungono una certa età...

-Addio amore, benvenuto profiteroles.

-È così, tesoro: l'Olocausto.

(Considerazioni sull'invecchiare di Goldie Hawn e Bette Midler, *Il club delle prime mogli*).

1286. -Più vecchio è il toro, più duro è il corno.

(Don Johnson, *Harley Davidson & Marlboro Man*).

1287. -Quando si invecchia si dimentica, mia cara.

(Gunnar Björnstrand a Ulla Jacobsson, *Sorrisi di una notte d'estate*).

1288. -Sei divina finché non cominci a dimostrare la tua età. Poi volete il nuovo modello.

(Judy Davis a Timothy Jerome, *Mariti e mogli*).

1289. -Senti, Vladimir: non invecchiare, se puoi farne a meno.

(Tiger Haynes a Robin Williams, *Mosca a New York*).

1290. -Sto invecchiando di minuto in minuto.

(Henry Fonda, *Sul lago dorato*).

1291. -Vedo che invecchiando sei diventata acida.

-Cosa vuol dire invecchiando? Sono tre anni che ho ventinove anni, e non è molto per una della mia età.

(Gunnar Björnstrand e l'ex amante Eva Dahlbeck, *Sorrisi di una notte d'estate*).

LA FAMIGLIA

1292. -Ci vivi abbastanza in famiglia?

-Sì, certo.

-Bravo, perché un uomo che sta troppo poco con la famiglia non sarà mai un vero uomo.

(Il boss Marlon Brando e il cantante Al Martino: è evidente il doppio senso mafioso, *Il padrino*).

1293. -Con voi ho passato l'inferno, vostro padre è stato solamente una merda d'asino.

(Whoopi Goldberg si ribella alla famiglia del marito-padrone Danny Glover, *Il colore viola*).

1294. -Domanda: dove si sta meglio che in seno alla famiglia? Risposta: dappertutto.

(Marie-France Pisier, *Antoine e Colette*).

1295. -Dopotutto, il cinema è una grande famiglia.

-Be', anche gli Atridi erano una grande famiglia.

(Il produttore Jean Champion e l'attore Jean-Pierre Aumont, *Effetto notte*).

1296. -La famiglia è un'arma: puntala nella direzione sbagliata e finirai con l'uccidere qualcuno.

(Martin Donovan, *Trust-Fidati*).

1297. -La famiglia ti fa rimpiangere la famiglia.

(Jean-Paul Belmondo, *Una vita non basta*).

1298. -Santa famiglia, sacrario di buoni cittadini, dove i bambini sono torturati finché non dicono la prima bugia, dove la volontà è spezzata dalla repressione, la libertà è assassinata dall'egoismo.

(Marlon Brando mentre sodomizza Maria Schneider, *Ultimo tango a Parigi*).

1299. -Sono io, la tua gente. Sono io, che tu lo voglia o no.

-Tu non sei la mia gente, sei solo la mia famiglia, niente di più.

(L'avvocato difensore Chris O'Donnell al nonno Gene Hackman, condannato a morte, *L'ultimo appello*).

I GENITORI E I FIGLI

1300. -Abbiamo due figli: mia moglie è la madre dei racchi.

(Totò, *Che fine ha fatto Totò baby?*).

1301. -Anni fa scrissi un racconto su mia madre, intitolato "La sionista castrante".

(Woody Allen, *Manhattan*).

1302. -Aveva sempre sentito suo padre senza ascoltarlo. Ma dopo la sua morte lo ascoltava disperatamente senza poterlo sentire.

(Marthe Keller, *Tutta una vita*).

1303. -"Bambina adorata. Non so come sarai quando leggerai questa lettera, quanti anni avrai. Di sicuro sei già grande e Michal non c'è ormai più. Qui, ora, sei piccina. Ti ho vista soltanto una volta, poi non mi ti hanno più portato perché tra non molto sicuramente morirò... Ti devo dire una cosa. Michal non è tuo padre. Non ha troppa importanza chi lo sia: un attimo di disattenzione, di stupidità e di cattiveria. So che Michal ti amerà come una figlia, lo conosco e sono certa che ti troverai bene con lui. Penso a te che stai leggendo, là, a casa tua. Hai i capelli chiari, vero? Hai le dita affusolate ed il collo delicato. Io vorrei così. Mamma."

(Lettera della madre morta che Adrianna Biedrzynska ha inventato per ribellarsi al padre Janus Gajos, *Decalogo 4*).

1304. -Che cosa ti dico sempre?

-La figlia di un soldato non piange mai.

(Domanda di Kris Kristofferson, che risponde all'unisono con la figlia Leelee Sobieski, *La figlia del soldato non piange mai*).

1305. -Che gioia! Che gioia, avere assassinato i nostri figli!

(Lya Lys a Gaston Modot, *L'age d'or*).

1306. -Come avrò fatto, eh? Dico, sono una persona piuttosto a posto... Come avrò fatto ad avere un figlio così?

-Sei rimasta incinta.

(Ellen Burstyn e Alfred Lutter III, *Alice non abita più qui*).

1307. -Come mai non avete avuto bambini?

-Le prime due volte che mi sono sposato non ero pronto, poi ho creduto d'essere pronto ma non ero sposato. Ora siamo sposati soltanto da un anno: una cosa nuova, capisci...

(Robin Williams e Billy Crystal, *Due padri di troppo*).

1308. -È triste morire senza figli.

(L'omicida Nanni Moretti ai poliziotti Mauro Fabretti e Nicola di Pinto, nel finale di *Bianca*).

1309. -I figli che ci circondano sono dei mostri, più pallidi di come eravamo noi. Hanno occhi spenti, trattano i padri con troppo rispetto oppure con troppo disprezzo. Non sono più capaci di ridere: sghignazzano o sono cupi e soprattutto non parlano più. E noi non sappiamo capire dai loro silenzi se chiedono aiuto o se stanno per spararti addosso.

(Ugo Tognazzi alla moglie Anouk Aimée, *La tragedia di un uomo ridicolo*).

1310. -Io ci ho pensato molto: non c'è nessuna ragione per cui i figli debbano amare per forza i loro genitori.

(Katharine Hepburn, oppressa da un padre tiranno, *Una donna si ribella*).

1311. -Io coi miei ho sempre avuto buoni rapporti, loro non mi hanno mai picchiato. L'hanno fatto una volta soltanto in tutta la vita: cominciarono a darmele il pomeriggio del 23 dicembre del '42 e smisero, non ricordo l'ora, nella primavera del '44.

(Woody Allen, *Il dittatore dello Stato libero di Bananas*).

1312. -Una madre e una figlia... Che sconcertante, terribile combinazione di sentimento, di confusione, di rovina. Tutto è possibile quando viene fatto in nome della tenerezza e dell'amore. Le ferite della madre le soffre la figlia, le delusioni della madre ricadono tutte sulla figlia, l'infelicità della madre si trasmette alla figlia. È come se il cordone ombelicale non si fosse mai spezzato. Mamma, è così? La sconfitta della figlia è il trionfo della madre? Mamma, il mio dolore è un tuo piacere segreto?

(Liv Ullmann a Ingrid Bergman, *Sinfonia d'autunno*).

1313. -Mi hai rubato la figlia, il mio essere madre, e l'amore. Mi hai rubato me stessa...

(Maja Barelkowska alla madre Anna Polony, che per evitare lo scandalo ha fatto passare la figlia che la ragazza aveva partorito a sedici anni come sua, *Decalogo 7*).

1314. -Non è che la mamma non mi capisce: mi capisce, e anch'io la capisco. Eppure non lo so, non ci capiamo. Non so se capisci.

(La piccola Valentina Holfkamp al nonno Vittorio Gassman, *Tolgo il disturbo*).

1315. -Non è provato che le persone ereditino le caratteristiche dei genitori: con i cavalli non ci sono riusciti.

(Deanna Durbin a Robert Cummings, *La prima è stata Eva*).

1316. -Perché non si chiede il parere dei figli prima di introdurli in questo mondo?

(Jacques Sernas, *Gioventù perduta*).

1317. -Quando penso alla carne della mia carne, chissà perché, divento subito vegetariano.

(Lo scapestrato Philippe Noiret a proposito del figlio perbenino, *Amici miei*).

1318. -Se almeno avessimo adottato un figlio...

-Non allevo un bambino sopra una galera!

(Angie Dickinson e suo marito, lo sceriffo Marlon Brando, *La caccia*).

1319. -Sì, sì, io penso... io penso che bisogna... bisogna essere diversi dai nostri genitori. Mio padre, per esempio, ha combattuto violentemente contro i tedeschi durante la guerra e ora dirige un Club Méditerranée. Lei sa, sono quei grandi camping in riva al mare... e ciò che è terribile è che lui non si rende assolutamente conto che è fatto esattamente... esattamente fatto sugli stessi schemi dei campi di concentramento.

(Il contestatore Jean-Pierre Léaud risponde a un giornalista che lo intervista, *La Cinese*).

1320. -Sì, sta benissimo il bambino, Silvia sta bene, *io* sto bene soprattutto. Sono fiero di me, non sono svenuto.

(Nanni Moretti dopo avere assistito alla nascita del figlio Pietro, *Aprile*).

IL PADRE

1321. -Una brava ragazza non può avere che un solo padre.

(Totò, *San Giovanni decollato*).

1322. -È facile sentirsi paterno, quando il figlio non è davvero nostro.

(Vivian Nathan, madre del giovane Nick Adams, a Clark Gable, capocronista del ragazzo, *Dieci in amore*).

1323. -Lei mi sembra un tipo simpatico, mi ricorda mio padre.

-È sempre stato questo il mio problema.

(Lucy Saroyan e l'attempato Walter Matthau, *Due sotto il divano*).

1324. -Non sai cosa significhi per me: non sei un padre.

-È vero, perciò posso nuocere solo a me stesso...

(Arthur Kennedy litiga con Frank Sinatra a proposito della figlia Betty Lou Keim, *Qualcuno verrà*).

1325. -Voi patriarchi avete fatto solo due cose nella vita: ubbidito prima e comandato dopo.

(Il figlio Saverio Marconi al padre Omero Antonutti, *Padre padrone*).

LA MADRE

1326. -Eh sì, questo è il guaio delle madri: quando ci si è bene affezionati, loro muoiono.
(Kay Francis, *Mancia competente*).
1327. -E non pensare, perché non hai mai avuto una mamma, che siano tutte perfette.
(Chip Zien a Nick Nolte, *Agenzia omicidi*).
1328. -Francesco, ricordati: di mamme ce n'è una sola.
-Meno male! Dimmi te se ne avevo cinque o sei!
(Gianna Sammarco e Francesco Nuti, *Madonna che silenzio c'è stasera*).
1329. -Io sono il simbolo della vita che continua. Desidero tanto questo bambino. Impazzirò se non si sbriga a nascere.
(La partoriente Eva Dahlbeck, *Alle soglie della vita*).
1330. -Mia madre? Ma se non so nemmeno chi era! Io sono un trovatello, e non mi sono mai drogato, perché mi sono perso gli anni '60.
(Robin Williams-Peter Pan, *Hook-Capitan Uncino*).
1331. -Non uscite mai con qualche amico?
-Be', il migliore amico è la propria madre.
(Janet Leigh e Anthony Perkins, *Psyco*).

I FRATELLI

1332. -Non fraintendermi, lo amo come un fratello: come Caino Abele.
(Woody Allen a Diane Keaton a proposito di Henry Czarniak, *Amore e guerra*).
1333. -Siamo tutti fratelli: i fratelli Taviani, i fratelli Lumière, i fratelli Karamazov, le sorelle Adamoli, i fratelli Bardazzi, i fratelli... Ce ne sono altri due nel mi' paese... I fratelli... I Fratellini, Rocco e i suoi fratelli, i fratelli Cervi, i fratelli Fabbri, Rosanna Fratello, e via e via e via...
(Roberto Benigni, *Tuttobenigni*).

I PARENTI

1334. -È proprio vero. I parenti sono come le scarpe: più sono stretti e più ti fanno male.
(Totò, *Che fine ha fatto Totò baby?*).
1335. -Non posso abbandonare mio padre e mio fratello: sono come parenti, per me.
(Jay Mohr, *Mafia!*).

IL GENERO

1336. -Generi come te io non ne voglio: io voglio soltanto generi alimentari.
(Totò, *Totò cerca casa*).

1337. -Tutti vogliono bene ai figli, anche le scimmie: è una vecchia legge di madre natura.
-Madre natura non conosceva il marito di mia figlia.
(Betty Grable e Fred Clark, *Come sposare un milionario*).

IL FARE

1338. -Bisogna fare le piccole cose come se fossero grandi. Io so che le battaglie morali si combattono da soli...
(Isabelle Adjani, *Adele H.-Una storia d'amore*).
1339. -Cosa pensi di fare, John?
-Circondarli, lo escluderei.
(Richard Crenna e Sylvester Stallone, soli in Afghanistan di fronte a un migliaio di nemici, *Rambo 3*).
1340. -Dal giorno del nostro arrivo (in Africa, *ndr*) iniziammo una vita molto attiva. La prima mattina ci vide in piedi alle sei: fatta colazione, tornammo a letto alle sette. Andammo avanti così per circa tre mesi: fatta pratica, tornavamo a letto alle sei e mezza.
(L'esploratore Groucho Marx, *Animal crackers*).
1341. -Non è difficile fare quello che è giusto. È difficile sapere cosa è giusto fare.
(Ben Kingsley, *The confession*).
1342. -Non mi piace chi non sa andare alla fine di quello che ha incominciato.
(John Wayne, *Il fiume rosso*).
1343. -Tu non devi fare niente, eccetto morire e pagare le tasse.
(Lo psicanalista Paul Mazursky al paziente Chazz Palminteri, *Infedeli per sempre*).

LA VELOCITÀ

1344. -Centocinquanta! A questa velocità è morto James Dean. Bello!
(Catherine Spaak incita Ugo Tognazzi ad accelerare, *La voglia matta*).
1345. -Sono un fulmine... Mi avete visto o ero troppo veloce?
(Il pistolero Leonardo DiCaprio, dopo avere sconfitto un avversario, *Pronti a morire*).

LA LENTEZZA

1346. -C'è qualcosa di scientifico nei tuoi ritardi.
-Certi risultati si ottengono solo applicandosi intensamente.
(Kristin Scott-Thomas e Hugh Grant, testimone di nozze arrivato in chiesa all'ultimo minuto, *Quattro matrimoni e un funerale*).

L'IRREQUIETEZZA

1347. -Non se ne sta mai seduta calma un momento?
-A New York, se stai seduta calma vieni rimpiazzata.
(Il cowboy Robert Redford e la giornalista Kristin Scott-Thomas, *L'uomo che sussurrava ai cavalli*).
1348. -Non sperate che il ragazzo vi segua. Lui vuole muoversi, muoversi...
-Per andare dove?
(Kirk Douglas e Porter Hall, giornalista l'uno spregiudicato e l'altro dotato di senso della misura, si disputano un giovane cronista, *L'asso nella manica*).

LA PIGRIZIA

1349. -Io credo moltissimo nel non far niente.
(Kevin Kline, *Silverado*).
1350. -Meglio seduti che in piedi... Meglio sdraiati che seduti, meglio addormentati che sdraiati, meglio morti che addormentati.
(Eduardo De Filippo espone la sua filosofia dell'ozio, *A che servono questi quattrini?*).

LA FATICA

1351. -Che lo sforzo sia con te.
(Mel Brooks storpia il motto di *Guerre stellari* in *Balle spaziali*).
1352. -Cos'hai fatto tutto il giorno?
-Compere.
-Che lavoro, eh? Fa compere sei giorni alla settimana e il settimo si riposa, morta dalla fatica.
(Il gangster Lee Marvin e la sua amante Gloria Grahame, *Il grande caldo*).
1353. -È strano quanto uno si stanca a non far niente, sai?
(Il disoccupato Mark Addy si sfoga con la moglie Lesley Sharp, *Full Monty-Squattrinati organizzati*).
1354. -*Mei iu guatchi*: sa che cosa vuol dire?
-No, non lo so proprio.
-È cinese: mai faticare. Lo dice il cuoco cinese. E il mio Fred diceva: "In quelle tre parole c'è tutta la saggezza dell'Oriente".
(Ava Gardner e Deborah Kerr, *La notte dell'iguana*).

I PROGRAMMI

1355. -Avevamo dei progetti: sposarci, comprarci una Lambretta, fare dei bambini, non necessariamente in quest'ordine.

(Stefania Sandrelli rievoca il suo amore con Vittorio Gassman, *C'eravamo tanto amati*).

1356. -Un buon piano oggi è meglio di un ottimo piano domani.
(Robert De Niro, *Sesso e potere*).

1357. -Chello ch'è stato è stato... Basta, ricomincio da tre.
-Da zero.
-Eh?
-Da zero: ricomincio da zero.
-Nossignore, ricomincio da... cioè... Tre cose me so' riuscite dint'a vita, pecché aggi'a perdere pure chelle? Aggi'a ricomincià da zero? Da tre!
(Massimo Troisi e Lello Arena, *Ricomincio da tre*).

1358. -Che programmi hai per oggi, tesoro?
-Annoiarmi, al solito.
(Jarl Kulle e la moglie Margit Carlqvist, *Sorrisi di una notte d'estate*).

1359. -Facemmo un patto: lei avrebbe smesso di battere, io di uccidere. Un programma forse troppo ambizioso.
(Il criminale Mel Gibson a proposito della moglie Deborah Unger, *Payback*).

1360. -Qual è il tuo piano?
-Prima progetto di farmela sotto, poi ho intenzione di ricompormi e di pensare a un nuovo piano. Qualche consiglio?
(Elizabeth Hurley e Mike Myers, *Austin Powers*).

1361. -Se mi ammazzi, chi lo pilota poi l'aereo?
-Non faccio programmi a lunga scadenza.
(Il pilota Fredric Lane e il serial killer dirottatore John Malkovich, *Con Air*).

1362. -Solo il nulla... non esistenza... Buio...Vacuità...
-Cosa dici?
-Faccio programmi per il futuro.
(Woody Allen e Diane Keaton, *Amore e guerra*).

I PROBLEMI

1363. -C'è chi fa parte del problema, chi della soluzione e chi del paesaggio.
(Robert De Niro, *Ronin*).

1364. -Houston, abbiamo un problema...
(L'astronauta Tom Hanks comunica l'esplosione di un serbatoio di ossigeno sulla navicella che dovrebbe andare sulla luna, *Apollo 13*).

1365. -Houston, avete un problema.
(Bruce Willis ribalta la frase di Tom Hanks in *Apollo 13*, *Armageddon-Giudizio finale*).

1366. -Un problema è come un cancro: lo devi prendere in tempo, se no diventa grosso e ti uccide.
(Chazz Palminteri, *Bronx*).

1367. -Tu non puoi avere problemi, Chick, perché li ho presi tutti quanti io in esclusiva: ho assorbito l'intero mercato.
(Dustin Hoffman al barista Tom Arnold, *Eroe per caso*).

LO SCOPO

1368. -A volte penso che pochi esseri abbiano uno scopo, ma probabilmente uno scopo esiste per tutti, in disegni misteriosi.
(Anne Lambert, *Picnic ad Hanging Rock*).
1369. -Conta ciò che ci sforziamo di ottenere, non ciò che otteniamo.
(Gunnar Björnstrand, *Persona*).
1370. -Io ritengo giusto avere uno scopo, compiere un qualche cosa, convincersi che la vita abbia un senso. Avere qualcosa a cui aggrapparsi in ogni evenienza è necessario, significare qualcosa per gli altri...
(Bibi Andersson, *Persona*).
1371. -Io sono ignorante, ma ho letto qualche libro. Tu non ci crederai, ma tutto quello che c'è a questo mondo serve a qualcosa. Ecco, prendi quel sasso lì, per esempio.
-Quale?
-Questo... Uno qualunque... Be', anche questo serve a qualcosa: anche questo sassetto.
-E a cosa serve?
-Serve... Ma che ne so io? Se lo sapessi, sai chi sarei?
-Chi?
-Il Padreterno, che sa tutto: quando nasci, quando muori. E chi può saperlo? No, non so a cosa serve questo sasso io, ma a qualcosa deve servire. Perché se questo è inutile, allora è inutile tutto: anche le stelle. E anche tu, anche tu servi a qualcosa, con la tu' testa di carciofo.
(Richard Basehart e Giulietta Masina, *La strada*).

IL LAVORO

1372. -Ancora non sei morto? Eppure m'hanno detto che il lavoro ammazza la gente!
(Leonardo Muraglia a Giovanni Orgitano, *Accattone*).
1373. -C'è gente che lavora tutta una vita per riposare a settant'anni. Mah... Ho un sistema diverso: riposo quaranta-cinquant'anni e a settant'anni, se sarà il caso, forse allora lavoro.
(Eduardo De Filippo, *A che servono questi quattrini?*).
1374. -Innanzitutto, il lavoro fa male. Tanto è vero che quando un medico visita un ammalato, come prima cosa gli dice: "Riposo assoluto"... Hai mai sentito dire: "Lavoro assoluto?". E poi il lavoro è un perditempo, e il tempo non bisogna perderlo in cose inutili, ragazzi, ricordàtelo. Bisogna utilizzarlo... C'è gente che perde tutta la giornata a lavorare.
(Il "filosofo" Eduardo De Filippo ai "discepoli" Peppino De Filippo e Paolo Stoppa, *A che servono questi quattrini?*).
1375. -Io lo sapevo che preferisci lavorare con me invece che con quel porco. Vado, l'ammazzo e torno.
(Il bandito Eli Wallach a Clint Eastwood a proposito del killer Lee Van Cleef, *Il buono, il brutto, il cattivo*).
1376. -Il lavoro è una maledizione, Saturno, abbasso il lavoro che si è costretti a fare per guadagnarsi la vita. Quel lavoro non ti nobilita, come

dicono alcuni. Serve soltanto a riempire la pancia degli sporchi sfruttatori. Solamente quello che si fa per il proprio piacere riabilita l'uomo. Magari tutti potessero lavorare in questo modo. Prendi me, io non lavorerei neanche morto e come vedi vivo male ma vivo senza lavorare.

(Fernando Rey a Jesús Fernandez, *Tristana*).

1377. -Mio padre diceva sempre che il lavoro è come un cappello che ti metti sulla testa: anche se non hai calzoni, non devi andare in giro vergognandoti del tuo sedere, finché hai un cappello sulla testa.

(Johnny Depp, *Arizona dream*).

1378. -Mio padre ripeteva spesso la frase di un anarchico russo: "Il lavoro è la nostra preghiera".

(Fausto Siddi, *Il figlio di Bakunin*).

1379. -Senti, me n'ero dimenticato: che lavoro fai?

-Be', mi interesso di molte cose: cinema, teatro, fotografia, musica... Leggo...

-E concretamente?

-Non so cosa vuoi dire.

-Come non sai? Cioè: che lavoro fai?

-Nulla di preciso.

-Be', come campi?

-Mah, te l'ho detto: giro, vedo gente, mi muovo, faccio delle cose.

(Nanni Moretti e Cristina Manni, *Ecce bombo*).

1380. -Te butti giù così? Cercate un lavoro...

-Ma a che fà? Er sangue mio nun se lo beve nessuno! Er lavoro! Le bestie lavorano!

(Adriana Asti e un malconcio Franco Citti, *Accattone*).

IL MESTIERE

1381. -Cosa fai per vivere?

-Corro in macchina, gioco a tennis, vado con le donne. Però ho i weekend liberi e non ho padroni.

(Anne De Salvo e il miliardario Dudley Moore, *Arturo*).

1382. -Dovrei fare un lavoro per cui mi sentissi portato: non so, come donare sperma per la fecondazione artificiale...

(Woody Allen, *Il dittatore dello Stato libero di Bananas*).

1383. -Io non rendo bene in un posto fisso: mi si addormentano i piedi.

(Il "gorilla" Kevin Costner, *Guardia del corpo*).

1384. -Jimmy, senti, che cos'è un sociologo?

-È un tale che dà un sacco di consigli a proposito di cose di cui non sa un bel nulla.

(Mamie van Doren e Clark Gable, *Dieci in amore*).

1385. -Lei in che ramo lavora?

-Disinfestazione.

(Jack Lemmon e il killer Walter Matthau, *Buddy Buddy*).

1386. -Leon, esattamente che lavoro fai per vivere?

-Faccio le pulizie.

(La bambina Natalie Portman e il sicario Jean Reno, *Leon*).

1387. -Non cercano killer nelle inserzioni sui giornali. Quella era la mia professione. Ex poliziotto, ex cacciatore di replicanti, ex killer.
(Harrison Ford, *Blade runner*).
1388. -Pasticcieri si diventa, ma rosticcieri si nasce.
(Louis Ducreux, *Una domenica in campagna*).
1389. -Quanto a me, l'unica difficoltà è nelle scelta del mestiere. Non m'ero mai accorto di quanti mestieri esistono per quelli che non sanno far niente.
(Eduardo De Filippo, *A che servono questi quattrini?*).
1390. -Se non sapete fare il calzolaio, fate il farmacista. Calzolai si nasce, non si diventa.
(Totò, *San Giovanni decollato*).
1391. -Sono il signor Wolf, risolvo problemi...
(Harvey Keitel, mandato dal boss Ving Rhames per aiutare gli scagnozzi John Travolta e Samuel L. Jackson, che hanno bisogno di far sparire un cadavere e un'automobile sporca di sangue, *Pulp Fiction*).
1392. -Sono un killer di professione.
-Devi fare un corso post-laurea o puoi entrare subito in carriera?
(John Cusack e l'ex compagno di scuola Jeremy Piven, *L'ultimo contratto*).
1393. -Sono vent'anni che lei dice di essere un perito, ma non perisce mai. Ma perisca una buona volta, mi faccia il piacere!
(Totò, *Chi si ferma è perduto*).
1394. -Sto in banca: mi ci sono depositato.
(Dustin Hoffman, *Alfredo Alfredo*).
1395. -Tutti i giorni lavoro, onestamente, per frodare la legge.
(Il contrabbandiere Totò, *La legge è legge*).

IL DILETTANTISMO

1396. -È quel che siamo tutti: dilettanti. Non viviamo abbastanza per diventare di più.
(Charlie Chaplin, *Luci della ribalta*).
1397. -Io sono troppo serio per essere un dilettante, ma non abbastanza per diventare un professionista.
(Alain Cuny, *La dolce vita*).

GLI AFFARI

1398. -In affari è come in guerra, ragazzo: non si fanno prigionieri, non si dà una seconda occasione.
(Paul Newman a Tim Robbins, *Mister Hula Hoop*).
1399. -Io non sono nel business, io sono il business.
(Sean Young ad Harrison Ford, *Blade runner*).
1400. -Io sono in questo business dal '69. I più di questi laureati di Harvard non valgono un cazzo. Serve gente povera, furba e affamata, senza sentimenti. A volte vinci, a volte perdi, ma continui a combattere. E se vuoi un amico, prendi un cane.

(Lezioni di vita e di carriera del finanziere Michael Douglas all'apprendista Charlie Sheen, *Wall Street*).

1401. -Non viviamo più in un mondo di nazioni e di ideologie, signor Beale: il mondo è un insieme di corporazioni, inesorabilmente regolato dalle immutabili spietate leggi del business. Il mondo è un business, signor Beale: lo è stato fin da quando l'uomo è uscito dal magma. E i nostri figli vivranno, signor Beale, per vedere quel mondo perfetto, in cui non ci saranno né guerra né fame né oppressione né brutalità: una vasta ed ecumenica società finanziaria per la quale tutti gli uomini lavoreranno per creare un profitto comune, nella quale tutti avranno una partecipazione azionaria, e ogni necessità sarà soddisfatta, ogni angoscia tranquillizzata, ogni noia superata.

(Il dirigente televisivo Ned Beatty all'*anchorman* ribelle Peter Finch, *Quinto potere*).

1402. -Quando un uomo è tanto cretino da mettersi a mezzo con una donna, quella non avrà mai nessuna considerazione per lui.

(Warren Beatty alla socia Julie Christie, *I compari*).

1403. -Si tratta di affari, Charlie, solo di affari.

(Il boss mafioso John Randolph al figlio Jack Nicholson, che deve uccidere la moglie Kathleen Turner, *L'onore dei Prizzi*).

1404. -Tu e io siamo talmente simili, Vivian: fottiamo il prossimo per il denaro.

(Il finanziere Richard Gere e la prostituta Julia Roberts, *Pretty woman-Una ragazza deliziosa*).

1405. -Vedi, nella vita o si è clienti o commercianti. Ora per i clienti è giunto il momento di fregare i commercianti, ecco: quando avrai capito questo avrai capito tutto.

(Il rapinatore Lino Ventura a Charles Gérard, *Una donna e una canaglia*).

LO SPORT

1406. -Abe, hai visto la dentiera di mamma? L'ha lasciata ieri nel bicchiere e non riesce a trovarla.

-Ah, ho visto i ragazzi che ci giocavano a hockey.

-Giocavano a hockey con la dentiera di mamma?

-Sì, ha quasi la stessa misura del dischetto.

(Julie Kavner e Josh Mostel, *Radio days*).

1407. -Il ciclismo: un esperimento di propulsione con carica abbinata con un mezzo metallico, munito di punzone e campanello.

(Totò, *Totò al giro d'Italia*).

1408. -I giocatori di calcio: i pallonari.

(Totò, *Gambe d'oro*).

1409. -Ma perché hai abbandonato?

-Lo so io perché: i cazzotti fanno male.

(I pugili suonati Ugo Tognazzi e Vittorio Gassman, *I mostri*).

1410. -Una massima pugilistica ben nota dice che troppa cultura sciupa la boxe.

(Voce fuori campo dello speaker televisivo, *Il bacio dell'assassino*).

1411. -Ma tu davvero facevi la boxe?
-Sì, una volta.
-E come hai cominciato?
-Boh, non lo so... Facevo sempre a pugni e ho pensato di farmi pagare.
(Eva Marie Saint e Marlon Brando, *Fronte del porto*).

1412. -Non abbiamo la stessa concezione del judo. Tu pensi che la cosa principale sia buttare a terra l'avversario. Sei solo un volgare bandito da strada, non sai che cosa sia la padronanza interiore...
(Il maestro di judo Denjiro Okochi all'allievo Susumu Fujita, *Sugata Sanshiro*).

1413. -Per i campioni sportivi niente fumo, niente vino e niente donne. Ma allora che vincono a fare?
(Totò, *Totò al giro d'Italia*).

1414. -Questo non è il Vietnam, è il bowling: ci sono delle regole.
(John Goodman, *Il grande Lebowski*).

1415. -Vi ammazzo, a forza di ginnastica: vi faccio venire i muscoli al buco del culo.
(Il sergente istruttore Lee Ermey alle reclute, *Full metal jacket*).

LA FORZA

1416. -Che la Forza sia con te.
(Il vecchio guerriero jedi Alec Guinness all'allievo Mark Hamill, *Guerre stellari*).

1417. -È rassicurante avere una persona forte al fianco: ci si può permettere il lusso di essere deboli.
(Bibi Andersson, *L'occhio del diavolo*).

1418. -Ho cercato di fermarlo con la forza, c'è stato un vero colluttorio.
(Totò, *Totò sceicco*).

1419. -Ho le mani di ferro: ogni volta che mi tocco mi faccio male, lividi... Una volta per ricordarmi dove stavo di casa ho fatto un nodo al lampione.
(Totò, *Un turco napoletano*).

1420. -Io sono il più forte che hai conosciuto, sono il più forte di tutti. Anche se mi batti resto il più forte.
(Il campione di bigliardo Paul Newman a Jackie Gleason, *Lo spaccone*).

1421. -Io sono nato col destino di essere forte, la mia è la forza del destino.
(Totò, *Un turco napoletano*).

1422. -Non sono sufficienti i muscoli a fare un uomo.
(Katy Jurado a Lloyd Bridges, *Mezzogiorno di fuoco*).

1423. -Sono un albero robusto che può sostenere molti nidi. Servo ancora a qualcosa, grazie a Dio, in questo mondo.
(Lillian Gish, anziana signora che ha raccolto in casa un gruppo di trovatelli, *La morte corre sul fiume*).

1424. -Stefano è un debole. Anch'io lo ero. Che peccato che mio padre non è vissuto tanto da vedermi, forte, dominare ogni debolezza e annientare le imperfezioni del mondo. Mi avrebbe ammirato per ciò che riesco a fare.

(George Brent, psicopatico che uccide le donne con qualche menomazione fisica, si rivela alla governante muta Dorothy McGuire, *La scala a chiocciola*).

LA VIOLENZA

1425. -Adoro questi brevi momenti di quiete prima della tempesta.

(Il poliziotto corrotto Gary Oldman, prima di sterminare la famiglia di Natalie Portman, *Leon*).

1426. -A me non mi piace la violenza, Tommy. Io sono un uomo d'affari, e il sangue costa troppo caro.

(Il mafioso Al Lettieri, dopo aver tentato di uccidere il boss rivale Marlon Brando, tratta con il suo avvocato Robert Duvall, *Il padrino*).

1427. -Boris, è la tua occasione per compiere un vero atto eroico.

-Da quando l'omicidio è un atto eroico?

-La violenza è giustificata, se è al servizio del genere umano.

-Chi lo ha detto?

-Attila, l'unno.

(Diane Keaton e Woody Allen discutono sull'opportunità di uccidere Napoleone-James Tolkan, *Amore e guerra*).

1428. -Calma, ragazzi. Calma, ho detto. Ogni cosa va fatta a suo tempo: non potete picchiarlo finché non è vostro marito e non ha il diritto di replicare.

(Il paraninfo Barry Fitzgerald a Maureen O'Hara, che ancora in fase di corteggiamento sta per allungare le mani contro il fidanzato John Wayne, *Un uomo tranquillo*).

1429. -Com'è andata?

-C'è stata una rissa.

-Cosa? Ti sei cacciato in una rissa?

-Già.

-Con chi?

-C'erano dei tipi che davano fastidio a Julie e gli ho dovuto dare una lezione.

-Sei tutto intero?

-Sì, sto benone. A uno gli ho dato una botta col mento sul pugno e a quell'altro una nasata sul ginocchio...

(Tony Roberts e un malconcio Woody Allen, *Provaci ancora Sam*).

1430. -Eh, lui ed io non siamo stati molto insieme: era mancino.

-Perché, ce l'hai con i mancini tu?

-No, ma quando mi dava uno schiaffo non avevo il tempo di vedere arrivare la mano...

(Paulette Dubost ricorda l'ex marito con Gérard Depardieu, *L'ultimo metrò*).

1431. -Era da molto tempo che non si picchiavano per me.

-Io ho fatto il mio dovere.

(La cantante Marlene Dietrich e il professore Emil Jannings, che ha scaraventato fuori dal camerino dell'artista un marinaio, *L'angelo azzurro*).

1432. -Ma che cosa ha fatto all'occhio?

-Ci ho fermato un pugno che mi stava sfondando la faccia.

(Marsha Mason e Richard Dreyfuss, *Goodbye amore mio!*).

1433. -Mio fratello mi picchiava. Mia sorella picchiava lui. Mio padre picchiava mia sorella, mio fratello e me. Mia madre picchiava mio padre, mia sorella, me e mio fratello. I vicini picchiavano la mia famiglia. La gente dell'isolato picchiava i vicini e la nostra famiglia.

(Woody Allen, sotto ipnosi, rievoca la propria infanzia, *Zelig*).

1434. -Un po' di vita, qualche risata e una scorpacciata di ultraviolenza.

(Programma per la serata del teppista Malcolm McDowell, *Arancia meccanica*).

1435. -Porgimi il tergo che ti voglio dare un calcio.

(Totò, *Totò, lascia o raddoppia?*).

1436. -Il secondo matrimonio di Zelig senior si contraddistingue per i litigi continui e violenti, tanto che, sebbene la famiglia abiti sopra un bowling, è proprio dal bowling che giungono lamentele per il rumore.

(Voce fuori campo in *Zelig*).

1437. -Signora, mi pare che non hai capito la situazione.

-Ma certo che ho capito. Sono qui sola in mano a un bandito che ha sentito odore di soldi. Se ti piace puoi sbattermi sul tavolo e divertirti come vuoi, e poi chiamare anche i tuoi uomini. Be', nessuna donna è mai morta per questo. Quando avrete finito mi basterà una tinozza d'acqua bollente e sarò esattamente quella di prima, solo con un piccolo schifoso ricordo in più.

(Il bandito Jason Robards e l'ex prostituta Claudia Cardinale, *C'era una volta il West*).

LE ARMI

1438. -Andiamo, chi non sa che la Magnum 44 è il massimo del massimo? La usa anche l'ispettore Callaghan!

-Chi è l'ispettore Callaghan?

(Il poliziotto americano James Belushi e il collega russo Arnold Schwarzenegger, *Danko*).

1439. -Com'è che non vai armato?

-Perché il mondo sembra zeppo di gente che tira meglio di me.

(Ward Bond e Sterling Hayden, *Johnny Guitar*).

1440. -Dipendere dalla pistola ti fa addormentare il cervello.

(Kathleen Turner, *Detective coi tacchi a spillo*).

1441. -Dopo di che mi ha detto: dammi la pistola. Be', che altro potevo fare? Io... io gliel'ho data... cominciando dai proiettili.

(Leonardo DiCaprio si vanta di un omicidio, *Pronti a morire*).

1442. -Facevo vedere a Joey come si usa la pistola...

-Non voglio che mio figlio prenda gusto a queste cose. (...)

-La pistola è un arnese né peggiore né migliore di tutti gli altri: l'ascia, la zappa, la vanga... Che ne esca del bene o del male dipende da chi la usa. Rammentàtelo!

(Il pistolero Alan Ladd e Jean Arthur, *Il cavaliere della valle solitaria).*

1443. -Forse le mie armi vi sembrano semplici, signor Morton, ma fanno ancora buchi abbastanza grossi per i piccoli problemi.

(Henry Fonda a Gabriele Ferzetti, *C'era una volta il West*).

1444. -Fucili a ripetizione contro archi e frecce: non ho mai capito come i bianchi potessero essere fieri di vincere in quelle condizioni.

(Dustin Hoffman, *Piccolo grande uomo*).

1445. -Ho rubato la tua vita e l'ho vissuta al tuo posto. T'ho preso tutto: ho preso i tuoi soldi, la tua donna. Ti ho lasciato solo trentacinque anni di rimorso per la mia morte: rimorso sprecato... Cosa aspetti a sparare?

(James Woods a Robert De Niro, amico inseparabile da lui tradito tanti anni prima e che lo credeva morto, *C'era una volta in America*).

1446. -Io lo so. Tutto ciò si ripeterà: duecentomila morti e ottantamila feriti in nove secondi. Queste cifre sono ufficiali. Ma tutto ciò si ripeterà. Avremo diecimila gradi sulla terra: diecimila soli, si dirà. Brucerà l'asfalto, regnerà un profondo disordine, un'intera città sarà sollevata da terra e ricadrà in cenere...

(Emmanuelle Riva a proposito della prima bomba atomica, *Hiroshima, mon amour*).

1447. -Io non vengo con l'ulivo, ma con la spada.

(Il predicatore folle Robert Mitchum mostra al rapinatore Peter Graves il suo coltello, *La morte corre sul fiume*).

1448. -Io sono l'uomo con la pistola, ed è quello con la pistola che fa le regole.

(Chazz Palminteri a Ryan O' Neal, *Infedeli per sempre*).

1449. -Lei vuole scherzare, commissario: sono anni che non sparo più.

-Già, perché i tuoi avversari sono tutti morti.

(Michel Constantin e Paul Meurisse, *Tutte le ore feriscono... l'ultima uccide*).

1450. -Ma che c'è, qualcosa non va, Abby?

-Niente che non possa risolversi sparando da un tetto con un bazooka.

(Janeane Garofalo e Uma Thurman, *Un uomo in prestito*).

1451. -Olà, soldato, pronto a uccidere altri tedeschi?

-Sì, signore.

-Ah, fai manutenzione al fucile, vedo. Bene, molto bene, il fucile è il tuo migliore amico. Abbi cura di lui e lui avrà sempre cura di te.

(Il generale George Macready e un soldato, *Orizzonti di gloria*).

1452. -La più micidiale combinazione del mondo? Un marine col suo fucile. Ma è sulla volontà di uccidere che bisogna concentrarsi, se volete riuscire a salvare la pelle in combattimento. Il vostro fucile è solo uno strumento: è il cuore di pietra quello che uccide. Se la vostra volontà di uccidere non è pura, ben controllata, potreste esitare al momento della verità: non sarete voi ad uccidere, voi diventerete dei marines morti, e come conseguenza vi ritroverete in un mare di merda. Perché a un marine non è permesso morire senza autorizzazione. Avete capito bene, vermi?

(Il sergente istruttore Lee Ermey alle reclute, *Full metal jacket*).

1453. -Quando ho cominciato a usare la dinamite, allora credevo anch'io in tante cose. E ho finito per credere solo nella dinamite.

(James Coburn, ex rivoluzionario irlandese diventato bandito, *Giù la testa*).

1454. -Quando l'uomo con la pistola incontra un uomo col fucile, quello con la pistola è un uomo morto. È un vecchio proverbio messicano.

-Voi ci credete?

(Gian Maria Volonté e Clint Eastwood, *Per un pugno di dollari*).

1455. -Quando un uomo con la pistola incontra l'uomo col fucile, quello con la pistola è un uomo morto. Avevi detto così? Vediamo se è vero... Raccogli il fucile, carica e spara.

(Clint Eastwood affronta Gian Maria Volonté nel duello finale di *Per un pugno di dollari*).

1456. -Quelle sono cartucce cariche?

-7,62, blindatissime... Full metal jacket.

(Le reclute Matthew Modine e Vincent D'Onofrio, che di lì a poco ucciderà il sergente Lee Ermey, *Full metal jacket*).

1457. -Questo è il mio fucile. Ce ne sono tanti come lui ma questo è il mio. Il mio fucile è il mio migliore amico, è la mia vita: io debbo dominarlo come domino la mia vita. Senza di me il mio fucile non è niente, senza il mio fucile io sono niente. Debbo saper colpire il bersaglio, debbo sparare meglio del mio nemico che cerca di ammazzare me. Al cospetto di Dio giuro su questo credo. Il mio fucile e me stesso siamo i difensori della patria, siamo i dominatori dei nostri nemici, siamo i salvatori della nostra vita. E così sia, finché non ci sarà più nemico, ma solo pace. Amen.
(Preghiera scandita a voce alta dagli allievi marines in camerata, *Full metal jacket*).

1458. -Sai come si usa quell'arnese?

-Sì, la parte a punta va dentro l'altro uomo.

(Anthony Hopkins, una spada e Antonio Banderas, *La maschera di Zorro*).

1459. -Sarà la macchina da scrivere con cui scriverò il mio nome su tutta la città.

(Il gangster Paul Muni parla del suo mitra, *Scarface-Lo sfregiato*).

1460. -Sei. Numero perfetto.

-Non è tre il numero perfetto?

-Sì, ma io ho sei colpi qua dentro.

(Clint Eastwood al bandito Lee Van Cleef, che si è presentato con sei complici, *Il buono, il brutto, il cattivo*).

1461. -Sei solo, Joe?

-Certo, meno che per questa.

-Mamma mia, in giro non si fa che vedere un sacco di pistole, e niente cervello. Sei il secondo, oggi, che crede di essere il padrone del mondo perché ha una pistola in mano. Posala, Joe.

(Humphrey Bogart-Philip Marlowe e lo scagnozzo Louis Jean Heydt, *Il grande sonno*).

1462. -La spada di uno sciocco può essere più affilata del suo cervello.

(Gabriel Byrne-D'Artagnan a Luigi XIV-Leonardo DiCaprio, invitandolo a non correre rischi inutili, *La maschera di ferro*).

1463. -Te l'ho detto che finivi così: che un giorno, senza un'arma addosso, ti saresti messo a piagnucolare.

(Il poliziotto Henry Gordon al gangster Paul Muni, *Scarface-Lo sfregiato*).

1464. -Ti sei preso un altro po' di metallo dell'uomo bianco...

-Sì, mi sembra di essere una calamita.

(L'indiano Gary Farmer e Johnny Depp, braccato e ferito dai cacciatori di taglie, *Dead man*).

1465. -Un uomo non è un uomo finché non è stato colpito almeno da una pallottola.

-Beccalo nel posto giusto e un uomo non sarà più un uomo.

(Pedro Armendariz ed Errol Flynn, *I falsari di Cuba*).

1466. -Vedi, il mondo si divide in due categorie: chi ha la pistola carica e chi scava. Tu scavi.

(Clint Eastwood, impegnato nel recupero di un tesoro, al complice-rivale Eli Wallach, *Il buono, il brutto, il cattivo*).

1467. -Viviamo in un paese in cui persino la fantasia è sospetta. E invece ci vuole fantasia per risolvere i problemi di questo pianeta, sul quale la potenza esplosiva delle bombe atomiche in deposito corrisponde a una tonnellata di dinamite per abitante.

(Yves Montand, *Z-L'orgia del potere*).

IL DUELLO

1468. -Aspettavi me?

-Da molto tempo.

(Henry Fonda e Charles Bronson, *C'era una volta il West*).

1469. -Colonnello, prova con questa. Indio, tu il gioco lo conosci.

(Clint Eastwood estrae un carillon che fisserà il tempo e si rivolge a Lee Van Cleef, che sta per battersi a duello con Indio-Gian Maria Volonté, *Per qualche dollaro in più*).

1470. -Il duello si fa: un duello a morte.

-Oh no, io no: a morte niente. Ordine del dottore: io ho un'ulceretta, e la morte è controindicata.

(Harold Gould e Woody Allen, *Amore e guerra*).

1471. -Era come me, una spada senza fodero. Aveva ragione la signora, le buone spade debbono rimanere nel fodero.

(Il "ronin" Toshiro Mifune, davanti al cadavere dell'avversario Tatsuya Nakadai, ripensa agli inviti alla moderazione di Takako Irie, *Sanjuro*).

1472. -In questa città uno di noi è di troppo.

-Straniero, ti sei scavato la fossa.

-A misura tua.

(Treat Williams e Bobby Di Cicco si affrontano, con battute prese di peso dai western, *1941-Allarme a Hollywood*).

1473. -Io non sono qui né per la terra né per il denaro né per la donna. Sono qui solamente per te, perché so che ora tu mi dirai che cosa cerchi da me.

(Henry Fonda a Charles Bronson, che si prepara ad affrontare, *C'era una volta il West*).

1474. -La diverte battersi a duello?

-Forse. Non ci ho mai provato.

-Mi sono battuto diciotto volte, io: pistola, sciabola, fioretto, pugnale, carabina, arco e giavellotto. Ho sei ferite sul mio corpo, ma le altre volte mi ha assistito la fortuna, o la collera fredda che, secondo il grande stratega Augusto Sommer, fa il soldato vittorioso.

(Il militare Jarl Kulle e l'avvocato Gunnar Björnstrand, *Sorrisi di una notte d'estate*).

1475. -Sa, io penso che se la morale di questo secolo peggiorasse ancora bisognerebbe introdurre nuovamente il duello, renderlo legale.

-Ma a che servirebbe?

-Dividerebbe a metà il numero dei divorzi.

-Potrebbe dividere a metà anche i mariti, e allora chi ci darebbe gli alimenti?

(Cary Grant, deciso a riconquistare la moglie Deborah Kerr che si è innamorata di Robert Mitchum, e Jean Simmons, *L'erba del vicino è sempre più verde*).

1476. -L'unico motivo per cui lei rifiuta di fare un duello con me è che lo trova troppo inconsueto, ma non lo è, sa? È stato accettato fin dal secolo di Davide e Golia...

-Nel ventesimo secolo non è soltanto inconsueto, è inaudito.

-Sciocchezze, si fa continuamente. Cos'è la guerra fredda se non un duello? La lotta politica fra i partiti, le imprese concorrenti, le ditte rivali, le relazioni umane, la coppa Davis sono tutte forme di duello. Persino la pesca.

(Cary Grant e Robert Mitchum, rivali in amore, *L'erba del vicino è sempre più verde*).

1477. -Ma Victor, sei impazzito! Un duello? Non ho mai sentito niente di più assurdo al mondo: tu sei il conte di Rhyall, non il conte di Montecristo.

(Deborah Kerr al marito Cary Grant, che si è appena battuto per lei con Robert Mitchum, *L'erba del vicino è sempre più verde*).

1478. -Vi battete in duello. E con chi?

-Con un imbecille.

-Lo ucciderete, spero.

-Eh, se si dovessero uccidere tutti gli imbecilli...

(Marcel Herrand e Pierre Brasseur, *Amanti perduti*).

IL LITIGIO

1479. -Così dico: "Senti, Carlo", gli dico, "non puoi fare quello che ti pare, sai, perciò deciditi, e se credi che io mi contenti delle briciole, ti sbagli". E lui, allora: "Non frignare, cicciona". Io gli domando: "Vieni a cenare a casa?". E lui dice: "Ti scriverò fermo posta". Io gli dico: "Torni dopo, almeno?". E lui mi fa: "Metterò un annuncio in quarta pagina, tra gli oggetti smarriti, così lo saprai". E io faccio: "Non fare l'insolente, signor

Attinger". E lui fa: "E tu non mi guardare con quegli occhi storti, o mi toccherà raddrizzarteli a furia di sganassoni". E io l'ho tirata.

-Tirata cosa?

-La pentola. E lui se ne va arrabbiato.

-E da allora non l'ha più visto?

-Sì, più tardi, quando l'ho pedinato e l'ho colto a strofinarsi con quel cammello.

(Judy Holliday parla del marito Tom Ewell, che ha tentato di uccidere per gelosia, con Katharine Hepburn, *La costola di Adamo*).

1480. -No, vi prego, non litigate.

(Nanni Moretti tra sé e sé, mentre dal terrazzo osserva due vicini di casa, *Bianca*).

1481. -Tu litighi sempre con quelli che la pensano come te. Forse dovresti metterti con quelli che la pensano diversamente.

(Ricky Tognazzi a Vittorio Gassman, *La famiglia*).

LA MINACCIA

1482. -Allora, gioia, quella graziosa testina che hai sulle spalle vuoi tenerla lì o hai intenzione di portartela in giro sottobraccio?

(Il gangster Sterling Hayden a Marie Windsor, che lo spiava, *Rapina a mano armata*).

1483. -Continua a scherzare e ti ritroverai con del piombo in corpo.

-Più il cane è piccolo e più abbaia, eh?

(Lo scagnozzo Elisha Cook jr. e il detective Humphrey Bogart, *Il mistero del falco*).

1484. -Datti una regolata, amico mio, sennò ti svito il cranio e ti cago in gola.

(Il sergente istruttore Lee Ermey alla recluta Matthew Modine, *Full metal jacket*).

1485. -Io dormo nuda, altrimenti non prendo sonno: ma non pensare che sia un invito, perché se solo respiri nella mia direzione t'inchiodo il cetriolo a quella trave. Non frugare tra la mia roba, non rompermi le palle, e sono sicura che andremo d'accordo. Sogni d'oro.

(Meg Ryan a Matthew Broderick, suo coinquilino in una casa abbandonata, *Innamorati cronici*).

1486. -Io quello lo vivisezionо, e poi gli faccio causa!

(Woody Allen a proposito dell'illusionista George Schindler, che ha fatto scomparire sua madre Mae Questel, *Edipo relitto/New York stories*).

1487. -Johnny quand'era appena agli inizi aveva firmato un impegno di esclusiva con un famoso maestro. Ma, dato che la sua carriera andava di bene in meglio, se ne voleva liberare. E chiese aiuto a mio padre che è suo padrino. Allora mio padre andò a trovare quel maestro, e gli offrì diecimila dollari per sciogliere il contratto. La risposta fu no. Il giorno appresso, papà andò a trovarlo di nuovo accompagnato da Luca Brasi, e questa volta quello firmò la rinuncia, in cambio di un assegno di cento dollari.

-E come si era convinto?

-Papà gli aveva fatto un'offerta che non poté rifiutare.

-Offerta in che senso?

-Luca gli puntò una pistola alla testa, e mio padre disse che in quel documento ci sarebbe stata la sua firma o il suo cervello. È una storia vera.

(Al Pacino, figlio del boss mafioso Marlon Brando, racconta alla fidanzata Diane Keaton come suo padre prese le difese del cantante Al Martino, amico di "famiglia", *Il padrino*).

1488. -Johnny, sai volare?

-No.

-Ricordatene, perché se il tuo uccello esce dai calzoni, tu esci dall'aereo.

(Il criminale John Malkovich, alla testa di un gruppo di detenuti che hanno dirottato un aereo, al maniaco sessuale Danny Trejo, che vorrebbe stuprare la guardia carceraria Rachel Ticotin, *Con Air*).

1489. -Levati la pistola e mettiti le mutande.

(Clint Eastwood, dopo aver sorpreso Eli Wallach nudo e armato, *Il buono, il brutto, il cattivo*).

1490. -Lo rimpiangerai, questo.

-Be', la vita è tutta un rimpianto.

(Il delinquente Ray Liotta e lo yuppie Jeff Daniels, che gli sta rubando la donna e l'auto, *Qualcosa di travolgente*).

1491. -Lo sa, Miss Plimsoll, che nel mio letto di dolore ho seriamente pensato di strangolarla con uno dei suoi tubi di gomma? Poi avrei confessato il delitto e mi sarei assunto per la difesa.

(L'avvocato infartuato Charles Laughton all'infermiera petulante Elsa Lanchester, *Testimone d'accusa*).

1492. -Meriteresti di essere dato in pasto a mia moglie!

(Peter O'Toole a Timothy Dalton, *Il leone d'inverno*).

1493. -Mi ha minacciato col coltello, a casa sua! Un coltello sporco di burro e marmellata! Poteva occludermi le arterie.

(Il fanatico salutista Woody Allen a proposito dell'irascibile partner Peter Falk, *I ragazzi irresistibili*).

1494. -Mi tiri un altro tiro così e stia più che sicuro che di tiri non ne tirerà più per sempre.

(Peter Falk a Truman Capote, *Invito a cena con delitto*).

1495. -Morirai urlando, porco, mentre ti guarderò. Ti ho mai mentito?

(Geena Davis a Craig Bierko, *Spy*).

1496. -Non puntarmi addosso quel dito se non intendi usarlo.

(Walter Matthau a Jack Lemmon, *La strana coppia*).

1497. -Non so cosa sarò costretto a fare per farti chiudere la bocca.

-Se non sai mordere, allora non abbaiare, bel cagnolino.

(Il criminale impacciato Matt Dillon e il suo ostaggio Faye Dunaway, *Insoliti criminali*).

1498. -Preparati al gioco. Ti dovrò uccidere. Se non sei vivo non puoi giocare, e se tu non giochi...

(Il replicante Rutger Hauer a Harrison Ford, *Blade runner*).

1499. -Prima della morte verrò io, e sarà molto peggio.

(David Bowie a Leonardo Pieraccioni, *Il mio West*).

1500. -Puoi avere una morte a tua scelta, angelo: veloce come la lingua di un serpente o più lenta, come il miele che cola da un cucchiaio.

(Ted White a Kathleen Turner, *All'inseguimento della pietra verde*).

1501. -Pupa, non costringermi a infilarti un piede su per il culo.

(Samuel L. Jackson a Bridget Fonda, *Jackie Brown*).

1502. -Ralph, di tutte le cose che mi potevi dire, "Io l'ho perso di vista" è quella più determinante per i denti che ti farò rompere.

(Il boss Joe Nesnow allo scagnozzo Danny DeVito, che doveva pedinare Kathleen Turner, *All'inseguimento della pietra verde*).

1503. -Se non ricevo tue notizie entro domani a mezzogiorno, ti consiglio di cercare qualche remoto angolo del mondo dove io non possa trovarti. Non credo che ci riusciresti, ma tu tenta.

(Alan Badel a Sophia Loren, *Arabesque*).

1504. -Senti, lurido scimmione, è meglio che tu ti metta un paio di mutande di latta, perché se ti incontro ti prendo a calci in culo, hai capito?

(Jack Lemmon a Walter Matthau, che ha cercato di mandare a monte il suo matrimonio con Susan Sarandon, *Prima pagina*).

1505. -Senti, se non giri subito e mi riporti là dov'ero, mi costringerai a farti qualcosa che non vorrei fare!

-Sono già tutta eccitata, Charlie...

(Lo yuppie Jeff Daniels, "sequestrato" dalla sballata Melanie Griffith, *Qualcosa di travolgente*).

1506. -Se valesse la pena che mi spezzassi le unghie per te, ti farei la pelle a strisce come stelle filanti.

(Carol Burnett a Charles Durning, *Prima pagina*).

1507. -Una sola parola e ti spengo come una lampadina!

(Il gangster Edward G. Robinson al suo sosia, l'impiegato Edward G. Robinson, *Tutta la città ne parla*).

1508. -Stai pisciando sull'albero sbagliato, amico mio!

(Al Pacino a Johnny Depp, *Donnie Brasco*).

1509. -Stasera dormirai all'inferno.

(Clancy Brown a Sean Connery, *Highlander-L'ultimo immortale*).

1510. -Ti spiezzo in due!

(Il pugile sovietico Dolph Lundgren all'avversario Sylvester Stallone, *Rocky IV*).

1511. -Vai in cerca di guai, Doniphon?

-E tu vuoi forse aiutarmi a trovarne?

(Lee Marvin e John Wayne, *L'uomo che uccise Liberty Valance*).

L'ULTIMATUM

1512. -La diligenza parte domattina alle otto. Uno di noi deve assolutamente andarsene.

(Il pistolero Victor Mature-Doc Holliday all'ex fidanzata Cathy Downs, *Sfida infernale*).

1513. -Lascia la città stasera, all'istante, e una volta fuori resta fuori, o ti faccio fuori. A Los Angeles hai perso i tuoi privilegi.

(Il boss Ving Rhames al pugile Bruce Willis, che non ha accettato di perdere un incontro truccato, *Pulp Fiction*).

I "DURI"

1514. -È meglio che prenda nota: io sono cattivo, incazzato e stanco. Sono uno che mangia filo spinato, piscia napalm e riesce a mettere una palla in culo a una pulce a duecento metri. Per cui va' a rompere il cazzo a qualcun altro.
(Clint Eastwood a Nicholas Worth, *Gunny*).
1515. -Ho visto il mondo dal fronte del porto e ho sempre avuto io la meglio.
(Marie Dressler, *Anna Christie*).
1516. -Quando il gioco si fa duro, i duri cominciano a giocare.
(John Belushi, *Animal house*).
1517. -La mia scuola è stata la strada, e sono cresciuto guardando dentro le canne di pistole puntate contro di me.
(Peter Falk, *Invito a cena con delitto*).
1518. -Sono cresciuto in mezzo a gente dura. E noi dicevamo che si ottiene di più con una parola gentile e una pistola che solo con una parola gentile.
(Robert De Niro-Al Capone, *The untouchables-Gli intoccabili*).
1519. -Sono un osso duro, sono tutt'osso.
(Totò, *I due marescialli*).

LA DEBOLEZZA

1520. -Il mondo è cattivo con gli inermi.
(Lillian Gish, *La morte corre sul fiume*).
1521. -Stefano, sei sempre stato senza scrupoli: era quello che mio padre disapprovava di più in te.
-Perché non dici nostro padre? Sai, io credo piuttosto che il babbo ci disapprovasse tutti e due. Né io né tu rappresentavamo quello che per lui era l'uomo ideale: buon cacciatore, buon bevitore, di vita austera e timorato di Dio. Diceva sempre: il forte sopravvive e il debole muore. Ah, che delusione per lui, Alberto: perché tu ed io, i deboli, hanno ereditato la terra.
(George Brent e il fratellastro Gordon Oliver, *La scala a chiocciola*).

IL FUMO

1522. -Be', Raleigh è quello che ha introdotto il tabacco in Inghilterra, e poiché era un favorito della regina – la chiamava Bess – il fumo a corte diventò subito di moda. Sono sicuro che la vecchia Bess s'è fumata qualche sigaro con lui. Una volta Raleigh scommise con la regina che era capace di pesare il fumo.
-Vuoi dire proprio pesare il fumo?
-Esatto, pesare il fumo.
-Impossibile, è come pesare l'aria.
-Ammetto che è strano, è un po' come pesare l'anima. Ma Sir Walter, che era un tipo astuto, prese un sigaro intero e lo pesò, poi lo accese e lo

fumò scuotendo meticolosamente la cenere nel piatto della bilancia, infine mise il mozzicone spento insieme alla cenere e pesò il tutto. A questo punto sottrasse la cifra ottenuta dal peso del sigaro intero: la differenza era il peso del fumo.

(Lo scrittore William Hurt e gli allibratori Steve Gevedon e Giancarlo Esposito chiacchierano nella tabaccheria di Harvey Keitel, *Smoke*).

1523. -Le dispiace se non fumo?

(Groucho Marx a Margaret Dumont, *Animal crackers*).

1524. -Lei fuma troppo, l'ho notato. Solo le persone infelici fumano troppo, e solo le persone sole sono infelici.

(Steven Geray a Rita Hayworth, *Gilda*).

1525. -Non dovresti fumare: provoca il cancro ai polmoni. Sai che con ognuna di quelle sigarette respiri la morte?

-È questa la cosa che mi piace, Chick, dare una boccata di morte. Uhm... Che splendido rischio, che sensazione forte... Ehi, vuoi una tirata? No?

(La bacchettona Tess Harper e Jessica Lange, *Crimini del cuore*).

1526. -Sai, mi hanno chiesto di fare le cose più strane, ma mai di smettere di fumare.

(La prostituta Shirley MacLaine al poliziotto innamorato Jack Lemmon, *Irma la dolce*).

1527. -Tra dieci minuti fumerai all'inferno.

(Il bandito Klaus Kinski al cacciatore di taglie Lee Van Cleef, *Per qualche dollaro in più*).

1528. -Uhm, che bello, non c'è che una sigaretta...

-Ma se non fumi!

-Lo so che non fumo: io non aspiro perché fa venire il cancro, ma divento così incredibilmente bello con le sigarette che non posso non averle in mano.

(Woody Allen e Mariel Hemingway, *Manhattan*).

LA SIGARETTA

1529. -Ho chiesto solo una sigaretta, non l'aiuto economico americano!

(L'inglese Michael Redgrave all'americano Audie Murphy, che gli ha offerto l'intero pacchetto, *Un americano tranquillo*).

1530. -Mi accende una sigaretta, vuole, angelo?

(Humphrey Bogart-Philip Marlowe a Lauren Bacall, *Il grande sonno*).

1531. -Oh, cosa non darei per un po' d'acqua e una sigaretta.

(L'evaso Humphrey Bogart, *La fuga*).

1532. -Una sigaretta dopo mangiato è il massimo.

(Il dodicenne Jerry O'Connell cerca di darsi arie da adulto, *Stand by me-Ricordo di un'estate*).

IL SIGARO

1533. -Una donna è solo una donna, ma un sigaro è una fumata.

(Edward G. Robinson, *Tutta la città ne parla*).

1534. -Io non ho patria, non ho religione: soltanto sigari.
(Groucho Marx, *Una notte all'Opera*).
1535. -Novantadue dollari?
-Eh sì, mio caro, costano un occhio. Questi tesorucci sono un'opera d'arte. Sigari rollati a mano in clima tropicale, quasi certamente da una diciottenne con uno straccetto di cotone addosso e senza mutande. Fra le tette nude colano goccioline di sudore. Le dita morbide e delicate sfornano un capolavoro dopo l'altro...
-E questi quanto vengono?
-Settantotto dollari. La fanciulla che li ha rollati doveva avere le mutande.
(Un giovane cliente e il tabaccaio Harvey Keitel, *Smoke*).
1536. -Provi uno di questi.
-Grazie. Ah... un sigaro Avana.
-Abbiamo accordi commerciali con Cuba: loro mandano sigari e noi mandiamo razzi.
-Sapete una cosa? Vi hanno imbrogliato, è un vero schifo questo sigaro.
-Non si preoccupi, anche i razzi che mandiamo sono uno schifo.
(L'americano James Cagney e il sovietico Leon Askin durante una trattativa commerciale, *Uno, due, tre!*).
1537. -Zio Willie, ci sono ottime notizie per te.
-È morto il dottore? Posso fumare il mio sigaro?
(Sarah Jessica Parker e Peter Falk, *I ragazzi irresistibili*).

LA GIUSTIZIA
IL GIUDICARE

1538. -È voler giudicare che ci sconfigge.
(Marlon Brando, *Apocalypse now*).
1539. -Entrate qui col cuore sanguinante per i ragazzi dei quartieri poveri invocando giustizia, ascoltate qualche favoletta e riuscite a convincere qualcuna di queste donnicciole, ma non me. Ne ho avuto abbastanza. Che v'ha preso a tutti quanti? Sapete che è colpevole, deve essere punito e fate di tutto perché ci sfugga dalle mani.
-Sfuggirci dalle mani? È lei il suo carnefice?
-Sono uno di loro.
-Attaccherebbe volentieri la corrente...
-Per quello lì, ci può scommettere!
-Mi fa compassione: dev'essere terribile attaccare la corrente. Da quando è entrato in questa stanza, lei si è comportato come se si fosse eletto vendicatore pubblico: vuol vedere morire quel ragazzo perché lo desidera personalmente, e non basandosi sui fatti. Lei è un sadico!
(Scontro fra il giurato fanatico Lee J. Cobb e l'innocentista Henry Fonda, in camera di consiglio per giudicare un diciottene processato per omicidio, *La parola ai giurati*).
1540. -Sei a sei. Ve lo dico io, qualcuno di voi deve essere diventato pazzo, un ragazzo come quello...

-Non credo che la figura del ragazzo c'entri molto. È dai fatti che deve scaturire il verdetto.

-Non me lo dica: sono stufo dei fatti. Si possono rivoltare come si vuole, non so se mi spiego...

(Scontro fra i giurati Ed Begley e Joseph Sweeney, *La parola ai giurati*).

LA LEGGE

1541. -Che cosa sa di quell'albergo lei?

-Casanova ci ha dormito nel 1763.

-Non parlo del 1763. Da quando sono qui ho visto quattro coppie entrare là dentro...

-Eh, lunedì è sempre una giornata fiacca...

-E detto fra noi, non avrebbe una vaga idea di quello che fanno là dentro?

-Ne ho un'idea ben precisa: vanno a fare l'amore.

-Ma è illegale!

-Ciò dimostra in che razza di mondo viviamo: l'amore è illegale, ma l'odio no. Si può odiare chiunque, in qualsiasi momento, dovunque. Ma se vuoi un po' di calore, di tenerezza, un sorriso che ti allieti, una spalla su cui piangere, ti devi nascondere negli angoli oscuri come un criminale. Puah!

(Il poliziotto Jack Lemmon e il barista Lou Jacobi, *Irma la dolce*).

1542. -Chi comanda, dica, il poliziotto o la legge?

(Charlton Heston a Orson Welles, *L'infernale Quinlan*).

1543. -Fermi, fermi! I soli linciaggi ammessi sono quelli a termine di legge.

(Il giudice Paul Newman, *L'uomo dai sette capestri*).

1544. -Io sono la nuova legge da queste parti.

-E che cos'è che vi dà questo diritto?

-Conosco la legge, visto che ho passato tutta la vita cercando di fregarla.

(Paul Newman e Anthony Perkins, *L'uomo dai sette capestri*).

1545. -La legge è legge, che sia buona o cattiva. Se è cattiva bisogna cambiarla e non renderla ridicola.

(Il giudice Spencer Tracy, *La costola di Adamo*).

1546. -La legge è occhio per occhio.

-Ma non parliamo degli stessi occhi, né delle stesse leggi.

(Il procuratore distrettuale Ray McKinnon e il razzista Dennis Hopper, che ha sparato a due donne nere, *Il cuore nero di Paris Trout*).

1547. -Leggi? Non governano le leggi, ma gli uomini.

(Joseph Wiseman, *Viva Zapata!*).

1548. -Non si può far rispettare la legge e essere caritatevoli allo stesso tempo.

(Il brigadiere Claude Cerval, *La via lattea*).

1549. -Occhio per occhio: è questa la base su cui si fonda il nostro codice penale.

(Il procuratore Walter Huston, *Codice penale*).

1550. -Ogni ordinamento ha i suoi difetti, signor pretore... La legge qua la facciamo noi secondo le antiche usanze. Siamo in un'isola, qua: il governo è molto lontano, e se non ci fossimo noi con la nostra severità, la malavita finirebbe per guastare ogni cosa, come il loglio nel grano, e nessuno sarebbe più sicuro in casa propria. Non siamo delinquenti, noi, siamo uomini d'onore, liberi e indipendenti come gli uccelli nell'aria.

(Il mafioso Charles Vanel al magistrato Massimo Girotti, *In nome della legge*).

1551. -Signor pretore, metta in moto l'ingranaggio della legge, lo metta in moto... Un po' di moto fa sempre bene.

(Totò, *Totò terzo uomo*).

1552. -Sì, ho visto quei libri: con la legge te la intendi tu, eh? Ma qui la legge non conta: qui un uomo si fa giustizia con le proprie mani.

(Il cowboy John Wayne all'avvocato James Stewart, *L'uomo che uccise Liberty Valance*).

LA DENUNCIA

1553. -Qualcuno deve averci visto assieme e ci ha denunciato...

-È molto brutto!

-Cosa?

-Denunciare. Io trovo che è molto brutto.

-Oh, è normale: i delatori denunciano, i ladri rubano, gli assassini uccidono, gli innamorati si amano...

(Il malvivente Jean-Paul Belmondo e la studentessa Jean Seberg, *Fino all'ultimo respiro*).

IL PROCESSO

1554. -È il nostro destino, come abolizionisti e come cristiani, salvare queste persone. Queste sono persone, signor Baldwin, non bestiame. Cristo ha assunto un avvocato per salvarsi con dei tecnicismi? No, è andato sulla croce, nobilmente. Sapete perché? Per dare un esempio, come è nostro dovere...

-Ma Cristo ha perso.

(Discussione tra l'abolizionista Stellan Skarsgard e l'avvocato Matthew McConaughey, l'uno pronto a trasformare la vicenda in dimostrazione politica, il secondo pronto a combattere con le armi del diritto per fare assolvere i 53 schiavi della nave Amistad i quali, dopo essersi liberati dagli schiavisti, vanno sotto processo per pirateria e assassinio, *Amistad*).

1555. -Gente, bisogna fare ai ragazzi un processo giusto e legale prima di impiccarli.

(Spencer Charters a proposito dei fratelli Richard Cromwell ed Eddie Quillan, accusati di omicidio, che verranno difesi con successo da Henry Fonda-Abramo Lincoln, *Alba di gloria*).

1556. -Signori della corte, vi sono occasioni in cui io mi vergogno di appartenere al genere umano, e questa è una di quelle. Mi è impossibile di riassumere le risultanze della difesa dato che la corte non mi ha mai concesso di provare le mie argomentazioni.

-Contesta l'obiettività di questa corte?

-Sì. Protesto che mi sia stato impedito di offrire delle testimonianze che considero vitali per la difesa. L'accusa non ha portato testi, non è stato redatto l'atto formale delle accuse mosse agli imputati, e infine protesto contro il fatto che non sia stato compilato un resoconto stenografico del processo. L'attacco di ieri mattina non è stato un'onta alla nostra bandiera, e meno che mai un disonore per i combattenti di questa nazione, ma questa corte marziale è un'onta e un disonore per la Francia. Un processo così condotto è un'offesa a ogni principio di giustizia. Signori della corte, dichiarandoli colpevoli commettereste un delitto che vi ossessionerebbe fino alla fine dei vostri giorni. Non posso credere che il più nobile impulso dell'uomo, la pietà verso il prossimo, manchi completamente qui. Quindi vi prego umilmente: abbiate pietà di questi uomini.

(Il colonnello Kirk Douglas, divenuto difensore di tre soldati scelti a caso per la punizione e giudicati sommariamente per codardia dalla corte marziale, pronuncia la sua disperata arringa, *Orizzonti di gloria*).

LA CONDANNA

1557. -L'elettricità scarseggia, i condannati a morte vanno a finire sulla sedia a gas.

(Totò, *Totò le Mokò*).

1558. -Hai sentito di quel tizio che ha fatto la moglie in un milione di pezzi?

-Come potrei non averlo sentito? La tv non parla d'altro.

-Lo friggeranno sulla sedia.

-Andy viene dall'Utah. Dice che là almeno ti lasciano scegliere... Puoi morire impiccato o fucilato.

-Tu che cosa sceglieresti?

-A Andy questo piacerebbe di sicuro... Fucilazione, senza dubbio.

-Mirano alla testa o al cuore?

-Al cuore, immagino... Il cervello sarebbe consapevole di quello che ti sta accadendo. Il cuore, spaccato, cerca di pompare sangue, che si riversa nella cavità del petto. Un dolore terribile, Marian.

-... Così tu preferiresti essere impiccata, eh?

-Assolutamente... Quando il collo si spezza, muori subito. Il corpo può metterci un po', ma a quel punto non senti più niente.

(Leslie Bega e Lisa Boyle, *Strade perdute*).

1559. -Lei non crede nella funzione dissuasiva della pena? È una delle dottrine del diritto...

-Credo che più importante sia l'ineluttabilità della pena. Nei confronti di tutti.

(Il presidente della commissione d'esame e l'aspirante avvocato Krzysztof Globisz, *Decalogo 5*).

1560. -Non ci resta che chiamare le autorità.

-Ah sì? Grande. Ora che siamo complici in spionaggio e omicidio?

-Un altro motivo per costituirci subito. Adesso, che possiamo arrivare a un accordo.

-Grazie a cosa, che siamo ex lupetti? Se ci costituiamo adesso, ci daranno vent'anni di sedia elettrica.

(Sidney Poitier e Dan Aykroyd, hackers intrappolati in un un gioco più grande di loro, *I signori della truffa*).

1561. -Solo per come cammini, ti meriti sei mesi senza la condizionale.

(Valerio Mastandrea a Emanuele Bevilacqua, *L'odore della notte*).

LA PRIGIONE

1562. -Due secondini fanno un quartino, quattro secondini fanno un mezzo litro.

(Totò, *Un turco napoletano*).

1563. -I galeotti: cari amici convinti, poveri loro, che fuori dal carcere ci sia la bontà, l'onestà, la fedeltà delle donne.

(Totò, *Dov'è la libertà...?*).

1564. -Mi stanno per arrestare, è una questione di secondi, anzi di secondini.

(Totò, *Totò le Mokò*).

1565. -Prima o poi ti avrei cercato: lo sapevo dal primo momento che ti ho visto.

-Davvero? Se ti va bene uscirai di prigione fra vent'anni, e allora potrai cercarmi di nuovo, sempre che non decidano di stringere il tuo grazioso collo con un cappio.

(Il detective Humphrey Bogart a Mary Astor, la donna che ha amato e che si è rivelata un'assassina, *Il mistero del falco*).

1566. -Quando uno viene chiuso in prigione, crede sempre di essere vittima delle circostanze. Quest'idea poi gli entra sotto la pelle e lo riempie di amarezza e di odio.

(Phillips Holmes, *Codice penale*).

1567. -Se finisco in galera, sarà la prima volta che starò in pace in vent'anni.

(Eugene Pallette, *L'impareggiabile Godfrey*).

1568. -Solo tre cose puoi fare in galera: sollevamento pesi, giocare a carte e metterti nei guai.

(Il gangster Chazz Palminteri al ragazzo Lillo Brancato, *Bronx*).

IL GIUDICE

1569. -Chi era lei? Uno sbirro?

-Peggio: giudice.

(Irène Jacob e Jean-Louis Trintignant, *Tre colori-Film rosso*).

1570. -Forse ho avuto un debole più per lo spirito della legge che per la lettera, ma nessuno finora se n'è mai lamentato.

(Will Rogers, *Il giudice*).

1571. -Innocente o colpevole, non vorrei mai essere processata da voi. Se siete ingiusto come padre, dovete esserlo altrettanto come giudice.

(La figlia Katharine Hepburn al padre Donald Crisp, *Una donna si ribella*).

1572. -Nella stessa vita, in quelle circostanze avrei rubato, avrei ucciso, avrei mentito, sicuro. Ho condannato perché non ero nella loro pelle, ma nella mia.

(Il giudice in pensione Jean-Louis Trintignant, *Tre colori-Film rosso*).

1573. -Sentite, voi siete un giudice, uomo saggio. Quello lì è un ladro. Secondo voi, andrà in galera?

-No. Perché? Quello è un furbo, e la vita è fatta per i furbi: probabilmente diventerà ministro.

(Totò e Guglielmo Barnabò, *I due orfanelli*).

L'AVVOCATO

1574. -Affiderò questa faccenda al mio avvocato, appena si laurea.

(Groucho Marx, *La guerra lampo dei fratelli Marx*).

1575. -Gli avvocati non dovrebbero mai sposarsi fra loro: è una pratica incestuosa da cui nascono figli idioti oppure avvocati.

(David Wayne, *La costola di Adamo*).

1576. -Com'è che dice il proverbio, eh? Se non capisci niente, o fai l'avvocato o fai il sergente.

(Vittorio Gassman, *La grande guerra*).

1577. -Come si fa a sapere quando un avvocato mente? Gli si muovono le labbra. Che differenza c'è tra un avvocato e una prostituta? La prostituta, quando sei morto, smette di fotterti. Tutti impazziscono per le barzellette sugli avvocati. Soprattutto gli avvocati ne vanno fieri. Secondo voi perché?

(Matt Damon, *L'uomo della pioggia*).

1578. -Conosci Willie: troverebbe una scappatoia nei dieci comandamenti.

(Judi West a proposito del cognato avvocato Walter Matthau, *Non per soldi... ma per denaro*).

1579. -Di solito tutti pagano per quello che fanno, tranne gli avvocati.

(Joe Mantegna, *Body of evidence*).

1580. -Ho letto di recente che adesso per gli esperimenti scientifici si usano gli avvocati al posto dei topi. Lo si fa per un paio di ragioni: la prima è che gli scienziati si affezionano molto meno agli avvocati; la seconda è che ci sono certe cose che nemmeno un topo di fogna farebbe mai.

(Robin Williams, *Hook-Capitan Uncino*).

1581. -Prevedo catastrofi! Prevedo disastri! Peggio, prevedo avvocati!

(Danielle Farland-Cassandra, *La dea dell'amore*).

1582. -Tu vuoi diventare un buon penalista? Allora ficcatelo in testa: siamo tutti criminali, tutti colpevoli.

(James Woods a Robert Downey jr., *Verdetto finale*).

1583. -Voglio che ti risparmi. Non sarà questa la tua ultima causa.

-Sì, lo è. Finché non è finita sono sempre un penalista. È in ballo la vita del mio cliente: quella sola importa, la sua vita. Egli ha diritto al meglio che io so fare: se non potrò stare in piedi facendo il mio ultimo appello per lui, lo farò seduto. Se mi mancherà il respiro manderò giù una pillola, due pillole, anche tutta la scatola...

(John Williams a Charles Laughton, convalescente da un infarto, *Testimone d'accusa*).

L'INVESTIGATORE

1584. -Cosa ci vuole per assumerti?

-Molti soldi. E una causa giusta.

-Quanti soldi?

-Quanto è giusta la causa.

(Stephen Meadows e Kathleen Turner, *Detective coi tacchi a spillo*).

1585. -Insomma, chi sei e cosa ne ricavi?

-Uno che lava la biancheria sporca degli altri...

(Louis Jean Heydt e Humphrey Bogart-Philip Marlowe, *Il grande sonno*).

1586. -Lei è un detective privato, eh? Credevo che esistessero solo nei libri o che fossero dei viscidi individui che spiano nei corridoi.

(Lauren Bacall a Humphrey Bogart-Philip Marlowe, *Il grande sonno*).

1587. -Il mio è il mestiere del chirurgo: è un tavolo operatorio, il mio, e le penne sono scalpelli e bisturi. E quelle pratiche non sono pezzi di carta e fredde statistiche, o reclami d'indennità: sono vive, cariche di drammi, di sogni, di speranze malvage. Ogni investigatore... è un dottore, è un cane da caccia... un giudice, un confessore: tutto insieme.

(Il detective d'assicurazioni Edward G. Robinson, *La fiamma del peccato*).

1588. -Non si preoccupi: mi lasci ventiquattr'ore per lavorare a questo caso, poi chiami qualcun altro. Quello che è un mistero oggi, domani sarà anche peggio. Lei ricorda la scomparsa di Charlie Rose? Ho lavorato io a quel caso e Rose non l'hanno più ritrovato. E non trovarono neanche me per cinque anni.

(Il detective Groucho Marx a Lillian Roth, *Animal crackers*).

1589. -Il nostro lavoro è per il dieci per cento ispirazione e per il novanta per cento traspirazione.

(André Falcon a Jean-Pierre Léaud, *Baci rubati*).

1590. -Ora, Cigolini, voglio subito un rapporto dettagliato sulla vostra indagine!

-Siamo qui per questo. Lunedì ci appostiamo davanti alla casa di Firefly, ma lui non esce: non era a casa. Martedì andiamo alla partita, ma lui ci inganna: non viene. Mercoledì lui va alla partita e l'inganniamo noi: non ci andiamo. Giovedì c'erano due partite: non ci va nessuno. Venerdì è piovuto tutto il giorno: non c'è stata partita, allora l'abbiamo seguita a casa per radio.

(Louis Calhern e il detective Chico Marx, *La guerra lampo dei fratelli Marx*).

IL POLIZIOTTO

1591. -Affiora il poliziotto: la sto aiutando a scavare la mia fossa, e ancora non si fida.

(Il ladro Errol Flynn e il poliziotto Paul Lukas, *Tre giorni di gloria*).

1592. -Buon Natale.

-Buon Natale a lei, agente.

-Si vede subito, eh?

-Sì, praticamente ce l'ha stampato in fronte.

(Russell Crowe, poliziotto in incognito, e Kim Basinger, *L.A. Confidential*).

1593. -Hai una bella faccia... Tu porti sul viso la tessera da ispettore.

(Il gangster Jean Gabin al poliziotto Lucas Gridou, *Il bandito della Casbah*).

1594. -Ma vattene! Non sei niente, sei solo chiacchiere e distintivo, chiacchiere e distintivo!

(Robert De Niro-Al Capone, dopo la sua condanna in tribunale, a Kevin Costner-Elliott Ness, *The untouchables-Gli intoccabili*).

1595. -Non ho simpatia per la polizia. Io vi chiamo sbirri... Non si diffama un morto per qualche peccatuccio di benzina o roba del genere: sono cose da sbirri.

(Joseph Cotten difende l'amico Orson Welles, che crede morto, dal maggiore Trevor Howard che lo accusa di essere un pericoloso criminale, *Il terzo uomo*).

1596. -Non vai a casa?

-Lo stavo facendo.

-Bene, allora hai rispettato la prima regola per essere un buon poliziotto: assicurati, quando hai finito il turno, di tornare a casa vivo.

(Sean Connery e Kevin Costner, *The untouchables-Gli intoccabili*).

1597. -Perché non fate riposare quel vostro cervello da poliziotto? Il vostro cervello lavora sempre su preconcetti: un delinquente è sempre tale, chi è compromesso non può cambiare. Avanti, prendetemi la mano: non vi farò nessun ricatto per questo.

(Ingrid Bergman e Cary Grant, *Notorious-L'amante perduta*).

1598. -Un poliziotto infiltrato deve essere come Marlon Brando. Per fare questo lavoro devi essere un grande attore: devi essere naturale, devi essere naturale come pochi, capito? Devi essere un grande attore perché gli attori mediocri fanno una brutta fine, in questo lavoro.

(Randy Brooks istruisce Tim Roth, che deve infiltrarsi in una banda di rapinatori, *Le iene*).

1599. -Quello che ti ho detto quando ci siamo messi insieme è che avresti dovuto dividermi con tutti i criminali comuni ed ogni reato commesso su questo merdoso pianeta.

(Il poliziotto Al Pacino alla moglie Diane Venora, *Heat-La sfida*).

1600. -Ridimmelo un po', Henry, perché ho scelto questo lavoro?

-Come perché? Perché fra trent'anni ti becchi una pensione di merda e un orologetto d'oro.

(Keanu Reeves e Jeff Daniels, *Speed*).

1601. -Sapete, io sono diverso dagli altri poliziotti: quasi tutti soffrono ai piedi, io soffro alla schiena.
(William Demarest, *La notte ha mille occhi*).
1602. -Sono come quella puttana dal cuore d'oro: un buon poliziotto in una città cattiva.
(Sean Connery, *The untouchables-Gli intoccabili*).

IL CRIMINALE

1603. -Ah, temo di non essere tagliato per la vita del criminale!
-Ecco che ti sottovaluti di nuovo.
(L'ex poliziotto Jack Lemmon, in procinto di diventare protettore, e il barista Lou Jacobi, *Irma la dolce*).
1604. -Appena salgo su una nave per scappare dalla Casbah, subito mi arrestano... Mi arrestano, c'è una taglia sulla mia testa. Sono tagliente.
(Totò, *Totò le Mokò*).
1605. -Un assassino è soltanto un assassino, ma un pirata che ammazza migliaia di uomini è quasi un capo di Stato.
(Judy Garland, *Il pirata*).
1606. -Un bravo ragazzo ha sempre ragione: anche quando ha torto, ha ragione. In ordine d'importanza c'è quello connesso, il bravo ragazzo, il capodecina e il boss.
(Al Pacino spiega a Johnny Depp le gerarchie mafiose, *Donnie Brasco*).
1607. -Che io mi ricordi, ho sempre voluto fare il gangster. Per me fare il gangster è sempre stato meglio che fare il presidente degli Stati Uniti.
(Ray Liotta, *Quei bravi ragazzi*).
1608. -I criminali non sono mai molto divertenti.
-Perché sono dei falliti. Quelli che diventano ricchi non sono considerati criminali. È una distinzione di classe, non un problema etico.
-Beviamo al delitto!
(Orson Welles e Suzanne Flon, *Rapporto confidenziale*).
1609. -I criminali sono imprevedibili come i raffreddori: non si sa mai quando si prendono.
(Robert Stephens, *La vita privata di Sherlock Holmes*).
1610. -Il delitto non è che uno degli aspetti della lotta per la vita.
(Louis Calhern, *Giungla d'asfalto*).
1611. -Dopotutto era solo un cattivo gangster. Un cane è un cane e niente può cambiarlo.
(Takashi Shimura commenta la morte di Toshiro Mifune, *L'angelo ubriaco*).
1612. -Dove l'hai letto, nei libri, che il delitto non rende? Fesserie. È vero per chi si contenta delle briciole ma non per noi. Noi siamo dei fuoriclasse, tutti e due.
(James Cagney ad Ann Sheridan, *Gli angeli con la faccia sporca*).
1613. -E sai perché mi' marito, er padre de Ettore, era un farabutto disgraziato?
-Boh, so' cavoli sua!
-Perché la madre era 'na strozzina, e er padre un ladrone.

-Perché allora la madre era 'na strozzina e er padre un ladrone?
-Perché er padre della madre era un boja e la madre della madre 'n' accattona, e la madre der padre 'na ruffiana, e er padre der padre 'na spia!
(Anna Magnani ubriaca e un passante, *Mamma Roma*).
1614. -Fai attenzione a lei: è ricercata dalla polizia.
-Non sapevo che la polizia avesse così buon gusto.
(Sean Connery e Christopher Lambert a proposito di Virginia Madsen, *Highlander II-Il ritorno*).
1615. -In tutto il mondo si fabbricano ordigni sempre più perfetti per lo sterminio in massa della gente, e quante donne innocenti e bambini sono stati uccisi senza pietà, e magari in modo più scientifico! Eh, come sterminatore sono un misero dilettante, al confronto.
(Il pluriomicida Charlie Chaplin, *Monsieur Verdoux*).
1616. -Io credo che alla lunga il delitto renda bene. Insomma, offre soddisfazioni: le ore di lavoro non sono molte, non dipendi da nessuno, viaggi, conosci gente interessante. Insomma, è un buon lavoro, in generale.
(L'ergastolano Woody Allen rilascia un'intervista, *Prendi i soldi e scappa*).
1617. -Io non sono un ballerino come te, no? Sono un giocatore, un ladro, e sono un ruffiano, ecco quello che sono. Io non ho, come te, talento per la danza, se no arriverei dove voglio nella vita, e invece non posso neanche mettere piede nel Cotton Club, dove la mia gente, quelli negri come me, divertono i bianchi. Perché? Perché ho la pelle nera. E due sole cose al mondo mi sono permesse: una è crepare, l'altra è vivere da negro. I bianchi mi hanno lasciato una strada soltanto, la malavita, ed è lì soltanto che io so danzare.
(Il gangster Laurence Fishburne al ballerino di tip tap Gregory Hines, *Cotton Club*).
1618. -Io sono uno di cui si ricorderanno per sempre.
(Il bandito Warren Beatty, *Gangster story*).
1619. -I ladri non sono la gente peggiore, sono solo la più stupida: le pulci del mondo.
-E gli assassini?
-Amico, da che il mondo è mondo l'omicidio è ancora un'attività svolta principalmente da dilettanti.
(Mischa Auer e Robert Arden, *Rapporto confidenziale*).
1620. -Il mondo era contro di me? Bene: io mi misi contro il mondo.
(Joan Crawford spiega alla corte che la sta processando perché diventò una ricattatrice, *Volto di donna*).
1621. -Non lo conoscete: gli spuntano pistole da tutti i pori.
(Il "pentito" Edward Brophy a proposito del gangster Edward G. Robinson, *Tutta la città ne parla*).
1622. -Ogni volta che tenti un colpo decente, ci sono cinquanta maniere per mandarlo a puttane. Se ne prevedi venticinque sei già un genio, e tu un genio non lo sei.
(Mickey Rourke a William Hurt, dopo avergli preparato un congegno esplosivo, *Brivido caldo*).
1623. -Il perfetto delinquente deve essere immorale, amorale, asessuale e incorruttibile.

(Totò, *Che fine ha fatto Totò baby?*).

1624. -Prima regola del manuale del delinquente: farsi fotografare solo per la foto segnaletica. Foto fatta capo ha.

(Totò, *Che fine ha fatto Totò baby?*).

1625. -Se vuoi Capone devi fare così: lui tira fuori il coltello, tu la pistola. Se manda uno dei tuoi all'ospedale, ne mandi uno dei suoi all'obitorio: è così che si fa la guerra a Chicago.

(Sean Connery a Kevin Costner, *The untouchables-Gli intoccabili*).

1626. -La taglia su Cheyenne è cinquemila dollari, giusto?

-Giuda s'è accontentato di 4.970 dollari in meno.

-Non c'erano i dollari, allora.

-Già, ma i figli di puttana sì.

(Charles Bronson e il bandito Jason Robards, da lui catturato, *C'era una volta il West*).

1627. -Voglio che tu raduni i peggiori criminali e pistoleri del West. Prendi nota: voglio assassini, tagliagole, picchiatori, bounty killer, desperados, matti, pazzi, ladri, ribaldi, furfanti, teppisti, barabba, stupratori, lesbiche, agenti indiani, banditi messicani, mafiosi, ladri di polli, puttanieri, rapinatori, marchettari, ruffiani, qualunquisti e maoisti.

(Il boss Harvey Korman al suo scagnozzo Slim Pickens, *Mezzogiorno e mezzo di fuoco*).

GUARDIE E LADRI

1628. -Sette anni a Folsom, in isolamento per tre. Macneal in precedenza. Macneal è un carcere duro come dicono?

-Ti occupi di scienza penitenziaria?

-Hai intenzione di tornarci? Sai, ne ho conosciuti alcuni che facevano qualche cazzata apposta per farsi ribeccare. E tu?

-Devi aver conosciuto proprio i più stupidi...

-Ah, ne ho conosciuti tanti.

-Mi ci vedi a rapinare un negozio di liquori con scritto in fronte: "Arrestatemi, sono un perdente"?

-No, in effetti no.

-Bravo. Non tornerò mai in prigione.

-Allora è meglio che tu cambi lavoro.

-È quello che mi riesce meglio: organizzare colpi. E a te quello che riesce meglio è cercare di fermare gente come me.

-Insomma, una vita regolata non ti piacerebbe...

-Quale sarebbe, il barbecue e la partita in televisione?

-Già...

-Ed è questa vita regolata quella che fai?

-Che faccio... no. La mia vita... No, la mia vita è un disastro assoluto... Ho una figliastra incasinata come poche, per il suo vero padre che grazie a Dio è un gran coglione.... Una moglie, è la madre... Ma ormai siamo in rotta, un matrimonio ireccuperabile, il mio terzo... E questo perché passo tutto il mio tempo a dare la caccia a quelli che fanno il tuo lavoro: ecco la mia vita.

-Una volta uno mi ha detto: non fare entrare nella tua vita niente da cui tu non possa sganciarti in trenta secondi, venti, se senti puzza di sbirri dietro l'angolo. Se tu sei sempre appresso a me, e dove vado io vai anche tu, be', come pretendi di tenerti... una moglie?

-Questa è una bella domanda. Tu invece sei un monaco.

-Ce l'ho una donna.

-Mm... Che le racconti?

-Che faccio il rappresentante.

-Quindi se dovessi vedere me arrivare da quell'angolo, abbandoneresti la tua donna... senza neanche salutarla?

-Rientra nella disciplina.

-È un po' superficiale, no?

-Sì, può darsi che lo sia. O lo accettiamo, o tanto vale che cambiamo mestiere.

-Io non saprei che altro fare.

-Ah, io neanche.

-E nemmeno vorrei fare altro.

-E io neanche.

-Da un po', la notte ho un sogno ricorrente: sono seduto a una grande tavola imbandita insieme a tutte le vittime di tutti gli omicidi su cui ho indagato, sedute a tavola anche loro, e fissano tutte me, con quelle orbite nere e vuote. Molti di loro in testa hanno un foro di proiettile da cui cola sangue. Altri sembrano palloni, per quanto si sono gonfiati, perché li ho trovati solo due settimane dopo che erano stati ammazzati. I vicini avevano sporto denuncia per la puzza... Insomma stanno tutti lì, seduti, composti.

-E che ti dicono?

-Niente.

-Non parlano?

-No. Forse perché non hanno niente da dire. Stiamo seduti e ci guardiamo. Loro guardano me, e nient'altro: è questo il sogno.

-Io invece sogno di affogare: allora devo svegliarmi e mettermi a respirare o morirei nel sonno.

-Mm... Conosci il significato?

-Sì. Avere ancora tempo.

-Ah... ancora tempo. Per poter fare quello che vuoi?

-Sì, esatto.

-E ora lo stai facendo?

-No, ancora no.

-Eccoci seduti qui: io e te, normali, come due vecchi amici. Ma tu fai quello che fai e io faccio quello che devo fare. E ora che ci siamo conosciuti, se quando sarà dovrò toglierti di mezzo potrà non piacermi, ma ti avverto: se mi troverò a scegliere fra te e un poveraccio che per colpa tua rischia di lasciare una vedova, scelgo te, senza neppure esitare.

-Trascuri l'altra faccia della medaglia. Cosa succederebbe se tu mi incastrassi e fossi io a dover scegliere? Perché per nessun motivo ti permetterei di fermarmi. È vero, ci siamo conosciuti, sì... ma neppure io esiterei, nemmeno un istante.

-Forse è proprio così che andrà o... chi può dirlo?

-O forse non ci rivedremo mai più.
(Il poliziotto Al Pacino e il rapinatore Robert De Niro, seduti assieme a una tavola calda, si confrontano: è anche la prima volta in cui Pacino e De Niro recitano nella stessa inquadratura, *Heat-La sfida*).
1629. -Te sparo, sai.
-Non puoi.
-Perché?
-Puoi sparare solo per legittima difesa: io non offendo.
-Va be', allora sparo in aria a scopo intimidatorio.
-E va be', io non mi intimido e sto qua.
(Il brigadiere Aldo Fabrizi e il truffatore Totò, *Guardie e ladri*).

LA GLORIA

1630. - All'erta, miei prodi! Vi siete finora coperti di merda, copritevi oggi di gloria!
(Vittorio Gassman sprona i suoi uomini contro i pirati saraceni, *L'armata Brancaleone*).

LA CELEBRITÀ

1631. -Le persone celebri non bisogna mai guardarle da vicino.
(Gary Cooper, *È arrivata la felicità*).
1632. -Si impara moltissimo su una società vedendo chi decide di idolatrare.
(Judy Davis, *Celebrity*).

L'IMMORTALITÀ

1633. -Mi sembra un po' presuntuoso, non trova, sperare addirittura nell'immortalità.
-Non per me. Se non si può essere immortali, che si vive a fare?
(Elaine May e Walter Matthau, *È ricca, la sposo e l'ammazzo*).
1634. -Il tempo è un abisso profondo con lunghe infinite notti, i secoli vengono e vanno... Non avere la capacità di invecchiare è terribile. La morte non è il peggio: ci sono cose molto più orribili della morte. Riesce a immaginarlo? Durare attraverso i secoli, sperimentando ogni giorno le stesse futili cose.
(Il vampiro Klaus Kinski a Bruno Ganz, *Nosferatu, il principe della notte*).

L'ONORE

1635. -Non c'è onore quando è questione di sesso.
(Jean Simmons, *L'erba del vicino è sempre più verde*).
1636. -L'onore è un lusso che solo i gentiluomini possono permettersi.

(Louis Jourdan, *Lettera da una sconosciuta*).
1637. -Il senso dell'onore nei mari del Sud è altrettanto utile e altrettanto ridicolo quanto un cappello a cilindro in un uragano.
(Thomas Mitchell, *Uragano*).
1638. -Una sola ricchezza abbiamo: un nome onorato.
(Il siciliano Saro Urzì, la cui figlia Stefania Sandrelli è stata messa incinta da Aldo Puglisi, *Sedotta e abbandonata*).
1639. -Tutto è perduto, anche l'onore.
(Totò, *Totò, Peppino e le fanatiche*).

L'IMPARARE
L'ISTRUZIONE

1640. -Allora, qual è la lezione numero tre? Arrivare alla lezione numero quattro.
(Anthony Hopkins ad Antonio Banderas, *La maschera di Zorro*).
1641. -Mio padre diceva: "L'istruzione è per l'uomo il sillabario dell'esperienza".
-L'esperienza è il fantino, ma la cultura è il cavallo.
(Doris Day e Clark Gable, *Dieci in amore*).
1642. -Non siamo abbastanza inalfabeti. Con maggiore istruzione avremmo un posto di concetto nella nettezza urbana. Ci mancano le cose basilari. Come la geografia, far di conto, cioè due più due fa una cosa, tre più tre un'altra cosa...
(Stan Laurel, *Noi siamo le colonne*).
1643. -Sono riuscito a mettere insieme qua e là inutili brani di cultura.
(Peter Lorre, *L'idolo cinese*).

LA SCUOLA

1644. -Come va ad Harvard?
-Bene. È sempre lì. Siamo sempre in un costante stato di opulenta disperazione e di scoperte paralizzanti e distruttive.
(Stockard Channing e Will Smith, *6 gradi di separazione*).
1645. -Io detesto i laureati, detesto le scuole, detesto perfino l'odore delle aule.
(Il giornalista autodidatta Clark Gable, *Dieci in amore*).
1646. -Ma è un idiota, per cominciare.
-È laureato ad Harvard.
-Sì, potrà: anche Harvard fa i suoi sbagli... Sai, ci insegnava Kissinger.
(Woody Allen e Diane Keaton a proposito di Paul Simon, *Io e Annie*).
1647. -No, non ho studiato niente a scuola: loro studiavano me.
(Woody Allen, *Stardust memories*).
1648. -Quanto riuscivi a studiare! E le domande che dovevo farti in continuazione! Domande che riuscivo appena a pronunciare. Caffè, sempre caffè. Schiaffi, per tenerti sveglio! E quando mi dicevi che avevi otte-

nuto una nota di merito... Non gli altri, solo tu. Non avevi che note di merito. Non c'è da stupirsi che tu sia così stanco.

(Mildred Joanne Smith al marito Sidney Poitier, medico nero che ha sgobbato per arrivare, *Uomo bianco tu vivrai*).

1649. -Ricordo il corpo insegnante della mia scuola pubblica. Sapete, avevamo un detto: chi non sa far niente insegna e chi non sa insegnare insegna ginnastica. Quelli che neanche la ginnastica, credo li destinassero alla nostra scuola.

(Woody Allen, *Io e Annie*).

1650. -La scuola di perfezionamento è stata un errore: l'hanno troppo perfezionata.

(Jessie Royce Landis a proposito della figlia Grace Kelly, *Caccia al ladro*).

IL MODELLO

1651. -Sei così farisaico! Be', ma noi siamo persone, solo esseri umani, sai: tu ti credi Dio!

-Io... io a qualche modello dovrò pure ispirarmi!

(Michel Murphy e Woody Allen, *Manhattan*).

1652. -Sai chi non era insicuro? Bogart.

-Ma Sam, quella è finzione: tu tendi a una meta troppo alta nella vita.

-Ma se cerchi un modello da seguire, chi ti scegli? Il portiere?

(Woody Allen e Diane Keaton, *Provaci ancora Sam*).

L'INGANNO

1653. -L'inganno è così diffuso che coloro che dicono il vero sono solitamente bollati come i peggiori mentitori.

(Ingrid Thulin, *Il volto*).

1654. -Per qualche tempo potete ingannare tutti, potete ingannare qualcuno per sempre ma non potete ingannare tutti per sempre.

(Frase di Abramo Lincoln che Jack Lemmon, truffatore riluttante, sente pronunciare in TV e pochi minuti dopo ritrova nel biglietto di un biscotto della fortuna cinese, *Non per soldi... ma per denaro*).

LA FIDUCIA

1655. -Ah, di me si può fidare...

-Non mi fido nemmeno di me.

(Chico e Groucho Marx, *Una notte a Casablanca*).

1656. -Ah, io non cerco romanticherie, Howard: io cerco qualcosa di molto più importante, qualcosa di più forte. Col passare degli anni il romanticismo svanisce e nasce qualcosa di diverso. Sai che cosa?

-La vecchiaia?

-La fiducia.

(Madeline Kahn e il fidanzato Ryan O' Neal, *Ma papà ti manda sola?*).

1657. -Frank, tu mi conosci da molto tempo: lo sai che puoi fidarti.

-Oh, be'... Come si fa a fidarsi di uno che porta insieme cinta e bretelle, di uno che non si fida nemmeno dei suoi pantaloni?

(Marco Zuanelli ed Henry Fonda, *C'era una volta il West*).

1658. -Ma non ti fidi di me?

-L'ultima volta che mi sono fidato di una pupa è stato a Parigi nel '40. È uscita dicendo che andava a comprare un fiasco di vino: due ore dopo i tedeschi invadevano la Francia.

(La segretaria Eileen Brennan e il detective Peter Falk, che fa il verso a Bogart, *Invito a cena con delitto*).

1659. -Mio padre mi ha sempre detto: "Non fidarti mai di nessuno. Ma se trovi qualcuno di cui ti puoi fidare, compralo subito".

(Horst Buchholz, *Così lontano così vicino!*).

1660. -Non ho ragioni sufficienti per darti la mia fiducia, e se lo facessi acquisteresti un potere su di me che potresti usare in qualunque momento tu volessi. Visto che so tutto di te, non potrò mai essere sicuro che un giorno tu non decida di farmi fuori.

(Il detective Humphrey Bogart alla dark lady Mary Astor, *Il mistero del falco*).

1661. -Non mi fido di lui: ha l'animo nobile, non ci si può mai contare.

(Burt Lancaster a proposito di Gary Cooper, *Vera Cruz*).

1662. -Quando meritavo la tua fiducia, me l'hai negata. Ora che non la merito e non la voglio, me la accordi.

(Marlene Dietrich a Clive Brook, *Shangai Express*).

1663. -Se ti fidi, ti avvicini a Dio.

(Dan Futterman, *Big fish*).

1664. -Tu hai fiducia in me? È una cosa offensiva da dire al proprio marito.

(Ray Walston a Felicia Farr, *Baciami, stupido*).

LA FEDELTÀ

1665. -A proposito, perché hai piantato il conte Malcom?

-Mi ha minacciata con un attizzatoio.

-Non è carino, lo riconosco questo... ma avrà avuto certo le sue ragioni.

-Una volta tanto, ero innocente sul serio.

-Ah... Vuol dire che non era ancora notte inoltrata.

(Naima Wifstrand e la figlia Eva Dahlbeck discutono dell'amante di lei, Jarl Kulle, *Sorrisi di una notte d'estate*).

1666. -Ecco, a me non importa se un uomo si stuzzica i denti in pubblico, se ha il colletto un po' sporco... Può persino dare il voto ai repubblicani, basta che mi ami e che mi sia fedele: allora sono disposta a sopportare tutto per lui.

(Glenda Jackson a Walter Matthau, *Visite a domicilio*).

1667. -Non sono stata io la prima. Io, io ero quella fedele.

-Se tu eri fedele, anche un Kennedy è fedele, allora.

(Gli ex coniugi Bette Midler e Dennis Farina si rinfacciano i tradimenti reciproci, *Questo pazzo sentimento*).

1668. -La fedeltà è una brutta cosa: se sei fedele, sei sempre solo.
(Pupella Maggio, *Nuovo Cinema Paradiso*).
1669. -Giuro che ti sarò fedele per almeno sette eternità di piacere, diciotto falsi sorrisi e cinquantasette bisbigli amorosi senza costrutto. Ti sarò fedele fintanto che la noia non ci separerà. In altre parole, ti sarò fedele a modo mio.
(Jarl Kulle alla moglie Margit Carlqvist, *Sorrisi di una notte d'estate*).
1670. -La massima di Catherine è che in una coppia basta che uno dei due in fondo sia fedele. L'altro...
(Oscar Werner a Henri Serre a proposito della donna amata da tutti e due, Jeanne Moreau, *Jules e Jim*).
1671. -Se un uomo sposato privo di fascino non riesce ad attrarre un'altra donna, questo fa di lui un uomo fedele? Se una donna ha paura di tradire suo marito, perché sa che lui la ucciderebbe se la scoprisse, questo fa di lei una donna fedele? No, sei fedele solo quando hai più da perdere che da guadagnare.
(Chazz Palminteri a Cher, *Infedeli per sempre*).

LA PROMESSA

1672. -Be'... Potrei essere più preciso nelle promesse, se già fin d'ora non mi dessi tanto da fare per mantenerle.
(Orson Welles candidato alle elezioni, *Quarto potere*).
1673. -Devi promettere che sopravviverai, che non ti arrenderai qualunque cosa accada, per quanto disperata sia la situazione. Promettimelo adesso, Rose, e non dimenticare mai questa promessa.
(Leonardo DiCaprio, morente, a Kate Winslet, *Titanic*).
1674. -Forse una cosa è sicura solo quando accade, solo quando ti capita. Forse è uno sbaglio persino ricordarsi delle promesse.
(Marilyn Monroe, *Gli spostati*).
1675. -Una promessa è una promessa.
(Tom Hanks, *Forrest Gump*).

IL TRADIMENTO

1676. -Nessuna spia l'ha mai fatta franca con me, lo sai? Lo sai cosa faccio alle spie? Riempio le loro pance di piombo, così vanno a imparare a vivere a casa del diavolo.
(Richard Widmark a Mildred Dunnock, *Il bacio della morte*).
1677. -Non posso tradire il mio re. Lo difenderò con la vita.
-Allora Dio sia con te, perché nessuno di noi lo sarà.
(Gabriel Byrne-D'Artagnan e Jeremy Irons-Aramis, suo compagno di un tempo e ora rivale, *La maschera di ferro*).
1678. -Quando tentarono di uccidermi, fosti tu a tradirmi. E m'hai spezzato il cuore.
(Il boss mafioso Al Pacino al fratello John Cazale, dopo averlo baciato e aver deciso di eliminarlo, *Il padrino-Parte seconda*).

LA TRUFFA

1679. -Lo so, dovrei lavorare invece di cercare dei fessi da imbrogliare, ma non posso, perché nella vita ci sono più fessi che datori di lavoro.

(Totò, *Tototruffa '62*).

1680. -Nel '24, perché indusse un certo Bertier a finanziare gare di automobili?

-Perché? Bertier era ricchissimo: lui aveva il denaro, io avevo l'esperienza.

-Quando finì l'avventura, lei aveva il denaro e lui aveva l'esperienza...

(Gary Cooper e Edward Everett Horton, *L'ottava moglie di Barbablù*).

1681. -Sai qual è la nostra colpa? È che siamo gente da pochi spiccioli: ci accontentiamo di poco. Ci hanno presi perché non si trattava di grandi cifre.

(Richard Dreyfuss a Danny DeVito, *Tin men-Due imbroglioni con signora*).

1682. -Tutte le società hanno due cose in comune: il socio che truffa e quello che viene truffato.

(Stewart Granger, *Il covo dei contrabbandieri*).

L'INTELLIGENZA

1683. -Divento intelligente, quando mi serve. Ma al più degli uomini non piace.

(Marilyn Monroe, *Gli uomini preferiscono le bionde*).

1684. -È di una profondità così superficiale!

(Rosemary Murphy a proposito di Hal Holbrook, *Giulia*).

1685. -L'intelligenza è capire prima di affermare. È di cercare di andare più a fondo in un'idea, di cercarne i limiti, di cercarne il contrario... In conseguenza è... è di comprendere gli altri. E tra noi e gli altri, tra il pro e il contro, di trovare a poco a poco una piccola strada...

(Georges Liron, *Una donna sposata*).

1686. -Intelligenza... Niente ha procurato alla razza umana più guai che l'intelligenza.

(Thelma Ritter, *La finestra sul cortile*).

1687. -Io credo nell'intelligenza dell'universo, con l'eccezione di qualche cantone svizzero.

(Woody Allen, *Il dormiglione*).

1688. -Il tuo quoziente intellettuale è in via di estinzione.

(Woody Allen a Sydney Pollack, che ha lasciato la moglie Judy Davis per mettersi con l'insegnante di aerobica Lysette Anthony, *Mariti e mogli*).

LA COMPRENSIONE

1689. -E da quanto tempo la stai vedendo senza dire niente a me?

-Ora non trasformarla in uno dei tuoi grossi problemi morali.

-Potevi dirm... Tu, tu non avevi che da telefonarmi e parlare con me. Lo sai che sono molto comprensivo: avrei detto no, ma poi ti sentivi onesto.

(Woody Allen e Michael Murphy, che gli ha soffiato Diane Keaton, *Manhattan*).

1690. -Ha capito la commedia, Madame Célimène?

-No, ma l'ho amata moltissimo.

-E come può amare qualcosa che non ha capito?

-Be', non ho capito nessuno dei miei amanti ma questo non mi ha mai impedito...

(Il giornalista David Cale e la diva Susan Sarandon, *Illuminata*).

1691. -Io no parla, io no capisce.

(Momo Yashima, moglie-geisha di un miliardario giapponese, finge di non sapere l'inglese. Riacquisterà la favella scoprendo che in base alla legge californiana, in caso di divorzio, le spettano metà dei beni del marito, *Appuntamento al buio*).

1692. -Non hai capito una parola, non hai capito niente del racconto!

-È vero, ma questo non vuol dire che non mi piace: neanche te capisco, ma questo non vuol dire che non mi piaci. Io ti amo, però io non ti capisco: cosa ci trovi di strano?

(Lo scrittore Frank Sinatra e la prostituta Shirley MacLaine, *Qualcuno verrà*).

1693. -Prima di essere un uomo che afferma sono un uomo che capisce...

(Georges Liron, *Una donna sposata*).

1694. -Tu vivi nel terrore di non essere incompreso.

(Toni Collette al marito Jonathan Rhys Meyers, rockstar trasgressiva, *Velvet goldmine*).

L'ASTUZIA

1695. -Sii astuto come un cervo.

-Che bischerate tu dici? Il cervo non è astuto. Semmai, astuto come una volpe.

-Sì, ma la volpe 'un ci ha mica le corna.

(Ugo Tognazzi e Renzo Montagnani che, tradito dalla moglie, medita vendetta, *Amici miei atto II*).

LA STUPIDITÀ

1696. -Avevo pensato a te perché credevo che tu fossi non dico molto intelligente, ma almeno un pochino meno stupido degli altri. Ho avuto torto: sei soltanto un poco più alto.

(Edward G. Robinson a Fred MacMurray, *La fiamma del peccato*).

1697. -Ci vuole cervello per fare la stupida.

(Ginger Rogers, *Seguendo la flotta*).

1698. -Come si era felici quand'eravate tutti imbecilli!

(Vittorio Gassman agli amici, *La terrazza*).

1699. -Cosa posso dire? Che lo reputavo un imbecille? Che era l'uomo più fortunato del mondo con il cervello di una vongola ritardata, di una lumaca?

(Il poliziotto Herbert Lom a proposito del collega Peter Sellers-Clouseau, *Sulle orme della pantera rosa*).

1700. -Difatti lei la faccia del cretino ce l'ha: s'informi, avvocato.

(Totò, *Tototarzan*).

1701. -Ehi! Un cretino grande e grosso picchia un cretino così piccolo?

(Groucho Marx a Walter Wolf King a proposito di Harpo Marx, *Una notte all'Opera*).

1702. -È stupida! Non ha mai letto un libro, dico uno, in vita sua. Ah sì, be'... Anzi, uno lo leggeva: *I miserabili*. Dopo sei mesi era sempre a pagina diciannove.

(Jack Lemmon a proposito dell'ex moglie Judi West, *Non per soldi... ma per denaro*).

1703. -Guarda, sei così imbecille che ai campionati degli imbecilli arriveresti secondo. Come, perché secondo? Perché sei imbecille.

(L'agente segreto Walter Matthau alla foto del suo capo Ned Beatty, *Due sotto il divano*).

1704. -Lei è un cretino: si specchi, si convinca.

(Totò, *Totò le Mokò*).

1705. -Ma che ci trova in quello stronzo? Quello al massimo sa lavorare all'uncinetto.

-Piace alle mamme.

-Ma è un imbecille!

-È un imbecille con lo stipendio.

(I disoccupati Glen Hansard e Robert Arkins sparlano di Michael O'Reilly, fidanzato della bella Angeline Ball, *The Commitments*).

1706. -Non chiamarmi stupido!

-Oh, è giusto: perché chiamarti stupido sarebbe un insulto per tutti gli stupidi del mondo. Ho conosciuto delle capre più intelligenti di te. Una scarpa ha un quoziente d'intelligenza più alto, ma tu credi di essere un intellettuale... Vero, scimmione?

(Kevin Kline e Jamie Lee Curtis, *Un pesce di nome Wanda*).

1707. -Non posso farti fesso perché lo sei già.

(Totò, *Totò contro i 4*).

1708. -Per uno che passa come un uomo in gamba vi comportate come un idiota.

-È un modo di essere in gamba: farsi credere un idiota.

(Rhonda Fleming e Robert Mitchum, *Le catene della colpa*).

1709. -Prendevo ordini da un bifolco che non distingueva il culo dal gomito.

(Ryan O'Neal, *Infedeli per sempre*).

1710. -Qui c'è qualcosa di strano... Non sono cretino!

-Forse si sbaglia.

-Su cosa mi sbaglio? Sul fatto che c'è qualcosa di strano?

-No, sul fatto che non è cretino.

(Robert Emmet O'Connor e Groucho Marx, *Una notte all'Opera*).

1711. -Ragazzi miei, benché alunni, siete cretini.

(Totò, *L'uomo, la bestia e la virtù*).
1712. -Sciocco è quell'uomo che paga due volte per la stessa cosa.
(Orson Welles, *Rapporto confidenziale*).
1713. -Sei stupido di natura o hai preso lezioni?
-Ho preso lezioni.
(Geena Davis e Samuel L. Jackson, *Spy*).
1714. -Signori della Corte... Può essere che Cigolini parli come un idiota e abbia la faccia da idiota, ma non lasciatevi ingannare: è veramente idiota.
(Groucho Marx, avvocato difensore di Chico Marx, *La guerra lampo dei fratelli Marx*).
1715. -Signori si nasce, cretini si muore.
(Totò, *Signori si nasce*).
1716. -Sì, sono stupida e mi ci godo un mondo.
(Judy Holliday, *Nata ieri*).
1717. -Sono un po' stupida, credo.
(Marilyn Monroe, *A qualcuno piace caldo*).
1718. -Sta rendendo il mio cane piuttosto nervoso: detesta l'odore degli imbecilli.
(Glenda Jackson a Douglas Dirkson che la pedina, *Due sotto il divano*).
1719. -Stiupìd, cretèn, imbesìl, balengo!
(Totò, *La legge è legge*).
1720. -Stupido è chi lo stupido fa.
(Tom Hanks, *Forrest Gump*).
1721. -Vedi quello che c'è di drammatico in te, Carlone? È che sei fesso e incredulo: perché quando ti dico che sei un fesso, non ci credi.
(Lino Ventura a Charles Gérard, *Una donna e una canaglia*).

IL TALENTO

1722. -Meno male che abbiamo una figlia di talento.
-Io posso solo sperare che sia mia figlia. Con te per madre, suo padre potrebbe essere chiunque del sindacato attori.
-Ha talento, perciò è improbabile che sia tua figlia.
(Gli anziani coniugi Maureen O'Sullivan e Lloyd Nolan a proposito di Mia Farrow, *Hannah e le sue sorelle*).
1723. -Noi abbiamo talento per la vita: non sprecarlo.
(Dirk Bogarde alla figlia Jane Birkin, *Daddy Nostalgie*).
1724. -Povera Joey, ha tutte le angosce e le ansie di una personalità artistica senza... senza averne il talento.
(Diane Keaton a proposito della sorella MaryBeth Hurt, *Interiors*).
1725. -Ricordati: la cosa più triste, nella vita, è il talento sprecato.
(Robert De Niro al figlio Francis Capra, *Bronx*).
1726. -Sonny ha un certo stile... talento.
-Un certo talento? Quello tesse la merda di cavallo e ti ci fa una camicia di seta.
(Kevin Spacey e John Cusack a proposito dell'avvocato Jack Thompson, *Mezzanotte nel giardino del bene e del male*).

1727. -Il talento non si può eliminare come un mal di testa con un cachet.
(Martha Hyer a Frank Sinatra, scrittore in crisi creativa, *Qualcuno verrà*).

IL CERVELLO

1728. -Anche tu fai assegnamento sul cervello. Senti, il cervello è l'organo più sopravvalutato, io credo.
(Woody Allen a Diane Keaton, *Manhattan*).
1729. -Il cervello? Il mio secondo organo preferito.
(Woody Allen, *Il dormiglione*).
1730. -Il Padreterno ti ha regalato degli occhi acuti: peccato non abbia fatto così col cervello.
(John Wayne a John Agar, *I cavalieri del Nord-Ovest*).
1731. -Quando vi schiarirono i capelli dovevano schiarirvi anche il cervello.
(Kirk Douglas a Jan Sterling, *L'asso nella manica*).
1732. -Sai che a volte il tuo cervello mi disorienta?
(Jane Russell a Marilyn Monroe, *Gli uomini preferiscono le bionde*).
1733. -Sei sempre lo stesso, Highway: tutto palle e niente cervello.
(Marsha Mason a Clint Eastwood, *Gunny*).
1734. -Tu non hai neanche la metà del cervello di una talpa in letargo.
(Jayne Mansfield a Kenneth More, *La bionda e lo sceriffo*).

IL GENIO

1735. -Che cos'è il genio? È fantasia, intuizione, colpo d'occhio e velocità d'esecuzione.
(Gastone Moschin a proposito di Renzo Montagnani, che sta per giocare uno scherzo feroce allo strozzino Paolo Stoppa, *Amici miei atto II*).
1736. -Che cosa è mai un genio?
-Genio è colui che riesce a far mutare opinione a un critico.
(Jarl Kulle e Axel Duberg, *A proposito di tutte queste...signore*).
1737. -Il genio è un dono di Dio. No, anzi... è una punizione di Dio. È un divampare peccaminoso e morboso di doti naturali.
(Mark Burns, *Morte a Venezia*).
1738. -Mi chiedo se i geni hanno problemi nella vita sessuale.
(Woody Allen, *Commedia sexy in una notte di mezza estate*).

LA LETTERATURA

IL ROMANZO

1739. -Adesso mi sento meglio, ho l'impressione che saranno i personaggi del libro a soffrire al mio posto.
(Jean-Pierre Léaud, che ha terminato il suo primo romanzo, *Le due inglesi*).

1740. -Come si scrive un romanzo poliziesco?
-Be', trascuri tutto e ti concentri sul delitto, tutto lì.
(Ray Milland, mandante di un omicidio, e lo scrittore di gialli Robert Cummings, *Il delitto perfetto*).
1741. -Hai fatto morire il protagonista... Questo non me l'avevi detto!
-Ah, sì, mi scusi Sartorio, lo so che è il suo romanzo autobiografico.
-Mi piacciono i finali tristi... Assomigliano alla mia vita.
(Il politico con velleità letterarie Renato Carpentieri e il suo *ghost writer* Silvio Orlando, *Il portaborse*).
1742. -Mi piacciono i romanzi d'appendicite.
(Totò, *Siamo uomini o caporali?*).
1743. -Quello che pubblichiamo, più che altro, è spazzatura sentimentale a basso livello...
-Non dica così. Non c'è spazzatura nel sentimento. Il sentimento è passione... È immaginazione, bellezza. E poi, a volte si trovano cose bellissime nella spazzatura.
(Amanda Plummer, impiegata di una casa editrice, e Robin Williams, *La leggenda del Re Pescatore*).

LA POESIA

1744. -Devo paragonarti a un giorno d'estate?
-L'hai scritto ora, questo?
-Tu sei più bella, più temperata...
(Robert Morse cerca di conquistare Anjanette Comer attribuendosi un sonetto di Shakespeare, *Il caro estinto*).
1745. -"Finestre arcane aperte sui tumulti/ di aspri mari in regioni desolate..."
-Sono di Keats, vero?
-*A un usignolo.*
(Rex Harrison e Gene Tierney, *Il fantasma e la signora Muir*).
1746. -"Noi siamo gli uomini vuoti/ noi siamo gli uomini impagliati/ appoggiati l'uno all'altro/ la testa piena di paglia. Ahimè!/ Le nostre voci disseccate/ che bisbigliano tra loro/ sono sorde e prive di significato/ come il vento sull'erba rinsecchita/ o zampe di topo sopra frammenti di vetro/ nelle nostre cantine aride/ Volume senza forma, ombra senza colore/ forza paralizzata, gesto senza movimento..."
(Marlon Brando legge T. S. Eliot nella giungla cambogiana, *Apocalypse now*).
1747. -Non fidarti dei poeti vestiti da poeta, figliolo: di solito non producono niente.
(Vittorio Gassman a Giancarlo Giannini, *Lo zio indegno*).
1748. -Non leggiamo o scriviamo poesie perché è carino: noi leggiamo e scriviamo poesie perché siamo membri della razza umana, e la razza umana è piena di passione. Medicina, legge, economia, ingegneria sono nobili professioni, necessarie al nostro sostentamento. Ma la poesia, la bellezza, il romanticismo, l'amore... sono queste le cose che ci tengono in vita.

(Robin Williams, *L'attimo fuggente*).
1749. -"O capitano, mio capitano..."
(Robin Williams cita Walt Whitman, *L'attimo fuggente*).
1750. -La poesia non è di chi scrive, è di chi se ne serve.
(Massimo Troisi a Philippe Noiret-Pablo Neruda, *Il postino*).
1751. -Le poesie hanno i lupi dentro.
(Val Kilmer-Jim Morrison, *The Doors*).
1752. -I poeti si appartengono.
(Gabriel Byrne-Lord Byron, *Gothic*).
1753. -Siete sempre poeta?
-Credo d'esserlo diventato. Sì, una cosa me lo fa credere: il fatto che non scrivo più versi.
(Marie Bell e Pierre-Richard Willm, *Carnet di ballo*).

LO SCRITTORE

1754. -È un pittore anche lei?
-No, no, no, assolutamente... Io sono un commediografo: scrivo opere inedite.
(Miriam Hopkins e Fredric March, *Partita a quattro*).
1755. -Fidati di me: è Re Lear, non Lehar. Shakespeare non ha mai scritto Re Lehar.
-Lo so, signor intellettuale, ma pensavo che Lehar avesse scritto la musica.
(Sydney Pollack e l'insegnante di aerobica Lysette Anthony, *Mariti e mogli*).
1756. -Gilford è bravo, a parte l'essere convinto che Hemingway è letteratura...
-Per te no?
-È un pescatore, è il più sopravvalutato autore del secolo. Be', per me è il perfetto scrittore americano: grasso, violento, ubriacone.
(Kevin J. O'Connor e Kathleen Turner, *Peggy Sue si è sposata*).
1757. -Un giorno tornerò alla letteratura con un romanzo d'amore, e i personaggi saranno gli insetti.
(Oscar Werner, *Jules e Jim*).
1758. -Shakespeare non è fatto per le taverne, tantomeno per gli ubriaconi.
(L'attore shakespeariano Alan Mowbray, importunato in un saloon, *Sfida infernale*).
1759. -Tolstoj... Tolstoj è un pasto... Turgenev io direi che è un favoloso dessert, così lo caratterizzerei...
-E Dostoevskij?
-Ah sì, Dostoevskij è un pasto completo con contorno di vitamina e germe di grano.
(Woody Allen e Juliette Lewis, *Mariti e mogli*).
1760. -Tutti gli autori dovrebbero essere morti da almeno tre secoli.
(Bette Davis, *Eva contro Eva*).

1761. -Vorrei poter scrivere qualcosa che sia assolutamente necessario... quanto una casa o un bicchiere di vino la sera.
(Rüdiger Vogler, *Falso movimento*).

LA LIBERTÀ

1762. -Chi non è disposto a morire per la libertà non sarà mai libero.
(William Devane, *I compari*).
1763. -Hai l'occasione di morire per la libertà.
-È bello... La libertà è meravigliosa. Però, se sei morto, è un bell'handicap per la vita sessuale.
(Il rivoluzionario Jacobo Morales e Woody Allen, *Il dittatore dello Stato libero di Bananas*).
1764. -Hai mai preso in considerazione delle vere libertà?... Libertà dalle opinioni altrui... perfino dalle proprie opinioni.
(Marlon Brando a Martin Sheen, *Apocalypse now*).
1765. -La libertà è tutto, d'accordo... Ma parlare di libertà ed essere liberi sono due cose diverse. Voglio dire che è difficile essere liberi quando ti comprano e ti vendono al mercato. E bada, non dire mai a nessuno che non è libero, perché allora quello si darà un gran da fare a uccidere, a massacrare, per dimostrarti che lo è. Ah, certo: ti parlano, e ti parlano, e ti riparlano di questa famosa libertà individuale. Ma quando vedono un individuo veramente libero, allora hanno paura.
(Dennis Hopper, *Easy rider-Libertà e paura*).
1766. -La libertà, figliolo, significa non dover mai chiedere scusa.
(Al Pacino a Keanu Reeves, parodiando una celebre frase di *Love Story*, *L'avvocato del diavolo*).
1767. -Non permetterò a nessuno di mettermi in gabbia.
-Non voglio metterti in gabbia, io voglio amarti.
-È la stessa cosa.
(Audrey Hepburn e George Peppard, *Colazione da Tiffany*).
1768. -Possiamo fare tutto quel che vogliamo. A chi, sotto il sole, dobbiamo qualcosa?
(Viggo Mortensen a Nicole Kidman, *Ritratto di signora*).
1769. -Tu hai scelto la libertà assoluta, e la paghi con un'assoluta solitudine.
(Stéphane Freiss alla vagabonda Sandrine Bonnaire, *Senza tetto né legge*).
1770. -La vera libertà è non avere vanità.
(Leo Bassi, *Illuminata*).
1771. -Vorrei essere libero, ma la libertà è un tremendo veleno per chi è schiavo, o è una droga che lo schiavo usa come ossigeno.
(Max von Sydow, *Passione*).

LA RESPONSABILITÀ

1772. -Io credo che uno è sempre responsabile di ciò che fa... e libero. Alzo la mano, sono responsabile. Giro la testa a destra, sono responsabile.

Sono sfortunata, sono responsabile. Fumo una sigaretta, sono responsabile. Chiudo gli occhi, sono responsabile. Dimentico di essere responsabile, ma lo sono...

(Anna Karina, *Questa è la mia vita*).

1773. -Tu sei la persona più irresponsabile che abbia mai conosciuto.

-Be', qualcuno deve pur esserlo.

(Judd Nelson e Kevin Costner, *Fandango*).

I DIRITTI

1774. -Quando parli di diritti, tu intendi dire che hai il diritto di non riconoscere quelli degli altri.

(Il contadino Van Heflin all'allevatore Emile Meyer, *Il cavaliere della valle solitaria*).

IL PADRONE

1775. -Una nuova padrona è come un lenzuolo nuovo: un po' duro, ma verrà al bucato.

(La governante Ethel Griffies a Maureen O'Hara, padrona che non ama, *Com'era verde la mia valle*).

1776. -Quello che ho capito è che... è che i padroni possono cambiare gli impiegati, ma gli impiegati non il padrone.

(La segretaria Fanny Ardant al padrone Jean-Louis Trintignant, *Finalmente domenica!*).

IL SERVIRE

1777. -Achille è il servo ideale: ha orecchie lunghe e lingua corta. Ascolta e tace. Il modo ideale per vivere felici.

(Pedro Armendariz-Cadmo a proposito di un servitore muto, *Arrivano i Titani*).

1778. -I domestici sono nemici pagati. Io il mio non lo pago per non offenderlo.

(Totò, *Signori si nasce*).

1779. -Io ho un domestico cretino: quando sbaglia gli metto la multa. Mi deve già quattrocentomila lire.

(Totò, *Totò, lascia o raddoppia?*).

1780. -Noi domestici godiamo del lusso dei ricchi senza averne le responsabilità.

(Franklin Pangborn, *La ragazza della Quinta Strada*).

1781. -Sei mai stato al circo, Larry?

-No.

-Vacci. Insieme a Vince. C'è sempre un tipo con un cerchio che schiocca la frusta e gli animali ci saltano dentro. Op Vince, op Larry, op Vince, op Larry...

(Gloria Grahame, amante di Vince Stone-Lee Marvin, braccio destro del boss mafioso Alexander Scourby, prende in giro lui e il tirapiedi Larry Gordon-Adam Williams, *Il grande caldo*).

1782. -Servire è l'arte suprema. Dio è il primo servitore... Dio serve gli uomini ma non è servo degli uomini.

(Giustino Durano, *La vita è bella*).

1783. -Voi non siete fatta per fare la serva: anche il pavimento desidera farvi da specchio.

(Jean Marais a Josette Day, *La bella e la bestia*).

IL LIBRO

1784. -Accidenti, quanti libri: sono tutti diversi?

(La spogliarellista Barbara Stanwyck al professore Gary Cooper, *Colpo di fulmine*).

1785. -Dica, monsieur.

-Vorrei un po' di libri. Diciamo una mezza dozzina.

-Di che genere, monsieur? Dei gialli? Abbiamo dei nuovi polizieschi molto stimolanti.

-No, no, niente del genere: voglio qualcosa che funzioni da calmante, che mi aiuti a dormire.

-Qualcosa che la aiuti a dormire? Allora vuole dei classici.

(Il libraio Wolfgang A. Zilzer al miliardario Gary Cooper, *L'ottava moglie di Barbablù*).

1786. -È buffo pensare che in tre quarti di questi libri non si parli che dell'amore: dai tascabili fino ai capolavori, e anche ai libri di cucina. Sempre gli stessi vocaboli: è eccessivo.

-Ti pare una cosa oscena?

-No. Scritto, a volte, è molto bello.

(Daniel Auteuil, liutaio che si proclama impermeabile ai sentimenti, e la libraia Elisabeth Bourgine, *Un cuore in inverno*).

1787. -Ho finito il libro: è una storia toccante. È comico, perché lui vuole fare tante cose ma non riesce a fare niente. Odia le falsità e sa solo mentire agli altri. Vuole essere benvoluto da tutti, ma è solo pieno d'odio e completamente egocentrico. In altre parole, è il ritratto piuttosto fedele di un adolescente maschio.

(Will Smith a proposito di *Il giovane Holden* di Salinger, *6 gradi di separazione*).

1788. -Io non vendo libri che hanno la parola amore.

(Il libraio Daniel Mesguich, *L'amore fugge*).

1789. -I libri non hanno niente da dire. Guarda: queste sono opere di fantasia, e parlano di gente che non è mai esistita. I pazzi che li leggono diventano insoddisfatti, cominciano a desiderare di vivere in modi diversi, il che non è mai possibile.

(Cyril Cusack, capitano dei pompieri che bruciano i libri, a Oscar Werner, *Fahrenheit 451*).

1790. -Ma a che ti servono tutti questi libri? Non te li puoi mangiare; come ti possono rendere felice?

-Io li ho sempre trovato molto affidabili: non cambiano idea appena io volto gli occhi.

(Helen Mirren e Alan Howard, *Il cuoco, il ladro, sua moglie e l'amante*).

1791. -Mi dica: perché lei brucia i libri?

-Ah be', è un lavoro come gli altri... Un buon lavoro, piuttosto variato. Il lunedì bruciamo Lucrezio, il martedì Molière, il mercoledì Machiavelli, il giovedì Goldoni, il venerdì Voltaire, il sabato Sartre e la domenica Dante. Li riduciamo in cenere e poi bruciamo le ceneri.

(Julie Christie e il pompiere Oscar Werner, incaricato di bruciare i libri in una società che li ha messi al bando, *Fahrenheit 451*).

1792. -Milioni di libri scritti su ogni concepibile argomento da tutte queste grandi menti, e alla fine nessuno di loro sa niente più di me sui grandi misteri della vita. Ho letto Socrate, sapete: ma schiappettava i ragazzini greci, che diavolo ha da insegnare a me? E Nietzsche, con la sua teoria dell'eterno ritorno, diceva che la vita che noi viviamo la vivremo ancora, ancora e ancora, esattamente nello stesso modo, per l'eternità. Splendido, questo significa che io dovrei vedere ancora "Holiday on Ice"...

(Woody Allen, *Hannah e le sue sorelle*).

1793. -Niente è più bello che vedere uscire un libro scritto da noi, niente è più bello. Salvo forse mettere al mondo un bambino dopo averlo portato per nove mesi nel proprio corpo. Ma di questo noi non siamo capaci. Almeno non ancora.

(Jean Dasté, *L'uomo che amava le donne*).

1794. -No! Ma hai traslocato la tua biblioteca!

-Già, è il problema dell'intellettuale in fuga! Chi portare? Balzac o Stendhal? Lenin o Trotzkij? E il novantacinque per cento finiscono per non muoversi di casa perché non hanno saputo scegliere.

(Nicole Garcia e Roger-Pierre, in fuga dal matrimonio, *Mon oncle d'Amérique-Mio zio d'America*).

1795. -Ogni libro è una confessione.

(Gene Tierney, *Femmina folle*).

1796. -Sei il primo a regalarmi un libro che non abbia solo le figure.

(La fotomodella Uma Thurman a Ben Chaplin, *Un uomo in prestito*).

LA LETTURA

1797. -C'è tanta gente che non può leggere. I troppo vecchi, i troppo giovani, i troppo tristi, i troppo soli...

(Miou-Miou, *La lettrice*).

1798. -Guarda, non bisogna leggere. Ma non bisogna nemmeno scrivere. Perché un concetto, appena viene scritto, ecco subito che diventa menzogna.

(Nanni Moretti a Imre Budavari, *Palombella rossa*).

1799. -In treno preferisco un libro al giornale, e non solo per la comodità del formato. Il giornale non fissa abbastanza la mia attenzione, e soprattutto non mi fa uscire dal presente. Il tragitto, mattina e sera, corrisponde più o meno alla quantità di lettura che mi piace soddisfare di getto... Anche a casa leggo, di sera, ma altre cose: mi piace avere più di un libro da leggere, ognuno con il suo tempo e il suo luogo, che mi portino fuori dal luogo e dal tempo in cui sono.

(Bernard Verley, *L'amore il pomeriggio*).

1800. -Lo sa che io non ho mai letto un libro tutto intero in vita mia? Mai! Però le introduzioni, i risvolti di copertina, le prefazioni... Eh, quelle non le ho dimenticate, eh?!... Non ho dimenticato niente.

(Il politico rampante Nanni Moretti a Silvio Orlando, *Il portaborse*).

1801. -Mi dice: "Leggi il libro, leggi il libro, ma leggi la prima frase, non dimenticare di leggere la prima frase". Io apro il libro, leggo la prima frase, "La vita è difficile"... Ho buttato il libro nella spazzatura.

(Chazz Palminteri, *Infedeli per sempre*).

1802. -Quando compro un libro, io leggo l'ultima pagina per prima: così, se muoio prima di finire, so quello che succede.

(Billy Crystal, *Harry, ti presento Sally...*).

1803. -Senti, Billie, non ti fare montare la testa da tutti quei libri che leggi, tanto resterai sempre scema.

(Broderick Crawford a Judy Holliday, *Nata ieri*).

1804. -Tutti per la strada, quando sarebbe meglio che stessero a casa a leggere un libro, se sapessero leggere.

(Lo sceriffo Marlon Brando a proposito dei suoi concittadini texani, che passano il sabato sera ubriacandosi e provocando risse, *La caccia*).

IL LODARE

IL COMPLIMENTO

1805. -Buongiorno principessa!

(Roberto Benigni a Nicoletta Braschi, *La vita è bella*).

1806. -Un complimento è una cosa carina detta a proposito di un'altra persona. Adesso o mai più... E devi crederci!

(Helen Hunt allo scorbutico Jack Nicholson, che la corteggia ma ha difficoltà a dichiararsi, *Qualcosa è cambiato*).

1807. -Divinamente bella.

-E tu, vecchia puttana, come hai fatto a conservarti così bene?

(Valentina Cortese e Jean-Pierre Aumont, attori ed ex amanti, si incontrano sul set dopo molti anni, *Effetto notte*).

1808. -È questo il volto che mille e mille navi portò a fondo e che distrusse la città senza torri, Ilio? Salve, Elena dalle bianche braccia!

(Il medico ubriacone Thomas Mitchell rivolge un ironico elogio all'orrida affittacamere che lo ha cacciato, *Ombre rosse*).

1809. -Jack, sei il tempo migliore che ho trascorso.

(Kathleen Turner a Michael Douglas, *All'inseguimento della pietra verde*).

1810. -Lei ha un'orrenda reputazione, signor Gittes: mi congratulo.

(John Huston al detective Jack Nicholson, *Chinatown*).

1811. -Lo sa... Lo sa che... Che lei mi ricorda un bull terrier, a volte?

-Scommetto che lo dice a tutte le ragazze.

(Il veterinario Sam Shepard e Diane Keaton, *Baby boom*).

1812. -Lo sai che c'hai un sito da paura? Te c'hanno mai cliccato sopra?

(Carlo Verdone abborda una passante, *Gallo cedrone*).

1813. -Lo sai che sei un bel bocconcino?

(Melanie Griffith a Jeff Daniels, *Qualcosa di travolgente*).

1814. -Ma chi te l'ha scolpito, Michelangelo? Stava 'n forma, quel giorno...

(Carlo Verdone abborda una ragazza, *Gallo cedrone*).

1815. -Maxine, sei più grande della vita!

(Richard Burton ad Ava Gardner, *La notte dell'iguana*).

1816. -Non credo più alle lusinghe.

-Dovreste farlo: appartenete a una specie interessante, miss Bentley.

-Ecco, questo è un complimento che posso accettare.

(La zitella Vanessa Redgrave e Edward Fox, *Un mese al lago*).

1817. -Porga tante esequie alla sua signora.

(Totò, *Totò all'inferno*).

1818. -Sei un uomo in gamba, dolcezza!

(Il detective Humphrey Bogart alla segretaria Lee Patrick, *Il mistero del falco*).

1819. -Se tu fossi una commedia musicale, tutta New York ti canticchierebbe.

(Richard Dreyfuss a Marsha Mason, *Goodbye amore mio!*).

1820. -Se non fossi io a dirtelo, ti direi che sei la più carina della città.

-Allora perché non lo dici?

-Non so, forse te lo dirò.

(James Stewart e Donna Reed, *La vita è meravigliosa*).

1821. -Spero che oggi comincerà un'amicizia duratura e che voi possiate restare nei nostri cuori come ci rimanete sullo stomaco.

(Charles Coburn dà il benvenuto al suocero di suo nipote Allyn Joslyn, il re della carne in scatola Eugene Pallette, *Il cielo può attendere*).

1822. -Tu sei tutto, Sylvia! Ma lo sai che sei tutto? You are everything, everything! Tu sei la prima donna del primo giorno della creazione, sei la madre, la sorella, l'amante, l'amica, l'angelo, il diavolo, la terra, la casa...

(Marcello Mastroianni ad Anita Ekberg, *La dolce vita*).

1823. -Vattene via subito di qui o dì qualcosa di carino.

-Be', non so che dire, Catherine, io...

-Oh, questo era carino, molto carino: dimmi qualcos'altro.

(Ann Sheridan e Cary Grant, *Ero uno sposo di guerra*).

1824. -Vecchio pirata e filibustiere, hai il solito viso da sciacallo ma hai uno sguardo insolitamente umano.

(Eva Dahlbeck all'ex amante Gunnar Björnstrand, *Sorrisi di una notte d'estate*).

1825. -Voi siete la mia arma segreta, voi siete la bomba anatomica!

(Totò a Isa Barzizza, *Le sei mogli di Barbablù*).

L'INSULTO

1826. -Be', ora non mi fate più pena, vecchia zitella pazza, ossuta e bigotta!

(Humphrey Bogart a Katharine Hepburn, *La Regina d'Africa*).

1827. -Come va, pidocchio?
(Il sergente Ernest Borgnine al soldato Frank Sinatra, *Da qui all'eternità*).

1828. -Ehi, signorina. È da quando siamo partiti che aspetto il mio drink, e lei se ne sta un'ora tappata in quel cazzo di cesso. Appena atterriamo sporgerò reclamo formale alla compagnia aerea.
-Reclamo per cosa, perché le ho detto "stronzo"?
-Ma lei non mi ha detto "stronzo".
-Non gliel'ho detto? Allora rimedio subito: "Stronzo".
(Un passeggero e la hostess Pam Grier, *Jackie Brown*).

1829. -Ha detto che vede in te una specie di viscido servile parassita, più confacentesi allo sterminio che a vivere su questo pianeta. Non che volesse offenderti, con questo...
(Wallace Shawn a Woody Allen, *Ombre e nebbia*).

1830. -Hai già fatto l'esame di urologia? Sì, allora liberami da questo coglione.
(Il primario Harold Gould all'indirizzo dello studente Robin Williams, *Patch Adams*).

1831. -Hai un cattivo odore. Hai smesso di lavarti o cominci ad andare a male?
(Börje Ahlstedt alla moglie Christina Schollin, *Fanny e Alexander*).

1832. -Imbecille! Stupido! Cretino! Somaro! Gnocco! Fesso! Fesso! Imbecille! Beccamorto!
(Il tassista Marcello Mastroianni a se stesso, dopo che Sophia Loren gli ha rubato l'auto, *Peccato che sia una canaglia*).

1833. - Invasato bastardo, passeresti in rassegna dei morti, se te lo ordinassero.
(Il soldato prigioniero Sean Connery al sadico sergente maggiore Harry Andrews, *La collina del disonore*).

1834. -Lavoratori! Lavoratori della malta!
(Beffardo sfottò di Alberto Sordi ai danni di un gruppo di operai, seguito da una pernacchia e dal gesto dell'ombrello, *I vitelloni*).

1835. -Perché invece di imitare un gorilla non provi a imitare un uomo?
(Eugene Pallette a Misha Auer, *L'impareggiabile Godfrey*).

1836. -Sai che vorrei? Che esistesse la metempsicosi e ti reincarnassi come tuo amico.
(Woody Allen all'insopportabile partner Peter Falk, *I ragazzi irresistibili*).

1837. -Sei un patetico imbecille saputo e pedante, un bastardo, un povero vecchio guerrafondaio, una vagonata di sterco fumante di mucca schizofrenica, salvando le altre mucche.
(Jim Carrey, avvocato costretto per un giorno a dire soltanto la verità, al capo del suo studio legale Mitchell Ryan, *Bugiardo bugiardo*).

1838. -Strega, vipera, stupida maligna, non dovreste vivere neanche strisciando.
(Ben Piazza alla bottegaia Virginia Gregg, che ha insultato Maria Schell, *L'albero degli impiccati*).

1839. -Ti è mica mai capitato di incontrare un piantone con la faccia di pesce, gli occhi di patata, l'aria di ladro fanegotto imboscato?

(Il soldato Vittorio Gassman a proposito del commilitone Alberto Sordi, *La grande guerra*).

1840. -I tuoi giuramenti sono dei sacrilegi, la tua parola è una maledizione, la tua firma è uno spreco d'inchiostro... Ti sto insultando, perdìo: stammi a sentire!

(Peter O'Toole a Katharine Hepburn, *Il leone d'inverno*).

1841. -Tuo padre era il guardiano dello zoo e tua madre, credi a me, durante la gestazione frequentava il reparto rettili.

(Totò, *Totò nella luna*).

1842. -Tu sei il tipo che se ci fosse la richiesta venderesti tua nonna al mercato.

(Gabriel Byrne a Marcia Gay Harden, *Crocevia della morte*).

1843. -Va a prenderlo nel culo, amico.

-Vacci prima te, e poi dimmi com'è.

(Glenda Jackson e Walter Matthau, *Visite a domicilio*).

LA MALATTIA

1844. -Anche vivere è cancerogeno.

(Woody Allen, *Stardust memories*).

1845. -Le emicranie sono come i buoni propositi: ci se ne dimentica appena il male è passato.

(Janet Leigh, *Psyco*).

1846. -Lo conosco da quando avevo otto anni. Abbiamo avuto il morbillo insieme.

-Deve costituire un grande legame tra voi.

(Cary Grant parla di un amico d'infanzia con Deborah Kerr, *L'erba del vicino è sempre più verde*).

1847. -Lo sai perché hai l'ulcera? Perché hai solo due forme di espressione: il silenzio e la rabbia.

(Charles Grodin a Robert De Niro, *Prima di mezzanotte*).

1848. -Ma tu mi vuoi male, mi vuoi far morire. Tu mi vuoi far venire un infarto maligno.

(Totò a Erminio Macario, *Totò di notte n. 1*).

1849. -Ora, se vuoi scusarmi, vado a casa a farmi venire un infarto.

(John Travolta a Uma Thurman, dopo averla salvata da un'overdose, *Pulp Fiction*).

1850. -Quella gente, invece di darti una mano, ti dà la sifilide. Non è vero, Boïeldieu?

-Ah sì: una volta era un privilegio, ma ora si perde. Come gli altri. Tutto si democratizza: così il cancro, o la gotta, non sono malattie da operai. Ma il popolo ci arriverà, ve l'assicuro.

(Jean Gabin e Pierre Fresnay parlano di una nobildonna disinvolta, *La grande illusione*).

1851. -Sa che il cittadino medio di New York, tra i venti e i cinquanta, ha due raffreddori e mezzo l'anno?

-Mi fa sentire tanto colpevole...

-Perché?

-Be', dato che io non ho mai il raffreddore, qualche povero diavolo deve avere cinque raffreddori all'anno.

-Sì, è il caso mio.

(Jack Lemmon e Shirley MacLaine, *L'appartamento*).

1852. -Se riuscissi a trovarmi la testa la porterei a farmela visitare.

(Gregory Peck in preda all'emicrania, *Arabesque*).

1853. -Sì, ho l'ulcera. Ma forse è un bene. Sai qual è la mia filosofia? Certo, è importante farsi quattro risate, non c'è discussione. Ma devi anche un po' soffrire, perché altrimenti non apprezzi più le due risate.

(Woody Allen a Mia Farrow, *Broadway Danny Rose*).

1854. -Tu mi fai venire l'ulcera, me la sento: è come se avessi ingoiato la batteria di una macchina.

(Il direttore Charles Durning al reporter spericolato George Clooney, *Un giorno, per caso*).

1855. -Valiant, ma tu mi vuoi fare morire d'infarto!

-Bisogna averlo un cuore, per morire d'infarto.

(Alan Tilvern, spaventato da Bob Hoskins, *Chi ha incastrato Roger Rabbit*).

LA SALUTE

1856. - Come si sente oggi, signora Potter?

-Malissimo. Non augurerei i miei mali alla mia peggiore amica.

(Ruth Hussey e Phyllis Povah, *Donne*).

1857. -Ma sapete che non ricordo di aver mai visto Frank così in forma?

(Robert Morley a proposito del suicida John Gielgud, *Il caro estinto*).

1858. -Non ha la febbre? Stia tranquillo, le verrà, le verrà.

(Totò, *Totò, Vittorio e la dottoressa*).

1859. -Sprizzo salute da tutti i pori, sono uno sprizzatoio.

(Totò, *Totò cerca pace*).

LO SVENIMENTO

1860. -Conosco il caso di una signora che svenne e quando rinvenne era morta da due giorni.

(Totò, *Il monaco di Monza*).

1861. -Non svengo mai perché non sono sicura di cadere con grazia, e non annuso i sali perché mi gonfiano gli occhi.

(Marlene Dietrich, *Testimone d'accusa*).

1862. -Ora, se non ti dispiace, svengo.

(Robert De Niro a Jean Reno, dopo essersi fatto levare una pallottola e ricucire senza anestesia, *Ronin*).

1863. -Veniva verso di me con quella pistolona stretta nelle due mani, perciò credo che lì per lì sono caduta svanita... che è come voler dire svenuta.

(Jean Hagen rievoca in tribunale quando Judy Holliday la sorprese con suo marito, *La costola di Adamo*).

LA MEDICINA

1864. -L'abitudine di ricorrere alla medicina è forse la maggiore caratteristica che distingue gli uomini dagli animali.

(Frase di sir William Osler posta a epigrafe di *Non mandarmi fiori*).

1865. -Dove sono le pillole? Ho bisogno di un valium grande come un lp per calmarmi.

(Woody Allen, dopo essere stato inseguito da due mafiosi, *Broadway Danny Rose*).

1866. -Forse è meglio se prendo un altro paio di aspirine... Solo che così sono due... quattro... sei aspirine... Sto diventando aspirinomane: qua finisce che me le sbriciolo dentro un pezzo di giornale e me le funo.

(Woody Allen, *Provaci ancora Sam*).

1867. -La medicina non sa niente delle cause, poco della dinamica e pochissimo della prognosi.

(Il primario Aleksander Bardini, *Decalogo 2*).

1868. -Sai come funziona la medicina in Cina? Quattro volte all'anno tutta la famiglia va dal medico. E lui li cura. Vale a dire: cerca nelle persone in buona salute i punti deboli che potrebbero diventare poi delle malattie. Gli fa un po' di agopuntura, gli dà delle erbe, corregge la dieta, riequilibra l'organismo. Poi lo pagano e se ne vanno. Per loro questa è medicina: impedire che uno si ammali. Invece, se qualcuno si ammala, allora è il medico che va da lui per curarlo, e per quella visita non viene pagato. Perché non è medicina, per loro. Per loro curare la malattia quando c'è già è come mettersi a fabbricare armi subito dopo aver dichiarato guerra oppure scavare un pozzo quando si ha sete: bisognava pensarci prima. Perciò al medico cinese conviene che la gente stia bene, perché sono quelli che stanno bene che pagano: gli ammalati gli portano via tempo senza farlo guadagnare, e se ha troppi ammalati il medico va in rovina. E poi la gente dice: "Ha troppi ammalati, non è bravo, non ci andiamo". Qui è il contrario: più ammalati uno ha e più viene rispettato e più guadagna.

(Il medico Christian Benedetti all'amico Vincent Lindon, *La crisi!*).

IL MEDICO

1869. -Ah, questi medici francesi! Anche se riesci a trovarne uno, tutto quello che fanno è stare seduti accanto al letto e maledire il governo per non avere eliminato le febbri. Poi prescrivono del brandy e se lo bevono loro per vedere se fa bene. E mentre tu te ne stai tra la vita e la morte, finiscono sotto il letto ubriachi a cantare canzoni oscene.

(Jean Harlow in Indocina, *Lo schiaffo*).

1870. -Assomigliate ancora a quella fotografia che Jo aveva nel suo camerino quattro anni fa. Non siete cambiato affatto.

-E perché dovrebbe essere cambiato? È un dottore, avrà degli ormoni gratis.

(Betty Baskcombe e Hilary Brooke, amiche londinesi dell'ex cantante Doris Day, fanno la conoscenza del medico americano James Stewart, suo marito, *L'uomo che sapeva troppo*).

1871. -Che c'è da ridere?

-Vuoi sapere a cosa pensavo? Sai chi li ha pagati i nostri tre giorni a Marrakech?

-Sì, io.

-No, l'appendicite del signor Stone. E quella borsetta che ho comperato a Parigi?

-Già.

-Le tonsille di Eddie Honson (...)

-Sai, prima non ci avevo pensato.

-A cosa?

-Che sono vestito con l'appendicite di John Markin.

-Sì, e la traversata sulla nave? Ci son voluti due bambini e due coppie di gemelli, ricordi?

-E la foruncolosi di Morgen. (...) E ritorneremo a casa grazie all'ulcera del signor Taylor...

-E all'asma di Alina Robin.

-Se avrò un paio di casi di ginocchia della lavandaia mi ritirerò... O se la signora Yard avrà davvero un paio di gemelli, rimoderneremo la casa.

(Il medico James Stewart e la moglie Doris Day conversano, passeggiando per il mercato di Marrakech, *L'uomo che sapeva troppo*).

1872. -Chirurgo? Chi t'ha insegnato medicina, Frankenstein?

(Tony Roberts a Woody Allen, *Stardust memories*).

1873. -Una cosa però l'ho imparata da tutta questa vicenda. No, anzi, due. La prima è che i medici sanno parlare, però non sanno ascoltare: e ora sono circondato da tutte le medicine inutili che ho preso nel corso di un anno. La seconda cosa che ho imparato è che la mattina, prima della colazione, fa bene bere un bicchier d'acqua.

(Nanni Moretti fa il bilancio della sua malattia, che è stata diagnosticata e curata nelle più svariate forme da decine di medici, *Caro diario*).

1874. -Ellen, anche a nome di tutto il personale ti esprimo le mie condoglianze. Abbiamo fatto tutto quello che potevamo.

-Che non è poi un granché.

-Come dici, scusa?

-Dico solamente che con quello che sapete voialtri di medicina ci si potrebbe farcire al massimo un'oliva.

(Il direttore sanitario Art Carney e Candy Azzara, moglie del paziente appena deceduto Lloyd Gough, *Visite a domicilio*).

1875. -Fare il medico è un mestiere veramente stupido. Se i malati finissero, i medici che farebbero? Eppure noi cerchiamo di liberarcene, vincendo le malattie.

(Takashi Shimura, *L'angelo ubriaco*).

1876. -Io sono un medico, e credo nel mondo degli spiriti.

-Ma per forza, Maxwell: è lì che finiscono tutti i tuoi malati.

(Tony Roberts e Woody Allen, *Commedia sexy in una notte di mezza estate*).

1877. -Un mio amico ha uno yacht da pesca. È un gastroenterologo, non si occupa altro che di cistifellee, e una cistifellea oggi, una cistifellea domani, ci si è fatto lo yacht.

(Il medico generico Edward Andrews, *Non mandarmi fiori*).

1878. -Non mi piacciono i dottori: ti mettono sempre in stato di inferiorità. Quando ti hanno palpato le parti intime, annusato l'alito, tastato la lingua, come fai a parlargli da pari a pari?

(Brian Dennehy, *Il ventre dell'architetto*).

1879. -Oh, amico mio, sono stanco morto: stamattina ho fatto otto visite a domicilio. Dovevo specializzarmi in allergie: gli allergisti (*sic!*) fanno un orario come le banche, e scommetto che incassano come loro... Ne conosco uno che si è costruito una villa da centomila dollari curando soltanto la febbre da fieno. Quando comincia la primavera, è come se ci fosse un rialzo in Borsa.

(Il medico generico Edward Andrews a Rock Hudson, *Non mandarmi fiori*).

1880. -Signore e signori, se siete qui per l'omeopatia mi fate il piacere di sgombrare entro trenta secondi, se no sarò io a cacciarvi a pedate nel culo, intesi? Sono volgare? Chissenefrega! Perché mio marito è allopata, mi sono spiegata? Allopata, non omeopata: allopata. Torno dalla banca, siamo sotto di venti milioni, grazie a cosa? All'omeopatia. Prima, quando era allopata, visitava sei o sette persone all'ora, dieci minuti ciascuno, una bella ricettona piena zeppa di medicinali e paf!, era fatta: centocinquanta franchi a persona, fate un po' il conto. Ora che è omeopata, visita dieci persone al giorno e passa un'ora con ogni cliente, un'ora! Dieci persone invece di settanta, fate un po' il conto. Perciò ormai ho deciso: se vuole la guerra avrà la guerra, ma con l'omeopatia ha chiuso. Tutti fuori dai piedi!

(Michèle Laroque, moglie esasperata del medico Christian Benedetti, *La crisi!*).

1881. -Sono dottore da più di quanto tu non sia paziente.

(Groucho Marx ad Harpo Marx, *Un giorno alle corse*).

1882. -Un uomo di novantaquattro anni non ha bisogno del medico: può morire tranquillamente da solo.

(Totò, *Sua Eccellenza si fermò a mangiare*).

L'AMMALATO

1883. -Dobbiamo cominciare a curare il paziente come curiamo la malattia.

(Il medico anticonformista Robin Williams, *Patch Adams*).

1884. -Era un tipo strano: invece di farsi curare dal medico, andava dal veterinario. Quell'uomo era una vera bestia.

(Totò, *Totò contro i 4*).

1885. -George Kimball ci seppellirà tutti, a meno che non muoia dalla paura di morire.

(Il medico Edward Andrews a proposito dell'ipocondriaco Rock Hudson, *Non mandarmi fiori*).

1886. -Ma dove vuoi parare? Io sto perfettamente bene.

-Quanto mi urta il malato che si fa la diagnosi da sé!

(Jack Lemmon e l'avvocato imbroglione Walter Matthau, che cerca di convincerlo a simulare una paresi per imbrogliare l'assicurazione, *Non per soldi... ma per denaro*).

1887. -Né un bambino né un malato hanno onore.

(Takashi Shimura, *L'angelo ubriaco*).

1888. -Oh, giovanotto! Giovanotto! Io debbo lavorare: io faccio il chirurgo, non il ciabattino, ha capito? E lei mi sta scocciando, lei è un paziente che non ha pazienza! Che paziente è? Abbia pazienza!

(Totò a Pietro De Vico, *Totò diabolicus*).

1889. -Sono paralitico.

-Non dire paralitico: lo sai che i fattori psicologici contano.

-Che dico: paraculo?

-Non si dice più paralitico, si dice paraplegico.

-Anche i ciechi ora sono tutti contenti da quando non li chiamano più ciechi ma non vedenti.

-Giusto. Per esempio, gli impotenti non sono più impotenti, sono non trombanti. Ora te tu saresti un paraplegico non trombante...

(Ugo Tognazzi, costretto su una sedia a rotelle da un ictus, e gli amici Adolfo Celi, Gastone Moschin e Renzo Montagnani, *Amici miei atto II*).

L'IGIENE

1890. -Morto un microbo, se ne fa un altro.

(Totò, *Totò, Eva e il pennello proibito*).

1891. -Puoi usare la mia cannuccia. Non ho i bacilli.

-Sì, ma magari ce li ho io.

-So badare ai miei bacilli.

(Uma Thurman e John Travolta al bar, *Pulp Fiction*).

LA DROGA

1892. -Il baule della macchina pareva un laboratorio mobile della narcotici. Avevamo due borsate d'erba, settantacinque palline di mescalina, cinque fogli di LSD superpotente, una saliera piena zeppa di cocaina e un'intera galassia di pillole multicolori, eccitanti, calmanti, esilaranti... E anche un litro di tequila, uno di rum, una cassa di Budweiser, una pinta di etere puro e due dozzine di fiale di popper.

(Johnny Depp, *Paura e delirio a Las Vegas*).

1893. -Carol era un'eroinomane.

-Sì, era anche un'eroinomane, ma io credevo fosse insulina.

(Goldie Hawn e Woody Allen, a proposito di un'ex fidanzata di lui, *Tutti dicono I love you*).

1894. -Non bisogna mangiare i papaveri, fanno dormire.

(Totò, *Il monaco di Monza*).

1895. -Salim, noi la conosciamo bene la roba che vendi. E conosciamo i ragazzi a cui la vendi. È merda, Salim. Merda.

-Ma non ve ne siete ancora accorti? È la gente che è merda. Io gli do quello che vogliono. Non li giudico. Li rifornisco. Sono le regole del mercato.

(Daniel Day-Lewis e il trafficante Derrick Branche, *My beautiful laundrette*).

1896. -Vuoi un po' fumo?

-No, ho da lavorare.
-Sei poco sessantottina.
-Io avevo nove anni, nel '68.
(Jeff Bridges offre uno spinello a Laura Harris, *La leggenda del Re pescatore*).

IL MANGIARE
LA FAME

1897. -A casa nostra, nel caffelatte non ci mettiamo niente: né il caffè, né il latte.
(Totò, *Miseria e nobiltà*).
1898. -Dicono che l'appetito viene mangiando... Non è mica vero: l'appetito viene a stare digiuni.
(Totò, *Totò e Cleopatra*).
1899. -Eppure che è la fame? Un vizio! È tutta un'impressione! Ah, se nun ciavessero abbituati a magnà, da regazzini!
(Franco Citti, *Accattone*).
1900. -La fame non ha scrupoli.
(Sydney Chaplin, *Luci della ribalta*).
1901. -Ho una fame che mangerei un cavallo.
-Ah, da Sheehan è l'unica cosa che troverete.
(Julie Christie e Warren Beatty, *I compari*).
1902. -Io, essendo ricco, mangio sempre prima di aver fame: così non ho mai fame e mi annoio sempre.
(Michel Piccoli, *Benjamin, ovvero le avventure di un adolescente*).
1903. -Io non faccio il cascamorto. Se casco, casco morto per la fame.
(Totò, *Miseria e nobiltà*).
1904. -Maccarone, m'hai provocato e io ti distruggo, adesso: io me te magno.
(Alberto Sordi a un piatto di spaghetti, *Un americano a Roma*).
1905. -Pietro...
-Che c'è?
-Muoio di fame.
-Oh, si tratta d'autosuggestione.
-Che autosuggestione... Ho fame. E ho paura.
-Be', decidetevi: avete fame o paura?
-Tutt'e due.
-Cercate di scacciare la fame con la paura.
-Non ho abbastanza paura per dimenticare la fame.
(Claudette Colbert e Clark Gable, *Accadde una notte*).

IL PASTO

1906. -Che razza di scherzo le hai fatto. E proprio a tua madre!... Trascinare una donna in mezzo alle intemperie per farle bere una minestra di caprone!

-Era una zuppa di fagioli greci. E se non altro l'ha assaggiata, non s'è messa a punzecchiarla con il coltello lanciando frasi spiritose come: "Oh oh oh, c'è nessuno qui dentro?"

(Il compassato Robert Redford rimprovera all'eccentrica moglie Jane Fonda di aver portato l'anziana madre Mildred Natwick in un ristorante albanese, *A piedi nudi nel parco*).

1907. -Chi vuol mangiare?

-Cosa c'è?

-Ho dei sandwich marroni e dei sandwich verdi. Quale preferisci?

-Che c'è nei verdi?

-O formaggio molto fresco o carne molto passata.

-Prendo il marrone.

(Walter Matthau, divorziato che non tiene in ordine la casa e il frigorifero, ed Herbert Edelman, uno degli amici invitati per giocare a poker, *La strana coppia*).

1908. -È una cosa meravigliosa un pranzo per due.

-In genere mangia solo?

-No no no: qualche volta ceno con Eisenhower, a volte con Billy Wilder, o con Perry Como. L'altra sera ho cenato con Greta Garbo. Era molto più giovane, allora.

(Shirley MacLaine e Jack Lemmon, scapolo che ha l'abitudine di cenare davanti al televisore, *L'appartamento*).

1909. -Io non mangio mai fuori pasto.

-Io mangio solo fra i pasti.

(Marisa Berenson e Liza Minnelli, *Cabaret*).

1910. -Mi piace vederti mangiare.

-Perché?

-Non so, forse perché... perché sei così bella quando tu... illumini la forchetta.

(Un impacciatissimo Woody Allen corteggia Janet Margolin, *Prendi i soldi e scappa*).

1911. -Perché un pasto al giorno?

-Denaro. Mai sentito parlare?

(John Barrymore e Joan Crawford, *Grand Hotel*).

1912. -Vorrei che potessimo parlare più a lungo, ma sto per avere un vecchio amico per cena stasera. Addio.

(Lo psicopatico e cannibale Anthony Hopkins a Jodie Foster, frase finale di *Il silenzio degli innocenti*).

GLI ALIMENTI

1913. -Avete uova in camicia?

-Sì, signore.

-Dategli una vestaglia, se no prendono freddo.

(Groucho Marx e un cameriere, *Una notte all'Opera*).

1914. -Lei non faccia il tunnel!

-Cosa?

-Lei mi sta scavando sotto e mi toglie la panna. La castagna da sola, so-

pra, non ha senso. Il montblanc non è come il cannolo alla siciliana che c'è tutto dentro: è come uno zaino e lei se lo porta appresso per un mese e sta sicuro. Il montblanc si regge su un equilibrio delicato, non è come la Sachertorte.
-Cosa?
-La Sachertorte.
-Cos'è?
-Cioè, lei praticamente non ha mai assaggiato la Sachertorte?
-No.
-Va be'... Continuiamo così, facciamoci del male.
(Nanni Moretti e Alberto Bracco, *Bianca*).
1915. -Oh, il caviale ve lo lascio. Sa di aringhe.
(Joan Crawford a John Barrymore, *Grand Hotel*).
1916. Un roast-beef senza salsa è nudo, è osceno.
(Sergio Castellitto, *La carne*).
1917. -Sono due settimane che il frigo non funziona. Ci ho visto del latte che stava su da solo senza la bottiglia.
(David Steiner a proposito del frigorifero dello scapolo Walter Matthau, *La strana coppia)*.
1918. -Spaghetto, gran consolatore d'ogni pena. Pure dell'amore. Specie quando l'amore non ci sta.
(Stefano Satta Flores, *C'eravamo tanto amati*).

IL RISTORANTE

1919. -Fate attenzione ai ristoranti a prezzo fisso: sono come la mamma. Da piccoli ci diceva: "Mangia, mangia". Vi servono sempre troppe portate.
(William Hurt, *Turista per caso*).
1920. -Il ristorante è un luogo meraviglioso per gli amori novelli, sconfortante per le coppie ufficiali.
(Charles Denner, *L'uomo che amava le donne*).
1921. -I ristoranti per gli anni Ottanta sono ciò che il teatro era per gli anni Sessanta.
(Bruno Kirby, *Harry, ti presento Sally...*).
1922. -I signori hanno il tavolo?
-No, non l'abbiamo portato.
(Gino Ravazzini e Peppino De Filippo, *Totò, Peppino e la dolce vita*).

LA MANCIA

1923. -Ok, tirate fuori un po' di grana per le signorine... (*rivolgendosi a Steve Buscemi*) Andiamo, tira fuori un verdone.
-No do mance.
-Non dai mance?
-No, non ci credo.
-Non credi nelle mance?

-Sai quanto guadagna una cameriera? Un cazzo di niente.
-Ma non mi dire: e allora perché non se ne va?
-Neanche un ebreo avrebbe il coraggio di dire una cosa del genere... No no no, fammi capire: allora tu non dai mai la mancia.
-No, perché la società mi dice di farlo. Cioè, la mancia la lascio se proprio la meritano. Se proprio si impegnano al massimo lascio un piccolo extra, ma lasciarla così, solo perché si deve, è una stronzata... Voglio dire, non fanno nient'altro che il loro lavoro.
-Sì, ma questa è stata gentile.
-Sì, d'accordo, ma che ha fatto di speciale?
-E che doveva fare, succhiarti l'uccello sotto il tavolo?
-Io le darei più del dodici per cento...
-Insomma, ho ordinato il caffè, giusto? Siamo qui da un sacco di tempo e mi ha riempito la tazza solo tre volte. Io voglio che me la riempiano almeno sei volte.
-Sei volte, eh? E se avesse altri cazzi per la testa?
-Una cameriera non dovrebbe avere altri cazzi per la testa.
-Scusa tanto, mr. Pink, ma l'ultima cosa di cui hai bisogno ora è un altro caffè.
-Senti, Eddie, ma queste ragazze mica se la passano male, prendono il minimo sindacale. Anch'io una volta ho lavorato al minimo sindacale, ma non ero tra i fortunati che la società considera degni di mancia.
-Te ne freghi che contino sulle mance per vivere...
-Lo sai cos'è questo? (*sfrega il pollice contro l'indice*) È il più piccolo violino del mondo, che suona solo per le cameriere...
-Tu non sai nemmeno di che cosa stai parlando! Si fanno un culo come una casa. È un mestiere duro, il loro.
-Lo è anche lavorare da MacDonald's, ma lì non lasci la mancia, vero? E perché, non servono anche loro da mangiare? Ma la società dice: a questi devi lasciare la mancia, a questi altri niente mancia. Puttanate!
-Fare la cameriera è il mestiere più diffuso tra le ragazze che non hanno titoli di studio, in questo paese. È il lavoro che praticamente ogni donna può fare, e camparci anche, e questo solo per via delle mance.
-E chi se ne frega?
-Che stronzo!
-Voglio dire: mi dispiace che il governo tassi le mance, è una puttanata, ma non è colpa mia. Lo so che le cameriere appartengono a una di quelle categorie che lo prendono sempre in culo dal governo, e se ci fosse una petizione contro la tassazione delle mance io la firmerei, se si dovesse votare io voterei, ma non voglio seguire la corrente. In quanto alla stronzata delle ragazze che non hanno titoli di studio, che imparino a battere a macchina, perché se aspettano che paghi io l'affitto per loro, stanno fresche.
-Mi hai convinto, mi riprendo il mio dollaro.
-Ehi, lascia lì i soldi.
-(*rientra il boss*) Signori, la ricreazione è finita... Un momento, chi non ha messo il suo dollaro?
-Mr. Pink.
-Mr. Pink. E come mai?
-Non lascia mance.

-Non lascia mance? Che vuol dire che non lascia mance?
-Non ci credo.
-Sta zitto. Come sarebbe a dire che non ci credi? Avanti, tira fuori un dollaro, pidocchioso di merda: te l'ho pagata io la colazione.
-D'accordo, solo perché hai pagato tu il pranzo, ma normalmente non lo farei.
-Me ne sbatto di quello che faresti normalmente: adesso sgancia un dollaro come tutti gli altri.
(I rapinatori Chris Penn, Steve Buscemi, Eddie Bunker, Michael Madsen, Harvey Keitel, Tim Roth e Lawrence Tierney discutono di mance alla tavola calda. Chris Penn è quello che chiede i soldi, Steve Buscemi quello che non vuole lasciare la mancia, Eddie Bunker ed Harvey Keitel i difensori delle cameriere, Tim Roth quello che vuole riprendersi il dollaro e il boss Lawrence Tierney quello che mette fine alla discussione, *Le iene*).
1924. -Prendi, bellezza, comprati un sigaro.
(Humphrey Bogart-Philip Marlowe alla taxista Joy Barlowe, *Il grande sonno*).
1925. -Prendo tre caffè alla volta per risparmiare due mance.
(Totò, *I tartassati*).
1926. -Tieni il resto.
-Non c'è resto.
-Tienilo lo stesso.
(Paul Newman e un barista, *Detective's story*).
1927. -Vieni qui, tesoro: stasera per mancia ti lascio la chiave del mio appartamento.
-È una cosa alla buona o posso portare mio marito?
(Walter Matthau e la cameriera Iris Adrian, *La strana coppia*).

L'OBESITÀ

1928. -Io la faccio la dieta, è così, la faccio davvero. Cazzo, è quasi tutta la vita che sono a dieta: meno mangio e più ingrasso.
-Allora abbuffati e dimagrisci.
(Il disoccupato Mark Addy si sfoga con gli amici Tom Wilkinson e Steve Huison, *Full Monty-Squattrinati organizzati*).
1929. -Lei ama sua moglie? Dica la verità.
-No.
-L'amava prima dell'attentato? Dica la verità.
-Quando prima?
-Il giorno prima.
-No.
-Da quando conosce Beryl Caighn?
-Da un anno, forse un anno e mezzo.
-E da quanto non ama più sua moglie? Dica la verità.
-Oh, da almeno... tre anni.
-Perché? Dica la verità.
-Cominciava a ingrassare troppo.

-Lei gliel'ha fatto osservare?
-Sì.
-E come reagì?
-Ingrassò ancora.
(L'avvocato Katharine Hepburn interroga Tom Ewell, marito infedele che la moglie Judy Holliday ha cercato di uccidere, *La costola di Adamo*).
1930. -L'hai vista in quella foto?
-Quale foto?
-Quella in cui è enorme, non si riesce neanche a capire qual era il mento originario.
-Vuoi dire che è grassa?
-Ah, è tardi.
-Grassa quanto? Grassa grassa?
-Sembrava un'enorme mongolfiera, una cosa molto triste a vedersi.
-Grassa come quelle del circo, da occupare due posti nell'aereo?
(Gail O'Grady e il marito Dennis Farina parlano dell'ex moglie di lui, Bette Midler, *Questo pazzo sentimento*).

LA DIETA

1931. -Basta. Vado alle terme... 750 calorie al giorno.
-Ah sì, dove, ad Auschwitz?
-Dieta Scarsdale.
(Bette Midler e Woody Allen, *Storie di amori e infedeltà*).

IL MATRIMONIO

1932. -Allora, questo è il quadretto del matrimonio di mia sorella: lei è lì che si ubriaca e si pente di essersi sposata, per la terza volta, badate bene. Mia madre è talmente gelosa che le escono i serpenti dalla testa e io penso: è una scena perfetta! Abbiamo tre archetipi femminili insieme: la puttana divina... chiedo scusa... Medusa e poi io. Chi sono io? Trevor...
-La Vergine Maria?
-Ti ringrazio, Trevor. No! La servitrice devota e fedele: se la damigella tu fai non ti sposi mai... Questo prova comunque quello che Jung ha sempre detto: che i miti e gli archetipi sono vivi e vegeti e si sono installati a casa mia.
(Barbra Streisand, che tiene lezione di psicologia, e lo studente Trevor Ristow, *L'amore ha due facce*).
1933. -Chiedo l'annullamento del matrimonio alla Sacra Ruota, anzi per tutte le ruote.
(Totò, *Totò, Fabrizi e i giovani d'oggi*).
1934. -Ecco, il nostro è proprio un matrimonio riuscito: beviamo lo stesso whisky, fumiamo le stesse sigarette e ci rubiamo la birra.
(Glenn Ford a Jocelyn Brando, *Il grande caldo*).
1935. -È già sposata, fidanzata?

-Sposata, quella? Eh, vuoi scherzare: con quel carattere e le lentiggini... Oh, non c'è mica da fidarsi delle teste rosse, salvo che non abbiano una dote soddisfacente: allora ci si può anche contentare.

(John Wayne e Barry Fitzgerald a proposito di Maureen O'Hara, *Un uomo tranquillo*).

1936. -E poi, io non ho intenzione di sposarmi.

-Perché?

-Io sono autarchico.

(Totò e Mario Pisu, *Totò all'inferno*).

1937. -È strano il matrimonio. È come il militare: tutti lo schifano, ma non immagini quanti si riarruolano.

(Jack Lemmon a Ron Rich, *Non per soldi... ma per denaro*).

1938. -È un'autentica proposta di matrimonio, fatta nel momento che mi sembra più opportuno. Devo cogliere l'occasione, fra un marito e l'altro.

(Clark Gable chiede a Vivien Leigh, rimasta vedova per la seconda volta, di sposarlo, *Via col vento*).

1939. -Io avrei una nuova teoria sul matrimonio. Due persone si innamorano, vivono insieme e poi all'improvviso, un giorno, non hanno più niente da dirsi. Insomma, non riescono più a trovare un argomento valido di cui parlare, e sono presi dal panico. Poi, un lampo di genio: al fidanzato viene in mente che c'è un modo per uscire da questa impasse... lui chiede alla sua amata di sposarlo. Da quel momento, avranno qualcosa di cui parlare per il resto della loro vita.

(Simon Callow, *Quattro matrimoni e un funerale*).

1940. -Io credo che in particolare un uomo e una donna siano le persone meno adatte a sposarsi tra loro.

(Massimo Troisi, *Pensavo fosse amore invece era un calesse*).

1941. -Io non mi sposo di nuovo perché non riesco a trovare nessuna che mi dispiaccia abbastanza da infliggerle quel genere di tortura.

(Roy Scheider, *All that jazz-Lo spettacolo continua*).

1942. -Io non penso che il matrimonio dovrebbe essere così frequente com'è, anzi credo proprio che dovrebbe essere un'eccezione alla regola. Certo, la coppia perfetta si può sposare, ma qual è la coppia perfetta?

(William Hurt prende tempo con Geena Davis, *Turista per caso*).

1943. -Lei è mai stato sposato, mister Trabucco?

-Una volta, ma me ne sono liberato. Adesso le noleggio.

(Il divorziando Jack Lemmon e il killer Walter Matthau, *Buddy Buddy*).

1944. -Il letto matrimoniale è la morte dell'amore.

(Gunnar Björnstrand, *Una lezione d'amore*).

1945. -Lo sai... Lo sai che l'ultima volta che ho chiesto a una donna di sposarmi ero mascherato da Zorro e stavo sui trampoli?

-Mi hai proprio spezzato il cuore!

-Be', niente paura: sono chirurgo e te lo riaggiusto.

(Walter Matthau chiede in moglie Glenda Jackson, *Visite a domicilio*).

1946. -La luna di miele è finita: è ora di sposarci.

(Carol Burnett all'amante Walter Matthau, *Un marito per Tillie*).

1947. -Ma che t'aspetti dal matrimonio?

-Vedi, l'impressione della normalità.
(José Quaglio e Jean-Louis Trintignant, *Il conformista*).
1948. -Il matrimonio è come un pranzo scipito col dessert all'inizio.
(José Ferrer, *Moulin Rouge*).
1949. -Il matrimonio è tutta la nostra forza, la nostra base: è l'arma segreta dell'inferno, oserei dire.
-Sì, ha ragione. Che cosa sarebbe l'inferno senza il matrimonio?
(Gunnar Sjöberg e Georg Funkquist, consiglieri di Satana, *L'occhio del diavolo*).
1950. -Il matrimonio è un errore delizioso che due persone commettono insieme.
(Kay Francis, *Mancia competente*).
1951. -Il mio matrimonio dovrà essere un fulmine... Qualcuno che non so chi sia, da dove venga, che cosa sia: chi mi vorrà, mi avrà di sorpresa...
(Barbara Stanwyck, *Lady Eva*).
1952. -Mio nonno mi diceva: "Non importa chi ti sposi: quando ti risvegli, è un'altra persona".
(Marlon Brando, *Bulli e pupe*).
1953. -Mi scusi, signora, ma siete sposati sul serio? Voglio dire, definitivamente?
-No, solo per tutta la vita.
(Roland Young e Greta Garbo, *Non tradirmi con me*).
1954. -Non c'è niente di più imbarazzante di un prete che ti sposa con il pisello duro.
(Hugh Grant, *Quattro matrimoni e un funerale*).
1955. -Non credo nel matrimonio: è la rovina di troppe relazioni amorose.
(Van Johnson, *Brigadoon*).
1956. -Non hai mai pensato di risposarti?
-Sì, ci ho pensato un'infinità di volte. Mai di giorno, però.
(Marilyn Monroe e Clark Gable, *Gli spostati*).
1957. -Non pensi a sposarti?
-Certo, signora.
-E cosa aspetti?
-Oh... Di trovare l'uomo che non vada tanto per il sottile...
-Cioè, lo vuoi cieco e innamorato.
-In poche parole, sì.
(Ulla Jacobsson e la cameriera Harriet Andersson, *Sorrisi di una notte d'estate*).
1958. -Non sei mai stato sposato?
-No: fidanzato, una volta, con una ballerina. Ma scappò con un pianista, e allora la piantai.
(Mia Farrow e Woody Allen, *Broadway Danny Rose*).
1959. -Non si sposa l'uomo che si ama.
(Annette Bening, *Valmont*).
1960. -Non si sposi. Mai mettere la donna sul piano sentimentale: sempre sul piano orizzontale.
(Ugo Tognazzi a Franco Giacobini, *La voglia matta*).
1961. -Non sono maturo per il matrimonio.

-Come puoi dire che mi ami?

-Perché ti amo. Non sarebbe giusto sposarti adesso. Vedi, ho ancora un sacco di lava e lapilli da togliermi di dosso, e io voglio sposarti a fine eruzione.

(Peter O'Toole e Romy Schneider, *Ciao Pussycat*).

1962. -Non sopporto il matrimonio, non ti trovo divertente, mi sento soffocata da te, non ci sono punti di contatto e non mi piaci fisicamente. Oh dai, Sam, adesso non ne fare un fatto personale.

(Susan Anspach a Woody Allen, *Provaci ancora Sam*).

1963. -La nostra felicità coniugale è proprio come noi: soltanto superficialmente è superficiale.

(Charles Boyer a Danielle Darrieux, *I gioielli di Madame de...*).

1964. -Oh, Abe! Perché non mi porti mai al Copacabana o a El Morocco?

-Attaccati al tubo del gas!

-Forse saresti stato più felice se sposavi Rita Hayworth.

-E che, si chiede?

-Senti me, Abe. Queste celebrità dello spettacolo divorziano ogni due mesi. Ma noi stiamo insieme per sempre.

-M'attacco io al tubo del gas...

(I coniugi di lungo corso Renée Lippin e Josh Mostel, *Radio days*).

1965. -Oh, sì, sì: ci sposeremo, presto o tardi.

-Gioia, dopo quattordici anni è già troppo tardi per essere presto, e se tardiamo, presto sarà tardi anche per essere tardi.

(Frank Sinatra e Vivian Blaine, *Bulli e pupe*).

1966. -Ora dimmi di te: il tuo matrimonio?

-Oh, quello va bene.

-Sì?

-Non funziona, ma va bene.

(Mia Farrow e Woody Allen, *Commedia sexy in una notte di mezza estate*).

1967. -Osgood, voglio essere leale con te: non possiamo sposarci affatto.

-Perché no?

-Be'... In primo luogo io non sono una bionda naturale...

-Non m'importa.

-...E fumo, fumo come un turco...

-Non m'interessa.

-Ho un passato burrascoso: per più di tre anni ho vissuto con un sassofonista.

-Ti perdono.

-Non potrò mai avere bambini...

-Ne adotteremo un po'.

-Ma non capisci proprio niente, Osgood! Sono un uomo!

-Be', nessuno è perfetto.

(Il vecchio miliardario Joe E. Brown chiede in moglie Jack Lemmon-Daphne, battute conclusive di *A qualcuno piace caldo*).

1968. -Per favore, non mi parlare di donne. Ti ricordi di quella che ha fatto a pezzi il marito e lo ha fatto sparire nel cesso mentre erano in luna di miele? Anche lui era pazzo di lei. E la signora Hagerty, che ha fatto fuori sei mariti mettendogli l'arsenico nell'ovomaltina? Ecco le gioie del matrimonio!

(Walter Matthau, scapolo convinto, a Jack Lemmon che vuole sposarsi, *Prima pagina*).

1969. -Quando si ama una donna, non vedo perché farle l'affronto di chiederla in moglie.

(Lino Ventura a Françoise Fabian, *Una donna e una canaglia*).

1970. -Quante stupidaggini si devono fare per trovare marito!

(Vivien Leigh ad Hattie McDaniel, *Via col vento*).

1971. -Ricorda, cara: nel giorno del matrimonio si può anche dire sì.

(Jane Russell a Marilyn Monroe, *Gli uomini preferiscono le bionde*).

1972. -Sai dove andremo in viaggio di nozze?

-No.

-Al Polo Nord. E sai perché?

-Perché?

-Perché lì la notte dura dei mesi.

(Totò e Isa Barzizza, *Le sei mogli di Barbablù*).

1973. -Sapete chi vorrei sposare io?

-Chi?

-Rockefeller.

-Quale?

-Uno a caso.

(Marilyn Monroe con Betty Grable e Lauren Bacall, *Come sposare un milionario*).

1974. -Se ci fossimo sposati, andremmo a fare la spesa così.

-No: se ci fossimo sposati mi ci avresti mandato da sola.

(Tom Berenger e l'antica fiamma JoBeth Williams, *Il grande freddo*).

1975. -Sembra impossibile che a una donna possa capitare di sposare due pazzi nella sua vita. A me è successo.

(Rita Hayworth a Glenn Ford, *Gilda*).

1976. -Se non avessi te che sei così forte...

-Se non avessi te che sei così debole...

(Maurizio Micheli e la moglie Stefania Sandrelli, *La terrazza*).

1977. -Sposarsi? Sarebbe peggio di stare al pensionato: dovrei ricominciare a tornare a casa entro l'una!

(Marilyn Monroe, *Quando la moglie è in vacanza*).

1978. -Ti faccio una promessa: fino a che vivrò, non ti chiederò mai di sposarmi.

(Robert Arden a Paola Mori, *Rapporto confidenziale*).

1979. -Tu mi ami?

-Oh, Max... È una domanda che non si deve fare il giorno delle nozze: perché o è troppo tardi o è troppo presto. Sono tua moglie, Max.

(Edward Everett Horton e Miriam Hopkins, *Partita a quattro*).

1980. -Vedi, il matrimonio non è come un piatto di antipasti: non puoi prendere solo ciò che ti piace. O tutto o nulla.

(Cary Grant a Deborah Kerr, *L'erba del vicino è sempre più verde*).

1981. -Vi conoscete appena e già volete sposarvi? E che è, un matrimonio tra telegrafisti?

(Totò, *Totò, Fabrizi e i giovani d'oggi*).

LA MOGLIE

1982. -Anche se un marito vivesse duecento maledetti anni, non scoprirebbe mai la vera natura di sua moglie. Potrei anche... Potrei anche arrivare a capire l’universo, ma non riuscirò mai a scoprire la verità su di te, mai.

(Marlon Brando parla alla moglie morta, Veronica Lazar, *Ultimo tango a Parigi*).

1983. -Chi lascia la moglie morta per la viva, sa quello che lascia ma non quello che triva.

(Totò, *Totò cerca pace*).

1984. -Con ventidue mogli mi dovrò fare un letto a ventitré piazze.

(Totò, *Totò sceicco*).

1985. -È la cosa più disgustosa che abbia mai visto!

Non conosce la mia ex moglie.

(Gary Cooper e Arthur O’Connell a proposito di una locomotiva, *Dove la terra scotta*).

1986. -In Oriente alcuni uomini hanno cinquanta mogli e, per fortuna, solo quarantanove suocere. Tra tante mogli un’orfana c’è sempre.

(Totò, *Un turco napoletano*).

1987. -Ma devi sempre dire tutto a tua moglie?

-Ma se non le dico tutto, come faccio a sapere quello che vuole?

(Oliver Hardy cerca di convincere il riluttante Stan Laurel a una scappatella su cui la moglie non sarebbe d’accordo, *I figli del deserto*).

1988. -Non ho paura dei rospi perché sono abituato a mia moglie.

(Totò, *Totò, Peppino e i fuorilegge*).

1989. -Non sai, cara, che noi donne dobbiamo essere qualcosa di più di una collegiale romantica per l’uomo che sposiamo? Dobbiamo essergli moglie, una vera moglie, e madre, e compagna, e anche balia. E a volte, se è necessario per difenderci, dobbiamo fargli anche da amante.

(Paulette Goddard a Norma Shearer, *Donne*).

1990. -Sai cosa sono per te? Una proprietà. Tu mi tieni in questa casa, mi porti fuori e mi spolveri una volta ogni tanto, come uno dei tuoi trofei.

(Cher al marito Ryan O’ Neal, *Infedeli per sempre*).

1991. -Sarà una moglie ideale: sono sicurissima che non è affatto innamorata di voi, così non ci sarà pericolo che un giorno o l’altro cessi d’amarvi.

(Dame May Whitty a Edward G. Robinson, *Il carnevale della vita*).

1992. -Scusa, il fatto che sia una ladra e un’assassina non significa che in tutti gli altri campi non sia una brava moglie.

(Anjelica Huston a Jack Nicholson, a proposito di Kathleen Turner, *L’onore dei Prizzi*).

1993. -Signore, di sua moglie mi piace tutto, tranne il marito.

(Totò, *Il medico dei pazzi*).

1994. -Sì, lo so, avrei potuto essere una moglie migliore, più carina, e fare l’amore con te un po’ più spesso: almeno una volta.

(Diane Keaton a Henri Coutet, *Amore e guerra*).

1995. -Sono sposata da quattro anni. Per quattro anni negletta, quattro anni di battaglie, quattro anni di sofferenze.

-Fanno dodici anni. Dovete esservi sposata in fasce!
(Thelma Todd e Groucho Marx, *Monkey business*).
1996. -Vorrei una moglie, possibilmente di prima mano.
(Totò, *Totò cerca moglie*).

IL MARITO

1997. -Ai miei tempi, di mariti e letti raramente si parlava nella stessa frase. I mariti venivano presi sul serio: come l'unico vero ostacolo al peccato.
(Joan Plowright, *Un incantevole aprile*).
1998. -Dica... Quando ha cominciato a sospettare che suo marito non l'amava più?
-Oh, da quando si è messo a bastonarmi.
(Katharine Hepburn e Judy Holliday, *La costola di Adamo*).
1999. -Io scesi a compromessi quando scelsi Martin. Insomma, io ne volevo uno bello, alto e piuttosto ricco: rinunciai a tre cose su tre.
(Julie Kavner, *Radio days*).
2000. -Il marito è una mercanzia di cui non si è mai sicure finché non lo si è portato in casa.
(Evelyn Varden, *La morte corre sul fiume*).
2001. -Mio marito è un affermatissimo medico, un cardiologo che qualche anno fa mi visitò il cuore, gli piacque ciò che vide e si fece avanti.
(Gena Rowlands a proposito di Ian Holm, *Un'altra donna*).
2002. -Mio marito io lo tengo d'occhio: non mi fiderei di lui neanche nel deserto di Gobi.
(Rosalind Russell, *Donne*).
2003. -Non che m'interessi, ma dov'è suo marito?
-Se n'è andato.
-Scommetto che cerca di giustificarsi.
-Sono stata con lui fino alla fine...
-E poi si meraviglia che è morto!
-... L'ho tenuto fra le mie braccia e l'ho baciato.
-Capisco, allora è uxoricidio. Mi vuole sposare? Quanto le ha lasciato? Risponda prima alla seconda domanda.
(Groucho Marx e Margaret Dumont, *La guerra lampo dei fratelli Marx*).
2004. -Sto dicendo che l'uomo giusto per te forse è lì che ti aspetta: e se non lo acchiappi tu lo farà qualcun'altra, e passerai il resto della tua vita sapendo che un'altra donna ha sposato tuo marito.
(Carrie Fisher incita Meg Ryan a sposarsi, *Harry, ti presento Sally...*).
2005. -Sushi: così mi chiamava la mia ex moglie. Pesce freddo.
(Harrison Ford, *Blade runner*).

IL MENAGE À TROIS

2006. -Credo di non avere mai visto quattro occhi più belli in tutta la mia vita. Be', diciamo tre, perlomeno. Credetemi, voi due, signore, avete tutto: siete alte, basse, magre, rotonde, bionde e brune. Siete esattamente il tipo di donna che mi fa uscire di senno: noi tre potremmo formare una coppia ideale.

(Groucho Marx a Margaret Dumont e Margaret Irving, *Animal crackers*).

2007. -Due sono una coppia, tre sono una follia.

(Kevin Bacon, *Sex crimes-Giochi pericolosi*).

2008. -Lei non ama te. E neanche me. Lei si può solo amare.

(Sean Penn parla dell'ex moglie Robin Wright al secondo marito John Travolta, *She's so lovely-Così carina*).

2009. -Non dividerei mai una donna con un altro uomo. In amore non mi piacciono i condomìni.

(Totò, *Il coraggio*).

2010. -Sii sincera, anche tu sai che appartieni a Victor. Tu sei necessaria non solo a lui ma al suo lavoro. Se egli parte e tu rimani qui, un giorno saresti presa dal rimorso. Non oggi forse e neanche domani, ma presto o tardi, e per tutta la vita.

(Humphrey Bogart si congeda da Ingrid Bergman, che parte con il marito Paul Henreid, capo della resistenza antinazista, *Casablanca*).

2011. -Voi due insieme siete un uomo perfetto.

(Laura Morante a Diego Abatantuono e Fabrizio Bentivoglio, *Turné*).

LA GELOSIA

2012. -La gelosia è di ogni uomo, se le donne non son di nessuno.

(Pierre Brasseur, *Amanti perduti*).

2013. -No, io non sono affatto gelosa. Comunque è una cosa stupida, la gelosia, oppure bisogna andare fino in fondo: fino ad ammazzare. Invece sei tu che sei geloso... Si vede, hai le sopracciglia che si toccano.

(Dani a Jean-Pierre Léaud, *Effetto notte*).

2014. -Stupisce che non siate affogati nelle vostre bave.

(Diane Keaton a Woody Allen e Alan Alda, sedotti da Anjelica Huston, *Misterioso omicidio a Manhattan*).

2015. -Zoe dice che se una donna è gelosa si sottovaluta.

(Giancarlo Giannini ricorre alla figlia Heather McComb per evitare una scenata della moglie Talia Shire, *La vita senza Zoe/ New York stories*).

LA CRISI DI COPPIA

2016. -C'era un tempo in cui saremmo morti per stare insieme...

-Marion, sei sempre la donna più desiderabile che conosca.

-Ma non faremo l'amore stasera perché ci sarà qualche scusa... Non mi ero resa conto di quanto si fosse spento.

(Gena Rowlands e il marito Ian Holm, *Un'altra donna*).

2017. -Generalmente gli uomini che lasciano le loro mogli lo fanno perché non le amano più. Io ti lascio perché ti amo.

(Orson Welles a Loretta Young, *Lo straniero*).

2018. -Nel nostro matrimonio c'era armonia.

-Troppa armonia. Era defunto per pace assoluta.

(Eva Dahlbeck e Gunnar Björnstrand, *Una lezione d'amore*).

2019. -Non l'ho perso per una disgrazia: ho voluto abortire io. È stato un aborto, Michael, un aborto! Come il nostro matrimonio: anche il nostro matrimonio è un aborto.

(Diane Keaton al marito, il boss mafioso Al Pacino, *Il padrino-Parte seconda*).

2020. -Sei mia sorella, sei mia figlia... sei mia madre.

-Avrei voluto anche essere tua moglie.

(Jean-Pierre Léaud e la moglie separata Claude Jade, *L'amore fugge*).

2021. -Senti, dimmi una cosa Sherry, una cosa sola: perché hai accettato di sposarmi?

-Ah, George, quando un uomo chiede questo a sua moglie... Be', meglio lasciare andare...

(Il cassiere Elisha Cook jr. e la moglie avida e infedele Marie Windsor, *Rapina a mano armata*).

2022. -Sono successe tante cose che non sarebbe per niente male, per tutti e due, se noi... ce la prendessimo calma, non trovi?

-Come, calma? E io dov'ero quando ci agitavamo tanto?

(Jeff Bridges tenta di rompere con Mercedes Ruehl, *La leggenda del Re Pescatore*).

2023. -Tu non vivi con me, vivi in mezzo a spoglie di gente morta. Indaghi, passi i detriti al setaccio, ricerchi le tracce, le possibili cause del trapasso, l'odore della tua preda, poi la caccia comincia... E questa è l'unica cosa a cui ti dai anima e corpo: il resto è solo confusione che lasci al tuo passaggio. Quello che non riesco a capire è perché mi ostino ad amarti.

(Diane Venora al marito poliziotto Al Pacino, *Heat-La sfida*).

2024. -Vedi, Macon, il problema con te è che...

-Ah no, Sarah, non ricominciare adesso. Cristo, sono queste le frasi che riescono a rovinare qualsiasi matrimonio: "Macon, il problema con te è che non si può..." o "Ti conosco meglio di quanto tu non conosca te stesso".

(Kathleen Turner e William Hurt, *Turista per caso*).

LE "CORNA"

2025. -Adulterio all'Hilton Hotel... Accettano carte di credito?

(Gene Hackman a Gena Rowlands, *Un'altra donna*).

2026. -Andare con un'altra donna è molto francese, farsi pescare molto americano.

(Anton Rodgers, *Due figli di...*).

2027. -Ascolta, cara, non è una cosa nuova: capita a molte mogli.

-Oh, ma Stefano...

-Stefano è un uomo, è sposato da dieci anni.

-Vuoi dire che è stanco di me?

-È stanco di se stesso, stanco di provare gli stessi sentimenti. A un certo punto, un uomo cerca la sensazione nuova per sentirsi ancora giovane, proprio perché sta invecchiando.

-Mamma, Stefano non è vecchio!

-Certo che no, ma noi donne siamo più ragionevoli: quando siamo stanche di noi stesse cambiamo pettinatura, cambiamo amica, o trasformiamo la casa. Un uomo potrebbe rimettere a nuovo il suo ufficio, ma non pensa mai a una cosa simile: un uomo ha soltanto un modo per rinnovarsi, vedere un altro se stesso negli occhi di un'altra donna.

(Lucile Watson alla figlia Norma Shearer, il cui marito la tradisce con Joan Crawford, *Donne*).

2028. -Be', io sono all'antica, io non credo nelle relazioni extraconiugali: credo che ci si dovrebbe accoppiare a vita, come i piccioni o i cattolici.

(Woody Allen, *Manhattan*).

2029. -Be', vedi, mi ha telefonato varie volte in uno stato molto depresso e confusionale e... lui continua ad amarmi.

-Sta diventando un film commedia anni '50: qualcuno dovrebbe cominciare a servire dei Martini.

(Diane Keaton confessa a Woody Allen, con cui sta, di avere ripreso a vedere Michael Murphy, *Manhattan*).

2030. -Buonasera, signor Barry, ve la siete fatta la mia signora?

-Mi scusi, ma non capisco.

-Suvvia, signore, preferisco di gran lunga aver fama di cornuto che di imbecille!

(Frank Middlemass a Ryan O'Neal, *Barry Lyndon*).

2031. -Le corna, altrimenti dette cofecchie: moglie e marito si cofecchiano in continuazione.

(Totò, *Signori si nasce*).

2032. -È tradimento se si hanno rapporti con qualcuno tramite E-mail?

(Meg Ryan, *C'è posta per te*).

2033. -Harry, dimmi solo una cosa: è stata l'unica o ce ne sono state altre?

-No, Amy Pollack è stata l'unica. Che Dio mi fulmini adesso se mento!

-Tu sei ateo, Harry!

-Be', siamo soli nell'universo: vuoi darmi la colpa anche di questo?

(Kirstie Alley e Woody Allen, *Harry a pezzi*).

2034. -L'infedeltà è un'invenzione dei moralisti e delle mogli.

(Yvonne Lombard, *Una lezione d'amore*).

2035. -Io non ti ho mai tradito, puttana.

-Forse era meglio se lo facevi.

-Tu pensi?

-In fondo è un po' colpa tua...

-Oh sì, l'ho pregato io di scoparti, perché mi fa tanto piacere.

(Al Pacino alla moglie Diane Venora, sorpresa con Xander Berkeley, *Heat-La sfida*).

2036. -Un matrimonio non finisce mai solo per un'infedeltà: quello è un sintomo che qualcos'altro non va.

-Ah sì? Be', quel sintomo si scopa mia moglie.

(Bruno Kirby e Billy Crystal, *Harry, ti presento Sally...*).

2037. -Non ci posso far niente: sono talmente delusa di te! Sei stato così poco originale.

-Con chi volevi che mi mettessi? Con un pilota da caccia dell'aviazione israeliana?

-Tutti fanno le corna alla moglie con la segretaria: io mi aspettavo di più, da mio marito.

(Maureen Stapleton e Walter Matthau, *Appartamento al Plaza*).

2038. -Se un sovrano è fatto becco, è una tragedia... Dramma della fedeltà, non è mai un fallo della donna.

-No, è la fatalità.

-Già, la fatalità...

-Ma quando si tratta di un povero diavolo come voi o me, signor de Montray – e quando dico me è un modo di dire – allora non è più una tragedia, è una buffonata, una volgare storia di corna.

-Comunque c'è lo stesso legno sotto il capello del povero e sotto la corona reale: il legno morto dell'amore che imputridisce sulla testa di quelli che non sono amati.

(Il bandito Marcel Herrand e l'attore Pierre Brasseur beffeggiano il conte Louis Salou, amante in carica di Arletty, della quale anche loro sono innamorati e che in quel momento si intrattiene con Jean-Louis Barrault, *Amanti perduti*).

2039. -Tesoro, io te lo giuro: tradisce solo con te. Ha una sua integrità, tradisce con una persona per volta.

(Woody Allen cerca di tranquillizzare Mia Farrow, amante di Nick Apollo Forte, *Broadway Danny Rose*).

2040. -Tollero che mia moglie mi tradisca. Però se mi toccano l'amante io divento una tigre.

(Jarl Kulle alla moglie Margit Carlqvist, *Sorrisi di una notte d'estate*).

2041. -Io tollero che la mia amante mi tradisca, ma se mi toccano la moglie divento una tigre.

(Jarl Kulle all'amante Eva Dahlbeck, *Sorrisi di una notte d'estate*).

2042. -Il tuo amante merita di essere fatto becco, e noi ci adopereremo a questo scopo tutta la notte.

(Donald Sutherland-Casanova a Margareth Clementi, *Il Casanova di Federico Fellini*).

IL DIVORZIO

2043. -Ah, le donne, valle a capire! Conoscevo uno che ebbe due attacchi di cuore, così gli misero... Sa, uno di quei peacemaker. La moglie chiese il divorzio perché diceva che gli impediva una buona ricezione della televisione.

(Walter Matthau cerca di consolare il divorziando Jack Lemmon, *Buddy Buddy*).

2044. -È solo nel giorno del divorzio che si scopre l'uomo che si è sposato.

(Annie Girardot, *Ci sono dei giorni... e delle lune*).

2045. -Ho divorziato da mia moglie per poter uscire con la mia figliastra.

(Gillo Pontecorvo in un talk-show, *The Stupids*).

2046. -Io non voglio mai sposarmi: io voglio solamente divorziare.
(Jessica Harper, *Amore e guerra*).

2047. -No, i miei genitori non hanno mai divorziato, sebbene io li scongiurassi.
(Woody Allen, *Provaci ancora Sam*).

2048. -Non prendetevela, prendetevi tutto.
(Ivana Trump dà consigli alle divorziate, *Il club delle prime mogli*).

2049. -Una delle principali cause di divorzio è il matrimonio.
(Bernard Giraudeau, *Le strategie del cuore*).

I VEDOVI

2050. -Ero felice, mamma. Li amavo e loro mi amavano. Non mi ribellavo... E sarebbe stato così per tutta la vita. Ma è successo quel che è successo, e adesso non ci sono più. Io... Mi ascolti, mamma?
-Ti ascolto, Marie-France.
-Ho capito che, se è successo questo, adesso farò soltanto quello che voglio. Niente. Non voglio ricordi, cose, amici, amore, né amicizia... Sono tutte trappole...
(La vedova Juliette Binoche, che ha perso marito e figlia in un incidente d'auto, e la madre Emmanuelle Riva, *Tre colori-Film blu*).

2051. -Lei è vedovo di moglie? Colgo l'occasione per farle le mie congratulazioni.
(Totò, *Che fine ha fatto Totò baby?*).

2052. -La vedova è la moglie di un cadavere.
(Totò, *Totò cerca casa*).

LA MORTE

2053. -Come sa che è terribile morire? Le è già capitato?
(Il medico Cary Grant a un'anziana paziente, *La gente mormora*).

2054. -Un condannato a morte sale sul patibolo. Scivola sullo scalino e dice: "Un altro po' e morivo".
(Jean-Paul Belmondo racconta una barzelletta, *Fino all'ultimo respiro*).

2055. -Credi che morirò?
-Se ti dicessi che vivrai cent'anni non mi crederesti.
(Gloria Grahame agonizzante e Glenn Ford, *Il grande caldo*).

2056. -Dicono che i giapponesi siano felici di morire per l'Imperatore. Oggi molti di loro saranno felici.
(Cary Grant, mentre gli aerei americani bombardano Tokyo, *Destinazione Tokyo*).

2057. -Disapprovo la morte. Perché fa fiutare la tentazione di credere in qualcosa.
(John Gielgud, *Providence*).

2058. -È la mia morte che intendevate, vero? Lo avevo immaginato... Quand'è che avverrà?
-Molto presto.

-Sei mesi? Un mese?
-Ancora prima.
-Quando, allora? E dove?
-Entro pochi giorni, prima che finisca la settimana. Di notte, sotto le stelle.
(Gail Russell e il veggente Edward G. Robinson, *La notte ha mille occhi*).
2059. -È morto, per me è morto. Dopo tutto quello che ho fatto per lui!
(L'impresario teatrale Donal McCann a proposito del giovane attore Matthew Sussman, svenuto in scena, *Illuminata*).
2060. -È morto un ricco. Qui giace uno pieno di soldi: è morto il più ricco del camposanto. Pensa un po' che fregatura per lui! Beato il poveraccio che pochi hanno saputo che è morto. Scrivono: è morto uno, avanti un altro! E invece no. Per un ricco morì è come pagà il conto alla vita: paga, sì, ma la vita gli ha dato qualche cosa. Invece il poveraccio paga e dalla vita non ha avuto niente. Che fa il poveraccio? Passa dalla morte a un'altra morte.
(Totò, *Uccellacci e uccellini*).
2061. -E tuo padre come sta?
-Sta sempre morendo.
(Elaine Stritch e Dirk Bogarde, *Providence*).
2062. -Finiscila. Cerca almeno di morire da uomo coraggioso!
-Ma io non posso morire: ho un appuntamento.
(Clark Gable e Roscoe Karns, *Accadde una notte*).
2063. -Il giorno del Signore arriva come un ladro nella notte.
(Sermone di James Brown, *The Blues Brothers*).
2064. -Ho vissuto male tutta la vita, mi lasci almeno morire bene.
(Il ladro Totò che, vestito da maresciallo, sta per essere fucilato dai tedeschi, al maresciallo Vittorio De Sica vestito da prete, *I due marescialli*).
2065. -L'imperatore Tiberio quando era in lutto stretto andava solo con le schiave nere. Per delicatezza.
(Totò, *L'imperatore di Capri*).
2066. -In che cosa credi?
-Nel sesso e nel decesso, due cose veramente fondamentali nella vita. Ma almeno, dopo la morte, non hai la nausea.
(Diane Keaton e Woody Allen, *Il dormiglione*).
2067. -In fondo, sapete, ci sono cose peggiori della morte: se avete passato una serata con un assicuratore... Voi... voi capite cosa intendo...il segreto credo che sia non pensare "la morte è la fine", ma pensarla piuttosto come un modo molto efficace di ridurre le vostre spese.
(Woody Allen, *Amore e guerra*).
2068. -Io penso spesso alla morte. Vedi, l'idea non mi spaventa certo. Voi giovani queste cose non le potete capire, perché per voi la morte non esiste, è qualcosa ad uso degli altri.
(Burt Lancaster a Alain Delon, *Il gattopardo*).
2069. -Ma come, lei non doveva essere morto?
-Mi dispiace, ma non ci sono riuscito.
(Andy Devine e James Stewart, *Cavalcarono insieme*).
2070. -Ma non eri morto?
-Sono morto tante di quelle volte che non ci faccio più caso.

(Leonardo Pieraccioni al padre Harvey Keitel, che torna a casa dopo vent'anni, *Il mio West*).

2071. -Ma perché ride?

-Perché muoio.

(Orson Welles e Glenn Anders, *La signora di Shangai*).

2072. -Mia nonna Sally Buck morì senza farsene accorgere.

(Jon Voight, *Un uomo da marciapiede*).

2073. -Mi sento come se fossi morta e andata in cielo. Solo che ho dovuto arrampicarmici.

(L'anziana suocera Mildred Natwick al genero Robert Redford, dopo aver fatto sei piani di scale, *A piedi nudi nel parco*).

2074. -Morire in aeroplano è bello. Si è in parecchi ed è improvviso...

(Bernard Noël, *Una donna sposata*).

2075. -Morire, morire... Ma guardi che lei s'annoia, sa: tutto il santo giorno sotto terra, sempre le stesse facce da vermiciattoli. Oddio, sì, ci sono i fuochi fatui. Ma soltanto la domenica: gli altri giorni, sempre tappato in cassa. Creda, signor marchese: desista e non insista. Sarebbe una vita da morte che a lei non confà: non le cònfa.

(Totò all'aspirante suicida Aroldo Tieri, *Totò sceicco*).

2076. -Moriremo. Noi siamo stupidi.

(Il replicante Rutger Hauer alla sua simile Daryl Hannah, *Blade runner*).

2077. -La morte è giallo limone e sa di vaniglia.

(Jean Rochefort, *Il marito della parrucchiera*).

2078. -La morte, in se stessa, non esiste. Cancella forse quello che un uomo ha fatto in vita? No. Annulla i suoi meriti, la memoria? No. E allora, morte, ma chi sei? Ma chi ti conosce? Cosa conti? Tu non conti niente. Eh, tu vorresti essere importante, presa in considerazione come la vita. Ma la vita dura una vita, cara mia. Invece tu, morte, tu duri solo un momento: l'istante in cui ti presenti.

(Marcello Mastroianni, *Maccheroni*).

2079. -No, ma io dico: che cos'è la morte?

-La morte? Il cuore smette di pompare sangue... Niente sangue al cervello... Così tutto si blocca... È andata... Fine...

-E che cosa resta?

-Ma resta quello che uno ha fatto: il ricordo di quello che ha fatto, e di lui. I ricordi sono importanti. Magari lo ricordi per il suo modo di saltellare, o perché era buono. Ricordi la sua faccia, il sorriso, che gli mancava un dente davanti....

(Wojciech Klata e suo padre Henryk Baranowski, *Decalogo 1*).

2080. -Non avrei paura della morte, se fossi in te: avrei più paura a guidare nel traffico nelle ore di punta.

(Jessica Tandy a Kathy Bates, *Pomodori verdi fritti – alla fermata del treno –*).

2081. -Non è tanto il fatto di morire che dà fastidio, quanto il fatto di non sapere quello che diranno di te, ecco tutto. Mi ha sempre fatto paura questa vita: ora devo affrontare l'altra.

(Jason Robards, *La ballata di Cable Hogue*).

2082. -Non ho paura della morte io, sulla coscienza ho più morti di te!

(Il medico Takashi Shimura al gangster Reisaburo Yamamoto, *L'angelo ubriaco*).

2083. -Nonno, non morire, ti prego.

-Ci proverò.

(Valentina Holtkamp e Vittorio Gassman, *Tolgo il disturbo*).

2084. -Oggi è un buon giorno per morire.

(Il vecchio capo cheyenne Dan George, *Piccolo grande uomo*).

2085. -Ogni uomo, quando nasce, è generoso e nobile come un principe. Poi il contatto del mondo gli fa subito dimenticare la sua origine. Forse per questo è stata creata la morte: per darci un'altra occasione di ricordare quello che siamo.

(William Gargan, *Sono innocente*).

2086. -Oh, sceriffo... Noi credevamo che...

-Sì, mi hanno già informato della mia morte.

(Olive Carey e James Stewart, erroneamente dato per morto, *Cavalcarono insieme*).

2087. -Preferisco morire coperto di sangue che da vecchio, a letto, nel mio piscio.

(Gérard Depardieu-Porthos, *La maschera di ferro*).

2088. -Quand'è successo, signor Van Cleve?

-Lunedì. Sono morto esattamente alle nove e trentasei di sera.

-Spero che non abbia sofferto molto...

-Oh no, no, niente affatto. Avevo finito la cena...

-Gustosa, spero.

-Oh, eccellente, eccellente, tutto quello che il dottore mi aveva proibito, e poi... ebbene, in poche parole mi sono addormentato senza che me ne accorgessi. Quando mi svegliai c'erano tutti i miei parenti che parlavano a bassa voce, facendo solo apprezzamenti favorevoli sul mio conto. E allora capii d'essere morto.

-Spero che le esequie siano state di suo gradimento.

-Sì, hanno tutti pianto di gusto, quindi credo che si siano tutti divertiti.

(Convenevoli tra il diavolo Laird Cregar e il suo nuovo ospite Don Ameche, *Il cielo può attendere*).

2089. -Quando il vecchio cane muore, le fedelissime pulci saltano in groppa al suo cucciolo e continuano a succhiare.

(Montagu Love-Enrico VIII, sul letto di morte, lancia i suoi sarcasmi sui cortigiani, *Il principe e il povero*).

2090. -Ricordati che devi morire!

-Come?

-Ricordati che devi morire!

-Va bene.

-Ricordati che devi morire!

-Sì, sì... Mo' me lo segno.

(Un frate e Massimo Troisi, *Non ci resta che piangere*).

2091. -Robin... Non sei morto, eh?

-Non ci sono riuscito.

(Lo sceriffo di Nottingham-Robert Shaw incontra Robin Hood-Sean Connery di ritorno dalla Terrasanta dopo vent'anni, *Robin e Marian*).

2092. -Solo da qualche giorno ho compreso cosa sia la morte. Insomma... è come se si fosse concretizzata. La morte è un mucchio di vestiti vuoti. Vedete questa giacca, questa camicia... presto saranno inutili. Ma non verranno distrutti. Si regaleranno a qualcuno. È una buona stoffa, molto preziosa, in questi tempi.

(Un anziano sceneggiatore a Catherine Deneuve, *L'ultimo metrò*: la battuta esiste soltanto nell'edizione francese in cassetta).

2093. -Su con la vita perché si muore, si muore.

(Totò, *Il monaco di Monza*).

2094. -Su, svegliati: è ora di morire.

(Il replicante Rutger Hauer ad Harrison Ford, *Blade runner*).

2095. -Ti porterò un po' di cognac, ti sarà utile domattina.

-Sei molto gentile, ma non voglio.

-Ti aiuterà a dimenticare.

-No, voglio sentire la mia morte.

(Il poliziotto Pedro Armendariz e il condannato Henry Fonda, *La croce di fuoco*).

2096. -Ti proibisco assolutamente di morire.

(Richard Basehart a Friedrich Liedebur, *Moby Dick, la balena bianca*).

2097. -Vedi quello scarafaggio? Domattina noi saremo morti e lui sarà vivo. Avrà più occasioni lui di me di vedere mia moglie e mio figlio. Io sarò niente e lui sarà vivo.

-(*schiaccia lo scarafaggio*) Ecco, così siete pari!

(Il caporale Ralph Meeker e il soldato Timothy Carey, condannati a morte dalla corte marziale, *Orizzonti di gloria*).

2098. -Voglio che nessuno si occupi della mia morte: neanche chi vorrebbe salvarmi l'anima. La morte di un uomo è la cosa più privata della sua intera vita.

(John Wayne a Lauren Bacall, *Il pistolero*).

2099. -Vorrei che moriste.

-Un giorno succederà.

(Jeffrey Hunter e John Wayne, *Sentieri selvaggi*).

I MORTI

2100. -Abbiamo vegliato la salma per tutta la notte: è stato un veglione.

(Totò, *Il monaco di Monza*).

2101. -A modo suo era un grand'uomo... Ma che importa quello che si dice di un morto?

(Marlene Dietrich a proposito di Orson Welles, *L'infernale Quinlan*).

2102. -Considerato che sei morto, stai da Dio.

(Mia Farrow al fantasma di Alec Baldwin, *Alice*).

2103. -Dopo di allora cominciai a vederla una o due volte alla settimana. Teneva sempre una bottiglia di sherry per me. Chiacchieravamo un po', giocavamo a canasta o ascoltavamo dei vecchi dischi: per lo più antiche operette. È incredibile pensarla ora là nella stanza di soggiorno, assassinata.

-Le assicuro che a quest'ora è stata rimossa. Lasciarla lì in giro sarebbe inumano, illegale e antigienico.

(Tyrone Power, sospettato di omicidio, e il suo avvocato Charles Laughton, a proposito di Norma Varden, *Testimone d'accusa*).

2104. -Eccoti lì, vecchia cornacchia: morta stecchita, finalmente. Cos'hai da ribattere, adesso? Apri la bocca, se ci riesci: tra un settimana sarà piena di ghiaccio, tra neanche un mese nessuno ti rimpiangerà, tra un anno sarai dimenticata. Dov'è tutto il tuo potere?

(Sam Jaffe-Pietro III alla madre Louise Dresser-Elisabetta di Russia, *L'imperatrice Caterina*).

2105. -È curioso come la gente vi tratti con tanta delicatezza dopo che siete morti.

(William Holden, *Viale del tramonto*).

2106. -È morto senza credere a niente: dev'essere stata una cosa spiacevole.

(Joseph Cotten a proposito di Orson Welles, *Quarto potere*).

2107. -Forse tua madre sta meglio di noi. Non deve più prendere decisioni: questo è il grande vantaggio di essere morti.

(Ron Silver a Lena Olin, *Nemici, una storia d'amore*).

2108. -Guarda... "John Wayne è morto, la nazione è in lutto". Come fa a morire John Wayne?

-Gli avranno sparato gli indiani.

(I mafiosi Michael Madsen e Al Pacino, in spiaggia, commentano la notizia, data da un giornale, della morte di John Wayne, *Donnie Brasco*).

2109. -Ha trovato un cadavere nel bagno? E che ci vuole fare? Vada a lavarsi in cucina.

(Totò, *Totò, Vittorio e la dottoressa*).

2110. -I morti ci appartengono se noi scegliamo di appartenere loro.

(François Truffaut, *La camera verde*).

2111. -I morti sanno soltanto una cosa: che è meglio essere vivi.

(Matthew Modine, *Full metal jacket*).

2112. -Le persone che ami non muoiono mai veramente.

(Gene Tierney, *Femmina folle*).

2113. -Un po' di rispetto, è un cadavere morto!

(Totò, *Totò e Carolina*).

2114. -Quarantasette morto che parla e fesso chi non si sta zitto.

(Totò, *Totò, Peppino e la dolce vita*).

2115. -Ragazzi, vi va di vedere un cadavere?

(Il dodicenne Jerry O'Connell propone un'avventura ai coetanei Corey Feldman, River Phoenix e Will Wheaton, *Stand by me-Ricordo di un'estate*).

2116. -Secondo te, era proprio necessaria questa strage? Ti avevo detto solo di spaventarli.

-Chi muore è molto spaventato.

(Il padrone della ferrovia Gabriele Ferzetti e il killer Henry Fonda, che ha appena eliminato Frank Wolff e i suoi due figli, *C'era una volta il West*).

2117. -Sono morto oggi, sono un morto di giornata.

(Totò, *Totò all'inferno*).

2118. -Strane tradizioni: fanno una gran festa per te sapendo che non puoi venirci...

(Jeff Goldblum al pranzo dopo il funerale dell'amico Alex, morto suicida, *Il grande freddo*).

2119. -Tutti i salmi finiscono in gloria, ma le salme no.
(Totò, *I ladri*).

2120. -Vedi, i morti possono essere molto utili. A me personalmente hanno risolto situazioni difficili più di una volta. Primo, perché non parlano. Secondo perché, aggiustati bene, possono sembrare vivi. E terzo... anche se gli spari, be'... non succede niente, perché al massimo dovrebbero morire, ma sono già morti.
(Il pistolero Clint Eastwood al barista José Calvo, mentre per tendere una trappola ai trafficanti di San Miguel dispone i cadaveri di due soldati in modo che possano essere presi per vivi, *Per un pugno di dollari*).

2121. -Voi dite che sono morto? Perbacco, se lo avessi saputo sarei venuto vestito a lutto.
(Totò, *Totò all'inferno*).

LA MORTE E LA VITA

2122. -All'atto della nascita, all'uomo è concesso un solo diritto: la scelta di come morire. Ma se questa scelta è oppressa dal disgusto di come si è vissuto, allora la sua esistenza non sarà stata che un'atroce burla.
(Didascalia iniziale di *Tutte le ore feriscono... l'ultima uccide*, soppressa nell'edizione italiana).

2123. -A papà, a me me sa che la vita nun è niente.
-Be', certo, la morte è tanta. Quando uno è morto, tutto quello che doveva fare l'ha bell'e fatto.
(Ninetto Davoli e Totò, *Uccellacci e uccellini*).

2124. -Be', insomma, come mia madre diceva sempre: invece di piangere il morto, pensa a fregare il vivo.
(Lady Chablis, *Mezzanotte nel giardino del bene e del male*).

2125. -Come lei, so che non è facile vivere con i vivi, è più semplice con i morti, chiusi tra le mura trasparenti della nostra immaginazione. Quello che non ha capito e che mi sono decisa a dirle, è che l'amo, ma so che per essere amata da lei dovrei essere morta.
(Lettera di Nathalie Baye a François Truffaut, votato a un maniacale culto dei defunti, *La camera verde*).

2126. -Coraggio, Antonio, moriamo da forti!
-Signor marchese, io preferirei vivere da debole.
(Aroldo Tieri e Totò, *Totò sceicco*).

2127. -Detesto la vita ma detesto anche la morte, la trovo orribile.
(L'aspirante suicida Antoine Monnier, *Il diavolo probabilmente...*).

2128. -È sempre la stessa storia: è solo quando cominci a temere davvero la morte che impari ad apprezzare la vita. A te piace la vita, tesoruccio?
(Il poliziotto corrotto Gary Oldman si appresta a uccidere la dodicenne Natalie Portman, *Leon*).

2129. -Lei è giovane, ma vedrà che a un certo punto della vita si conoscono più morti che vivi.
(François Truffaut a Nathalie Baye, *La camera verde*).

2130. -La morte è naturale quanto la vita, e chi ha paura di morire ha anche paura di vivere.
(Clark Gable, *Gli spostati*).
2131. -Oh, non è difficile morire bene: difficile è vivere bene.
(Aldo Fabrizi, *Roma città aperta*).
2132. -Le qualità della vita sono soltanto due, mia cara, la bellezza e la morte: le uniche due perfezioni dell'uomo.
(Alan Bates a Jennifer Beals, *Doctor M*).
2133. -Ragazzo, inciditi queste parole nel cuore: per riuscire a capire i vivi bisogna saper frequentare i morti.
(Irma P. Hall a John Cusack, *Mezzanotte nel giardino del bene e del male*).
2134. -Sono morto pur essendo vivo.
(Victor Sjöström, *Il posto delle fragole*).
2135. -Sono sempre i meglio che se ne vanno.
-Eh, è la vita: oggi a te, domani a lui.
(Tiberio Murgia e Totò ai funerali di Memmo Carotenuto, *I soliti ignoti*).
2136. -Sono venuto a morire con te, o a vivere. Morire non è una cosa difficile per gente come noi: vivere è difficile.
(Clint Eastwood all'indiano Will Sampson, *Il texano dagli occhi di ghiaccio*).
2137. -Stammi a sentire: non saprò morire, ma almeno ho saputo vivere.
(John Gielgud a Dirk Bogarde, *Providence*).
2138. -Ti fa paura morire, Spartaco?
-Non più che allora il nascere.
(Tony Curtis e Kirk Douglas, *Spartacus*).
2139. -Tu credi in Dio?
-Sì, se per Dio intendi tutto ciò che è vita, io credo in Dio. Io credo in questa vita, nella vita eterna e in ogni tipo di vita.
-E la morte allora?
-La morte è solo una frazione della vita. Pensa che noia se ogni cosa fosse sempre la stessa... La stessa, eh... Ah, perciò è la morte che rinnova la vita per l'eternità. Pensa che cosa spaventosa sarebbe per me se dovessi andare ancora in giro con le mutande lunghe per milioni di anni.
(L'adolescente Harriet Andersson e il nonno Olof Winnerstrand, *Una lezione d'amore*).

L'OMICIDIO

2140. -Accusare un uomo di omicidio quaggiù era come fare contravvenzioni per eccesso di velocità alla Cinquecento Miglia di Indianapolis.
(Martin Sheen in Vietnam, *Apocalypse now*).
2141. -A nessun uomo può riuscire un delitto perfetto, solo il caso può farcela.
(James Mason apprende che la moglie è morta, *Lolita*).
2142. -Che cazzo t'è successo, *man*? Cazzo, un tempo eri un grande!

(Samuel L. Jackson al cadavere di Robert De Niro, che ha appena eliminato, *Jackie Brown*).

2143. -Chi sarà la prossima, Signore? Un'altra vedova? Quante sono state, sei... o dodici? Non ricordo bene... Ho fiducia in te, Signore: tu non mi abbandoni, non mi fai mancare i mezzi per continuare la mia missione... Quante vedovelle con un bel gruzzolo nascosto nella calza... Ah, Signore, sono stanco: alle volte ho paura che tu non mi capisca. Non ti importa se uccido, vero? La Bibbia è piena di uccisioni, ma ci sono cose che tu odi, Signore: la corruzione, la lascivia, la gente profumata che s'inebria nel peccato...

(Soliloquio del predicatore folle Robert Mitchum, *La morte corre sul fiume*).

2144. -Ci saranno un milione di ragioni per non spedirti all'altro mondo, ma io non riesco a trovarne nessuna.

(Clint Eastwood a Raul Julia, *La recluta*).

2145. -Così tante persone da uccidere e così poco tempo!

(Jack Nicholson-Joker, *Batman*. La frase è ripresa da Uma Thurman-Poison Ivy in *Batman & Robin*).

2146. -Credi davvero nel delitto perfetto?

-Certo, ma nei libri. Penso che saprei idearne uno meglio di chiunque altro ma dubito che riuscirei a portarlo a termine. Nei romanzi le cose vanno come l'autore vuole che vadano ma nella vita no, mai. Il mio delitto sarebbe come il mio bridge. Farei qualche stupido errore e me ne accorgerei quando mi sentissi guardato da tutti.

(Il non ancora assassino Ray Milland e lo scrittore di gialli Robert Cummings, *Il delitto perfetto*).

2147. -Detesto i guerrieri: hanno una mentalità ristretta. Peggio ancora, lottano per cause perse: per l'onore. L'onore ha ucciso milioni di persone e non ne ha salvata una. Sa invece chi mi piace? L'assassino, il sicario professionista, il killer: sangue freddo, tecnica, pulizia, metodo.

(Gary Oldman, *Il quinto elemento*).

2148. -Dice che hai ucciso due guardie, ieri.

-Frottole, erano tre.

(L'impiegato Edward G. Robinson e il suo sosia, il gangster Edward G. Robinson, *Tutta la città ne parla*).

2149. -Dunque, caro, per due fiaschi di vino di sambuco ci vuole un cucchiaino di arsenico. Ci si aggiunge mezzo cucchiaino di stricnina e poi appena un pizzico di cianuro.

(La vecchia e mite zitella Jean Adair spiega al nipote Cary Grant come, assieme alla sorella Josephine Hull, prepari del vino avvelenato per eliminare, caritatevolmente, gli anziani soli e infelici che bussano alla loro porta, *Arsenico e vecchi merletti*).

2150. -È curiosa la morte, non le pare? Quando la gente muore di malattia, sì, sarà crudele, sarà ingiusto, ma è veramente la morte. Ma quando si tratta di un delitto, di un assassinio, la morte diventa astratta, come se la soluzione del mistero fosse davvero prioritaria, come se si vivesse in un romanzo giallo...

(Jean-Louis Trintignant a Fanny Ardant, *Finalmente domenica!*).

2151. -È inutile mentire: amo ancora l'uomo che ho ucciso.

(Bette Davis, *Ombre malesi*).

2152. -Era la stanza della povera signora Twain: ci è morta in questa stanza.

-Morta di che?

-Si è assassinata durante il sonno, signore.

-Si è suicidata...

-Oh no, è stato proprio un assassinio: la signora Twain si odiava a morte.

(Il maggiordomo Alec Guinness e il detective David Niven, *Invito a cena con delitto*).

2153. -Hai letto di questo tizio nell'Indiana? Uccide dodici persone, le fa a pezzi e le mangia.

-Davvero? Be', è uno stile di vita alternativo.

(Diane Keaton e Woody Allen, *Misterioso omicidio a Manhattan*).

2154. -Hai messo in prigione il fratello di Nathan?

-Esatto.

-E per quale motivo?

-Il motivo lo stavano portando al cimitero mentre tu arrivavi.

(Ward Bond e John Wayne, *Un dollaro d'onore*).

2155. -Hai ucciso chi ti ha ucciso?

(L'indiano Gary Farmer a Johnny Depp, colpito a morte dai cacciatori di taglie, *Dead man*).

2156. -Ho ammazzato un uomo, ma non ci voglio pensare ora. Ci penserò domani.

(Vivien Leigh, *Via col vento*).

2157. -Ho dovuto ucciderlo.

-Ah, certo. È più morto lui di Giulio Cesare.

(I poliziotti Kevin Costner e Sean Connery, *The untouchables-Gli intoccabili*).

2158. -Ho sempre pensato che massacrata dia un'idea di delitto premeditato.

(Michael Douglas a proposito della moglie Gwyneth Paltrow, sul cui assassinio sta istruendo un sicario, *Il delitto perfetto*).

2159. -L'ho ucciso io: l'ho ucciso per denaro, e per una donna. E non ho preso il denaro, e non ho preso la donna. Bell'affare!

(Fred MacMurray confessa di avere assassinato Tom Powers su istigazione dell'amante Barbara Stanwyck, *La fiamma del peccato*).

2160. -Ma non posso ucciderlo! È un essere umano, macchierà tutto il tappeto!

(Woody Allen a proposito di Napoleone-James Tolkan, *Amore e guerra*).

2161. -Noi siamo tutti figli di Caino.

(Michael Redgrave, *Dietro la porta chiusa*).

2162. -Ogni uomo uccide le cose che ama.

(Peter Lorre, *Amore folle*).

2163. -Oh via, Boris, non mi citerai ancora Tommaso d'Aquino?

-Certamente. Diceva: "Mai uccidere un uomo se questo comporta togliergli la vita".

(Diane Keaton e Woody Allen, *Amore e guerra*).

2164. -Un omicidio è delinquenza, un milione è eroismo. Il numero legalizza, mio caro amico.
(Charlie Chaplin a Herb Vigran, *Monsieur Verdoux*).
2165. -Perché sai che accetterò?
-Per lo stesso motivo per cui un asino con un bastone dietro e una carota davanti va sempre avanti e non indietro.
-Parlami della carota.
-Mille sterline in contanti.
-Per un omicidio!
-Pochi minuti di lavoro, tutto qui, senza rischi, lo garantisco: questo dovrebbe allettarti, ne hai corsi altri ultimamente...
(Anthony Dawson, truffatore costretto da Ray Milland a diventare killer con la minaccia di svelare i suoi raggiri, *Il delitto perfetto*).
2166. -Ricordavo di aver letto una poesia in cui si diceva che ogni uomo uccide la cosa che ama. Avrebbe potuto alludere a me.
(Il veggente Edward G. Robinson spiega perché lasciò la fidanzata Virginia Bruce, dopo avere avuto la premonizione che, se si fossero sposati, sarebbe morta dando alla luce il loro figlio, *La notte ha mille occhi*).
2167. -Se non hai intenzione di uccidermi, avrei delle cose da sbrigare.
(Frances McDormand a Colin Friels, *Darkman*).
2168. -Se qualcuno mi deve ammazzare, spero che lo faccia perché mi odia a morte e non mi ammazzi perché è il suo mestiere.
(Al Pacino, *Quel pomeriggio di un giorno da cani*).
2169. -Siamo reduci dal Vietnam, e per noi ammazzare non vuol dire niente. Hai capito?
(Al Pacino a Charles Durning, *Quel pomeriggio di un giorno da cani*).
2170. -Ti prego, Vinnie, non mi uccidere: hai detto che mi amavi, ricordi?
-E tu mi hai detto che ti facevo schifo, ricordi?
(Irene Kane e Frank Silvera, *Il bacio dell'assassino*).
2171. -Ti voglio ammazzare perché così ti insegno a vivere.
(Totò, *Totò terzo uomo*).
2172. -Uccidere è un commercio molto redditizio qui...
(Il "ronin" Toshiro Mifune entra nel villaggio di Manome, *La sfida del samurai*).
2173. -Uccidere te è come uccidere me stesso, te ne rendi conto? Ma sono così disgustato di me e di te!
(Everett Sloane spara a Rita Hayworth, *La signora di Shangai*. La frase è riproposta in *Misterioso omicidio a Manhattan*, quando Marge Redmond spara a Jerry Adler).

LE "ULTIME PAROLE"

2174. -Aaaah... Mo' sto bene!
(Franco Citti agonizzante dopo essere stato investito da una moto, *Accattone*).
2175. -Adesso sì che potrei fare il fantasma. Proprio così. Non c'è nulla, proprio nulla, che possa separarmi da voi, né adesso né dopo: io lo so, lo

vedo, con estrema chiarezza. Penso che potrò esservi più vicino che in vita. E adesso, voglio guardare Alexander.

(L'attore Allan Edwall, colto da un malore mentre recitava *Amleto*, alla moglie Kerstin Tidelius, *Fanny e Alexander*).

2176. -Allora levatevi da' coglioni che devo morire.

(Philippe Noiret agli amici, *Amici miei*).

2177. -Amarti è stata l'unica cosa bella di una vita tutta sbagliata, ma anche quello è stato un errore.

(Wallace Beery a Jean Harlow, *Sui mari della Cina*).

2178. -Amore mio, ti lascio prima che mi lasci tu, prima che tu cessi di desiderarmi: perché allora non ci resterebbe che la tenerezza, e so che non sarebbe sufficiente. Me ne vado prima di essere infelice. Porto con me il sapore dei nostri abbracci. Porto con me il tuo odore, il tuo sguardo, i tuoi baci. Porto con me il ricordo dei più begli anni della mia vita, quelli che tu mi hai dato. Ti bacio tanto, tanto da morire: ti ho sempre amato, non ho amato che te. Me ne vado perché tu non mi dimentichi mai più. Matilde.

(Lettera della suicida Anna Galiena a Jean Rochefort, *Il marito della parrucchiera*).

2179. -Baciami... Presto... Non c'è tempo... Presto...

(Jean Gabin a Michèle Morgan, *Il porto delle nebbie*).

2180. -Che cazzo, Charlie!

(Il delinquente Ray Liotta allo yuppie Jeff Daniels, che lo ha accoltellato, *Qualcosa di travolgente*).

2181. -Ci vediamo all'inferno, William Munny.

(Gene Hackman a Clint Eastwood, *Gli spietati*).

2182. -Comunque non voglio perdere la calma, perché fra breve dovrò perdere la testa. Tuttavia, nell'atto di lasciare questa valle di lacrime, voglio dirvi soltanto: a ben rivederci, e presto, molto presto...

(Charlie Chaplin, *Monsieur Verdoux*).

2183. -Cosa c'è, avanti... Siamo soli, puoi dirmelo.

-Non voglio che mi vedano, capisci...

-Sicuro, sicuro.

-Non è per paura, Jeff...

-Lo so.

-È solo che... è come fare qualcosa di nuovo. Già, come il mio primo volo. Certe cose mi piace farle da solo...

-Sì.

-Capisci quello che voglio dire?

-Vuoi che esca anch'io?

-Non sono sicuro di farlo con dignità, Jeff.

-Giusto. Hai ragione, ti capisco. Ti saluto, Kid.

-Ti saluto, Jeff.

(Il comandante dell'aeroporto Cary Grant e il suo vecchio pilota Thomas Mitchell, che ha avuto il collo spezzato in un incidente e chiede di morire da solo, *Gli avventurieri dell'aria*).

2184. -Il dolore è profondo, ma poi passa, alla fine... sta passando ora. L'amore resta... io credo che non sia giusto che un errore generoso come il tuo debba costarti tanta sofferenza... E ricordati questo: che se sei stata odiata, sei stata anche amata. Oh, mia Isabel... adorata!

(Martin Donovan morente all'amata Nicole Kidman, infelicemente sposata con John Malkovich, *Ritratto di signora*).

2185. -E adesso vado a prendere il diavolo per la coda!

(Bo Hopkins, colpito durante una rapina in banca, *Il mucchio selvaggio*).

2186. -È bello, è davvero una consolazione constatare che dietro di noi lasciamo un vuoto incolmabile.

(La voce fuori campo del defunto Ugo Tognazzi commenta il proprio funerale, al quale partecipano addolorate la moglie, le due amanti e i figli avuti dalle tre donne, *L'immorale*).

2187. È la mia donna, papà... È un pezzo che te lo volevo dire... Tanti anni sciupati... Ma abbiamo ancora tanto tempo, tanto tempo ancora, è vero, Anna? Non è vero, Anna? Abbiamo ancora tanto tempo, è vero? Che pazzia è stata, che pazzia.

(James Fox, figlio del potente locale E. G. Marshall, in agonia dopo aver tentato di salvare l'evaso Robert Redford, suo amico d'infanzia, presenta al padre l'amante Jane Fonda, *La caccia*).

2188. -È ora che inizi l'arrampicata: è lunga la salita, Axel... è lunga la salita per la luna.

(Jerry Lewis a Johnny Depp, *Arizona dream*).

2189. -Ho paura... Ho paura, David... David, la mia mente se ne va... Lo sento... Lo sento... La mia mente svanisce... Non c'è alcun dubbio... Lo sento... Lo sento... Lo sento... Ho paura... Buongiorno, signori... Io sono un elaboratore Hal 9000. Entrai in funzione nelle officine Hal di Verbana nell'Illinois il 22 gennaio 1992... Il mio istruttore mi insegnò anche a cantare una vecchia filastrocca. Se volete sentirla, posso cantarvela.

-Sì, vorrei sentirla, Hal: cantala per me.

-Si chiama *Giro girotondo*... Giro girotondo, io giro intorno al mondo...

(L'agonia del computer Hal 9000, disattivato dall'astronauta Keir Dullea, *2001: Odissea nello spazio*).

2190. -Io ne ho viste cose che voi umani non potreste immaginarvi: navi da combattimento in fiamme al largo dei bastioni di Orione... E ho visto i raggi B balenare nel buio vicino alle porte di Tannhauser... E tutti quei momenti andranno perduti nel tempo come lacrime nella pioggia... È tempo di morire.

(Il replicante Rutger Hauer, *Blade runner*).

2191. -Io non so niente! Se lo sapessi, ve lo direi! Io sono un vigliacco, lo sanno tutti!

(Il soldato Alberto Sordi agli austriaci che stanno per fucilarlo, *La grande guerra*).

2192. -Io non voglio morire! Non voglio morire!

(Rita Hayworth a Orson Welles, *La signora di Shangai*).

2193. -M'avevi detto che sapevi sparare. Ma io non ci credevo...

(Gregory Peck a Jennifer Jones, *Duello al sole*).

2194. -La mia ora è vicina, dottore? Ma poi, non so: sono morto tante volte...

-Soffre molto?

-Non più.

(Il vecchio clown Charlie Chaplin e il medico Wheeler Dryden, *Luci della ribalta*).

2195. -Mica ci arrivo a casa.

-E come no? Ti ci porto io, in braccio!

-Eh, altro che licenze questa volta... Congedo illimitato!

(Il soldato morente Serge Reggiani e il tenente Alberto Sordi, *Tutti a casa*).

2196. -Non ti è mai dispiaciuto per me!

(Dennis Hopper alla moglie Barbara Hershey, dopo avere ucciso il suo amante Ed Harris e prima di togliersi la vita, *Il cuore nero di Paris Trout*).

2197. -Non ti posso portare con me in questo viaggio... Me ne sto andando, lo sento: ultimo giro di bevute, il bar sta chiudendo, il sole se ne va... Dove andiamo per colazione? Non troppo lontano... Che nottata! Sono stanco, amore, stanco...

(Al Pacino, *Carlito's way*).

2198. -Non torno a casa, stasera.

(Jean-Paul Belmondo, *Lo spione*).

2199. -Oh, si levi dai piedi lei e il suo termometro!

(Don Ameche all'infermiera Maureen Rodin-Ryan, *Il cielo può attendere*).

2200. -Prima di morire, mio padre fece segno al suo medico di avvicinarsi, e gli disse: "La gente è formidabile". E poi è morto.

(Delphine Seyrig, *Baci rubati*).

2201. -Quando la festa sta per finire, dì che sono morto. Digli che sono morto, ma che continuino a ballare.

(Il patriarca Burt Lancaster, che ha progettato il suicidio, manda una bambina ad avvertire i contadini della sua morte, *Novecento atto I*).

2202. -Rosabella!

(Ultime misteriose parole del miliardario Orson Welles: nessuno riuscirà a scoprire che si trattava dello slittino "Rosebud", infelicemente reso nella versione italiana con "Rosabella", con cui giocava da bambino, *Quarto potere*).

2203. -Sei proprio schifosa!

(Jean-Paul Belmondo, colpito a morte dalla polizia, all'amante Jean Seberg che lo ha denunciato, *Fino all'ultimo respiro*).

2204. -Se vedete il giudice Greenfield, ditegli di suo figlio.

(Il gambler John Carradine, che ha riscattato la vita dissipata con una morte eroica, *Ombre rosse*).

2205. -Sono ancora così giovane! Ho vissuto una vita senza senso, come un burattino: senza pensare, come un'onda che si infrange sempre in mezzo all'oceano, che non arriva mai alla spiaggia, alle rocce. C'è tempo per imparare a vivere? No, è troppo tardi. Ma io pensavo: ho ancora tanti anni...

(Denis Lavant, *Rosso sangue*).

2206. -Ti ho detto che nessun fetente riuscirà mai a mettere i braccialetti a me.

(Il gangster Edward G. Robinson al poliziotto Thomas Jackson, *Piccolo Cesare*).

2207. -Tu ed io proveremo che la morte è meno forte dell'amore, tu ed io faremo della morte un ultimo abbraccio, le tue labbra si porteranno via il mio respiro.

(Antonio-Richard Burton a Cleopatra-Elizabeth Taylor, *Cleopatra*).

2208. -Un uomo... Un uomo di stato sarà ucciso... Assassinato... A Londra... Presto, molto presto... Dite... Dite a Londra... Di cercare Ambrose Chappel...

(L'agente segreto francese Daniel Gélin, pugnalato alle spalle, a James Stewart, *L'uomo che sapeva troppo*).

2209. -Vattene... Vattene... Non mi va che mi guardi mentre muoio.

(Jason Robards a Charles Bronson, *C'era una volta il West*).

2210. -Visto che non ci torno, in prigione?...

(Il rapinatore Robert De Niro, colpito al petto dal poliziotto Al Pacino, *Heat-La sfida*).

IL FUNERALE

2211. -A parte gli scherzi, 'a Accattò... Te lo sai che so' 'na persona istruita, te poi fidà, lasseme l'ultime volontà... Come lo voi er trasporto funebre?

-Co' tutti l'amici dietro che ridono, e er primo che piagne paga da beve a tutti!

-E che te ce dovemo scrive su la tomba?

-"Provate per credere".

(Franco Marucci e Franco Citti, *Accattone*).

2212. -Un giorno creperai e io verrò al tuo funerale con un vestito rosso.

(Cher a Danny Aiello, *Stregata dalla luna*).

2213. -Ho mandato mia moglie e i miei figli a un funerale, così si divagano un po'.

(Totò, *La banda degli onesti*).

2214. -I miei funerali? Diventare una lapide bianca nei recinti del forte non è che m'attiri molto, creda.

(Burt Lancaster, agonizzante, chiede al tenente Bruce Davison di essere lasciato a morire nella prateria, *Nessuna pietà per Ulzana*).

2215. -La presenza di Delia in queste circostanze è quasi indispensabile come quella del defunto.

-Ah ah... Non me ne perdo uno.

-Eh, ci vuole un po' di svago.

(Spencer Tracy e Jane Darwell, assidua frequentatrice di funerali, *L'ultimo urrà*).

2216. -Ma come, un funeralicchio così, cinquantamila lire?

(Totò, *Totò e i re di Roma*).

2217. -Niente assomiglia a un funerale più di un altro funerale. Eppure questo ha qualcosa di particolare: non si vede un uomo, unicamente donne, solo donne. Sì, senza dubbio credo che Bertrand avrebbe apprezzato lo spettacolo del proprio funerale.

(Brigitte Fossey, *L'uomo che amava le donne*).

2218. -Sarebbe una cosa meravigliosa poter partecipare al proprio funerale, sedere in prima fila, sentire parlare di noi stessi...
(Ian Bannen, *Svegliati Ned*).
2219. -Venni al tuo funerale... Le risate, quel giorno!
(Totò, *Totò all'inferno*).

LA BARA

2220. -Dunque, questo è il tipo normale zingato, quant'altro economico. La "Lunga Notte Special", e speciale lo è davvero, me lo lasci dire. Impermeabile, certo...
-Impermeabile?
-Tutti i nostri tipi sono impermeabili. Ciò offre il massimo di protezione, sempre restando nel tipo economico. Ed ecco qui la bellissima "Sonno Regale", in acciaio cromato: per la tappezzeria c'è una scelta di otto combinazioni di colori. Questo pezzo è garantito, offre il massimo di protezione, è a prova di muffa, signor Barlow. Qui, le abbiamo in bronzo: sono antiruggine.
-Antiruggine?
-Non semplicemente impermeabili e non semplicemente a prova di muffa, ma antiruggine. Inoltre, questo modello, l'"Imperator", non ha la tappezzeria in chintz o nylon, ma l'interno è tutto in seta pura. Mi dica, signor Barlow, suo zio era una persona sensibile?
-Sì, io... Sì, sì, penso di sì...
-Il nylon irrita, sa? Personalmente io trovo che sia sgradevolmente abrasivo.
(Liberace, impiegato dell'impresa funeraria "Sentieri Melodiosi", e Robert Morse che sta provvedendo al funerale dello zio, *Il caro estinto*).
2221. -Il morto è magnifico, Johnny. Ma senti, ci hai lavorato parecchio? E l'hai messo nella cassa bella, ci sei riuscito a farla fuori, ah ah ah... Meno male che lui non sa quanto costa: rimorirebbe.
(Jane Darwell a Bob Sweeney, *L'ultimo urrà*).

IL CIMITERO

2222. -Andiamoci a fare una bella passeggiata al cimitero: ci facciamo due risate, tanto più che domani è il 2 novembre.
(Totò, *Il medico dei pazzi*).
2223. -Avete fatto caso che l'ultima domenica di Carnevale i cimiteri sono un mortorio?
(Totò, *Totò cerca pace*).
2224. -Perché non andiamo a prendere una boccata d'aria al cimitero? Conosco parecchi morti, tutti brava gente.
(Totò, *Totò all'inferno*).
2225. -Un posto da guardiano del cimitero non si rifiuta: a cimitero donato non si guarda in bocca. E poi in casa c'è un silenzio di tomba.
(Totò, *Totò cerca casa*).

2226. -Sono Wyatt Earp.
-Lo so... So tutto sul suo conto, e perché si è fermato qui.
-Anch'io so molte cose di lei, e perché non si è fermato né ad Elwood né a Denver né altrove. In realtà si potrebbe seguire il suo passaggio di cimitero in cimitero e di sepoltura in sepoltura.
-C'è un cimitero anche qua, il più grande dell'Ovest, con comode tombe. Le autorità ed io andiamo molto più d'accordo quando ci intendiamo subito su questo.
(Lo sceriffo Wyatt Earp-Henry Fonda e il pistolero Doc Holliday-Victor Mature, *Sfida infernale*).

L'EPITAFFIO

2227. -Così genio, eppure così vivo!
(Commento, modulato in vario modo, da Bibi Andersson, Harriet Andersson, Gertrud Fridh, Barbro Hiort af Ornäs, Karin Kavli e Mona Malm, le sei "vedove" del celebre violoncellista Felix, davanti alla sua bara, *A proposito di tutte queste.. signore*).
2228. -Fratelli...
-L'inizio è buono.
-Tutti noi siamo qui riuniti... al cospetto del Signore per accompagnare alla sua dimora eterna Cable Hogue.
-Amen e così sia.
-Nella maggior parte delle orazioni funebri si raccontano tante storie. Si paragona il defunto agli angeli, lo si spolvera accuratamente con una grossa spazzola ma tu lo sai, Signore, e lo so anch'io, che non è il suo caso.
-Accelera la predica...
-Un uomo è fatto di buone e cattive qualità, lo siamo tutti. Cable Hogue un giorno venne a questo mondo, nessuno sa quando e dove sia arrivato, sbucando fuori dal deserto come i profeti di un tempo...
-Bravo, mi sta bene. Continua...
-Uscito da una pianura desolata, egli si creò un regno con le sue mani.
-Non sono d'accordo.
-Alcuni sostengono che fosse spietato...
-Chi è che lo dice?
-Be', più di qualcuno. Ma avresti potuto fare di peggio, o Signore, che chiamare al tuo cospetto Cable Hogue. Non si può dire che fosse un uomo buono, né che fosse un uomo cattivo, però era un uomo, almeno.
-Requiescat in pace.
-Era esoso e attaccato alla vile moneta. È probabile che abbia imbrogliato, ma era molto corretto: ricchi o poveri, li fregava tutti alla stessa maniera.
(Sermone funebre per Jason Robards, pronunciato da David Warner e interrotto dallo stesso Robards morente, *La ballata di Cable Hogue*).
2229. -Quando Cable Hogue morì non c'era un animale nel deserto che lui non conoscesse, non c'era una stella del firmamento a cui non avesse dato un nome, non c'era un uomo di cui avesse paura. Ora la sabbia che egli ha tanto amato e combattuto lo ha finalmente ricoperto. Egli si è tuf-

fato nel calmo torrente dell'eternità, delle anime che passano e non si fermano mai. Sotto un certo aspetto egli era una Tua vaga immagine, o Signore, e a torto o a ragione credo che meriti la Tua considerazione, ma qualora Tu non fossi dello stesso avviso, ricordati che Hogue ha vissuto ed è morto qui in mezzo al deserto, e io sono sicuro che l'inferno non sarà mai troppo caldo per lui. Non metteva mai piede in chiesa: non ne aveva bisogno, il deserto era la sua cattedrale... Hogue amava il deserto molto più di quanto non volesse ammettere, aveva costruito il suo impero, ma era abbastanza uomo da rinunciarci per seguire il suo amore.

(Senza soluzione di continuità, David Warner prosegue il sermone funebre per Jason Robards, quando il vecchio cercatore d'oro è morto, mentre i suoi amici lo seppelliscono, *La ballata di Cable Hogue*).

2230. -1864-1882: diciotto anni. Non hai avuto molta fortuna, James. Ho scritto a papà e a Caterina: sarà tremendo per tutti e due, ma lei è giovane, mentre papà non si riavrà mai. Verrò a trovarti, di tanto in tanto, insieme a Morgan e a Virgil. Resteremo qui per qualche tempo e può darsi che quando ce ne andremo, chissà, i ragazzi come te potranno crescere e vivere sicuri.

(Henry Fonda sulla tomba del fratello Don Garner, ucciso dai ladri di bestiame, *Sfida infernale*).

2231. -Povero Stracci. Crepare... Non aveva altro modo di ricordarci che anche lui era vivo...

(Il regista Orson Welles commenta la morte in croce per indigestione della comparsa Mario Cipriani, un sottoproletario romano che faceva il ladrone buono in un film sulla Passione di Cristo, *La ricotta/Ro. Go. Pa. G.*).

2232. -Se dovessi scegliere un'epigrafe funeraria per quei due, so bene cosa scriverei: "Né con te né senza di te".

(Véronique Silver a proposito degli amanti Fanny Ardant e Gérard Depardieu, che si sono uccisi, *La signora della porta accanto*).

LA SEPOLTURA

2233. -Che cosa avrebbe in mente: interramento, incinerazione, sistemazione in loculo? In questo periodo va tanto il sarcofago. Dipende dai gusti, vero?

(Un' impiegata dell'impresa funeraria "Sentieri Melodiosi" a Robert Morse, *Il caro estinto*).

2234. -Che cosa c'è di sacro in una fossa nella terra? O nel morto che c'è dentro? O in me? O in te?

(Warren Oates, che si appresta a profanare una tomba, a Isela Vega, *Voglio la testa di Garcia*).

2235. -È la vecchia lezione del Sud: è più facile seppellire che dimenticare.

(Barbara Hershey, dopo il funerale del marito Dennis Hopper e dell'amante Ed Harris, *Il cuore nero di Paris Trout*).

2236. -Mi dicono che ha sepolto sua moglie molti anni fa.

-Ah certo, sono stato costretto a farlo: era morta!

(Un cliente del saloon e W. C. Fields, *La mia bella pollastrella*).

LA CREMAZIONE

2237. -Ci mangiamo una fetta di torta, in città? Dopotutto andiamo a una cremazione, dobbiamo tirarci su.

-Ma ci sono anche belle cremazioni.

-Non sono così definitive. La sepoltura è una certezza: sai esattamente dove sei. Non c'è niente di più rassicurante di una bara che viene accolta nella terra, e del sordo rimbombo delle zolle sul legno lucido! Eh, ma di questi tempi è un lusso: la cremazione è una catena di montaggio. Si parla tanto di risparmio energetico e poi sprecano tutto quel gas... Ce la mangiamo una fetta di torta, Chloe?

(Conversazione in corriera tra Sheila Reid e Sandra Voe, due vecchiette che non perdono un funerale, *L'ospite d'inverno*).

LA MUSICA

2238. -È la musica che ci porta dove vuole...

(Robbie Robertson, *L'ultimo valzer*).

2239. -Elvis è Dio.

-Non ce lo vedio Dio con la pancia e l'occhio strafatto a cantare *My way* a Las Vegas.

(Colm Meaney e il figlio Robert Arkins litigano su Elvis Presley, *The Commitments*).

2240. -Ho studiato musica per corrispondenza.

(Totò, *Rita, la figlia americana*).

2241. -Io non posso ascoltare troppo Wagner, lo sai: già sento l'impulso ad occupare la Polonia.

(Woody Allen a Diane Keaton, *Misterioso omicidio a Manhattan*).

2242. -Le dirò qual era l'idea di partenza. Una realizzazione di dimensioni mai viste finora. Lei si trova all'Étoile. Davanti a lei un'orchestra di mille elementi, cori e undici enormi schermi televisivi alti come un palazzo di cinque piani. Su ognuno di questi schermi mille musicisti: a Berlino, Londra, Bruxelles, Roma o Madrid...

-Lo so. Patrick me l'aveva raccontato alcune volte.

-Vede... perché un concerto del genere sia riuscito, la musica deve sollevarsi da terra di alcuni centimetri. O anche di qualche decina. Provi ad immaginarselo: dodicimila musicisti aspettano un suo cenno. Ovunque folle enormi. Lei solleva la bacchetta e la musica ha inizio dappertutto nello stesso momento...

(Juliette Binoche completa con Benoît Régent la partitura di un "Concerto per l'Europa" lasciata incompiuta dal marito morto, *Tre colori-Film blu*).

2243. -Lei veramente pensa che la gente che viene in sala sa cos'è la musica? Essi solamente credono che diventano più intelligenti perché sentono commozione in pancia e questo fa importante: con Beethoven tutti diventano cavalieri a cavallo contro nemico.

(Il direttore Balduin Bass, *Prova d'orchestra*).

2244. -Ma dove va la musica quando non suoni più?

(Clara Colosimo, *Prova d'orchestra*).

2245. -Mulligan, tu non soltanto hai le orecchie di latta, hai le dita di piombo: chi ti ha messo in testa di studiare il piano?

-È stato lei.

-Be', io ho bisogno di soldi, ma tu che scusa hai?

(Ray Walston al giovane allievo Tommy Nolan, *Baciami, stupido*).

2246. -La musica è il sogno.

(Il liutaio Daniel Auteuil, *Un cuore in inverno*).

2247. -La musica non mi piace: mi fa pensare al Paradiso.

(Michel Simon-Mefistofele, *La bellezza del diavolo*).

2248. -Non ho mai conosciuto un uomo cattivo che amasse la musica.

(Charles Kemper, *La carovana dei mormoni*).

2249. -Purtroppo ci sono dei momenti in cui nemmeno Schubert ha niente da dirci.

(Barbara Hershey, *Ritratto di signora*).

2250. -Quanto chiedete all'ora, ragazzi?

-Ah, per suonare prendiamo dieci dollari l'ora.

-Sì, capisco. E per non suonare, invece?

-Dodici dollari l'ora.

(Groucho e Chico Marx, *Animal crackers*).

2251. -Questa la chiamano musica classica, vero?

-Sì.

-L'ho capito perché non cantano.

(Marilyn Monroe e Tom Ewell ascoltano Rachmaninov, *Quando la moglie è in vacanza*).

2252. -Studia bene il violino, Alphonse: se studi e hai talento diventerai un grande musicista.

-E se non lo faccio?

-Se non studierai e prenderai molte stecche farai il critico musicale.

(Jean-Pierre Léaud e il figlio Julien Dubois, *L'amore fugge*).

2253. -Ti vesti di già?

-L'opera è alle otto, no?

-Oh, l'opera, sì.

-Sai, tu me l'hai promesso.

-E manterrò la mia promessa. A te piace l'opera e io la detesto: perché non dovremmo andarci?

(Herbert Marshall e la moglie Marlene Dietrich, *Angelo*).

GLI STRUMENTI

2254. -La chitarra batte la donna in tutti i campi. E sa, non c'è una donna di cui mi fidi come di questa vecchia chitarra. È la mia amica chitarra: è sempre lì zitta, ad aspettare che la prenda tra le braccia. Non mi chiede mai quattrini, non va in giro a tradirmi quando sono fuori, e se ha i nervi tirati... Be', basta che le dia un giretto appena, così, e l'accordo torna perfetto.

(Andy Griffith a Patricia Neal, *Un volto nella folla*).

2255. -Lo sa perché suonare il flauto è come le corse dei cavalli?

-No.
-Perché si vince per un soffio.
(Il musicista di strada Carmine Coppola e il flautista Giancarlo Giannini, *La vita senza Zoe/ New York stories*).
2256. -Sarebbe ora che il pianoforte capisse che la musica non è stata scritta da lui.
(Hugh Marlowe rimprovera Bette Davis per la sua presunzione, *Eva contro Eva*).
2257. -Il trombone, checché se ne dica, eziandio, è sempre un trombone.
(Totò, *Totò le Mokò*).

LA CANZONE

2258. -Ascolto solo canzoni, perché dicono la verità. Più sono stupide e più sono vere. E poi non sono stupide... Che dicono? Dicono "Non devi lasciarmi", "Senza di te in me non c'è vita", "Senza di te io sono una casa vuota", o "Lascia che io divenga l'ombra della tua ombra", oppure "Senza amore non siamo niente".
(Fanny Ardant, *La signora della porta accanto*).
2259. -Cantiamo, gridiamo, balliamo per farci amare.
(Margaret Avery, *Il colore viola*).
2260. -Una canzone d'amore...
-Lo sai, sono sempre canzoni d'amore!
(Le amiche Sandrine Bonnaire ed Evelyne Bouix, *Sotto il cielo di Parigi*).
2261. -È una vecchia canzone. Come tutte le vecchie canzoni, mi ricorda qualcosa che non ricordo.
(Katharine Hepburn, *Amore fra le rovine*).
2262. -Metterò un disco di Gino Paoli. Lo sento spesso in questo periodo, per rivivere i traumi di quindici anni fa.
(Fabio Traversa, *Ecce bombo*).
2263. -Non mi seccare! E miagolale a qualcun altro le tue canzoni appiccicose.
(Victor Mature a Linda Darnell, *Sfida infernale*).
2264. -Oh, mi fa molto ridere! Tutte le canzoni d'amore fanno molto ridere.
(Ingrid Bergman a Cary Grant, *Notorious-L'amante perduta*).
2265. -Solo nelle canzoni si dice "sempre".
(Magali Noël, *Grandi manovre*).
2266. -Suonami una vecchia canzone, Sam.
(Ingrid Bergman a Dooley Wilson, *Casablanca*).
2267. -Suona la nostra canzone, Sam, come a quel tempo.
-Ah, non conosco cosa dite, signorina.
-Suonala ancora, Sam. Suona *Mentre il tempo passa*.
(Ingrid Bergman a Dooley Wilson, *Casablanca*).
2268. -L'hai suonata per lei, ora suonala per me.
(Humphrey Bogart a Dooley Wilson, *Casablanca*).

2269. -Suonate *La Marsigliese*! Suonatela!
(Paul Henreid agli orchestrali del Rick's Bar, per rispondere all'inno intonato dagli ufficiali nazisti, *Casablanca*).

IL JAZZ

2270. -Io spero, Francis, che vivremo abbastanza a lungo per vedere un viale che porta il nome di Charlie Parker, un parco Lester Young, una piazza Duke Ellington, e perfino una strada col nome di Dale Turner.
(Il sassofonista Dexter Gordon-Dale Turner al suo giovane ammiratore François Cluzet, *'Round midnight-A mezzanotte circa*).
2271. -Tu sei quello che ha inventato il jazz?
-Così dicono. E tu sei quello che non sa suonare il piano se non ha l'oceano sotto il culo?
-Così dico io.
(Tim Roth e Clarence Williams III-Jelly Roll Morton, *La leggenda del pianista sull'oceano*).
2272. -Vuol dire che suona quella musica moderna, il jazz?
-Già... Jazz caldo.
-Ah be', a qualcuno piace caldo... Personalmente preferisco il classico.
(Tony Curtis e Marilyn Monroe, *A qualcuno piace caldo*).

IL BALLO

2273. -Cosa chiede lei alla vita? Di vivere?
-Di ballare.
(Anton Walbrook e Moira Shearer, *Scarpette rosse*).
2274. -Donne? Ballo? E a che diavolo servono? Io non voglio ballare: preferisco far ballare il prossimo.
(Il gangster Edward G. Robinson, *Piccolo Cesare*).
2275. -Hai mai danzato col diavolo nel pallido plenilunio?
(Jack Nicholson-Joker, *Batman*).
2276. -In realtà il mio sogno è sempre stato quello di saper ballare bene... *Flashdance* si chiamava, quel film che mi ha cambiato definitivamente la vita. Era un film solo sul ballo. Saper ballare! E invece alla fine mi riduco sempre a guardare, che è anche bello, però è tutto un'altra cosa.
(Nanni Moretti, *Caro diario*).
2277. -Io mi guadagnavo la vita ballando, sai...
-Sul serio?
-Sin dai diciott'anni. Lavoravo nelle sale da tè.
-Dai, raccontami tutto.
-Certe vecchiette mi pagavano per ballare tra le mie braccia: facevamo un valzer travolgente. Prendevo due dollari al pomeriggio più le mance, e di più se lavoravo la sera. In privato, non so se mi sono spiegato...
(Il trombettista jazz Richard Gere e la pupa del gangster Diane Lane, *Cotton Club*).

2278. -Io non ho la pretesa di essere un sacerdote, ma ho letto la Sacra Bibbia da cima a fondo non so quante volte, e non ci ho trovato una sola parola contro il ballo. Perciò, fratelli miei carissimi, cominceremo subito col farci quattro salti.

(Russell Simpson inaugura la chiesa di Tombstone, *Sfida infernale*).

2279. -Io vorrei che questo ballo non finisse mai.

(Claudia Cardinale, *Il gattopardo*).

2280. -Mai saputo ballare il valzer, io.

(John Wayne, *I cavalieri del Nord-Ovest*).

2281. -La mia mente è così lontana, quando ballo...

(Greta Garbo, *Mata Hari*).

2282. -Potrei ballare con lei finché non si svegliano le galline. Anzi, ballerò con le galline fin quando non si sveglierà lei.

(Groucho Marx a Vera Marcal, *La guerra lampo dei fratelli Marx*).

LA NATURA

2283. -Per me la natura è... Sai... I ragni, le cimici, e il pesce grosso che si mangia il piccolo, e le piante che mangiano altre piante, animali che mang... È un enorme ristorante: così la vedo.

(Woody Allen a Diane Keaton, *Amore e guerra*).

2284. -Quando la natura chiama, l'omo risponde.

(Il meccanico erotomane Paolo Hendel, *Il ciclone*).

L'UNIVERSO

2285. -Tu sapevi che l'universo è una casualità moralmente neutra, di inimmaginabile violenza ?

(Sam Waterston a Denholm Elliott, *Settembre*).

IL SOLE

2286. -Nulla m'allieta come il sole d'autunno, il sole nero.

(Il duca Georges Marchal a Catherine Deneuve, *Bella di giorno*).

2287. -Il sole africano è tremendo: produce colpi d'insolenza.

(Totò, *Totò sceicco*).

IL MONDO

2288. -Beato sii per questo monno, che ce ponno campà tutti, pure quelli che non ponno.

(Il "Cantico delle Creature" di Frate Ciccillo-Totò, *Uccellacci e uccellini*).

2289. -Il governo degli Stati Uniti mi ha chiesto di salvare il mondo: posso dire di no?

(Bruce Willis in versione eroica ai suoi uomini, *Armageddon-Giudizio finale*).

2290. -Il mondo è come te lo fai, amico mio. Se a te non sta bene devi modificartelo un po'.

(Linda Hunt, *Silverado*).

2291. -Er mondo è de chi cià li denti.

(Mario Cipriani, *Accattone*).

2292. -Il mondo è gelido là fuori: a volte credo di essere diventata anch'io un ghiacciolo.

(Mary Kay Place, *Il grande freddo*).

2293. -Il mondo è un incosciente che va in moto a tutta velocità senza casco.

(Nicolas Cage, *The rock*).

2294. -Il mondo ha diritto di sapere? Eh la miseria, quanti diritti ha questo mondo!

(L'impresario Allan Edwall di fronte alle insistenze di Jarl Kulle, biografo di un celebre violoncellista e a caccia di indiscrezioni sul suo conto, *A proposito di tutte queste... signore*).

2295. -Occorre di tutto per fare un mondo o per disfarlo.

(Marcel Herrand, *Amanti perduti*).

2296. -Più conoscevo il mondo e più mi perdevo nella sua vastità.

(Kim Rossi Stuart-Gesù, *I giardini dell'Eden*).

2297. -Siamo in un mondo spietato e bisogna essere spietati per difendersi.

(Charlie Chaplin, *Monsieur Verdoux*).

2298. -Sì, sono convinta che questo è il migliore dei mondi possibili.

-Be', certo è il più costoso,

(Diane Keaton e Woody Allen, *Amore e guerra*).

2299. -Ti ricordi di me, amigo? Ma sì, El Paso...

-Il mondo è piccolo.

-Sì, e anche molto cattivo...

(Il bandito Klaus Kinski e il cacciatore di taglie Lee Van Cleef, *Per qualche dollaro in più*).

2300. -Vede, qualche volta, di notte, quando si guardano le stelle, si può quasi sentire la Terra muoversi. È come un piccolo globo che gira nel cielo, con tutti noi sopra.

(Humphrey Bogart a Joan Leslie, *Una pallottola per Roy*).

LA FLORA

2301. -Ah, queste rose le terrò per sempre!

-Questo lo pensi tu: le ho affittate per un'ora.

(Lisette Verea e Groucho Marx, *Una notte a Casablanca*).

2302. -Ah sì, certo, l'erba del vicino è sempre più verde: è un fatto noto.

(Cary Grant, *L'erba del vicino è sempre più verde*).

2303. -Ama le orchidee?

-Non particolarmente.

-Sono orribili. La loro carne assomiglia troppo a quella umana e il profumo ha la putrida dolcezza della corruzione.
(Il vecchio generale paralitico Charles Waldron, che vive in una serra di orchidee, e Humphrey Bogart-Philip Marlowe, *Il grande sonno*).
2304. -Mi raccomando, mi raccomando: niente opere di bene, ma soltanto fiori.
(Totò, *Totò e i re di Roma*).
2305. -Starò bene appena vedrò che l'erba è ancora verde e gli alberi ci sono.
(Il carcerato Humphrey Bogart, *Una pallottola per Roy*).

LA MONTAGNA

2306. -Dimmi cosa ti piace delle montagne.
-Mi piace l'assoluta semplicità, ecco cosa mi piace. Quando sei in scalata la tua mente è sgombra, libera da qualsiasi confusione: sei concentrato e, ad un tratto, la luce diventa più nitida, i suoni sono più ricchi e tu sei invaso dalla profonda, potente presenza della vita.
(Jamyang Wang Chuck, il giovane Dalai Lama, e Brad Pitt, *Sette anni in Tibet*).
2307. -Parli di questa montagna come se fosse una donna.
-Con me è stata gentile più di tutte le donne che ho conosciuto.
(I cercatori d'oro Tim Holt e Humphrey Bogart, *Il tesoro della Sierra Madre*).
2308. -Perché le piace scalare una montagna?
-Mah... Probabilmente perché, per quanto sia alta e ripida, ce n'è sempre una più alta.
(Joan Fontaine e Louis Jourdan, *Lettera da una sconosciuta*).
2309. -Sapeva che sarei tornato oggi. Allora perché è andata in montagna?
-Sai, se non andava in montagna Maometto veniva a lei.
(Oliver Hardy e Stan Laurel, tornati a casa da una scappatella, non trovano le mogli ad attenderli, *I figli del deserto*).

IL MARE

2310. -Il mare... Dove ciascuno, come in uno specchio, ritrova se stesso.
(Richard Basehart, *Moby Dick, la balena bianca*).
2311. -Il mare è la culla della vita.
(Cyril Delevanti, *La notte dell'iguana*).
2312. -Il mare è sempre bello: i suoi colori, le sue voci, i suoi rumori... Non sono mai riuscito a capire come gli artisti greci abbiano potuto concentrarsi e dare forma a tante meraviglie avendo sotto gli occhi sempre un tale spettacolo fascinoso, ammaliante. A me basta il ricordo del mare a occupare tutta la mia fantasia.
(Burt Lancaster, *Gruppo di famiglia in un interno*).

LA PIOGGIA

2313. -Ah, la pioggia inglese: è così leggera, e mai tutta insieme...
(Barbara Hershey, *Ritratto di signora*).
2314. -Io amo la pioggia: sciacqua le memorie dal marciapiede della vita.
(Woody Allen, *Provaci ancora Sam*).
2315. -Le piacciono i lunghi pomeriggi piovosi di New Orleans? Quando un'ora non è un'ora, ma un frammento di eternità caduto nelle nostre mani, e non si sa cosa farsene...
(Vivien Leigh al venditore di giornali Chester Jones, *Un tram che si chiama desiderio*).
2316. -La pioggia ti rende migliore, sai: ti toglie un po' di viscidità.
(Barbara Hershey a Richard Dreyfuss, *Tin men-Due imbroglioni con signora*).
2317. -Sì, gli fa 'na sega la pioggia all'Uomo Ragno.
(Massimo Ceccherini, convinto di essere un supereroe, *Fuochi d'artificio*).

LA NOTTE

2318. -Abbiamo la notte davanti a noi, con noi, per noi.
(Arletty a Jean-Louis Barrault, *Amanti perduti*).
2319. -Jimmy, credi che la fine del mondo verrà di notte?
(Sal Mineo a James Dean, *Gioventù bruciata*).
2320. -La notte è crudele, attenta.
(Marlon Brando a Jean Simmons, *Bulli e pupe*).
2321. -La notte fa aumentare tutte le nostre paure. Però a me piace tanto la notte: è molto più viva del giorno.
(Derrick De Marney, *Giovane e innocente*).
2322. -Questa è una notte piena di mistero: l'aria stessa è piena di mostri.
(Elsa Lanchester, creata per essere la compagna del mostro, *La moglie di Frankenstein*).
2323. -Questa notte sarà molto lunga.
-Ma finirà. Comincia già ad albeggiare, vede? A volte la mattina, con il sole, si stenta perfino a credere che ci sia stata la notte.
(Ingrid Bergman e Joseph Cotten, *Angoscia*).
2324. -Se questa notte potesse durare per sempre!
(Betty Field a Robert Cummings, *Il carnevale della vita*).

IL BUIO

2325. -Accadono tante cose nel buio.
(Elsa Lanchester, *La scala a chiocciola*).
2326. -Io amo il buio, è fraterno.
(Simone Simon, *Il bacio della pantera*).

2327. -Io ora al sole non attribuisco più nessuna importanza, né alle scintillanti fontane che alla gioventù piacciono tanto. Io adoro solo l'oscurità e le ombre, dove posso essere solo coi miei pensieri.
(Il vampiro Klaus Kinski, *Nosferatu, il principe della notte*).

LA NOBILTÀ

IL NOBILE

2328. -Era un vero aristocratico: aveva la caserma dei carabinieri privata.
(Totò, *Che fine ha fatto Totò baby?*).
2329. -È ridicolo, chi volete che se la beva?
-Sta' calmo. L'unica nobiltà che si conosca in America sono i re dei diamanti, i re del vizio e i conti in banca.
(Horst Buchholz, fresco sposo tedesco di Pamela Tiffin, e James Cagney che vuole spacciarlo per un nobile ai facoltosi suoceri americani, *Uno, due, tre!*).
2330. -Le posso fare una domanda indiscreta, forse?
-Ma dica, duca, dica.
-No, dica duca lo dico io. Lei dica duca e io dico dica.
-Allora io dico duca.
-E io dico dica.
-Duca...
-Dica.
(Il nobile Totò e la vamp Dorian Gray, *Totò, lascia o raddoppia?*).
2331. -Mi sembrate annoiato. Ma come, non è bello essere duca?
-Sì, ma... Sapete com'è: è una carriera senza avvenire.
(Isa Barzizza e Totò, *I due orfanelli*).

IL CAVALIERE

2332. -Dov'è il tuo spirito cavalleresco, Han Solo?
-Se la memoria non m'inganna, devo averlo dato via in cambio di un crisopazio e tre bottiglie di ottimo brandy, circa cinque anni fa, su Commenor.
(Mark Hamill e Harrison Ford, *Guerre stellari*).
2333. -Molti cavalieri, tanti cavalieri, troppi cavalieri.
(Totò, *Totò, Fabrizi e i giovani d'oggi*).

IL GENTILUOMO

2334. -Un gentiluomo non incontra un rivale senza i calzoni.
(Gunnar Björnstrand, colto sul fatto, a Jarl Kulle, *Sorrisi di una notte d'estate*).
2335. -Se fossi un gentiluomo, non conterei questo denaro. Sfortunatamente, sarò un gentiluomo soltanto quando finirò di contarlo.

(Il domestico James Mason, diventato spia, si fa pagare dall'ambasciatore tedesco Oscar Karlweis, *Operazione Cicero*).

2336. -Voi non siete un gentiluomo.

-E voi non siete una signora.

-Oh...

-Non è un titolo di demerito: le signore non mi hanno mai interessato.

(Vivien Leigh e Clark Gable, *Via col vento*).

IL SIGNORE

2337. -Non ho tempo per fare la brava: io voglio vivere. Sono una donna, adoro gli uomini. Se questo vuol dire che non sono una signora, allora... non sono una signora. Ma almeno sono sincera.

(Dana Delany, *Tombstone*).

2338. -Signori si nasce e, modestamente, io lo nacqui.

(Totò, *Signori si nasce*).

IL BORGHESE

2339. -Forse ha ragione lei, dottore. Io però la compiango, perché lei sarà sempre più squallido e più estraneo alla vita.

-Un cretino...

-Oh no: un povero borghese.

(Ginette Leclerc e Pierre Fresnay, *Il corvo*).

2340. -Il mio futuro di borghese è nel mio passato di borghese. Così per me l'ideologia è stata una vacanza, una villeggiatura.

(Francesco Barilli chiude la sua militanza a sinistra, *Prima della rivoluzione*).

LA PACE

2341. -Eh, la pace è un problema difficile. Molti sono stati giusti in guerra, ma in pace... Mi chiedo spesso come un uomo possa rimanere giusto sotto il pungolo della pace.

(Harold Gordon, *Viva Zapata!*).

2342. -Ne ho abbastanza di tutto. Cerco la pace. Vedrò se la vita può darmi ancora un po' di serenità e di dolcezza.

(Clark Gable lascia la moglie Vivien Leigh, *Via col vento*).

2343. -Non c'è altro da fare, qui, per un guerriero. Ormai si tratta di amministrare: lavoro da vecchi. I giovani combattono, e per questo le virtù della guerra sono virtù di giovani: il coraggio e la fiducia nel futuro. Poi vengono i vecchi e fanno la pace, e i vizi della pace sono i vizi di tutti i vecchi: la sfiducia e il sospetto.

(Il generale Alec Guinness a Peter O'Toole-Lawrence d'Arabia che, dopo avere guidato la rivolta araba contro l'impero ottomano, torna in Inghilterra, *Lawrence d'Arabia*).

2344. -Non possiamo avere un po' di pace neppure l'ultimo dell'anno?
-Ti stai confondendo con Pasqua: l'ultimo dell'anno è il giorno che ci si prepara a ricominciare a scannarsi.
(Connie Gilchrist e Thelma Ritter, *Lettera a tre mogli*).
2345. -Qualche volta, la notte, quest'oscurità, questo silenzio, mi pesano. È la pace che mi fa paura. Temo la pace più di ogni altra cosa: mi sembra che sia soltanto un'apparenza, e che nasconda l'inferno. Pensa a cosa vedranno i miei figli domani... Il mondo sarà meraviglioso, dicono. Ma da che punto di vista, se basta uno squillo di telefono ad annunciare la fine di tutto?
(Alain Cuny, *La dolce vita*).
2346. -Sembra che non amiate la pace...
-Si può amare ciò che non si conosce e in cui non si crede?
(Il capobanda Gian Maria Volonté e il pistolero Clint Eastwood, *Per un pugno di dollari*).

LA GUERRA

2347. -A condurre la guerra era un gruppo di clown con quattro stelle che avrebbero finito per dar via tutto il circo.
(Martin Sheen in Vietnan, *Apocalypse now*).
2348. -Ad Anzio c'è una spiaggia con la sabbia che è tutta ammucchiata: forma come una duna, sarà lunga duecento metri. Nel 1944 quella sabbia era tutta zuppa di sangue, invece l'anno scorso era coperta di bikini. Bikini... Tante belle chiappette stese sulla sabbia che aveva succhiato tutto quel sangue. Ah, Cristo, non voglio parlare della guerra: è l'ultima fregatura che ho preso. Perché ti stupisci? Tutti i campi di battaglia diventano posti di villeggiatura.
(Jack Lemmon a Jack Gilford, *Salvate la tigre*).
2349. -Bisogna finirla questa guerra, no? Speriamo che sia l'ultima.
-Oh, non ti fare illusioni, ritorna alla realtà.
(Jean Gabin e Marcel Dalio, *La grande illusione*).
2350. -Che differenza può fare un uomo solo, in tutta questa pazzia?
(Il sergente Sean Penn a Guadalcanal, *La sottile linea rossa*).
2351. -Colui che combatte a lungo contro i draghi, diviene un drago egli stesso.
(Sean Connery in una battuta che echeggia Nietzsche, *Zardoz*).
2352. -Dobbiamo ucciderli, dobbiamo incenerirli, un maiale dopo l'altro, una vacca dopo l'altra, un villaggio dopo l'altro, un esercito dopo l'altro... E mi chiamano assassino. Come si chiama questo, quando gli assassini accusano un assassino?
(La voce registrata di Marlon Brando, a proposito dei vietcong e degli americani che gli danno la caccia, *Apocalypse now*).
2353. -È difficile vincere una guerra con le chiacchiere.
(Clark Gable, *Via col vento*).
2354. -E noi dovremmo spezzare le reni alla Grecia con questi quattro deficienti qua?

(Il sergente Diego Abatantuono alla seconda guerra mondiale, *Mediterraneo*).

2355. -La guerra! Decine di migliaia di uomini pronti a uccidersi gli uni con gli altri senza ragione né scopo: la ragione non ha niente in comune con la guerra. Cos'è la guerra in definitiva se non un comodo metodo per obbligare gli uomini a pensare e ad agire nel modo più conveniente a chi comanda?

(Farley Granger, *Senso*).

2356. -La guerra distorce la memoria o l'acuisce. Dimentichi il viso della gente e ricordi le cose più importanti, e sono questi i ricordi che durano per tutta la vita.

(Dick Powell, *Missione di morte*).

2357. -La guerra è il più grosso affare dell'America: un affare da 80 miliardi di dollari l'anno.

(Kevin Costner, *JFK-Un caso ancora aperto*).

2358. -La guerra è semplice, gli uomini possono capirla.

(Charlton Heston, *Sierra Charriba*).

2359. -La guerra non è altro che un lungo ozio senza un minuto di riposo.

(Vittorio Gassman, *La grande guerra*).

2360. -Ho perso tutte le battaglie in cui mi sono trovato... Ci hanno sempre ripetuto: "Allenatevi, distinguetevi, diventate dei signori della guerra!" Consumiamo l'esistenza in questa vana ricerca, giunge la vecchiaia e ci troviamo con un pugno di mosche in mano...

(Bilanci del guerriero Takashi Shimura, *I sette samurai*).

2361. -Ilsa, le pose da eroe non mi piacciono, ma tu sai bene che i problemi di tre piccole persone come noi non contano in questa immensa tragedia.

(Humphrey Bogart a Ingrid Bergman, combattuta fra lui e il marito, capo della resistenza contro i nazisti, *Casablanca*).

2362. -In guerra si uccide, e la Bibbia ce lo vieta. Perciò la guerra è contro la Bibbia.

(L'obiettore di coscienza Gary Cooper, *Il sergente York*).

2363. -In guerra sono tutti in pericolo, tranne quelli che hanno voluto la guerra.

(Totò, *I due orfanelli*).

2364. -Io lo odio il Vietnam... Sì, non c'è neanche un cavallo in tutto il paese, non c'è neanche un cavallo in tutto il Vietnam... È evidente che c'è qualcosa che non va...

(Il marine texano Arliss Howard, *Full metal jacket*).

2365. -Io volevo tanto vedere l'esotico Vietnam, il gioiello dell'Asia orientale, io... Io volevo incontrare gente interessante, stimolante, con una civiltà antichissima... e farli fuori tutti. Volevo essere il primo ragazzo del mio palazzo a fare centro dentro qualcuno.

(Il marine Matthew Modine, *Full metal jacket*).

2366. -Ma cosa faremo quando avremo perso la guerra?

-Ci prepareremo per la prossima.

(I tedeschi James Mason e David Warner, in Russia nel 1943, *La croce di ferro*).

2367. -Per ora in questa guerra si sono macellati dieci milioni di esseri umani, nell'interesse dell'umanità. Nella prossima distruggeremo addirittura l'uomo, per proteggere la sua dignità.
(James Garner, *Tempo di guerra, tempo d'amore*).

2368. -Più uomini uccido e più mi sento lontano da casa.
(Tom Hanks, *Salvate il soldato Ryan*).

2369. -Quasi tutte le miserie del mondo sono causate dalle guerre. E quando le guerre sono finite, nessuno sa più perché sono scoppiate.
(Leslie Howard, *Via col vento*).

2370. -Quello che è brutto della guerra è che priva l'uomo della sua lotta individuale.
(Oscar Werner, *Jules e Jim*).

2371. -Sei in forma, la guerra ti fa bene. Chiedo sempre tue notizie: ho seguito i tuoi massacri uno per uno.
(Katharine Hepburn-Eleonora d'Aquitania al figlio Anthony Hopkins, *Il leone d'inverno*).

2372. -Sono furente. Lo sperpero mi rende furibondo, e anche i sacrifici inutili.
(Clark Gable dopo la sconfitta sudista a Gettysburg, *Via col vento*).

2373. -Sono propenso a molte concessioni pur di evitare la guerra.
-Troppo tardi: ho già pagato un mese d'affitto per il campo di battaglia.
(Louis Calhern e Groucho Marx, *La guerra lampo dei fratelli Marx*).

2374. -La sorpresa, come lei sa bene, signor Ness, è metà battaglia.
-Molte cose sono metà battaglia: perdere è metà battaglia.
(Robert Swan e Kevin Costner, *The untouchables-Gli intoccabili*).

2375. -Stiamo perdendo la guerra come romani, come egizi o come fregnoni?
(Totò, *L'imperatore di Capri*).

2376. -Tutti quelli che scappano sono vietcong, tutti quelli che restano fermi sono vietcong molto bene addestrati.
(Un marine che, dall'elicottero, fa il tiro al bersaglio sui civili vietnamiti, *Full metal jacket*).

L'ESERCITO

2377. -A parte il fatto che molti dei suoi uomini non sono neppure usciti dalle trincee, c'è la questione del morale delle truppe.
-Il morale delle truppe?
-Certo. Questa fucilazione sarà un tonico per tutta la divisione. Ci sono poche cose più incoraggianti e stimolanti di veder morire gli altri.
-Non ci avevo mai pensato.
-Colonnello, i soldati son come i bambini. Per i bambini ci vogliono padri energici e per i soldati la disciplina.
-Capisco.
-E un modo per mantenere la disciplina è fucilare un uomo ogni tanto.
(Il generale Adolphe Menjou e il colonnello Kirk Douglas, *Orizzonti di gloria*).

2378. -Bisogna avere uomini con un senso morale, che allo stesso tempo siano capaci di utilizzare i loro primordiali istinti di uccidere senza emozioni, senza passione, senza discernimento...

(Marlon Brando illustra il suo ideale di soldato, *Apocalypse now*).

2379. -Bisogna preoccuparsi di un soldato solo quando smette di lagnarsi.

(Nick Nolte, *La sottile linea rossa*).

2380. -I buoni soldati non pensano: obbediscono e basta. Credi che se uno pensasse darebbe la vita per il re e per la patria? Ma neanche per sogno!

(Sean Connery, *L'uomo che volle farsi re*).

2381. -Che pensi di fare ora che sei fuori dall'esercito?

-Be', di non più ritornarci.

(Arthur Kennedy e Frank Sinatra, *Qualcuno verrà*).

2382. -Come va il mio ragazzo?

-Andrebbe bene... C'è il guaio che è un ufficiale e un gentiluomo, e qui il gentiluomo è di troppo.

(Ward Bond e Victor McLaglen a proposito di John Agar, *Il massacro di Fort Apache*).

2383. -Conosco i suoi pari: ingoierebbero merda, pur di avere l'uniforme e fare il boia.

(Il soldato prigioniero Sean Connery al sergente Ian Hendry, *La collina del disonore*).

2384. -Il corpo dei marines non vuole dei robot, il corpo dei marines vuole dei killers.

(Matthew Modine, *Full metal jacket*).

2385. -Di là dei ragazzi che giocano ai soldati. Di qua dei soldati che giocano come ragazzi.

(Il capitano Pierre Fresnay, prigioniero dei tedeschi, *La grande illusione*).

2386. -D'ora in avanti pulirai la mensa e le latrine.

-Signorsì. Da che vedo la differenza?

(Il sergente Frank Adu e la recluta Woody Allen, *Amore e guerra*).

2387. -È bello che un soldato disobbedisca agli ordini criminali.

(Titolo di un giornale che l'ufficiale tedesco Howard Vernon, in dissidio con i superiori nazisti, trova dentro un libro di Anatole France, prima di partire per il fronte: è l'omaggio del suo ospite francese Jean-Marie Robain, *Il silenzio del mare*).

2388. -Eh, l'esercito... L'esercito è come il teatro: un meraviglioso anacronismo.

(Daniel Ceccaldi a Jean-Pierre Léaud, *Baci rubati*).

2389. -È l'unica persona che conosco che probabilmente riceverà una medaglia al valore insieme a una condanna della corte marziale.

(Cary Grant a proposito del disinvolto tenente Tony Curtis, *Operazione sottoveste*).

2390. -Ho studiato a fondo l'uomo militare, gli ho letteralmente scrutato il cervello. Ma il mio fato è quello di rabberciarlo di continuo senza avere alcuna idea di come funzioni.

(Tom Conti, medico militare, *I duellanti*).

2391. -In fondo i generali sono tutti caporali rimbambiti.

(Eduardo De Filippo, *Fantasmi a Roma*).

2392. -Io sono il sergente maggiore Hartman, vostro capo istruttore. Da questo momento potete parlare soltanto quando vi sarà richiesto, e la prima e l'ultima parola che dovrà uscire dalle vostre fogne sarà "Signore!". Tutto chiaro, luridissimi vermi?

(Lee Ermey alle reclute, *Full metal jacket*).

2393. -Lei è un assassino?

-Sono un soldato.

-Né l'uno né l'altro. Lei è un garzone di bottega che è stato mandato dal droghiere a incassare i sospesi.

(L'ex colonnello Marlon Brando, che combatte la sua guerra personale nella giungla cambogiana, e il capitano Martin Sheen, incaricato di ucciderlo, *Apocalypse now*).

2394. -Ma tu ci sei nato sotto forma di viscido sacco di merda, Palla di Lardo, o ci hai studiato per diventarlo?

(Il sergente Lee Ermey al soldato Vincent D'Onofrio, *Full metal jacket*).

2395. -Mio fratello Ivan non fu così fortunato. Diventò un caduto: fu ucciso a baionettate da un obiettore di coscienza svizzero.

(Woody Allen, *Amore e guerra*).

2396. -Noi addestriamo dei giovani a scaricare napalm sulla gente, ma i loro comandanti non gli permettono di scrivere "cazzo" sui loro aerei perché è osceno.

(Marlon Brando, *Apocalypse now*).

2397. -Non ci sta con la testa: ferite di guerra, in Corea. Conosce quei metal detector degli aeroporti? Se ci passasse attraverso nudo come un verme si metterebbero a suonare: ha una placca nella testa.

(Mary Kay Place parla del marito invalido Red West, *L'uomo della pioggia*).

2398. -Non credevo che certe cose accadessero. Ma dopo tutto noi della nostra generazione siamo stati viziati, come bambini: ci piacciono le uniformi eleganti perché ci stanno bene... e i galloni d'oro, le mostrine, il suono della banda che accompagna il nostro incedere da eroi... C'è anche il rovescio della medaglia, però: la lontananza dalle donne, la fame, il freddo, le fatiche. Sì, finché si tratta di brindare alle future vittorie siamo tutti pronti, ma non ci sentiamo di pagare quello che spesso costa la vittoria a cui brindiamo: la perdita di un braccio... una gamba tagliata alla coscia... un viso sfigurato...

(Il tenente austriaco Farley Granger ad Alida Valli, *Senso*).

2399. -Non m'han preso sotto le armi. Io non ero abile, ma alienabile... Sì, in caso di guerra ero da dare in ostaggio.

(Woody Allen, *Io e Annie*).

2400. -Non sono dei vigliacchi, quindi se alcuni non sono usciti dalle trincee può essere stato solo perché era impossibile.

-Avevano ordine di attaccare, era loro dovere obbedire a quell'ordine. Non si può lasciare agli uomini la decisione se un ordine è impossibile o meno. Se era impossibile, l'unica prova sarebbe stata data dai loro corpi ammucchiati nelle trincee. Sono feccia! Tutto il reggimento è un branco di cani bastardi piagnucolosi con la coda tra le gambe.

(Il colonnello Kirk Douglas contraddice il generale George Macready il quale, dopo un assalto fallito, vuol fare fucilare cento soldati, *Orizzonti di gloria*).

2401. -I personaggi come te sono anacronismi: li dovrebbero chiudere in una bacheca con scritto "Rompere il vetro solo in caso di guerra".

(Everett McGill al vecchio sergente Clint Eastwood, *Gunny*).

2402. -Quando si sta sotto le armi per quindici anni ci sono due cose che non si riescono mai a ottenere perché non esistono: la logica e la libertà.

(Jean Yanne, *Il tagliagole*).

2403. -Quanto sei alto, soldato?

-Signore, 1 e 73, signore.

-Un metro e 73? Prima non facevano pile di merda così alte.

(Il sergente istruttore Lee Ermey a una recluta, *Full metal jacket*).

2404. -Questo vecchio firmaiolo è così pieno di schegge di granata che non passa al metal detector dell'aeroporto.

(Arlen Dean Snyder a proposito del sergente Clint Eastwood, *Gunny*).

2405. -Se puniamo ogni comandante che si comporta da stupido, non ce ne resta uno sopra il grado di centurione.

(Charles Laughton-Gracco, *Spartacus*).

2406. -Se voi, signorine, finirete questo corso, e se sopravviverete all'addestramento, sarete un'arma, sarete dispensatori di morte, pregherete di combattere. Ma fino a quel giorno siete uno sputo, la più bassa forma di vita che ci sia nel globo. Non siete neanche fottuti esseri umani: sarete solo pezzi informi di materia organica anfibia comunemente detta merda.

(Il sergente istruttore Lee Ermey si presenta agli allievi marines, *Full metal jacket*).

2407. -I soldati per fare la guerra non guadagnano niente. Le persone se le paghi non hanno voglia di lavorare, è gratis che se le danno di santa ragione.

(Totò, *I due orfanelli*).

LO SPIONAGGIO

2408. -Ai miei tempi lo spionaggio era un'alternativa alla guerra, e la spia si sentiva consacrata ad un sacerdozio altamente selezionato, cui si aderiva per vocazione, senza alcun interesse. Tale descrizione non si attaglia a quell'acrobata sessuale che lascia dietro di sé una scia di belle donne ammazzate.

(David Niven, proto-007, parla del suo successore Sean Connery, *Casino Royale*).

2409. -L'avvicinerai domani. Il resto dipende da te: devi cercare di sistemarlo...

-Mata Hari... E pensare che non ci credevo.

(L'agente segreto Cary Grant spinge la donna che ama, Ingrid Bergman, tra le braccia del nazista Claude Rains, *Notorious-L'amante perduta*).

2410. -La CIA seppe del Muro di Berlino solo quando gli crollò addosso.

(Denzel Washington, *Attacco al potere*).

2411. -Perché fa questo lavoro e non l'infermiera, per esempio?
-Non sono un angelo buono... Sono in cerca di emozioni.
(La spia John Gielgud e la collega Madeleine Carroll, *L'agente segreto*).
2412. -Vedi, i primi tempi che lavoravi per la CIA le cose erano più chiare, lo sapevi che cosa ti aspettava. I cattivi portavano i baffi. Ora hai bisogno di un computer per sapere chi è il buono e chi è il cattivo, e se il computer si guasta è un bel casino.
(Glenda Jackson, agente segreto a riposo, a Walter Matthau, *Due sotto il divano*).

LA VITTORIA

2413. -Alla fine noi vinceremo perché moriremo liberi.
(Wes Studi, capo degli apaches che si sono ribellati ai bianchi, *Geronimo*).
2414. -Io non perdo mai.
(Alain Delon, *Frank Costello faccia d'angelo*; Robert Redford, *I signori della truffa*).
2415. -Ma questa volta ci faranno vincere?
(Sylvester Stallone, *Rambo 2-La vendetta*).
2416. -Potevamo vincere, Spartaco, avremmo potuto vincere.
-L'esserci ribellati è già stata una vittoria. Se anche uno solo dice "No, non voglio", Roma comincia a tremare.
(Tony Curtis e Kirk Douglas, *Spartacus*).
2417. -Se è difficile perdere con dignità, lo è altrettanto vincere senza arroganza.
(Ward Bond, *Il sentiero della gloria*).
2418. -I vincenti si riconoscono alla partenza.
(Robert De Niro, *C'era una volta in America*).

LA SCONFITTA

2419. -Insomma, preparati, no? Preparati... Allora, se vinci ti prepari un discorso, un vestito, una faccia, scendi giù e parli. Se perdi... Tanto abbiamo sempre perso noi, eh... Scendi, fai una dichiarazione ferma e dignitosa.
(Nanni Moretti commenta la sconfitta della sinistra alle elezioni del '94 e la latitanza dei dirigenti del PDS al video, *Aprile*).
2420. -Io ho avuto più sconfitte in vita mia che denti in bocca, e ho imparato ad accettarle. Adesso è inutile pestare i piedi: manda giù il rospo e va a dormire!
(Katharine Hepburn-Eleonora d'Aquitania al figlio Anthony Hopkins, *Il leone d'inverno*).
2421. -Noi abbiamo perso la guerra ma abbiamo vinto le battaglie.
(Clint Eastwood, *Gunny*).
2422. -Soltanto i perdenti dicono: farò del mio meglio. I vincenti riescono a fottersi Miss College.

(Sean Connery a Nicolas Cage, *The rock*).

2423. -Gli uomini che perdono la guerra diventano cattivi come tori feriti.

(Isabelle Huppert, *Un affare di donne*).

LA FUGA

2424. -A che serve fuggire se non stiamo insieme...

(Il rapinatore Steve McQueen ad Ali MacGraw, *Getaway!*).

2425. -Bisogna cercare di evadere quando ci sentiamo chiusi. Altrimenti il muro si alza e non c'è che buttarsi dalla finestra.

(Birger Malmstem a Gertrud Fridh, *La terra del desiderio*).

2426. -Chissà che cosa mi farebbero se disertassi...

-Ti fucilerebbero: mi viene l'acquolina in bocca solo a pensarci.

(Battibecco tra l'ausiliaria americana Ann Sheridan e l'ufficiale francese Cary Grant, *Ero uno sposo di guerra*).

2427. -Evado di giorno perché non mi va di essere un evaso da notte.

(Totò, *Un turco napoletano*).

2428. -In tempi come questi la fuga è l'unico mezzo per mantenersi vivi e continuare a sognare.

(Frase di Henri Laborit posta a epigrafe di *Mediterraneo*).

2429. -Vieni con me in un luogo dove non ci siano spie.

-Michael, dove?

-Molto lontano da qui, in qualche regione solitaria.

-Lontano? Dove si dovrebbe andare? Fuggire non serve a nulla: io ho già provato. Tutto il mondo è cattivo, Michael, tutto il mondo. La fuga non dà scampo, né pace, né amore.

(Orson Welles e Rita Hayworth, *La signora di Shangai*).

LA PAROLA

2430. -Abbiamo parlato di tutto pur di non parlare di niente.

(Marcello Mastroianni al figlio Massimo Troisi, *Che ora è*).

2431. -Ah, è fatale: le parole dette, come le occasioni perdute, non si riprendono.

(Cary Grant, *L'erba del vicino è sempre più verde*).

2432. -Chi parla male, pensa male, e vive male. Bisogna trovare le parole giuste: le parole sono importanti.

(Nanni Moretti, *Palombella rossa*).

2433. -Chi si esprime con suoni così deprimenti e sgraziati non ha diritti di nessun genere, nemmeno quello di vivere.

(Il glottologo Rex Harrison alla fioraia Audrey Hepburn, che parla il dialetto londinese, il cockney, *My fair lady*).

2434. -Come mio zio missionario era solito dire: "Se non sei in grado di parlare bene di un uomo, non parlarne".

(Rock Hudson, *Amore, ritorna!*).

2435. -È proprio con me che stai parlando? Dev'essere per forza con me, visto che non c'è nessun altro.
(Robert De Niro si allena davanti allo specchio e parla con un interlocutore immaginario, *Taxi driver*).
2436. -È solo una questione di parole, ma noi tutti sappiamo che le parole sono importanti.
-Perché le parole sono importanti?
-Se non sapete dire quello che pensate, Vostra Maestà, non riuscirete mai a sapere quello che dite.
(Il precettore Peter O'Toole e il piccolo imperatore Wu Tao, *L'ultimo imperatore*).
2437. -Hai un grande talento con le parole, ma ci dipendi troppo, come se dire le cose in modo efficace fosse sufficiente a renderle vere.
(Audie Murphy a Michael Redgrave, *Un americano tranquillo*).
2438. -Imbriglia i tuoi cavalli se ci riesci, ma le parole di un uomo libero nessuno può imbrigliarle.
(Il Titano Giuliano Gemma a una guardia del re Cadmo-Pedro Armendariz, *Arrivano i Titani*).
2439. -Io ci sono cresciuta in mezzo alle belle parole. Mamma non era mai arrabbiata o, non so, depressa, nervosa o triste: diceva che era "in pena".
(Liv Ullmann, *Sinfonia d'autunno*).
2440. -Il linguaggio è la casa nella quale abita l'uomo.
(Marina Vlady, *Due o tre cose che so di lei*).
2441. -Lo sa che lei non ha ancora smesso di parlare? Devono averla vaccinata con una puntina di grammofono.
(Groucho Marx a Margaret Dumont, *La guerra lampo dei fratelli Marx*).
2442. -Nelle parole è la nausea, il dolore spasmodico, il vomito...
(Bibi Andersson, *Persona*).
2443. -No!
(Marcel Marceau, *L'ultima follia di Mel Brooks*: è l'unica parola del film, pronunciata per di più da un celebre mimo).
2444. -Oh, mia Lolita, io non ho che le parole da far giostrare sulla scena!
(James Mason a Sue Lyon, *Lolita*).
2445. -Parla solo con chi ha firmato con lei un patto di non aggressione.
(Il cronista sportivo Spencer Tracy a proposito della commentatrice politica Katharine Hepburn, *La donna del giorno*).
2446. -Parli come badi.
(Totò, *Totò a colori*).
2447. -La parola è anche musica.
(François Truffaut, *Il ragazzo selvaggio*).
2448. La parola è tutto, è l'unica cosa che distingue gli uomini dalle bestie.
-Ma distingue anche le bestie fra gli uomini.
(Roscoe Karns e Claudette Colbert, *Accadde una notte*).
2449. -Perché lei mi racconta storie simili?
-Così... Un po'... un po' per parlare.
-Ma perché bisogna sempre parlare? Io trovo che molto spesso biso-

gnerebbe star zitti, vivere in silenzio. Più si parla, più le parole non vogliono dir niente.

(Anna Karina e Brice Parain, *Questa è la mia vita*).

2450. -Le più belle parole del mondo non sono "Ti amo" ma "È benigno".

(Woody Allen esce dall'ospedale, *Harry a pezzi*).

2451. -La prossima volta che la vedo, mi ricordi che non le devo parlare.

(Groucho a Chico Marx, *The cocoanuts-Noci di cocco*).

2452. -Sono convinto che la signora Pennington è un caso patologico: ti assicuro che nessuna persona normale potrebbe parlare tanto senza mai prender fiato.

(Walter Catlett a Robert Cummings a proposito di Catherine Doucet, *La prima è stata Eva*).

2453. -Voglio parlare io, ora!

-Niente affatto: sono io che parlo, e quando parlo parlo anche se non ho niente da dire.

(Gunnar Björnstrand ed Eva Dahlbeck litigano, *Sorrisi di una notte d'estate*).

LA VOCE

2454. -Ho alzato la voce?

-In vari modi: tenore, baritono, basso.

(Il carcerato Phillips Holmes, dopo avere dato in escandescenze, e il suo compagno di cella Otto Hoffman, *Codice penale*).

IL NOME

2455. -A proposito, io non mi chiamo Murdison.

-Ci avrei scommesso, signor Murdison.

(L'agente segreto Walter Matthau, in rotta con la CIA, noleggia da un contrabbandiere un idrovolante per fuggire dagli Stati Uniti, *Due sotto il divano*).

2456. -Cara, di cognome ti chiami Ranocchia? Vieni, andiamo a fare un girino.

(Totò, *Tototarzan*).

2457. -C'è voluto ben più di un uomo per farmi cambiare nome in Shangai Lily.

(Marlene Dietrich, *Shangai Express*).

2458. -Come ti chiami?

-A me non mi chiama nessuno.

-Nemmeno tua madre?

-Non ce l'ho mai avuta una madre: m'hanno trovato nel bidone della spazzatura.

(Il trombettista Richard Gere e il gangster Julian Beck, *Cotton Club*).

2459. -Come ti chiami?

-Siddharta.

-Cooomeee?

-Come Buddha da magro.

(Il quattordicenne Niccolò Senni, figlio di "alternativi", fronteggia la curiosità dei coetanei, *L'albero delle pere*).

2460. -Conosce Alessandro Dumas?

-Scrisse il soggetto dei *Tre moschettieri* per la Metro. Ah, è un nome carino!

(Yves Montand e Marilyn Monroe, *Facciamo l'amore*).

2461. -David? Chiami un docente David?

-È il suo nome.

-Be', senti, è un bel nome biblico, vero... E lui ti chiama Betsabea?

(Woody Allen fa una scenata di gelosia a Diane Keaton, *Io e Annie*).

2462. -Ma lo sa che è un gran bel nome Clementina?

(Henry Fonda a Cathy Dawns, *Sfida infernale*).

2463. -Il mio nome è Bond, James Bond.

(Sean Conney, *Agente 007 licenza di uccidere* e successivi).

2464. -Il mio nome è...

-Non me lo dica.

-Perché?

-Può non piacermi.

(Geraldine Fitzgerald e Sydney Greenstreet, *L'idolo cinese*).

2465. -Il nome degli altri suona sempre strano.

(Anne Baxter, *L'orgoglio degli Amberson*).

2466. -Non mi chiamare ciccio!

(Nanni Moretti, *Io sono un autarchico*).

2467. -Non so come chiamarti.

-Non ho nome.

-Vuoi sapere il mio?

-No, no, stai zitta, non dire niente: io non voglio sapere come ti chiami. Tu non hai nome e io nemmeno: nessun nome. Qua dentro non ci sono nomi, non esistono nomi, capito?

(Maria Schneider e Marlon Brando, sconosciuti, si incontrano in un appartamento vuoto, *Ultimo tango a Parigi*).

2468. -Senti, cara, non chiamiamolo Nike.

-Ancora? Dài, abbiamo deciso: Nike se è maschio, Adidas se è femmina.

(Johnny Dall'Orto e la moglie Clelia Sedda, ossessionata dalla pubblicità, *Consigli per gli acquisti*).

2469. -Signora? Ma che sono forse, decrepita?

-No, signora.

-Mi chiami pure signorina.

-Sì, signorina.

-Mi chiami bella.

-Bella...

-Mi chiami col fischio, se le fa più piacere, ma non mi chiami signora.

(La proprietaria di saloon Annelle Hayes e il capitano Richard Widmark, *Cavalcarono insieme*).

2470. -Sa perché Arthur ha scelto di chiamarsi Dutch Schultz? Perché vuole essere rispettato. Chi rispetterebbe un uomo che si chiama Arthur Flegenheimer?

(Il gangster italiano Andy Garcia-Lucky Luciano al procuratore corrotto William Atherton, a proposito del gangster ebreo Tim Roth-Dutch Schultz, *Hoodlum*).

2471. -Sono Anderson, soprannominato Male e Peggio.
(Il killer John Russell, *Il texano dagli occhi di ghiaccio*).

2472. -Uh, mamma, ciao... Sì... No, abbiamo finito di mangiare, abbiamo finito anche le eliminatorie e siamo ai quarti di finale... Allora, gli otto nomi rimasti? Luigi e Andrea, Franco e Pietro... Luca e Gabriele, Marco e Simone.
(Nanni Moretti sceglie il nome del figlio che sta per nascere, *Aprile*).

IL SINONIMO

2473. -Garrulo... Che cazzo significa garrulo?
-È il sinonimo di loquace, parolaio, espansivo, se preferisci ciarliero.
-Ha mangiato un dizionario, l'amico, eh?
(Colm Meaney e John Cusack, *Con Air*).

L'ELOQUENZA

2474. -È straordinario come parla quell'uomo. Ha un certo modo di muovere le mani parlando... Le parole sembra che gli escano dalle maniche.
(Arletty a proposito di Jules Berry, *Alba tragica*).

2475. -Se le chiacchiere fossero denaro voi sareste il mio miglior cliente.
(Il barista Jack Pennick al medico alcolizzato Thomas Mitchell, *Ombre rosse*).

2476. -Tarapìa tapioco, la supercazzola brematurata con scappellamento a destra, come fusse antani.
(Tormentone di Ugo Tognazzi per confondere le idee agli interlocutori, *Amici miei*).

LA PERSUASIONE

2477. -Lei convincerebbe un cane a dimenarsi al posto della coda.
(Anne Heche a Robert De Niro, *Sesso e potere*).

2478. -Mi hai talmente convinto che uno di questi giorni mi farò donna.
(David Wayne dopo un discorso cripto-femminista di Katharine Hepburn, *La costola di Adamo*).

IL CONSIGLIO

2479. -Adesso vi lascio qui. Siete sull'orlo di uno strapiombo. Non vi consiglio di affrontare la vita a occhi chiusi.
(Il medico Gary Cooper a Maria Schell, per spronarla rudemente a riacquistare la vista, *L'albero degli impiccati*).

2480. -Ah, Poe... Un'altra volta, prendi l'autobus.

(La guardia carceraria Rachel Ticotin all'ex galeotto Nicolas Cage, sopravvissuto a un dirottamento aereo mentre stava per essere liberato, *Con Air*).

2481. -Cerca di stabilire un contatto tra la testa e il culo, altrimenti sono cazzi enormi.

(Il colonnello Bruce Boa al marine Matthew Modine, *Full metal jacket*).

IL PETTEGOLEZZO

2482. -Pettegola! Avete la lingua lunga un metro.

(Barry Fitzgerald a Maureen O'Hara, *Un uomo tranquillo*).

2483. -Il pettegolezzo è la nuova pornografia.

(Michael Murphy, *Manhattan*).

2484. -Stella, sei una ninfomane del pettegolezzo. Dovresti censurarti un po'.

(William Hurt a Jane Hallaren, *Brivido caldo*).

IL VOCABOLARIO

2485. -Il dottor Talbot dice che tu sei un estrovertito e io sono un'introvertita.

-Una che?

-Un'introvertita, ignorante!

(Gli arricchiti Jean Harlow e Wallace Beery, *Pranzo alle otto*).

2486. -E poi sono sicura che nessuna soffre quanto me, costretta all'orribile scuola di quel Davis, ogni giorno, tra ragazze impertinenti: ridono dei tuoi abiti ed emigrano tuo padre perché non è ricco...

-Denigrano, amore, non emigrano: neanche fosse un uccello di passo...

-So quello che voglio dire, e non è il caso che tu faccia tanto la sardinica... Cerca tu di usare le parole giuste e affila il tuo vocabolario.

(Le sorelle Joan Bennett-Amy e Katharine Hepburn-Jo, *Piccole donne*).

LA LETTERA

2487. -C'è sempre più verità in una lettera anonima che in un proverbio cinese.

(Giuseppe Maffioli, *Il commissario Pepe*).

2488. -La lettera anonima è una forma di prezioso artigianato: si comincia da bambini con i fogli di quaderno, fino ad arrivare a esemplari pregiati, vergati da mani maestre.

(Marcello Mastroianni, *Divorzio all'italiana*).

2489. -Perché non mi hai scritto?

-...Sapessi com'è difficile scrivere in galera: ti passano le lettere al setaccio. Del resto, dentro non mi succedeva niente, e quand'ero fuori le mie notizie le davano i giornali.

(Il prete Pat O'Brien e il gangster James Cagney, amici d'infanzia che si erano persi di vista, *Gli angeli con la faccia sporca*).

2490. -Questa sarebbe una lettera commerciale? Ma mi faccia il piacere! "Egr. dott."... Questa lettera mi puzza di abbruciaticcio, mi sa di linguaggio cifrato. Andiamo avanti nella lettura. "Abbiamo ricevuto la v. s.", che vuol dire volantini sovversivi, "spedita il 6 c. m." che significa cannoni e mitragliette. Che credono, che siamo rimbambiti? Andiamo avanti... "E inoltre crediamo di potervi spedire la merce tra il 18 e il 20 aprile pp. vv.". Ed è sul pp. vv. che cade l'asino, che si sono fregati con le loro mani! Sai che cosa vuol dire pp. vv.? Proiettili e V2. E io censuro, sono un censore autorizzato.

(Totò, *I due marescialli*).

2491. -Sei pronto? Avanti, scrivi, incomincia: "Signorina"...

-Dove sta la signorina?

-Ma che, è entrata una signorina? Va' avanti, animale, signorina è l'intestazione autonoma della lettera. "Signorina, veniamo noi con questa mia a dirvi una parola che scusate se sono poche, ma settecentomila lire a noi ci fanno specie questanno, c'è stato una grande morìa delle vacche come voi ben sapete...". Punto, due punti, ma sì, fai vedere che abbondiamo, abondantis adbondandum. "Questa moneta servono a che voi vi consolate, vi consolate", scrivi, che aspetti?

-Avevo capito l'insalata...

-Non mi far perdere il filo... "Vi consolate dal dispiacere che avreta, che avreta, che avreta", già, è femmina e va al femminile, "perché lo dovete lasciare".

-Non so... Perché che?

-Che è non so? Perché è aggettivo qualificativo... "Perché dovete lasciare nostro nipote che gli zii che siamo noi medesimo di persona vi mandano questo perché il giovanotto è studente che studia che si deve prendere la laura, che deve tenere la testa al suo posto e cioè sul collo...", punto, punto e virgola, punto e un punto e virgola.

-Troppa roba!

-Lascia fare, se no dicono che siamo provinciali, siamo tirati... "Salutandovi indistintamente, salutandovi indistintamente... i fratelli Caponi"... apri una parente, "che siamo noi". Hai aperto la parente? Chiudila.

(Totò detta a Peppino De Filippo una lettera per la soubrette Dorian Gray, che è fidanzata con il loro nipote Teddy Reno e che loro vogliono liquidare, *Totò, Peppino e la... malafemmina*).

IL TELEFONO

2492. -E. T. telefono casa.

(Tormentone del tenero alieno E.T., *E. T. l'extra-terrestre*).

2493. -Io pago la bolletta tutti i mesi. Cerca di guadagnartela: suona!

(Doris Day al suo telefono, *Il visone sulla pelle*).

2494. -Jane, sposami e ti copro di telefoni privati.

(Tony Randall a Doris Day: lei ha un duplex in comune con Rock Hudson che sta sempre al telefono, *Il letto racconta...*).

2495. -Ma che cosa fa?

-Spio.

-Cosa?
-Spio le conversazioni telefoniche dei miei vicini. Non doveva spegnere: era interessante.
(Irène Jacob e Jean-Louis Trintignant, *Tre colori-Film rosso*).
2496. -Ma perché non mi dai il tuo numero di telefono? Cosa vuoi che ci faccia?
-Mi telefoneresti.
(Robert De Niro e Liza Minnelli, *New York, New York*).
2497. -Ne avrà per molto?
-È probabile, perché passa al telefono ventitré ore al giorno.
(Robert Redford e Scarlett Johansson a proposito della giornalista Kristin Scott-Thomas, *L'uomo che sussurrava ai cavalli*).
2498. -Ti telefono.
-Fra altri tre anni?
(James Cagney e Priscilla Lane, *I ruggenti anni Venti*).
2499. -Tu non puoi morire, senza un telefono e un fax.
(Caroline Goodall a Robin Williams-Peter Pan, che crescendo è diventato uno yuppie, *Hook-Capitan Uncino*).

IL SILENZIO

2500. -Conversazione è come televisione durante luna di miele: non necessaria.
(Peter Sellers, *Invito a cena con delitto*).
2501. -Eppure io credo che se ci fosse un po' più di silenzio, se tutti facessimo un po' di silenzio, forse qualcosa potremmo capire.
(Roberto Benigni, *La voce della luna*).
2502. -Non ho fiducia di chi sta in silenzio: in genere parlano al momento sbagliato e dicono stupidaggini. Parlare a tempo e luogo non è cosa facile: ci vuole della pratica.
(Sydney Greenstreet a Humphrey Bogart, *Il mistero del falco*).
2503. -Prima o poi arriva un tempo che parlare o stare muti è la stessa cosa. E allora è meglio starsi zitti.
(Philippe Noiret, *Nuovo Cinema Paradiso*).

LA PAURA

2504. -Che cosa c'è da aver paura? Quando mi trovo alle strette, me ne tiro fuori sparando. Sicuro, prima spari e poi discuti.
(Il gangster Edward G. Robinson, *Piccolo Cesare*).
2505. -Coraggio ce l'ho. È la paura che mi frega
(Totò condannato a morte, *Figaro qua... Figaro là*).
2506. -Da giovane avevo meno paura, aspettando la rivoluzione, che adesso aspettando Godot.
(Woody Allen, *Harry a pezzi*).
2507. -Davvero non hai paura?
-No, e mi dispiace per loro: sai che gioia ne avrebbero. Vedi, Jerry, per

potere avere paura ci vuole un cuore. Io non credo di averlo: me l'hanno tolto tanti anni fa.

(Il prete Pat O'Brien e il gangster James Cagney, che sta per andare sulla sedia elettrica, *Gli angeli con la faccia sporca*).

2508. -È la paura che ci ha fatto inventare i limiti e i confini. Il confine non esiste, né nei pensieri né nei sentimenti.

(Liv Ullmann, *Sinfonia d'autunno*).

2509. -È meglio essere amati o mettere paura?

-È una buona domanda. Sono bene tutt'e due, ma è difficile rispondere. Dovendo scegliere, preferisco mettere paura: la paura dura più dell'amore.

(Il ragazzo Lillo Brancato e il boss Chazz Palminteri, *Bronx*).

2510. -La gente ha paura di quello che non riesce a capire.

(John Hurt, *The elephant man*).

2511. -Hai mai avuto paura, capitano Tyree?

-Signorsì, parecchie volte, compresa questa.

(John Wayne e Ben Johnson, *I cavalieri del Nord-Ovest*).

2512. -Ho paura, tanta paura, ma la paura non fa novanta?

(Totò, *Totò, Peppino e i fuorilegge*).

2513. -Ma quale paura? Nel mio vocabolario non esiste questo aggettivo, a meno che non si tratti di un errore di stampa.

(Totò, *Due cuori fra le belve*).

2514. -Non vorrei dimostrarmi un pauroso.

-Siamo tutti paurosi, il coraggio è una cosa inesistente. C'è solo la paura: paura di farsi male, paura di morire. Perciò gli esseri umani vivono a lungo.

(L'evaso Humphrey Bogart, che sta per cambiare i connotati del viso, e il chirurgo Houseley Stevenson, *La fuga*).

2515. -Occhio ferito, bocca di sangue, dita tagliate, collo spezzato, ti chiama su, ti chiama giù, dalla paura non ne puoi più...

(Filastrocca mormorata da Naïma Wifstrand, *Il volto*).

2516. -Paura?

-Ho avuto sempre paura delle donne, ma so cavarmela.

-Allora avete paura di voi stesso... Avete paura di innamorarvi di me.

-Non è difficile.

(Ingrid Bergman e Cary Grant, *Notorious-L'amante perduta*).

2517. -Siamo così indifesi a volte. Come bambini che si sono perduti in luoghi deserti. Le civette gridano e fissano con i loro occhi gialli. Senti un fruscìo sommesso e un cauto mormorìo attorno a te e un ansimare leggero di umidi musi e poi le zanne dei lupi.

(Harriet Andersson a Lars Passgård, *Come in uno specchio*).

2518. -Gli uomini fanno cose stupide quando sono spaventati.

(Faye Dunaway, *Insoliti criminali*).

IL TERRORE

2519. -Bella esperienza vivere nel terrore, vero? In questo consiste essere uno schiavo.

(Il replicante Rutger Hauer al cacciatore Harrison Ford, *Blade runner*).

L'ORRÒRE

2520. -Non abbiamo paura degli orrori che conosciamo. Sono quelli che non conosciamo che ci spaventano.
(Voce fuori campo, *L'immagine allo specchio*).
2521. -L'orrore ha un volto, e bisogna farsi amico l'orrore... Orrore, terrore morale, dolore sono i tuoi amici, ma se non lo sono essi sono nemici da temere, sono dei veri nemici.
(Marlon Brando, *Apocalypse now*).

IL PERICOLO

2522. -In vita mia non ho fatto che prevedere ogni pericolo: le donne possono essere imprudenti, ma l'uomo no.
(Il boss mafioso Marlon Brando, *Il padrino*).
2523. -Una ragionevole dose di pericolo fa bene alla salute.
(Humphrey Bogart, *Il mistero del falco*).
2524. -Siamo nei pasticci, amici, correte a Freedonia: tre uomini e una donna sono bloccati in un palazzo. Mandate aiuto! Se non potete mandare aiuto, mandate altre due donne!
(Groucho Marx, *La guerra lampo dei fratelli Marx*).
2525. -Stanno cercando di ucciderci!
-Lo so, papà.
-È una nuova esperienza per me.
-A me capita sempre.
(Sean Connery e Harrison Ford, *Indiana Jones e l'ultima crociata*).
2526. -Stai attento: là fuori è pericoloso.
-Lo è sempre.
(Laura Linney e suo padre Clint Eastwood, appena scampato a un agguato, *Potere assoluto*).

IL CORAGGIO

2527. -Chi ha coraggio fa anche a meno della reputazione.
(Clark Gable, *Via col vento*).
2528. -Io credo che il coraggio di un uomo si misuri dal modo in cui egli muore. Sono contento di morire per quello in cui credo, quindi tagliami la testa e fa' di me un martire.
(Il cattolico Christopher Eccleston al protestante Geoffrey Rush, *Elizabeth*).
2529. -Io prode? No, a me non mi prode nulla.
(Totò, *Totò contro Maciste*).
2530. -Non ci vuole coraggio a far qualcosa che si deve fare per forza.
(Henry Fonda, *Furore*).
2531. -Ricordatevi soprattutto che il segreto per essere un valoroso è di non esserlo mai troppo.
(Richard Widmark, *Il grande sentiero*).

2532. -Succhiare il midollo della vita non significa strozzarsi con l'osso. C'è un tempo per il coraggio e un tempo per la cautela. E il vero uomo sa come distinguerli.

(Robin Williams, *L'attimo fuggente*).

2533. -Ti sei fatto l'errata opinione che solo perché rifuggi dai pericoli tu non hai coraggio. Tu confondi il coraggio con la saggezza. Nel paese da cui provengo ci sono degli uomini che sono chiamati eroi: una volta all'anno tolgono il loro coraggio dalla naftalina e lo portano in parata per le vie della città. E quelli non hanno più coraggio di te. Ma loro hanno una cosa che tu non hai: una medaglia.

(Il mago Frank Morgan al leone codardo Bert Lahr, *Il mago di Oz*).

LA VILTÀ

2534. -Fielding, le vie della storia sono infinite. Oggi tu sei un pavido, ma forse un giorno sarai una tigre.

-Sì, forse un giorno, ma per ora non vi serve un coniglietto?

(Il rivoluzionario Jacobo Morales e Woody Allen, *Il dittatore dello Stato libero di Bananas*).

2535. -Meglio un vigliacco vivo che un coraggioso morto.

(Totò, *I due marescialli*).

2536. -Sai, la prima volta che ti ho visto ti avevo preso per un perdente. Ma mi sbagliavo, sei peggio: sei un vigliacco.

(Michelle Pfeiffer a Jeff Bridges, *I favolosi Baker*).

2537. -Sei un codardo.

-Sì, ma un codardo militante.

(Despo Diamantidou e Woody Allen, *Amore e guerra*).

2538. -Sei sempre stato codardo?

-Ho paura di sì, non ricordo particolari atti di coraggio nella mia vita. Da mio padre ho imparato che l'uomo che fugge vede l'aurora... e che fuggendo la rivede ancora.

(Jodie Foster e Mel Gibson, *Maverick*).

2539. -Sentite, non mi potete ammazzare, io... io non sto bene in salute da qualche tempo, e il medico dice che non devo farmi attraversare da pallottole per nessuna ragione...

(Woody Allen davanti al plotone d'esecuzione, *Casino Royale*).

IL PENSIERO

2540. -E d'un tratto capii che il pensare è per gli stupidi, mentre i cervelluti si affidano all'ispirazione.

(Il teppista Malcolm McDowell sta per dare una lezione a James Marcus, membro della gang che contesta la sua autorità, *Arancia meccanica*).

2541. -È la mia distrazione perferita, pensare.

(Kristin Scott-Thomas a Mark Rylance, *Angeli e insetti*).

2542. -Un franco per i vostri pensieri.

-In America mi darebbero solo un soldo, e i miei pensieri non valgono di più.

(Ingrid Bergman e Humphrey Bogart, *Casablanca*).

2543. -In testa ci stanno troppi pensieri. Però troppi pensieri fanno bene, perché bisogna pensare a tutto, prevedere tutto.

(Nanni Moretti, *Palombella rossa*).

2544. -Pensare è molto importante: ci distingue dalle lenticchie e da quelli che leggono libri come *La canzone dell'amore.*

(Jeff Bridges a Mercedes Ruehl, *La leggenda del Re Pescatore*).

L'IDEA

2545. -Cerca di cambiare idea, ragazzo. Alla tua età è facile.

(Hans Meyer a Denis Lavant, *Rosso sangue*).

2546. -Io sono arrivato in ritardo di una generazione. Perché nel sistema di adesso il solitario, il sognatore, l'eccentrico, che se ne esce con un'idea bizzarra di cui tutti ridono ma che poi si dimostra valida e rivoluzionaria, viene schiacciato dall'alto prima ancora di tirare fuori la testa dall'acqua. Perché i burocrati preferiscono uccidere un'idea nuova piuttosto che vederla esplodere. Se Franklin fosse vivo oggi, finirebbe in galera per aver fatto volare un aquilone senza permesso.

(L'inventore d'auto Jeff Bridges, *Tucker-Un uomo e il suo sogno*).

2547. -Non sei mai così raggiante come quando hai un'idea: le idee ti donano sempre.

(John Malkovich a Barbara Hershey, *Ritratto di signora*).

2548. -Non so se qualcuno ha capito quali sono veramente le mie idee.

-Non ti preoccupare: non fa nessuna differenza.

(Il candidato senatore Robert Redford e suo padre, il vecchio politico Melvyn Douglas, *Il candidato*).

2549. -Qualunque cosa si dica in giro, parole e idee possono cambiare il mondo.

(Robin Williams ai suoi alunni, *L'attimo fuggente*).

2550. -La verità è, signor McCabe, che voi avete le idee meschine, e questo soprattutto perché avete paura di averle grandiose.

(Julie Christie a Warren Beatty, *I compari*).

GLI IDEALI

2551. -Abbiate un po' di ideali. È tutto quello che vi chiedo.

(James Stewart ai colleghi senatori, *Mister Smith va a Washington*).

2552. -Le cause perse sono le sole per cui vale la pena di combattere.

(James Stewart, *Mister Smith va a Washington*).

2553. -È meglio vivere sognando un ideale che adattarsi a una mediocre realtà, capisci, e perdere ogni speranza.

(Marie Rivière a Vincent Gauthier, *Il raggio verde*).

2554. -Ho sempre avuto un debole per le cause perse, quando sono proprio perse...

(Clark Gable, *Via col vento*).

2555. -Io non ho ideali, Mary: vincere i tuoi avversari non è una causa per cui poter morire.

(Spencer Tracy a Katharine Hepburn, *Lo Stato dell'Unione*).

2556. -Io non sono che un buffo tipo che credeva fermamente in un grande ideale, ma qui l'ideale non è che uno scherzo.

(James Stewart, un provinciale al Senato americano, *Mister Smith va a Washington*).

2557. -Lei è un idealista, e la compiango come un minorato.

(Il generale Adolphe Menjou al colonnello Kirk Douglas, che si è ostinato a cercare di evitare ai suoi soldati il plotone di esecuzione e, dopo la loro fucilazione, rifiuta la promozione a generale, *Orizzonti di gloria*).

2558. -Perché, per che cosa sei qui? Ci deve pur essere un motivo.

-Sì. Per lottare per la verità, la giustizia, e per la democrazia.

-Ah... Allora ti ritroverai a lottare contro ogni funzionario in carica di questo paese.

(Margot Kidder a Christopher Reeve-Superman, *Superman*).

2559. -La politica non mi interessa, i problemi mondiali non sono di mia competenza: io gestisco un locale.

-Gli amici del movimento mi hanno dato informazioni diverse: avete aiutato i cinesi, avete combattuto per la democrazia in Spagna.

-E con questo?

-Non c'è dubbio che avete sempre combattuto dalla parte degli oppressi.

-Già. È stato uno sport non troppo conveniente, ma io non ho mai avuto il bernoccolo degli affari.

(Humphrey Bogart e Paul Henreid, *Casablanca*).

2560. -Qui è un mondo duro, un mondo di belve. Non può restarci: è un idealista, lei.

(Il senatore corrotto Claude Rains all'ingenuo collega James Stewart, *Mister Smith va a Washington*).

2561. -Senti, so a che cosa pensi e non ti biasimo: io ho conosciuto un sacco di gente, ma tranne Doc e te, José è il mio primo flirt non verminoso. Non che rappresenti il mio ideale, s'intende: è troppo contegnoso, troppo cauto per esserlo. Potendo scegliere liberamente, non avrei mai scelto José: Nehru forse, o Albert Schweitzer, Leonard Bernstein...

(Audrey Hepburn, da sempre a caccia di miliardari e sul punto di sposarne uno, a George Peppard, *Colazione da Tiffany*).

2562. -Vede, Case, il guaio con me è che non ho mai deciso se volevo essere Giovanna d'Arco, Florence Nightingale o Abramo Lincoln.

(Katharine Hepburn a Cary Grant, *Incantesimo*).

LA FILOSOFIA

2563. -a) Socrate è un uomo; b) ogni uomo è mortale; c) ogni uomo è Socrate.

(Woody Allen alle prese con i sillogismi aristotelici, *Amore e guerra*).

2564. I filosofi metafisici sono semplicemente uomini troppo deboli per accettare il mondo qual è. Le loro teorie sui cosiddetti misteri della vita non sono altro che proiezioni di quelle che sono loro ansie interiori. A parte questo mondo, non esistono altri tipi di realtà.

(Il razionalista José Ferrer, *Commedia sexy in una notte di mezza estate*).

2565. -Ho sentito che ha studiato filosofia...

-Ah no, non è vero... Io feci, sì, feci un corso di filosofia esistenziale all'università di New York. All'esame mi diedero dieci quesiti e non seppi rispondere neanche a uno... e consegnai in bianco. Presi centodieci.

(Woody Allen risponde alla domanda di un giornalista, *Stardust memories*).

2566. -Io ho un pessimo ricordo dell'università di New York... Era... Successe che fui sbattuto fuori il primo anno perché copiavo agli scritti di metafisica: sapete, stavo sbirciando nell'anima del compagno accanto a me.

(Woody Allen, *Io e Annie*).

2567. -La mia filosofia è: prima sparare e poi chiedere.

(Il generale John Neville, *Il quinto elemento*).

2568. -Ma tu l'hai mai letto Nietzsche? Nietzsche dice che ci sono due tipi di persone al mondo. Persone che sono destinate alla grandezza, come Walt Disney e Hitler; e poi ci sono quelli come noi. Lui ci chiamava gli scarti di fabbrica: a volte ci avviciniamo alla grandezza, ma non ci arriviamo mai. Siamo le masse senza valore, siamo gli articoli usa e getta... Ci sbattono sotto i treni, ci capitano i cibi avariati, ci sparano per caso al supermercato... Vuoi sapere il titolo della mia biografia, mio piccolo amico italiano? *Non è stato un picnic-La vita di Jack Lucas.*

(Jeff Bridges, ubriaco, parla con un burattino di Pinocchio, *La leggenda del Re Pescatore*).

IL CONFORMISMO

2569. -Ci teniamo tutti ad essere accettati, ma dovete credere che i vostri pensieri siano unici e vostri, anche se ad altri sembrano strani e impopolari, anche se il gregge dice: "Non è beeee". Come ha detto Frost: "Due strade trovai nel bosco e io, io scelsi quella meno battuta. Ed è per questo che sono diverso".

(Robin Williams spiega ai suoi allievi come evitare il conformismo, *L'attimo fuggente*).

2570. -Non c'è niente di più patetico di un anticonformista che invecchia.

(Mike Myers-Dottor Male a Mike Myers-Austin Powers, *Austin Powers*).

IL PIACERE

2571. -Ci sono solo tre cose al mondo che mi piacciono veramente: fare l'amore, bere e rapinare le banche.

(John Schuck, *Gang*).

2572. -L'ebbrezza, il piacere: queste cose esistono... Se io provo piacere, so di provarlo: è un fatto, e quando è finito è finito.

(Gérard Philipe, *La ronde-Il piacere e l'amore*).
2573. -Era decisamente impossibile provare del piacere senza far soffrire qualcuno.
(Charles Denner, *L'uomo che amava le donne*).
2574. -La vita sarebbe sopportabile se non ci fossero i piaceri.
(Marcello Mastroianni a Jeanne Moreau, *La notte*).
2575. -Io voglio vivere, godere la vita: come se ogni giorno fosse l'ultimo. Non sarebbe bello? Una vita di ultimi giorni.
(Elizabeth Taylor, *L'ultima volta che vidi Parigi*).

IL DOLORE

2576. -"Fra il dolore e il nulla io scelgo il dolore." E tu, cosa sceglieresti?
-Il dolore è idiota, io scelgo il nulla. Non è meglio, ma il dolore è un compromesso. O tutto o niente...
(Jean Seberg, che cita William Faulkner, e Jean-Paul Belmondo, *Fino all'ultimo respiro*).
2577. -Oh, mi sono scottato un dito! Bisognerà che vada nel bagno a strillare: faccio in un minuto.
(Woody Allen, impassibile, si dirige verso il bagno, dove qualche istante dopo lo si sentirà urlare, *Ciao Pussycat.* La gag è stata ripresa anche da Paolo Villaggio).
2578. -Se vuoi farmi del male fammelo subito: sempre meglio di un dolore prolungato che mi ruba mesi di vita perché tu non hai palle!
(Mercedes Ruehl a Jeff Bridges, che non trova il coraggio di dirle che intende lasciarla, *La leggenda del Re Pescatore*).

LA FELICITÀ

2579. -Bertrand ha inseguito un'impossibile felicità nella quantità, nella moltitudine: perché abbiamo bisogno di cercare in tante persone ciò che la nostra educazione pretende di farci trovare in una sola.
(Brigitte Fossey ricorda il seduttore Charles Denner, *L'uomo che amava le donne*).
2580. -Bisogna fare molta attenzione con la gente felice.
(Stefano Accorsi, *Jack Frusciante è uscito dal gruppo*).
2581. -La cosa più bella, quando ci si sente felici, è che sembra che non si sarà mai più infelici.
(William Hurt, *Il bacio della donna ragno*).
2582. -Crede che ci sia la felicità?
-La felicità? Non esiste. Tutte le cose di cui più si parla non esistono.
(Isa Miranda e Gérard Philipe, *La ronde-Il piacere e l'amore*).
2583. -Dai, balliamo! Allora, non vuoi proprio ballare?
-Sei completamente sbronza.
-Ma no, non sono sbronza, sono felice e basta.
-No, sei sbronza e pensi che questa sia la felicità.

(Battibecco tra Sandrine Bonnaire e Marc Fourastier, all'uscita di un bar, *Sotto il cielo di Parigi*).

2584. -La dolcezza di vivere è spaventosamente effimera.

(Dirk Bogarde, *Daddy Nostalgie*).

2585. -È lecito essere felici, anche se questo crea infelicità?

(Vittorio Gassman, *La terrazza*).

2586. -Eminenza, io non sono felice.

-Perché dovrebbe essere felice? Il suo compito non è questo. Chi le ha detto che si viene al mondo per essere felici?

(Marcello Mastroianni e il cardinale Tito Masini, *8½*).

2587. -Eravamo idioti, ma tanto felici.

(Louis Jouvet, *Carnet di ballo*).

2588. -Essere felici non è poi così fantastico.

(Andie MacDowell, *Sesso, bugie e videotape*).

2589. -La felicità è nel desiderare quello che si ha già.

(Janet Agren, *Il giovane normale*).

2590. -La felicità è soltanto l'attimo, un riflesso del sole sull'acqua, nel migliore dei casi un lungo seguito di attimi. Il piacere, invece, richiede riflessione: ci vuole tempo, calma, invenzione. Eh, è da gente ricca il piacere.

(Jean-Paul Belmondo, *Stavisky il grande truffatore*).

2591. -La felicità è uno zucchero cristallizzante che si distende sulla vita di tutti i giorni. Non c'è difesa, alla fine se ne resta soffocati.

(Gunnar Björnstrand a Eva Dahlbeck, *Una lezione d'amore*).

2592. -La felicità umana non sembra fosse inclusa nel disegno della creazione. Siamo solo noi, con la nostra capacità di amare, che diamo significato all'universo indifferente. Eppure la maggior parte degli esseri umani sembrano avere la forza di insistere e perfino di trovare gioia nelle cose semplici: nel loro lavoro, nella loro famiglia, e nella speranza che le generazioni future possano capire di più.

(Il filosofo Martin Bergmann, *Crimini e misfatti*).

2593. -Io voglio che tu trovi la felicità e che smetti di divertirti.

(Marilyn Monroe sprona Jane Russell a sposarsi, *Gli uomini preferiscono le bionde*).

2594. -Io volevo farti felice.

-Quando ci siamo incontrati avevo vent'anni: io ero felice.

(Francisco Rabal e Monica Vitti si lasciano, *L'eclisse*).

2595. -Jack, può una sola donna rendere felice un uomo?

-Sì, certo, quella che non può avere.

(Cher e Ryan O'Neal, *Infedeli per sempre*).

2596. -Mio caro, la felicità non è allegra.

(Jean Servais a Michel Vadet, *Il piacere*).

2597. -Mio padre diceva sempre: "Siamo tutti felici. Se solo lo sapessimo..."

(Mia Farrow, *Ombre e nebbia*).

2598. -Nessun uomo l'ha mai fatta felice?

-Sicuro. Un sacco di volte.

(Cary Grant e Mae West, *Lady Lou-La donna fatale*).

2599. -Noi Ekdahl non siamo venuti al mondo per scrutarlo a fondo. Non siamo preparati per queste indagini. La cosa migliore è mandare all'inferno i grandi contesti. Ecco, noi vivremo in piccolo nel piccolo mondo e lo coltiveremo e useremo nel modo migliore. La morte colpisce all'improvviso. E all'improvviso si spalanca l'abisso e infuria la tempesta e la catastrofe ci sovrasta. Noi tutto questo lo sappiamo, ma ci rifiutiamo di pensare a queste cose sgradevoli... Attori, attrici, abbiamo un immenso bisogno di voi, perché sarete voi che ci darete i brividi di soprannaturale e soprattutto anche i nostri piaceri terreni. Il mondo è una tana di ladroni e la notte sta per cadere. Il male strappa le catene e vaga nel mondo come un cane impazzito, e tutti ne siamo contaminati: noi Ekdahl come qualsiasi altra persona. Nessuno vi sfugge, neppure lei, Helena, neppure la piccola Aurora. La vita è fatta così: è questo il motivo per cui dobbiamo essere felici quando siamo felici, ed essere gentili, generosi, teneri, buoni. Proprio per questo motivo è necessario e tutt'altro che vergognoso essere felici, gioire di questo piccolo mondo: della buona cucina, dei dolci sorrisi, degli alberi da frutta che sono in fiore, o anche di un valzer... Tengo in braccio una piccola, dolce imperatrice. È una cosa tangibile eppure incommensurabile. Un giorno mi dimosterà che ho avuto torto in tutto quello che ho detto ora. Dominerà non solo sul piccolo mondo, ma su ogni cosa.

(Discorso natalizio di Jarl Kulle al pranzo della famiglia Ekdahl, *Fanny e Alexander*).

2600. -Non ti sento allegro.

-Sono sempre del parere che per sentirti allegro devi essere felice, George.

(Dudley Moore e Robert Webber, "*10*").

2601. -Oh, ti prego, ti prego, non fare così, non mi far sentire felice. Io odio quelli che dicono: "Accidenti, è meraviglioso". Tu non devi entrare nella mia vita: ho finito adesso di alzare steccati.

(Marsha Mason a Richard Dreyfuss, *Goodbye amore mio!*).

2602. -Pare proprio che le persone possano essere felici solo in coppia: ogni sorta di coppia.

(Joan Plowright, *Un incantevole aprile*).

2603. -La prospettiva di una felicità senza scosse m'immalinconisce, e mi scopro a rimpiangere i tempi non lontani in cui provavo anch'io gli spasimi dell'attesa. Sogno una vita fatta solo di primi amori, di amori durevoli.

(Bernard Verley, *L'amore il pomeriggio*).

2604. -Il regalo più bello è la solidarietà, il calore umano, l'affetto. Credo che la gioia sia proprio questa.

(Dal diario di Harriet Andersson, *Sussurri e grida*).

2605. -Te l'ho già detto quanto sono divinamente felice?

(Audrey Hepburn, in procinto di sposare un miliardario brasiliano, a George Peppard, *Colazione da Tiffany*).

L'INFELICITÀ

2606. -L'infelicità la si crea. Io vi confesso che mi rattrista, a volte, di non saper più tanto bene crearmela.

(Charles Boyer a Danielle Darrieux, *I gioielli di Madame de...*).

2607. -Io non so se sono infelice perché non sono libera, o se non sono libera perché sono infelice.
(Jean Seberg, *Fino all'ultimo respiro*).
2608. -Io sono infelice senza motivo, e questo mi rende ancora più infelice.
(Agnes Jaoui, *Parole, parole, parole...*).
2609. -Preferisco essere infelice con voi che senza di voi.
(Leslie Caron accetta di sposare Louis Jourdan, *Gigi*).
2610. -Ragazzo, la tua infelicità sarà la mia missione nella vita.
(Harvey Keitel a Brad Pitt, *Thelma & Louise*).

IL PIANTO

2611. -Adoro le donne quando piangono. È una cosa che piace sempre agli uomini: li fa sentire superiori.
(Gordon Oliver a Rhonda Fleming, *La scala a chiocciola*).
2612. -Cosa, ha pianto?
-Pianto? Uh, non credevo che una donna così magra avesse tant'acqua in corpo.
(Rock Hudson e Tony Randall a proposito di Doris Day, *Il letto racconta...*).
2613. -Darei la mano destra per poter piangere.
-Che bene ti farebbe, piangere?
-Mi farebbe sentire come prima di conoscere te... Non mi hai solo seccato le lacrime, mi hai inaridito l'anima: sei molto cattivo...
(Barbara Hershey e l'ex amante John Malkovich, *Ritratto di signora*).
2614. -Ma no, sei capace di piangere?
-Quando sono felice, veramente felice, divento un Niagara.
(Glenn Ford e Hope Lange, che è stata appena chiesta in sposa, *Angeli con la pistola*).
2615. -Mimì, lo sai quando si piange? Quando si conosce il bene e non si può avere.
-E io bene non ne conosco: la soddisfazione di piangere non l'ho potuta mai avè.
(Sophia Loren e Marcello Mastroianni, *Matrimonio all'italiana*).
2616. -Mi scusi, non dovrei piangere.
-Nessuno piange per me da molto tempo.
(Coleen Gray e il carcerato Victor Mature, *Il bacio della morte*).
2617. -Mi sono inaridita, in tanti anni. Robin, ti prego, fammi piangere!
(Audrey Hepburn-Lady Marian all'amante di un tempo, Sean Connery-Robin Hood, *Robin e Marian*).
2618. -Non lo sa che le donne piangono sempre ai propri fidanzamenti e alle nozze altrui?
(Alice Brady a Robert Light, *L'impareggiabile Godfrey*).
2619. -Non piangere, ragazzo bianco, non morirai!
(Il medico nero Sidney Poitier al gangster Richard Widmark, che è rimasto ferito mentre tentava di ucciderlo. Frase finale di *Uomo bianco tu vivrai*).
2620. -Non piangere, Zucchero: non c'è uomo che lo meriti!
(Tony Curtis a Marilyn Monroe, *A qualcuno piace caldo*).

2621. -Oh, ricominci, hai le lacrime in tasca. Allegria! Tanta fatica per fargli la doccia: bastava piangergli addosso!

(Billy Crystal a Robin Williams, che si commuove a proposito del loro sedicente figlio Charlie Hofheimer, appena recuperato in pessime condizioni e ripulito, *Due padri di troppo*).

2622. -Perché piange, signora Maria?

-Perché lei non piange.

(Juliette Binoche, che ha perso il marito e la figlia in un incidente, e la domestica Isabelle Sadoyan, *Tre colori-Film blu*).

2623. -Quando una donna piange, due sono i motivi: o piange perché la sua vita è sconvolta o piange perché sta per sconvolgere la tua.

(Valerio Mastandrea, *Viola bacia tutti*).

2624. -Sto piangendo, Dumè... E quanto è bello chiagnere.

(Sophia Loren a Marcello Mastroianni, *Matrimonio all'italiana*).

LA NOIA

2625. -Noia e crisi di coscienza sono sorelle siamesi.

(Gunnar Björnstrand a Yvonne Lombard, *Una lezione d'amore*).

LA TRISTEZZA

2626. -E adesso sento che mi ripiglia. È come la tristezza di un cane.

(Monica Vitti, *La notte*).

2627. -In questa vita si è tanto tristi, alle volte, per cose che non sono mai successe.

(Jennifer Jones, *Il ritratto di Jennie*).

2628. -Non le dà tristezza vivere qui sola?

-Sono nata, nella tristezza.

(Humphrey Bogart e Lauren Bacall, *La fuga*).

2629. -Ora ascoltami bene. Oggi non sei felice...

-Allora sono triste?

-Esatto. Sei in una situazione tragica: tu piangi, tu soffri, sei come Anna Karenina.

-Devo buttarmi per caso sotto il treno?

(Il fotografo di moda Fred Astaire istruisce la modella Audrey Hepburn, che sta per posare, *Cenerentola a Parigi*).

2630. -Sai cosa stavo pensando, Mirko? Io sono triste, tristissimo, però sono teatrale, vitale. Tu sei triste... triste squallido.

(Nanni Moretti a Fabio Traversa, *Ecce bombo*).

LE PATURNIE

2631. -Io vado pazza per Tiffany: specie in quei giorni in cui mi prendono le paturnie.

-Vuol dire quando è triste?

-No... Uno è triste perché si accorge che sta ingrassando, o perché piove. Ma è diverso. No, le paturnie sono orribili: è come un'improvvisa paura di non si sa che. È mai capitato, a lei?
(Audrey Hepburn a George Peppard, *Colazione da Tiffany*).

IL GIOCO

2632. -A dieci anni mi insegnò il gioco delle tre carte. Bambino precoce!
(Joseph Cotten parla di Orson Welles ad Alida Valli, *Il terzo uomo*).
2633. -Ah, guarda qua, il solitario è riuscito... Strano!
-Riesce sempre, imbrogliando un po'.
(Naima Wifstrand ed Eva Dahlbeck, *Sorrisi di una notte d'estate*).
2634. -Devi sapere che sono come le donne, i cruciverba: più ti resistono e meglio è quando cedono.
(Roland Bertin, *Il marito della parrucchiera*).
2635. -Ho una scala reale aperta da tre lati.
(Woody Allen, giocatore di poker incapace, ad Anjelica Huston, *Misterioso omicidio a Manhattan*).
2636. -Meglio un ambo oggi che una gallina domani.
(Totò, *Chi si ferma è perduto*).
2637. -Puoi tosare la pecora molte volte, ma spellarla una volta sola.
(Il pokerista Matt Damon, *Il giocatore*).
2638. -Se non individui la schiappa nella prima mezz'ora di gioco, significa che la schiappa sei tu.
(Il pokerista Matt Damon, *Il giocatore*).
2639. -Senti, faccia di rame, il poker mi va, ma la gente indiscreta no.
(Henry Fonda a Linda Darnell, sorpresa a spiargli le carte, *Sfida infernale*).
2640. -Signore scusi, quale nome di questo gioco che tante palle colorate, così belle...
-Ah, sono biglie.
-Triglie?
-Che?
-Triglie?
-No, non triglie, biglie.
-Bije.
-Biglie.
-Ah, biglie. Sì, capito: ci sono due biglie, ci sono tre triglie e ci sono tante conchiglie.
(La comparsa imbranata Peter Sellers, ospite abusivo a una festa, interrompe la partita a bigliardo del divo western Denny Miller, *Hollywood Party*).

LA FESTA

2641. -Dì un po', non c'è nessuno che dia una festa per poter restare a casa, stasera?
(Cary Grant a Ginger Rogers, *Il magnifico scherzo*).
2642. -E ora andate tutti a casa, la festa è finita.

(Il giornalista Kirk Douglas annuncia la morte dell'uomo imprigionato in una cava, su cui ha costruito il suo scoop sfruttandone la disgrazia, *L'asso nella manica*).

2643. -Il momento più bello delle feste è quando si resta soli a sparlare.

(Stefania Sandrelli a Vittorio Gassman, *La famiglia*).

2644. Sapessi come odio le feste! Ogni anno vorrei dormire dalla vigilia di Natale a dopo Capodanno!

(Billy Crystal, solo e depresso, a Meg Ryan, *Harry, ti presento Sally...*).

IL DIVERTIMENTO

2645. -Che bella serata! Ecco, io per una serata così darei la vita.

(Walter Chiari durante una "notte brava" con alcuni vecchi compagni, *La rimpatriata*).

2646. -Ma andiamo! È appena mezzanotte! Non hai più voglia di follie? Di ballare fino all'alba? Di spianare la città?

(Bruce Willis a Kim Basinger, che ubriacandosi gli ha appena rovinato un'importante cena d'affari e ha causato il suo licenziamento, *Appuntamento al buio*).

2647. -Mi sono divertito un monte questa sera, è stato come al processo di Norimberga.

(Woody Allen, *Hannah e le sue sorelle*).

2648. -Non è divertente? Divertirsi è la cosa più divertente del mondo.

(Dudley Moore, *Arturo*).

2649. -Però è stata una bella giornata: bella, libera, stupida, come quando s'era ragazzi. Chissà quando ne capiterà un'altra...

(Philippe Noiret dopo una "zingarata", *Amici miei*).

2650. -Vedi quelle luci lassù? Le hanno accese per te, ti stanno aspettando. La vita in questa città può essere bella.

(James Cagney ad Ann Sheridan, *Gli angeli con la faccia sporca*).

LO HOBBY

2651. -Be', è più di un hobby: un hobby serve a far passare il tempo, non a riempirlo.

(Anthony Perkins a proposito dell'impagliare uccelli, *Psyco*).

2652. -Devi vederlo, quel tale: la sua idea di evasione è leccare il didietro ai francobolli.

(Woody Allen parla ad Alan Alda del vicino di casa Jerry Adler, appassionato di filatelia, *Misterioso omicidio a Manhattan*).

IL LIETO FINE

2653. -Non mi piacciono i finali felici che si trovano nei vecchi film americani o nei nuovi film europei.

(Claude Dauphin, *Un americano tranquillo*).

2654. -Sono convinto che il lieto fine giustifichi i mezzi.
(Cary Grant spiega alla moglie Deborah Kerr che ha truccato il duello con Robert Mitchum per riconquistarla, *L'erba del vicino è sempre più verde*).
2655. -Suspense, risate, violenza, speranza, cuore, nudo, sesso, lieto fine... Specialmente lieto fine.
(Tim Robbins spiega come si fa un film di successo, *I protagonisti*).
2656. -Ti piace quando finisce bene?
-Oh sì, signore.
-Anche a me.
(Il regista Maurice Chevalier a una spettatrice, *Il silenzio è d'oro*).

LA POLITICA

2657. -A proposito di politica, ci sarebbe qualche cosarellina da mangiare?
(Totò, *Fifa e arena*).
2658. -Attenzione: se voi non vi occupate di politica, la politica si occupa di voi.
(Michel Lonsdale, *La sposa in nero*).
2659. -E dove sono i migliori?
-Non nella politica, purtroppo... I tempi sono cambiati, eminenza: una volta la politica era considerata il modo più degno di emergere.
(Il cardinale Donald Crisp e il monsignore Ken Curtis valutano Charles Fitzsimmons, giovane ma deludente candidato alla carica di sindaco, *L'ultimo urrà*).
2660. -Ma non ti ho spinto io verso la politica.
-Che altro c'è da fare?
-L'assassinio, il furto, la violenza e tante altre degne attività.
(Sydney Chaplin e Marlon Brando, *La contessa di Hong Kong*).
2661. -Qual è a tuo parere lo sport che attira di più la gente in America? Secondo te è, non so, il baseball, il basketball, il calcio?
-Be', credo... Credo che il baseball sia quello che interessa più gente.
-È la politica... È così, la politica. Milioni e milioni di persone che la seguono tutti i giorni sui giornali, alla TV, alla radio. Oh, guarda che loro non si mescoleranno mai per tutto l'oro del mondo, eh! Ma conoscono i nomi e i numeri di tutti i giocatori. Insomma, proprio come fanno i cosiddetti tifosi. Ah, sapessi gli insulti che mi arrivano, certe volte!
-Me li immagino.
-Non lo so, non credo. Be', in ogni modo la politica è certo un gioco interessante a vedersi.
(Il sindaco Spencer Tracy e il nipote Jeffrey Hunter, giornalista sportivo, *L'ultimo urrà*).

I POLITICI

2662. -Complimenti, lei dovrebbe fare l'uomo politico: parla molto e non dice niente.

(Il poliziotto Glenn Ford e il barista reticente Peter Whitney, *Il grande caldo*).

2663. -Edmund, tu sei un animale politico: hai occhio per le debolezze umane ma non hai lo stomaco.

(James Cromwell a Guy Pearce, *L.A. Confidential*).

2664. -È incredibile: non avrei mai immaginato di vedere un politico con le mani infilate nelle proprie tasche.

(Jeff Bridges a Lloyd Bridges, *Tucker-Un uomo e il suo sogno*).

2665. -E lei che mestiere fa?

-L'uomo politico.

-Neanche a me piace lavorare.

(Mae West ed Edward Arnold, *Non sono un angelo*).

2666. -Lyndon Johnson? È un uomo politico! Conosciamo la morale di quella gente: è un gradino più giù di quelli che s'inchiappettano i bambini.

(Woody Allen, *Io e Annie*).

2667. -Ma è mezz'ora che stiamo parlando e non avete ancora capito con chi state parlando. Io sono l'onorevole Cosimo Trombetta. Lo volete capire sì o no?

-Chi siete voi?

-L'onorevole!

-Ma chi?

-Io!

-Ma mi faccia il piacere!

(Mario Castellani e Totò, *Totò a colori*).

2668. -Nessun uomo è più grande del popolo che governa.

(Il primo ministro Carl Duering, *Arabesque*).

2669. -Per qualcuno servire un onorevole è un onore.

(Totò, *Gli onorevoli*).

2670. -I politici, i monumenti e le puttane diventano tutti rispettabili se durano abbastanza.

(John Huston, *Chinatown*).

2671. -Preferisco ancora uno di pochi scrupoli ma capace ad uno scemo.

(Il cardinale Donald Crisp, chiamato a scegliere tra il vecchio sindaco Spencer Tracy e lo sfidante Charles Fitzsimmons, *L'ultimo urrà*).

2672. -Se non sei un politico, allora sei un bugiardo di natura.

(Mary Stuart Masterson a Nick Searcy, *Pomodori verdi fritti – alla fermata del treno –*).

2673. -Se voi politici siete dei professionisti, è perché gli elettori sono dei dilettanti.

(Katharine Hepburn ad Adolphe Menjou, *Lo Stato dell'Unione*).

2674. -Voi politici, anziché provare a unire il Paese, continuate a sgretolarlo per racimolare voti. Ai lavoratori promettete salari più alti e prezzi più bassi, agli affaristi prezzi più alti e salari più bassi. Ai ricchi dite: bisogna diminuire le tasse. Ai poveri: tasseremo i ricchi. Ai reduci case economiche, ai costruttori prezzi incontrollati. Non sono un santo, ma questi sono i motivi per cui la gente come me resta fuori dalla politica.

(Spencer Tracy, *Lo Stato dell'Unione*).

IL VOTO

2675. -Chi parla di voti inutili è totalitario e in malafede, i voti inutili possono essere utili se servono ad eleggere qualcuno e questo qualcuno di cui sopra sono io. Io, concittadini di Roccasecca, io umile servo di questa nobile Rocca, Secca per modo di dire, Antonio La Trippa. Vota Antonio La Trippa, votàntonio, votàntonio, votàntonio...

(Comizio del candidato Totò, *Gli onorevoli*).

2676. -Do ut des, ossia tu dai tre voti a me che io do un appalto a te.

(Totò, *Gli onorevoli*).

2677. -Non vedevo volare tanto fango dalle ultime elezioni.

(Groucho Marx all'ippodromo, *Un giorno alle corse*).

IL POPOLO

2678. -Che ne pensa della pubblica assistenza?

-Sovvenzioniamo ferrovie e compagnie aeree, perché non sovvenzionare il popolo?

(Un giornalista e il candidato senatore Robert Redford, *Il candidato*).

2679. -Io dei cittadini me ne infischio, perché ogni cittadino aspira a diventare industriale e avvelenatore del prossimo. Ma voialtri magistrati non l'avete ancora capito che questo popolo italiano nel nome del quale sentenziate non merita un cacchio?

(Il primario Pietro Tordi al magistrato Ugo Tognazzi, *In nome del popolo italiano*).

2680. -Il popolo prende quello che gli si dà, mi fa paura.

(Francesco Barilli, *Prima della rivoluzione*).

2681. -Siamo vivi. Siamo il popolo, la gente, che sopravvive a tutto. Nessuno può distruggerci. Nessuno può fermarci. Noi andiamo sempre avanti.

(Jane Darwell, *Furore*).

2682. -Voi, il popolo, avete la forza di creare le macchine, la forza di creare la felicità. Voi, il popolo, avete la forza di fare che la vita sia bella e libera, di fare di questa vita una splendida avventura. Quindi, in nome della democrazia, usiamo questa forza, uniamoci tutti, combattiamo per un mondo nuovo che sia migliore, che dia a tutti gli uomini un lavoro, ai giovani un futuro, ai vecchi la sicurezza. Promettendovi queste cose dei bruti sono andati al potere: mentivano, non hanno mantenuto quelle promesse e mai lo faranno. I dittatori forse son liberi perché tengono schiavo il popolo? Allora combattiamo per mantenere quelle promesse!

(Il barbiere ebreo Charlie Chaplin, che ha preso il posto del suo sosia, il dittatore nazista Adenoid Hynkel, arringa le folle, *Il grande dittatore*).

LA RIVOLUZIONE

2683. -A che ora è la rivoluzione, signora? Come si deve venire? Già mangiati?

(Vittorio Gassman a Stefania Sandrelli, *La terrazza*).

2684. -Chi non ha vissuto negli anni prima della rivoluzione non può capire che cosa sia la dolcezza del vivere.

(Frase di Talleyrand con cui si apre *Prima della rivoluzione*).

2685. -Compagni! Proletari del mondo! La rivoluzione è in marcia. Oh, lo so! Pioveranno le bombe, le civiltà sprofonderanno... Ma non subito, prego! Aspettate! Che fretta c'è?

(Greta Garbo, comunista sovietica, dopo aver scoperto Parigi, *Ninotchka*).

2686. -Credevo di vivere gli anni della rivoluzione e invece vivevo gli anni prima della rivoluzione, perché è sempre prima della rivoluzione quando si è come me.

(Il borghese Francesco Barilli accantona le velleità da gauchiste, *Prima della rivoluzione*).

2687. -Mi dica: lei ha mai fatto l'amore con un rivoluzionario?

-No, ma una volta sono uscita con un deputato di centro-sinistra.

(Pamela Tiffin e Arlene Francis, *Uno, due, tre!*)

2688. -Non era la rivoluzione a spaventarlo, ma i rivoluzionari.

(Dirk Bogarde a John Gielgud, *Providence*).

2689. -La nostra causa era la terra, non un'idea: la terra coltivata per sfamare le nostre famiglie. Libertà e non parole. Un uomo sereno seduto al tramonto sulla soglia di casa. Pace, non sogni. Tempo di quiete e di bontà. Una domanda mi tormenta: nasce una cosa buona da una cattiva azione? Può nascere la pace da tanti delitti? Può infine tanta violenza generare della bontà?

(Lou Gilbert, rivoluzionario "pentito" che sta per essere ucciso dai compagni, *Viva Zapata!*).

2690. -Rivoluzione? Rivoluzione? Per favore, non parlarmi tu di rivoluzioni. Io lo so benissimo cosa sono e come cominciano: c'è qualcuno che sa leggere i libri che va da quelli che non sanno leggere i libri, che poi sono i poveracci, e gli dice: "Oh, oh! È venuto il momento di cambiare tutto!"... Io so quello che dico: ci son cresciuto in mezzo, alle rivoluzioni. Quelli che leggono i libri vanno da quelli che non leggono i libri, i poveracci, e gli dicono: "Qui ci vuole un cambiamento!" E la povera gente fa il cambiamento. E poi i più furbi di quelli che leggono i libri si siedono intorno a un tavolo, e parlano, parlano, e mangiano. Parlano e mangiano. E intanto che fine ha fatto la povera gente? Tutti morti! Ecco la tua rivoluzione. Per favore, non parlarmi più di rivoluzione.

(Rod Steiger a James Coburn, *Giù la testa*).

2691. -La rivoluzione? Tanto, appena i morti sono sotterrati, vengono a galla i politicanti.

(Burt Lancaster, *I professionisti*).

2692. -Le rivoluzioni balcaniche non interessano a nessuno, se ne fa una al giorno.

(Marilyn Monroe, *Il principe e la ballerina*).

2693. -Tra le più comuni seccature della vita moderna vanno annoverate le rivoluzioni.

(Didascalia all'inizio di *Un re a New York*).

LA DEMOCRAZIA

2694. -Schlemmer, quante volte le ho detto che non voglio gli impiegati sull'attenti ogni volta che entro in ufficio?

-Lo so, ho dato ordini severissimi (*sbatte i tacchi*).

-Non entra in quelle teste prussiane che vivono in una democrazia?

-È questo il guaio: una volta, se ordinavo di restare seduti, ci restavano. Adesso, con la democrazia, fanno quello che vogliono, e vogliono stare sull'attenti.

(James Cagney, capo della filiale tedesca della Coca-Cola, e il suo assistente Hanns Lothar, *Uno, due, tre!*).

2695. -Siccome sono democratico, comando io.

(Totò, *La cambiale*).

LA DITTATURA

2696. -L'avidità che ci comanda è solo un male passeggero, l'amarezza degli uomini che temono le vie del progresso. L'odio degli uomini scompare assieme ai dittatori, e il potere che hanno tolto al popolo ritornerà al popolo.

(Il barbiere ebreo Charlie Chaplin, sostituitosi al dittatore Hynkel, arringa le folle, *Il grande dittatore*).

2697. -Disubbidire ai tiranni è ubbidire a Dio.

(Frase di Thomas Jefferson, all'inizio di *Stanotte sorgerà il sole*).

2698. -La dittatura sarebbe l'ideale se i dittatori fossero davvero gli esseri più intelligenti del mondo. Il guaio è che gli esseri più intelligenti sono tutti contro la dittatura.

(Charles Denner, *Tutta una vita*).

2999. -Papà, non avrei voluto dirtelo ma sai come ti ha definito? Una pomposa, compiaciuta, insopportabile imitazione di un dittatore.

(Robert Cummings riferisce al miliardario Charles Laughton il giudizio della sua "fidanzata" Deanna Durbin su di lui, *La prima è stata Eva*).

2700. -Un uomo forte fa un popolo debole. A un popolo forte non serve un uomo forte.

(Marlon Brando, *Viva Zapata!*).

L'UGUAGLIANZA

2701. -Io sono un duro però sono giusto. Qui non si fanno distinzioni razziali, qui si rispetta gentaglia come negri, ebrei, italiani o messicani. Qui vige l'eguaglianza: non conta un cazzo nessuno!

(Il sergente istruttore Lee Ermey alle reclute, *Full metal jacket*).

2702. -Per me sono tutti uguali, uomini e porci.

(Totò, *Il medico dei pazzi*).

LA SUPERIORITÀ

2703. -I corvi vanno a schiere, l'aquila vola sola.

(Burt Lancaster, *Gruppo di famiglia in un interno*).

2704. -Non mi guardi come se avesse un'altra fonte di reddito a parte il suo stipendio.

(La nobile Danielle Darrieux al diplomatico Oscar Karlweis, *Operazione Cicero*).

2705. -Si sente talmente superiore che deve portare scarpe piombate per stare coi piedi per terra.

(Chi McBride a Laurence Fishburne a proposito di Vanessa Williams, *Hoodlum*).

2706. -Sono superiore a lei per cultura, per nascita e per censo, superiore al censo per censo.

(Totò, *Chi si ferma è perduto*).

L'INFERIORITÀ

2707. -Lei è un insolente.

-Perché le ho parlato da pari?

-No, perché mi ha parlato da servitore. Perché, sentendosi inferiore, ha cercato di comprare quello che non pensa di meritare per se stesso.

-Sì, signora.

-Il mio nome è Anna.

(Danielle Darrieux, nobile decaduta, e il suo ex maggiordomo James Mason, che la mantiene e le ha proposto di partire con lui, *Operazione Cicero*).

2708. -Sotto le armi, sotto tutela, sotto processo, sempre sotto a qualche cosa si deve stare.

(Totò, *Totò, lascia o raddoppia?*).

IL COMPROMESSO

2709. -Il compromesso è la più bella, la più coraggiosa operazione intellettuale.

(Georges Liron, *Una donna sposata*).

2710. -Tutto il segreto, Mave, consiste nel... Nel sapere quello che vogliono, e nel dare quello che si può. Bisogna sempre promettere la prima cosa e fare di tutto per dare la seconda.

-Ma come si fa se ognuno vuole cose diverse dagli altri? Come si possono soddisfare tutti?

-Allora si ricorre alla più antica delle risorse dell'uomo, il compromesso. Ve ne voglio dare un esempio: ti ricordi, Adam, che avevo promesso una statua per il parco pubblico del quartiere italiano?

-Ah sì, doveva essere Cristoforo Colombo, mi pare...

-Be', sì, avevo fatto anche il suo nome ma... Be', sai, questo l'avevo detto in una colazione che c'era stata al Circolo dei cavalieri di Colombo... Il giorno dopo però i Figli d'Italia vennero a dirmi che non avrebbero mai accettato altri che Garibaldi. La sera stessa mi telefonarono dal Circolo Atletico che volevano Rocky Marciano... Pensate che ci fu anche un gruppo di entusiasti che mi fecero sapere che volevano la statua del Cardinale. Ora capisci, Mave, come facevo a uscire da una situazione simile senza farmi troppi nemici? Che avresti fatto tu?

-Non lo so proprio. E come te la sei cavata?

-Be', l'annuncio ufficiale avverrà domani: sarà il mio primo atto subito dopo l'elezione. La statua sarà di santa Francesca Cabrini.

-Ma benissimo!

-Nata in Italia, prima santa americana. Vediamo un po' chi ci trova da ridire.

(Il sindaco Spencer Tracy spiega al nipote Jeffrey Hunter e a sua moglie Dianne Foster come si governa una città, *L'ultimo urrà*).

IL CAPITALISMO

2711. Il capitalismo è come un pesce morto al chiaro di luna: luccica ma puzza.

(Il comunista Horst Buchholz, *Uno, due, tre!*).

2712. -Io non creo niente: io posseggo. E noi facciamo le regole: le notizie, le guerre, la pace, le carestie, le sommosse, il prezzo di uno spillo. Tiriamo fuori conigli dal cilindro mentre gli altri, seduti, si domandano come accidenti abbiamo fatto. Non sarai tanto ingenuo da credere che noi viviamo in una democrazia, vero, Buddy? È il libero mercato, e tu ne fai parte: sì, hai quell'istinto del killer...

(Il finanziere Michael Douglas all'apprendista Charlie Sheen, *Wall Street*).

IL FASCISMO

2713. -Da quando c'è lui... treni in orario, e tutto in ordine!

-Per fare arrivare i treni in orario, però, se vogliamo, mica c'era bisogno di farlo capo del governo: bastava farlo capostazione.

(Un fascista e Massimo Troisi, *Le vie del Signore sono finite*).

2714. -Essere o non essere fascista? Questo è il problema... Ignorare, morire di fame, oppure sfidare l'avversa fortuna e combattere?

(Totò parodia il monologo "to be or not to be" dell'*Amleto*, *Destinazione Piovarolo*).

2715. -I fascisti non sono mica come i funghi, che nascono così, in una notte. No. I fascisti sono stati i padroni a seminarli: li hanno voluti, li hanno pagati. E coi fascisti i padroni hanno guadagnato sempre di più, al punto che non sapevano più dove metterli i soldi. Così hanno inventato la guerra: ci hanno mandato in Africa, in Russia, in Grecia, in Albania, In Spagna. Ma chi paga siamo sempre noi.

(Il bracciante Gérard Depardieu, *Novecento atto II*).

2716. -Però... sembra Mussolini.

-Mussolini chi? Il padre del pianista?
(Un ragazzo e Catherine Spaak, *La voglia matta*).
2717. -Secondo voi cos'è la libertà?
-La libertà è venire da me che sono, mettiamo, capo del governo, aprire la porta e dire: "Bonafé è un fetente". Lei può fare questo, adesso?
-Ma certo. Vado da Mussolini, apro la porta e dico: "Bonafé è un fetente".
(Ugo Tognazzi e l'antifascista Georges Wilson-Bonafé, *Il federale*).
2718. -Tutti i fascisti sono carnivori.
(Brian Dennehy, *Il ventre dell'architetto*).

L'ANTIFASCISMO

2719. -Grazie per la vostra lealtà, e bentornato alla lotta. Ora so che la nostra parte vincerà.
(Paul Henreid, capo della resistenza, a Humphrey Bogart Bogart che ha cessato la neutralità per fare fuggire lui e sua moglie, *Casablanca*).
2720. -In un caldo giorno di luglio cadde Mussolini . e io caddi con lui: da un momento all'altro quaranta milioni di italiani si accorsero con orgoglio di essere sempre stati antifascisti.
(Agostina Belli, *Telefoni bianchi*).

IL NAZISMO

2721. -Abbiamo il potere di uccidere: per questo ci temono.
-Ci temono perché abbiamo il potere di uccidere arbitrariamente.
(Il nazista Ralph Fiennes e l'industriale Liam Neeson, *Schindler's list-La lista di Schindler*)
2722. -Ehi, avete letto che i nazisti faranno una marcia nel New Jersey? L'ho letto sul giornale. Dovremmo riunirci, andar là e prendere dei mattoni, delle mazze da baseball e poi schiarirgli le idee.
(Woody Allen ai suoi amici, durante un vernissage al Moma, *Manhattan*).
2723. -Io li odio, i nazisti dell'Illinois!
(John Belushi, *The Blues Brothers*).
2724. -Nazisti... Io la odio questa gente!
(Harrison Ford, *Indiana Jones e l'ultima crociata*).
2725. -Quegli imbecilli che marciano al passo dell'oca come lei, i libri dovrebbero leggerli invece di bruciarli.
(Sean Connery a Michael Byrne, *Indiana Jones e l'ultima crociata*).

LA SINISTRA

2726. -D'Alema, dì qualcosa, reagisci... Dai, dì qualcosa, D'Alema, rispondi, non ti far mettere in mezzo sulla giustizia proprio da Berlusconi... D'Alema, dì una cosa di sinistra. Dì una cosa anche non di sinistra, di civiltà... D'Alema, dì una cosa, dì qualcosa, reagisci... Non dobbiamo reagire, eh... Nervi saldi, dobbiamo rassicurare... A forza di rassicurare, ci arriva una bastonata il giorno delle elezioni... Ho voglia di litigare con qualcuno!

(Nanni Moretti commenta un talk show televisivo in cui Silvio Berlusconi imperversa, *Aprile*).

2727. -La destra e la sinistra non cambieranno mai, hanno gli stessi vizi: la destra perché è stupida, la sinistra perché è sentimentale.

(Philippe Labro, *Una storia americana*).

2728. -Il fatto che in questi giorni, qui in Puglia, non sia venuto nemmeno un dirigente della sinistra è un sintomo della loro assenza politica, ma soprattutto della loro assenza umana: a loro non gliene importa niente, hai capito? Io me li ricordo negli anni '70 a Roma, la FGCI: i giovani comunisti romani stavano tutti i pomeriggi davanti al televisore a vedere *Happy days*, Fonzie... È questa loro formazione politica, culturale e morale.

(Nanni Moretti, a Brindisi per girare un documentario sullo sbarco di massa degli immigrati albanesi, commenta l'assenza della sinistra, *Aprile*).

IL COMUNISMO

2729. -Un comunista deve chiedersi il perché di ogni cosa. Deve riflettere ponderatamente, osservare se tutto è conforme alla realtà e con un fondamento effettivo. Un comunista non deve in nessun caso credersi infallibile, assumere degli atteggiamenti arroganti, credere che tutto ciò che lui fa è bene e tutto ciò che fanno gli altri è male.

(Il giovane marxista-leninista Jean-Pierre Léaud espone il suo programma di vita, *La Cinese*).

2730. -Un giorno, quando finalmente ci sarà il comunismo, non ci saranno più pene d'amore.

(La militante Josiane Balasko, *Non tutti hanno avuto la fortuna di avere avuto i genitori comunisti*).

2731. -Lo so perché passai ai comunisti: fin da bambino i miei mi davano bigotteria per colazione e ignoranza per cena. Mai, neanche una volta, riuscirono a farmi sentire orgoglioso di dove ero nato.

(James Best, *Il corridoio della paura*).

2732. -Ma non lo capite? I bolscevichi sono dappertutto, stanno prendendo il potere, stanno uscendo dalle fogne come i topi, si arrampicano sull'asta della bandiera e stanno sbocconcellando le stelle e le strisce!

-Qui ci vuole la camicia di forza.

(Lo sceriffo paranoico Vincent Gardenia e Walter Matthau, *Prima pagina*).

2733. -Sei sempre marxista?

-È come comunista che trovo la teoria della scommessa estremamente attuale. In fondo, vedi, io dubito profondamente che la Storia abbia un senso. Comunque, punto sul significato della Storia, e mi trovo nella situazione pascaliana. Ipotesi a): la vita sociale e tutte le azioni politiche sono prive di senso. Ipotesi b): la Storia ha un senso. Non sono affatto certo che l'ipotesi b) abbia più probabilità di essere vera della a): dirò, anzi, che ne ha di meno. Supponiamo che l'ipotesi b) ne abbia solo il dieci per cen-

to e l'ipotesi a), quindi, il novanta. Ciò nonostante, io non posso non puntare sull'ipotesi b), l'ipotesi che la storia ha un senso. Perché è l'unica che mi permette di vivere. Supponiamo anche che io abbia puntato sull'ipotesi a), e che si verifichi l'ipotesi b) malgrado le sue scarse probabilità: allora avrei perduto la mia vita. E quindi devo scegliere l'ipotesi b), che è la sola che giustifichi la mia vita e le mie azioni. Certo vi sono novanta probabilità su cento che sbagli. Ma questo non ha importanza.
(Jean-Louis Trintignant e Antoine Vitez, *La mia notte con Maud*).

L'ANARCHIA

2734. -Che hai alla mano?
-È di legno, caro. Sì, sono cose che tu non puoi capire, ma te lo dico lo stesso: io sono un anarchico.
-Tutti gli anarchici hanno una mano di legno?
-No, soltanto i fessi come me che si sono fatta scoppiare la bomba in mano.
(Un bambino e Ugo Tognazzi, *Il padre di famiglia*).
2735. -Secondo questa scheda lei è stato arrestato nel '25 per detenzione abusiva di esplosivi.
-Oh sì... Non so come la pensi lei sul capitalismo, dottore, ma io spedii una scatola da scarpe al banchiere Morgan, con una bomba a orologeria dentro, solo che tornò al mittente perché l'affrancatura era insufficiente.
(Lo psicanalista Martin Gabel e l'anarchico Austin Pendleton, *Prima pagina*).

POPOLI E PAESI

GLI AFRICANI

2736. -L'Africa, si sa, è la terra di Dio. E può tenersela.
(Groucho Marx, *Animal crackers*).
2737. -E che cosa vi ha spinto fin quaggiù a Casablanca?
-Ci sono venuto per fare la cura delle acque.
-Le acque? A Casablanca? Ma qui è il deserto...
-Be', fui male informato.
(Claude Rains e Humphrey Bogart, *Casablanca*).
2738. -Marrakech? Sembra il nome di un liquore.
(Christopher Olsen, *L'uomo che sapeva troppo*).

GLI ALBANESI

2739. -L'Albania?
-Già.
-Perché?
-Perché no? Che ne sa degli albanesi?
-Niente.

-Ecco, è un popolo sfuggente. Come dire, non è trasparente. Lei cosa sa dell'Albania, cosa sa degli albanesi? Chi si fida degli albanesi?

-Ho capito, ma che male ci ha fatto l'Albania?

-Non ci ha neanche mai fatto del bene. Ecco perché dobbiamo far scaldare i reattori dei B3.

(Il faccendiere Robert De Niro e la funzionaria Anne Heche, incaricati di inventare qualcosa per distogliere la stampa da uno scandalo sessuale che vede coinvolto il presidente americano a dodici giorni dalle elezioni, mentre si inventano una guerra con l'Albania, *Sesso e potere*).

GLI AUSTRALIANI

2740. -Dicono che Dio abbia creato l'Australia per ultima, dopo aver fatto tutto il resto uguale.

(Laura San Giacomo, *Carabina Quigley*).

I CINESI

2741. -Bella soddisfazione essere cinese: nascere, mangiare riso tutta la vita e morire. Che paese!

(Eugene Pallette, *Shangai Express*).

2742. -I cinesi sono sempre coinvolti in qualcosa: non c'è niente in cui non siano coinvolti.

(Mickey Rourke, *L'anno del dragone*).

GLI EBREI

2743. -Ho dodici anni. Corro in una sinagoga. Chiedo al rabbino il significato della vita. Lui me lo dice, ma me lo dice in ebraico. Non capisco l'ebraico. Poi vuole che lo paghi seicento dollari per lezioni d'ebraico.

(Woody Allen, sottoposto a ipnosi, rievoca la propria infanzia, *Zelig*).

2744. -Io non vedo solo significato nell'ebraismo, ma vera bellezza.

(Demi Moore, *Harry a pezzi*).

2745. -Provo a sentirmi ebreo. È difficile il ruolo di ebreo: se lo fai un po' poco, dicono: "Esagera"; se calchi troppo, dicono: "Non sembra un ebreo". Che vuol dire sembrare ebreo?

(Heinz Bennent, regista teatrale ebreo, prova un naso da Shylock, *L'ultimo metrò*).

I FRANCESI

2746. -Che vuoi che ti portiamo da Parigi?

-Brigitte Bardot.

(Maria Grazia Cucinotta e il figliastro Giorgio Noè, *La seconda moglie*).

2747. -J'ai deux amours/ mon pays et Paris...

(Il nazista Gotz Burger risponde, con la voce di Josephine Baker, alla richiesta di Hitler di distruggere Parigi, *Parole, parole, parole...*).

2748. -Parigi, capitale di tutti gli esiliati.
(Gabriela Toscano, *Tangos-L'esilio di Gardel*).

2749. -Parigi è grande, sapete.
-Parigi è piccola per chi si vuol bene come noi, per un grande amore.
(Pierre Brasseur e Arletty, *Amanti perduti*).

2750. -Parigi ha tutto per far dimenticare.
(Leslie Caron a Gene Kelly, *Un americano a Parigi*).

2751. -"Parigi, Parigi/ città infame e amorosa/ cara ai vagabondi/ tu, quanto ammaliatrice..."
(Il barcaiolo Michel Simon, ubriaco, canta una canzone, *L'Atalante*).

2752. -Perché non ci andate anche voi?
-A Parigi?
-A me ha fatto molto bene. Ci siete mai stato?
-Ah sì, certo: una volta ci sono rimasto trentacinque minuti.
-Trentacinque minuti?
-Stavo andando in India per un affare e ho dovuto cambiare aereo.
-Oh, ma Parigi non è fatta per cambiare aereo: è fatta per cambiare vita.
(Audrey Hepburn e Humphrey Bogart, *Sabrina*).

2753. -Sapete che cosa si fa il primo giorno che si è a Parigi? Ci si procura un po' di pioggia. Una pioggia che non sia troppo forte, però. E una persona veramente carina, con la quale girare in taxi per il Bois de Boulogne. La pioggia è importante, perché essa dà a Parigi un profumo speciale. Son le castagne bagnate, dicono.
(Audrey Hepburn a Humphrey Bogart, *Sabrina*).

2754. -Sapevamo così poco l'uno dell'altro, quando ci amavamo a Parigi...
(Ingrid Bergman a Humphrey Bogart, *Casablanca*).

2755. -Voi conoscete Parigi?
-È la mia nostalgia.
(Mireille Balin e Jean Gabin, *Il bandito della Casbah*).

GLI INDIANI

2756. -E Bombay è in India?
-Sì, è molto in India, altro che!
(Un'invitata alla festa di un *tycoon* del cinema e la comparsa indiana Peter Sellers, *Hollywood Party*).

2757. -L'India è una patria spirituale: non serve andarci, la puoi trovare ovunque.
(Francesca Dellera a Sergio Castellitto, *La carne*).

2758. -Ma chi crede di essere lei?
-In India non crediamo di essere, sappiamo di essere.
-Protettori di vacche!
-Come sta sua sorella?
(Battibecco tra la comparsa indiana Peter Sellers e il produttore Gavin MacLeod, *Hollywood Party*).

GLI INGLESI

2759. -Ci sono quelli che odiano gli inglesi: io no, sono solo delle mezze seghe. D'altra parte noi siamo stati colonizzati da mezze seghe: non troviamo neanche una cultura decente da cui farci colonizzare.

(Il tossicodipendente scozzese Ewan McGregor, *Trainspotting*).

2760. -È il peggior tipo di inglese: assolutamente irreprensibile.

(William Holden a proposito di Michael Goodliffe, governatore britannico in Malesia, *La settima alba*).

2761. -Facci passare: quell'uomo sta per essere ucciso!

-Non è possibile, siamo in Inghilterra.

(Gregory Peck e un poliziotto, *Arabesque*).

2762. -L'inglese ama e rispetta Filippo e Elisabetta.

(Jack Lemmon, travestito da lord inglese, prova la pronuncia, *Irma la dolce*).

2763. -Ma io non ho fatto niente, perché dovrebbero arrestarmi? Siamo in Inghilterra: si è arrestati o condannati per qualcosa che non si è fatto? Cerchiamo di non farne un'abitudine!

(Tyrone Power, accusato di omicidio, al suo difensore Charles Laughton, *Testimone d'accusa*).

2764. -Sono stato a Londra una volta, d'inverno, e ho avuto la sensazione che non ci sia un'altra città al mondo più fredda per chi non ha una casa sua e più calda per chi ce l'ha.

(Charles Boyer, *Angoscia*).

GLI IRLANDESI

2765. -Gli irlandesi sono i più negri d'Europa. I dublinesi sono i più negri d'Irlanda. E noi di periferia siamo i più negri di Dublino. Quindi ripetete con me ad alta voce: sono un negro e me ne vanto.

(Robert Arkins fonda un complesso soul, *The Commitments*).

GLI ITALIANI

2766. -Adoro Venezia!

(Harrison Ford, dopo aver baciato Alison Doody, *Indiana Jones e l'ultima crociata*).

2767. -A me invece Roma piace moltissimo: una specie di giungla, tiepida, tranquilla, dove ci si può nascondere bene.

(Marcello Mastroianni, *La dolce vita*).

2768. -Anche se potessi non tornerei più a vivere a Venezia: è marcia... Questi colori glieli dà il marciume che la divora da secoli... Muore! Tornerà ad essere il fango che era.

-È proprio questo che la fa bella. Ma non tutti possono capire: bisogna avere in sé il senso della morte.

(Florinda Bolkan e Tony Musante, *Anonimo veneziano*).

2769. -In tutti questi anni io ho avuto vergogna dell'Italia, della sua

gente... Gli italiani sono uno dei popoli più condizionati e volgari del mondo. Questo paese ha così sfrenatamente voglia di ridere! Che cosa c'è da ridere?
(Moni Ovadia, *Caro diario*).
2770. -Io a Roma ci vado sempre malvolentieri: è triste, umida e antilavorativa.
(Il milanese Claudio Gora, *Il sorpasso*).
2771. -Milan ghe s'è la nebbia, è periculù currèr.
(Totò, *Totò a colori*).
2772. -Non c'è che un modo di trattare con Roma, Antonino: devi servirla, devi abbassarti davanti a lei, devi strisciare ai suoi piedi. E devi amarla.
(Laurence Olivier-Marco Crasso allo schiavo Tony Curtis, *Spartacus*).
2773. -Se a Milano quando c'è la nebbia non si vede, come fanno i milanesi a vadere se c'è la nebbia?
(Totò, *Totò, Peppino e la... malafemmina*).
2774. -Siete turisti? Cosa venite a fare qui? Non c'è niente da vedere, è tutto uno schifo... Non visitate l'Italia! Statevene a casa vostra, che è meglio.
(Alberto Sordi, *Una vita difficile*).
2775. -Un po' sporca, questa Venezia...
-Sì. Come diceva un famoso umorista, Venezia è una vecchia signora dall'alito cattivo.
(Danilo Mattei e Vittorio Gassman, *Anima persa*).

GLI SVIZZERI

2776. -Il dialogo con lo svizzero è piuttosto semplice. Non è che c'hanno tanti argomenti: c'hanno le banche, appunto, gli orologi, le mucche, la cioccolata, il latte, Guglielmo Tell qualche volta. Quando si incontrano due svizzeri:
-Buongiorno, che fai?
-Andavo in banca... Te?
-Eh, sono stato a prendere un latte, ora vado a prendere una cioccolata, che ore sono?
-Mah! C'ho qui l'orologio...
-Sì? E la mucca?
-L'ho lasciata a casa con la cioccolata.
-Vieni a pigliare un po' di latte in banca?
-No, ho preso l'orologio in latteria.
-Allora piglia l'orologio con il latte, io prendo la mucca con la latteria e si va in banca a pigliare un orologio...
(Roberto Benigni, *Tuttobenigni*).
2777. -In Italia per trent'anni, sotto i Borgia, vi furono guerre, terrore, omicidi, carneficine, ma vennero fuori Michelangelo, Leonardo da Vinci e il Rinascimento. In Svizzera non ci fu che amore fraterno, ma in cinquecento anni di quieto vivere e di pace che cosa ne è venuto fuori? L'orologio a cucù.
(Orson Welles, *Il terzo uomo*).

2778. -La Svizzera è una nazione maledettamente egoista e bestiale, ed è solo un caso che si trovi nella regione più romantica del mondo.
(Gabriel Byrne-Lord Byron, *Gothic*).
2779. -La Svizzera, ragazzi, non per essere demagogico ma, veramente, non è una nazione, è proprio una banca viaggiante! In Svizzera bisogna andarci entro l'una e mezzo perché chiudono!
(Roberto Benigni, *Tuttobenigni*).
2780. -La Svizzera sembra tutta un campo da golf, solo che al posto delle buche ci sono le banche.
(Rocco Papaleo, *Viola bacia tutti*).

I TEDESCHI

2781. -Ci sono i deutsch... i crucchi, i bellinazzi, i kartoffel e... non ricordo l'ultimo...
-Ah ah, l'hai scordato, gli hindelgegen...
-Ah, già, gli hindelgegen...
(Il bambino Franck Pasquier impara da Maurice Risch i nomignoli dei tedeschi che occupano Parigi, *L'ultimo metrò*).

IL POTERE

2782. -Cosa si prova a stare seduto lì dietro, Frank?
-È come stringere una pistola: solo molto, molto più in grande.
(L'uomo d'affari Gabriele Ferzetti e il killer Henry Fonda, che si è seduto alla sua scrivania, *C'era una volta il West*).
2783. -I gentiluomini possono parlare dell'era della cavalleria, ma pensate ai contadini, ai ladri di bestiame, ai furfanti che essi comandavano... È con questi strumenti che i grandi guerrieri e i re hanno fatto il loro feroce lavoro nel mondo.
(Michael Hordern, voce narrante di *Barry Lyndon*).
2784. -Ma tu cosa pretendi?
-Il potere. Cosa credi che sia il potere? Fruste, cannoni, denaro? Per rendere gli uomini schiavi, devi fiaccarne lo spirito, la capacità di pensare e agire da sé: legarli assieme, perché diventano tutti uguali, remissivi, obbedienti. Ecco il solo modo di metterli al guinzaglio!
(Kent Smith e Robert Douglas, *La fonte meravigliosa*).
2785. -Ora lavoro con mio padre, Kay. È stato male, molto male...
-Ma tu non sei come lui, Mike. Credevo che non saresti mai diventato come tuo padre, l'avevi detto tu stesso.
-Mio padre non è diverso da qualunque altro uomo di potere, da chiunque abbia la... responsabilità di altri uomini: come un senatore, o un presidente...
-Non vedi com'è ingenuo quello che dici?
-Perché?
-Senatori e presidenti non fanno ammazzare la gente.
-Chi è più ingenuo, Kay?

(Al Pacino, figlio del boss mafioso Marlon Brando, e la sua fidanzata Diane Keaton, *Il padrino*).

2786. -Potere, ho detto: il potere di entrare nelle volte dorate delle nazioni, nei segreti dei re, nei sancta sanctorum. Il potere di fare gemere di terrore folle immense sfiorandole soltanto con le mie dita invisibili. Anche la luna avrà paura: il mondo intero morirà di paura!

(Lo scienziato folle Claude Rains, *L'uomo invisibile*).

2787. -Il tuo potere è oltre ogni immaginazione. Usalo bene, amico mio: non perdere la testa.

(Il maestro di combattimento Sean Connery all'"immortale" Christopher Lambert, *Highlander-L'ultimo immortale*).

2788. -Ricorda quel che ti dico: non avere mai bisogno di nessuno, non stimare nessuno, non amare nessuno in modo tale da non riuscire se necessario a tradirlo con un sorriso. Ora conosci l'unico grande segreto del potere.

(Montagu Love-Enrico VIII al figlio Bobby Mauch-Edoardo, *Il principe e il povero*).

IL COMANDARE

2789. -Chi comanda fra te e la mamma?

-Com'era la domanda?

-Chi comanda fra te e la mamma?

-Chi comanda? E c'è da chiederlo? Non lo sai chi comanda fra me e la mamma?

-No.

-Io comando, ok? La mamma... La mamma prende solo le decisioni... E c'è una differenza tra... Cioè, la mamma dice che cosa dobbiamo fare... E io, poi, ho il controllo assoluto del telecomando.

(Jimmy McQuaid e il padre Woody Allen, *La dea dell'amore*).

2790. -Credo che in fondo fosse dotato di una certa dose di grandezza, ma se la teneva per sé. Non dava confidenza a nessuno, non dava niente a nessuno, agli altri lasciava... la mancia.

(Joseph Cotten parla del suo ex amico e editore Orson Welles, *Quarto potere*).

2791. -Devo ancora trovare un posto dove non ci siano padroni.

(Clint Eastwood, *Per un pugno di dollari*).

2792. -Per una volta, fammi una sorpresa: fa quel che ti dico.

(Il rapinatore Walter Matthau al complice Andrew Robinson, *Chi ucciderà Charley Varrick?*).

LA MINORANZA

2793. -Sa cosa stavo pensando? Io stavo pensando una cosa molto triste: cioè che io, anche in una società più decente di questa, mi troverò sempre con una minoranza di persone. Ma non nel senso di quei film dove c'è un uomo e una donna che si odiano, si sbranano su un'isola deserta perché il

regista non crede nelle persone. Io credo nelle persone, però non credo nella maggioranza delle persone: mi sa che mi troverò sempre a mio agio e d'accordo con una minoranza...
(Nanni Moretti a Giulio Base, *Caro diario*).

I MANIPOLATORI

2794. -Non pretendo di sapere per cosa è fatta la gente, so cosa posso farne io.
(Barbara Hershey, *Ritratto di signora*).
2795. -Organizzare la vita degli altri è una vostra mania.
(Martin Donovan a Mary-Louise Parker, che cerca di combinare il matrimonio fra Nicole Kidman e Viggo Mortensen, *Ritratto di signora*).

LA PSICHE

2796. -Sono così stufo di gente che svende la sua psiche per un po' di attenzione!
(William Hurt, *Il grande freddo*).

LA PSICANALISI

2797. -Dunque, che cosa fa?
-Io? Sono uno psichiatra. Sì, lavoro con i paranoidi maniacali.
-Me ne parli.
-Non c'è molto da dire. Lavoro soprattutto in Europa. Ho scritto molti saggi sulla psicanalisi. Ho lavorato con Freud a Vienna. Ci dividemmo sull'invidia del pene: Freud pensava di doverla limitare alle donne.
(La psichiatra Mia Farrow a confronto con il sedicente psichiatra Woody Allen, *Zelig*).
2798. -Gesù, sono stato in analisi per anni: non è successo niente. Il mio povero analista ne fu così frustrato che alla fine trasformò lo studio in self-service vegetariano.
(Woody Allen, *Hannah e le sue sorelle*).
2799. -Ho cercato di andare dallo psichiatra. Ma ad Hollywood erano tutti occupati con i produttori e l'unico che ho trovato libero aveva un divano a due piazze.
(Jayne Mansfield, *La bionda esplosiva*).
2800. - Ma che razza di dottore sarebbe? Si può sapere? Segaossa, per caso? O pizzicanalista? Uno mi ci pizzicò, una volta... Buona, eh? Mi disse che avevo la doppia personalità, capisce, e uno schizzo ai freni. Mi presentò un conto di 82 dollari. Gliene diedi 41 e gli dissi di farsi dare il resto da quell'altra persona.
(Jerry Lewis a Del Moore, *Le folli notti del dottor Jerryl*).
2801. -Non sono altro che chiacchieroni. Non possono darti un'altra anima.

(Birger Malmsten ad Hasse Ekman a proposito degli psicanalisti, *La prigione*).

2802. -Oh, vai dallo psichiatra?

-Sì... da quindici anni soli.

-Da quindici anni?

-Sì. Gli concedo un altro anno, poi vado a Lourdes.

(Diane Keaton e Woody Allen, *Io e Annie*).

2803. -Lo psichiatra, quando sceglie un pazzo, sa cosa sceglie.

(Totò, *Il medico dei pazzi*).

2804. -Questa separazione tra te e Aaron è assurda. Come potete risolvere le cose se non state assieme?

-Stiamo praticamente insieme, mamma: siamo in cura dallo stesso analista.

(Eileen Heckart e la figlia Diane Keaton, *Il club delle prime mogli*).

2805. -Senti, io credo che forse tornerò dal mio strizzacervelli... Credo che... io credo che...

-Vieni qui... Ma non ne hai nessun bisogno: tu non hai niente che non si possa curare con due Prozac e una mazza da polo.

(Diane Keaton e Woody Allen, *Misterioso omicidio a Manhattan*).

2806. -Sono il dottor Brubaker. C'è il signor Sherman?

-Buonasera, dottore. È in anticipo di dieci minuti.

-Sì, lo so. Il mio paziente delle tre si è buttato dalla finestra a metà della seduta, perciò viaggio con dieci minuti di anticipo.

(Lo psicanalista Oscar Homolka e Marguerite Chapman, segretaria di Tom Ewell, *Quando la moglie è in vacanza*).

2807. -Sto curando due coppie di siamesi con doppia personalità. Sono pagato da otto persone.

(Il sedicente psichiatra Woody Allen, *Zelig*).

LA PSICOLOGIA

2808. -Chi si aspetta che uno psicologo pensi? Soprattutto quando è così impegnato a pensare a quello che pensa pensino gli altri.

(Walter Slezak, *Bonzo la scimmia sapiente*).

2809. -La psicologia tiene lontani dalle camere da letto.

(William Holden a Susannah York, *La settima alba*).

2810. -Per la psicologia di un uomo ci vuole la gamba di una donna.

(Claudette Colbert, che è riuscita a ottenere un passaggio in auto mostrando le gambe, *Accadde una notte*).

L'ANSIA

2811. -Non stia in ansia, signorina Wyeth: già da adesso tutto è sotto controllo.

-Non devo stare in ansia? Ansia è il mio secondo nome.

(La baby sitter Victoria Jackson, al suo primo giorno di lavoro, e Diane Keaton, *Baby boom*).

L'ANGOSCIA

2812. -Devo tenermi la mia angoscia. La devo proteggere. Perché mi serve: mi mantiene scattante, reattivo, come devo essere.
(Il poliziotto Al Pacino alla moglie Diane Venora, *Heat-La sfida*).

LA DEPRESSIONE

2813. -Apro gli occhi la mattina e mi dico: ma perché devo alzarmi? Perché devo mangiare? E perché devo respirare?
(Kathleen Turner, un anno dopo la perdita del figlio, *Turista per caso*).
2814. -Come sta faccia di chiulo?
-In ottima forma. Oscillante tra il depresso e l'agitato.
(Kristin Scott-Thomas a proposito dell'ex fidanzata di lui, Anna Chancellor, *Quattro matrimoni e un funerale*).
2815. -È come forzare una serratura con un'aringa bagnata.
(Joseph Fiennes-William Shakespeare, depresso perché non riesce più a scrivere, *Shakespeare in love*).
2816. -Fiorellino, fai disonore alla depressione.
(Jack Nicholson cerca di scuotere Greg Kinnear, *Qualcosa è cambiato*).
2817. -Io ho una buona ragione per non venire in ufficio: deprimo gli impiegati. L'ho discusso con il mio psicanalista, il dottor Mannick. Lui è d'accordo, dice che deprimo anche lui.
(Tony Randall, *Amore, ritorna!*).
2818. -Mi sento di merda per circa dieci ragioni, stasera, e non voglio rinunciare neanche a una.
(Mary Kay Place, *Il grande freddo*).
2819. -No, non mi piace la felicità: la felicità non va bene, la felicità non dura. A me piace la depressione: la depressione dura di più, non ti tradisce.
(Lesley Ann Warren, *Che vita da cani!*).
2820. -Perché cosa le prendi quelle medicine?
-Io? Per la depressione.
-E per che cosa sei depresso?
-Io, depresso... Tu non sei mai stata depressa? Cioè, il tuo lavoro non ti butta giù?
-Oh, sempre meglio che fare la cameriera.
(La prostituta Hazelle Goodman e il cliente Woody Allen, *Harry a pezzi*).
2821. -Sì, sono magra, sono brutta, sono spazzatura: devo morire. Non so che cosa mi succede.
(Fanny Ardant, *La signora della porta accanto*)

LA NEVROSI

2822. -Alan, non sono nevrotica: sono semplicemente una stronza. Spero che la mia rivale sia invecchiata male, che cosa c'è di strano?

(Bette Midler al marito David Rasche, a proposito di Gail O'Grady, *Questo pazzo sentimento*).

2823. -Non dirmi "rilassati", sono un claustrofobico di fama mondiale.

(Woody Allen, bloccato dentro un ascensore, a Diane Keaton, *Misterioso omicidio a Manhattan*).

2824. -Claustrofobia... e un cadavere: questo è l'en plein del nevrotico.

(Woody Allen, bloccato in ascensore con una donna uccisa, *Misterioso omicidio a Manhattan*).

2825. -Sono andato in overdose di me stesso.

(Woody Allen, *Harry a pezzi*).

IL COMPLESSO

2826. -Sai una cosa? Io non li sopporto quelli che danno la colpa dei loro lati peggiori a tutti tranne che a se stessi. Fa tanto anni Novanta.

-Ah ah ah... Bene... Che cosa stai dicendo?

-Hai il complesso di Peter Pan e incolpi tua madre.

-Quale complesso di Peter Pan?

-Quello di cui ti vanti tanto.

-Tu hai degli amici?

-Non ho tempo per gli amici.

-Questo per via del tuo complesso di Capitan Uncino.

-Del mio che?

-Complesso di Capitan Uncino.

-Non esiste!

-Sì che esiste, e tu ce l'hai.

(Michelle Pfeiffer e George Clooney litigano, *Un giorno, per caso*).

IL MANIACO

2827. -Io non sono per il controllo di se stessi.

(John Malkovich-Hyde, *Mary Reilly*).

2828. -Ogni paese ha il suo maniaco.

(Philippe Laudenbach a Jean-Louis Trintignant che si lamenta di ricevere telefonate anonime, *Finalmente domenica!*).

LA PUBBLICITÀ

2829. -Dammi una bella ragazza in costume da bagno e io venderò rasoi ai barbudos di Fidel Castro.

(Rock Hudson a Tony Randall, *Amore, ritorna!*).

2830. -Domani pomeriggio ci sposiamo, con la sua famiglia, i parenti, gli invitati e gli amici, e martedì io comincerò a lavorare per suo zio in un'agenzia pubblicitaria.

-Un'agenzia pubblicitaria?

-Sì, torno alla vita normale, lascio questo bordello.

-Vuoi dire che ti metterai a scrivere fregnacce come "Traverserei il deserto per una Camel" oppure "Dio li crea, Flit li uccide"?

(Jack Lemmon si dimette dal giornale diretto da Walter Matthau, *Prima pagina*).

2831. -"Mabel mi hanno battezzato/ Su ogni scatola è stampato/ Strabel mi ha confezionato/ Per la delizia del palato".

-Nessuna vacca con la testa sulle spalle direbbe una cosa simile.

(Allyn Joslyn declama lo spot della carne in scatola del suocero Eugene Pallette, suscitando la reazione del nonno Charles Coburn, *Il cielo può attendere*).

2832. -Perché ostinarvi a vivere, quando noi possiamo seppellirvi per 49.50 dollari?

(Pubblicità dell'impresa di pompe funebri di James Woods, *C'era una volta in America*).

LE PUBBLICHE RELAZIONI

2833. -Spara cazzate, spara cazzate... Siamo nelle pubbliche relazioni, è questo il nostro lavoro.

(Gwyneth Paltrow, *Sliding doors*).

LA RAGIONE

2834. -A che serve avere ragione quando poi sei morto?

(Silvio Orlando, *Sud*).

2835. -A questo mondo esiste una cosa terribile: che ognuno ha le sue ragioni.

(Jean Renoir, *La regola del gioco*).

2836. -Doveva lasciarmi morire!

-Quanta fretta! Soffre molto?... Ci sono voluti milioni di anni per evolvere la coscienza umana, e adesso lei vuole cancellarla, distruggere il miracolo dell'esistenza, più importante di qualsiasi altra cosa nell'universo. Le stelle che sanno fare? Niente: brillano e basta. E il sole, che sputa fiamme alte duecentottantamila miglia, che fa? Sciupa inutilmente le sue risorse. Può ragionare il sole? È cosciente? No. Ma lei sì.

(La ballerina Claire Bloom, che ha tentato il suicidio, e il vecchio clown Charlie Chaplin, *Luci della ribalta*).

2837. -La ragione non è mai da una parte.

(Burt Lancaster, *Nessuna pietà per Ulzana*).

I CINQUE SENSI

2838. -È una fortuna essere ciechi, perché i ciechi non vedono le cose come sono, ma come immaginano che siano.

(Vittorio Gassman, *Profumo di donna*).

2839. -Grazie per le mie visioni, e per la cecità, che mi ha consentito di vedere anche di più.

(Preghiera del vecchio capo cheyenne Dan George, *Piccolo grande uomo*).

2840. -Hai sentito? Odore di femmina!

(Vittorio Gassman a Alessandro Momo, *Profumo di donna*).

2841. -Io tocco, ma lei perché mi fa il ritocco?

(Totò a Mario Castellani, *Totò a colori*).

2842. -Lei puzza con la "p" maiuscola.

(Totò, *I ladri*).

2843. -Lei puzza di iena!

-Che cosa?

-Dico che lei puzza di iena, signora.

(Xavier Loya e Patricia de Morelos, *L'angelo sterminatore*).

2844. -"I miei sensi vengono meno/ Un fuoco ardente brucia e mi divora".

(Katharine Hepburn cita Goethe, *Piccole donne*).

2845. -Non ci vedo bene, ho un occhio miopo e un altro presbito.

(Totò, *Il monaco di Monza*).

2846. -Oh, che peccato, si sono rotti: come mi dispiace!

-Be', non ha nessuna importanza: per fare tutte le scemenze che sto facendo, posso anche farle a occhi chiusi.

-Ecco... Comunque, gliel'ho detto: senza occhiali è molto più carino.

-Sono solo molto più cieco.

(Katharine Hepburn, ereditiera pasticciona, che ha combinato l'ennesimo disastro ai danni di Cary Grant, *Susanna*).

2847. -Ora che ho perso la vista ci vedo di più.

(Philippe Noiret, *Nuovo Cinema Paradiso*).

2848. -Puzzavi talmente che avresti fatto correre un gatto fuori da una pescheria.

(Stella Stevens a Jason Robards, *La ballata di Cable Hogue*).

2849. -Questo posto puzza più del buco del culo di un somaro.

(David Bowie, *Il mio West*).

2850. -Uomo con odori vecchi in suo naso è uomo vecchio.

(La guida indiana Jorge Luke, *Nessuna pietà per Ulzana*).

IL CUORE

2851. -Adesso credo nel cuore umano solo come medico.

(Jennifer Jones, che ama tra mille ostacoli William Holden, *L'amore è una cosa meravigliosa*).

2852. -Aspetta e aspetta ancora. Stai ferma, in silenzio, e ascolta il tuo cuore. Quando poi ti parla, va' dove lui ti porta.

(Virna Lisi alla nipote Valentina Chico, *Va' dove ti porta il cuore*).

2853. -Colpi di cannone, o è il mio cuore che batte?

(Ingrid Bergman tra le braccia di Humphrey Bogart, *Casablanca*).

2854. -Il cuore è davvero un muscoletto molto elastico.

(Woody Allen, *Hannah e le sue sorelle*).

2855. -Il cuore non è una cosa pratica, fino a che non ne faranno di infrangibili.
(Il mago Frank Morgan all'uomo di latta Jack Haley, *Il mago di Oz*).
2856. -Il cuore si misura da quanto tu ami, non da quanto tu sei amato dagli altri.
(Il mago Frank Morgan all'uomo di latta Jack Haley, *Il mago di Oz*).
2857. -È un curioso mestiere questo vostro, vi pare?
-Meraviglioso.
-Senza dubbio. Ma è stupefacente questa facoltà di far battere i cuori tutte le sere alla stessa ora.
-Ma non capite niente. Ciò che è meraviglioso, che è esaltante è sentire il proprio cuore e quello del pubblico battere insieme.
-Che promiscuità! Io invece vi dirò che quando il mio cuore si mette a battere, batte tanto forte che provo una voluttà tutta particolare a essere il solo ad ascoltarlo.
(Il bandito Marcel Herrad e l'attore Pierre Brasseur, *Amanti perduti*).
2858. -Sei svelto di mano, molto svelto. Ma hai troppo cuore: un giorno o l'altro passerai qualche guaio.
(John Ireland a Montgomery Clift, *Il fiume rosso*).
2859. -Vi faccio notare che il revolver è puntato al cuore.
-È il posto meno sensibile che io ho.
(Humphrey Bogart e Claude Rains, *Casablanca*).

IL SENTIMENTO

2860. -Ci sono ottimi sentimenti che possono avere pessime ragioni, non lo sapete?... Come ci sono dei pessimi sentimenti che a volte hanno delle ottime ragioni.
(Shelley Duvall a Nicole Kidman, *Ritratto di signora*).
2861. -È un avvenimento storico che tu dimostri di avere qualche sentimento....
(Eva Dahlbeck all'ex amante Gunnar Björnstrand, *Sorrisi di una notte d'estate*).
2862. -Ma più che l'amore contano i sentimenti, e io ne ho tanto di sentimento dentro di me... Ma a chi lo do? Chi è che lo vuole?
(Magali Nöel, *Amarcord*).
2863. -Nel tuo animo arido e grigio non c'è posto per alcun sentimento. David, tu sai come esporre i fatti, trovi le parole per ogni situazione. Ma c'è soltanto una cosa di cui non possiedi la più pallida idea: è la vita stessa.
(Max von Sydow al suocero Gunnar Björnstrand, *Come in uno specchio*).
2864. -Niente fa sentire un uomo più ridicolo che fare il sentimentale con una donna che non lo è.
(Cary Grant a Ingrid Bergman, *Indiscreto*).
2865. -Non siamo che analfabeti dal punto di vista sentimentale. Ci hanno insegnato tutto ma non ci hanno insegnato una sola parola sulla nostra anima. L'ignoranza su noi stessi è praticamente totale.
(Erland Josephson, *Scene da un matrimonio*).
2866. -I sentimenti mi hanno sempre messo in imbarazzo. Io sono fug-

gita da uomini da cui mi sono sentita spaventata e minacciata per l'intensità della loro passione.
(Mia Farrow, *Un'altra donna*).
2867. -Il sentimento è un lusso che poche donne possono offrirsi.
(Jean-Pierre Melville, *Fino all'ultimo respiro*).
2868. -Vi dirò, caro Rick, che sono sicuro che sotto quella scorza cinica siete in fondo un sentimentale.
(Claude Rains a Humphrey Bogart, *Casablanca*).

IL ROMANTICISMO

2869. -Ho orrore del romanticismo a buon mercato.
(Bette Davis spegne la radio che trasmette un brano di Liszt: lo stesso brano che, a un party, aveva fatto eseguire senza sosta a un pianista, *Eva contro Eva*).
2870. -Non avresti dovuto... Non avresti dovuto essere così romantica...
(James Stewart a Kim Novak, *La donna che visse due volte*).
2871. -Non sono romantica, sono positiva... Be', perché scuote la testa?
-Perché io credo soltanto all'evidenza.
-E quale sarebbe l'evidenza, secondo lei?
-I suoi occhi.
(Deborah Kerr e Robert Mitchum, *L'erba del vicino è sempre più verde*).

LA RELIGIONE

2872. -Dio non esiste. Ogni religione parte da un falso principio, Thérèse. Tutte le religioni presuppongono la necessità di credere in un Dio creatore, ma questo creatore non è mai esistito. Esiste forse una sola religione che non sia sotto il segno dell'impostura e della stupidità? Ma se, tra tutte, una ve n'è che merita più particolarmente il nostro disprezzo e il nostro odio, è proprio questa barbara Legge del Cristianesimo in cui siamo stati entrambi generati! Tu credi in un Dio vendicatore: disingannati, Thérèse, disingannati! Questo Dio che ti inventi, è soltanto una chimera la cui stupida esistenza ha luogo soltanto nella mente dei folli. È un fantasma inventato dalla cattiveria degli uomini, col solo scopo di imbrogliarli, o di armarli gli uni contro gli altri. Se questo Essere Supremo esistesse veramente, con tutti i difetti di cui ha riempito le sue opere, non meriterebbe da noi che disprezzo e bestemmie.
(Michel Piccoli-Marchese De Sade a Christine Simon, *La via lattea*).
2873. -Lo sai, la mia religione sei tu.
(Il gangster Laurence Fishburne a Vanessa Williams, *Hoodlum*).

L'ATEISMO

2874. -Non appartengo a nessuna religione, non ho mai avuto bisogno di nessun Dio, o salvazione, o vita eterna. Io sono il mio Dio, provvedo io

stesso a contornarmi d'angeli e demoni, vivo su una spiaggia pietrosa sommersa dalle onde del mare che mi protegge.
(Anders Ek, *Il rito*).
2875. -Per te, per te io sono un ateo: per Iddio sono una leale opposizione.
(Woody Allen a Louise Lasser, *Stardust memories*).
2876. -Voi atei non finireste mai di parlare di Dio.
(William Hurt a Raul Julia, *Il bacio della donna ragno*).

LA FEDE

2877. -Con la fede ci si crede, e con la scienza ci si vede.
(Totò, *Uccellacci e uccellini*).
2878. -Da quando ho perso la fede, mi sembra che sia uguale andare da una parte o dall'altra.
(John Carradine, *Furore*).
2879. -Eh sì, l'amore senza fede, come la religione senza fede, è cosa che vale poco.
(Lawrence Grant a Marlene Dietrich, *Shangai Express*).
2880. -La fede è menzogna, e il paradiso una beffa.
(James Mason, *Pandora*).
2881. -La fede è quella sorprendente facoltà data all'uomo che ci dà la capacità di credere in cose che noi sappiamo essere false.
(Isabelle Adjani, *Nosferatu, il principe della notte*).
2882. -La fede è una pena così dolorosa! È come amare qualcuno che è lì fuori al buio e che non si mostra mai per quanto lo si invochi.
(Max von Sydow, *Il settimo sigillo*).
2883. -La fede non è una veste che si cambia col cambiare del tempo.
(Katharine Hepburn-Maria Stuarda, *Maria di Scozia*).
2884. -Invidio la tua fede, invidio chi ne ha una.
(Enrico Maria Salerno a Gian Maria Volonté, *Le stagioni del nostro amore*).
2885. -Perché io dovrei avere fede nella fede degli altri?
(Max von Sydow, *Il settimo sigillo*).
2886. -Quando avete perduto la fede?
-Quando ne trovai una migliore.
(Il prete Henry Fonda e Pedro Armendariz, poliziotto al servizio di un regime anticlericale, *La croce di fuoco*).
2887. -La religione è facile. Ma io sto parlando di fede!
(George Burns-Dio a John Denver, *Bentornato Dio!*).
2888. -Spesso le cose in cui hai fede diventano più reali e consistenti di tutte quelle che riesci a spiegare o comprendere.
(Gene Kelly, *Brigadoon*).

LA CONFESSIONE

2889. -E allora, onori il padre e la madre?
-Io sì. Ma loro non mi onorano a me: mi danno certe tozze sulla testa!

(Il prete Gianfilippo Carcano e il bambino Bruno Zanin, *Amarcord*).

2890. -Era bellissimo essere cattolico e andare a confessarsi: ogni settimana, incominciavi tutto da capo.

(Francis Capra, *Bronx*).

2891. -Mi benedica, padre, perché ho peccato. È un mese che non mi confesso, e questi sono i miei peccati: ho saltato la messa di domenica due volte, ho mentito sull'omicidio una volta e ho mangiato carne venerdì una volta.

-Un momento, puoi tornare indietro un attimo e ripetere?

-Che ho mangiato carne venerdì?

-No, non quello, torna ancora un po' indietro.

-Che ho mentito sull'omicidio?

-Sì, ecco, questo. Ti rendi conto di quello che hai detto?

-Sì, ma solo una volta, padre.

-Lo sai che cosa dice il quinto?

-Sì, padre, il quinto emendamento dice: rifiuto di rispondere a questa domanda perché potrebbe incriminarmi.

-No, il quinto comandamento.

-Ah... Non uccidere.

-Esatto. Allora adesso tu mi dici che cosa è successo.

-No, padre, io non dico niente a nessuno.

-Non avere paura, figliolo: nessuno è più potente di Dio.

-Non lo so, padre: il suo Dio conterà più del mio lassù, quello mio conta più del suo quaggiù.

-Se lo dici tu... Cinque Padre Nostro e cinque Ave Maria per penitenza.

-Con un omicidio di mezzo? Io credevo peggio, padre.

(Il ragazzo Francis Capra, che è stato testimone di un omicidio commesso dal boss Chazz Palminteri e non lo ha identificato per paura, si confessa con il prete Richard DeDomenico, *Bronx*).

2892. -Vuoi confessarti, figliolo?

-Be', padre, per la verità io non sono molto religioso. So che lei cerca di aiutarmi e io l'apprezzo, ma se cominciassi a pregare ora mi sentirei un ipocrita.

-Questo è un errore, figlio mio. Dio è sempre pronto ad ascoltare le tue preghiere.

-Sì, va bene padre, vuole ascoltare adesso la mia confessione?

(Il cappellano Emile Meyer e il soldato Timothy Carey, condannato a morte dalla corte marziale, *Orizzonti di gloria*).

IL CRISTIANESIMO

2893. -A noi ci ha rovinato il cristianesimo, come cultura. Una volta avevamo le terme, i massaggi... Adesso cosa abbiamo? Le pizzerie.

(Diego Abatantuono, *Marrakech Express*).

2894. -Il cattolicesimo per me era muori subito e paghi dopo. Non mi convinceva.

(Woody Allen, *Hannah e le sue sorelle*).

2895. -Che c'è di più sexy di una cattolica fuorviata?
(Joe Mantegna a Mia Farrow, *Alice*).
2896. -I miei giorni di cattolica finirono a sedici anni.
-I miei invece finirono quando mamma trovò il mio diaframma.
(Mia Farrow e la sorella Blythe Danner, *Alice*).

IL FONDAMENTALISMO

2897. -Ma i peggiori sono i predicatori fondamentalisti: lestofanti di bassa lega, che dicono ai poveri idioti che li guardano che loro parlano per Gesù, e per salvarsi inviare soldi, soldi, soldi... Se Gesù tornasse e vedesse quello che succede in suo nome, non la smetterebbe più di vomitare.
(Max von Sydow a Barbara Hershey, *Hannah e le sue sorelle*).

LA BIBBIA

2898. -Avevo letto tutto sul supplizio e la corona di spine e mi vedevo a prender parte, magari al comando della flagellazione e della crocefissione, tutto vestito all'ultima moda romana.
(Fantasticherie del teppista Malcolm McDowell, mentre legge la Bibbia in carcere, *Arancia meccanica*).
2899. -E adesso perché non ci leggi un po' di Bibbia, Sally?
-Certo, Big George, lo faccio molto volentieri... Quel giorno il Signore consegnerà te nelle mie mani, e io ti castigherò, e ti staccherò la testa dal corpo, e abbandonerò le carcasse dell'orda dei gretti filistei agli uccelli dell'aria, alle bestie feroci della terra. Amen.
-Amen. Chi erano i filistei?
-Erano un branco di luridi sporcaccioni...
(I "pionieri" Billy Bob Thorton, Iggy Pop e Jared Harris, *Dead man*).
2900. -Ezechiele, 25, 17: "Il cammino dell'uomo timorato è minacciato da ogni parte dall'iniquità degli esseri egoisti e dalla tirannia degli uomini malvagi. Benedetto sia colui che nel nome della carità e della buona volontà conduce i deboli attraverso la valle delle tenebre, perché egli è in verità il pastore di suo fratello e il ricercatore dei figli smarriti. E la mia giustizia calerà sopra di loro con grandissima vendetta e furiosissimo sdegno, su coloro che si proveranno ad ammorbare e infine a distruggere i miei fratelli. E tu saprai che il mio nome è quello del Signore, quando farò calare la mia vendetta sopra di te".
(Formula di rito del killer Samuel L. Jackson prima di eliminare la vittima, *Pulp Fiction*).
2901. -Mio padre ha preso da sua zia Mary: rifiutava la Bibbia perché diceva che il personaggio centrale non era assolutamente credibile.
(Stephanie Roth, *Crimini e misfatti*).
2902. -Non mi era piaciuta l'ultima parte della Bibbia, perché è quasi tutta predica e non c'è vera lotta, e non c'è più tanto su e giù. A me piacciono le parti in cui quei vecchi ebrei si picchiano di santa ragione, e poi

sturano alcune bottiglie di vino israeliano e si infilano a letto con le damigelle delle mogli.

(Il teppista Malcolm McDowell legge la Bibbia in carcere, *Arancia meccanica*).

2903. -No, non è bella: è una bestia malvagia. Legga la Bibbia, signora. Nell'Apocalisse, dove si parla del dragone, della bestia peggiore di tutte, è scritto: "E la bestia che io ho visto era simigliante ad un pardo".

(Il guardiano dello zoo parla della pantera a Simone Simon, *Il bacio della pantera*).

2904. -"Quand'io parlassi le lingue degli uomini e degli angeli, se non ho amore, divento un rame risonante o uno squillante cembalo... E quando avessi il dono di profezia e conoscessi tutti i misteri, avessi tutta la fede per trasportare le montagne, se non ho amore non sono nulla. L'amore è paziente, l'amore è benigno; non invidia, l'amore non si vanta, non si gonfia. Soffre ogni cosa, crede ogni cosa, spera ogni cosa, sopporta ogni cosa. L'amore non verrà mai meno: quanto alle profezie, esse saranno superate; le lingue cesseranno, la conoscenza finirà nel nulla. Or dunque queste tre cose resteranno: fede, speranza, amore; ma la più grande di esse è l'amore".

(La *Prima lettera ai Corinzi* di San Paolo: forma il coro del grande concerto che chiude *Tre colori-Film blu*).

LA CHIESA

2905. -La Chiesa è un racket.
(Harvey Keitel, *Il cattivo tenente*).
2906. -Io non vado in Chiesa. In ginocchio mi si rompono le calze.
(Jan Sterling, *L'asso nella manica*).
2907. -La mia chiesa sono state le praterie, le montagne: niente porte.
(John Wayne, *Il pistolero*).
2908. -Victor Hugo dice qui a proposito delle cattedrali: "Sono dei luoghi davvero santi". Ha detto anche, non ricordo dove: una cattedrale, una chiesa è il divino, c'è Dio. Ma appena arriva un prete, Dio non c'è più. Esagera, non ti pare?
(Antoine Monnier a Nicolas Deguy, *Il diavolo probabilmente...*).

IL CLERO

2909. -Che ci facciamo qui?
-Hai promesso di venire dalla pinguina il giorno che uscivi.
-Be', le ho detto una bugia.
-Non si dicono le bugie alle monache. Dobbiamo salire su a trovare la pinguina.
-No, manco scannato.
(John Belushi e Dan Aykroyd in visita all'orfanotrofio che li ha cresciuti, *The Blues Brothers*).

2910. -Me le ricordo, le suore: sono sparite da un giorno all'altro, come i telefoni a disco.

(Sharon Stone, *Diabolique*).

2911. -Niente è più triste di un prete.

(Gerard Dépardieu, *Sotto il sole di Satana*).

2912. -Perché voi che siete eletti pastori del gregge permettete che le vostre pecore vivano in sporcizia e povertà, e se protestano contro questo stato di cose le calmate dicendo che soffrono per il volere di Dio? Pecore, pecore da tosare secondo la volontà di pochi padroni. Avevo imparato che l'uomo fu creato a immagine di Dio, non d'una pecora.

(Il minatore John Loder, capo degli scioperanti, al religioso Arthur Shields, *Com'era verde la mia valle*).

2913. -Ragazzi, quando imparerete a non dire le parolacce alle suore?

(Cab Calloway a John Belushi e Dan Aykroyd, *The Blues Brothers*).

IL GRAAL

2914. -Jack, deve esistere il Santo Graal. Cosa furono le crociate, un giro promozionale del Papa?

(Il barbone Robin Williams al disc-jockey Jeff Bridges, *La leggenda del Re Pescatore*).

2915. -Jack, scusami se mi prendo la libertà, ma... Tu non mi sembri per niente un cuorcontento. La conosci la storia del Re Pescatore? Comincia col re da ragazzo, che doveva passare la notte nella foresta per dimostrare il suo coraggio e diventare re. E mentre passa la notte da solo è visitato da una visione sacra: nel fuoco del bivacco gli appare il Santo Graal, simbolo della grazia divina. E una voce dice al ragazzo: "Tu custodirai il Graal, onde possa guarire i cuori degli uomini". Ma il ragazzo, accecato dalla visione di una vita piena di potere, di gloria, di bellezza, in uno stato di completo stupore, si sentì per un attimo non un ragazzo, ma onnipotente come Dio: allungò la mano per prendere il Graal, e il Graal svanì lasciandogli la mano tremendamente ustionata dal fuoco. E mentre il ragazzo cresceva la ferita si approfondiva, finché un giorno per lui la vita non ebbe più scopo. Non aveva più fede in nessuno, neanche in se stesso. Non poteva amare, né sentirsi amato. Era ammalato di troppa esperienza, e cominciò a morire. Un giorno un giullare entrò al castello e trovò il re da solo. Ed essendo un semplice di spirito, egli non vide il re: vide solo un uomo solo e sofferente. E chiese al re: "Che ti addolora, amico?". E il re gli rispose: "Ho sete, e vorrei un po' d'acqua per rinfrescarmi la gola". Allora il giullare prese una tazza che era accanto al letto, la riempì d'acqua e la porse al re. Ed il re, cominciando a bere, si rese conto che la piaga si era rimarginata: si guardò le mani e vide che c'era il Santo Graal, quello che aveva cercato per tutta la vita. Si volse al giullare e chiese stupito: "Come hai potuto tu trovare ciò che i miei valorosi cavalieri mai hanno trovato?". E il giullare rispose: "Io non lo so: sapevo solo che avevi sete".

(Robin Williams, ex professore impazzito per la morte della moglie, che vive come un barbone e cerca il Graal a New York, al disc-jockey in crisi Jeff Bridges, *La leggenda del Re Pescatore*).

2916. -La ricerca del Santo Graal non è archeologia, è una gara contro le forze del male: se cadesse nelle mani dei nazisti, le armate delle tenebre marcerebbero su tutta quanta la terra, non riesci a capirlo?
(Sean Connery ad Harrison Ford, *Indiana Jones e l'ultima crociata*).

IL NATALE

2917. -Allora, che regalo vorresti per Natale?
-Voglio una carta di credito.
(Babbo Natale e un bambino, *Brazil*).
2918. -Oggi è il Santo Natale. Il grande varietà religioso comincerà alle ore nove e trenta: il cappellano Charlie vi farà sapere come il mondo libero riuscirà a far fuori il comunismo con l'aiuto di Dio e di alcuni marines.
(Il sergente Lee Ermey agli allievi marines, *Full metal jacket*).
2919. -Sai una cosa? Presto avremo un bambino.
-Scherzi?
-No, avremo proprio un bambino: me l'ha detto il dottore, è sicuro. Sarà il mio regalo per Natale.
-Ma a me bastava una cravatta!
(Janet Margolin e Woody Allen, *Prendi i soldi e scappa*).
2920. -Tanti auguri a te, tanti auguri a te, tanti auguri Gesù Cristo, tanti auguri a te!
(Canzone intonata dal sergente Lee Ermey e dagli allievi marines in camerata, *Full metal jacket*).
2921. -Visto che dovevo scendere, ho portato i miei pacchettini natalizi.
-E a me che cos'hai portato?
-Sempre lo stesso, curioso come un bambino.
-"Per Enrico". Eh, pesante... È la mia pietra tombale: ti sei disturbata...
-Non ho mai saputo negarti niente.
(Katharine Hepburn e Peter O'Toole, *Il leone d'inverno*).

LA RICCHEZZA

2922. -Allora, si può sapere quanto sei ricco?
-Tutto quello che ti posso dire è che vorrei un centesimo per ogni centesimo che ho.
(Anne De Salvo e Dudley Moore, *Arturo*).
2923. -Be', lascia che dica una cosa, tesoro: se io avessi i suoi quattrini, sarei più ricca di lei.
(Audrey Hepburn a George Peppard, a proposito della ballerina di un night, *Colazione da Tiffany*).
2924. -Che impressione fa, barone, aver dilapidato una fortuna come la sua?
-Un'impressione di appagamento, Sacha: un grande totale appagamento. Un mio avo ha conquistato l'Europa per Bonaparte, i suoi discendenti

hanno conquistato la Borsa, l'industria e il commercio coloniale... E io ho sperperato queste ricchezze infami in una festa senza fine!

(Jean-Paul Belmondo e Charles Boyer, *Stavisky il grande truffatore*).

2925. -Una domanda: chi è secondo te l'essere più solo al mondo? Il povero?

-Sì.

-E invece no: è il ricco, capisci. Il ricco è più solo perché è più raro: i poveri so' tanti, tutti amici, sempre assieme, 'sti lazzaroni che nun te fanno campà. Come disse Nostro Signore Gesù? Egli disse: "Beati i poveri che se metteranno a sede alla mia destra". Mo', se non ci fossero li ricchi che fregheno li poveri, li poveri nun esisterebbero, e Gesù seguiterebbe a rimané a sede da solo diciamo come un povero Cristo, nun so se me spiego.

(Aldo Fabrizi e Vittorio Gassman, *C'eravamo tanto amati*).

2926. -È della gente ricca che bisogna aver paura.

(Bibi Andersson, *Il volto*).

2927. -È facile non fare stronzate quando si è ricchi.

(Isabelle Huppert, *Un affare di donne*).

2928. -Eh, ricchi sfondati siamo!

-Be', veramente il ricco sono io: lui è solamente sfondato.

(Peppino De Filippo e Totò, *Totò, Peppino e i fuorilegge*).

2929. -La gente ricca è odiata e vilipesa. Cosa c'è scritto sulla Statua della Libertà? C'è scritto: "Venite o ricchi?" No, c'è scritto: "Venite, o poveri". Siamo malvisti persino in casa nostra.

(Il miliardario Tony Randall, *Amore, ritorna!*).

2930. -Il guaio con voialtri è che ce l'avete con me perché faccio parte di una minoranza.

-Ma... quale minoranza?

-I miliardari. Voi siete di più, ma non ci vincerete: difenderemo i nostri diritti fino alla morte. E abbiamo i soldi per farlo.

(Tony Randall e Rock Hudson, *Il letto racconta...*).

2931. -Io mi sono fatto da solo, accumulando uno a uno quelle poche centinaia di miliardi soltanto con il continuo sudato lavoro. Degli altri, naturalmente.

(Walter Slezak, *Il pirata*).

2932. -Lo sa, signor Bernstein? Se non fossi stato molto ricco, forse sarei potuto diventare un grand'uomo.

(L'editore Orson Welles al suo braccio destro Everett Sloane, *Quarto potere*).

2933. -Ma quanto dichiarate di reddito?

-Niente: è per questo che ce ne ho tanti.

(Janet Leigh e Frank Albertson, *Psyco*).

2934. -Oh, non m'importa che sia ricco. Basta che abbia uno yacht, il suo treno privato e il suo dentifricio personale.

(Il marito ideale di Marilyn Monroe, *A qualcuno piace caldo*).

2935. -Per me i ricchi sono dei poveri con i quattrini.

(La ragazza povera Ginger Rogers al miliardario Walter Connolly, *La ragazza della Quinta Strada*).

2936. -Questa è la tragedia dei ricchi: non hanno bisogno di niente.

(Charles Coburn, *Lady Eva*).

2937. -Le ricchezze non rendono l'uomo libero, lo rendono solo più occupato.
(Gérard Depardieu, *1492-La Scoperta del Paradiso*).
2938. -Sai, è ricchissimo: avrà un miliardo di debiti.
(Roberta Speroni a proposito di un industriale, *La notte*).
2939. -Se avessi un nichelino per ogni volta che un pezzo di merda mi ha puntato una pistola contro, sarei un uomo ricco.
(Mickey Rourke, *Harley Davidson & Marlboro Man*).
2940. -Sono una donna abbastanza ricca per apprezzare gli uomini che si possono comprare.
(Margarita Lozano al pistolero Clint Eastwood, *Per un pugno di dollari*).
2941. -Tutti i soldi che ho hanno soltanto undici anni. Quindi, sì, sono un *nouveau riche*. Ma tanto è il *riche* che conta, non è così?
(Kevin Spacey, *Mezzanotte nel giardino del bene e del male*).

LA POVERTÀ

2942. -C'è nell'aria un po' di aprile, vero, Mirko?
-Sì, qualcosa che anche i poveri possono godere.
(Il miliardario Walter Connolly e il suo autista James Ellison, *La ragazza della Quinta Strada*).
2943. -Era così povero che non possedeva neanche la sua sporcizia.
(Will Smith a proposito del sedicente padre Sidney Poitier, *6 gradi di separazione*).
2944. -Erano tempi duri, ma noi eravamo poveri ma felici, come dicono i ricchi.
(Stefania Sandrelli rievoca il suo amore con Vittorio Gassman, *C'eravamo tanto amati*).
2945. -In un paese dove ogni uomo vale per quello che ha, chi ha molto poco non conta poi molto.
(Il maggiordomo George Rose al padrone Walter Matthau, che è rimasto senza un soldo, *È ricca, la sposo e l'ammazzo*).
2946. -Mai saputo quanto ero povero, prima di cominciare a fare i soldi.
(Charlie Sheen, *Wall Street*).
2947. -Ma quali poveri? I poveri non esistono. Ma lo sai che perfino i mendicanti sono pieni di milioni? Lo sai che quando muore un povero gli trovano i biglietti da mille dentro il materasso?
(Ugo Tognazzi, padre cinico, insegna la disonestà al figlio Ricky, che qualche anno dopo lo ucciderà, *I mostri*).
2948. -La mia famiglia era talmente povera che vedevamo anche l'arcobaleno in bianco e nero.
(Leonardo Pieraccioni, *Fuochi d'artificio*).
2949. -Nessun povero è mai stato detto democratico per aver sposato un ricco.
(Lo chauffeur John Williams alla figlia Audrey Hepburn, *Sabrina*).
2950. -Non solo era un verme, e anzi diciamo un superverme, ma era anche al verde. Ma lo capisci? Al verde da fare impallidire un biliardo.
(Audrey Hepburn a George Peppard a proposito di Stanley Adams, al

quale aveva dato la caccia nella convinzione che fosse ricchissimo, *Colazione da Tiffany*).

2951. -Perché non mi hai scritto che eri in difficoltà?

-Non do colpi bassi agli amici, solo ai miei conoscenti.

-Ma se finanziariamente sei imbarazzato...

-Finanziariamente sono mortificato.

(I due vecchi attori Stapleton Kent e Charlie Chaplin, *Luci della ribalta*).

2952. -I poveri sono poveri, e peggio per loro.

(Anthony Hopkins, *Casa Howard*).

2953. -Quando non hai niente, non hai niente da perdere.

(Leonardo DiCaprio, *Titanic*).

2954. -I ricchi, i ben pasciuti e i teorici, che sono di solito ben pasciuti, credono che la povertà sia qualcosa di negativo, così come la malattia è la negazione della salute. Non è così, signore: la povertà non è una cosa negativa, è una piaga positiva, virulenta in se stessa, contagiosa come il colera, con viltà, criminalità, vizio e disperazione, per citarne solamente qualche sintomo. E non bisogna accostarla nemmeno a semplice scopo di studio: è bene evitarla.

(Il maggiordomo Robert Creig al regista Joel McCrea, che vuole girare un film sui poveri, *I dimenticati*).

2955. -Ti fa del bene che io ti paghi poco. Così, sai cosa vuol dire essere povero. Te ne ricorderai quando sarai ricco.

(Edward G. Robinson al figlio Luther Adler, *Amaro destino*).

2956. -Tu sei fortunato, vieni da un quartiere povero...

-E la chiami fortuna?

-Ma certo. Hai avuto subito le cose peggiori: la povertà, lo squallore. E dovevi andare in una sola direzione: in su.

(Tony Randall e Rock Hudson, *Amore, ritorna!*).

2957. -Voglio andare per la strada a scoprire cosa significhi essere povera gente: fare un film sulla miseria.

-Se mi è permesso dire, signore, il soggetto non interessa a nessuno. Il povero sa tutto sulla povertà: solo agli intellettuali piacerà l'argomento.

-Ma io voglio farlo per i poveri, non capisci?

(Il regista Joel McCrea e il maggiordomo Robert Creig, *I dimenticati*).

IL DENARO

2958. -A che cosa servono tutti questi soldi che abbiamo se non a trovarci un uomo come si deve?

(Katharine Hepburn a Doris Nolan, *Incantesimo*).

2959. -La capacità principale del denaro è consentire alla gente che ne ha di continuare a sfruttare e opprimere quelli che non ne hanno.

(Ben Kingsley, *I signori della truffa*).

2960. -Cara, non ti passa mai per la mente che c'è chi se ne infischia dei quattrini?

-Non fare la sciocca, stiamo parlando seriamente.

(Jane Russell e Marilyn Monroe, *Gli uomini preferiscono le bionde*).

2961. -C'è tutta la mia vita qua dentro.

(Toshiro Mifune butta dal finestrino di un rapido due valigette con i soldi per il riscatto del figlio, *Anatomia di un rapimento*).

2962. -C'è un vecchio detto: i soldi nuovi sfumano via con il ballo, mentre i vecchi soldi aspettano che siano stanchi.

(Henry Hull, *La caccia*).

2963. -Chi avrebbe detto che noi avremmo fatto i soldi, noi contestatori?

(Tom Berenger, *Il grande freddo*).

2964. -Chi dice che i soldi non fanno la felicità, oltre a essere antipatico, è pure fesso.

(Totò, *I due orfanelli*).

2965. -Chi non ha soldi bisogna che si arrangi: o per averne oppure per farne a meno.

(Serge Reggiani, *Tre amici, le mogli e (affettuosamente) le altre*).

2966. -Ci sono due cose importanti al mondo: per gli uomini le donne, e per le donne il denaro... Se una bella donna sta con un uomo ricco, si può dire automaticamente che lei è perbene e lui uno sporcaccione.

(Jean-Pierre Melville, *Fino all'ultino respiro*).

2967. -Ci sono due semplici strade per avere i soldi: o li rubi o te li sposi.

(Tony Curtis, *Operazione sottoveste*).

2968. -Da ragazzo ero vittima di una propaganda tendenziosa. Mi dicevano che il denaro non è tutto, e io me la bevevo. Poi scoprii che quelli che affermavano che il denaro non è tutto erano quelli che ne erano pieni, e che dicevano così per non farsi fregare quello loro.

(Tony Curtis, *Operazione sottoveste*).

2969. -Il denaro è una parola, è una convenzione: c'è tanta gente che senza denaro riesce a vivere come se avesse milioni. C'è tant'altra gente poi, carica di milioni, che vive come se non avesse nemmeno un soldo.

(Eduardo De Filippo, *A che servono questi quattrini?*)

2970. -Il denaro fa la guerra, la guerra fa il dopoguerra, il dopoguerra fa la borsanera, la borsanera rifà il denaro e il denaro rifà la guerra. Guerra era un corridore ciclista, perciò gridiamo in coro: "Viva Girardengo, viva Edison, che scoprendo la bussola disse: 'Eppur si muove' ".

(Totò, *I due orfanelli*).

2971. -Il denaro ha le gambe, e deve camminare. Altrimenti, se resta nelle tasche, prende la muffa.

(Elio Marcuzzo, *Ossessione*).

2972. -Il denaro non è che carta, se non lo spendi.

(Virginia Mayo, *La furia umana*).

2973. -Il denaro, ricordatelo, è la rovina dell'umanità. È una malattia, e come tutte le malattie provoca i suoi disturbi. E i disturbi del denaro sono l'avarizia e la prodigalità. Io, quando ero ricco, ero prodigo. Scomparsa la malattia, è scomparso il disturbo.

(Eduardo a Peppino De Filippo, *A che servono questi quattrini?*).

2974. -Dicono che i soldi cambiano gli uomini, Jackie: non c'è cambiamento più radicale che passare dalla vita alla morte.

(Fionnula Flanagan parla con il marito Ian Bannen di Jimmy Keogh, morto per l'emozione di aver vinto alla lotteria, *Svegliati Ned*).

2975. -Dovevi venire con me, sai.
-Non vado da nessuna parte senza soldi. Mi mantengo da sola da quando avevo tredici anni, e ho imparato che solo i soldi contano.
(Richard Gere e Diane Lane, amante del gangster Dutch Schultz-James Remar, *Cotton Club*).
2976. -Ho bisogno di grana, arsgian, filush, rubli.
(Totò, *Sua Eccellenza si fermò a mangiare*).
2977. -L'importante è averli, i soldi. Io sono stata ricca e povera, è molto meglio essere ricca.
(La pupa del gangster Gloria Grahame, *Il grande caldo*).
2978. -Io darei non so quanti miliardi per avere cinque milioni da darti.
(Marcello Mastroianni al figlio Bruno Esposito, *Maccheroni*).
2979. -Io devo far quattrini, me l'ha ordinato il dottore di far soldi a palate: altrimenti divento terribilmente triste e ne soffre la digestione.
(Humphrey Bogart, *Il tesoro dell'Africa*).
2980. -Lei crede davvero che avere i soldi automaticamente porti la felicità?
-No, però nemmeno che automaticamente mi deprima.
(Cameron Mitchell e Lauren Bacall, *Come sposare un milionario*).
2981. -Lo so, bella, i soldi ti piacciono e forse al posto del cuore hai un grosso dollaro d'argento.
(Il rapinatore Sterling Hayden e la dark lady Marie Windsor, *Rapina a mano armata*).
2982. -Ma che c'è poi in un milione? Un sacco di zeri. Niente: un cerchio con un buco in mezzo.
(Humphrey Bogart, *Sabrina*).
2983. -Ma il denaro, ricordalo bene, non serve a niente, e non ha mai dato la felicità a nessuno!
-A nessuno, specialmente quando è poco.
(Eduardo e Peppino De Filippo, *A che servono questi quattrini?*).
2984. -Ma quali incassi, ma quali incassi. Se ognuno si facesse gli incassi suoi!
(Totò, *Gambe d'oro*).
2985. -Mi sono resa conto che il denaro è la cosa più importante che ci sia. Non voglio più restare senza denaro.
(Vivien Leigh, *Via col vento*).
2986. -Non è il denaro che rende felici, ma quel che si fa con ciò che si ha.
(Charles Coburn, *Il capitalista*).
2987. -Non lo facciamo solo per quei soldi: lo facciamo per quella montagna di soldi.
(Bill Pullman spiega a John Candy perché ha accettato di correre in soccorso di Daphne Zuniga, *Balle spaziali*).
2988. -Non sono mai gentili con la gente: sono gentili con le carte di credito.
(Richard Gere a Julia Roberts, a proposito dei negozi di lusso, *Pretty woman-Una ragazza deliziosa*).
2989. -Non vi sono nazioni, non vi sono popoli, non vi sono russi, non vi sono arabi, non vi sono terzi mondi, non c'è nessun Ovest! Esiste soltanto un unico, un solo sistema di sistemi: uno, vasto, immane, interdipen-

dente, intrecciato, multivariato, multinazionale, dominio dei dollari, petrodollari, elettrodollari, multidollari, sterline, rubli, franchi: è il sistema internazionale valutario, che determina la totalità della vita su questo pianeta. Questo è l'ordine naturale delle cose, oggi, questa è l'atomica.

(Ned Beatty, *Quinto potere*).

2990. -Per me un dollaro era un dollaro in ogni lingua.

(Glenn Ford, *Gilda*).

2991. -Quando hai un problema e non puoi risolverlo con i soldi, puoi risolverlo con molti soldi.

(Srdjan Todorovic, *Gatto nero, gatto bianco*).

2992. - Quando si hanno troppi soldi non se ne hanno mai abbastanza.

(Michel Simon, *Il porto delle nebbie*).

2993. -Quanto volete per il cavallo e il fucile?

-Soldi? E che ne faccio? Li metto davanti all'aratro e li tiro addosso agli indiani se attaccano?

(L'avventuriero Rory Calhoun e il contadino Robert Mitchum, *La magnifica preda*).

2994. -Il salario? Volete essere schiavi del salario? Rispondete.

-No.

-Ma certo che no. Cosa rende l'uomo schiavo? Il salario. Io vi voglio liberi. Non c'è niente di meglio della liberté, tranne forse la fraternité e l'egalité. E vi voglio solidali: uno per tutti, tutti per me. E uno per due, e tre per quattro, che in totale fa quattordici.

(Discorso del direttore d'albergo Groucho Marx ai dipendenti che reclamano due settimane di salario arretrato, *The cocoanuts-Noci di cocco*).

2995. -Se è vero che i soldi parlano, l'unica parola che gli ho sentito dire finora è "addio".

(Cuba Gooding jr., *Analisi di un delitto*).

2996. -Se hai bisogno di soldi in prestito, te li do io.

-Non è questo il punto, i soldi che c'entrano? Io ne ho per un anno. Se io... se io vivrò come il Mahatma Gandhi me la cavo.

(Michael Murphy e Woody Allen che si è licenziato, *Manhattan*).

2997. -I soldi cambiano le persone, di solito in peggio.

(Chazz Palminteri, *Infedeli per sempre*).

2998. -I soldi non hanno valore per me.

-No? Ti credo. Ma non hai né cuore, né cervello, hai solo quelli: ti serviranno.

(L'onesto Donald Cook e il fratello gangster James Cagney, *Nemico pubblico*).

2999. -I soldi non si fanno col lavoro, si fanno con i soldi: non lo sai?

(Johnny Dorelli a Nino Manfredi, *Pane e cioccolata*).

3000. -I soldi servono solo per sopravvivere: per vivere ci vuole ben altro.

(Lazar Ristovski, *La seconda moglie*).

3001. -I soldi sono una cosa che serve sempre, se non muori domani.

(Martin Sheen, *Wall Street*).

3002. -Il solo modo di attirare il denaro è di farlo vedere.

(Jean-Paul Belmondo, *Stavisky il grande truffatore*).

3003. -Thatcher... Quell'uomo è certo il più grande cretino che abbia mai conosciuto.

-Ma riuscì a fare un sacco di soldi...
-Be', non è poi tanto difficile fare un sacco di soldi, se uno ci tiene.
(Everett Sloane e William Alland parlano del banchiere George Coulouris, *Quarto potere*).
3004. -Tutto quello che ti dà il denaro è un certo lusso nell'infelicità.
(Marthe Keller, *Tutta una vita*).
3005. -Un uomo ha bisogno di denaro per fare denaro.
(Robert Arden, *Rapporto confidenziale*).
3006. -Una volta fatti i primi dollari, si moltiplicano come conigli.
(William Holden a Susannah York, *La settima alba*).
3007. -Vuoi dire che avere soldi è come suonare il piano?
-Oh be', sono entrambe ottime doti per una ragazza.
(Doris Nolan e Cary Grant, *Incantesimo*).

I GIOIELLI

3008. -Che roba è?
-Perle, che Cristo vuoi che devono essere?
-Le perle sono bianche.
-Ma sono perle nere!
-A chi la racconti? Si è mai sentito, le perle nere...
-Se non sai che una cosa esiste, non è che vuol dire che non esiste.
-Ehi, per chi mi hai preso, per una mammalucca? Sono nere, santiddìo... Sarà che vengono da delle ostriche difettose.
(Il gangster Joe Viterelli e la ballerina Jennifer Tilly, *Pallottole su Broadway*).
3009. -Credo che tu sia l'unica al mondo che stando sul palcoscenico con i riflettori negli occhi riesce a vedere un brillante nella tasca di un uomo.
(Jane Russell a Marilyn Monroe, *Gli uomini preferiscono le bionde*).
3010. -Il diamante più grosso del mondo? Non sapevo che facesse collezione di diamanti.
-Lui no. Ma fa collezione di signore che fanno collezione di diamanti.
(I giornalisti Joseph Cotten ed Everett Sloane a proposito dell'editore Orson Welles, *Quarto potere*).
3011. -I diamanti sono i migliori amici di una ragazza.
(*Diamonds are a girl's best friend*, canzone-manifesto di Marilyn Monroe in *Gli uomini preferiscono le bionde*).
3012. -Dio, che bei diamanti che hai!
-Dio non c'entra per niente, mia cara.
(Una spettatrice e la cantante di night Mae West, *Night after night*).
3013. -Una donna può rifiutare un gioiello fin quando non l'ha visto. Dopo, diviene un eroismo
(Lia Di Leo, *I gioielli di Madame de...*).
3014. -È giusta la grandezza?
-Oh, non sono mai troppo piccoli!
(Il miliardario Tommy Noonan regala un braccialetto di brillanti a Marilyn Monroe, *Gli uomini preferiscono le bionde*).
3015. -Lo sa che adesso appena si incontra un uomo ti dice: "Allora, bel-

lezza, dove si va a cena?" e un minuto dopo tira fuori un bracciale di diamanti, e in men che non si dica ce l'hai al polso? Ah, che volgari! Grossolani.

-Sì, ha ragione. E si ricordi che un bracciale offerto in fretta viene di solito acquistato in fretta, mentre un bracciale scelto con cura...

-... ha pietre migliori.

(La ballerina Helen Reynolds e il dongiovanni Don Ameche, *Il cielo può attendere*).

3016. -Mamma mia, questa è roba da duemila e due notti!

(Marilyn Monroe commenta il diadema di Norma Varden, *Gli uomini preferiscono le bionde*).

3017. -Mi spiace che lei pensi più ai diamanti che all'anima.

-E a me spiace che tu pensi più alla mia anima che ai miei diamanti.

(Cary Grant, che si spaccia per capitano dell'Esercito della Salvezza, e la cantante Mae West, *Lady Lou-La donna fatale*).

3018. -Non è divino?

-Che cosa?

-Tiffany... È una meraviglia, vero? Capisci cosa intendo quando dico che niente di brutto può accaderti qui? E non è per i gioielli, che a me non piacciono, tranne i brillanti s'intende...

(Audrey Hepburn e George Peppard nella celebre gioielleria di New York, *Colazione da Tiffany*).

3019. -Oddio, è anche vero che i brillanti prima dei quaranta fanno cafona...

(Audrey Hepburn, senza un quattrino, si lustra gli occhi ammirando le vetrine di Tiffany, *Colazione da Tiffany*).

3020. -Piuttosto che separarmi da questa collana preferirei annegarmi.

(Danielle Darrieux, *I gioielli di Madame de...*).

3021. -Posso baciarle la mano?

-Io dico sempre che il baciamano è una cosa distinta, ma che i diademi di brillanti sono eterni.

(Charles Coburn e Marilyn Monroe, *Gli uomini preferiscono le bionde*).

3022. -La sua signora è caduta nella piscina.

-Salvate i gioielli!

(Una cameriera e il *tycoon* cinematografico J. Edward McKinley, *Hollywood Party*).

L'ORO

3023. -Non hai mai distinto una pepita d'oro da una cacca di capra, e ce n'è di differenza.

(L.Q. Jones a Jason Robards, *La ballata di Cable Hogue*).

3024. -Quanti ne hai?

-Novantasei chili.

-Caspita, come pesa questa porcheria.

-Be', è oro.

(Jean Gabin consegna i lingotti che ha rubato al ricettatore, *Grisbi*).

3025. -Questo è l'oro: ecco che fa dell'uomo. Mai visto un cercatore d'oro morire ricco. Se ha fortuna, se la mangia cercando di farne di più.

(Il vecchio cercatore Walter Huston al giovane Humphrey Bogart, *Il tesoro della Sierra Madre*).

3026. -Tu cosa sai in fatto di oro, Moneypenny?

-Oh, il solo oro che mi interessa è quello che si porta... sai... all'anulare della mano sinistra.

(Sean Connery e Lois Maxwell, *Agente 007 missione Goldfinger*).

LA BANCA

3027. -Ci puoi scommettere: le banche ti prestano tre ombrelli quando c'è il sole, ma mica quando piove.

(Yves Montand, *Tre amici, le mogli e (affettuosamente) le altre*).

3028. -Ho combattuto con rapinatori, contrabbandieri, killer. Ma voi banchieri siete peggio.

(Sylvester Stallone, *Oscar-Un fidanzato per due figlie*).

3029. -Insomma: è più criminale fondare una banca che rapinarla!

(Il rapinatore anarchico Stefano Accorsi, *Ormai è fatta!*).

3030. -Non è giusto che le banche freghino i contadini. Difenderò quei poveretti: le banche rubano la terra e io gli ripulisco la cassa.

(Warren Beatty, *Gangster story*).

IL PREZZO

3031. -Ognuno di noi può avere quello che vuole: purché sia disposto a pagare il prezzo.

(Robert De Niro, *Re per una notte*).

3032. -Se vuoi il massimo, devi essere pronto a pagare il massimo.

(Patrick Swayze a Keanu Reeves, *Point break-Punto di rottura*).

3033. -Tremila dollari, hai detto?... Un tempo si ammazzava anche per quaranta dollari o mi ricordo male?

-Oggigiorno ci rovina l'inflazione.

(Il gangster Tim Roth commissiona un omicidio al sicario Mike Starr, *Hoodlum*).

3034. -Tutti hanno il loro prezzo. A te quanto ha promesso?

-Trentamila dollari.

-Io non mi sono venduta per così poco.

(Sophia Loren e Gregory Peck, rispettivamente amante e consulente del petroliere arabo Alan Badel, *Arabesque*).

IL CREDITO E IL DEBITO

3035. - Nella mia città c'era un certo piccolo caffè, con un bel cartello sopra il bancone. Diceva: "Non farti scrupolo di chiedere credito, poiché il nostro modo di rifiutarlo è molto cortese".

(Joseph Turkel, *Orizzonti di gloria*).

3036. -Ti faccio una proposta. Ci devi duemila dollari: ce ne dai duemila e facciamo pari.

-Non è un'idea malvagia. Allora, io sento il mio avvocato, e se mi consiglia di accettare cambio avvocato.

(Chico Marx e Groucho Marx, *Horse feathers*).

LA CONTABILITÀ

3037. -Ma se io l'Iva del 19 per cento la scorporo pure sui prodotti al 10, non mi posso rivalere della trattenuta del 9 sul lordo e poi dedurre per difetto il 10 meno il 9?

-Carlina, c'è un decreto legge dell'85 che te lo vieterebbe, te l'ho sempre detto, però t'ho anche detto che te devi fatturare tutto al 19, poi per effetto della deduzione dello scorporo della ritenuta d'acconto, te dal 19 porti tutto dopo tre mesi al 15, così c'hai un abbattimento del 17 per un guadagno netto del...

(L'erborista Tosca D'Aquino e il commercialista Leonardo Pieracconi, *Il ciclone*).

LA PROPRIETÀ

3038. -Chi se ne frega! Tutto è di tutti, la proprietà altrui è un furto!

(George Segal, *Tenderly*).

3039. -Possesso... Possesso... Tutti vogliono possedere. E non sanno che possedere è impossibile.

(Michel Piccoli, *La bella scontrosa*).

3040. -Secondo me, nessuno ha nulla. Tutto appartiene a chi ne ha bisogno.

(Il prete pauperista Francisco Rabal, *Nazarin*).

IL FURTO

3041. -Adesso, caro, dimmi tutto, dimmi tutto di te... Chi sei?

-Hai presente l'uomo che è entrato nella Banca di Costantinopoli ed è uscito con la Banca di Costantinopoli?

(Miriam Hopkins ed Herbert Marshall, ladri e innamorati, fanno conoscenza, *Mancia competente*).

3042. -Altri due giorni e avremmo avuto 750 mila franchi in più.

-Accontentiamoci: meglio un uovo oggi che la galera domani.

(Miriam Hopkins ed Herbert Marshall rinunciano a derubare Kay Francis, *Mancia competente*).

3043. -E che, te sei dato pure alle carrozzine, adesso?

-È l'unico veicolo che è rimasto senza antifurto...

(Il ricettatore Mario De Simone e il ladro Renato Salvatori, *I soliti ignoti*).

3044. -È stato un lavoretto da strapazzo, fatto da ladri da avanspettacolo. Per rubare un vaso di marmellata ci fanno scappare il morto. Dilettanti!

(Totò, *I ladri*).

3045. -Finché ero un povero ladro da due soldi, calci nel sedere. Ma da quando sanno che ho rubato dieci milioni, tutto è cambiato...

(Totò, *I tre ladri*).

3046. -Gestire un casinò è come derubare una banca senza poliziotti in giro. Per gente come me, Las Vegas purifica dai peccati. È come un lavaggio macchine della moralità.

(Il giocatore d'azzardo Robert De Niro, che la mafia ha messo a capo del casinò Tangiers, *Casinò*).

3047. -Io ho quel che ho rubato.

(Totò parodia il motto di Gabriele D'Annunzio "Io ho quel che ho donato", *I tre ladri*).

3048. -Io ladro sono e ladro resto, non derogo. Ladri si nasce, facchini si diventa.

(Totò, *Che fine ha fatto Totò baby?*).

3049. -Io non rubo, integro. D'altra parte in Italia chi è che non integra?

(Totò, *Fifa e arena*).

3050. -Ladri di bestiame, ladri di donne... È sempre rubare roba col marchio di qualcun altro.

(Gregory Peck a Joseph Cotten, *Duello al sole*).

3051. -Lo vedi che succede se ti compri della roba? Che te la fregano.

(Il ladro Thomas Chong al socio Cheech Marin, *Fuori orario*).

3052. -Lui è un ladro, un piccolo ladro, una canaglia che venderebbe sua madre al mercato nero, se ce ne fosse la richiesta, e andrebbe anche a consegnarla a domicilio portandola sulla canna della bicicletta.

(Wojtek Pszoniak descrive un imbroglione, *Gli anni di corsa*).

3053. -La maggiore soddisfazione per un ladro è quella di morire da maresciallo dei carabinieri.

(Totò, che ha rubato la divisa di maresciallo a Vittorio De Sica, *I due marescialli*).

3054. -Il passo del ladro deve essere felpato. Stai felpando? E felpa!

(Totò, *Che fine ha fatto Totò baby?*).

3055. -Rubare è un mestiere impegnativo. Ci vuole gente seria, mica come voi. Voi al massimo potete andare a lavorare.

(Marcello Mastroianni ai compagni, *I soliti ignoti*).

3056. -Se qualcuno verrà sorpreso a rubare senza darmi la mia parte, sarà messo al muro.

(Discorso programmatico del presidente di Freedonia Groucho Marx, *La guerra lampo dei fratelli Marx*).

3057. -Si può rubare quello che è nostro?

(Maja Barelkowska rapisce la figlia Katarzyna Piwowarczyk, allevata dalla nonna Anna Polony come se fosse figlia sua, *Decalogo 7*).

3058. -Sono Abu il ladro, figlio di Abu il ladro, nipote di Abu il ladro.

(Sabu, *Il ladro di Bagdad*).

3059. -Vi sta rapinando la banda di John Dillinger, la migliore sulla piazza: coi pochi dollari che perdete oggi, vi ritrovate con un'avventura da raccontare per tre generazioni. Questo è uno dei grandi momenti della vostra vita. Se vi muovete, è l'ultimo.

(Warren Oates, *Dillinger*).

LO YUPPIE

3060. -Smetti di andare per dollari facili, e produci qualche cosa nella vita! Costruisci, invece di vivere sulla compravendita degli altri.
(L'operaio Martin Sheen al figlio Charlie Sheen, che lavora in Borsa, *Wall Street*).
3061. -Te ne ho già parlato di queste persone. Si accoppiano solo fra di loro: si chiama yuppismo omogenetico. Per questo ce ne sono tanti, ritardati, e portano gli stessi vestiti. Mica sono umani! Loro non provano amore, si limitano a negoziare erotici momenti. Sono cattivi, Edwin: hanno repulsione per l'imperfezione, orrore per ciò che è banale, per tutto ciò che rappresenta l'America, per tutto ciò per cui tu e io combattiamo. Devono essere fermati prima che sia troppo tardi: o noi o loro.
(Jeff Bridges a Christian Clemenson, *La leggenda del Re Pescatore*).

IL RIDERE

3062. -Credimi, niente è più terrorizzante che cercare di far ridere la gente e fallire.
(Il clown John Malkovich e Mia Farrow, *Ombre e nebbia*).
3063. -Voi siete liberi. Avete una terribile libertà. Forse ridete di me.
(Il giudice Erik Hell ai comici Ingrid Thulin, Anders Ek e Gunnar Björnstrand, *Il rito*).

IL SORRISO

3064. -Vedi, la notte d'estate ha tre sorrisi, e questo qui è il primo: fra mezzanotte e l'alba, quando i giovani innamorati si aprono i cuori a vicenda. Guarda laggiù, ora, l'orizzonte: vi è un sorriso così tenue e lieve che bisogna ricercarlo con molta attenzione per poterlo notare.
(Åke Fridell ad Harriet Andersson, *Sorrisi di una notte d'estate*).
3065. -La sera d'estate è al suo secondo sorriso: per gli incoscienti e gli sciocchi senza alcuna speranza.
(Åke Fridell a Harriet Andersson, *Sorrisi di una notte d'estate*).
3066. -Adesso la notte d'estate sorride per la terza volta...
-Eh, già... Sì, mio tesoro, sorride infatti: sorride finalmente per tutti coloro che han trovato la pace e la gioia di vivere in un'anima loro gemella.
(Harriet Andersson e Åke Fridell, *Sorrisi di una notte d'estate*).

LA BARZELLETTA

3067. -Cos'è nero bianco nero bianco nero bianco nero bianco nero bianco? Una suora che ruzzola per le scale.
(Woody Allen, *Tutto quello che avreste voluto sapere sul sesso ma non avete mai osato chiedere*).
3068. -E l'ha sentita quella della tartaruga miope che si era innamorata

di un elmetto?... E poi c'è quella del serpente miope che cercava di sedurre un pezzo di corda...

(Il dentista Mel Blanc cerca di distrarre una paziente, *Baciami, stupido*).

3069. -Ha detto... Non riesco a capirlo... Ha detto: "Provi adesso a tossire..."

-Mio marito stava raccontando una barzelletta. L'aveva letta su un libro. Una donna ha una tosse terribile. Va dal dottore e il dottore le dà una pillola. "Che cos'è questa medicina?" domanda la donna inghiottendo la pillola. "È il lassativo più forte che conosca" risponde il dottore. "Un lassativo?" chiede stupita la donna. "Sì" risponde il dottore. "Provi adesso a tossire". Abbiamo riso. In quel momento la macchina è saltata via...

(Juliette Binoche spiega a Yann Tregouet le ultime parole del marito, morto in un incidente d'auto, *Tre colori-Film blu*).

3070. -Tre pomodori camminano per la strada. Papà pomodoro, mamma pomodoro e il pomodorino. Il pomodorino cammina con aria svagata e papà pomodoro allora si arrabbia e va da lui, lo schiaccia e dice: "Fai il concentrato".

(Uma Thurman, *Pulp Fiction*. Nella versione originale, "Fai il concentrato" era "Catch up", cioè recupera, mettiti in pari, omofonia di "Ketchup").

IL RIDICOLO

3071. -Ricordatevi che, in questo paese, i vizi sono senza conseguenze, ma che il ridicolo uccide.

(Il nobile Marc Berman a Charles Berling, che vuole chiedere udienza a Luigi XVI ma ignora le usanze di corte, *Ridicule*).

LA SAGGEZZA

3072. -Mio padre, che riposi in pace, diceva che la maturità è un po' di tolleranza e la volontà di dare, tutto qua.

(Woody Allen, *Broadway Danny Rose*).

3073. -Non entro in nessun posto se non so come uscirne.

(Il "samurai" Robert De Niro, *Ronin*).

3074. -Prendi i frutti di quarant'anni, dure lezioni, errori, e lo chiami saggezza... Ma alla fine, proprio quando hai imparato qualcosa, te ne vai all'altro mondo.

(Dustin Hoffman, *Sesso e potere*).

3075. -Vedi, secondo me, finché teniamo la cosa su un piano di maturità, finché io mi comporto da uomo maturo e tu ti comporti da donna matura e tutti e due ci comportiamo da gente matura, possiamo arrivare a un grado di maturazione che ci garantisce la maturità.

(Woody Allen all'amante Diane Keaton, mentre decidono di affrontare il marito di lei, *Provaci ancora Sam*).

LA PAZZIA

3076. -Conservati un po' di pazzia per la menopausa.

(Woody Allen a Diane Keaton, *Misterioso omicidio a Manhattan*).

3077. -Da noi si aspettano che ci comportiamo da professionisti: uno psicopatico non è un professionista. Io non ci lavoro con i pazzi, con gli stronzi da manicomio: non sai mai come reagiscono.

(Il rapinatore Harvey Keitel a proposito del compagno di rapina Michael Madsen, *Le iene*).

3078. -Dominazione del mondo? Il solito sogno. I manicomi sono pieni di gente che crede di essere Napoleone o Dio.

(Sean Connery-James Bond al "cattivo" Joseph Wiseman-Dottor No, *Agente 007 licenza di uccidere*).

3079. -È come l'intelligenza, la follia. Lo sai? Non si può spiegarla, proprio come l'intelligenza: ti viene addosso, ti riempie di sé, e allora lo capisci. Ma quando t'abbandona, non la capisci più.

(Emmanuelle Riva, *Hiroshima, mon amour*).

3080. -È una questione di semantica. Se ti dicessi che demente è chi lavora in un ufficio cinquanta ore alla settimana per cinquant'anni, poi un giorno si sente dire vaffanculo, dopodiché finisce in un ospizio sperando di morire prima di vivere l'affronto di non arrivare alla toilette in tempo?

(Il serial killer Steve Buscemi, che contesta la patente di folle che gli è stata attribuita, a Nicolas Cage, *Con Air*).

3081. -Insomma, sei diventato matto tutto insieme oppure è stato un processo lento e graduale?

(Jeff Bridges a Michael Jeter, *La leggenda del Re Pescatore*).

3082. -Io non sono matta. Ho solo un carattere schifoso da quarant'anni.

(Shirley MacLaine, *Fiori d'acciaio*).

3083. -Ma che cosa vi credete di essere, vacca troia, pazzi? Davvero? Invece no, invece no: voi non siete più pazzi della media dei coglioni che vanno in giro per la strada, ve lo dico io.

(Jack Nicholson, internato in una clinica psichiatrica, agli altri ricoverati, *Qualcuno volò sul nido del cuculo*).

3084. -La pazzia scorre nelle vene della mia famiglia, anzi galoppa.

(Cary Grant alla moglie Priscilla Lane, *Arsenico e vecchi merletti*).

3085. -Il pazzo intelligente, quando è guarito, che cosa fa? Finge di essere ancora pazzo.

(Totò, *Il medico dei pazzi*).

3086. -Schloime, perché sei tu il matto?

-Per caso. Io volevo fare il rabbino, ma il posto era già preso. Visto che mancava il matto, ho pensato: "Fai il matto, se no lo fanno loro. Fallo al posto loro".

-E non ti senti un po' solo?

-Oh no, non sono i matti che mancano...

-No, intendevo una donna. Perché non hai moglie, Schloime, dei bambini, una casa?

-Ah no, non sono mica matto...

(Il "matto del villaggio" Lionel Abelanski e Rufus, *Train de vie-Un treno per vivere*).

3087. -Tu sei pazzo!

-E non sono pazzi quelli che accettano tutto? Io almeno dico "questo è sano, questo è malato", "questo è bello oppure è brutto", "qui c'è il bene, qui c'è il male".

(Laura Morante e Nanni Moretti, ossessionato dalla ricerca di ideali assoluti, *Bianca*).

3088. -Tu sei sempre stata matta. È che non sei mai riuscita a tirar fuori la tua pazzia.

(Susan Sarandon a Geena Davis, *Thelma & Louise*).

L'ESPERIENZA

3089. -Le esperienze si possono anche leggere: non c'è bisogno di farle tutte di persona.

(Marcello Mastroianni, *Verso sera*).

3090. -È stata un'esperienza, non la farò diventare un aneddoto... Che valore diamo all'esperienza?

(Stockard Channing, costretta a rimettersi in discussione dopo aver conosciuto l'inquietante giovane impostore Will Smith, *6 gradi di separazione*).

3091. -Il mio motto è provare tutto una volta, tranne l'incesto e le danze folk.

(Matthew Dyktynski, *Amore e altre catastrofi*).

3092. -Niente è reale se non l'esperienza: ciò che si può toccare, gustare, sentire, o mediante il metodo scientifico provare.

(Il razionalista José Ferrer, *Commedia sexy in una notte di mezza estate*).

3093. -Non ti mettere a fare la persona perbene: ti manca l'esperienza, piccolo.

(Il poliziotto corrotto James Cromwell a Kevin Spacey, prima di eliminarlo, *L.A. Confidential*).

LA SCIENZA

3094. -A volte ho il cervello famelico di scienza!

(Marilyn Monroe, *Gli uomini preferiscono le bionde*).

3095. -È bellissimo: nessuno del nostro quartiere aveva mai scoperto che il mondo stava per finire.

(L'adolescente Leelee Sobieski si congratula con il coetaneo Elijah Wood, astronomo dilettante il quale ha scoperto una cometa che sta per schiantarsi contro la Terra, *Deep impact*)

3096. -Einstein disse: "Se avessi saputo dove tutto questo mi avrebbe portato, avrei fatto l'orologiaio".

(John Hurt, *Frankenstein oltre le frontiere del tempo*).

3097. -No, io non credo nella scienza... No, perché, sai, la scienza è un vicolo cieco, è intellettuale: sono un sacco di ometti in camice che sventrano ranocchi e svenano fondazioni.

(Woody Allen a Diane Keaton, *Il dormiglione*).
3098. -Sarebbe una catastrofe se gli scienziati fossero d'un tratto indotti ad accettare l'inesplicabile.
-E perché, una catastrofe?
-Ciò ci condurrebbe al punto di dover prendere in considerazione la... Saremmo d'un tratto costretti a... Logicamente dovremmo ammettere l'esistenza di...
-Di Dio.
-Già, di Dio, se così volete chiamarlo.
(Gunnar Björnstrand ed Erland Josephson, *Il volto*).
3099. -La scienza, come l'amore, ha sempre le sue sorprese.
(Ernest Thesiger, *La moglie di Frankenstein*).
3100. -Sì, non c'è niente di male nella scienza. Io preferisco... Tra l'aria condizionata e il Papa scelgo l'aria condizionata.
(Woody Allen, *Harry a pezzi*).

LA MATEMATICA

3101. -Che io sia sveglio o che io dorma, due più tre faranno sempre cinque, il quadrato non potrà mai avere più di quattro lati e non sembra possibile che verità così chiare ed evidenti possano essere sfiorate dall'ombra del dubbio.
(Jeff Bridges, *L'amore ha due facce*).
3102. -Fa un po' di tutto, anche se tutto quello che fa è bello ma inutile, un po' come la matematica pura: magari non serve, ma è sublime.
(Il preside Dario Cantarelli a proposito del segretario Mario Monaci Toschi, *Bianca*).
3103. -Lo sai perché il numero duecento è così altamente simbolico, sia per te che per me? È il tuo peso e il mio quoziente d'intelligenza.
(Il criminale Gene Hackman e il suo scagnozzo Ned Beatty, *Superman*).
3104. - La matematica distoglie da Dio: la matematica è inutile.
(Jean-Louis Trintignant, *La mia notte con Maud*).
3105. -Sei edotto? Allora sei quattordici: otto più sei, la matematica non è un'opinione.
(Totò, *Totò contro Maciste*).

IL SESSO

3106. -Allora, racconta: da quanto tempo tu e il senatore Peyton siete impegolati in questa sordida relazione?... Hai avuto un rapporto sessuale con un membro del Senato nel parcheggio dell'acquario di Miami e mi dici che sei una persona riservata? No, tu sei la nostra... (*coro*) celebrità alla ribalta. Noi vogliamo sentire le peggiori porcherie dai sedili posteriori delle limousine, cocca mia, delle vite rovinate delle persone che idolatriamo, dei nuovi ed erotici usi di un tappo di champagne...
(Il disc jockey Jeff Bridges in diretta radiofonica con un'ascoltatrice, *La leggenda del Re Pescatore*).

3107. -A nessuno viene in mente di fare l'amore per allegria, per simpatia, per tenerezza. Dopo si diventerebbe complici, come due ladruncoli fortunati. L'orgasmo non è obbligatorio, e neppure la penetrazione. Il corpo è grande, e se non fosse addormentato dalla repressione sarebbe tutto sensibile.

(Nanni Moretti, *Sogni d'oro*).

3108. -Ascoltami: perché mai dovrei scoparmi un hamburger, quando posso fare l'amore con una bistecca?

(Il cuoco Tcheky Karyo a Kelly Preston, che lo accusa di esserle infedele, *Innamorati cronici*).

3109. -Be', è che io finalmente ebbi l'orgasmo e il mio medico mi disse che era di tipo sbagliato.

-Di tipo sbagliato, sì? Io, mai avuti di tipo sbagliato, mai: coi peggiori faccio crollare il lampadario.

(Helen Hanft e Woody Allen, *Manhattan*).

3110. -Che cos'hai in tasca, è una pistola oppure sei felice di vedermi?

(Mae West a George Raft, *Night after night*).

3111. -Ci sono uomini eterosessuali e uomini bisessuali, e uomini che non pensano affatto al sesso e allora fanno l'avvocato.

(Woody Allen, *Amore e guerra*).

3112. -Come diceva Balzac: altra materia da romanzo.

(Woody Allen dopo aver fatto l'amore con Diane Keaton, *Io e Annie*).

3113. -Con quante donne hai fatto l'amore?

-Quanto basta, ma tu sei la sola che ha pensato seriamente di farsi suora.

(Mia Farrow e Alec Baldwin, *Alice*).

3114. -Credevo che dopo essere stata sposata con me avessi esaurito la libido.

-Bene, allora sappi che quando eravamo sposati non facevo sesso tutte le volte che lo facevi tu, ok?

(Jim Carrey e l'ex moglie Maura Tierney, *Bugiardo bugiardo*).

3115. -Dammiti, prendimi, prendimi e dammiti... cuccurucu... cuccurucu...

(Maria Grazia Buccella si offre a Vittorio Gassman, *L'armata Brancaleone*).

3116. -È come quando da piccoli si gioca a fare i grandi.

(Maria Schneider a Marlon Brando, *Ultimo tango a Parigi*).

3117. -Eh, il sesso. Anche a me mi hanno rovinato le donne: troppo poche...

(Roberto Benigni, *Tuttobenigni*).

3118. -Ehi, confondete il sesso con l'amore.

-No, per me l'amore penetra nel profondo, il sesso è solo questione di pochi centimetri.

(John Cusack e Stacy Nelkin, *Pallottole su Broadway*).

3119. -E i preliminari?

-I preliminari dopo.

(Gérard Depardieu e Maruschka Detmers, *Due*).

3120. -È la prima volta, vero?

-Sì, in questi ultimi due giorni.

(La prostituta Edi Angelillo e Francesco Nuti, *Madonna che silenzio c'è stasera*).

3121. -Era la mia immaginazione, o stai facendo soltanto del moto?
(Woody Allen a Diane Keaton, *Io e Annie*).

3122. -È stato il più gran divertimento che abbia mai avuto senza ridere.
(Woody Allen dopo aver fatto l'amore con Diane Keaton, *Io e Annie*).

3123. -Ha mai provato con le americane?
(Marilyn Monroe a Tony Curtis che si finge impotente, *A qualcuno piace caldo*).

3124. -Harry, ti sembrerà impossibile ma non venire a letto con te non mi è mai sembrato un sacrificio.
(Meg Ryan a Billy Crystal, *Harry, ti presento Sally...*).

3125. -Ho portato io i profilattici, in caso se li fosse scordati.
-Oh, brava: ne ho portati trecento soli.
(L'infermiera Julie Hagerty e il medico Tony Roberts si preparano al week-end, *Commedia sexy in una notte di mezza estate*).

3126. -Ho una testa per il business e un corpo per i peccati.
(Melanie Griffith, *Una donna in carriera*).

3127. -Io con te non ci vengo neanche se mi dai un milione di dollari.
-Guarda che ti conosco: te, per un milione di dollari, tu mi fai anche la fattura. E poi, presa dal rimorso, devolvi l'otto per mille alla Chiesa cattolica, capito?
(Tosca D'Aquino e Paolo Hendel, *Il ciclone*).

3128. -Io credo nella vecchia teoria che tutti fanno tutto con il fine di scopare.
(Jeff Goldblum, *Il grande freddo*).

3129. -Io farò l'amore con qualcuno per fare l'amore, non certo come te che lo fai per vendetta e basta!
(Meg Ryan al divorziato Billy Crystal, *Harry, ti presento Sally...*).

3130. -Io l'ho perduta dentro un'amaca... Certo che bisogna avere un buon equilibrio.
(Julie Hagerty a proposito della verginità, *Commedia sexy in una notte di mezza estate*).

3131. -Io non mi servo del sex appeal per concludere un affare.
-E quando lo usa?
-Non lo uso.
-Le mie condoglianze a suo marito.
-Io non sono sposata.
-Lo credo bene.
(Battibecco telefonico tra i pubblicitari Doris Day e Rock Hudson, *Amore, ritorna!*).

3132. -Io penso sempre a scopare ogni donna che incontro, ecco... Dovunque: in banca, un'estranea. Vedo una sull'autobus e penso: come sarà nuda?, chissà se me la posso fare... Insomma, è una follia: io vedo dei tizi che conosco che fanno gli avvocati, i medici, hanno famiglia, casa e non sono così. Ecco, il presidente degli Stati Uniti vuole forse scopare ogni donna che vede, eh? Cioè... ho sbagliato esempio, ecco.
(Woody Allen dallo psicanalista: l'allusione è a Bill Clinton, *Harry a pezzi*).

3133. -Le piace fare sesso orale? Che cosa le passa per la testa quando lo fa?

-La crocifissione.

(La prostituta Bebe Neuwirth e Judy Davis, *Celebrity*).

3134. -Lucia, sei mai stata innamorata?

-Sì, madame.

-Oh, raccontaci tutto.

-C'è poco da raccontare. Era carino fare all'amore. Che brivido, quando lui arrivava al galoppo dalle colline: sotto il cielo grande e blu i suoi capelli rossi splendevano come il grano al sole. Faceva davvero faville quell'uomo... Sapete come sono quei tipi di pelo rosso: vanno subito al sodo. Così ci sposammo e, naturalmente, abbiamo smesso di fare all'amore.

(Mary Boland, in attesa di divorzio, e Marjorie Main, proprietaria dell'albergo di Reno che la ospita, *Donne*).

3135. -Ma a te è piaciuto?

-A me? È stato più divertente che ridere.

(Louise Lasser e Woody Allen, *Tutto quello che avreste voluto sapere sul sesso ma non avete mai osato chiedere*).

3136. -Ma che volete da me? Sono un uomo vigoroso. E come posso accontentarmi di una donna che a letto si fa il segno della croce prima di ogni abbraccio, e che dopo non sa dire che "Gesummaria"? Sette figli ho avuto da lei, sette, e sapete che vi dico, padre? Non ho mai visto il suo ombelico. Eh? È giusto questo? Lo chiedo a voi, padre: è giusto? È lei la peccatrice.

(Il principe Burt Lancaster al confessore Romolo Valli, *Il gattopardo*).

3137. - Ma tu senti! Ha suonato 112 ore a una maratona di danza e ora è a letto con un forte esaurimento.

-Sempre a letto con qualcuno, quella!

(L'impresario Billy Gray e la capo-orchestra Joan Shawlee a proposito di una sassofonista, *A qualcuno piace caldo*).

3138. -Mi piace il tuo letto. Forse non ci crederai, ma non ho mai dormito in un letto rotondo.

-Dici davvero?

-Da che parte è meglio: nord, sud, est o ovest?

-Dipende dalle intenzioni che hai.

-Io vorrei provare a fare la rosa dei venti.

(Walter Matthau e Felicia Farr, *Chi ucciderà Charley Varrick?*).

3139. -Il mio corpo appartiene a mio marito, ma quello che faccio dal collo in su è tutta un'altra storia.

(Melanie Griffith a Kenneth Branagh, *Celebrity*).

3140. -No, la mia Linda non è così: a lei piace fare l'amore in silenzio, con tenerezza e dolcezza...

-Guarda che la tua Linda è una cavallerizza da rodeo...

(Matthew Broderick e Meg Ryan spiano Kelly Preston, che fa l'amore in maniera focosa con Tcheky Karyo, *Innamorati cronici*).

3141. -Non avrei mai immaginato che esistesse qualcosa di meglio del teatro.

(L'attrice Gwyneth Paltrow e il drammaturgo Joseph Fiennes-William Shakespeare a letto, *Shakespeare in love*).

3142. -Non capisco proprio il sesso: significa darsi molto da fare per quasi niente. Preferisco un massaggio alla schiena: dura più a lungo e non ci sono secrezioni.

(Christina Ricci, *The opposite of sex*).

3143. -Non è la quantità dei vostri atti sessuali che conta, è la qualità. D'altronde, se la quantità è meno di una volta ogni sette-otto mesi, io una guardata me la farei dare.

(Woody Allen, *Amore e guerra*).

3144. -Non mi sentivo così da quando Archie Gabriel ha segnato con l'Olanda nel '78.

(Ewan McGregor a letto con una ragazza, *Trainspotting*).

3145. -Non ti basta avermi vicina, il tuo amore per me deve sempre esprimersi sessualmente? Che ne è degli altri valori come la dolcezza, il contatto spirituale... In albergo va bene?

(Diane Keaton a Michael Murphy, *Manhattan*).

3146. -'O famo strano?

-Famolo.

(Tormentone di Carlo Verdone e Claudia Gerini alias Ivano e Jessica, "coatti" amanti del rock e del sesso praticato in luoghi e situazioni insolite, *Viaggi di nozze*).

3147. -Ogni volta che non hai niente da fare e un sacco di tempo per farlo, vieni a trovarmi.

(Mae West a Dick Foran, *La mia bella pollastrella*).

3148. -Per fare l'amore le donne cercano una ragione, agli uomini basta un letto.

(Billy Crystal, *Scappo dalla città-La vita, l'amore e le vacche*).

3149. -Un pompino è un pompino, se te lo fanno. Certo, se devi farlo tu è più dura, ma comunque vale sempre la regola numero uno nel sesso: se ti tappi il naso, puoi fare qualsiasi cosa per dieci minuti.

(Christina Ricci, *The opposite of sex*).

3150. -La prima esperienza è una farsa spiacevole, ed è un bene che le donne non la prendano mai seriamente, o la razza umana si estinguerebbe.

(Gunnar Björnstrand, *Sorrisi di una notte d'estate*).

3151. -Quando a una donna gli parli di sesso, lei abbassa lo sguardo, per vedere se l'è vero.

(Massimo Ceccherini, *Il ciclone*).

3152. -Quante volte puoi fare all'amore in una nottata?

-Un sacco.

-Sì, me ne accorgo. Wow... Un sacco è il mio numero preferito.

(Woody Allen e Mariel Hemingway, *Manhattan*).

3153. -Quanto sei alto?

-Un metro e settantanove, signora.

-Lascia stare i metri, parliamo dei centimetri.

(Mae West e Cary Grant, *Lady Lou-La donna fatale*).

3154. -Sai una cosa? Gli uomini francesi ce l'hanno piccolo...

-Ah sì?

-Lui invece no: il suo sembra la coda di Godzilla, ci potrebbe demolire Tokyo tanto è grosso.

(Meg Ryan e Matthew Broderick a proposito di Tcheky Karyo, *Innamorati cronici*).

3155. -Sarà andato tutto a rotoli, ma nessuno ha mai fatto l'amore come noi due.
(Tony Musante a Florinda Bolkan, *Anonimo veneziano*).
3156. -Se hai qualche grillo, rinunciaci: è una buona ragazza, David.
-Sono tutte buone, fratello.
(Arthur Kennedy e Frank Sinatra a proposito di Nancy Gates, *Qualcuno verrà*).
3157. -Sei rimasta lì rigida come una cernia surgelata.
(Woody Allen alla moglie Louise Lasser, *Tutto quello che avreste voluto sapere sul sesso ma non avete mai osato chiedere*).
3158. -Sento che mi hai tolto anche i calcoli renali.
(Woody Allen dopo aver fatto l'amore con Mary Steenburgen, *Commedia sexy in una notte di mezza estate*).
3159. -Il sesso allevia la tensione e l'amore la provoca.
(Woody Allen, *Commedia sexy in una notte di mezza estate*).
3160. -Il sesso senza amore è un'esperienza vuota.
-Sì, ma con le esperienze che conosco, non è male.
(Diane Keaton e Woody Allen, *Amore e guerra*).
3161. -Se tu fossi la mia ragazza farei l'amore con te in ogni stanza della casa, su ogni letto, su ogni tappeto, su ogni tavolino...
-Abbiamo anche dei bellissimi lampadari in stile coloniale.
(L'ex galeotto Tim Roth e la ragazza bene Drew Barrymore, *Tutti dicono I love you*).
3162. -Smettila di parlare del suo cazzo, ti prego!
-È difficile smettere di parlare di una cosa tanto enorme. Potrei continuare per ore e ore a parlare del suo cazzo, osso di prosciutto, fante, alfiere, mazza, stendardo, bastone, pistone, siluro decapottabile, oscar degli oscar, verga, pugnale, bananone, zucchino, salame, salsiccione, sfilatino, pene, pendolone, arnese, cicettino, Big Ben, Delizia Mia, minchia, pisello, randello, pescione, cosone, stantuffone, staffa, pistola, cannone, idrante, manicotto, corno, gamba di mezzo, terza gamba, bisteccone, asta, timone, portabandiera... Piccolo di mamma sua, testone, ragazzotto, prepuzio rugoso, panino ripeno di delizie. Serpente, mostro con un occhio solo, meraviglia polifemica, lancia, spada, zufolotto di carne, flauto di pelle, muscolo dell'amore, spazzolone rotante, strumento del piacere, involtino, mazzapicchio, canna di fucile, bastone per la raccolta delle ciliegie, ciocco, perticone amoroso.
(David Proval e Jennifer Beals, *Four rooms*).
3163. -La sola volta che Rifkin e sua moglie arrivarono ad un orgasmo simultaneo fu quando il giudice porse loro la sentenza di divorzio.
(Woody Allen, *Mariti e mogli*).
3164. -Sono per la sessualità espansa e sudaticcia.
(Nanni Moretti, *Ecce bombo*).
3165. -Stammi a sentire, ragazza, ora ti dico la mia teoria sul sesso e il matrimonio. È come una medicina: tre volte al giorno per la prima settimana. Una volta al giorno per la seconda e, dopo, una volta ogni tre o quattro giorni finché non ti sei rimesso del tutto.
(Walter Matthau a Carol Burnett, *Un marito per Tillie*).
3166. -Tu a che stavi pensando mentre facevamo l'amore?
-A Carlos Monzon.

-Tu pensi sempre a un pugilatore mentre fai l'amore?
-Mi dà la carica.
-Ecco perché gridavi: destro, sinistro, destro, sinistro.
(Diane Keaton e Woody Allen, *Provaci ancora Sam*).

3167. -Tu lo sapevi per esempio che una donna ha la bellezza di 89 zone erogene diverse nel suo corpo?
(Paula Prentiss a Jack Lemmon, *Buddy Buddy*).

3168. -Tu usi il sesso per esprimere qualsiasi emozione tranne l'amore.
(Mia Farrow a Woody Allen, *Mariti e mogli*).

3169. -Uno senza faccia che ti strappa i vestiti è la fantasia sessuale che hai da quando avevi dodici anni, sempre la stessa?
-Be', a volte la vario un tantino.
-In che senso?
-Cambio i vestiti.
(Billy Crystal e Meg Ryan, *Harry, ti presento Sally...*).

3170. -Voi non pensate che a queste cose.
-Proprio così. E voi donne fate di tutto perché le pensiamo
(Jeanne Moreau e Oscar Werner, *Jules e Jim*).

L'ASTINENZA

3171. -Dimostro venti anni di meno. E perché? Perché sono vergine. Ogni orgasmo porta via ventotto giorni di vita.
(Laurence Bacall, *Health*).

3172. -*Effetti dell'astinenza nella donna americana*.
-Questa è la storia della mia vita: devo leggerla.
(Due giornaliste commentano il titolo di un saggio del sociologo Gig Young, *Dieci in amore*).

3173. -Sapete la mia vita sessuale che cosa sta diventando? La foresta pietrificata. Buffo, eh?
(Woody Allen, *Provaci ancora Sam*).

3174. -Se il vostro letto non ha niente da raccontare, non è colpa mia. Sono vostri problemi d'alcova.
(Rock Hudson a Doris Day, *Il letto racconta...*).

3175. -L'ultima donna in cui sono stato dentro era la Statua della Libertà.
(Woody Allen, *Crimini e misfatti*).

LA MASTURBAZIONE

3176. -La migliore della mia vita? Me la sono fatta con me, nessuno mi piace più di me.
(Aaron Eckhart, *Amici e vicini*).

3177. -Non è controllabile, la vita, e non finisce in modo perfetto. Solo l'arte puoi controllare, l'arte e la masturbazione: due campi in cui sono un'indiscussa autorità.
(Woody Allen a Marie-Christine Barrault, *Stardust memories*).

3178. -Le nuove tecnologie ci permettono di fare cose entusiasmanti nel campo del software erotico alternativo, avanguardia del futuro... Drugo: cento per cento elettronico.
-Uhm... Mah, io mi faccio ancora le seghe a mano.
(Il re del porno Ben Gazzara e Jeff Bridges, *Il grande Lebowski*).
3179. -Sei il più grande amatore che ho avuto.
-Be', io mi esercito tanto da solo...
(Olga Georges-Picot e Woody Allen, *Amore e guerra*).
3180. -Sento odore di sesso.
-Credi che la masturbazione sia un peccato?
-Dipende da dove sta l'altra mano.
(Rufus Sewell e David Thornton, *Illuminata*).
3181. -Sono stato in carcere per sei anni e ho passato sei anni a masturbarmi. Mi sono ripromesso che all'uscita sarei diventato il più grande scopatore del mondo.
(Liberto Rabal, *Carne tremula*).
3182. -Ti puoi essere rovinato in qualche modo?
-Ma come ho fatto a rovinarmi, che significa rovinarmi?
-Non lo so, eccesso di masturbazione?
-Ehi, ora vuoi rovinare i miei hobby?
(Mia Farrow e Woody Allen, il quale ha appena appreso di essere sterile, *Hannah e le sue sorelle*).
3183. -Tutte masturbazioni intellettuali!
-Ah, finalmente un argomento che conosci veramente a fondo!
-Ehi, non denigrare la masturbazione: è sesso con qualcuno che amo.
(Woody Allen e Diane Keaton, *Io e Annie*).

IL LIBERTINAGGIO

3184. -Abbiamo fatto una scappatella, siamo uomini: ho detto tutto.
(Totò, *Totò, Peppino e i fuorilegge*).
3185. -Be', che te ne pare? Meno di Madonna e più della principessa Diana, almeno spero.
(Andie MacDowell dopo avere confessato a Hugh Grant di avere avuto 33 uomini, *Quattro matrimoni e un funerale*).
3186. -E per l'umanità che fate?
-Per l'umanità? Ecco... Per gli uomini non molto. Ma per le donne, invece...
(La comunista sovietica Greta Garbo e il playboy Melvyn Douglas, *Ninotchka*).
3187. -E va bene, ammetto di aver corso un po' la cavallina...
-La cavallina? Con quel ritmo avresti potuto vincere il Derby.
(Rock Hudson e Doris Day, *Amore, ritorna!*).
3188. -Io adoro il profumo dell'avventura, l'emozione della caccia, il momento della conquista.
(Peter O'Toole, *Ciao Pussycat*).
3189. -Io sono per l'avventura, per molte esperienze e nessun legame.
(Peter O'Toole, *Ciao Pussycat*).

3190. -Io sono sempre disponibile, sono lo scapolo eterno.
(James Stewart, *La donna che visse due volte*).
3191. -Mi interesso alle donne, questo è il segreto: le avventure sono fatte per chi le cerca.
(Louis Jouvet, *I prigionieri del sogno*).
3192. -Potevo essere la più grande avventura della tua vita.
(Kate Capshaw all'avventuriero Harrison Ford, *Indiana Jones e il tempio maledetto*).
3193. -Trasformerò il mio appartamento in un night-club. Rimorchierò un esercito di battone, libertine, pervertite, ninfomani, spogliarelliste, danzatrici del ventre...
(Woody Allen dopo essere stato piantato dalla moglie, *Provaci ancora Sam*).

LA MOLESTIA

3194. -A certi uomini basta un'annusatina, e ti seguono come segugi.
(Kathleen Turner, *Brivido caldo*).
3195. -Ah no, io al buio con uno con tutte quelle mani non ci rimango!
(Jack Lemmon, travestito da donna, a proposito del ricco Joe E. Brown, *A qualcuno piace caldo*).
3196. -È stata tutta colpa tua ad ogni modo: bere tutto quel vino e trasformarti in un mandrillo con dieci mani!
(Ann Sheridan spiega a Cary Grant perché lo ha spinto in una vasca, *Ero uno sposo di guerra*).
3197. -Non ho mai visto un uomo con tante braccia!
(Doris Day a proposito di Nick Adams, *Il letto racconta...*).
3198. -Per carità, è peggio di un polipo: ha otto mani che lavorano insieme e sanno dove andare.
(Ann Latham a proposito di Bert Remsen, *Gang*).
3199. -Vecchio sporcaccione!
-Che è successo?
-Ho beccato un pizzico in ascensore.
-Vedi che vita dura fanno le donne?
-È incredibile: con questo schifo di faccia!
-Non importa, basta che porti le sottane: è come sventolare una bandiera rossa davanti a un toro.
-Sì... Be', sono stufo di fare la bandiera. Voglio fare il toro!
(Jack Lemmon, travestito da donna, si sfoga con Tony Curtis, *A qualcuno piace caldo*).

LA PROSTITUZIONE

3200. -Andate... Prendete una meretrice e generate figli di prostituzione. Chiamerete il primo "Tu non sei il mio popolo" e il secondo "Non più misercordia".
(Alain Cuny, dopo aver fatto l'elemosina ai pellegrini Laurent Terzieff e Paul Frankeur, cita liberamente il profeta Osea, *La via lattea*).

3201. -Che cos'ha da guardarmi?
-Io?
-Non sono una puttana!
-Ma... Ma io cosa ho detto? Sa cosa m'importa degli hobbies che ha lei!
(Mia Farrow e Woody Allen, *Ombre e nebbia*).
3202. -Chi è?... Una donna di mondo o una puttana?
-Valla a insultare. Se è una puttana, andrà su tutte le furie. Se invece sorride, è una donna di mondo.
(Sady Rebbot e Jean Ferrat, *Questa è la mia vita*).
3203. -Definisci "femmina"...
-Una ragazza che la dà a tutti.
-Una zoccola...
-No. Una zoccola è una zoccola. Il fatto che aprano le gambe tutt'e due non rende la terminologia intercambiabile.
-Qual è la differenza?
-Una zoccola la vende.
-Ma anche una femmina. La differenza è che la zoccola fa il prezzo in anticipo.
(Dudley Moore e Julie Andrews, *"10"*).
3204. -Io non dormo con le puttane. Se mi è capitato, l'ho saputo dopo.
(Il gangster Joe Don Baker alla maitresse Monica Lewis, che gli ha offerto la compagnia di Christina Hart, *Chi ucciderà Charley Varrick?*).
3205. -Io non vado mai con le puttane: uno comincia con un bruciante desiderio e finisce il giorno dopo con qualche altro bruciore.
(John Malkovich, *Ombre e nebbia*).
3206. -Lo sai, Jill? Mi ricordi mia madre. Era la più grande puttana di Alameda e la donna più in gamba che sia mai esistita. Chiunque sia stato mio padre, per un'ora o per un mese è stato un uomo molto felice.
(Jason Robards a Claudia Cardinale, *C'era una volta il West*).
3207. -Non sapevo che le puttane fossero anche filosofe.
(Jeff Bridges a Michelle Pfeiffer, *I favolosi Baker*).
3208. -Perché fai la battona?
-Mia madre è morta che avevo sei anni.
-Porca miseria! Ma dico, ma non si rendono conto che poi i bambini soffrono?
-Mio padre mi ha violentato a dodici anni.
-Ah... Quindi hai passato sei anni relativamente tranquilli...
(Dudley Moore e Anne De Salvo, *Arturo*).
3209. -Perché si chiamano donnine allegre se ridono così poco?
(Totò, *Signori si nasce*).
3210. -La prostituta fa commercio del proprio fascino. Essa si sforza di guadagnare il più possibile, di avere una clientela da cui trarrà profitto e di realizzare le migliori condizioni d'esercizio.
(Sady Rebbot istruisce Anna Karina, *Questa è la mia vita*).
3211. -Le puttane, quando trovano uno che ritengono più disgraziato di loro, diventano subito mamme. E io sono già abbastanza figlio di puttana.
(Vittorio Gassman ad Alessandro Momo, *Profumo di donna*).
3212. -Qualcuno può prestarmi diecimila lire per andare a puttane?
(Jean-Pierre Léaud, piantato da Dani, *Effetto notte*).

3213. -Sono stata a letto con qualcuno. Con una persona sola. Questo fa di me una puttana?
-Be', solo se lo cerca nel dizionario.
(Mia Farrow e Woody Allen, *Ombre e nebbia*).
3214. -Su, andiamo... andiamo in camera.
-Ma io non ho mai pagato una donna in vita mia!
-Credi di non averla pagata.
(Jodie Foster e Woody Allen, *Ombre e nebbia*).

SE STESSI

CONOSCERE SE STESSI

3215. -Cercate in voi stessi quello che ritenete veramente importante da amare e battetevi per realizzarlo fino in fondo.
(Tatsuo Matsumura, *Madadayo-Il compleanno*).
3216. -Che cosa farai ora che hai visto come vive l'altra metà?
-Che altra metà?
-L'altra metà di te stesso.
(L'eccentrica e inquietante Melanie Griffith, dopo avere sconvolto la vita del metodico e abitudinario yuppie Jeff Daniels, *Qualcosa di travolgente*).
3217. -Forse si diventerebbe persino migliori se ci si accontentasse di essere come si è.
(Bibi Andersson, *Persona*).
3218. -Non sei me, non sei me, non sei me! Capito?
(Nicolas Cage allo specchio: è il poliziotto Sean Archer, al quale è stato innestato il volto del supercriminale Castor Troy, *Face/Off-Due facce di un assassino*).

STIMARE SE STESSI

3219. -C'è un'altra battuta che è importante per me, è quella che di solito viene attribuita al vecchio Groucho Marx ma credo dovuta in origine al genio di Freud e che è in relazione con l'inconscio. Ecco, dice così, parafrasandola: "Io non vorrei mai appartenere a nessun club che contasse tra i suoi membri uno come me".
(Woody Allen, *Io e Annie*).
3220. -E dire che sarò costretto a campare con quel tizio.
-Quale tizio?
-Quel tizio che aveva tradito la mia speranza e nel quale non volevo riconoscermi... Io.
(Jean-Paul Belmondo e Malvina, *Lo sciacallo*).
3221. -Ha fatto un gran lavoro con te: hai una stima di te che è solo una tacca sotto Kafka.
(Woody Allen a proposito dell'analista di Diane Keaton, *Manhattan*).
3222. -In realtà sai benissimo che lo sviscerato amore che portavi a te stesso non è più contraccambiato.
(Serge Reggiani a Marcello Mastroianni, *La terrazza*).

3223. -Io so che la gente mi crede egoista e narcisista, ma non è vero. Sta di fatto che, se dovessi identificarmi con un personaggio della mitologia greca, non sarebbe Narciso.

-E chi?

-Giove.

(Woody Allen risponde a un intervistatore, *Stardust memories*).

3224. -Non mi piacciono i tipi come me.

(James Gleason, *Arriva John Doe*).

3225. -Non ti trovi interessante? Ma se sei affascinata da te stessa! Tu sei di gran lunga la tua persona preferita.

(Cary Grant a Katharine Hepburn, *Scandalo a Filadelfia*).

3226. -Nulla è impossibile se si ha fiducia in se stessi.

(Humphrey Bogart, *La Regina d'Africa*).

3227. -Oh, che cosa ho fatto... Io non sono Bogart, non sarò mai un Bogart: io sono la vergogna del mio sesso, dovrei trovarmi un posto di eunuco in un harem persiano.

(Woody Allen, *Provaci ancora Sam*).

3228. -Sei sposata, hai una figlia, sei una donna felice: non ti serve l'autostima.

(Eileen Heckart alla figlia Diane Keaton, *Il club delle prime mogli*).

3229. -Si deve essere se stessi, fare le proprie scelte morali... anche quando richiedono vero coraggio. Altrimenti si è come robot, o lucertole.

(Woody Allen, guarito dalla disistima di se stesso che lo spingeva a adottare le personalità altrui, *Zelig*).

3230. -Sono un disastro fisiologico.

(John Gielgud, *Providence*).

3231. -Stupida! Ah, le donne sono tutte pazze ed io più di tutte. Bisogna considerarsi senza attrattive ed avere dell'acqua nel cervello per essere rimasta tre anni con un tipo simile.

(Arletty a proposito di Jules Berry, *Alba tragica*).

L'INDIVIDUALISMO

3232. -C'è la fotografia di un bambino nel portafoglio: xe un tuo fio?

-Ah, no, no, quello sono io da piccolo!

-Stupido! Anca dietro ti te la porti?

-Be', cosa vuoi? Al mondo non ho che io.

(La prostituta Silvana Mangano e il soldato Vittorio Gassman, *La grande guerra*).

3233. -È vero, ho rubato per venticinque anni, ma l'ho fatto per alleviare le sofferenze di un orfano, povero, senza casa, senza madre né padre: io.

(Totò, *Totò sceicco*).

3234. -Il male è, vedi, che tu ci tieni troppo a essere diverso da altri, e non è una cosa granché utile in vita. L'individualismo è un mostro che va strangolato in fasce, se si vuole vivere tranquillamente a questo mondo. Vedi, io spesso ho pensato che i gangster e gli artisti sono uguali per le idee: sono ammirati, adorati, ma c'è sempre chi si dà un gran da fare per distruggerli ed annientarne l'intera razza.

(Il lottatore russo Kola Kwariani al rapinatore Sterling Hayden, *Rapina a mano armata*).

3235. -Meno male: eccone uno che "viva io" lo mette per iscritto.
(Walter Chiari, *Io, io, io... e gli altri*).

3236. -Molti di voi ora stanno pensando: che posso fare?, io sono una molecola, io non conto. Avete torto marcio: le molecole hanno sempre contato, perché in definitiva il carattere di una nazione è la somma totale del carattere delle sue molecole.
(Comizio dell' "uomo comune" Gary Cooper, *Arriva John Doe*).

3237. -Non lo so chi sono. Io e il mio gatto siamo due randagi senza nome, che non appartengono a nessuno e a cui nessuno appartiene...
(Audrey Hepburn, *Colazione da Tiffany*).

3238. -Non voglio abusare della vostra infantile immaginazione: non sono né nobile né eroico.
-Ma avete forzato il blocco!
-Per guadagno, solo per guadagno.
-Volete dirmi che non credete alla causa?
-Credo in Rhett Butler: è la sola causa che riconosco, il resto conta ben poco.
(Clark Gable, che ha forzato il blocco nordista ai porti del Sud confederato, respinge gli elogi di Vivien Leigh, *Via col vento*).

3239. -Non voglio correre con la muta. Non voglio essere incatenato alla stessa esistenza di routine degli altri. Non voglio guardare per terra come il resto della gente. Almeno finché esistono le cime delle montagne, le nuvole e lo spazio infinito.
(Vincent Price, *Il castello di Dragonwyck*).

3240. -Ora non combatto più per niente, meno che per me. Mi interessa una sola causa: me stesso.
(Humphrey Bogart, *Casablanca*).

3241. -Tu sei uno piuttosto strano. Sì, dico, non parli mai con nessuno. Che cosa fai? Che c'è nella tua vita? Che cosa cerchi?
-Cerco di non stare nel mucchio.
(Il gangster Tony Doyle e Peter McDonald, *I dilettanti*).

LO SDOPPIAMENTO

3242. -È ciò che avevo sempre desiderato: essere il coltello che ferisce e, insieme, la ferita.
(John Malkovich-Jekyll a Julia Roberts, *Mary Reilly*).

LA VOLONTÀ

3243. -Sono un debole, ho la forza di volontà di un sorcio davanti al formaggio.
(Jeff Bridges, *La leggenda del Re Pescatore*).

3244. -Volere è potere, volare è potare.
(Totò, *Totò al giro d'Italia*).

LA SOLITUDINE

3245. -Allora sei solo?
-Tutti siamo soli. Muori tra le tue braccia, ricordalo.
(Cher e Chazz Palminteri, *Infedeli per sempre*).
3246. -Ci sono momenti nella vita in cui bisogna essere soli.
(Il detective Peter Falk si avvia verso il bagno, facendo il verso a Bogart, *Invito a cena con delitto*).
3247. -Da soli si può andare in giro, in due si va sempre da qualche parte.
(Kim Novak a James Stewart, *La donna che visse due volte*).
3248. -Essere soli è dura. Ma se si è due e si rimane due, è anche peggio.
(Yolande Moreau, *Senza tetto né legge*).
3249. -Ho deciso di restare sola finché non avessi incontrato qualcuno che valesse veramente... Voglio dire, quando sei sola e vai con qualcuno così, per una volta, per avere un' avventura... Cioè, ci si sente... Secondo me dopo ci si sente più soli di prima. Capisci, quando la sera poi ritorni a casa tua e sei appena andata a letto con un tizio qualsiasi e sai che non gliene frega niente e non frega niente neanche a te, e nessuno dei due ne ha ricavato niente, ecco, questo io lo trovo ancora più spaventoso che tenersi la propria solitudine. In questo senso, la solitudine diventa uno stile di vita, una regola, capisci?
(Marie Rivière a Vincent Gauthier, *Il raggio verde*).
3250. -In fatto di solitudine sono un esperto.
(Michel Bouquet, *La sposa in nero*).
3251. -Io non mi sento mai vicina a nessuno.
(Natalie Wood, *Gioventù bruciata*).
3252. -Lei non si sente mai solo?
-Solo in mezzo alla gente.
(James Caviezel e Sean Penn, *La sottile linea rossa*).
3253. -Ma perché devi fare anche tu come tutti gli altri, eh? Perché ti dai tanto da fare per stare male? Ma te lo devo dire io che non c'è nessuna libertà nello stare da soli? Che la vera libertà sta nell'essere in due?
(Nanni Moretti a Enrica Maria Modugno, *La messa è finita*).
3254. -Noi non ci sentiremo più soli ormai. Mai più. Né tu né io.
(James Dean a Natalie Wood, *Gioventù bruciata*).
3255. -Non conosco molta gente.
-Io invece ne conosco troppa, ma siamo tutti e due molto soli.
(La cantante Dorothy Comingore e l'editore Orson Welles, *Quarto potere*).
3256. -Non esiste solitudine più profonda di quella del samurai, se non quella della tigre nella giungla.
(Frase iniziale di *Frank Costello faccia d'angelo*).
3257. -Non ho una casa, né una famiglia, né amici... Io non ho nessuno che mi cerchi, tranne la questura.
(Il professore comunista Marcello Mastroianni, *I compagni*).
3258. -Non lo capisci? La gente non sta insieme per amore. Stanno insieme perché hanno troppa paura di restare soli.
(Chazz Palminteri a Cher, *Infedeli per sempre*).

3259. -Non mi piace. Tutti così gentili con me: mi fanno sentire così solo!

(Il vecchio clown Charlie Chaplin, festeggiato per il suo ritorno in scena, *Luci della ribalta*).

3260. -No, non aprirò mai. Non seccatemi. Andate via, voglio restar solo. Non voglio veder gente, non voglio vedere più nessuno, mai più.

(Jean Gabin alla polizia che bussa alla sua porta, *Alba tragica*).

3261. -Non sono mai stata solitaria: né da sola, né con qualcun altro. Ma mi sarebbe piaciuto, in fondo, essere solitaria. Solitudine significa: finalmente sono tutto.

(Solveig Dommartin, *Il cielo sopra Berlino*).

3262. -Ora so che significa essere sola: significa non essere con te.

(Greta Garbo a Melvyn Douglas, *Non tradirmi con me*).

3263. -Per me, tutti al mondo sono degli estranei, tutti!

(John Hodiak, *Il bandito senza nome*).

3264. -Per quanto sia ansioso di solitudine, uno col passare degli anni scopre che non può fare a meno del prossimo.

(Gunnar Björnstrand, *Una lezione d'amore*).

3265. -Quando si è soli, è come essere morti.

(Birger Malmsten, *Un'estate d'amore*).

3266. -Quante cose si finiscono per sapere, se si resta un po' soli.

(Bernhard Wicki, *La notte*).

3267. -Se c'è una cosa peggiore di una donna che vive sola, è la donna che dice che le piace.

(Thelma Ritter a proposito di Doris Day, *Il letto racconta...*).

3268. -Siamo tutti soli, là fuori, e domani ci ritroveremo là fuori di nuovo.

(William Hurt a una rimpatriata, *Il grande freddo*).

3269. -Si è spesso molto più soli tra la gente che in compagnia di se stessi... anche quando è gente che si ama.

(Gene Tierney, *Il fantasma e la signora Muir*).

3270. -La solitudine m'ha perseguitato per tutta la vita. Dappertutto: nei bar, in macchina, per la strada, nei negozi, dappertutto. Non c'è scampo: sono nato per essere solo.

(Robert De Niro, *Taxi driver*).

3271. -Tanti auguri a me! Tanti auguri a me! Tanti auguri, cara Lenny! Tanti auguri a me!

(Diane Keaton festeggia il compleanno, di cui sorelle e parenti si sono scordati, spegnendo le candeline su tre biscotti, *Crimini del cuore*).

3272. -Tiri avanti sperando che domani accada qualcosa di stupendo, che domani non sarai più sola, e un bel giorno ti rendi conto che è finita, che ormai sei fuori corso. E il tuo domani? Canarini o gatti randagi.

(Joan Blondell a Katharine Hepburn, *La segretaria quasi privata*).

3273. -Tu viaggi parecchio?

-Sì.

-Non ti fa sentire solo?

-Mm... Sono un solitario ma non mi sento solo.

(Amy Brenneman e Robert De Niro, *Heat-La sfida*).

3274. -La vera solitudine non è amare invano, ma non amare affatto.

(Cyd Charisse, *Brigadoon*).

3275. -La vera soltudine è un'acrobazia continua: la parola è sempre in agguato dentro di te.
(Ingrid Thulin, *Alle soglie della vita*).
3276. -Vivo sola... e anche lei.
-Come lo sa?
-Perché stamani si è messo un calzino marrone e uno nero.
(Katharine Hepburn e Spencer Tracy, *La segretaria quasi privata*).
3277. -Voglio restare sola. Desidero restare sola.
(Greta Garbo, *Grand Hotel*).

LA COMPAGNIA

3278. -A chi piace fare il cane randagio? Devi appartenere a qualcuno, anche se ti dà una pedata ogni tanto.
(Shirley MacLaine, *Irma la dolce*).
3279. -Se vuoi, posso farti compagnia, basta che non parli del caldo.
-Sono una donna sposata.
-E che vuol dire?
-Vuol dire che non cerco compagnia.
-Allora si risponde: una donna felicemente sposata.
(William Hurt abborda Kathleen Turner in un bar, *Brivido caldo*).

IL SONNO

3280. -Ah, che sonno che abbiamo, eh? Tu devi imparare la serenità tibetana. Ti ricordi Bernardo Bertolucci cos'ha detto? "Al Festival di Cannes, anche se non vinco un premio non importa, io sono lo stesso tranquillo: è la serenità che ho imparato da monaci tibetani". Tranquillo, micio: stai dormendo, eh?
(Nanni Moretti cerca di addormentare il figlio neonato, *Aprile*).
3281. -Andiamo a dormire?
-Sì.
-È triste il sonno: si è costretti a separarsi.
-Chi l'ha detto?
-È un vero peccato... Si dice dormire insieme e non è vero.
(Jean Seberg e Jean-Paul Belmondo, *Fino all'ultimo respiro*).
3282. -Dove vai?
-A dormire. Quando devo sparare, la sera prima vado a letto presto.
(Il bandito Gian Maria Volonté e il pistolero Clint Eastwood, *Per qualche dollaro in più*).
3283. -Lei quando dorme, 007?
-Mai, quando sono in servizio.
(Bernard Lee e Sean Connery, *Agente 007 licenza di uccidere*).
3284. -Quando dormo ho bisogno di star solo. Ho evitato anche il servizio militare per questo.
-Con le donne ci dorme però, eh?
-Ci vado a letto, è diverso.

(Philippe Noiret e Athina Cenci, *Speriamo che sia femmina*).
3285. -Sai che l'uomo dormendo spreca un terzo della sua vita? Se vive fino a settantacinque anni, significa che ha dormito venticinque anni. Sai che signfica dormire venticinque anni, sì?
-No.
-Significa alzarsi con un gran mal di testa.
(Peter O'Toole e Romy Schneider, *Ciao Pussycat*).
3286. -Sai quanto hai dormito? Nove ore. Platone diceva: "Anche nell'uomo migliore vive una bestia selvaggia e senza legge che affiora durante il sonno". Quindi, prima regola, dormire poco. Sai quanto dormo io? Tre ore per notte.
(Vittorio Gassman al nipote Danilo Mattei, *Anima persa*).
3287. -Il sonno! La più bella esperienza della vita, a parte il bere.
(W.C. Fields, *La mia bella pollastrella*).

L'INSONNIA

3288. -Che idea fantastica mettere gli orologi indietro: non fosse altro, ci si guadagna un'ora di insonnia.
(Walter Matthau a proposito dell'ora legale, *Un marito per Tillie*).
3289. -Credo... di non essere mai stata tanto stanca in vita mia. Neanche il Veronal mi fa più dormire.
(Greta Garbo, *Grand Hotel*).
3290. -Io ho sempre sofferto d'insonnia, ma è tutto risolto: prima di andare a letto metti tre tranquillanti in un bicchiere di brandy e te lo scoli. Non dormi lo stesso, ma stai così bene che non te ne importa.
(Gig Young, *Il visone sulla pelle*).
3291. -So che sembrerà assurdo, ma non credo che riuscirò a dormire, stanca come sono.
-Ti porto un cognac?
-Mi aiuterà a dormire?
-No, ma renderà molto più piacevole il restare svegli.
(Julie Andrews e Robert Preston, *Victor Victoria*).
3292. -Sssst! Non lo svegli! Soffre d'insonnia e gli passa solo quando dorme.
(Chico Marx a Groucho Marx, *Una notte all'Opera*).

IL RISVEGLIO

3293. -Del resto, è solo la curiosità che mi fa svegliare la mattina.
(Roberto Benigni a Paolo Villaggio, *La voce della luna*).
3294. -Quando vi risvegliate, avete tutte l'aria così pura...
(Gérard Philipe a Simone Signoret, *La ronde-Il piacere e l'amore*).
3295. -Tra dieci minuti sarà giorno.
-Jim... Per una volta potresti restare a dormire qui vicino a me.
-No, Gilberte: se resto, avrei l'impressione di abbandonarti non restando anche domani.

(Henri Serre e Vanna Urbino, *Jules e Jim*).

3296. -Una delle cose più belle è svegliarsi e sapere che qualcuno ti ama.

(Liza Minnelli a Robert De Niro, *New York, New York*).

IL SOGNO

3297. -Anche se sono degli incubi, fanno bene i sogni. Soli i morti non sognano.

(Fernando Rey a Catherine Deneuve, *Tristana*).

3298. -Bisogna nutrire gli occhi per i sogni della notte.

(Denis Lavant guarda Juliette Binoche, *Rosso sangue*).

3299. -Bisogna sognare. I sogni sono il divertimento del cervello.

(Patrick Chesnais, *La belle histoire*).

3300. -"Buongiorno Colombo". Diceva sempre così mia madre, per ricordarmi che l'America è già stata scoperta, e che i sogni sono molto lontani dalla realtà. Ma che senso ha vivere se qualcuno ti ha già spiegato la differenza tra una mela e una bicicletta? Se mordo una bicicletta e faccio un giro su una mela allora scoprirò la differenza.

(Johnny Depp, *Arizona dream*).

3301. -Che diritto hai tu di mettere la mia ragazza nei tuoi sogni?

(Jerry Lewis a Dean Martin, *Hollywood o morte*).

3302. -Chi sogna può spostare le montagne.

(Claudia Cardinale, *Fitzcarraldo*).

3303. -La distanza più breve fra un punto e l'altro non è la linea retta, ma il sogno.

(Philippe Clevenot, *Roselyne e i leoni*).

3304. -Dopo certi sogni, non c'è più nulla nella vita reale che abbia tale intensità.

(Dirk Bogarde, *Providence*).

3305. -Già. Da giovani sogniamo sempre cose impossibili. Ma poi si cresce.

(Samuel S. Hinds, *La strada scarlatta*).

3306. -Ho fatto un sogno che se te lo racconto, come minimo ci tiri fuori una quinterna.

(Totò, *Chi si ferma è perduto*).

3307. -Ho fatto un sogno. Percorrevo una bellissima strada, da un lato c'erano delle case tutte bianche con arcate, colonne, portici, mentre dall'altro lato c'era un vastissimo parco e sotto gli alberi, lungo tutta la strada, scorreva dell'acqua verde cupo. Sono arrivata a un alto muro: era completamente ricoperto di rose. Poi all'improvviso un aeroplano ha incendiato le rose. Io non avevo alcuna paura. Era tutto così splendido. Stavo lì a guardare nell'acqua e vi vedevo quelle rose bruciare. Io avevo una bambina in braccio, era nostra figlia. Si stringeva contro di me e sentivo che la sua bocca mi sfiorava la guancia e per tutto il tempo sapevo che dovevo ricordare qualcosa che qualcuno aveva detto e che io avevo dimenticato.

(Liv Ullmann, *La vergogna*).

3308. -Ho osservato una lumaca strisciare lungo il filo di un rasoio. Que-

sto è il mio sogno, il mio incubo... Strisciare, scivolare lungo il filo di un rasoio e sopravvivere.
(La voce registrata di Marlon Brando, *Apocalypse now*).
3309. -Ho rifatto quel sogno: sto facendo l'amore e i giudici olimpionici guardano. Ho superato le eliminatorie e sono entrato in finale. Il canadese mi dà 9,8, l'americano un 10 pieno e mia madre travestita da giudice della Germania dell'Est mi dà 3.
(Billy Crystal, *Harry, ti presento Sally...*).
3310. -Ieri ho fatto uno strano sogno... Mi è tornato in mente solo adesso... Lo so che è noioso, ma non me lo ricorderò se non lo racconto. Ero su un treno... e mi sono accorto che stava per cozzare... contro una montagna... fatta di lenzuola. Che stupido... Ma avrei potuto evitare l'incidente, se avessi aperto la bocca... e gridato. Ma allora mi sono reso conto che era troppo tardi. Perché avevo allungato la mano... e mi ero rotto i denti... come se fossero di gesso... Il treno si era fermato e io tenevo i miei denti in mano e avevo voglia di piangere... ma non potevo. Allora mi sono svegliato... I miei denti in mano. Per zio Freud castrazione, immagino...
(John Malkovich, *Il tè nel deserto*).
3311. -Gli indiani legano la propria vita ai sogni: un indiano che ha fatto un sogno, anche il più incredibile, aspetterà fino alla morte che diventi realtà. I bianchi invece sono diversi: loro sognano solo quando le cose vanno per il verso giusto.
(Allan Nichols, *Buffalo Bill e gli indiani*).
3312. -Io ero un uomo di Neanderthal: cacciavo i miei nemici con armi primitive e ti possedevo senza inibizioni.
-Gesù, che cosa aveva mangiato prima di andare a letto?
(L'anziano professore José Ferrer racconta il suo sogno alla giovane infermiera Julie Hagerty, *Commedia sexy in una notte di mezza estate*).
3313. -Mi piace sognare: schiarisce molto le idee.
(Bette Midler, *Giorni di gloria... giorni d'amore*).
3314. -Mi trovo in un ambiente enorme. Tutto è illuminato e tranquillo. Diverse persone vanno avanti e indietro e quando mi rivolgono la parola le capisco. Tutto è splendido e io sono serena. Alcuni volti irradiano attorno una luce quasi abbagliante. Tutti aspettano lui che deve arrivare, ma senza nessuna ansia. E dicono che io devo essere presente quando tutto ciò avverrà... A volte provo un'ansia irrefrenabile, un desiderio violento del momento in cui la porta si aprirà e tutti si volgeranno verso di lui che si fa avanti... Credo che sia Dio, che sia Dio stesso che debba apparirci... Dio scende dalla montagna attraverso il bosco tenebroso mentre intorno le fiere guardano nel silenzio. Dev'essere la realtà. Io non sogno e quello che dico è vero. A volte mi trovo in questo mondo e a volte nell'altro senza che io possa impedirlo.
(Il sogno della schizofrenica Harriet Andersson, *Come in uno specchio*).
3315. -Non svegliarmi: sto sognando.
(Diego Abatantuono a Paolo Rossi, *I cammelli*).
3316. -Ogni volta che mi ricordo di un sogno che ho fatto, lo trasformo in una storia, ma i sogni non sono come la vita, non si possono afferrare con le mani perché non si può afferrare ciò che non si vede bene. Se tu credi nei tuoi sogni, puoi star certo che nessuna forza, né un tornado né un

vulcano né un ciclone, potrà mai portarti via l'amore, perché l'amore esiste per conto proprio.

(Johnny Depp, *Arizona dream*).

3317. -Prima, quando sognavo, avevo l'impressione di essere aspirata da un grosso buco, di sparire in un grosso buco... Adesso, quando sogno, ho l'impressione di sparpagliarmi in mille pezzi... E prima, quando mi svegliavo, anche se il sogno era lungo, mi svegliavo tutta d'un colpo. Adesso, quando mi sveglio, ho paura che manchino dei pezzi.

(Marina Vlady, *Due o tre cose che so di lei*).

3318. -Quand'ero piccolo facevo sempre un sogno: sognavo di passare tutta la notte in una pasticceria, e c'erano dolci dappertutto. C'erano cannoli, paste alla crema, bignè, meringhe alla panna, crostate, millefoglie...

-Ascoltami bene: niente panna, niente bignè... Noi siamo a dieta!

(Jack Lemmon e Tony Curtis, travestiti da donne, in un vagone letto pieno di ragazze, *A qualcuno piace caldo*).

3319. -Quando ero piccolo, in Europa – avrò avuto forse cinque anni, non mi ricordo bene – mia madre mi metteva in guardia, mi diceva sempre di non avvicinarmi troppo alle persone. "Ti attaccheranno i loro sogni" diceva. A me sarebbe piaciuto farmi contagiare dai sogni degli altri...

(Martin Landau, *Tucker-Un uomo e il suo sogno*).

3320. -Quella notte feci un sogno snervante: c'entrava un suonatore d'organo. Non riuscivo a vederlo in viso e l'organo era drappeggiato di nero. Una scimmia ci ballava attorno e chiedeva la carità. Quando aprii gli occhi, l'organo suonava ancora. Dove mi trovavo?

(William Holden dopo la prima notte trascorsa nella villa in rovina della diva del muto Gloria Swanson, *Viale del tramonto*).

3321. -Questo non è un sogno! Io non sto dormendo!

(Mia Farrow ha un incubo, *Rosemary's baby-Nastro rosso a New York*).

3322. -Sognare e vivere è lo stesso: se non fosse così, a che varrebbe vivere? E cosa volete che mi interessi la vita? Non è la vita che amo, ma voi.

(Jean-Louis Barrault ad Arletty, *Amanti perduti*).

3323. -Sogni, solamente sogni: mai del buon senso.

(Vivien Leigh a Leslie Howard, che le ha spiegato di non averla mai amata, *Via col vento*).

3324. -I sogni son segreti: non si possono dividere con altri. E talvolta sono molto imbarazzanti.

(Martine Carol, *Lola Montès*).

3325. -Solo nei sogni gli uomini sono davvero liberi: è da sempre così e così sarà per sempre.

(Robin Williams, *L'attimo fuggente*).

3326. -Stanotte ho fatto un sogno così noioso che mi sono svegliato per il timore di riaddormentarmi.

(Ted Danson, *Brivido caldo*).

3327. -Ti saluto! D'ora in poi i miei sogni saranno solo monogami.

(Gunnar Björnstrand all'ex amante Eva Dahlbeck, dopo un litigio, *Sorrisi di una notte d'estate*).

3328. -I tuoi sogni ti riempiono forse lo stomaco?

-Proprio perché il mondo è quello che è abbiamo bisogno di sognare e di sperare.

(Isao Numasaki e Chieko Nakakita, *Una meravigliosa domenica*).

3329. -Vivrò veramente, oppure il sogno è il mio unico momento di vita?
(Robert Aztorn, *Un mondo di marionette*).

3330. -Una volta ti ho sognato con l'osso del collo rotto... con la lingua penzoloni... Un sogno stupendo.
(Maria Pakulnis all'ex amante Daniel Olbrychski, *Decalogo 3*).

3331. -La vera vita è quella del sogno, ma a volte il sogno è un baratro fatale.
(Brunella Bovo, *Lo sceicco bianco*).

L'IMPOSSIBILE

3332. -C'è una sola cosa impossibile, ed è amare e separarsi.
(Denholm Elliott a Helena Bonham Carter, *Camera con vista*).

3333. -Lui non sa neanche che esisto: io sogno l'impossibile...
-Impossibile? Ah, quanto siete fuori tempo voi giovani. Ma che dite mai? Ma se è questa l'epoca dell'impossibile!
(Audrey Hepburn e Marcel Dalio, *Sabrina*).

3334. -Ma qualcosa devo darglielo. Non è proprio possibile metterci d'accordo?
-Tesoro, in un mondo dove i figli dei falegnami risorgono, tutto è possibile.
(Peter O'Toole Katharine Hepburn, re e regina d'Inghilterra, discutono dei possedimenti da dare al figlio minore Nigel Terry, *Il leone d'inverno*).

L'IMMAGINAZIONE

3335. -È tutta la mia immaginazione. C'è gente che ha i piedi piatti, c'è gente che ha la forfora: io ho questa tremenda immaginazione.
(Tom Ewell, *Quando la moglie è in vacanza*).

3336. -L'immaginazione è stata così svilita che a un certo punto, l'immaginazione, anziché essere il perno della nostra esistenza, oggi è il sinonimo di qualcosa che è totalmente al di fuori di noi, come la fantascienza, o che so, l'uso delle fettine di mandarino o di arancia sulle braciole crude di maiale... ecco, una ricetta estiva fantasiosa. E *Guerre stellari*, così pieno di immaginazione! E *Star Trek*, così pieno di immaginazione! E *Il signore degli anelli*, tutti quei nanetti, quanta immaginazione! Oggi l'immaginazione ha cessato di rappresentare il nostro collegamento, il collegamento più profondo tra la vita interiore e il mondo che è al di fuori, in cui viviamo tutti. Cos'è la schizofrenia, se non lo stato in cui quello che c'è qui dentro non corrisponde a quello che c'è di fuori? Perché l'immaginazione è diventata un sinonimo di stile. Io ritengo che l'immaginazione sia il passaporto che noi ci costruiamo per entrare nel mondo della realtà. Io credo che l'immaginazione sia solo un altro modo di definire l'unicità di ognuno di noi. Jung dice: "Il peccato più grave è la mancanza di coscienza". Il giovane Holden dice: "Quello che mi fa più paura è la faccia dell'altro. Non sarebbe tanto male se potessimo essere tutti e due bendati". Molte volte le facce che abbiamo di fronte non sono quelle degli altri, ma sono le nostre. Ed è la peggior forma di vigliaccheria, questo avere così tanto paura di se stessi da coprirsi gli occhi piuttosto che affrontarsi. Guardarsi in faccia, è la cosa più difficile. L'immaginazione è un dono di Dio per aiutarci a rendere questo autoesame sopportabile.

(Will Smith, *6 gradi di separazione*).

3337. -"Tutto può accadere, tutto è possibile e verosimile. Il tempo e lo spazio non esistono. Su una base insignificante di realtà, l'immaginazione fila e tesse nuovi disegni".

(La nonna Gunn Wallgren legge le frasi iniziali di *Il sogno* di August Strindberg al nipotino Bertil Guve, nell'ultima scena di *Fanny e Alexander*).

L'ILLUSIONE

3338. -La commedia e l'illusione hanno cominciato a riempire la mia vita sempre di più. Al punto che non riuscivo più a distinguere il reale dal non reale, tranne che il non reale mi sembrava più reale.

(Anne Baxter, *Eva contro Eva*).

3339. - Se invece di buttarle via, si leggessero qualche volta le carte dei cioccolatini, si eviterebbero molte illusioni.

(Jean Rougeul a Marcello Mastroianni, *8½*).

3340. -L'unica persona che ha più illusioni del sognatore è l'uomo d'azione.

(Adriana Asti cita Oscar Wilde, *Prima della rivoluzione*).

LA FANTASIA

3341. -La fantasia, Alexander, è una cosa grandiosa, una forza immensa, un dono divino. L'amministrano per noi tutti gli artisti, i poeti, gli scrittori, i grandi musicisti.

(Jan Malmsjö a Bertil Guve, *Fanny e Alexander*).

3342. -Tutto è logica e ragione oggigiorno: scienza, progresso... leggi dell'idraulica, leggi della dinamica sociale... leggi di questo, leggi di quell'altro... Non c'è posto per i ciclopi a tre gambe dei mari del Sud, non c'è posto per alberi di cetrioli, per oceani di vino: non c'è posto per me!

(John Neville-barone di Munchausen si congeda dalla bambina Sarah Polley, *Le avventure del barone di Munchausen*).

IL FANTASMA

3343. -I fantasmi sono esseri fatti di aria. All'aperto non si vedono perché il vento li fa sparire.

(James Caan, *Non torno a casa stasera*).

3344. -Non sono ancora morto e già ho cominciato a fare il fantasma. In realtà, mi pare di esser meglio come fantasma che come essere umano.

(Bengt Ekerot, *Il volto*).

3345. -Non ti sembra un po' troppo chiedere che io affidi tutto il mio avvenire ad un... ad uno che non esiste?

-Ma io esisto, sono qui perché tu credi che ci sia. Continua a crederci, ed io esisterò sempre per te.

(Gene Tierney e il fantasma innamorato Rex Harrison, *Il fantasma e la signora Muir*).

3346. -Perché non ti trovi una casa da infestare?

(La medium Whoopi Goldberg al defunto Patrick Swayze, *Ghost-Fantasma*).

3347. -I pozzi sono pieni di fantasmi: tutti buttano i cadaveri nei pozzi.

(Totò, *Che fine ha fatto Totò baby?*).

3348. -Signorina, mi diceva che lei è un fantasma, che è fatta d'aria... Allora lasci che l'annusi, voglio respirare un poco d'aria buona.

(Totò, *Totò all'inferno*).

IL VAMPIRO

3349. -Io sono niente: senza vita, senza anima, odiato e temuto. Sono morto per tutta l'umanità, Ascoltatemi: io sono il mostro che gli uomini che respirano bramerebbero uccidere. Io sono Dracula!

(Gary Oldman, *Dracula di Bram Stoker*).

3350. -Là fuori c'è un branco di vampiri del cazzo che vogliono entrare qui per succhiarci un bel po' di sangue, e questo è tutto, chiaro e semplice. E non voglio sentir dire da nessuno che io non ci credo ai vampiri del cazzo perché io non ho mai creduto ai vampiri del cazzo ma credo a quello che vedono i miei occhi, e quello che ho visto erano dei vampiri del cazzo... Allora, siamo tutti d'accordo nell'affermare che abbiamo a che fare con dei vampiri del cazzo?

(George Clooney, barricato in un motel messicano che si è rivelato un covo di vampiri, sprona i suoi compagni di sventura a resistere, *Dal tramonto all'alba*).

L' EXTRATERRESTRE

3351. -Andiamo a rompere il culo a E.T.!

(Il pilota Will Smith guida il contrattacco terrestre contro gli invasori alieni, *Independence Day*).

3352. -Semplice il loro sporco gioco: sono liberi imprenditori. La Terra è soltanto un altro pianeta, il loro Terzo mondo.

(Keith David e Peter Jason commentano l'invasione della Terra da parte di alieni vestiti come yuppies, *Essi vivono*).

3353. -Sono delle persone come noi, e vengono dal nostro sistema solare. Solo che la loro società è più evoluta della nostra. Voglio dire che non hanno guerre, non hanno sistema monetario, e soprattutto non hanno capi, perché ognuno di loro è un capo.

(I venusiani secondo Jack Nicholson, *Easy rider-Libertà e paura*).

LA REALTÀ

3354. -A me di essere reale viene naturalissimo!
-Non si impara a essere reali, è come imparare a essere nani: non sono cose che si imparano, qualcuno nasce reale e qualcuno no.
(L'attore Jeff Daniels al suo personaggio, che si è innamorato della spettatrice Mia Farrow e ha lasciato lo schermo, *La rosa purpurea del Cairo*).
3355. -Io ho lottato con la realtà trentacinque anni, dottore, e sono felice di dire che l'ho vinta fuggendola.
(James Stewart allo psichiatra Charles Drake, *Harvey*).
3356. -Non è il reale che noi pensiamo. È un fantasma del reale.
(Roger Montsoret, *Due o tre cose che so di lei*).
3357. -Le persone invecchiano, e si ammalano, e non trovano mai il vero amore.
-Da dove vengo io le persone non deludono mai, sono coerenti, sono sempre affidabili...
-Non si trovano di quel tipo nella vita vera!
(La spettatrice Mia Farrow e l'attore Jeff Daniels, che è uscito dallo schermo per raggiungerla, *La rosa purpurea del Cairo*).

LA SPERANZA

3358. -Che cosa vuoi? Coraggio, dimmelo. Ti ascolto. Io sono una vecchia roccia: dimmelo che cosa vuoi.
-Un'altra stagione.
-Tutto qui? Un'altra stagione... Solo sopravvivere: niente più sogni, niente più speranze?
-Speranze? Ce l'hanno solo le vecchiette che vanno a Las Vegas con un sacchetto pieno di monetine: quelle hanno ancora speranza.
(William Hansen e Jack Lemmon, *Salvate la tigre*).

LA DISPERAZIONE

3359. -La disperazione è un narcotico: culla l'anima nell'indifferenza.
(Charlie Chaplin, *Monsieur Verdoux*).
3360. -In verità, la situazione è disperata, però non è seria.
(Horst Buchholz, *Uno, due, tre!*).

L'OTTIMISMO E IL PESSIMISMO

3361. -Andrà tutto a posto?
-Ah, penso che me la caverò. Sai, a parte il fatto che mi vogliono per linciarmi, la polizia mi ricerca, c'è in giro un mostro e io sono disoccupato, me la cavo, sì: tutto il resto va bene.
(Mia Farrow e Woody Allen, *Ombre e nebbia*).

3362. -È la storia di un uomo che cade da un palazzo di cinquanta piani... A ogni piano, mentre cade, l'uomo non smette di ripetere: "Fino a qui tutto bene, fino a qui tutto bene, fino a qui tutto bene". Questo per dire che l'importante non è la caduta ma l'atterraggio.
(Hubert Koundé, frase iniziale di *L'odio*).
3363. -Qualcuno ha detto: non esistono ottimisti né pessimisti, soltanto imbecilli allegri e imbecilli tristi.
(Jeanne Moreau, *La sposa in nero*).
3364. -Sai a quanto lo danno? Dieci a uno. Domani paghiamo tutti.
-E se poi non vince?
-Di che ti vai preoccupando? Questa scrittura durerà un bel po'.
-E se invece non dura?
-Jerry mio, perché vedi sempre tutto così nero? E se finiamo sotto un treno, e se scoppia qualche guerra, e se Mary Pickford divorzia da Douglas Fairbanks? E se crolla la Statua della Libertà? E se viene un'inondazione a Chicago?
(Tony Curtis e Jack Lemmon, suonatori squattrinati, cercano di raggranellare qualche soldo scommettendo alle corse, *A qualcuno piace caldo*).
3365. -Sei fatalista, pessimista o esistenzialista?
-Veramente, io sono farmacista.
(L'ereditiera Isa Barzizza e Totò, *Fifa e arena*).

LA STAMPA
IL GIORNALE

3366. -Domani sarà un vecchio pezzo di carta e servirà per avvolgere le patate.
(Kirk Douglas, *L'asso nella manica*).
3367. -È la stampa, bellezza, la stampa. E tu non ci puoi fare niente... niente.
(Il direttore Humphrey Bogart al gangster Martin Gabel, che è appena riuscito a fare incriminare, *L'ultima minaccia*).
3368. -E mi accorgo che i giornali sono uguali. E soprattutto usano e si scambiano sempre gli stessi giornalisti. C'è quello che scrive di politica su un quotidiano, di cinema su un settimanale di sinistra e di letteratura su un mensile di destra. C'è quell'altro che scrive contemporaneamente sul *Corriere della Sera*, su un settimanale femminile e su un mensile delle Ferrovie dello Stato. E naturalmente vignette e satira politica ovunque. Perché la satira non ha padroni, quindi sta bene sotto ogni padrone. Insomma, un unico grande giornale.
(Nanni Moretti sulla stampa italiana, *Aprile*).
3369. -Eppure per avere il giornale di domani io darei dieci anni della mia vita...
-E come sai di averli ancora?
(Dick Powell e John Philliber, *Accadde domani*).
3370. -Ho letto l'edizione di oggi: è buona a malapena per avvolgerci il pesce o accenderci un fuoco. Potrei perfino usarla per i bisogni del mio barboncino francese, se non preferisse il *Paris Soir*.

(John Mahoney, *Mister Hula Hoop*).

3371. -"Io darò agli abitanti di questa città un quotidiano che pubblicherà tutte le notizie importanti con onestà... Io darò anche al pubblico un giornale pronto a combattere a tutela dei loro diritti di cittadini e di esseri umani". Firmato Charles Foster Kane.

(Il primo editoriale di Orson Welles, *Quarto potere*).

3372. -Lei non li legge i giornali?

-No, per colpa dell'inchiostro tipografico: mi fanno schifo le dita sporche.

(Fanny Ardant e Pascale Pellegrin, *Finalmente domenica!*).

3373. -Mi credevano morto.

-Come fai a sapere di essere vivo?

-L'ho letto sul giornale.

(Il reduce Stan Laurel, che è rimasto in trincea per vent'anni, dopo che la prima guerra mondiale era terminata, e Patsy Moran, *Vent'anni dopo-Stanlio e Ollio teste dure*).

3374. -Non li leggo i giornali, io, non sento neanche la radio! Che nel mondo gli uomini continuano a fregarsi lo so anche senza leggerlo.

(Walter Brennan, *Arriva John Doe*).

3375. -Senti, leggiti i giornali domattina: a me me trovate nella pagina sportiva, all'avversario mio, nell'annunzi mortuari...

(Il pugile Vittorio Gassman a Marcello Mastroianni, *I soliti ignoti*).

3376. -La vita di un uomo viene sporcata per sempre se qualcuno ne parla su un settimanale.

(Nanni Moretti, *Palombella rossa*).

3377. -Voglio che il *New York Inquirer* diventi per i newyorchesi importante come l'acqua, la luce e il gas.

(L'editore Orson Welles, *Quarto potere*).

IL GIORNALISTA

3378. -Allora... che mestiere fai? Oh no, aspetta, fammi indovinare: io ho un sesto senso per indovinare i mestieri... Vendi tappeti?

-Be', quasi: faccio il cronista sportivo.

(Mira Sorvino e Woody Allen, *La dea dell'amore*).

3379. -Cosa? Vuoi che l'*Herald* ci batta? Deve morire per me in esclusiva, è mio! Lui muore per me, non per l'*Herald*!

(Il direttore Wade Boteler al cronista Chick Chandler, a proposito del miliardario in fin di vita Charles Laughton, *La prima è stata Eva*).

3380. -Cronaca nera. L'odore del sangue li attira come mosche...

(Walter Huston, *Codice penale*).

3381. -Dove lavoro, abbiamo una sola norma editoriale: non scrivere niente di più lungo che l'uomo medio non legga durante una cacata media... Sono stufo che il mio lavoro venga letto nei cessi.

-La gente leggeva Dostoevskij nel cesso.

-Non in una cacata sola, però.

(Jeff Goldblum e Kevin Kline, *Il grande freddo*).

3382. -E osi dirmi che non è ancora morto? Senti, devi darti più da fare!

-Che cosa dovrei fare, dargli il colpo di grazia?
(Il direttore Wade Boteler e il cronista Chick Chandler, a proposito del miliardario Charles Laughton che agonizza mentre il giornale sta per andare in macchina, *La prima è stata Eva*).

3383. -Giornalista? Che cosa vuol dire? Origliare alle porte, correre dietro ai pompieri, svegliare la gente di notte per chiedergli che cosa pensa di Hitler o del delitto della sera prima? La so a memoria tutta questa roba: siamo solo un branco di disperati alla caccia di ignobili avvenimenti di cronaca nera da ammannire alle casalinghe e alle dattilografe.
(Rosalind Russell, *La signora del venerdì*).

3384. -I giornalisti scrivono sui giornali, sui roto e sui calchi. Volendo, possono anche scrivere sui muri.
(Totò, *Chi si ferma è perduto*).

3385. -Io comincio a credere che tutti i giornalisti siano gente malata.
(Susan Sarandon, *Prima pagina*).

3386. -Io conosco morte e miracoli di tutto nei giornali: so scriverlo, correggerlo, impaginarlo, stamparlo e venderlo... So manovrare notizie grosse e piccole, se notizie non ci sono so lavorare di fantasia.
(Kirk Douglas, *L'asso nella manica*).

3387. -Io so condensare una vita intera in trentadue periodi. Feci entrare tutto un gruppo rock in una paginetta, e avevano due batterie.
(Jeff Goldblum, *Il grande freddo*).

3388. -Io sono un giornalista, non un politicante: no, i politicanti sono il mio pane perché io li creo e io li distruggo. Ma non voglio e non posso essere uno di loro.
(Edmond O' Brien rifiuta di darsi alla politica, *L'uomo che uccise Liberty Valance*).

3389. -Lei è un giornalista, giovanotto: si sente la puzza. Io la sento subito questa puzza. Mi scusi, ma devo aprire la finestra.
(Charles Winninger a Fredric March, *Nulla sul serio*).

3390. -Non avresti dovuto sposare un giornalista: sono peggio dei marinai.
(Orson Welles alla moglie Ruth Warrick, *Quarto potere*).

3391. -Odio questi giornalisti ficcanaso!
(Catherine Deneuve, *L'ultimo metrò*).

3392. -Pensa di essere una persona, ma è solo una cronista.
(Il giornalista televisivo Kevin J. O'Connor a proposito della collega Geena Davis, *Eroe per caso*).

3393. -Popolo di Shinbone, io sono la vostra coscienza, sono la vostra voce che tuona e lampeggia, sono il vostro cane da guardia che abbaia ai lupi, sono... Sono il vostro padre confessore, io sono... Io sono... sono... Che altro sono, Tom?
-Una spugna.
(Edmond O'Brien, direttore del giornale di Shinbone, e John Wayne a un'assemblea di cittadini, *L'uomo che uccise Liberty Valance*).

3394. -Sappiate che ho avuto l'onore di essere buttato fuori da undici giornali con un totale di sette milioni di copie.
(Kirk Douglas si presenta a Porter Hall, direttore di un giornale di provincia, *L'asso nella manica*).

3395. -Se deve morire, Signore, prendetevelo prima delle nove e venti. (Il direttore Wade Boteler, che deve mandare in stampa il giornale e aspetta la notizia della morte del miliardario Charles Laughton, *La prima è stata Eva*).

3396. -Sei anni fa guardavo la fotografia dei più bravi giornalisti del mondo ed ero come un bambino davanti a una vetrina di dolci... E oggi, sei anni dopo, ho ottenuto quei dolci: tutti quanti.

(L'editore Orson Welles, *Quarto potere*).

3397. -Senti, senti chi parla: i giornalisti! Un branco di analfabeti con la forfora sul collo e le pezze sul sedere che spiano dai buchi delle serrature e svegliano la gente nel cuore della notte per domandargli se hanno visto passare un bruto in mutande; che rubano alle vecchie madri le fotografie delle figlie violentate in Oak Park, e tutto perché? Perché un milione di commesse e di mogli di camionisti ci piangano sopra. E poi, il giorno dopo, la prima pagina serve per incartare un chilo di trippa...

(Jack Lemmon, *Prima pagina*).

3398. -Signor Johnson, se ha qualche consiglio da darmi...

-Certo, ragazzo: non finire mai una frase con una preposizione e non la cominciare mai con i due punti.

(Il giovane giornalista Jon Korkes e il veterano Jack Lemmon, *Prima pagina*).

3399. -Sposi un becchino, sposi un contrabbandiere, sposi un borsaiolo, ma un giornalista non lo sposi mai. Dia retta a me...

(Walter Matthau a Susan Sarandon, *Prima pagina*).

3400. -Tutti fasulli nati, voi giornalisti.

(John Craig a Peter Breck, *Il corridoio della paura*).

3401. -Tutti i giornalisti dovrebbero essere portati al macero insieme ai loro giornali.

(Walter Hampden, *Sabrina*).

3402. -Le uniche volte in cui ti ecciti è quando ti porti il giornale a letto.

(Jack Lemmon al suo direttore Walter Matthau, *Prima pagina*).

IL FOTOGRAFO

3403. -Lisa, io mi porto soltanto una minuscola valigetta, abito nel mezzo di trasporto di cui dispongo, dormo poco e mi lavo ancora meno. E molto spesso la roba che mangio è ricavata da bestie che quando sono vive non oseresti neanche guardarle.

(Il fotoreporter James Stewart alla fidanzata Grace Kelly, che vuole seguirlo, *La finestra sul cortile*).

3404. -Il mio compito è portare brutte notizie e immortalare cadaveri.

(Sharon Stone, *L'anno del terrore*).

3405. -Perde tutto il suo tempo a fotografare stupidi abiti addosso a stupide donne.

-Lo sa? Quasi tutti pensano che siano begli abiti su belle donne...

-Al massimo sono bellezze sintetiche... Gli alberi sono belli: perché non fotografa gli alberi?

(Audrey Hepburn, modella riottosa, e il fotografo di moda Fred Astaire, *Cenerentola a Parigi*).

3406. -Questa vede quello che dico io. Di volta in volta scopre l'animo delle persone, vede quello che hanno dentro, se si lasciano andare... Se sono fortunata mi mostrerà anche i loro segreti, li porterà allo scoperto uno ad uno.

(Emma Thompson a proposito della sua macchina fotografica, *L'ospite d'inverno*).

LA NOTIZIA

3407. -Ascoltate: un reporter tiene sepolto vivo un uomo per sei giorni... Ora trasmetto il resto...

(Kirk Douglas annuncia il suo scoop, *L'asso nella manica*).

3408. -Come, non pubblicherete questa storia?

-No, senatore. Qui siamo nel West, dove se la leggenda diventa realtà, vince la leggenda.

(James Stewart, anziano senatore, rivela a Carleton Young, direttore del giornale di Shinbone, che tanti anni prima il bandito Liberty Valance non è stato ucciso da lui, come si è sempre creduto, ma dal defunto John Wayne, *L'uomo che uccise Liberty Valance*).

3409. -"Donne cubane deliziose. Stop. Potrei inviare poema in prosa su bellezza isola ma non voglio spendere vostri soldi. Stop. Non esiste guerra a Cuba". Firmato Willand. Risponde?

-Sì: "Caro Willand, invii pure poema in prosa, io procurerò la guerra".

(L'editore Orson Welles e il suo braccio destro Everett Sloane commentano il telegramma di un inviato, *Quarto potere*).

3410. -Dunque, signor Carter, c'è un titolo su tre colonne in prima pagina del *Chronicle*. Perché l'*Inquirer* non ha un titolo su tre colonne?

-La notizia non era importante.

-Signor Carter, se il titolo è grande la notizia diventa subito importante.

(L'editore Orson Welles e il caporedattore Erskine Sanford, *Quarto potere*).

3411. -Figlio mio, da quanto frequenti quella...scuola di giornalismo?

-Da tre anni.

-Tre anni gettati via. Io non ho fatto nessuna scuola ma so come dare una notizia, perché prima di fare i giornali io li ho venduti agli angoli delle strade, e sai la prima cosa che ho imparato? Le brutte notizie vanno a ruba. Buona nuova, nessuna nuova.

(Il giornalista Kirk Douglas e il giovane apprendista Bob Arthur, *L'asso nella manica*).

3412. -Il gran dio dei tempi moderni è il documento fotografico. Anche se l'articolo è inventato, la gente crede alle foto.

(Eitaro Ozawa, cinico direttore di giornale, *Scandalo*).

3413. -Ho scritto che lo sceriffo è una iena. Che vuoi che aggiunga? Vile, corrotto, incapace, depravato?

(Jack Lemmon a Walter Matthau, a proposito di Vincent Gardenia, *Prima pagina*).

3414. -In primo luogo... Ah, hai sentito la notizia?
-Cosa?
-L’hanno trovato morto.
-Chi?
-Il padrone.
-Sul serio? Quando?
-Pochi minuti fa.
-E dove l’hanno trovato?
-Nel suo ufficio.
-E com’è successo?
-Gli ha sparato una donna.
-Gli ha sparato una donna... E perché?
-Bill, mi hai fatto sei domande assai importanti: chi, cosa, dove, quando, come e perché. È ad esse che un buon cronista deve rispondere. Tu non l’hai fatto... Riscrivilo.
(Il capocronista Clark Gable insegna il mestiere al giovane Nick Adams, *Dieci in amore*).
3415. -Murphy... Scrivi! Gli uomini dello sceriffo hanno preso d’assalto la sede degli Amici della Libertà. Hanno sparato ottocento caricatori, tra le vittime un frigorifero, due ciclostile e il guardiano sordo.
(Il giornalista Charles Durning detta il resoconto di un blitz antianarchico della polizia di Chicago, *Prima pagina*).
3416. -Perché una rete non trasmette solo buone notizie e un’altra quelle cattive?
(Katharine Hepburn a proposito della radio, *La costola di Adamo*).
3417. -Quel vecchio era terrorizzato, hai visto la sua faccia?
-Sì.
-Aveva la faccia di quella gente che aspetta fuori di una miniera dove sono rimasti bloccati centinaia di uomini.
-Un uomo è peggio che un centinaio: non te lo hanno insegnato?
-Insegnato cosa?
-La reazione del pubblico. Tu compri un giornale e leggi la morte di cento uomini o di duecento, o di cinquecento o d’un milione di morti come nelle carestie in Cina. Tu leggi, ma resti indifferente. Un uomo solo è diverso: vuoi sapere tutto di lui, questa è la reazione del pubblico.
(Il giovane cronista Bob Arthur e il cinico giornalista Kirk Douglas, *L’asso nella manica*).
3418. -Qui Bensinger, passami uno stenografo... Ah, Marty, sei tu? Ultime sull’impiccagione di Williams. Sì, l’esecuzione è sempre fissata per domattina alle sette. Le autorità si aspettano una dimostrazione di protesta delle sinistre...
-Sono Murphy, passami uno stenografo...
-Hanno raddoppiato gli agenti intorno alla prigione, all’edificio del municipio, alle stazioni ferroviarie e a quelle della sopraelevata...
-Ultimissime sull’impiccagione. Lo sceriffo Hartman ha assunto qualche altro suo parente per proteggere la città contro l’Armata Rossa che lascerà Mosca fra un paio di minuti...
-Allora, ecco che cosa ha ordinato il condannato per il suo ultimo pasto:

cocktail di gamberetti in salsa Mille Isole, roast-beef al sangue, cavoletti di Bruxelles, torta di mela alla moda e gelato...

-Come ultimo pasto si beccherà il menù turistico da 95 cents della bettola qui di fronte...

-Poi questa sera alle nove Williams sarà visitato da un altro psicologo, il dottor Max J. Eggelhofer, a richiesta dell'associazione Amici delle Libertà Americane. Eggelhofer? Ma sì, è di Vienna... Ma sì, è già nel pezzo di stamattina. Ha scritto un libro: *Masturbazione precoce e comportamento antisociale...*

-Quel poveraccio domattina deve crepare e viene uno da Vienna a chiedergli a quanti anni ha cominciato a masturbarsi... Ti richiamo.

(I due cronisti David Wayne e Charles Durning dettano la stessa notizia ai loro giornali, *Prima pagina*).

3419. -Strage di mondane brutalmente assassinate da bande di finocchi armati.

(Falso titolo di giornale gridato dal capocronista Philippe Noiret in un bar di puttane, *Amici miei*).

LO STATO

LA PATRIA

3420. -E così, pur essendo il più giovane colonnello dell'esercito, lei non è un fanatico dell'onore e neppure un eroe?

-Il rumore dei cannoni mi fa orrore, Blanca!

-Ma, allora... la Patria?

-La Patria è un insieme di fiumi che si gettano nel mare.

-E il mare è la morte!

-Esattamente!... Morire per la Patria!

(Patricia de Morelos e César del Campo, *L'angelo sterminatore*).

3421. -Qual è la sua patria?

-Io non ho patria.

(Robert Donat e la spia Lucie Mannheim, *Il club dei 39*).

3422. -Tu sei il mio solo Paese ormai.

(L'inglese Sean Connery alla russa Michelle Pfeiffer, della quale durante un'azione di spionaggio si è innamorato, *La Casa Russia*).

IL PATRIOTTISMO

3423. -Il patriottismo potrà essere fuori di moda, ma là dove c'è un patriota c'è un onest'uomo.

-Ma non è stata sempre l'opinione di tutti. Samuel Johnson disse qualcosa di diverso sul patriottismo.

-Cosa, se posso chiederlo?

-Nulla, generale.

-Che intende dire, nulla?

-Nulla, niente di molto importante.

-Colonnello, quando io faccio una domanda è sempre importante. Dunque, chi era quest'uomo?
-Samuel Johnson...
-Benissimo. Dunque, che cosa disse del patriottismo?
-Che era l'ultimo rifugio delle canaglie. Mi scusi, nessuna allusione personale.
(Il generale fanatico George Macready e il colonnello Kirk Douglas discutono, *Orizzonti di gloria*).

I CONFINI

3424. -C'è sempre un verme nella pera e un doganiere alla frontiera.
(Totò, *La legge è legge*).
3425. -I confini sono tracciati sulle carte, ma sulla terra non ci sono confini.
(La voce fuori campo di Pietro Germi, *Il cammino della speranza*).
3426. -Le frontiere non si vedono mica. Sono un'invenzione dell'uomo: la natura se ne fotte!
(Marcel Dalio, *La grande illusione*).

IL PRESIDENTE

3427. -Dico la verità, Doc, mi devi credere.
-Allora dimmi, ragazzo del futuro: chi è il presidente degli Stati Uniti, nel 1985?
-Ronald Reagan.
-Ronald Reagan? L'attore? E il vicepresidente chi è, Jerry Lewis? Suppongo che Marilyn Monroe sia la first lady... e John Wayne il ministro della Guerra... Ah ah...
(Michael J. Fox, piombato nel 1955 dal futuro, risponde alle domande di Christopher Lloyd, *Ritorno al futuro*).
3428. -Io non voglio diventare presidente degli Stati Uniti, non me ne importa niente.
-Non ti ci ho mai visto come presidente degli Stati Uniti.
-Io credevo di sì.
-Per me le due professioni più schifose del mondo sono quelle dell'avvocato e del politico. Come potevi immaginare che ti avrei visto presidente degli Stati Uniti? Di solito il presidente è l'uno e l'altro.
(Christian Slater e Jeff Bridges, *Tucker-Un uomo e il suo sogno*).
3429. -Io sono il vostro nuovo presidente. D'ora in avanti la lingua ufficiale del Bananas sarà lo svedese. Silenzio! A partire da ora tutti i cittadini saranno tenuti a cambiarsi la biancheria ogni trenta minuti. La biancheria sarà portata sugli abiti per poter controllare. Oltre a ciò, tutti i ragazzi sotto il sedicesimo anno di età a partire da ora dovranno dimostrare di avere sedici anni.
(Il leader rivoluzionario Jacobo Morales dà segni di squilibrio, *Il dittatore dello Stato libero di Bananas*).

3430. -Quando guardano te, vedono ciò che vorrebbero essere. Quando guardano me, invece, vedono ciò che loro sono.
(Anthony Hopkins-Richard Nixon al ritratto di John Fitzgerald Kennedy, *Gli intrighi del potere-Nixon*).
3431. -Sapete di che cosa ha bisogno la nazione? Di un presidente che sia un buon uomo d'affari.
(Il banchiere disonesto Berton Churchill, *Ombre rosse*).
3432. -Sentite, ragazzi, io non voglio fare il presidente. Voi fate un grosso errore, sì... Sentite, bisogna essere in gamba per fare i presidenti. Sentite, fatemi vicepresidente: quello è proprio un lavoro da idioti.
(Woody Allen ai guerriglieri che vogliono proclamarlo presidente perché ha frequentato l'università per due giorni, *Il dittatore dello Stato libero di Bananas*).
3433. -Sì, era presidente degli Stati Uniti, ma so che quando usciva dalla Casa Bianca il servizio segreto contava l'argenteria.
(Woody Allen a proposito di Richard Nixon, *Il dormiglione*).

IL RE

3434. -Ah, Dio, quanto mi piace fare il re!
(Peter O'Toole-Enrico II, *Il leone d'inverno*).
3435. -Meglio re per una notte che buffone per sempre.
(Robert De Niro, *Re per una notte*).
3436. -Perdonami di essere una regina.
(Greta Garbo a John Gilbert, *La regina Cristina*).
3437. -Il re è un cane! Un cane e un codardo!
(John Malkovich-Athos a proposito di Leonardo DiCaprio-Luigi XIV, *La maschera di ferro*).
3438. -Sono il re del mondo!
(Leonardo DiCaprio mentre il Titanic si dirige in mare aperto, lasciando la costa irlandese, *Titanic*).
3439. -Tu non ci crederai, ma una volta avevo la pelle come il velluto. Imperatrice? Ma se non ho nemmeno il potere di far sparire una ruga!
(L'anziana imperatrice Louise Dresser alla nuora Marlene Dietrich, *L'imperatrice Caterina*).
3440. -Tu sei la regina, è il tuo destino. E quello di amarti finché io viva è il mio.
(Fredric March-Lord Bothwell a Katharine Hepburn-Maria Stuarda, *Maria di Scozia*).
3441. -Tutta la vita sono stata un simbolo... Sono stanca di essere un simbolo... Vorrei essere una persona.
(La regina di Svezia Greta Garbo, *La regina Cristina*).

LA BUROCRAZIA

3442. -Che cos'è che non può sopportare?
-I pezzi di carta: odio la burocrazia. Ascolti: tra un po' di tempo, grazie

al vostro bellissimo sistema, non si potrà più aprire un rubinetto senza riempire un 27B/60. Be', a me non mi fregate.

(Jonathan Pryce e l'idraulico terrorista Robert De Niro, *Brazil*).

3443. -Il funzionario civico municipale è un aggettivo qualificativo di genere funzionario, il funzionario fisiologicamente funziona con la metamorfosi della leptempsicosi, la fase del funzionamento muove la leva idraulica delle cellule che, agendo sull'arteriosclerosi del soggetto patologico, la fa funzionare nell'esercizio delle proprie funzioni. Non ha capito che cosa vuol dire? Be', nemmeno io.

(Totò, *Fermo con le mani!*).

3444. -Ma non restano mai senza moduli?

(Cary Grant, ufficiale francese che cerca invano di seguire la moglie pari grado americana negli USA, *Ero uno sposo di guerra*).

LA STORIA

3445. -Che ne dirà la storia della battaglia di Shenandoah?

-Io so quello che ne pensa mia moglie.

(Il generale J. Carrol Naish e il colonnello John Wayne, nordisti, alludono a Maureen O'Hara, sudista, *Rio Bravo*).

3446. -Nella vita una sola cosa è certa: se la Storia ci ha insegnato qualcosa, è che si può uccidere chiunque.

(Il boss mafioso Al Pacino, *Il padrino-Parte seconda*).

3447. -La Storia non è altro che irriverenza per i morti.

(Will Sampson, *Buffalo Bill e gli indiani*).

3448. -Gli storici inglesi mi daranno del bugiardo, ma chi ha scritto la storia ha impiccato degli eroi.

(Angus MacFayden, voce narrante delle imprese del ribelle scozzese William Wallace, *Braveheart-Cuore impavido*).

I RICORDI

3449. -A cosa pensi?

-E chi pensa? All'età mia non si pensa più: solo ricordi.

-Che retorica, proprio da vecchietto. E come sarebbero questi ricordi? Belli?

-No, quelli sono i peggiori: che ti fanno dire che "era meglio prima", una frase che non bisogna dire mai. No, tutto sommato i migliori sono i ricordi brutti.

(Stefania Sandrelli e Vittorio Gassman, *La famiglia*).

3450. A mia madre piacevano molto le feste, le feste come questa. Oggi sarebbe venuta qui. Valentina, ti ricordi quando ci comprava le nougatine? Metà cioccolatino metà caramella: le nougatine. Oggi non le fanno più. A ottobre un giorno arrivava a casa e diceva: "Indovinate cosa vi ho portato". Ma noi lo sapevamo già: erano i primi mandarini della stagione. Ora invece ci sono le ciliegie tutto l'anno, le fragole tutto l'anno... Ma che ricordi avranno un giorno questi bambini, eh?

(Nanni Moretti a Enrica Maria Modugno, *La messa è finita*).

3451. -E mi chiesi se un ricordo è qualcosa che hai o qualcosa che hai perduto.

(Gena Rowlands, frase finale di *Un'altra donna*).

3452. -Ho pietà per voi: siete malata, vedete male le cose. Avete dei rimorsi, e volete trasformarli in ricordi.

(Charles Boyer a Danielle Darrieux, *I gioielli di Madame de...*).

3453. -Io se potessi dimenticarti lo farei subito, te lo garantisco. Un buon ricordo... bei ricordi... Sono forse il tipo da poter vivere soltanto di ricordi?

(Arletty a Jean Gabin, *Alba tragica*).

3454. -Lo ricorderò, questo momento: il silenzio del crepuscolo, il profumo delle fragole, la ciotola del latte, i vostri volti su cui discende la sera, Michael che dorme sul carro, Jof e la sua lira... Cercherò di ricordarmi quello che abbiamo detto e porterò con me questo ricordo delicatamente, come se fosse una coppa di latte appena munto che non si può versare. E sarà per me un conforto, qualcosa in cui credere.

(Il cavaliere Max von Sydow si prepara a incontrare la Morte, *Il settimo sigillo*).

3555. -Ma sai che ti dico? Invece di inseguire un'impossibile felicità, forse è meglio prepararsi qualche piacevole ricordo per il futuro.

(Stefano Satta Flores propone un'avventura a Stefania Sandrelli, *C'eravamo tanto amati*).

3456. -Ma non vuoi niente accanto che almeno ti ricordi la mamma?

-Be', ci sono momenti in cui neanche uno storico vuol guardare al passato.

(Gena Rowlands al padre John Houseman, che è rimasto vedovo, *Un'altra donna*).

3457. -Ora tutto è finito, tranne i ricordi.

(Woody Allen rievoca l'era della radio, *Radio days*).

3458. -Tristi ricordi, siate comunque i benvenuti... Voi siete la mia lontana giovinezza...

(Didascalia iniziale di *L'armata degli eroi*).

LA MEMORIA

3459. -La mia memoria è come la carta moschicida, dove si accumulano continuamente dati e ricordi d'ogni genere.

(Robert Stephens, *La vita privata di Sherlock Holmes*).

3460. -No, io non ho più idee: ho soltanto memorie.

(Marcello Mastroianni, *La notte*).

3461. -Senza il ricordo di ciò che è piacevole o spiacevole non è possibile essere felici, tristi, angosciati, non si può essere in collera o innamorati. E si potrebbe quasi dire che un essere vivente è una memoria che agisce.

(Henri Laborit, *Mon oncle d'Amérique-Mio zio d'America*).

3462. -Si vede meglio con gli occhi della memoria.

(Gérard Depardieu, *Due*).

IL DIMENTICARE

3463. -Alla gente non piace rivedere i testimoni della propria umiliazione, anche se si tratta soltanto di luoghi.

(Teresa Marczewska, ebrea emigrata in America, spiega a Maria Kościalkowska perché non è più tornata a Varsavia, dove da bambina ha vissuto le persecuzioni naziste, *Decalogo 8*).

3464. -Ci sono delle donne abituate a dimenticare. E io sono una di quelle.

(Greta Garbo, *Mata Hari*).

3465. -Come te anch'io ho cercato di lottare con tutte le mie forze contro la smemoratezza. E come te ho dimenticato. Come te ho desiderato avere un'inconsolabile memoria, una memoria fatta d'ombra e di pietra. Ho lottato da sola con violenza, ogni giorno, contro l'orrore di non poter più comprendere il perché di questo ricordo. Come te, ho dimenticato.

(Emmanuelle Riva a Eiji Okada, *Hiroshima, mon amour*).

3466. -Fra un quarto d'ora bisognerà che io cominci a dimenticarti.

(Lia Di Leo a Charles Boyer, *I gioielli di Madame de...*).

3467. - I giorni in cui dimentico sono finiti. Stanno per cominciare i giorni in cui ricordo.

(Tim Roth si accinge a una rapina, *Pulp Fiction*).

3468. -Hai dimenticato una cosa. Me.

-Cos'hai che non va?

-Niente che tu non possa sistemare.

(Lauren Bacall e Humphrey Bogart-Philip Marlowe, finale di *Il grande sonno*).

3469. -Ho dimenticato qualcosa, ma non mi ricordo cosa. Eh già, se l'avevo dimenticata...

(Totò, *Due cuori fra le belve*).

IL RIMPIANTO

3470. -E voglio dirti un'altra cosa: non rinnego niente di quello che ho fatto nella mia vita. Il solo rimpianto che ho è quello di non essere riuscito a giocare in una vera squadra di baseball.

(Il rapinatore Keith Carradine a Shelley Duvall, *Gang*).

3471. -Ora mi ritrovo come Edith Piaf, ricorda? "Niente di niente e non rimpiango niente".

(Véronique Silver, che vent'anni prima aveva tentato il suicidio per amore, a Gérard Depardieu, *La signora della porta accanto*).

IL SUCCESSO

3472. -Anche se la fortuna e il successo ci hanno arriso, sentiamo che non vale averli raggiunti se quando si alzano gli occhi dal piatto o ci si rigira nel letto lui non c'è.

(Bette Davis, *Eva contro Eva*).

3473. -Certe persone sono convinte che essendo più forti o malvagie possono usarti come vogliono. Ne ho visto tanti così. Ma riescono ad avere successo solo se uno sta a guardare. Il mondo è come te lo fai.
(Linda Hunt, *Silverado*).
3474. -Come disse Platone: "Non ha importanza come cazzo ci riesci, se ci riesci".
(Robert De Niro, *Sesso e potere*).
3475. -Hai risposto bene?
-Non mi hanno interrogato.
-Dovevi chiederlo tu, farti notare. Questo è il segreto del successo: nella vita bisogna sempre avere iniziativa.
(Albert Rémy al figliastro Jean-Pierre Léaud, *I quattrocento colpi*).
3476. -Ho avuto talento, ma non successo. Tanta gente ha successo senza aver talento...
(Il vecchio attore Victor Francen, *I prigionieri del sogno*).
3477. -Ho conosciuto un editore che si vantava di non leggere mai i manoscritti: li annusava, li soppesava, li sbirciava. Ma leggerli, questo mai. Quindi, se il manoscritto aveva l'odore, il peso, la veste dell'immondezza, allora lo pubblicava. Vuoi sapere il segreto del successo? La mediocrità, figliolo. Se vuoi arricchirti, dà al pubblico ciò che si merita: violenza, adulteri, crimini.
(Walter Pidgeon a Van Johnson, *L'ultima volta che vidi Parigi*).
3478. -Io la mattina alle cinque sono sempre in piedi: questo è il segreto del mio successo.
-E io alle cinque vado a dormire: questo è il segreto delle mie pezze al sedere.
(Amedeo Nazzari e Vittorio Gassman, *Il gaucho*).
3479. -Ma poi, è proprio obbligatorio essere qualcuno?
(Ugo Tognazzi, *Amici miei*).
3480. -La morale? È che il successo è solo l'arte di essere felici.
(Tony Randall, *La bionda esplosiva*).
3481. -Su, torna là dentro e accetta la nomina: hai voluto insegnarle a leggere, e ora fa' che legga dei tuoi successi.
(Il cowboy John Wayne rinuncia a Vera Miles, della quale è innamorato, e sprona l'avvocato James Stewart a diventare senatore, *L'uomo che uccise Liberty Valance*).
3482. -Ti credevo una donna, invece sei una carriera.
(Sterling Hayden a Bette Davis, *La diva*).
3483. -Tre anni fa sono venuto qui senza un dollaro in tasca. Ora in tasca ho un dollaro.
(Groucho Marx in Florida, *The cocoanuts-Noci di cocco*).
3484. -Vedi, scimmietta, io ho sempre avuto la convinzione che il segreto del successo è cominciare dal molto.
(Cary Grant a Joan Fontaine, *Il sospetto*).
3485. -Vorrei che tu non usassi la grammatica che usi alla radio: "Gente che beve", non "che bevono".
-Ci sono molti che parlano così e che guadagnano centomila dollari all'anno.

-Ci sono molti che dicono "Mani in alto!" e che guadagnano anche di più.
(Il professor Kirk Douglas e la moglie Ann Sothern, scrittrice di radiodrammi, *Lettera a tre mogli*).

L'AMBIZIONE

3486. -Qual è la più grande ambizione della sua vita?
-Divenire immortale, e poi morire.
(Jean Seberg e Jean-Pierre Melville, *Fino all'ultimo respiro*).
3487. -Sei molto ambiziosa, vero? Sai cosa mi sembri con la tua borsetta pulita e le scarpette a buon prezzo? Mi sembri una campagnola. Un'energica campagnola ripulita con poco gusto. Sei stata nutrita bene e questo ha allungato le tue ossa, ma non ti sei spinta più in là di una generazione rispetto ai rifiuti umani da cui provieni, vero? E quell'accento che hai tentato così disperatamente di perdere! Pura Virginia occidentale... Che fa tuo padre? Fa il minatore, puzza ancora di lampada a petrolio? So come ti hanno scoperta in fretta i ragazzi: quei noiosi, puzzolenti palpeggiamenti sui sedili posteriori delle macchine, mentre tu avevi un solo sogno: andartene via, cercare qualunque cosa ti desse la possibilità di arrivare all'FBI.
(Lo psichiatra e psicopatico Anthony Hopkins all'agente federale Jodie Foster, *Il silenzio degli innocenti*).

LA CARRIERA

3488. -Bud mi ha parlato molto di te.
-Ah, davvero? E che cosa le ha detto l'agente White?
-Dice che sei in gamba, ma dice pure che sei un vigliacco e che per fare carriera daresti via il culo.
(Kim Basinger e il tenente di polizia Guy Pearce, *L. A. Confidential*).
3489. -Feci uno sbaglio, quand'ero ragazzo... I ragazzi non capiscono niente. Avrei dovuto fare il medico, l'avvocato, il commercialista, e rapinare la gente col cervello, non con la pistola.
(Bert Remsen, *Gang*).
3490. -Non si fa carriera pestando i piedi al prossimo, sa.
(William Bouchey, tenente che non vuole noie, al poliziotto ostinato Glenn Ford, *Il grande caldo*).

IL FALLIMENTO

3491. -Come si diventa una mezza calzetta? Me lo sapresti dire? Come cade la polvere? Quando è che si perde? All'inizio uno è il principe che deve ereditare un regno... e improvvisamente, senza che ce ne accorgiamo, veniamo deposti, la morte ti batte sulla spalla, nella stanza fa freddo, perché non hai i soldi per la legna. Sono stupido e cattivo, e ancora più cattivo con l'unica persona che si occupi di me. Non potrai mai perdonarmi, sono una merda e una bestia.

(Börje Ahlstedt traccia un bilancio della propria vita con la moglie Christina Schollin, *Fanny e Alexander*).

3492. -Come vorrei vederti, vecchio gufo che non sei altro, come vorrei vederti cadere una sola volta nella polvere.

(Eva Dahlbeck all'ex amante Gunnar Björnstrand, *Sorrisi di una notte d'estate*).

3493. -Eri quasi arrivato, ma non ce l'hai mai fatta. E se dovevi farcela, ce l'avresti già fatta.

(Ving Rhames al pugile suonato Bruce Willis, *Pulp Fiction*).

3494. -Ma chi sei?

-Moraldo.

-Chi sei?

-Moraldo.

-Non sei nessuno, tu. Non siete nessuno tutti, tutti quanti. Tutti... Ma sì, che vi siete messi in testa voi, che vi siete... E lasciami, lasciami: mi fate schifo, mi fate...

(Alberto Sordi, ubriaco e in crisi esistenziale dopo il veglione di Carnevale, respinge l'aiuto di Franco Interlenghi, *I vitelloni*).

3495. -Ma vaffanculo!

-Vaffanculo, sì. Questa è la sua risposta, la sua risposta per tutto: se la faccia tatuare in fronte. La vostra rivoluzione è finita, signor Lebowski, gli sbandati hanno perso.

(Il miliardario David Huddleston al suo omonimo sfigato Jeff Bridges, *Il grande Lebowski*).

3496. -Mi sento un vero fallito.

-Scott, andiamo! Hai solo sedici anni. Per diventare un vero fallito ci vogliono anni di assidua inettitudine.

(Charlie Hofheimer e Robin Williams, *Due padri di troppo*).

3497. -Non abbiamo mai perso un americano nello spazio e di sicuro non ne perderemo uno finché io sono qui: il fallimento non è contemplato.

(Ed Harris, da Houston, dirige il piano di emergenza per salvare gli astronauti Tom Hanks, Bill Paxton e Kevin Bacon, *Apollo 13*).

3498. -Sei un fallito senza rimedio, lo sei sempre stato e sempre lo sarai... Fallito nato! E sai perché hai perso tua moglie? Perché non hai midollo né fegato: mi stupisce che non si sia visto sulle lastre.

(L'avvocato imbroglione Walter Matthau al cognato Jack Lemmon, che rifiuta di simulare l'invalidità per truffare l'assicurazione, *Non per soldi... ma per denaro*).

3499. -Se questo mondo è tutto per i vincitori, che cosa resta ai perdenti?

-Qualcuno deve pur tenere fermi i cavalli.

(L'ex campione di rodeo Robert Preston e il figlio Steve McQueen, *L'ultimo buscadero*).

3500. -Terry... Terry... Hai sentito?

-Sì.

-Per ora hai perduto, ma potresti ancora vincere.

-Cosa devo fare?

-Alzarti e camminare.

(Il prete Karl Malden a Marlon Brando, vittima di un pestaggio, *Fronte del porto*).

3501. -Troppe cose hai mandato a pallino.

-Non ho fatto altro, in vita mia.

(Ben Gazzara e Blaine Novak, *E tutti risero*).

3502. -Un uomo dovrebbe avere il buon senso di capire quando non vale più niente.

(Il vicesceriffo ubriacone Dean Martin, *Un dollaro d'onore*).

LA TELEVISIONE

3503. -Amore, non guardarla tutto il giorno: lessa il cervello.

(Bruce Willis al suo gatto, *Il quinto elemento*).

3504. -Chi sei tu?

-Sono il creatore di uno show televisivo che dà speranza, gioia ed esalta milioni di persone.

-E io chi sono?

-Tu sei la star.

-Non c'era niente di vero.

-Tu eri vero: per questo era così bello guardarti.

(Confronto finale tra Ed Harris, creatore della soap-opera più lunga e seguita della TV, e Jim Carrey, per trent'anni inconsapevole protagonista del programma, *The Truman show*).

3505. -Ci hai mai pensato al fatto che saremo gli ultimi che hanno i ricordi in bianco e nero? Le foto dei nostri genitori, quelle delle vacanze, i programmi della televisione... Ma chi se li ricorderà più? *La nonna del Corsaro Nero... Belfagor...* Siamo una tribù in via di estinzione, altro che balle.

(Fabrizio Bentivoglio a Diego Abatantuono, ragazzi nei primi anni Sessanta, *Marrakech Express*).

3506. -Ciò che è grave è che tutte queste immagini diventano alla lunga della pubblicità e della propaganda per il sistema... Tutte le immagini che ci inviano si livellano in un'emissione comune... Nessuna immagine lascia riposare... Tutte vogliono qualcosa da noi.

(Rüdiger Vogler, *Alice nelle città*).

3507. -Credo che Truman sia il primo neonato adottato da un network.

(Ed Harris a proposito di Jim Carrey, del quale dal giorno della nascita una TV trasmette, a sua insaputa, la vita in forma di soap-opera, *The Truman show*).

3508. -È una situation comedy, non è la teoria della relatività.

(Laura Harris a Jeff Bridges, euforico perché sta per essere scritturato dalla TV, *La leggenda del Re Pescatore*).

3509. -Guarda quelle antenne della tv: sembrano tanti alberi secchi, laggiù. Sono una foresta, vanno di qui a San Diego. E aspettano tutti di sentire la mia voce.

(Andy Griffith a Patricia Neal, *Un volto nella folla*).

3510. -Hans Magnus Enzensberger mi fa pena quando dice che la televisione trasmette il nullo!

(Renato Carpentieri, intellettuale ex apocalittico in preda a crisi d'astinenza ad Alicudi, dove non ci sono televisori, *Caro diario*).

3511. -Ho trovato stupendo quel tuo "La vita non imita l'arte, imita la cattiva televisione". È assolutamente vero.

(Woody Allen a Juliette Lewis, *Mariti e mogli*).

3512. -Sa, credo che la gente una volta guardava il fuoco come oggi guarda la televisione. E ho l'impressione che uno ha sempre bisogno, soprattutto dopo cena, di guardare delle immagini in movimento.

(François Truffaut a Valentina Cortese, *Effetto notte*).

3513. -Sai che cosa sta distruggendo questo paese? Non è l'alcol, non è la droga. È la TV, sono i mass media, è la gente come te: vampiri. Detesto il tuo modo di guadagnarti da vivere piazzando i microfoni sulla bocca della gente. Detesto il modo in cui menti tutte le sere alle sei. Detesto il modo in cui uccidi i veri sentimenti.

(Il poliziotto Mickey Rourke alla giornalista televisiva Ariane, *L'anno del dragone*).

3514. -Santo cielo, che pulizia c'è qua!

-È che l'immondizia non la buttano via: la mettono negli show televisivi.

(Diane Keaton e Woody Allen a Beverly Hills, *Io e Annie*).

3515. -Siamo veramente stanchi di vedere attori che ci danno false emozioni, esauriti da spettacoli pirotecnici e effetti speciali. Anche se il mondo in cui si muove è in effetti per certi versi fittizio, simulato, non troverete nulla in Truman che non sia veritiero. Non c'è copione, non esistono gobbi... Non sarà sempre Shakespeare, ma è autentico: è la sua vita.

(Ed Harris presenta la soap-opera più lunga e seguita della TV, che da trent'anni ha per protagonista, 24 ore al giorno, l'inconsapevole Jim Carrey, *The Truman show*).

3516. -La televisione non è la verità! La televisione è un maledetto parco di divertimenti, la televisione è un circo, è un carnevale, una troupe viaggiante di acrobati, cantastorie, ballerini, cantanti, giocolieri, fenomeni da baraccone, domatori di leoni, giocatori di calcio! Ammazzare la noia è il nostro solo mestiere. Quindi, se volete la verità, andate da Dio, andate dal vostro guru, andate dentro voi stessi, amici, perché quello è l'unico posto dove troverete mai la verità vera! Sapete, da noi non potrete ottenere mai la verità. Vi diremo tutto quello che volete sentire, mentendo senza vergogna. Vi diremo che Nero Wolfe trova sempre l'assassino, e che nessuno muore di cancro in casa del dottor Kildare, e che per quanto si trovi nei guai il nostro eroe, non temete, guardate l'orologio, alla fine dell'ora l'eroe vince... Vi diremo qualsiasi cazzata vogliate sentire. Noi commerciamo illusioni: niente di tutto questo è vero. Ma voi tutti ve ne state seduti là, giorno dopo giorno, notte dopo notte, di ogni età, razza, fede. Conoscete soltanto noi. Già cominciate a credere alle illusioni che fabbrichiamo qui. Cominciate a credere che la tv è la realtà, e che le vostre vite sono irreali. Voi fate tutto quello che la tv vi dice: vi vestite come in tv, mangiate come in tv, tirate su i bambini come in tv, persino pensate come in tv. Questa è pazzia di massa. Siete tutti matti! In nome di Dio, siete voialtri la realtà: noi siamo le illusioni. Quindi spegnete i vostri televisori, spegneteli ora, spegneteli immediatamente, spegneteli e lasciateli spenti, spegnete i televisori proprio a metà della frase che vi sto dicendo adesso, spegneteli subito!

(Peter Finch, *anchorman* in crisi di coscienza, *Quinto potere*).

3517. -Ti regoli sulle reazioni di quel pubblico? Questo è un pubblico cresciuto con la televisione, il suo gusto è stato sistematicamente guastato attraverso gli anni: stanno seduti davanti al televisore e i raggi gamma gli mangiano le cellule del cervello.

(Woody Allen, *Manhattan*).

TELEVISIONE E POLITICA

3518. -Colonnello, questo paese lo governiamo con la televisione, non con i carabinieri.

(Il deputato Renato Carpentieri ad Armando Petrocelli, *Sud*).

3519. -Dobbiamo ammetterlo: la politica è entrata in un nuovo stadio, lo stadio televisivo. Il popolo vuole assolutamente novità, vuole slogan da detersivi. È ora di cambiare: per arrivare a Washington, trovate pubblicitarie, barzellette e belle donne.

(Percy Waram, *Un volto nella folla*).

3520. -Questa roba della tv non funziona... Non voglio parlare con nessuno e non voglio dire niente.

-È importante che tu mostri la tua faccia: è quella che dobbiamo vendere per prima.

-Già, apparenza.

(Il candidato senatore Robert Redford e il suo consigliere Peter Boyle, *Il candidato*).

3521. -Sai, Adam, io sono convinto che la campagna politica all'antica tra poco passerà di moda come la paglietta: si farà con la tv e la radio e diventerà più snella e meno scomoda.

(Il sindaco Spencer Tracy al nipote Jeffrey Hunter, *L'ultimo urrà*).

LA RADIO

3522. -Lo scopo di chi scrive per la radio è quello di provare alle masse che un deodorante può farvi felici, che un paio di sciacqui garantiscono il successo e che un lassativo favorisce l'amore.

(Kirk Douglas, *Lettera a tre mogli*).

IL TEMPO

3523. -A che cosa stai pensando, ragazzo?

-Stavo solo calcolando quante ore ci sono in sei anni: 52.560, se ti interessa.

(Dialogo fra i prigionieri Otto Hoffman e Phillips Holmes, *Codice penale*).

3524. -Ah, com'è bello perdere tempo!

(Marcello Mastroianni, *Maccheroni*).

3525. -Gli anni sono come una gomma che tutto cancella, leggera, invi-

sibile, e piano piano passa sugli occhi, sul naso, sulla bocca, e rende tutto sfumato, incerto, confuso.
(Catherine Deneuve, *Anima persa*).
3526. -Avere tanto tempo per porsi domande non è un bene.
(Brad Pitt, costretto in tenda dal maltempo mentre sta scalando una montagna, *Sette anni in Tibet*).
3527. -A volte penso che questo sia il nostro vero errore: credere di avere tutto il tempo che vogliamo. Che il tempo in realtà non esista...
(Debra Winger, *Il tè nel deserto*).
3528. -Bene... In fondo sapevo che sarebbe andata così. Il tempo è un grande autore: trova sempre il perfetto finale.
(Il vecchio clown Charlie Chaplin al giovane musicista Sydney Chaplin, che lo ha sostituito nel cuore della ballerina Claire Bloom, *Luci della ribalta*).
3529. -C'è un tempo e un luogo giusto perché qualsiasi cosa abbia principio e fine.
(Anne Lambert, *Picnic ad Hanging Rock*).
3530. -C'è un tempo per combattere e un tempo per cantare. Ora insegnaci a cantare.
(Kirk Douglas-Spartaco a Tony Curtis, *Spartacus*).
3531. -Che hai fatto in tutti questi anni, Noodles?
-Sono andato a letto presto.
(Larry Rapp e Robert De Niro, *C'era una volta in America*).
3532. -Dicono: il tempo è denaro. Ma si sbagliano di grosso: il tempo è l'assenza del denaro.
(Willem Dafoe, *Così lontano così vicino!*).
3533. -La gente da poco, i mediocri, ingoiano il tempo come i panini: cento anni di panini ben ripieni, e tutti si accontentano.
(Rex Harrison, *Masquerade*).
3534. -La gente ha così poco rispetto per il tempo, la gente da poco. Come per tutto il resto scelgono il più, non il meglio. Sperano di vivere cento lunghi miserabili anni e si sentono ingannati se ne vivono solo cinquanta dei migliori. La quantità sì, la qualità no. Venezia è piccola e preziosa, Los Angeles gigantesca e opprimente: eppure la preferiscono quasi tutti.
(Rex Harrison, *Masquerade*).
3535. -Non sciupiamolo, il tempo. Ogni istante che passa è uno di meno.
(Betty Field, *Il carnevale della vita*).
3536. -No, perché sai, non è che io abbia tutto questo tempo alla fine: il lunedì vado a meditazione, il martedì ho lezione di russo, il mercoledì vado al workshop di autostima femminile, il giovedì e il venerdì faccio biodanza, il week-end crollo. In tutto questo, mettici dentro anche il lavoro... Lo sai dove dormo? Nelle hall degli aeroporti.
(La pubblicitaria Silvia Cohen si sfoga con il cane Scott, *Consigli per gli acquisti*).
3537. -Ogni cosa ha la sua stagione, e ogni evento sotto il cielo ha il suo tempo. C'è un tempo per nascere, un tempo per morire, un tempo per uccidere, un tempo per guarire, un tempo per piangere, un tempo per ridere, un tempo per cercare, un tempo per tacere, un tempo per parlare, un tempo per amare.
(Nastassja Kinski cita la Bibbia, *Così lontano così vicino!*).

3538. -Pare che il tempo si fermi quando si aspetta che gli altri si addormentino.
(Joan Bennett, *Dietro la porta chiusa*).
3539. -Per gli ambigui, il tempo è ambiguo. Per l'eroe il tempo è eroico. Per la puttana il tempo è solo un altro giochetto. Se sei gentile, il tuo tempo è gentile. Se vai di fretta, il tempo vola via. Il tempo è un servo, se tu sei il suo padrone. Il tempo è il tuo dio, se tu sei il suo cane. Noi siamo i creatori del tempo, le vittime del tempo e gli assassini del tempo. Il tempo è senza tempo: sei tu l'orologio, Cassiel.
(Willem Dafoe a Otto Sander, *Così lontano così vicino!*).
3540. -Quanto dura il tempo?
-L'eternità e un giorno.
(Bruno Ganz e Isabelle Renauld, *L'eternità e un giorno*).
3541. -Sa che giorno è oggi?
-Che giorno è?
-Oggi è domani! Ieri è passato.
(Bill Murray commenta con Andie MacDowell la fine dell'incantesimo che lo aveva costretto a svegliarsi sempre nello stesso giorno e alla stessa ora, *Ricomincio da capo*).
3542. -Il tempo ci corre dietro, che vuoi fare?
-Correre di più.
(Bob Hoskins e Cher, *Sirene*).
3543. -Il tempo guarirà tutto... Ma che succede, se il tempo stesso è una malattia?
(Solveig Dommartin, *Il cielo sopra Berlino*).
3544. -Il tempo non è mai ragionevole, Cesare, il tempo è nostro nemico.
-Vuoi che lo conquisti per te? Che piano di battaglia suggerisci?
(Cleopatra-Elizabeth Taylor e Giulio Cesare-Rex Harrison, *Cleopatra*).
3545. -Il tempo stringe e col restringimento sono dolori.
(Totò, *La banda degli onesti*).
3546. -Vedrai come il tempo muta, oltre al viso, la struttura stessa del nostro essere.
(Marcello Mastroianni a Sandrine Bonnaire, *Verso sera*).

L'ATTIMO FUGGENTE

3547. -"Cogli l'attimo, cogli la rosa quand'è il momento." Perché il poeta usa questi versi... Perché siamo cibo per i vermi, ragazzi. Perché, strano a dirsi, ognuno di noi in questa stanza un giorno smetterà di respirare, diventerà freddo e morirà. Adesso avvicinatevi tutti, e guardate questi visi del passato: li avete visti mille volte, ma non credo che li abbiate mai guardati. Non sono molto diversi da voi, vero? Stesso taglio dei capelli... Pieni di ormoni come voi... e invincibili, come vi sentite voi... Il mondo è la loro ostrica, pensano di essere destinati a grandi cose come molti di voi. I loro occhi sono pieni di speranza: proprio come i vostri. Avranno atteso finché non è stato troppo tardi per realizzare almeno un briciolo del loro potenziale? Perché vedete, questi ragazzi ora sono concime per i fiori. Ma se ascoltate con attenzione li sentirete bisbigliare il loro monito.

Coraggio, accostatevi! Ascoltate! Sentite? "Carpe", "Carpe diem", cogliete l'attimo, ragazzi, rendete straordinaria la vostra vita!
(Il professore Robin Williams tiene lezione, *L'attimo fuggente*).
3548. -In questo momento sono felicissima.
-In questo momento.
-È tutto ciò che possiamo avere, questo momento...
(Sophia Loren e Marlon Brando, *La contessa di Hong Kong*).
3549. -Mi piace svegliarmi la mattina e non sapere cosa mi capiterà o chi incontrerò, dove mi ritroverò. Proprio l'altra notte ho dormito sotto un ponte e ora mi trovo qui, sulla più imponente nave del mondo a bere champagne insieme a delle persone raffinate come voi... Secondo me la vita è un dono, non ho intenzione di sprecarla: non sai mai quali carte ti capiteranno ancora alla prossima mano. Impari ad accettare la vita come viene... così ogni singolo giorno ha il suo valore.
(L'artista squattrinato Leonardo DiCaprio, ospite del miliardario Billy Zane, *Titanic*).
3550. -Non siamo fatti per durare.
(Val Kilmer-Jim Morrison, *The Doors*).
3551. -Quand'è che questo accade nel film?
-Adesso. Sta guardandolo adesso, signore. Tutto ciò che avviene adesso sta avvenendo adesso.
-Che è successo al prima?
-È passato.
-Quando?
-Adesso. Siamo all'adesso, adesso.
-Torniamo al prima.
-Quando?
-Adesso.
-Adesso?
-Adesso.
-Non posso.
-Perché?
-L'abbiamo superato.
-Quando?
-Proprio adesso.
-Quando il prima sarà adesso?
-Presto.
(Rick Moranis e George Wyner alle prese con il "film istantaneo", che viene proiettato nello stesso momento in cui accadono i fatti, *Balle spaziali*).

L'ATTESA

3552. -A che ora arrivano gli ospiti?
-Oh be', nessuno arriva mai per primo, arrivano tutti ultimi.
(Arthur O'Connell e Edward Everett Horton, *Angeli con la pistola*).
3553. -Ah, Sabrina, Sabrina... Dove siete stata tutta la mia vita?
(William Holden ad Audrey Hepburn, *Sabrina*).
3554. -Aspetta da molto?

-Non importa quanto si aspetta, ma chi si aspetta.
(Marilyn Monroe e Tony Curtis, *A qualcuno piace caldo*).
3555. -È tanto che aspetti, tesoro?
-Solo tutta la vita.
(Susan Sarandon e Jack Lemmon, *Prima pagina*).
3556. -Fate male, Anton, ad essere così impaziente. Se una donna dà appuntamento per le cinque non bisogna aspettarla prima delle sei: a una donna che arrivasse puntuale non varebbe la pena dare appuntamenti.
(Laura Hope Crews a Melvyn Douglas, *Angelo*).
3557. -Hai aspettato molto?
-Tutta la vita.
(Elizabeth McGovern e l'antico amore Robert De Niro, *C'era una volta in America*).
3558. -Io aspetto, sono in aspettativa.
(Totò, *Il ratto delle Sabine*).
3559. -Nella vita la sola cosa che un marito è sicuro di fare è di aspettare la moglie... Qualche volta sei ricompensato. Shane, scegli una moglie che valga la pena di aspettare.
(Van Heflin ad Alan Ladd, *Il cavaliere della valle solitaria*).
3560. -Non le dispiace aspettare, vero?
-E perché deve dispiacermi? La notte è giovane, le orchidee sono profumate e il tassametro gira... (Susan Sarandon e il taxista Joshua Shelley, *Prima pagina*).
3561. -Poi vai dalla tua amica?
-Sì.
-E ti aspetta qualunque ora tu faccia?
-È abituata: ci siamo aspettati per tutta la vita.
(Diana Hyland al marito James Fox, che va a trovare l'amante Jane Fonda, *La caccia*).
3562. -Promettete di attendermi?
-Con cuore fedele.
-La vita può essere bella.
(William Holden e Nancy Olson, *Viale del tramonto*).

IL PRESENTE

3563. -A me interessa il presente, stanotte, soltanto il presente.
(Ava Gardner, *Pandora)*.
3564. -Il futuro è sconosciuto, il passato è malinconico: non resta che il presente.
(Gérard Philipe, *La ronde-Il piacere e l'amore*).

IL PASSATO

3565. -Ciò che siamo è ciò che eravamo.
(Anthony Hopkins-John Quincy Adams, nell'arringa finale in difesa di

53 schiavi africani, ricorda i valori fondativi della democrazia americana, che riconoscono la libertà a chi è nato libero, *Amistad*).

3566. -Deciditi: il passato o il futuro. Scegline uno e restaci attaccato.
(Paul Newman al figlio Kevin Costner, *Le parole che non ti ho detto*).

3567. -Dimmi, James: li ricordi, tu, i bei giorni andati?
-Ogni anno che passa, sempre di più.
(John Hurt e Kris Kristofferson, *I cancelli del cielo*).

3568. -Io adoro il passato: è più riposante del presente e più sicuro dell'avvenire.
(Anton Walbrook, *La ronde-Il piacere e l'amore*).

3569. -Lei è molto diverso da ieri.
-Ieri era un altro giorno.
(Joan Crawford e John Barrymore, *Grand Hotel*).

3570. -Mamma diceva sempre: devi gettare il passato dietro di te prima di andare avanti.
(Tom Hanks, *Forrest Gump*).

3571. -Non capisco. Ieri notte avevi detto di amarmi.
-Ho detto così? Comunque, era ieri notte.
(Ramon Novarro e Greta Garbo, *Mata Hari*).

3572. -Perché perdere tempo a parlare del passato quando il presente è così incantevole da assicurarci un delizioso futuro?
(Il dongiovanni Don Ameche alla ballerina Helen Reynolds, *Il cielo può attendere*).

3573. -Se qualcun altro dice "come ai bei tempi andati", mi butto dalla finestra...
(Il vecchio attore Buster Keaton, festeggiato per il suo ritorno in scena, *Luci della ribalta*).

3574. -Tutto il mondo ha un passato.
(Jennifer Lopez, *U-turn-Inversione di marcia*).

IL FUTURO

3575. -Avanti, dimmi il tuo futuro.
-Non ne hai più... Il tuo futuro non esiste più.
(Orson Welles e la cartomante Marlene Dietrich, *L'infernale Quinlan*).

3576. -L'avvenire si è fatto presente, e non è quello immaginato.
(Enrico Maria Salerno, *Le stagioni del nostro amore*).

3577. -C'hanno chiuso le porte del sogno, del mistero: tutto computerizzato. L'Oscar: ci dicono prima chi vince... Demoskopea, Doxa, quiz, Istat! Oggi l'angelo a fa' l'annunciazione rimane fregato:
-Buongiorno, Maria, lei...
-Lo so, aspetto un bambino, maschio, 25 dicembre: ho fatto l'ecografia...
(Roberto Benigni, *Tuttobenigni*).

3578. -Che c'è che non va?
-L'avvenire.
(Barbra Streisand e Ryan O'Neal, *Ma papà ti manda sola?*).

3579. -Forse tornerò a vederla domani.

-E quand'è?
-Il giorno dopo oggi.
-E cioè ieri... Oggi è domani.
-Lo era.
-E ieri, quand'era domani, signor Marlowe?
-Oggi.
-Oh, già: era ieri.
(John Forsythe e il bambino Jerry Mathers, *La congiura degli innocenti*).

3580. -Il futuro è adesso.
(Charles Durning a Tim Robbins, *Mister Hula Hoop*).

3581. -Il futuro è già passato, e non ce ne siamo nemmeno accorti.
(Vittorio Gassman, *C'eravamo tanto amati*).

3582. -Ma no? Lei è uno dei tanti che si preoccupano del futuro? Io me lo organizzo, il futuro. Però mi basta il presente: c'è già tanto da fare... E poi il futuro, si ricordi, è probabile che non cominci mai.
(Vincenzo Corbella a Marcello Mastroianni, *La notte*).

3583. -Oh, l'avvenire... L'hanno creato solo per rovinarti il presente.
(Brigitte Bardot a Christian Marquand, *Piace a troppi*).

3584. -Questo posto è cambiato. O forse siamo noi ad essere cambiati. Ricordi quando avevamo diciott'anni? Allora eravamo sicuri che il nostro futuro sarebbe stato grande: ne eravamo certi. Ma oggi io non credo più nei giorni che verranno.
(Sam Robards a Kevin Costner, *Fandango*).

3585. -Tara... A casa... A casa mia! E troverò un modo per riconquistarlo. Dopotutto, domani è un altro giorno.
(Vivien Leigh, finale di *Via col vento*).

3586. -Un uomo solo non può sfidare il futuro.
(Armin Muller-Stahl a David Duchovny, *X-Files-Il film*).

LA NOSTALGIA

3587. -Io, che ho nostalgia anche di un minuto fa...
(Silvana Mangano, *Io, io, io... e gli altri*).

3588. -Mi fai venire la nostalgia dei peggiori anni della nostra vita.
(Frank Lovejoy a Humphrey Bogart, *Il diritto di uccidere*).

ANNI SESSANTA

3589. -Sa, le cose sono cambiate dal '67...
-Senza dubbio, amore, ma finché le persone continueranno a fare promiscuamente sesso con molti partner anonimi senza protezione, mentre allo stesso tempo sperimentano droghe che espandono la mente in un ambiente del tutto privo di conseguenze, sarò come un pesce nell'acqua.
(Elizabeth Hurley e Mike Myers, figlio dei Sixties rimasto ibernato per trent'anni, *Austin Powers*).

3590. -Il Sessantotto è stato l'anno di prova della distruzione del mondo. Ma prima, prima c'è stata quest'epoca felice, incontaminata e pura in cui l'armonia...

-... Claudia Cardinale...

-... la bellezza...

-... la Dino Ferrari...

-... l'intelligenza collettiva...

-... la Juventus di Omar Sivori...

-... l'uomo nella sua sintesi più alta...

-... James Bond...

-... raggiunsero l'acme, il vertice irripetibile della cultura occidentale.

(Il preside Dario Cantarelli e il segretario Mario Monaci Toschi introducono un seminario sugli anni Sessanta alla scuola Marilyn Monroe, *Bianca*).

LA TOLLERANZA

3591. -Qui si tollerano troppe cose: questa è una Casbah di tolleranza e, coi tempi che corrono, c'è pericolo che la chiudano.

(Totò, *Totò le Mokò*).

LA PAZIENZA

3592. -Ogni limite ha la sua pazienza.

(Totò, *Totò a colori*).

3593. -Se hai qualcosa sul gozzo oltre al pomo d'Adamo, è meglio che la sputi fuori.

(Walter Matthau a Jack Lemmon, *La strana coppia*).

3594. -Tutto quello che fai mi irrita. E quando non ci sei mi irrito pensando a quello che farai quando torni.

(Lo scapolo disordinato Walter Matthau al "convivente" pignolo e perfezionista Jack Lemmon, *La strana coppia*).

3595. -L'ultimo che mi ha detto "un po' di pazienza" è finito bruciato e ho messo le ceneri in una busta.

(Il serial killer John Malkovich a un complice, *Con Air*).

IL PREGIUDIZIO

3596. -Ma non ho il diritto di vivere anch'io? Che cosa ho fatto?

-Vedi, noi due siamo vittime di una malattia sociale che va sotto il nome di pregiudizio. Quelle signore della Lega della Moralità stanno spazzando via tutti i rifiuti della città. Coraggio, diventa anche tu un glorioso rottame come me.

(La prostituta Claire Trevor e il medico alcolizzato Thomas Mitchell, cacciati dalla città di Tonto dalle beghine, *Ombre rosse*).

IL RAZZISMO

3597. -Abbasso i metechi.
(Slogan della manifestazione dei fascisti dell'Action Français che chiude *Diario di una cameriera*).
3598. -Abbiamo evitato che due ebrei piccoli diventassero due ebrei grandi.
(Raymond Barry, razzista del Ku Klux Klan, giustifica un attentato in cui hanno perso la vita due bambini, *L'ultimo appello*).
3599. -Dovunque vedi un bolscevico, dietro c'è sempre un ebreo.
(Il sagrestano fascista Bernard Musson, *Diario di una cameriera*).
3600. -E lei, Michou, che cosa ne pensa?
-Oh be', penso che è molto più facile essere contro il razzismo quando si abita a Neuilly che quando si abita a Saint Denis, eh... Io per esempio sono di Saint Denis e be', sono razzista, e voi invece, voi vivete in questa casa e non siete razzisti per niente.
-Francamente, Michou, lei si considera un razzista?
-Ah sì, francamente sì, io con gli stranieri ci vivo insieme e non li posso soffrire. Non fanno niente, sono sporchi, ci fregano le macchine, gli danno pure le case prima che a noi, guadagnano più di noi con tutti i sussidi che hanno, eh... A scuola, i nostri figli non imparano niente perché il settanta per cento è di stranieri che non parlano una parola di francese. Ci rompono col loro chador e dovremmo pure pagare per costruirgli le moschee... Be', tutto ha un limite.
-Ma insomma, che ne è del diritto alla diversità, della tolleranza, dell'ideale della Francia terra d'asilo?
-Be', io non lo so che ne è, non ne so niente io...
-Ma è orrendo essere razzista, è terribile, è immorale!
-Ah be', sì, ma uno mica può cambiare.
-Allora lei vota Le Pen?
-Ah no, non posso votare, non ho fissa dimora. No, appunto, perché sono cinque anni che mio fratello ha chiesto un tre vani, ma siccome il figlio è morto non glielo danno e allora, perciò, mi trovo senza fissa dimora perché la moglie ha il cancro e dall'ospedale l'hanno rimandata a casa...
-Sì, va be', ma insomma, se lei votasse, voterebbe Le Pen?
-Ma tutti gli arabi che conosco a Saint Denis stanno in cinque-sei vani... Sa, hanno molti bambini: per forza, loro fanno...
-Quello che lei non capisce è che non sistemerà i suoi problemi personali, l'essere razzista.
-Ah be', sì, ma quello che capisco è che tre quarti del pianeta stanno nella merda, allora cercano di piazzarsi dove c'è meno merda, cioè qui da noi, e poi, una volta qui, bisogna che qualcuno si stringa per fargli posto e farli sopravvivere, è ovvio...
-Va be', appunto.
-Ah sì, ma finora chi si è stretto per fargli posto sono quelli di Saint Denis, mica quelli di Neuilly...
(Il deputato socialista Didier Flamand e il proletario Patrick Timsit, *La crisi!*).
3601. -Marx non era tedesco, era ebreo.

(Il nazista Orson Welles, *Lo straniero*).

3602. -"Nichilismo ebraizzato che ha a lungo disonorato la scena del Teatro Montmartre". Vedi, c'è il suo nome, Daxiat: e be', è come ricevere una lettera anonima.

-Hai ragione: Daxiat e i suoi amici hanno gli stessi moventi della gente che scrive lettere anonime. Prima della guerra non erano nessuno, e adesso dirigono il Paese. Ma per quanto tempo?

(Catherine Deneuve e il marito Heinz Bennent, regista ebreo che si è nascosto per evitare l'arresto, commentano la recensione del critico filonazista e antisemita Jean-Louis Richard, nella Parigi occupata dai tedeschi, *L'ultimo metrò*).

3603. -Per il Ku Klux Klan, Zelig, ebreo capace di trasformarsi in negro o in pellerossa, rappresenta una triplice minaccia.

(Voce fuori campo in *Zelig*).

3604. -Recentemente, in Germania... ho detto a un tale: "E se domani si uccidessero tutti gli ebrei e tutti i parrucchieri...". Mi ha risposto: "E perché i parrucchieri?"

(Georges Liron, *Una donna sposata*).

3605. -Sai, sono stato chiamato come tutti "macchia", "negro", "sacco di pece", "mezzanotte", "carbone": tutti i soprannomi più umilianti che si possano immaginare. E poi i bianchi mi vengono a dire che gli piace, che è una tinta molto forte, intensa...

(Il nero Wesley Snipes alla bianca Annabella Sciorra, *Jungle fever*).

L'UMANITÀ

3606. -Comunque, ragazzi, ricordatevi... che qualunque cosa vi succederà nella vita, per essere uomini occorrono le due cose che Kant fece incidere sulla sua tomba: "Il cielo stellato sopra di me e la legge morale dentro di me".

(Silvio Orlando ai suoi studenti, *Il portaborse*).

3607. -La cosa più importante, ciò che realmente caratterizza un uomo, è in qualche modo non umiliare nessuno: e non permettere che quelli che ti stanno intorno si sentano degradati.

(Il prigioniero politico Raul Julia al compagno di cella William Hurt, *Il bacio della donna ragno*).

3608. -Cos'è... Cos'è che fa di un uomo un uomo, signor Lebowski?

-Drugo... Ah... Non lo so, signore.

-Essere pronti a fare ciò che è più giusto, a qualunque costo: non è questo che fa di un uomo un uomo?

-Sì, quello e un paio di testicoli.

(David Huddleston e Jeff Bridges, *Il grande Lebowski*).

3609. -Dottore, le spiego. L'umanità io l'ho divisa in due categorie di persone: uomini e caporali. La categoria degli uomini è la maggioranza, quella dei caporali per fortuna è la minoranza. Gli uomini sono quegli esseri costretti a lavorare tutta la vita come bestie, senza vedere mai un raggio di sole, senza la minima soddisfazione, sempre nell'ombra grigia di un'esistenza grama. I caporali sono appunto coloro che sfruttano, che tiranneggiano, che maltrattano, che umiliano. Questi esseri invasati dalla loro bramosia di guadagno li troviamo sempre a galla, sempre al posto di comando, spesso senza avere l'autorità, l'abilità o l'intelligenza, ma con la sola bravura delle loro facce toste, della loro prepotenza, pronti a vessare il povero uomo qualunque. Dunque, dottore, ha capito? Caporali si nasce, non si diventa: a qualunque ceto essi appartengano, di qualunque nazione essi siano, ci faccia caso, hanno tutti la stessa faccia, le stesse espressioni, gli stessi modi, pensano tutti alla stessa maniera.

(Totò a Nerio Bernardi, *Siamo uomini o caporali?*).

3610. -Ho letto che ognuno di noi su questo pianeta è separato dagli altri solo da sei persone. Sei gradi di separazione tra noi e tutti gli altri su questo pianeta: il presidente degli Stati Uniti, un gondoliere veneziano, chiunque, insomma. Io lo trovo un pensiero confortante, che siamo così vicini, ma trovo anche che è un po' una tortura cinese essere così vicini ma dover trovare sei persone giuste per il collegamento.

(Stockard Channing, *6 gradi di separazione*).

3611. -Io divido l'umanità in cinque categorie: ci sono gli uomini veri, i mezzi uomini, gli ominicchi, poi... mi scusi... i ruffiani e, in ultimo, i quacquaracquà. Sono pochissini gli uomini, i mezzi uomini pochi, già molti di più gli ominicchi... Sono come i bambini, che si credono grandi. E infine, i quacquaracquà: il branco di oche.

(Il mafioso Lee J. Cobb e il capitano dei carabinieri Franco Nero, *Il giorno della civetta*).

3612. -Io non esco mai, perché gli uomini sono spaventosi.

(Moni Ovadia, *Caro diario*).

3613. -Non c'è un briciolo di sentimento, di gentilezza o di umanità in te.
-Sono cose che non danno altro che noie.

(Eva Marie Saint e Marlon Brando, *Fronte del porto*).

3614. -Non offendete l'uomo, ogni essere umano è degno di stima!

(Bokuzen Hidari, *Bassifondi*).

3615. -Perché gli dei si divertono a guardare gli uomini uccidersi come vermi, senza intervenire? Anche gli dei e Buddha sono impotenti davanti alla follia degli uomini, che cercano la sofferenza invece della gioia e continuano a ripetere sempre gli stessi errori...

(Masayuki Yui, *Ran*).

3616. -Le persone veramente serie non sono mai serie.

(Enzo Tarascio a Stefania Sandrelli, *Il conformista*).

3617. -Più conosco gli uomini e più amo le bestie.

(Totò, *Siamo uomini o caporali?*).

3618. -I polli e le faine: ecco l'umanità. E le faine si mangiano i polli. È naturale. E allora? Tu vuoi essere un pollo? Guardati tutto attorno: cosa sono? Degli schiavi. Ma io, io me ne infischio: io sono libero e vivo la vita. Oggi qua, domani là, ecco il mio motto. Io mi butto su ogni occasione: sono una faina.

(Cary Grant a Katharine Hepburn, *Il diavolo è femmina*).

3619. -La più spregevole delle tue creature, Signore, è l'uomo! Basta la sua presenza per allontanarmi da te... Auxilium meum a Domino...

(L'eremita Claudio Brook, *Simon del deserto*).

3620. -Sei altruista. Qualunque cosa accada a chiunque è come se accadesse a te. Tu appartieni veramente al genere umano: è un gran dono.
(Eli Wallach a Marilyn Monroe, *Gli spostati*).
3621. -La storia dell'umanità è un movimento costante dal regno della necessità al regno della libertà.
(Jean-Pierre Léaud, *La Cinese*).
3622. -Tu sei mio padre e io sono tuo figlio. Ti voglio bene, te ne ho sempre voluto e te ne vorrò sempre. Ma tu ti consideri ancora un uomo di colore, mentre io mi considero un uomo.
(Sidney Poitier a Roy E. Glenn, *Indovina chi viene a cena?*).

LA GENTE

3623. -Accidenti, com'è aumentata la media degli uomini medi! È il trionfo del medio: aumentata la media delle cilindrate, la media della svalutazione, la tariffa media delle squillo, la statura media, l'età media, il medio ceto, la scuola media, il Mediobanca, la media oraria, la media delle separazioni legali.
(Ugo Tognazzi, *La vita agra*).
3624. -A me invece piace vedere la gente, per esempio la gente che guarda le vetrine. Di sabato io faccio su e giù con le scale mobili dei grandi magazzini: quante persone che faticano per stare al passo coi tempi, per essere moderne. Segretarie, bancari, casalinghe: tutta gente normale, sempre presa in giro perché fa una vita non eccitante. I miei studenti poi mi dicono: "Io piuttosto che entrare in banca m'ammazzo". Ma cos'è quest'odio verso la gente che lavora, verso il cartellino? E poi parlano con disgusto di quelli che vanno al mare, a Ostia, a fare il bagno...
(Divagazioni dell'omicida Nanni Moretti davanti al commissario Roberto Vezzosi, *Bianca*).
3625. -La gente si ama.
-No, la gente non si ama: non ne ha il tempo.
(Michéle Morgan e Jean Gabin, *Il porto delle nebbie*).
3626. -La gente ti odia per la grandezza delle tue idee, ti odia per la tua onestà, ti odia perché capisce che non ti potrà mai corrompere o comandare: non ti lascerà vivere mai, finirà per distruggerti.
(Patricia Neal all'architetto intransigente Gary Cooper, *La fonte meravigliosa*).
3627. -Io non piaccio alla gente. Ma neanche la gente piace a me.
(Michel Blanc, *L'insolito caso di Mr. Hire*).
3628. -Ma lei non sa cosa è un uomo medio? È un mostro, un pericoloso delinquente, conformista, colonialista, razzista, schiavista, qualunquista!
(Orson Welles, *La ricotta/Ro.Go.Pa.G.*).
3629. -Perché tanti misteri? La gente è matura, l'accetterebbe.
-Una persona è matura: la gente è un animale ottuso, pauroso e pericoloso, lo sai anche tu.
(Will Smith e Tommy Lee Jones, agenti supersegreti, discutono sull'opportunità di rivelare la presenza di alieni a Manhattan, *Men in black*).

3630. -Quando ti aspetti il peggio dalla gente, di solito è proprio ciò che ottieni.

(Bob Hoskins a Cher, *Sirene*).

3631. -Se è questo che vogliono, se la gente ha deciso di votarmi contro... Be', chiaro che la gente preferisce Jim Gettys a me.

-Parli della gente come fosse una cosa che ti appartiene, di tua proprietà... A quanto mi ricordo tu hai sempre parlato di accordare alla gente i suoi diritti, come se si trattasse di un tuo dono personale, in compenso dei servizi ricevuti...

(L'editore Orson Welles, che si è buttato in politica ma viene sconfitto dall'avversario, e l'amico giornalista Joseph Cotten, *Quarto potere*).

3632. -Sissignori, siamo una grande famiglia noi: siamo i tipi qualunque, che sono destinati a fabbricare il mondo. Ci troverete dappertutto: nelle campagne, nelle miniere, nelle fabbriche, sugli aeroplani, pigiati negli autobus. E se un poliziotto grida: "Ehi, state indietro voi!", dice a noi...

(Gary Cooper, perfetto uomo comune costruito dai media, *Arriva John Doe*).

3633. -Tutta la vita io ho lottato per non essere un fallito. Non avevo il buon senso per capire che io non sono un fallito. Io sono l'uomo di maggior successo: sono un uomo comune, e tutti gli uomini comuni contano qualcosa. E noi lavoriamo tranquilli, non il principale dietro il tavolone: quello si rovina il fegato a pensare come fare effetto a noi, fare effetto a te, a me, a tutti i comuni mortali che siamo noi. Chi è che cercano di convincere con la pubblicità? Chi, se non noi? Chi è che dà l'approvazione ai programmi tv? Noi! Chi elegge i presidenti? Siamo sempre noi.

(Tony Randall, *La bionda esplosiva*).

L'UOMO

3634. -A me piace un uomo che corra più forte di me.

(Jane Russell, *Gli uomini preferiscono le bionde*).

3635. -Be'... Niente male, se ti piacciono gli uomini bruni, belli e appassionati, con l'aria da nababbi e troppi denti.

(George Peppard ad Audrey Hepburn, a proposito di José Luis de Villalonga, *Colazione da Tiffany*).

3636. -Ci sono tanti uomini in giro. Io so scegliere: mi guardo intorno molto attentamente, e quando ho trovato quello che penso mi possa rovinare l'esistenza, è lì che me l'accaparro.

(Jessica Lange a Dustin Hoffman, *Tootsie*).

3637. -Com'è fatto questo tizio? Ah no, adesso te lo descrivo io: un metro e novanta, piedi enormi, occhi piccoli e cattivi, e un naso come un peperone. Esatto?

(Jack Lemmon descrive Walter Matthau a Susan Sarandon, *Prima pagina*).

3638. -È più facile imparare la meccanica che la psicologia maschile: una moto puoi sempre arrivare a conoscerla a fondo, un uomo mai, mai e poi mai.

(Carmen Maura, *Donne sull'orlo di una crisi di nervi*).

3639. -Io sono facilissimo da riconoscere: sembro un grande letto sfatto con sopra una grande borsa della spesa.
(Sean Connery si descrive a Michelle Pfeiffer, *La Casa Russia*).
3640. -Non è importante quanti uomini ci sono nella tua vita, ma quanta vita c'è nei tuoi uomini.
(Mae West, *Non sono un angelo*).
3641. -Oh, il mio lo voglio con gli occhiali.
-Con gli occhiali?
-Gli uomini con gli occhiali sono molto più gentili, buoni e indifesi. Non ci hai fatto caso?
(Marilyn Monroe e Tony Curtis, *A qualcuno piace caldo*).
3642. -O sono sposati o checche. E se non sono checche hanno appena rotto con la donna più bella del mondo, o hanno appena rotto con una che era una puttana e che somigliava tutta a me. E in fase transitoria dopo una relazione monogama hanno bisogno di spazio, o sono stanchi di spazio ma non si vogliono impegnare, o vogliono l'impegno ma temono di avvicinarsi, o si avvicinano e tu non li vuoi tra i piedi.
(La single Mary Kay Place si sfoga con l'amica Glenn Close, *Il grande freddo*).
3643. -Rick è il tipo di uomo che, se io fossi donna, non potrei fare a meno di innamorarmene.
(Claude Rains a Ingrid Bergman, a proposito di Humphrey Bogart, *Casablanca*).
3644. -Se c'è una cosa che schifo sono gli uomini: quelle bestie pelose, piene di mani...
(Jack Lemmon travestito da donna, *A qualcuno piace caldo*).
3645. -Sono stato un uomo migliore con te come donna di quanto lo sia stato con le altre donne come uomo.
(Dustin Hoffman, smesso il travestimento femminile, a Jessica Lange, *Tootsie*).
3646. -Sono un uomo della foresta, un forestiero.
(Totò, *Tototarzan*).
3647. -Sono un uomo di mondo: ho fatto tre anni di militare a Cuneo.
(Totò, *Totò a colori*).
3648. -Strano: certi uomini li vedi per dieci anni di seguito e neanche te ne accorgi, altri li vedi una volta e gli vuoi bene per tutta la vita.
(Felicia Farr a Glenn Ford, *Quel treno per Yuma*).
3649. -Gli uomini che conosco – e ne ho conosciuti a dozzine, lo sai – sono così gentili, così raffinati, pieni di attenzioni. A molte piace, quel tipo: forse hanno paura del tipo diverso. Credevo di averne anch'io. Ma tu sei così forte... Tu non sai dare, tu prendi. Oh, Tom, potrei amarti da morirne!
(Jean Harlow al gangster James Cagney, *Nemico pubblico*).
3650. -Gli uomini, che vergogna! Che egoisti e presuntuosi, pieni di se stessi...
(Margit Carlqvist, *Sorrisi di una notte d'estate*).
3651. -Gli uomini fanno sempre così: non dicono niente perché in realtà non hanno niente da dire.
(Judith Reval, *Le strategie del cuore*).

3652. -Gli uomini si prendono per il cuore, ma si tengono per la gola.
(Micheline Cheirel a Charles Dorat, *La bella brigata*).
3653. -Gli uomini vogliono sempre un pretesto, anche per andare a letto.
(Yvonne Lombard a Gunnar Björnstrand, *Una lezione d'amore*).
3654. -L'uomo che tu conoscevi non esiste più. Non è rimasto niente di lui, niente.
(Il pistolero Victor Mature-Doc Holliday all'ex fidanzata Cathy Dawns, *Sfida infernale*).
3655. -Un uomo è fatto di tutti gli uomini, li vale tutti e tutti valgono lui.
(Giulio Brogi, *La strategia del ragno*).

LA DONNA

3656. -Agli occhi del mondo una donna non può mai essere una fallita, il peggio che può essere è una casalinga.
-Io sono una casalinga, il peggio che una donna possa essere.
(Ryan O' Neal e Cher, *Infedeli per sempre*).
3657. -Al mondo ci stanno tante donne, ma non tutte ci stanno.
(Totò, *Totò, Eva e il pennello proibito*).
3658. -A voi non piacciono le donne, vero?
-Oh, al contrario: amo le donne, ma non le stino.
-Perché?
-Sono solo di carne, realistiche, dominate dai fatti fisici.
(Marilyn Nash e Charlie Chaplin, *Monsieur Verdoux*).
3659. -Che rottura essere femmine, eh?
(Sean Penn a Robin Wright, reduce da una visita ginecologica, *She's so lovely-Così carina*).
3660. -Chi ha scritto: "La donna è naturale, dunque abominevole"?
-Baudelaire, ma parlava di donne di un particolare ambiente.
-Niente affatto, parlava delle donne in generale.
(Oscar Werner ed Henri Serre, *Jules e Jim*).
3661. -Chi era la ragazza, Harry?
-Quale ragazza?
-Quella che ti ha lasciato questa bella opinione delle donne...Chissà che brava signorina...
(Lauren Bacall e Humphrey Bogart, *Acque del Sud*).
3662. -Come in certe specie animali, le femmine praticano l'ibernazione. Per quattro mesi spariscono, non si vedono più. Ai primi raggi del sole di marzo, come si fossero passate parola o avessero ricevuto un ordine di mobilitazione, spuntano a decine per le strade, in abiti leggeri e tacchi alti. Allora ricomincia la vita.
(Charles Denner, *L'uomo che amava le donne*).
3663. -Con le donne che certezze si hanno? Mentono senza sapere, senza volere, senza capire. Eppure hanno una loro sincerità di sentimenti, di reazioni.
(Jean Servais, *Il piacere*).

3664. -Con le ragazze e coi cavalli bisogna sempre lasciar fare alla natura.
(Fred Astaire, *Cappello a cilindro*).
3665. -Con me le donne sorridono come la Gioconda.
(Al Pacino, *L'avvocato del diavolo*).
3666. -Il cuore di una donna è un profondo oceano di segreti.
(Gloria Stuart, *Titanic*).
3667. -Dimmi, come fa una donna come te a diventare come te?
(Cary Grant a Eva Marie Saint, *Intrigo internazionale*).
3668. -La donna è mobile e io mi sento un mobiliere.
(Totò, *Signori si nasce*).
3669. -La donna non vuole assolutamente sentirsi moglie: vuole sentirsi donna.
(Eva Dahlbeck, *Una lezione d'amore*).
3670. -La donna nordica è passionale, imprevedibile e indipendente. È donna leale e romantica, ma spietata quando ha deciso di donarsi.
-Di sovente ha i piedi molto gelati...
-Confondere i suoi atteggiamenti a volte impudichi con la sensualità è un errore catastrofico.
-È un essere inesperto ma pieno di curiosità. D'estate è facilmente accessibile, d'inverno indossa troppi abiti.
-Assai di rado è una donna consapevole della sua femminilità, e quindi è una preda facile.
-Le sue concezioni morali sono assai duttili e personali, perciò è difficile che resista a lungo.
(Istruzioni di Gunnar Sjöberg e Georg Funkquist, consiglieri di Satana, a Jarl Kulle-Don Giovanni, inviato sulla terra per sedurre la vergine Bibi Andersson, *L'occhio del diavolo*).
3671. -Le donne amano le mezze misure: a me questo mi deprime.
(Jean-Paul Belmondo, *Fino all'ultimo respiro*).
3672. -Le donne d'oggi son così: fanno i maschi e vogliono essere trattate da donne.
(Oscar Levant, *Un americano a Parigi*).
3673. -Le donne dovrebbero restare ignoranti come Dio le ha fatte.
(Roscoe Karns, *La donna del giorno*).
3674. -Le donne non vogliono mai fare dopo otto secondi quello che sono dispostissime a fare dopo otto giorni.
(Jean-Paul Belmondo, *Fino all'ultimo respiro*).
3675. -Le donne sono creature semplici: io non ne ho mai incontrata una che non capisse il significato di una bella sberla sul grugno, o di una pallottola calibro 45.
(Jerry Lacy-Humphrey Bogart espone la filosofia del "duro", *Provaci ancora Sam*).
3676. -Le donne sono delle maghe?
(Domanda ricorrente di Jean-Pierre Léaud, *Effetto notte*).
3677. -No, le donne non sono maghe. Però hanno molta immaginazione: quando una donna ti dice "Ho conosciuto degli esseri straordinari", vuol dire semplicemente "Sono stata a letto con un sacco di uomini".

(Jean-François Stevenin risponde alla domanda di Jean-Pierre Léaud, *Effetto notte*).

3678. -Le donne sono tutte uguali: ti ficcano la mano in bocca, ti prendono il cuore, te lo strappano, lo gettano a terra e lo calpestano con i tacchi a spillo.

(Steve Martin, *Il mistero del cadavere scomparso*).

3679. -Due cose non conoscono limiti: la femminilità e i modi di abusarne.

(Jeanne Moreau, *Nikita*).

3680. -Eh, le donne: non puoi vivere né con loro né senza di loro.

(Stephen Furst, *Animal house*).

3681. -È matta. Sono tutte matte. Cerchi di non crederci perché ne hai bisogno... Sono matte. Tu lotti, lavori, ti ammazzi, fai le cose più incredibili per loro, ma non è mai abbastanza: ti piantano gli speroni nella carne. Io lo so: ho ancora i segni.

(Eli Wallach, *Gli spostati*).

3682. -Era una donna meravigliosa, con gli occhi verdi, i capelli rossi, l'abito azzurro e le scarpe gialle. Volete sapere come è andata a finire? In bianco.

(Totò, *Totò, Eva e il pennello proibito*).

3683. -È una donna molto dura, lei!

-Oh, so essere tenera al momento giusto...

(Rosalind Russell e Joan Crawford, *Donne*).

3684. -È una pistola carica: spero che lei sappia maneggiarla!

(Kathy Bates a Billy Zane, a proposito della sua fidanzata Kate Winslet, *Titanic*).

3685. -Ha qualcosa sulla coscienza, come tutte le donne.

(Raymond Massey a Edward G. Robinson a proposito di Joan Bennett, *La donna del ritratto*).

3686. -In effetti è una qualunque. Ma te lo fa dimenticare.

(Gérard Depardieu a proposito di Josiane Balasko, *Troppo bella per te*).

3687. -In Oriente non è che le donne sono calde calde, e non sono nemmeno fredde fredde. Sono a bagnomaria.

(Totò, *Un turco napoletano*).

3688. -Io sono una donna. Non diciamo quello che vogliamo, ma ci riserviamo il diritto di romperci le palle se non lo otteniamo. È questo che ci rende così affascinanti... e un tantino pericolose.

(Jeanne Tripplehorn, *Sliding doors*).

3689. -Io trovo che ci sono tre generi di donne. Quelle che hanno un'espressione... quelle che hanno due espressioni... quelle che hanno tre espressioni.

(Sady Rebbot ad Anna Karina, *Questa è la mia vita*).

3690. -Io voglio una donna eccezionale, veramente eccezionale.

-Be', senti, Madame Curie è morta: chi c'è rimasto?

(Woody Allen e Diane Keaton, *Provaci ancora Sam*).

3691. -Mai vista una donna più uomo di lei.

(Robert Osterloh a proposito di Joan Crawford, *Johnny Guitar*).

3692. -Mio padre diceva sempre, prima di lasciare questo mondo di merda: la donna giusta ti costruisce, quella sbagliata ti distrugge.

(Don Johnson, *Harley Davidson & Marlboro Man*).
3693. -Mio padre diceva sempre, prima di lasciare questo mondo di merda: mai correre dietro agli autobus e alle donne, ti lasciano sempre a piedi.
(Don Johnson, *Harley Davidson & Marlboro Man*).
3694. -Mi piace molto la volgarità, nelle donne, perché le rende vive.
(Charles Denner, *La sposa in nero*).
3695. -Non bisogna mai cambiare le donne in tavola.
(Totò, *Totò, Peppino e i fuorilegge*).
3696. -Non è una donna, è una tempesta.
(David Horne a proposito di Sybil Thorndike, *Il principe e la ballerina*).
3697. -Non sei affatto cambiata in tanti anni: sei una donna divinamente ridicola.
(Joseph Cotten a Dolores Costello, *L'orgoglio degli Amberson*).
3698. -Non sempre una donna è padrona di se stessa.
(Marlene Dietrich, *L'ammaliatrice*).
3699. -Passano anni prima che una donna sia perfetta. E quando lo diventa, vola via.
(Didier Ferney, *Toto le héros-Un eroe di fine millennio*).
3700. -Per una donna la cosa più importante è l'accettazione del suo stato di inferiorità rispetto all'uomo. Inferiore nelle capacità mentali come lo è in quelle fisiche, una donna sensibile percepisce la sua dipendenza, è consapevole della propria inferiorità e quindi grata del sostegno che le viene offerto dall'uomo.
(Nell'Inghilterra vittoriana, l'istitutrice Eily Malyon legge a Katharine Hepburn un manuale a uso delle signorine di buona società, *Una donna si ribella*).
3701. -Le pollastre come te rendono un pessimo servizio alle donne.
(George Clooney-Batman a Uma Thurman-Poison Ivy, *Batman & Robin*).
3702. -Prima pensavo che succedessero cose straordinarie sotto le gonne delle donne.
(Gérard Depardieu, *La signora della porta accanto*).
3703. -Qualsiasi donna, al momento giusto, al posto giusto, con le circostanze giuste, farebbe qualunque cosa.
(Robert De Niro, *Toro scatenato*).
3704. -Quando sono in forma indovino le misure di una donna con al massimo due centimetri di scarto.
(Charles Denner, *La sposa in nero*).
3705. -La rovina delle ragazze non sono le proposte degli uomini ma i consigli delle donne. Ne conosco certe che hanno il rosario fra le mani e il demonio sotto le sottane.
(Maria Asquerino, *Quell'oscuro oggetto del desiderio*).
3706. -Secondo alcuni, la donna si conquista con uno scudiscio in mano e una rosa nell'altra. Ma io, con le mani impicciate, come faccio?
(Totò, *L'imperatore di Capri*).
3707. -Sei come mille donne insieme.
(Eiji Okada a Emmanuelle Riva, *Hiroshima, mon amour*).
3708. -Sei la sola donna che non ha sempre qualcosa da dire. È la prima cosa che mi ha colpito, fin da quando eri bambina.

(James Fox all'amante Jane Fonda, *La caccia*).

3709. -Si è infelici con le donne e si è infelici senza. E quindi la cosa migliore sarebbe di ucciderle appena incomincia l'infelicità.

(Gunnar Björnstrand, *Il settimo sigillo*).

3710. -Sono una donna: se un uomo mi prende per il verso giusto, anche se non è proprio il mio tipo, ci sto.

(Zouzou, *L'amore il pomeriggio*).

3711. -Le statistiche dicono che le donne sono più numerose di qualsiasi altra cosa, tranne che degli insetti.

(Glenn Ford, *Gilda*).

3712. -Tutte le donne sono puttane: per questo le amo.

(John Lone, *The Moderns*).

IL FEMMINISMO

3713. -Avete parlato come se ognuno fosse il mio padrone. Be', nessuno è il mio padrone, chiaro? Io sono roba mia, farò sempre quello che voglio, e non c'è uomo al mondo, può essere chi vuole, che può darmi un ordine. Chiaro?

(Greta Garbo al padre George F. Marion e al pretendente Charles Bickford, *Anna Christie*).

3714. -Il mascalzone è sempre lo stesso: noi donne siamo solo dei pretesti per permettergli di raccontare ancora una volta il suo bestiario, il suo circo, il suo avanspettacolo nevrotico. E noi lì a far da pagliacce, da bajadere, da marziane, a far spettacolo per lui con la nostra passione, la nostra sofferenza. Questo lugubre, cupo, stremato califfo, sappia una volta per tutte che noi non siamo marziane: vogliamo abitare la terra, questa terra, ma non più per far da concime come avviene da quattromila anni. Non ci conosce, e non può conoscerci, ma questo sarà il suo errore mortale: perché rinchiuse nel buio del suo harem, o isolate nei nostri ghetti miserabili o lussureggianti, abbiamo avuto il tempo di spiarlo, di osservarlo, il nostro carceriere, il nostro padrone. Oh sì, ti abbiamo individuato, sappiamo tutto di te: tu sei il pagliaccio, il marziano.

(Bernice Stegers parla dell'uomo, *La città delle donne*).

3715. -"Non puoi arrestarci, o maschio:/ Son finiti i tempi tuoi./ È un solo grido unanime:/ Femmine, a noi".

(La suffragetta Glynis Johns, *Mary Poppins*).

3716. -Per anni la donna è stata maltrattata o considerata come una bambola. A nome di noi tutte, io chiedo giustizia per la donna.

(Arringa dell'avvocato Katharine Hepburn, *La costola di Adamo*).

3717. -Vi confesserò un segreto, mister Lee: anche se sono una donna, ho un cervello, e ho intenzione di usarlo.

(Katharine Hepburn ed Herbert Marshall, *Una donna si ribella*).

3718. -Volete fare tutto da sola...

-Non credete che questa storia della dipendenza delle donne sia stata creata dagli uomini soltanto per autoproteggersi?

(Herbert Marshall e Katharine Hepburn, *Una donna si ribella*).

L'UOMO E LA DONNA

3719. -Un bel calcio quando sei già a terra: nessun uomo al mondo ti dà di più.
(Greta Garbo, *Anna Christie*).
3720. -Buffo, tutti gli uomini che incontro vogliono proteggermi. Non riesco a capire da che cosa.
(Mae West, *La mia bella pollastrella*).
3721. -Che cosa le hanno fatto per avere tanta sfiducia nelle donne?
(Jean Arthur a Cary Grant, *Gli avventurieri dell'aria*).
3722. -Com'è finita con quel colonnello di cui parlavi nella tua lettera, quello che somigliava ad una statua greca?
-Uhm... Parlava anche quanto una statua greca, non sapeva più di una dozzina di parole... Whisky e soda e poche altre.
(Phyllis Calvert e Ingrid Bergman, *Indiscreto*).
3723. -Come fa a descrivere le donne così bene?
-Penso a un uomo, e gli tolgo razionalità e affidabilità.
(La telefonista Julie Benz e lo scrittore Jack Nicholson, *Qualcosa è cambiato*).
3724. -Come si dice quando una persona è coinvolta continuamente in incidenti d'auto?
-Un pessimo rischio assicurativo.
-Così sono io con gli uomini: ho avuto jella fin dall'inizio. La prima volta che mi hanno baciata è stato in un cimitero.
(Shirley MacLaine e l'impiegato delle assicurazioni Jack Lemmon, *L'appartamento*).
3725. -Come tutti gli uomini che hanno avuto successo con le donne, hai l'assurda presunzione di capirle. Non ti illudere, mio caro: non le conosci.
(Jean Simmons a Cary Grant, *L'erba del vicino è sempre più verde*).
3726. -Con ogni altra donna lascerei perdere. Ma con te mi sento dinamite!
-E io sono il tuo fiammifero.
(Fred Kohler e Mae West, *Goin' to town*).
3727. -Credimi, quando le donne cominciano a pisciare come noi, chiuso. Siamo finiti, Dave, estinti.
-Sì, ma com'è possibile, com'è...
-Mutazione genetica, semplice: si stanno tramutando in noi.
-Qualche anno ancora e gli uomini non esisteranno più, tranne che in qualche zoo o parco nazionale. Insomma, non serviamo più a niente, capisci? Siamo antichi, dinosauri: roba da sfascio.
(Robert Carlyle, Mark Addy e un altro disoccupato come loro discutono, all'ufficio di collocamento, di uno spettacolo di spogliarello maschile preso d'assalto dalle donne, *Full Monty-Squattrinati organizzati*).
3728. -Credo che comincerò a stancarmi di avere uomini che vogliono parlarmi da uomo a uomo.
(Joan Crawford, *Il romanzo di Mildred*).
3729. -Dimmi un po', Sam, non hai mai avuto guai con le donne?
-Io no, da quando ammazzai la fidanzata.

(Gunnar Björnstrand e John Elfström, *Una lezione d'amore*).

3730. -Una donna che vive a lungo con un uomo finisce per essere simile a lui. Dicono che se lei lo ama e cerca di pensare e vedere come lui si identifica con lui, come anche lui si trasforma nella forma di lei. Due persone che hanno vissuto tutta la vita insieme finiscono per somigliarsi. Fare tante esperienze in comune non solo cambia i pensieri, ma anche i volti, che a lungo andare finiscono per avere la stessa espressione.

(Liv Ullmann, *L'ora del lupo*).

3731. -Una donna senza un uomo è come una roulotte senza automobile: non ci si può muovere.

(Kim Novak, *Baciami, stupido*).

3732. -Donne, non scappate davanti a me: che, mi avete preso per uno spaventapassere?

(Totò, *Totò d'Arabia*).

3733. -Le donne non sono mai medie: le donne sono o belle o brutte, le donne sono estreme. Gli uomini invece... Ci sono chilometri di uomini medi.

(Alessandra Martines, *Per caso o per azzardo*).

3734. -Le donne sono molto più pragmatiche di noi. Sanno che l'amore non esiste, che esistono solo le prove d'amore. Per questo annettono tanta importanza alle piccole attenzioni che gli uomini prodigano loro tanto di rado e di cui non approfittano abbastanza.

(Fabrice Luchini, *La timida*).

3735. -Dovreste ricordarvi di me...

-Non mi ricordo mai delle belle donne: costa troppo caro.

(Patricia Medina e Peter Van Eyck, *Rapporto confidenziale*).

3736. -Eh, dimmi una cosa, dolce Don: a te sembra giusto che un uomo, quando diventa vecchio, ha un'aria più distinta, mondana... e una donna invece quando diventa vecchia è soltanto vecchia?

(Dee Wallace a Brian Dennehy, *"10"*).

3737. -Ehi, sei piuttosto un bell'uomo.

-Ma non sono quello giusto...

(Claudia Cardinale e Jason Robards, *C'era una volta il West*).

3738. -È meglio che me ne vada prima che mi cresca il pene.

(Gwyneth Paltrow, licenziata da un'agenzia di pubbliche relazioni composta da soli uomini, *Sliding doors*).

3739. -È sempre colpa degli uomini se ti trovi nei guai, sempre colpa loro.

(Greta Garbo, *Anna Christie*).

3740. -Esercitiamo un totale potere sulle donne... È un'autentica tirannia che noi siamo stati capaci di far accettare loro solo perché esse sono più buone, più ragionevoli, più generose dell'uomo. Tali qualità, che avrebbero dovuto dar loro la superiorità su di noi, le hanno invece messe alla nostra mercè... Perché gli uomini sono di fatto cento volte più irragionevoli, più crudeli, violenti, più inclini per natura ad opprimere.

(Donald Sutherland-Casanova, *Il Casanova di Federico Fellini*).

3741. -È una cosa nota che ogni uomo ha la sua dignità. Noi donne possiamo mancare verso di loro, siano essi mariti od amanti o dei figli, però è un grave errore offenderli nella loro dignità. Così facendo saremmo stolte, e dovremmo subirne le conseguenze. Pertanto, ci torna conto farcene un'alleata, della dignità dei nostri uomini, e metterla a tacere con astute lusinghe, finché essa sia un giocattolo nelle nostre mani. Solo così avremo gli uomini in pugno o ai nostri piedi o dovunque a noi farà piacere o farà comodo di metterli.

(Eva Dahlbeck, *Sorrisi di una notte d'estate*).

3742. -Hai visto quella... come si muove? Sembra fatta di gelatina. Se io mi dimenassi così, mi perderei pezzi. È inutile, è un sesso del tutto diverso.

(Jack Lemmon non vuole più travestirsi da donna dopo aver visto Marilyn Monroe, *A qualcuno piace caldo*).

3743. -Ho conosciuto molti uomini, non posso negarlo.

(Lana Turner, *Gli amanti dei cinque mari*).

3744. -Io di solito non sbavo nell'insalata per una donna.

(Kenneth Branagh, *Celebrity*).

3745. -Io non credo che il primo essere creato sia stato l'uomo: è stata senz'altro la donna.

-La fece il sabato, vero?

-Di prima mattina, quando il Signore era del miglior umore. Fu la donna a essere creata con la terra bagnata e un soffio celestre nel nasino, non sei d'accordo?

-Mah... E il sabato sera quella si arrabbiò perché non sapeva con chi uscire.

-Eh sì, perciò Dio creò l'uomo, subito dopo pranzo, nel mezzo di uno sbadiglio. Usò lo stesso stampo di Eva, ma Adamo serviva solo per compagnia, e non ci perse tempo.

(Gunnar Björnstrand e John Elfström, *Una lezione d'amore*).

3746. -Io penso a quella vecchia barzelletta, sapete, quella dove uno va da uno psichiatra e dice: "Dottore, mio fratello è pazzo, crede di essere una gallina". E il dottore gli dice: "Perché non lo interna?". E quello risponde: "E poi a me le uova chi me le fa?". Be', credo che corrisponda molto a quello che penso dei rapporti uomo-donna, e cioè che sono assolutamente irrazionali e pazzi, e assurdi e... ma credo che continuino perché la maggior parte di noi ha bisogno di uova.

(Woody Allen, *Io e Annie*).

3747. -Lei ha conosciuto molti uomini, io ho conosciuto poche donne...

(Don Murray a Marilyn Monroe, *Fermata d'autobus*).

3748. -Lei ha conosciuto poche donne, io ho conosciuto molti uomini: si farà una media, così potremo formare una discreta coppia.

(Jeanne Moreau a Oscar Werner, *Jules e Jim*).

3749. -Lei non immagina quanto sia difficile essere una donna con l'aspetto che ho.

-Sì, be'... E lei non immagina quanto sia difficile essere un uomo che guarda una donna con l'aspetto che ha lei.

(Jessica Rabbit, cartone animato con l'aspetto di Rita Hayworth, e Bob Hoskins, *Chi ha incastrato Roger Rabbit*).

3750. -Ma gli uomini sono cretini!

-Ah... Mai sottovalutare la capacità che ha un uomo di sottovalutare una donna.

(La giovane cliente Angela Goethals e l'investigatrice Kathleen Turner, che hanno appena beffato il giornalista Jay O. Sanders, *Detective coi tacchi a spillo*).

3751. -Ma non farmi ridere, ti prego: tu non li conosci gli uomini!
-Ah, io non conosco gli uomini?
-Sì, e vuoi sapere perché? Perché sei stata con troppi!
(Jack Lemmon e Shirley MacLaine, *Irma la dolce*).

3752. -Naturalmente per voi è diverso: Charlie Chaplin ha fatto figli fino a settantatré anni...
-Ma non ce la faceva a tenerli in braccio.
(Meg Ryan e Billy Crystal discutono sulle prestazioni dei rispettivi sessi, *Harry, ti presento Sally...*).

3753. -Non c'è differenza fra i due sessi. Maschi? Femmine? Uguali!
-Uguali, eh?
-Be', magari esiste una differenza, ma è piccola.
-Be', lo sai cosa ne dicono i francesi?
-Cosa dicono?
-Vive la difference!
(Katharine Hepburn e Spencer Tracy, *La costola di Adamo*).

3754. -Non dovresti consigliarti con me quando si tratta di rapporti con le donne, io sono il vincitore del premio Sigmund Freud.
(Woody Allen all'amico Michael Murphy, *Manhattan*).

3755. -Non le piacciono le donne istruite?
-Oh, niente da dire. Ma vogliono sempre sapere a che penso.
-Forse cercano di conoscerla meglio.
-È mai riuscita a conoscere meglio un uomo facendogli domande?
(Marilyn Monroe e Clark Gable, *Gli spostati*).

3756. -Non me ne dovete volere, ma infine non sono affatto come volete voi. Bisogna comprendermi, sono semplice, tanto semplice: io sono così, amo piacere a chi mi piace, e quando ho voglia di dire sì non so dire di no.
(Arletty a Jean-Louis Barrault, *Amanti perduti*).

3757. -No, non ho nessun rimorso, non ho mai fatto parte della società degli uomini. Tutto quello che ho fatto è per le donne, perché mi è sempre piaciuto guardarle, toccarle, respirarle, godere di loro e farle godere. Le donne sono magiche, signor Lablache, e allora anch'io sono diventato un mago.
(Confessione del pluriomicida Philippe Laudenbach al detective Georges Koulouris, *Finalmente domenica!*).

3758. -Oh, non c'è stata mica solo quella: ho avuto più di una ragazza, io.
-Quante?
-In totale? Be', vediamo un po'...
-Tre?
-Be', proprio così tante no.
(Jack Lemmon e Shirley MacLaine, *Irma la dolce*).

3759. -Per la verità non conosco nessuna donna che capisca veramente gli uomini.
(Frederic Forrest, *Un sogno lungo un giorno*).

3760. -Quanti uomini hai dimenticato?

-Tanti per quante donne ricordi tu.
(Sterling Hayden e Joan Crawford, *Johnny Guitar*).
3761. -Quanti uomini hai rovinato?
-Oh, tu sarai l'ultimo.
(Fred MacMurray e Ava Gardner, *Singapore*).
3762. -Sa come fa una donna a eccitare un uomo?
-Come?
-Appare e basta.
(Harrison Ford e Anne Heche, soli in un'isola deserta, *6 giorni, 7 notti*).
3763. -Sa cosa le dico, signor Webster? Vorrei essere davvero un uomo, in questo momento.
-Insista, forse ci riesce.
(Battibecco telefonico tra Doris Day e Rock Hudson, *Amore, ritorna!*).
3764. -Se dovessi vedermi interessata a qualche uomo, mi fai il favore di spararmi?
(La divorziata Michelle Pfeiffer alla sorella Rachel York, *Un giorno, per caso*).
3765. -Stavo pensando che devo avere qualcosa di storto, perché non ho mai avuto una relazione con una donna che sia durata più di quella tra Hitler e Eva Braun.
(Woody Allen, *Manhattan*).
3766. -Tieni presente un fatto basilare: le donne pensano all'amore in una maniera più universale degli uomini.
(Brigitte Fossey a Charles Denner, *L'uomo che amava le donne*).
3767. -Tu non immagini quanta gioia mette in corpo a un uomo una donna come te... Anche solo vederla.
(Jason Robards a Claudia Cardinale, *C'era una volta il West*).
3768. -Tu sei una donna incredibile.
-Io una donna incredibile? Cos'è, una sentenza di morte?
(Jeff Bridges e Mercedes Ruehl, *La leggenda del Re Pescatore*).
3769. -Gli uomini come te mi hanno fatto diventare la donna che sono.
-E quelle come te mi hanno fatto giungere alla conclusione che tutte le donne sono come te.
(Michelle Pfeiffer e George Clooney, *Un giorno, per caso*).
3770. -Gli uomini devono essere tutti vecchi, le donne calde e lo champagne freddo.
(Zeppo Marx spiega i gusti dello scienziato Groucho Marx, *Animal crackers*).
3771. -Gli uomini sono deboli, vanitosi, idealisti, non accettano il dolore e non sanno sopportarlo fino in fondo. Le donne sanno essere concrete, se non cedono al sentimento. Non diventare mai sentimentale, Kay!
(Lewis Stone a dAngela Lansbury, *Lo Stato dell'Unione*).
3772. -L'uomo che si farà accalappiare da lei non avrà altro che guai.
(Il paleontologo Cary Grant all'ereditiera scapestrata Katharine Hepburn, *Susanna*).
3773. -Un uomo e una donna non possono capirsi. È impossibile: non parlano la stessa lingua.
-Forse non possono capirsi. Ma possono amarsi.

(Jean Gabin e Michèle Morgan, *Il porto delle nebbie*).

3774. -L'uomo ha il diritto di chiedere, la donna ha il dovere di rifiutare.

(Rocco D'Assunta a proposito di Stefania Sandrelli, che suo figlio Aldo Puglisi ha messo incinta, *Sedotta e abbandonata*).

3775. -Un uomo non vale per quello che è, ma per quello che potrebbe essere.

(Marcello Mastroianni, *Maccheroni*).

3776. -L'uomo può essere porco quanto gli pare e la gente lo chiama un esuberante, ma quanti epiteti sa trovare la gente quando una donna mostra di avere un po' di linfa addosso e vuole godersela: al minimo le danno della sporcacciona.

(Eva Dahlbeck, *Una lezione d'amore*).

3777. -Un uomo può mentire, rubare, perfino uccidere: ma finché resta attaccato al suo orgoglio è sempre un uomo. A una donna invece basta fare uno scivolone ed è una sgualdrina.

(Joan Crawford a Sterling Hayden, *Johnny Guitar*).

3778. -Vedi, caro, un uomo completo è una tale rarità... Allora una donna deve scegliere il bambino che le va più a genio.

(Eva Dahlbeck a Gunnar Björnstrand, *Una lezione d'amore*).

3779. -La vita di un uomo sono le donne, e il piacere o la noia che esse danno. Al di fuori di questo non c'è nulla, almeno che io sappia.

(Michel Piccoli, *Benjamin, ovvero le avventure di un adolescente*).

3780. -Voglio essere maschia!

(Katharine Hepburn, dopo avere dato un calcio a Spencer Tracy, *La costola di Adamo*).

3781. -Voi uomini siete tutti Giuda: anche quando baciate tradite.

(Maria Denis ad Adriano Rimoldi, *Addio giovinezza!*).

LA VERITÀ

3782. -Dì la verità.

(Motto del quotidiano "Albuquerque Sun-Bulletin", *L'asso nella manica*).

3783. -E che cosa scriverai?

-Racconterò la verità.

-Ah, un romanzo di fantasia... Ah, dimmelo subito... Anzi, che dico, di fantascienza...

(Glenda Jackson e Walter Matthau, ex agente segreto che ha deciso di scrivere le sue memorie, *Due sotto il divano*).

3784. -È tutta una menzogna. Giorno su giorno uno avanza incontro all'oscurità, e questo procedere è la sola verità che esiste.

(Bengt Ekerot, *Il volto*).

3785. -Niente è verità!

(Ingrid Thulin, *Il volto*).

3786. -Per un uomo della mia età la verità è tutto. Solo questo mi resta. Questo: la verità. E un po' di dignità.

(Charlie Chaplin, *Luci della ribalta*).

3787. -Quando ero giovane sognavo di poter conquistare il mondo con la verità. Ho sognato di condurre un'armata più grande di quella di Alessandro non per conquistare popoli ma per la libera azione dell'umanità... Solo con la verità, con la potenza della parola divina, ma solo pochi udirono, solo pochi mi capirono.

(Il pastore protestante Walter Pidgeon, *Com'era verde la mia valle*).

3788. -Sappi che prima della verità viene la Storia.

(Paul Newman a Geraldine Chaplin, *Buffalo Bill e gli indiani*).

3789. -Se non sopporto la verità, non valgo un bel niente.

(Katharine Hepburn, *Piccole donne*).

3790. -Senza verità, anche l'arte è solo finzione.

(Susumu Fujita, *Non rimpiango la mia giovinezza*).

3791. -Il solo fatto di poter decidere qual è o non è la verità adesso mi sembra un atto di presunzione.

-Vanità?

-Vanità.

(Il giudice in pensione Jean-Louis Trintignant e Irène Jacob, *Tre colori-Film rosso*).

3792. -Sono venuta a guardare la verità in faccia.

(Liv Tyler, americana in vacanza nel Chianti, *Io ballo da sola*).

3793. -Vecchio mio, la verità, come l'arte, è nell'occhio di chi guarda.

(Kevin Spacey a John Cusack, *Mezzanotte nel giardino del bene e del male*).

3794. -Una volta, qualcuno mi ha detto: "La verità è in tutto, e anche nell'errore".

(Anna Karina, *Questa è la mia vita*).

3795. -La verità è fatta su ordinazione; le più utili verità sono create dai più abili mentitori.

(Bengt Ekerot, *Il volto*).

3796. -La verità vi renderà liberi.

(Frase di San Paolo alla base della statua della Verità, all'ingresso del ministero all'Informazione, *Brazil*).

3797. -Le verità sono come le medicine: hanno il sapore cattivo e nessuno le vuole prendere, però fanno bene.

(Renato Rascel, *Ferdinando I re di Napoli*).

IL CREDERE

3798. -Anch'io credo. Credo nelle rovesciate di Bonimba, e nei riff di Keith Richards. Credo nel doppio suono di campanello del padrone di casa che vuole l'affitto ogni primo del mese. Credo che ognuno di noi si meriterebbe di avere una madre e un padre che siano decenti con lui almeno finché non si sta in piedi. Credo che un'Inter come quella di Corso, Mazzola e Suarez non ci sarà mai più, ma non è detto che non ce ne saranno altre belle in maniera diversa. Credo che non sia tutto qua; però, prima di credere in qualcos'altro, bisogna fare i conti con quello che c'è qua: e allora mi sa che crederò prima o poi in qualche dio. Credo che se prima o poi avrò una famiglia sarà dura tirare avanti con trecentomila al mese, però credo anche che se non leccherò culi come fa il mio caporeparto difficilmente cambieranno le cose. Credo che c'è un buco grosso dentro, ma anche che il rock and roll, qualche amichetta, il calcio, qualche soddisfazione sul lavoro, le stronzate con gli amici, be', ogni tanto questo buco me lo riempiono. Credo che la voglia di scappare da un paese di ventimila abitanti vuol dire che hai voglia di scappare da te stesso, e credo che da te non ci scappi neanche se sei Eddy Merckx... Credo che non è giusto giudicare la vita degli altri, perché comunque non puoi sapere proprio un cazzo della vita degli altri. Credo che per credere, certi momenti, ti serve molta energia. Ecco, allora vedete di ricaricare le vostre scorte con questo...

(Stefano Accorsi, conduttore di una radio libera, agli ascoltatori, *Radiofreccia*).

3799. -Di questo passo finirò per credere in Dio.

-Io non ho mai smesso di credere.

-Mi meraviglia, da parte di una comunista militante.

-Sì, lo so, ma è la guerra.

(Emmanuelle Riva e un'amica, durante l'occupazione tedesca in Francia, *Léon Morin, prete-La carne e l'anima*).

3800. -Se non gli credessi, non potrei più credere in nulla, e sarebbe grave perfino per me.

(William Holden a Susannah York a proposito dell'amico, ora suo avversario, Tetsuro Tamba, *La settima alba*).

3801. -Se riuscissimo ad essere sicuri... Se riuscissimo a credere in una verità... Se riuscissimo a credere...

(Ingrid Thulin, *Luci d'inverno*).

IL GIURAMENTO

3802. -Devi imparare che un uomo deve mantenere a qualsiasi costo i suoi giuramenti.

(Il colonnello John Wayne alla moglie Maureen O'Hara, *Rio Bravo*).

3803. -Giuralo.

-Te lo giuro.

-Non potessi vedere tua madre.

-Sì.

-Morisse domani se hai giurato il falso.

-Va bene, te lo giuro.

-Parola di lupetto?

-Parola di lupetto!

(I dodicenni Wil Wheaton e River Phoenix, *Stand by me-Ricordo di un'estate*).

3804. -Un giuramento è tale proprio perché non può più essere cancellato.

(Gabriel Byrne, *La maschera di ferro*).

3805 -Giuro davanti a Dio, e Dio m'è testimonio, che i nordisti non mi batteranno. Supererò questo momento, e quando sarà passato non soffrirò mai più la fame: né io né la mia famiglia. Dovessi mentire, truffare, rubare, uccidere, lo giuro davanti a Dio: non soffrirò mai più la fame!

(Vivien Leigh, *Via col vento*).

3806. -Lo giuro sulla tomba di mia madre.

-Oh, d'accordo, sent... Un momento! Tua madre è viva!
-Sulla tomba di mia nonna... Non ti formalizzare tanto.
(Cary Grant e Rosalind Russell, *La signora del venerdì*).
3807. -Lo giuro sulla tomba di mia madre.
-Tua madre in questo momento sta giocando a golf...
-Parlavo usando il futuro.
(John Larroquette e William Daniels, *Appuntamento al buio*).
3808. -Milord, posso anche rammentare al mio dotto amico che la sua teste, per sua stessa ammissione, ha già violato tanti giuramenti che sono sorpreso che la Bibbia non le sia schizzata di mano quando ha giurato?
(Il penalista Charles Laughton, rivolgendosi al giudice Francis Compton, attacca il pubblico ministero e accusa di spergiuro la teste Marlene Dietrich, *Testimone d'accusa*).
3809. -Secondo me un uomo deve fare un giuramento alla volta. Io ho fatto il mio agli Stati Confederati d'America.
(Il sudista John Wayne, *Sentieri selvaggi*).

LA MENZOGNA

3810. -Bisogna scegliere: morire... o mentire? Quanto a me, io vivo.
(Frase attribuita a Céline, nei titoli di testa di *Lo spione*).
3811. -Certo che noi due çon le bugie ci facciamo camminare i treni.
(Gregory Peck a Sophia Loren, *Arabesque*).
3812. -Ho mentito a uomini che avevano la cintura e a uomini che avevano le bretelle, ma non sarò mai così sciocco da mentire a un uomo che porta cintura e bretelle.
(Kirk Douglas a Porter Hall, direttore del giornale di Albuquerque, *L'asso nella manica*).
3813. -Metà sono bugie e l'altra metà è falso.
(Burt Lancaster a proposito delle informazioni ricevute sugli apache, *Nessuna pietà per Ulzana*).
3814. -Niente sembra più sincero di una donna che dice le bugie.
(Cecil Parker, *Indiscreto*).
3815. -Non c'è nulla che io detesti più del fetore delle menzogne.
(Marlon Brando, *Apocalypse now*).
3816. -Non so nessuna storia.
-Inventale.
-Sarebbe come dire delle bugie però.
-No, no. Una bugia è quando tu credi che quella sia la verità. Ma se già sai che quella è una bugia, allora non è una vera bugia.
(Randy Quaid e Sam Shepard, *Follia d'amore*).
3817. -So di mentire spesso: dopotutto il fascino femminile è per metà illusione.
(Vivien Leigh, *Un tram che si chiama desiderio*).
3818. -Tu sei il peggiore dei mentitore, perché le tue bugie hanno sempre il suono della verità.
(Katherine Borowitz a John Turturro, *Illuminata*).

LA SINCERITÀ

3819. -È così noiosa, la gente sincera.
(Nora Grégor, *La regola del gioco*).

3820. -Non abbiamo creduto alla sua storia, signora O'Shaughnessy, abbiamo creduto ai suoi duecento dollari.
-Vuole dire?
-Voglio dire che ci ha pagato troppo per essere stata sincera e troppo poco per averci mentito.
(Il detective Humphrey Bogart e la cliente Mary Astor, *Il mistero del falco*).

3821. -Perché siete tutti così sinceri con me? Che cosa vi ho fatto di male?
(Massimo Troisi, *Pensavo fosse amore invece era un calesse*).

3822. -Preferisco giocare a carte scoperte quando frego qualcuno.
(Richard Crenna, *Brivido caldo*).

3823. -Scusami... Mi dispiace per come ti ho trattato oggi. Non far caso a quello che dico quando sono insieme ai compagni. Nessuno... nessuno di noi è sincero.
(Natalie Wood a James Dean, del quale poco prima si è presa beffe, *Gioventù bruciata*).

3824. -La sincerità è soltanto di coloro che hanno conosciuto il dolore.
(Vivien Leigh, *Un tram che si chiama desiderio*).

IL DUBBIO

3825. -Dubitare non fa mai male.
(Sidney Greenstreet, *Il mistero del falco*).

3826. -L'unico modo per avvicinarsi all'infinito è quello di superare il dubbio.
(Erland Josephson, *Dopo la prova*).

3827. -Vedi, se c'è qualche dubbio, non ci sono dubbi. È la prima cosa che mi hanno insegnato.
-Dove l'hai imparato?
-Non me lo ricordo. È la seconda cosa che mi hanno insegnato.
(I "samurai" Robert De Niro e Jean Reno, *Ronin*).

IL SEGRETO

3828. -Un certo Re, grande e potente, chiese una volta ad un poeta: "Cosa posso darti di tutto ciò che possiedo?"
-Il poeta rispose saggiamente: "Qualsiasi cosa, Sire... tranne il vostro segreto".
(Didascalia iniziale di *Rapporto confidenziale*).

3829. -Ciascuno ha diritto ai propri segreti.
(Irène Jacob, *Tre colori-Film rosso*).

3830. -Come le hai avute, queste informazioni?
-Ah, è la seconda regola del buon poliziotto: se vuoi mantenere un segreto, non dirlo al tuo capo.

(Kevin Costner e Sean Connery, *The untouchables-Gli intoccabili*).

3831. -Ho sempre saputo di saper volare, ma non l'ho mai detto a nessuno. Se qualcuno lo sa può farti cadere, può farti cadere, può farti cadere, può farti cadere...

(Faye Dunaway, *Arizona dream*).

3832. -Io ho imparato dalla vita che ogni volta che sono convinto che il segreto è lì, in generale è in tutt'altro posto.

(William Holden, *S.O.B.*).

3833. -Io non voglio sentire mai segreti. Quando qualcuno mi dice: "Vuoi sapere qualcosa di veramente riservato?", io rispondo sempre no, e non me ne sono mai pentito.

(Cecil Parker, *Indiscreto*).

3834. -Ma ora so che lui lo sa. E lui sa che io so che lui sa. Hattie lo sa. Sappiamo tutti che lo sappiamo, è come un segreto militare che tutti sanno, come il giorno prima dell'invasione in Normandia.

(Robert Mitchum a proposito della sua love story con Deborah Kerr, *L'erba del vicino è sempre più verde*).

3835. -Mi hanno inviato in missione segreta, signore.

-Non è più segreta, ormai.

(Martin Sheen e Marlon Brando, *Apocalypse now*).

3836. -Tutti hanno qualcosa da nascondere.

(Humphrey Bogart, *Il mistero del falco*).

IL VIAGGIARE

IL VIAGGIO

3837. -La cosa più pericolosa da fare è rimanere immobili.

(Frase di William Burroughs che apre *L'ultima volta che mi sono suicidato*).

3838. -Dio ha inventato prima il viaggio, poi il dubbio, poi la nostalgia.

(Harvey Keitel, *Lo sguardo di Ulisse*).

3839. -Durante il viaggio volevo esplorare la mia anima.

(Rüdiger Vogler, *Falso movimento*).

3840. -In viaggio, come d'altronde nella vita, il meno è quasi sempre meglio.

(William Hurt, *Turista per caso*).

3841. -Lei va nel buco del culo del mondo, capitano!

(Un soldato a Martin Sheen, *Apocalypse now*).

3842. -I viaggi non si dovrebbe mai farli, bisognerebbe averli già fatti. Perché è quando te li ricordi che i viaggi diventano belli.

(Bernard Blier, *Una botta di vita*).

3843. -Il viaggio d'affari è quella cosa che se anche non arrivi mai non se ne accorge nessuno.

(Ricky Jay, *La formula*).

3844. -Vuoi partire davvero?

-Sì, qui si fa solo finta di vivere, tutto è già scontato.

-E credi che altrove sarà meglio?

-Sarà diverso.

(Paul Blain e Sandrine Bonnaire, *Sotto il cielo di Parigi*).

IL VIAGGIATORE

3845. -Chi viaggia per affari dovrebbe portarsi dietro solo quello che entra in una borsa a mano. Spedire il bagaglio significa solo andare in cerca di guai... Portatevi anche qualche bustina di detersivo formato viaggio, così non cadrete nelle mani di lavanderie sconosciute. Sono poche a questo mondo le cose che non esistono in formato viaggio... Un vestito è sufficiente, se vi portate una confezione formato viaggio di smacchiatore. Il vestito dovrà essere grigio: il grigio non solo nasconde lo sporco, ma è perfetto per un funerale imprevisto. Mettete sempre in borsa un libro per proteggervi dagli estranei...

(Consigli di William Hurt, scrittore di manuali a uso di viaggiatori riluttanti, *Turista per caso*).

3846. -Ma allora da dove viene lei?

-Oh, da tutti i posti.

(Patricia Neal e Andy Griffith, *Un volto nella folla*).

3847. -Non ti viene mai il prurito ai piedi, l'ansia di partire?

-Per andare dove?

(L'irrequieto Jim Carrey e l'abitudinario Noah Emmerich, *The Truman show*).

3848. -Ogni volta che guardo il cielo penso a tutti i posti in cui non sono stata.

-Poi li vedi e ti accorgi che sono tutti uguali.

-Tu sei stato in tanti posti, vero?

-Anche troppi.

(Virginia Huston e Robert Mitchum, *Le catene della colpa*).

3849. -Pardon, prego, per di qua per l'Europa in Francia?

(Marilyn Monroe si imbarca su un transatlantico, *Gli uomini preferiscono le bionde*).

3850. -Possano i viaggiatori trovare la felicità ovunque vadano, e senza sforzo possano realizzare ciò che si sono prefissi, e arrivati a riva sani e salvi possano essi riunirsi con gioia ai loro familiari.

(Il giovane Dalai Lama, Jamyang Wang Chuck, a Brad Pitt che lascia il Tibet, *Sette anni in Tibet*).

3851. -Quante... quante volte ha fatto il giro del mondo lei?

-Quasi quante volte il mondo ha girato intorno al sole. E ho la sensazione di averla fatta tutta a piedi.

(Richard Burton e Deborah Kerr, *La notte dell'iguana*).

3852. -Siamo forse i primi turisti che vengono qui dopo la guerra.

-Zitto, Tunner! Noi non siamo turisti, siamo viaggiatori.

-Oh! Che differenza c'è?

-Il turista è uno che appena arriva pensa di tornare a casa, Tunner...

-Mentre il viaggiatore può non tornare affatto...

(Campbell Scott, Debra Winger e John Malkovich, americani in Marocco, *Il tè nel deserto*).

3853. -Sono felice solo in mare, nel tragitto tra un'isola che ho appena lasciato e un'altra che devo ancora raggiungere.

(Nanni Moretti, *Caro diario*).

3854. -Voi avete girato troppo il mondo e ciò vi ha impedito di conoscerlo bene.
(Everett Sloane al marinaio Orson Welles, *La signora di Shangai*).

IL VAGABONDO

3855. -Da dove vieni tu?
-Da tanti posti...
(Cliff Robertson e William Holden, *Picnic*).
3856. -Dove vai?
-Mah... Non lo so.
-Allora andiamo dalla stessa parte.
(Jean Gabin e Michéle Morgan, *Il porto delle nebbie*).
3857. -E voi, avete scelto qualche posto?
-Uno vale l'altro: non mi fermo in nessun posto.
(Il contadino Van Heflin e il cavaliere errante Alan Ladd, *Il cavaliere della valle solitaria*).
3858. -Ho capito una cosa, oggi. Ed è che arriva un momento, nella vita d'un uomo, che deve smettere di ruzzolare come una palla di biliardo. Forse una piccola città come questa è il posto per fermarsi...
(Il vagabondo William Holden arriva in una cittadina del Kansas, *Picnic*).
3859. -Io vivo dove appendo il cappello.
(Lee Marvin, *L'uomo che uccise Liberty Valance*).
3860. -La primavera è arrivata. Vorrei andare a vagare in un mondo senza meta.
(Harriet Andersson, *Monica e il desiderio*).

L'AEREO

3861. -Non viaggerò più in aereo.
(Cary Grant, dopo una notte in treno con Eva Marie Saint, *Intrigo internazionale*).
3862. -La prima volta siamo arrivati solo a metà, perché non avevamo più benzina e siamo dovuti tornare indietro. Allora prendiamo su il doppio della benzina, questa volta siamo arrivati quasi sino a terra, mancavano solo pochi piedi e cosa pensate sia accaduto? Eravamo di nuovo senza benzina. Siamo tornati indietro a prendere più benzina. Abbiamo fatto il pieno. Arriviamo a metà strada e cosa pensate che accada? Ci eravamo dimenticati dell'aereo...
(Chico Marx trasvolatore atlantico, *Una notte all'Opera*).
3863. -Vola spesso lei? Allora è un volatile, io sono un mammifero.
(Totò, in aereo per la prima volta, a un passeggero, *Fifa e arena*).

LA NAVE

3864. -Abbandonate la nave!
-Credo che sia la nave che sta abbandonando noi.

(John Neville ed Eric Idle, *Le avventure del barone di Munchausen*).

3865. -Qual è il babordo e qual è il tribordo?

-Oh be’, dipende... Dipende se si va avanti o indietro. Voglio dire, di solito la poppa è dalla parte opposta della prua... E quello è il ponte: serve per andare da una parte all’altra della nave.

(Marilyn Monroe e il sedicente proprietario di yacht Tony Curtis, *A qualcuno piace caldo*).

3866. -Sei stato su una vera barca per gamberi?

-No, ma sono stato su una per uomini.

(Mykelti Williamson e Tom Hanks, *Forrest Gump*).

3867. -Sono trascorsi ottantaquattro anni, e ancora sento l’odore della vernice fresca. I servizi di porcellana non erano mai stati usati. Nessuno aveva mai dormito tra quelle lenzuola. Il Titanic era chiamato la nave dei sogni e lo era, lo era davvero...

(La superstite Gloria Stuart ricorda, *Titanic*).

L'ALBERGO

3868. -E che cosa si fa in un Grand Hotel? Si mangia, si dorme, si gironzola, si corteggia qualcuna, si balla un po’... Cento porte sfociano in un atrio, nessuno sa nulla di chi gli è accanto. E quando parti, un altro occupa la tua stanza, e anche il tuo letto. Così finisce.

(Lewis Stone, *Grand Hotel*).

3869. -Grand Hotel... Gente che viene... che va... Tutto senza scopo.

(Lewis Stone, *Grand Hotel*).

LA VACANZA

3870. -Ehi, Tess, non so decidermi se fare le mie vacanze in crociera o in un posto di montagna. Voglio dire: in crociera ci vanno gli uomini più ricchi, ma in montagna ci vanno più uomini. Tu che ne pensi, Tess?

-Mah... Io mio marito l’ho conosciuto in montagna, perciò ti consiglio di andare in crociera.

(Dianne Wiest e la sorella sposata Julie Kavner, *Radio days*).

LA VIRTÙ

3871. -La donna è per sua natura impastata di peccato, e voi uomini per proteggervi avete inventato delle virtù riservate alle sole donne: la verginità, il pudore, la castità e l’innocenza.

(Eva Dahlbeck a Gunnar Björnstrand, *Una lezione d’amore*).

3872. -Non bevi, non fumi, non vai con le donne e lo vuoi un consiglio? Sparati!

(Totò, *Totò terzo uomo*).

3873. -Sarai mondo se monderai lo mondo.

(Il monaco Enrico Maria Salerno invita il cavaliere Vittorio Gassman a seguirlo in Terrasanta, *L'armata Brancaleone*).

3874. -Sono un uomo virtualmente virtuoso, morigerato etcetera.

(Totò, *Totò cerca moglie*).

IL VIZIO

3875. -Direi che hanno tutti i vizi più ovvii, e inoltre qualcuno che si sono inventate loro.

(Il vecchio generale Charles Waldron a proposito delle figlie Lauren Bacall e Martha Vickers, *Il grande sonno*).

3876. -Il mio vizio è quello di rimandare tutto: non fare mai oggi quello che puoi rimandare a domani.

(Humphrey Bogart, *La Regina d'Africa*).

3877. -"Mosè! Vie' quassù, scrivi! Allora, i dieci comandamenti, i... scrivi su una pietra qualsiasi! I dieci comandamenti, i sette vizi capitali... Figurati quanto ci si mette a scrivere i sette vizi capitali! I sette vizi capitali sono: ira, lussuria, invidia, superbia, gola, accidia... Avarizia... Uhm!... Non mi veniva in mente." Ora Dio nella confusione del momento non si è accorto che questi sette vizi capitali Lui ce li ha tutti e sette in pieno, veramente, tutti e sette! La superbia: se c'è uno più superbo di Lui: "Io son Dio l'essere perfettissimo, in confronto a me Nembo Kid è un imbecille, Budda lo piglio di tacco, si faccia avanti chi se la vuol fare con me, voglio vedere chi ha il coraggio...". Poi anche il nome. Gli altri dei c'hanno un nome: Giove, Budda, Allah... Lui: Dio! Se si chiamava con un nome più umile era più simpatico a tutti, no? Che so: "Io sono Guido, non avrai altro Guido all'infuori di me". Era più simpatico, no? "Aiutati che Guido t'aiuta!" "Piove come Guido la manda." Sui ponti dell'autostrada: "Guido c'è". Insomma, era più simpatico... Veniva bellino... "Allora Dio, nell'alto dei cieli..." "Che alto dei cieli? Son qui a mezz'aria". Insomma, poteva essere più... "Padre onnipotente." "Che onnipotente? So far qualcosa, non esageriamo!" L'ira! Se c'è uno che si incazza più di Lui, ragazzi! Dalla mattina alla sera non c'è un momento che è calmo. Già all'inizio Adamo ed Eva gli presero una mela. "Eeeeh! Fuori di casa mia! Te partorirai con dolore! Te lavorerai con sudore!" Per una mela? Te la pago, mamma mia! Un casino! No, ora io posso anche ammettere: gli hanno preso una cosa che ci teneva. Uno se la piglia, no? Ma poi ti passa... A Lui non gli è ancora passata. Sono duemila anni che ci fa battezzare per quella mela. Tutto il giorno me l'immagino in casa: "Madonna m'hanno rubato una mela, Dio bono, accidenti a loro mi piaceva tanto e non gliela volevo lasciare, ora chi me la ripaga, mi piaceva a me, la volevo far cotta e me l'hanno presa". Fattene un'altra... "Ma mi piaceva quella, Madonna bona, ora voglio vedere, metto un albero di fichi, voglio vedere se mi pigliano anche quelli." Una cosa, guarda! Poi dice che aumenta il prezzo della frutta! A quel tempo una mela costava l'ira di Dio! (...) La lussuria? Ora non ci voglio entrare in fatti privati, però cinque miliardi: tutti figli suoi! Lasciamo perdere! L'avarizia? Se c'è uno più avaro, ragazzi! A parte che il suo popolo prediletto sono gli ebrei: gli ha promesso un pezzo di terra, son tremila anni, non gliela dà! "Mosè, come ti dissi? Promessa. T'ho mica detto terra data, Mosè!" L'accidia! Ragazzi, se c'è uno più pigro di Lui! È proprio la pigrizia in persona, è stato un'eternità senza fare niente! Prima di fare il mondo non ha fatto niente! Ma non per un giorno, un'eternità! Poi, un giorno, sdraiato, decide di fare il mondo. E il settimo giorno: riposo! Da allora non l'ha visto più nessuno! Fosse venuto a fare un ritocco! Ce ne sarebbe anche bisogno! Niente, proprio!

(Roberto Benigni, *Tuttobenigni*).

3878. -Negli ultimi quarant'anni io ho trascorso una vita consacrata a ogni tipo di abuso. Ho consumato tanti alcolici da distruggere duecento fegati sani, ho riempito i polmoni di tanta di quella nicotina da avvelenare l'intera popolazione delle Alpi svizzere, mi sono dato a eccessi sessuali da far sembrare Caligola e Nerone dei frati trappisti.

(William Holden, *S.O.B.*).

3879. -Sono impuro, bordellatore insaziabile, beffeggiatore, crapulone, lesto di lengua e di spada, facile al gozzoviglio. Fuggo la verità e inseguo il vizio.

(Vittorio Gassman, *Brancaleone alle crociate*).

3880. -Sono piena di vizi. Ma senza praticarne nessuno.

(Monica Vitti, *La notte*).

L'AVARIZIA

3881. -L'avarizia fa crollare molti princìpi.

(Spencer Tracy, *L'ultimo urrà*).

L'EGOISMO

2882. -Lei non è altro che un vecchio egoista: non ha riguardo per nessuno, e in vita sua non ha ascoltato che se stesso. Si cela dietro una maschera, un paravento di bonarietà e di modi molto raffinati, ma è solo un perfetto egoista. Anche se tutti la definiscono "l'amico dell' umanità", noi che la conosciamo da vicino sappiamo chi è, e non ci può ingannare.

(Ingrid Thulin al suocero Victor Sjöstrom, *Il posto delle fragole*).

3883. -Tutte le migliori cose del mondo sono nate dalla strenua lotta vinta dagli altruisti sugli egoisti... Tutto il male che ci circonda nasce dall'egoismo: a volte l'egoismo può anche dar luogo a cause, a forze organizzate, perfino a un governo.

(William Holden, *Nata ieri*).

L'IRA

3884. -Che cos'è che la manda in collera?

-La vita.

(Lo psichiatra Michael Kirby e la paziente Mia Farrow, *Un'altra donna*).

3885. -Ehi, che ti prende? Non ti avevo visto così arrabbiato da quando mi cadde il sigaro nella tua pasta del pan di Spagna.
(Walter Matthau a Jack Lemmon, *La strana coppia*).
3886. -Ha notato, sir Gay, che un uomo non si arrabbia mai con una donna che non gli piace?
(Rosalind Russell a C. Aubrey Smith, *Sui mari della Cina*).
3887. -Lasciatemi in pace, ché ho un capello per diavolo.
(Totò, *Il medico dei pazzi*).
3888. -Lo so, non t'importa di quello che faccio, ma se lo faccio ti arrabbi.
(Lauren Bacall a Humphrey Bogart, *Acque del Sud*).
3889. -Meglio lasciarlo perdere quando è incazzato.
-Quello è sempre incazzato.
-E allora dovresti lasciarlo perdere sempre.
(I poliziotti James Cromwell e Guy Pearce a proposito del collega Russell Crowe, *L.A. Confidential*).
3890. -Mi piace, la tua rabbia. Non fartela togliere da nessuno.
(Vanessa Redgrave a Jane Fonda, *Giulia*).

L'ORGOGLIO

3891. -È l'orgoglio che ti blocca il cervello e te la mette nel culo... L'orgoglio fa solo male...
(Il boss Ving Rhames al pugile Bruce Willis, che dovrebbe perdere un incontro truccato, *Pulp Fiction*).
3892. -Gli orgogliosi sono effimeri come il sogno di una notte di primavera, e i forti saranno anch'essi spazzati via come polvere dal vento...
(Daisuke Ryu, *Kagemusha - l'ombra del guerriero*).
3893. -Sei di quelli che non accettano niente da nessuno, eh?
-Proprio così.
(Lauren Bacall e Humphrey Bogart, *Acque del Sud*).

LA RIGIDITÀ

3894. -Senti, ammorbidisciti un po', ok? E cerca di levarti quel manico di scopa dal culo, se puoi.
(Dennis Burkley a Bruce Greenwood, *Due padri di troppo*).
3895. -Signore, ha subito un intervento chirurgico di recente?
-Che vuoi dire?
-Be', è che la scopa che aveva nel culo non sembra più affliggerla.
(Margaret Cho e John Travolta, *Face/Off-Due facce di un assassino*).

LA VANITÀ

3896. -Io non sono vanitoso. Mi basta non somigliare alle mie foto segnaletiche.

(Michael Caine, *Blood & wine*).

3897. -La vanità è decisamente il mio peccato preferito. Kevin, è elementare: la vanità è l'oppiaceo più naturale.

(Al Pacino a Keanu Reeves, *L'avvocato del diavolo*).

LA VITA

3898. -Al dottor Frankenstein interessa soltanto la vita umana: la sua distruzione e la sua creazione.

(Edward van Sloan, *Frankenstein*).

3899. -Anche della vita io ho una visione, come dire, matematica... La vita per me è sempre stata un'equazione: x sta a y come io sto a me.

(Il commercialista Leonardo Pieraccioni, *Il ciclone*).

3900. -A volte penso che mi piacerebbe vivere dentro un rebus...

-Perché, non è così? Non viviamo tutti dentro un rebus?

(Vittorio Gassman e Catherine Deneuve, *Anima persa*).

3901. -Le cazzate sono la cosa più bella della vita.

(Gérard Depardieu, *Troppo bella per te*).

3902. -C'è una vecchia storiella... Due vecchiette sono ricoverate nel solito pensionato per anziani, e una di loro dice: "Ragazza mia, il mangiare qua dentro fa veramente pena". E l'altra: "Sì, è uno schifo... Ma poi, che porzioni piccole!". Be', essenzialmente è così che io guardo alla vita: piena di solitudine, di miseria, di sofferenze, di infelicità... e disgraziatamente dura troppo poco.

(Woody Allen, *Io e Annie*).

3903. -Che è mai la vita? Breve romore seguito da fiato ammorbante.

(Vittorio Gassman, *Brancaleone alle crociate*).

3904. -Che ne sai tu della vita? Niente sai. È stato troppo facile per te. Tu non sai cosa significa averla contro, la vita: lottare contro tutti ogni secondo, arrampicarsi coi denti mentre quelli t'aspettano su col coltello in mano pronti a tagliarti la fune...

(L'attore in declino John Barrymore alla giovane ricca Madge Evans, *Pranzo alle otto*).

3905. -Chiunque salva una vita, salva il mondo intero.

(Passo del *Talmud*, posto in epigrafe di *Schindler's list-La lista di Schindler*).

3906. -Come va la tua vita?

-D'incanto. E la tua?

-Non d'incanto.

-Oh, si dice la verità?

(Tom Berenger e JoBeth Williams, *Il grande freddo*).

3907. -Così è la vita, amore mio: vecchiaia e salmone, giovinezza e sardine.

(Simone Simon a Daniel Gélin, *Il piacere*).

3908. -Così va la vita. Va anche nell'altro senso, però, non lo dimentichi.

(Clark Gable a Marilyn Monroe, *Gli spostati*).

3909. -Credo di non essere mai stata fatta per vivere.

(Debra Winger, *Il tè nel deserto*).

3910. -Devo inventare la mia vita invece di raccontarla.

(La scrittrice Isabelle Huppert, *Le strategie del cuore*).

3911. -Ehi, cos'è che ti rode?

-La mia vita.

(Clark Gable ed Eli Wallach, *Gli spostati*).

3912. -E io restai a chiedermi se l'imbecille ero io che la vita la pigliavo tutta come un gioco, o se invece era lui che la pigliava come una condanna ai lavori forzati, o se l'eravamo tutti e due.

(Philippe Noiret dopo un litigio con il figlio, *Amici miei*).

3913. -È essenziale, nella vita, continuare a vivere.

(Josiane Balasko, *Troppo bella per te*).

3914. -È la vita, non ci puoi fare niente: se non ti fanno male gli altri, ci penserai da solo a fartelo.

(Wojtek Pszoniak, *Gli anni di corsa*).

3915. -È per te che ho voluto vivere, ma non ti sono servito a niente.

(Il tisico Martin Donovan all'amata Nicole Kidman, *Ritratto di signora*).

3916. -Forse alla fine l'idea era di non aspettarsi troppo dalla vita.

(Woody Allen, *Mariti e mogli*).

3917. -Forse io non condussi una vita molto saggia, ma fu una vita tutta piena di esperienza. Si fa presto a imparare, attraverso i naufragi e i disastri...

(Rex Harrison, *Il fantasma e la signora Muir*).

3918. -Fratello, la vita è una gran puttana, ed è lì in agguato.

(Roddy Piper a Keith David, *Essi vivono*).

3919. -Ho passato la vita a far la guerra, ad andare a caccia, ad agitarmi, a parlare senza senno, senza ragione. Un vuoto... E lo dico senza amarezza, e senza vergognarmene, perché so che la vita della maggior parte della gente è tale.

(Max von Sydow a colloquio con la Morte, *Il settimo sigillo*).

3920. -Ho sofferto, ho vissuto, ho finalmente compreso.

(Marie Bell, *Carnet di ballo*).

3921. -Io la mia vita ho deciso di viverla come l'ho sognata.

(Sabine Azéma, *Una domenica in campagna*).

3922. -Io non so perché mi salvò la vita. Forse in quegli ultimi momenti amava la vita più di quanto l'avesse mai amata. Non solo la sua vita: la vita di chiunque, la mia vita. Tutto ciò che volevano erano le stesse risposte che noi tutti vogliamo: da dove vengo, dove vado, quanto mi resta ancora? Non ho potuto far altro che restare lì a guardarlo morire.

(Harrison Ford a proposito del replicante Rutger Hauer, *Blade runner*).

3923. -Io non sono mai vissuto. Sono morto, qualche volta.

(Bud Cort, *Harold e Maude*).

3924. -Io non voglio che la vita imiti l'arte, io voglio che la vita sia arte.

(Meryl Streep, *Cartoline dall'inferno*).

3925. -Io sento che la vita è divisa in "orribile" e "miserrimo".

(Woody Allen, *Io e Annie*).

3926. -Io sento un grande vuoto nella mia vita: sento che tutto mi manca, che tutto è finito senza speranza. Mi manca la sostanza, mi manca la tenerezza.

-Perché non provi con una bella bistecca tenera? È piena di sostanza, ti riempirebbe il vuoto.

(Oliver Hardy e Stan Laurel, *I diavoli volanti*).

3927. -Io sono felice ogni ora del giorno, amico mio... Anche se dovessi sapere di morire domani... La mia vita è bella, perché so di essere amato... Io sono fortunato.

(L'uomo-elefante John Hurt ad Anthony Hopkins, *The elephant man*).

3928. -Io vedo la vita come una limousine. Anche se ci viaggiamo assieme, ognuno di noi ha il proprio posto: c'è un sedile anteriore, uno posteriore e un finestrino in mezzo.

(Lo chauffeur John Williams e il padrone Humphrey Bogart, *Sabrina*).

3929. -Lei ha una visione della vita a livello di una padella da letto.

(Rex Harrison a Maggie Smith, *Masquerade*).

3930. -Lo sa cosa sarebbe magnifico? Che la vita fosse come un copione di film. Desideri qualcosa... Dissolvenza... Ce l'hai. Non trova che il mondo sarebbe migliore?

(Edie Adams a Capucine, *Masquerade*).

3931. -Ma che cos'è questo lampo di felicità che mi fa tremare, mi ridà forza, vita? Vi domando scusa, dolcissime creature: non avevo capito, non sapevo. Com'è giusto accettarvi, amarvi. E come è semplice! Luisa, mi sento come liberato: tutto mi sembra buono, tutto ha un senso, tutto è vero. Ah, come vorrei sapermi spiegare. Ma non so dire... Ecco, tutto ritorna come prima, tutto è di nuovo confuso. Ma questa confusione sono io, io come sono, non come vorrei essere adesso. E non mi fa più paura dire la verità, quello che non so, che cerco, che non ho ancora trovato. Solo così mi sento vivo, e posso guardare i tuoi occhi fedeli senza vergogna. È una festa la vita: viviamola insieme! Non so dirti altro, Luisa, né a te né agli altri: accettami così come sono, se puoi. È l'unico modo per tentare di trovarci.

(Marcello Mastroianni ad Anouk Aimée, *8½*).

3932. -Ma che, ma chi l'ha detto? Buttare via la propria vita significa farne il migliore degli usi. Oppure preferite quest'altra battuta, ah? Vivere come ci pare e piace costa poco, perché lo si paga con una cosa che non esiste: la felicità.

(L'intellettuale fallito Stefano Satta Flores agli amici Nino Manfredi e Vittorio Gassman, *C'eravamo tanto amati*).

3933. -Mi dica, quanto vale secondo lei una vita umana, McCabe?

-Quello che il mercato consente, né di più né di meno.

(Il maggiore John McIntire e lo sceriffo James Stewart, *Cavalcarono insieme*).

3934. -Mi garba tanto vivere. E tutte le mattine, quando mi sveglio, apro la finestra e grido: "Grazie, vita, per avermi regalato un'altra indimenticabile giornata di merda".

(Massimo Ceccherini, *Viola bacia tutti*).

3935. -Mio padre si compiaceva di dire che nella vita si ha bisogno di tre cose: un buon dottore, un prete indulgente e un bravo contabile.

(L'industriale nazista Liam Neeson al contabile ebreo Ben Kingsley, *Schindler's list-La lista di Schindler*).

3936. -Mi sembra che tutta la mia vita sia questa notte.

(Roberto Benigni, *La voce della luna*).

3937. -Mi sta passando tutta la mia vita davanti agli occhi: nella parte più brutta guido un'auto usata.
(Woody Allen in preda a un attacco di claustrofobia, in un ascensore, *Misterioso omicidio a Manhattan*).
3938. -Nella vita bisogna sempre pretendere quel che c'è di meglio, non bisogna mai arrendersi.
(Jeanne Moreau, *La sposa in nero*).
3939. -Nella vita non siamo mai soli, abbiamo sempre qualche appendicite.
(Totò, *Totò e Carolina*).
3940. -Nella vita si può fare solo una cosa: difenderci, proteggerci, alzando tutto intorno a noi un muro che ci isoli.
(Georg Funkquist, *Un'estate d'amore*).
3941. -Niente è peggiore di avere una vita che non è una vita.
(Il replicante Brian James ad Harrison Ford, *Blade runner*).
3942. -Non siamo mai riusciti a immergerci nella vita fino in fondo. Ci teniamo aggrappati all'esterno delle cose... come se avessimo paura di cadere.
(John Malkovich a Debra Winger, *Il tè nel deserto*).
3943. -Oggi mi è uscito che dovrei prendere la vita per quello che vale.
-Giustissimo.
-No. La vita in fondo è uguale a come siamo noi.
-Non ci credere. E che altro ti è uscito?
-Che prendo decisioni sbagliate.
-Allora ci rassomigliamo. Anch'io le prendo sbagliate. Il fatto che siamo seduti qui è il frutto di una nostra decisione sbagliata.
(Il diciannovenne Olaf Lubaszenko racconta alla ventinovenne Grażyna Szapolowska, da lui spiata e corteggiata, il test di un giornale, *Decalogo 6*).
3944. -Oh, non ve lo ripeto più, eh: la vita non è perfetta. Le vite nei film sono perfette: belle o brutte, ma sono perfette. Nelle vite dei film non ci sono tempi morti, mai, e voi ne sapete qualcosa di tempi morti, eh?
(Paolo Cremonini, *Radiofreccia*).
3945. -Papà mi diceva: "Hai notato la gioia che si prova quando si rivede il sole dopo aver attraversato un tunnel? Ebbene" diceva "guarda la tua vita di ogni giorno come se uscissi sempre da un tunnel".
(James Stewart, *Mister Smith va a Washington*).
3946. -Papà mi ha detto che si vive per facilitare la vita a quelli che verranno dopo di noi.
(Woiciech Klata, *Decalogo 1*).
3947. -Perché vale la pena di vivere? È un'ottima domanda... Be', ci sono certe cose per cui vale la pena di vivere... Per esempio, per me... Uff, io direi... Il vecchio Groucho Marx, per dirne una... e Joe Di Maggio... Il secondo movimento della *Sinfonia Jupiter*... Louis Armstrong, l'incisione di *Potatohead blues*... Sì, i film svedesi, naturalmente... *L'educazione sentimentale* di Flaubert... Marlon Brando, Frank Sinatra... Quelle incredibili mele e pere dipinte da Cézanne... I granchi da Sam Wu... Il viso di Tracy...
(Woody Allen – Tracy è Mariel Hemingway –, *Manhattan*).
3948. -Per me la vita è movimento.
(Martine Carol, *Lola Montès*).

3949. -Per tutta la mia vita non ho fatto che sciupare le cose che amavo di più, per tutta la vita.
(Frank Silvera a Irene Kane, *Il bacio dell'assassino*).
3950. -Pretendereste di sapere tutto?
-Ci sarebbe di grande aiuto.
-La vita è oltre la ragione: ecco perché dovete viverla.
(Marilyn Nash e Charlie Chaplin, *Monsieur Verdoux*).
3951. -Qual è la sua occupazione?
-Vivere.
(Constance Bennett e Greta Garbo, *Non tradirmi con me*).
3952. -Quanto odio i vivi!
(Linda Fiorentino, medico all'obitorio, *Men in black*).
3953. -Scegliete la vita. Scegliete un lavoro, scegliete una carriera, scegliete la famiglia, scegliete un maxi televisore del cazzo. Scegliete lavatrice, macchina, lettori cd e apriscatole elettrici. Scegliete la buona salute, il colesterolo basso e la polizza vita. Scegliete un mutuo a interessi fissi, scegliete una prima casa, scegliete gli amici, scegliete una moda casual e le valigie in tinta. Scegliete un salotto con tre pezzi a rate e ricopritelo con una stoffa del cazzo, scegliete il fai da te e chiedetevi chi cacchio siete la domenica mattina. Scegliete di sedervi sul divano a spappolarvi il cervello e lo spirito con i quiz mentre vi ingozzate di schifezze da mangiare. Alla fine scegliete di marcire, di tirare le cuoia in uno squallido ospizio, ridotti a motivo d'imbarazzo per gli stronzetti viziati ed egoisti che avete figliato per rimpiazzarvi. Scegliete un futuro, scegliete la vita... Ma perché dovrei fare una scelta così? Io ho scelto di non scegliere la vita, ho scelto qualcos'altro...
(L'eroinomane Ewan McGregor, *Trainspotting*).
3954. -Se la vita è sogno, cosa succede al risveglio?
(Scritta sulla t-shirt di Steve Gevedon, *Smoke*).
3955. -Senta: si dice spesso che la vita è difficile, dura, eccetera... Questa è solamente una posa dell'essere umano. La verità è una sola: la vita è bella. Più che bella: entusiasmante.
(Chishu Ryu, *Sogni*).
3956. -Sentite, si vive una volta, ma una volta basta, se te la godi.
(Maureen Stapleton, *Interiors*).
3957. -Senti, tu trovi la vita difficile? Io vorrei che fosse una cosa da stracciarsi e ricominciare: sai, come cominciare una pagina nuova su un quaderno d'esercizi.
(Tom Courtenay a Julie Christie, *Billy il bugiardo*).
3958. -Sento di dover essere grata alla vita, che mi dà tanto.
(Dal diario di Harriet Andersson, che sta morendo di cancro, *Sussurri e grida*).
3959. -Sì, ho avuto degli amanti, certo... Cosa dovevo fare? Con che cosa credi che abbia comprato questi mobili, i miei vestiti, tutto? Con la mia paga? Eh, la mia paga... Mi basta per le calze e le sigarette... Mi sono arrangiata come fanno tutte: è la vita.
-La vita è come vogliamo che sia.
-Parole! La vita è una cosa brutta, sporca.
(Maria Michi e Marcello Pagliero, *Roma città aperta*).

3960. -Sì, la vita è meravigliosa, se non se ne ha paura. Tutto quel che ci vuole è coraggio, immaginazione... e un po' di soldi.
(Charlie Chaplin, *Luci della ribalta*).
3961. -La sola ragione di esistere di un essere è la sua esistenza. Cioè mantenere la sua struttura, e quindi mantenersi in vita: senza di che non ci sarebbe l'essere.
(Henri Laborit, *Mon oncle d'Amérique-Mio zio d'America*).
3962. -Sono proprio contento di essere vivo, tutto d'un pezzo, e prossimo al congedo. Certo, vivo in un mondo di merda, questo sì. Ma sono vivo, e non ho più paura.
(Il marine Matthew Modine, in procinto di tornare a casa dal Vietnam, *Full metal jacket*).
3963. -Spesso, quando non dormo di notte, non faccio altro che chiedermi se ho vissuto davvero, e se c'è qualcun altro che si pone la stessa domanda, o se ci sono delle persone che sono capaci di vivere meglio di altre, o se la maggior parte della gente non vive la vita, pur esistendo.
(Ingrid Bergman, *Sinfonia d'autunno*).
3964. -Stare sulla corda è vita. Il resto è attesa.
(Roy Scheider, *All that jazz-Lo spettacolo continua*).
3965. -Stavo pensando che di tutte le piste di questa vita la più importante è quella che conduce all'essere umano.
(Kevin Costner, *Balla coi lupi*).
3966. -La tua vita la conosco già abbastanza.
-Chi te l'ha raccontata?
-Tu stessa, con quello schiaffo che hai incassato.
-Che c'era di speciale?
-Non hai battuto ciglio, e ci vuole allenamento per arrivare a tanto. Sì, ne so molto su di te, bella.
(Humphrey Bogart e Lauren Bacall, *Acque del Sud*).
3967. -Tu cosa desideravi?
-Di vivere una vita normale.
-Non esistono vite normali. Esiste solo la vita... E si deve viverla.
(Val Kilmer e Kurt Russell, *Tombstone*).
3968. -Un uomo ha il dovere di godersi la vita: bisogna essere assetati di vita. Dicono che è immorale ma non è vero: è contro natura, è una bestemmia sciupare ciò che ci è dato. Tanta gente non sa perché sta al mondo e non lo sa apprezzare. Non dia retta ai falsi moralisti: si ricordi che rifiutare la vita è un peccato, e invece viverla fino in fondo è una virtù.
(Yunosoke Ito a Takashi Shimura, *Vivere*).
3969. -Vale la pena di vivere per qualcosa per cui moriresti.
(La giornalista Barbara Stanwyck a Gary Cooper, politico naïf che vuole uccidersi dopo aver scoperto di essere stato manipolato da un editore senza scrupoli, *Arriva John Doe*).
3970. -Vanità e illusione è la vita dell'uomo... passa come un'ombra senza lasciare traccia.
(Chieko Naniwa, *Il trono di sangue*).
3971. -Veder vivere gli altri non mi dà voglia di vivere. Mi disgusta l'idea di diventare un giorno come quel tipo là...
-A me invece piace guardare vivere gli altri: vite più o meno felici, sì,

ma nessuna è banale. Se la vita fosse la stessa per tutti mi ucciderei: è la varietà della vita che mi piace.

-Tutti sono banali e vivono banalmente. I soli che mi piace guardare sono i bambini. Tanto peggio se dopo avranno una vita banale: almeno hanno avuto l'infanzia.

(Zouzou e Bernard Verley, *L'amore il pomeriggio*).

3972. -La vita, che lei tanto nobilmente serve, nasce dal disordine, dalla distruzione e dal caos.

(Il malvagio Gary Oldman al sacerdote Ian Holm, *Il quinto elemento*).

3973. -La vita di McCluskey è un libro aperto, con tutte le pagine in bianco.

(Il sindaco Spencer Tracy a proposito del suo sfidante, l'opaco Charles Fitzsimmons, che i media presentano come "onesto", *L'ultimo urrà*).

3974. -La vita è come ce la costruiamo noi...

(Frank Lawton, *La bambola del diavolo*).

3975. -La vita è come la scala di un pollaio: corta e piena di merda che ti sgocciola addosso.

(William Hurt, *Brivido caldo*).

3976. -La vita è come un ponte: attraversalo pure, ma non costruirci mai una casa sopra.

(Cartello sulla porta della casa messicana di Claudio Bisio, *Puerto Escondido*).

3977. -La vita è contro di me. Basta che guardi una cosa e mi accorgo che non ho diritto a niente.

(Béatrice Dalle, *Betty Blue*).

3978. -La vita è dura. D'ora in poi combatterò, e lo farò sul serio. Non m'importa chi soffrirà: basta che non sia io.

(Paulette Goddard, *Diario di una cameriera*).

3979. -La vita è fatta di frammenti che non riescono a congiungersi.

(Stacey Tendeter, *Le due inglesi*).

3980. -La vita è la vita: diventa bella se sei tu a farla bella.

(Harvey Keitel, *Lulu on the bridge*).

3981. -La vita è senza scopo e senza senso.

-Perché vuole che abbia senso? La vita non ha un senso: è desiderio. Il desiderio è il tema della vita, è quello che spinge una rosa ad essere una rosa e a voler crescere così, e una pietra a contenere se stessa e rimanere così.

(Claire Bloom e Charlie Chaplin, *Luci della ribalta*).

3982. -La vita è troppo breve per sedersi sulle tragedie.

(Elaine Stritch, *Settembre*).

3983. -La vita è una cosa assurda, ed è bestiale mettere al mondo dei figli con la sciocca speranza che potranno vivere meglio di noi.

(Gunnar Björnstrand, *Il posto delle fragole*).

3984. -La vita è una guerra totale, amico mio, e nessuno ha il diritto di fare l'obiettore di coscienza.

(Il barista Lou Jacobi al poliziotto Jack Lemmon, *Irma la dolce*).

3985. -La vita è una lotta continua e discontinua.

(Totò, *Il comandante*).

3986. -La vita è una scatola di cioccolatini, Forrest: non sai mai quello che ti capita.

(Sally Field al figlio Tom Hanks, *Forrest Gump*).

3987. -La vita è uno stato mentale.
(Jack Warden, *Oltre il giardino*).

3988. -La vita è un sogno, nient'altro che un sogno. Il sogno di un sogno.
(Anne Lambert, *Picnic ad Hanging Rock*).

3989. -La vita è uno strazio!
-Anche tu.
(Ellen Burstyn e il figlio Alfred Lutter III, *Alice non abita più qui*).

3990. -La vita mi ha talmente impastato da farmi diventare tenero e liscio come un ciottolo nella corrente.
(Bokuzen Hidari, *Bassifondi*).

3991. -La vita non è come l'hai vista al cinematografo: la vita è più difficile.
(Philippe Noiret a Marco Leonardi, *Nuovo Cinema Paradiso*).

3992. -La vita rende cattivi, mamma.
(Henry Fonda a Jane Darnwell, *Furore*).

3993. -La vita, sai, è una cosa seria... Oddio, è anche una fregatura... Insomma, è una fregatura seria.
(Riccardo Garrone a Francisco Rabal, *La rimpatriata*).

3994. -La vita si comporta talvolta come se avesse visto troppi brutti film.
(Humphrey Bogart al funerale di Ava Gardner, *La contessa scalza*).

3995. -La vita va sempre avanti, Chelsea: vai avanti anche tu insieme a lei!
(Katharine Hepburn alla figlia Jane Fonda, *Sul lago dorato*).

3996. -La vita, voglio dire, è un perfetto spettacolo di magia con effetti sempre nuovi e sorprendenti.
(Åke Fridell, *Il volto*).

3997. -Vivere una vita a metà è meglio che non viverla.
(Jan Niklas, *Doctor M*).

3998. -Vivi in fretta, muori giovane e cerca di essere un bel cadavere.
(John Derek, *I bassifondi di San Francisco*).

L'INSEMINAZIONE

3999. -Ma allora, scusa, l'inseminazione artificiale?
-Ma di che stai parlando?
-Sai, dove io sarei fecondata da un donatore...
-Da un estraneo?
-Ci sono banche, sai, dove li tengono surgelati...
-Tu vuoi un figlio scongelato?
(Mia Farrow e Woody Allen, *Hannah e le sue sorelle*).

LA NASCITA

4000. -Io credo che ognuno di noi nasca due volte: il giorno in cui viene al mondo e quando prende coscienza della vita.

(Lettera di Joan Fontaine a Louis Jourdan, *Lettera da una sconosciuta*).

4001. -Ma dico io, come si fa a nascere a Bagnocavallo? Tra tutti quei cavalli bagnati.

(Totò, *Totò nella luna*).

4002. -Prima o poi tu verrai al mondo. Non so quanto ti convenga: c'è l'inferno sulla terra. Di questo ti chiedo sinceramente perdono.

(Il trapper Richard Harris al figlio, ancora nella pancia della madre Prunella Ransome, *Uomo bianco va' col tuo Dio*).

4003. -Sai, te lo devo dire, Cookie: un grande scrittore di nome Sofocle ha detto che probabilmente era meglio non nascere affatto.

-Be', tesoro, ormai è un po' tardi!

(Woody Allen e Hazelle Goodman, *Harry a pezzi*).

IL SOPRAVVIVERE

4004. -C'è gente che sopravvive e altri che permettono alle tragedie della vita di annientarli, e questa è una delle tante crudeltà del vivere.

(Sam Waterston, *Settembre*).

4005. -Col tempo ci si riempie di ruggine: di fuori e di dentro. La notte non dormi, la mattina alzarsi è fatica... E vestirti... e andare in giro... Fare le scale... Però io tiro avanti. Che cosa dovrei fare? Farla finita? Bisogna bene che tiri a campare per poter morire!

(Thelma Ritter, *Mano pericolosa*).

4006. -Durerò quanto basta per pisciare sulla tua tomba.

(Mickey Rourke a John Lone, *L'anno del dragone*).

4007. -Forse sopravvivere è meglio che vivere.

(Massimo Ceccherini, *Cari fottutissimi amici*).

IL SUICIDIO

4008. -A questo si giunge sempre: morire. Ma io non aspetterò, io non voglio aspettare.

(Greta Garbo tenta il suicidio, *Grand Hotel*).

4009. -Che fa sabato sera?

-Occupata. Devo suicidarmi.

-Allora venerdì sera?

(Woody Allen abborda Diane Davila, *Provaci ancora Sam*).

4010. -Come giudichi il suicidio?

-Risolutivo.

(Ellen Burstyn e David Warner, *Providence*).

4011. Forse la verità è che quando un uomo non fa niente per tutta la vita, ha troppo tempo per pensare.

(L'anziano contadino Sterling Hayden di fronte al cadavere del padrone Burt Lancaster, che si è suicidato, *Novecento atto I*).

4012. -Ma come? Io l'ho tirato fuori dalle acque e ora lei vuole tornarci?

-Perché mi ha tirato fuori dalle acque?

-Ma per salvarla!

-È per salvarmi che mi ci ero buttato.

(Charles Granval e il barbone aspirante suicida Michel Simon, *Boudu salvato dalle acque*).

4013. -Mademoiselle, i dipendenti del Pronto Soccorso reparto suicidi le offrono questo orologio d'oro come premio di assiduità.

(Il medico Howard Vernon all'aspirante suicida Paula Prentiss, più volte salvata in extremis, *Ciao Pussycat*).

4014. -Ma ha detto proprio così, con queste parole: "Io vado ad ammazzarmi?".

-Non so con che parole, lei non me lo ha detto.

-Le ha lasciato un biglietto?

-No, ha mandato un telegramma.

-Un telegramma di suicidio, chi è che manda simili telegrammi?

-Solo un matto come Felix. Ve lo immaginate lei che lo ha ricevuto? Avrà dato anche una mancia al fattorino.

(John Fiedler ed Herbert Edelman si informano con Walter Matthau con Jack Lemmon, piantato dalla moglie e piombato in depressione, *La strana coppia*).

4015. -Oh, mi sento svenire. Vuoi scusarmi? Vado nel bagno a prendere una dose eccessiva di sonnifero.

(Paula Prentiss a Peter O'Toole, *Ciao Pussycat*).

4016. -Per anni ho pensato di suicidarmi: è stata l'unica cosa che mi ha tenuto in vita.

(Robin Williams, *Due padri di troppo*).

4017. -Senti, io non mi intendo di suicidi. Quando sono cresciuto, a Brooklyn, mai nessuno che si suicidasse: erano tutti troppo infelici.

(Woody Allen a Mia Farrow, *Crimini e misfatti*).

4018. -Se vuoi far parlare di te sui giornali, buttati sotto un treno: ci sarà più gente.

(Ofelia Guilmain a Marga Lopez, che ha cercato di uccidersi impiccandosi a una trave, *Nazarin*).

4019. -Strano, nella mia famiglia nessuno ha mai tentato il suicidio, nessuno: non era proprio il diversivo per il ceto medio, capisci? Mia madre era troppo occupata a togliere al pollo lesso ogni parvenza di sapore per poter pensare di spararsi addosso o cose così...

(Woody Allen a Charlotte Rampling, *Stardust memories*).

4020. -Il suicidio è un lusso, i poveri non hanno neanche la libertà di uccidersi.

(Totò, *Totò e Carolina*).

4021. -Ti potresti sparare...

-E dove la trovo una pistola, da queste parti?

-No, però potresti trovarti un ponte bello alto.

-Sì, uno di quelli per il bunching-jumping, però senza la corda...

-Soffro di vertigini.

-Annegare: quella sì che è una gran fine.

-Non so nuotare.

-Cazzo, ma non serve saper nuotare, scemo: è proprio questo il punto!

-Dio, non ne hai tanta voglia, eh?

-Scusa.

-Ci sono: potresti metterti in mezzo alla strada e farti sbattere sotto da un amico in macchina.

-Io non ho amici.

-Ma che dici? Se ti abbiamo appena salvato la vita! Non te ne uscire che non siamo tuoi amici, va bene?

-Davvero?

-Ma sì, davvero: io ti sbatterei sotto per niente, mi basta guardarti in faccia.

-Oh, grazie, grazie... Grazie mille.

(I disoccupati Mark Addy e Robert Carlyle parlano con Steve Huison, che hanno appena soccorso mentre stava cercando di uccidersi con il gas di scarico dell'automobile, *Full Monty-Squattrinati organizzati*).

4022. -Tu hai mai pensato al suicidio?

-Prego?

-Al suicidio.

-Ah... Di recente no.

-Io ci penso continuamente, per reincarnarmi come tartaruga.

(Lili Taylor e Johnny Depp, *Arizona dream*).

TITOLI DI CODA

4023. -È la fine del mese, è la fine di tutto, è finita. Detesto tutto quello che finisce, tutto quello che ha un termine... è la fine del film.

(Jean-Pierre Léaud, ultime parole di *Non drammatizziamo... È solo questione di corna*).

LE TRAME DEI FILM

Nelle trame che seguono troverete i dati tecnici e una rapidissima trama dei film dai quali sono tratte le frasi di questo libro. Al termine di ogni scheda sono indicati, fra parentesi quadra, i numeri delle frasi.

Accadde domani (*It happened tomorrow*, René Clair, Usa, 1943, b/n, 84', HV). Un cronista scalognato riceve, dal fantasma di un amico, il "giornale del giorno dopo". Per qualche tempo, conoscendo tutte le notizie con un giorno di anticipo, fa una brillante carriera. Ma un giorno legge sul giornale il proprio necrologio... Secondo dei quattro film hollywoodiani di René Clair. **1/2 [3369]

Accadde una notte (*It happened one night*, Frank Capra, Usa, 1934, b/n, 105', HV). A Miami, un'ereditiera viziata fugge dallo yacht del padre che vuole impedirle di sposare un cacciatore di dote. Diretta a New York in autobus per raggiungere il fidanzato, viene aiutata da un giornalista disoccupato. Ottenuto dal padre il consenso di sposarsi, sull'altare la ragazza ci ripensa e... ***1/2 [592, 941, 1905, 2062, 2448, 2810]

Accattone (Pier Paolo Pasolini, Italia, 1961, b/n, 120', HV). Accattone, sottoproletario romano, vive alle spalle della prostituta Maddalena, che finisce in carcere. Trova un'altra ragazza, Stella, cerca di mandarla a battere ma se ne innamora e decide di provvedere a lei. Dopo aver provato a lavorare, si aggrega a due ladri ma, inseguito dalla polizia, muore investito da una moto. **** [1372, 1380, 1899, 2174, 2211, 2291]

A che servono questi quattrini? (Esodo Pratelli, Italia, 1942, b/n, 85', HV). Il marchese Parascandolo, finito in miseria e abbandonato dall'amante, diventa filosofo e predica l'inutilità del denaro. Per provare la sua teoria, sparge la voce che uno dei suoi discepoli, un falegname, ha ricevuto un'eredità dall'America: e l'uomo, senza un quattrino, si arricchisce davvero. **1/2 [33, 1350, 1373, 1374, 1389, 2969, 2973, 2983]

Acque del Sud (*To have and have not*, Howard Hawks, Usa, 1944, b/n, 100', HV). Martinica, 1942. Il capitano Harry Morgan vive noleggiando la sua barca ai turisti che vanno a pesca. Finirà per aiutare la resistenza francese contro il regime di Petain. Celebri le scene di corteggiamento tra Bogart e Bacall. Da un romanzo di Hemingway, sceneggiatura di Faulkner. **** [336, 362, 623, 1111, 3661, 3888, 3893, 3966]

Addio giovinezza! (Ferdinando Maria Poggioli, Italia, 1940, b/n, 88', HV). Torino. Agli inizi del secolo, uno studente vicino alla laurea si innamora di una sartina ma, sedotto da una "femme fatale", la lascia, per ritrovarsi alla fine solo. Accurata ricostruzione d'epoca. Dalla commedia di Camasio e Oxilia, sceneggiatura di Salvator Gotta e Giacomo Debenedetti. *** [3781]

Adèle H. - Una storia d'amore (*Histoire d'Adèle H.*, François Truffaut, Francia, 1975, col., 100', HV). Adèle Hugo, figlia dello scrittore, nel 1861 sbarca ad Halifax, in Canada. Insegue il tenente Pinson, per il quale nutre un amore non corrisposto. Adèle perseguita l'uomo e arriva ad annunciare il matrimonio con lui. Quando lui è trasferito alle Barbados, lo raggiunge ma, ormai folle, non lo riconosce. ***1/2 [232, 1338]

Un affare di donne (*Une affaire de femmes*, Claude Chabrol, Francia, 1988, col., 105', HV). Ispirato alla vicenda di Marie Latour, giustiziata nel 1943 dal governo di Vichy, la storia di una donna con il marito in guerra e i figli da crescere, che pratica aborti clandestini e finisce sulla ghigliottina, condannata da un governo fascista che vuole il capro espiatorio. ***1/2 [2423, 2927]

L'age d'or (*L'age d'or*, Luis Buñuel, Francia, 1930, b/n, 60', HV). Onirico, dissacratorio, surrealista. Un *amour fou* che non viene consumato, e una catena di immagini che mostrano, in successione, scheletri di vescovi, volti coperti di mosche, giraffe e preti gettati da una finestra, la fellatio all'alluce di una statua. Tra gli sceneggiatori figura Salvador Dalì. *** [723, 1305]

L'agente segreto (*The secret agent*, Alfred Hitchcock, Gran Bretagna, 1936, b/n, 86', HV). Nel 1916, uno scrittore viene inviato in Svizzera dai servizi segreti inglesi per eliminare una spia tedesca. Lo accompagnano una donna che si finge sua moglie e un killer. I tre uccidono un innocuo turista, prima di individuare la vera spia e inseguirla fino alle porte di Costantinopoli. **1/2 [164, 2411]

Agente 007, licenza di uccidere (*Dr. No*, Terence Young, Gran Bretagna, 1962, col., 111', HV). Primo episodio della saga di James Bond, agente segreto inglese, letale e dongiovanni. Qui è in Giamaica per indagare sulla scomparsa di un collega e affronta il dottor No, che dal suo rifugio segreto è in grado di deviare razzi e navicelle spaziali. Memorabile Ursula Andress. *** [2463, 3078, 3283

Agente 007, missione Goldfinger (*Goldfinger*, Guy Hamilton, Gran Bretagna, 1964, col., 111', HV). Il cattivo di turno è stavolta Auric Goldfinger, deciso a fare esplodere un'atomica dentro Fort Knox, deposito delle riserve aurifere americane, in modo da contaminarle e rialzare in maniera clamorosa le quotazioni del suo oro. Bond acquista qui il suo tipico tratto ironico. *** [673, 3026]

Agenzia omicidi (*The ultimate solution of Grace Quigley*, Anthony Harvey, Usa, 1984, col., 95', HV). Un'anziana zitella stanca della vita, dopo avere assistito all'omicidio del suo padrone di casa, rintraccia il killer e lo assolda perché elimini anche lei. Ovviamente le cose andranno in tutt'altro modo. Commedia nera un po' sfilacciata, con una brillante Katharine Hepburn. **1/2 [1327]

Alba di gloria (*Young Mr. Lincoln*, John Ford, Usa, 1939, b/n, 100'). Il giovane Lincoln, futuro presidente degli Stati Uniti e abolitore della schiavitù, arriva a Springfield in sella a un mulo per fare l'avvocato. Nel suo primo processo sottrae al linciaggio e difende due fratelli accusati di omicidio, riuscendo a smascherare il vero assassino. Epico, vigoroso, democratico. **** [1555]

Alba tragica (*Le jour se lève*, Marcel Carné, Francia, 1939, b/n, 90', HV). L'operaio François, dopo avere ucciso il rivale Valentin, si barrica nella sua stanza all'ultimo piano. Mentre attende la polizia che all'alba farà irruzione, sdraiato sul letto ricorda l'amore per una giovane fiorista insidiata da Valentin e la relazione con l'ex amante di lui. Sceneggiatura di Jacques Prévert. **** [274, 505, 918, 927, 969, 2474, 3231, 3260, 3453]

L'albero degli impiccati (*The hanging tree*, Delmer Daves, Usa, 1959, col., 106'). Montana, corsa all'oro. Un medico, dispotico e abituato a decidere le vite altrui, salva una ragazza dalla cecità e, a sua insaputa, le acquista una quota in un giacimento. Quando il socio più anziano cerca di stuprarla, il dottore lo uccide ma rischia di venire impiccato dai minatori. ***1/2 [1134, 1838, 2479]

L'albero delle pere (Francesca Archibugi, Italia, 1998, col., 105', HV). La vita difficile di Siddharta, 14 anni, figlio di genitori "alternativi". Sta con la madre Silvia, separata sia da suo padre sia dal padre della piccola sorellastra Domitilla, 5 anni. Siddharta, protettivo nei confronti della bambina, dovrà esserlo anche nei confronti della madre, quando scopre una siringa che... **1/2 [2459]

Alfredo Alfredo (Pietro Germi, Italia, 1972, col., 110', HV). Un timido bancario di Ascoli Piceno, che ha alle spalle un matrimonio fallito con una donna troppo possessiva, si innamora di una vivace farmacista e si risposa. Anche il secondo matrimonio però, fra gravidanze isteriche e scenate di gelosia, finisce rapidamente per naufragare. ** [1394]

Alice (*Alice*, Woody Allen, Usa, 1990, col., 106', HV). Alice, una ricca quarantenne di Manhattan, ha un costante mal di schiena ed è attratta da uno sconosciuto. Va da un medico cinese, il quale le somministra delle erbe che la rendono invisibile. La donna avrà una relazione con lo sconosciuto (un sassofonista), rivedrà il fantasma del suo primo amore e lascerà il marito fedifrago. *** [2102, 2895, 2896, 3123]

Alice nelle città (*Alice in den stadten*, Wim Wenders, Germania, 1973, b/n, 110', HV). Il lungo viaggio, dall'America alla Germania, di un giornalista al quale una giovane donna ha lasciato la figlia bambina da riportare a casa. Non succede niente, ma il film è tutto nel rapporto tra l'uomo e la bambina e nella riflessione sul viaggio e sulla visione. ***1/2 [3506]

Alice non abita più qui (*Alice doesn't live here anymore*, Martin Scorsese, Usa, 1975, col., 113', HV). Alice, vedova di un camionista, lascia il Nuovo Messico con il figlio bambino, decisa a tornare in California per fare la cantante. Si ritrova cameriera in una tavola calda a Tucson, dove incontra l'uomo giusto e appende i sogni a un chiodo. Commedia tenera e malinconica. ***1/2 [333, 361, 714, 932, 1306, 3989]

Alle soglie della vita (*Nära livet*, Ingmar Bergman, Svezia, 1958, b/n, 84'). Tre donne in ospedale. Cecilia ha abortito, perché il marito non desiderava il figlio. Stina, moglie felice, attende con ansia la nascita del primogenito, che però verrà alla luce morto. Hjördis è una ragazza madre che si sente rifiutata da tutti: grazie all'aiuto di un'infermiera, terrà il bambino. **1/2 [1329, 3275]

All'inseguimento della pietra verde (*Romancing the stone*, Robert Zemeckis, Usa, 1984, col., 105', HV). Una scrittrice di romanzi rosa vive un'avventura simile a quella delle sue storie: deve andare in Colombia per salvare la sorella, sequestrata perché ignara depositaria di una mappa del tesoro. Aiutata da un simpatico avventuriero, libererà la sorella e troverà uno smeraldo. *** [134, 1500, 1502, 1809

All that jazz - Lo spettacolo continua (*All that jazz*, Bob Fosse, Usa, 1979, col., 123', HV). Un regista di Broadway prepara un nuovo musical, tra crisi matrimoniali, problemi con le amanti, scontri con i produttori, e un infarto finale che non interrompe lo spettacolo. Ispirato a *8 1/2* di Fellini, un musical tanatologico con splendide coreografie e qualche compiacimento di troppo. *** [808, 837, 1941, 3964]

Un'altra donna (*Another woman*, Woody Allen, Usa, 1988, col., 84', HV). Docente di filosofia, cinquantenne, Marion affitta un appartamento per scrivere un libro. Lì ascolta le confidenze che, nello studio vicino, una giovane donna fa a uno psicanalista. E riflette sulla sua vita: il matrimonio spento, i cattivi rapporti con il fratello, i sentimenti respinti. Lucido, struggente, bergmaniano. **** [628, 1261, 1262, 2001, 2016, 2025, 2866, 3451, 3456, 3884]

L'altro delitto (*Dead again*, Kenneth Branagh, Usa, 1991, col., 108', HV). Una donna colpita da amnesia, un detective che deve scoprire la sua identità, un delitto passionale avvenuto quarant'anni prima. Denso di rimandi e citazioni, altalenante tra passato e presente, un noir atipico e intriso di parapsicologia. Un godibile Robin Williams nella parte di uno psichiatra. **1/2 [970]

Always-Per sempre (*Always*, Steven Spielberg, Usa, 1988, col., 127', HV). Un pilota del soccorso aereo antincendio perde la vita per salvare un amico. Un angelo gli permetterà di restare, invisibile, accanto alla donna amata per permetterle di rifarsi una vita con un altro uomo. Remake di *Joe il pilota* (1943) di Victor Fleming. Una favola garbata e sottovalutata dalla critica. *** [234, 486]

Amadeus (*Amadeus*, Miloš Forman, Usa, 1984, col., 158', HV). Da una pièce teatrale di Peter Shaffner, che a sua volta si rifà a Puskin, la rivalità tra il rozzo, istintivo e geniale Wolfgang Amadeus Mozart e il maturo, consapevole ma mediocre Antonio Salieri. Sontuoso kolossal con bravi interpreti e una splendida fotografia. Forse, però, un po' troppo lungo. *** [1026]

Gli amanti dei cinque mari (*The sea chase*, John Farrow, Usa, 1955, col., 117'). Amore, guerra ed esotismo nei mari del Sud. Nel 1939, un mercantile tedesco (il capitano è uno spaesato John Wayne) salpa dall'Australia, Gli dà la caccia una nave da guerra inglese. I comandanti delle due imbarcazioni si stimano. E, in più, sono innamorati della stessa donna... ** [3743]

Gli amanti della città sepolta (*Colorado Territory*, Raoul Walsh, Usa, 1949, b/n, 94'). Evaso dalla prigione, il bandito Wes McQueen , dopo avere rapinato un treno fugge verso la montagna assieme alla sua amante, la meticcia Colorado. Verranno raggiunti e uccisi dagli inseguitori. Remake in chiave western del gangster movie *Una pallottola per Roy*, diretto nel 1941 dallo stesso Walsh. *** [620]

Amanti perduti (*Les enfants du paradis*, Marcel Carné, Francia, 1943-44, b/n, 192', HV). Nella Parigi di Napoleone III, Garance è contesa da quattro uomini: il bandito Lacenaire, l'attore Lemaître, il mimo Baptiste e il conte di Montray, del quale diventa la mantenuta. Dopo qualche anno, la donna incontra gli altri uomini: con il mimo è amore, il bandito uccide il conte. ***** [186, 221, 273, 322, 481, 490, 661, 818, 1478, 2012, 2038, 2295, 2318, 2749, 2857, 3322, 3756]

Amarcord (Federico Fellini, Italia/Francia, 1973, col., 127', HV). L'Italietta provinciale e fascista degli anni '30, in una cittadina romagnola, attraverso gli occhi del ragazzo Titta: la Mille Miglia, il piroscafo Rex, l'olio di ricino e i gerarchi, lo zio matto che sale su un albero, la tabaccaia più che maggiorata, la fatale Gradisca che finirà per sposare un carabiniere. Splendido. ****1/2 [954, 2862, 2889]

Amaro destino (*House of strangers*, Joseph L. Mankiewicz, Usa, 1949, b/n, 101'). Il barbiere Gino Moretti, divenuto banchiere a New York con metodi disinvolti, ha tre figli ma ne privilegia uno, Max. Il quale, quando scoppia uno scandalo, si sacrifica per evitare la galera al padre. Salvo scoprire, a pena scontata, che è stato uno dei fratelli a denunciarlo... *** [2955]

Un americano a Parigi (*An American in Paris*, Vincente Minnelli, Usa, 1951, col., 115', HV). Un soldato americano, finita la guerra, si ferma a Parigi per studiare pittura e si innamora di una ragazza francese. Trama quanto mai esile ma coreografie e canzoni splendide (sono quelle di George e Ira Gershwin) per uno dei più bei musical di sempre. ***1/2 [462, 2750, 3672]

Un americano a Roma (Steno, Italia, 1954, b/n, 94', HV). Consacrazione per Alberto Sordi-Nando Moriconi. Che vive a Trastevere ma sogna di essere nato "nel Kansas City", rimpiange di non essere Joe Di Maggio, parla con un buffo accento americano, cerca di sostituire gli spaghetti con yoghurt e mostarda e minaccia di buttarsi dal Colosseo se non gli permettono di emigrare. *** [480, 1904]

Un americano tranquillo (*The quiet American*, Joseph L. Mankiewicz, Usa, 1958, b/n, 120'). In Indocina negli anni '50, durante la rivolta contro i francesi, uno scettico giornalista inglese e un giovane americano, che forse è una spia, si scontrano per amore di una bella vietnamita. L'inglese, geloso dell'americano, lo farà cadere in un agguato teso dai guerriglieri. *** [1201, 1529, 2437, 2653]

L'amica delle 5 e mezzo (*On a clear day you can see forever*, Vincente Minnelli, Usa, 1970, col., 129'). Musical a base di sedute ipnotiche, con Yves Montand psicanalista e Barbra Streisand ragazza qualunque. Grazie all'ipnosi, la Streisand si convincerà di essere già vissuta nell'Inghilterra vittoriana con il nome di Melinda e di essere destinata a sposare lo psicanalista. **1/2 [1145]

Gli amici di Peter (*Peter's friends*, Kenneth Branagh, Gran Bretagna, 1992, col., 101', HV). Per Capodanno, un gruppo di antichi compagni d'università si ritrovano nella dimora di campagna di Peter. Ci sono il marito alcolizzato di una diva da soap-opera, la zitella, l'irrequieta con il nuovo boyfriend, i due coniugi che hanno perso il figlio. Poi Peter annuncia che è sieropositivo... *** [100, 515, 849, 1251]

Amici e vicini (*Your friends & neighbors*, Neil LaBute, Usa, 1998, col., 99'). Due coppie e due spaiati: sesso, molto declamato e poco praticato, di fine millennio. Con le sue nevrosi e i suoi fallimenti. Il masturbatore, il chiacchierone, l'insoddisfatta, la lesbica, l'omosessuale latente... Accoppiamenti poco giudiziosi, molta cattiveria, tanta claustrofobia, troppe parole. ** [197, 3176]

Amici miei (Mario Monicelli, Italia, 1975, col., 109', HV). Cinque amici fiorentini (il capocronista Perozzi, l'architetto Melandri, il primario Sassaroli, il barista Necchi e il nobile decaduto Mascetti) esorcizzano il tempo che passa e morte che incombe organizzando scherzi feroci ai danni di tutti. Celebre la scena degli schiaffi alla stazione. Il film fu pensato da Pietro Germi. ***1/2 [51, 159, 162, 374, 1317, 2176, 2476, 2649, 3419, 3479, 3912]

Amici miei atto II (Mario Monicelli, Italia, 1982, col., 117', HV). Morto il giornalista Perozzi, i quattro amici superstiti continuano la vita di sempre, fatta di scherzi e "zingarate": simulano un crollo della torre di Pisa costringendo i turisti a raddrizzarla, diagnosticano malattie inesistenti a un vecchio strozzino. Ma l'umorismo si fa più feroce, l'umore plumbeo. *** [711, 1169, 1695, 1735, 1889]

Amistad (*Amistad*, Steven Spielberg, Usa, 1997, col., 155', HV). Nel 1839, 53 schiavi neri di un vascello spagnolo diretto a Cuba si liberano. Catturati dagli americani, vengono processati per pirateria e assassinio dell'equipaggio. Difesi da un giovane avvocato e dall'ex presidente John Quincy Adams, vengono assolti perché combattevano per la loro libertà. *** [1554, 3565]

L'ammaliatrice (*The flame of New Orleans*, René Clair, Usa, 1941, b/n, 80'). A New Orleans, un'avventuriera si finge contessa di origine russa per sposare un anziano miliardario. Poco prima del matrimonio si invaghisce però del capitano di battello e fugge con lui sul Mississippi. Nonostante la presenza di Marlene Dietrich, una commedia fiacca. **[3698]

Amore e altre catastrofi (*Love and other catastrophes*, Emma-Kate Croghan, Australia, 1996, col., 74', HV). Turbamenti sentimentali e dilemmi esistenziali di cinque studenti universitari. C'è chi ha scelto le lettere antiche, chi si sta laureando in cinema con una tesi su Doris Day guerriera femminista, chi vuole fare il "medico d'assalto", chi pensa solo alla casa nuova... Carino. ** [3091]

Amore e guerra (*Love and death*, Woody Allen, Usa, 1975, col., 85', HV). Boris, codardo e sessualmente esuberante, parte controvoglia a combattere i francesi. Diventa eroe in maniera fortuita, si batte a duello, sposa la cugina di cui era innamorato fin dall'infanzia e, dopo un attentato fallito a Napoleone, muore fucilato. Satira brillante ma discontinua della letteratura russa. *** [219, 373, 626, 896, 903, 1020, 1035, 1041, 1047, 1079, 1332, 1362, 1427, 1470, 1994, 2046, 2067, 2160, 2163, 2283, 2298, 2386, 2395, 2537, 2563, 3111, 3149, 3160, 3179]

L'amore è una cosa meravigliosa (*Love is a many splendored thing*, Henry King, Usa, 1955, col., 102', HV). L'amore fra un giornalista americano e una dottoressa di Hong Kong, ai tempi della guerra di Corea. Contrastato dagli opposti razzismi cinese e americano, e dalla moglie di lui che non concede il divorzio. Finisce male: lei è cacciata dall'ospedale, lui è ucciso da una bomba. ** [326, 2851]

Amore folle (*Mad love*, Karl Freund, Usa, 1935, b/n, 70'). Il folle dottor Gogol trapianta le mani un lanciatore di coltelli giustiziato per omicidio a un pianista che ha avuto gli arti amputati in seguito a un incidente. Il musicista è in preda a incontrollabili impulsi omicidi e il dottore, innamorato della moglie del pianista, cerca di approfittarne ma impazzisce. Un classico dell'horror. *** [2162]

Amore fra le rovine (*Love among rhe ruins*, George Cukor, Usa, 1975, col., 100'). Un tv movie poco noto e delizioso, con i due grandi vecchi Katharine Hepburn e Laurence Olivier. Un'anziana attrice, impegnata in una causa per rottura di fidanzamento, sceglie come avvocato difensore un uomo che la ama da quando lei aveva vent'anni. Ma finge di non ricordare niente. ***1/2 [1280, 2261]

L'amore fugge (*L'amour en fuite*, François Truffaut, Francia, 1978, col., 94', HV). Quinto e ultimo episodio della serie dedicata da Truffaut all'alter ego Antoine Doinel. Qui Antoine, dopo cinque anni di matrimonio, divorzia dalla moglie Christine, incontra per caso il primo amore Colette, ha una relazione con la giovane Sabine, litiga e fa pace. *** [295, 313, 1227, 1788, 2020, 2252]

L'amore ha due facce (*The mirror has two faces*, Barbra Streisand, Usa, 1996, col., 125', HV). Lui è un professore di matematica che punta a un "matrimonio d'amicizia". Lei una stagionata e spiritosa docente di psicologia, oppressa da una madre ex bella e da una sorella sciupamariti. Si sposano, ma l'astinenza spinge lei a fuggire e a scoprirsi attraente, finché... Un mezzo fiasco. *1/2 [222, 1122, 1932, 3101]

L'amore il pomeriggio (*L'amour l'après midi*, Eric Rohmer, Francia, 1972, col., 98'). Felicemente sposato con Hélène e in attesa del secondo figlio, il professionista Frédéric ha fantasie dongiovannesche. Nella sua vita entra Chloé, una vecchia amica fuori dai ranghi e sessualmente spregiudicata: Frédéric si lascia affascinare, ma al dunque scappa dalla moglie. *** [494, 762, 765, 1799, 2603, 3710, 3971]

Amore, ritorna! (*Lover come back*, Delbert Mann, Usa, 1961, col., 107'). Due pubblicitari, il disinvolto Rock Hudson e la morigerata Doris Day, si fanno la guerra. Prima per un cliente e poi, a tutto campo, per un prodotto inizialmente di fantasia che, realizzato, si rivela una caramella superalcolica. Lui conquista lei sotto falsa identità ma, quando il gioco viene scoperto... **1/2 [562, 569, 876, 2434, 2817, 2829, 2929, 2956, 3131, 3187, 3763]

Analisi di un delitto (*A murder of crows*, Rowdy Herrington, Usa, 1999, col., 102'). Avvocato spregiudicato, dopo aver accusato di omicidio un ricco cliente, viene radiato dall'albo. Si improvvisa allora scrittore e spaccia per suo il manoscritto che uno sconosciuto gli ha dato in lettura. Ma i delitti del romanzo sono veri e insoluti, e l'avvocato si ritrova sospettato... ** [2995]

Anatomia di un rapimento (*Tengokuto jigoku*, Akira Kurosawa, Giappone, 1963, b/n, 143’, HV). A Tokyo, uno studente sbandato decide di rapire il figlio di un industriale. Sbaglia persona e finisce per rapire il figlio del suo autista. L’industriale, comunque, paga il riscatto e accetta di incontrare il giovane criminale prima che venga giustiziato. Da un giallo di Ed McBain. ***1/2 [2961]

Gli angeli con la faccia sporca (*Angels with dirty faces*, Michael Curtiz, Usa, 1938, b/n, 97’, HV). Il gangster Rocky, tornato al vecchio quartiere, rivede l’amico d’infanzia Jerry, che si è fatto prete. Condannato a morte per omicidio, Rocky accetta su richiesta del prete di comportarsi da vigliacco all’esecuzione perché i ragazzi del quartiere non seguano il suo esempio. *** [1069, 1612, 2489, 2507, 2650]

Angeli con la pistola (*Pocketful of miracles*, Frank Capra, Usa, 1961, col., 136’, HV). Un gangster dal cuore tenero aiuta una vecchia venditrice di mele a trasformarsi in una gran dama, per non far sfigurare la figlia, in visita assieme al fidanzato e al padre di lui, due nobili spagnoli. Grazie al gangster, alla festa dell’ex stracciona arrivano anche il sindaco e il governatore di New York... *** [97, 882, 984, 2614, 3552]

Gli angeli dell’inferno (*Hell’s angels*, Howard Hughes/James Whale, Usa, 1930, col. e b/n, 135’). Due fratelli, uno coraggioso e l’altro vigliacco, prendono parte alla prima guerra mondiale come piloti sul fronte francese. Qui ritrovano la sfrontata Helen, che entrambi avevano amato. Catturati in missione, moriranno. Follia produttiva del miliardario megalomane Howard Hughes. ** [22]

Angeli e insetti (*Angels and insects*, Philip Haas, Gran Bretagna, 1995, col., 116’, HV). Inghilterra vittoriana: un naturalista viene assunto da un pastore perché faccia l’inventario del suo studio, si innamora della figlia dell’ecclesiastico e la sposa. Scoprirà in seguito il rapporto incestuoso che lega la donna al fratello. Da un racconto di Antonia S. Byatt. ** [2541]

Angelo (*Angel*, Ernst Lubitsch, Usa, 1937, b/n, 91’, HV). Una donna che nasconde un passato forse non limpido è andata in sposa a un diplomatico inglese. Annoiata dal matrimonio, va a Parigi in cerca di avventure e intreccia un flirt con Anthony. Alcuni giorni dopo, a Londra, l’uomo le viene presentato dal marito. Lei torna a Parigi per rivederlo, seguita a sua insaputa dal marito, e... *** [2253, 3556]

L’angelo azzurro (*Der blaue engel*, Josef von Sternberg, Germania, 1930, b/n, 98’, HV). Per amore della ballerina Lola-Lola, l’austero professor Rath fa a botte con i clienti di un cabaret, è sbeffeggiato dagli studenti e licenziato. Sposata la donna, ne diventa l’inserviente e finisce per fare il clown. Finché, tradito da lei, scappa e va a morire sulla cattedra del vecchio liceo. **** [75, 624, 1431]

L’angelo del male (*La bête humaine*, Jean Renoir, Francia, 1938, b/n, 101’, HV). Un macchinista reso incline alla violenza dalla sua dipendenza all’alcool è spinto dall’amante, Séverine, a ucciderle il marito. Folle di gelosia, l’uomo uccide invece l’amante, confessa il suo delitto a un collega e si suicida gettandosi dal treno in corsa. Dal romanzo *La bestia umana* di Zola. **** [226, 617]

L'angelo sterminatore (*El angel exterminador*, Luis Buñuel, Messico, 1962, b/n, 95'). Un gruppo di borghesi, invitati a cena dalla famiglia Nobile dopo il teatro, non riescono a lasciare il salone in cui sono riuniti, mentre la servitù è scomparsa e un orso e delle pecore circolano per casa. La situazione di cattività si protrae per giorni, mentre l'isteria e la violenza crescono. Finché... **** [2843, 3420]

L'angelo ubriaco (*Yoidore tenshi*, Akira Kurosawa, Giappone, 1948, b/n, 98', HV). Un medico della periferia di Tokyo, disincantato e alcolizzato, assiste il malvivente Matsunaga, capomafia in fin di vita che lotta contro la tubercolosi galoppante e finisce ucciso da un rivale. La strana e quasi muta amicizia tra questi due sconfitti restituisce dignità a ciascuno di essi. ***1/2 [1611, 1875, 1887, 2082]

Angoscia (*Gaslight*, George Cukor, Usa, 1944, b/n, 114', HV). Nella Londra vittoriana, un uomo strangola una donna per derubarla dei gioielli, ma non riesce a trovarli. Sposa allora la nipote della sua vittima e con alcuni trucchi (strani rumori, passi nella notte, luci che vagano sulle scale) cerca di condurla alla follia per avere campo libero nella sua ricerca. Verrà smascherato. ***1/2 [2323, 2764]

Animal crackers (*Animal crackers*, Victor Heerman, Usa, 1930, b/n, 98', HV). Il capitano Jeffrey T. Spaulding, scienziato ed esploratore, ritorna dall'Africa. Una ricca signora offre un ricevimento per festeggiarlo, ma la serata presto degnera: un quadro prezioso viene sostituito con una copia, poi entrambi i dipinti spariscono, l'argenteria corre seri rischi... *** [435, 1340, 1523, 1588, 2006, 2250, 2736, 3770]

Animal house (*National lampoon's Animal house*, John Landis, Usa, 1978, col., 109', HV). In un campus universitario, nei primi anni '60, i goliardi della Delta House mettono alla berlina le autorità accademiche e giocano scherzi feroci agli studenti, in particolar modo ai rivali dell'Omega Club, arrivando ad attaccare il corteo del Faber College. Il mito di John Belushi nasce qui. ***1/2 [1516, 3680]

Animali pazzi (Carlo Ludovico Bragaglia, Italia, 1939, b/n, 72', HV). Il barone Tolomeo dei Tolomei, per entrare in possesso dell'eredità, deve sposarsi. Se resta scapolo, i soldi andranno a un manicomio veterinario. Perseguitato da un'amante gelosa, il nobile assolda il sosia Totò perché si sposi al posto suo, ma il sosia impazzisce... Sceneggiatura di Achille Campanile. ** [429]

Anima persa (Dino Risi, Italia, 1977, col., 100', HV). Il diciannovenne Tino giunge a Venezia per studiare disegno. Viene ospitato nell'antico palazzo degli zii, e apprende che in soffitta è rinchiuso un folle, il fratello entomologo dello zio. Scopre inoltre che, tra gli sceletri nell'armadio della famiglia, c'è quello di una fanciulla morta. Ma dietro questi misteri se ne nasconde un altro... **1/2 [787, 1160, 1213, 2775, 3286, 3525, 3900]

Anna Christie (*Anna Christie*, Clarence Brown, Usa, 1930, b/n, 90', HV). Un vecchio marinaio aspetta la visita della figlia Anna, che non vede da quando era bambina. La donna è un'ex prostituta: confesserà la verità al padre e a un marinaio che la vuole sposare. I due uomini, pur sconvolti, la capiranno. Da un dramma di Eugene O'Neill, il primo film sonoro della Garbo. **1/2 [663, 688, 1515, 3713, 3719, 3739]

Gli anni di corsa (*Les années sandwiches*, Pierre Boutron, Francia, 1988, col., 105', HV). Parigi, secondo dopoguerra. Un quindicenne ebreo che ha perso entrambe i genitori nei campi di concentramento nazisti diventa uomo tra giochi, bravate e traffici del mercato nero. Gli fanno da guida il giovane altoborghese Félix e il mercante ebreo Max. **1/2 [3052, 3914]

Annie del Klondike (*Klondike Annie*, Raoul Walsh, Usa, 1936, b/n, 83'). Una cantante da night detta "la bambola di San Francisco", dopo avere ucciso il suo brutale impresario, si traveste da missionaria dell'Esercito della Salvezza e scappa nel Klondike, dove si è scatenata la corsa all'oro. Prenderà talmente sul serio il travestimento da consegnarsi al poliziotto che le dà la caccia. **1/2 [957]

Gli anni in tasca (*L'argent de poche*, François Truffaut, Francia, 1976, col., 104', HV). A Thiers, in Alsazia, una classe delle elementari all'ultimo mese di scuola prima delle vacanze estive. Giochi, flirt, fantasticherie, furtarelli, problemi con gli adulti. Un film corale nel quale risaltano Julien, bambino maltrattato da madre e nonna, e Patrick, che in colonia scoprirà l'amore. **** [1226]

L'anno del dragone (*Year of the dragon*, Michael Cimino, Usa, 1985, col., 136', HV). Un poliziotto reduce dal Vietnam, brusco fin quasi alla psicosi, si scontra con il giovane e feroce boss di Chinatown, che ordina l'uccisione della sua ex moglie e fa stuprare la sua amica giornalista. Il poliziotto si fa giustizia con un duello finale, ma la situazione a Chinatown resterà identica. *** [2742, 3513, 4006]

L'anno del terrore (*Year of the gun*, John Frankenheimer, Usa, 1991, col., 111', HV). Terrificante pasticcio sul sequestro di Aldo Moro, le Brigate Rosse e la lunga stagione del terrorismo. Giornalisti sciocchini tentati dall'investigazione, luoghi comuni a piene mani, descrizioni della situazione italiana degne di un film demenziale. E Sharon Stone che fa la fotoreporter. * [3404]

Anonimo veneziano (Enrico Maria Salerno, Italia, 1970, col., 94', HV). Un suonatore di oboe ammalato di cancro e la moglie separata, in una Venezia autunnale, scoprono di amarsi ancora e restano insieme finché la malattia non sopraffà l'uomo. Da un romanzo di Giuseppe Berto, una *Love Story* italiana di straordinario successo. Celeberrimo il tema musicale. *1/2 [2768, 3155]

Antoine e Colette (*Antoine et Colette*, François Truffaut, Francia, 1962, b/n, 29', HV). L'episodio migliore di *L'amore a vent'anni* (gli altri sono diretti da Renzo Rossellini, Shintaro Ishitara, Marcel Ophuls e Andrzej Wajda). Antoine Doinel, già protagonista di *I quattrocento colpi*, conosce in una sala di concerti la coetanea Colette e la corteggia, ma la ragazza lo considera solo un amico. **1/2 [1294]

A piedi nudi nel parco (*Barefoot in the park*, Gene Saks, Usa, 1967, col., 106', HV). Due giovani sposi hanno caratteri assai differenti: lui è serio e compassato, lei tende alla stravaganza. A complicare il menage c'è anche l'appartamento che lei ha voluto: al sesto piano, senza ascensore, freddissimo e scomodo. Finché, dopo una lite clamorosa, lui dà di matto e... **1/2 [1144, 1241, 1906, 2073]

Apocalypse now (*Apocalypse now*, Francis Ford Coppola, Usa, 1979, col., 150', HV). Mentre è in corso la guerra in Vietnam, l'ex colonnello americano Kurtz ha disertato per creare nella giungla cambogiana un suo regno sanguinario. Un capitano dei servizi segreti ha il compito di rintracciarlo e ucciderlo. Eseguirà la missione. Un viaggio visionario nel cuore della follia e del male. **** [537, 570, 1538, 1746, 1764, 2140, 2347, 2352, 2378, 2393, 2396, 2521, 3308, 3815, 3835, 3841]

Apollo 13 (*Apollo 13*, Ron Howard, Usa, 1995, col., 139', HV). La storia vera della missione spaziale Apollo 13 che, partita l'11 aprile 1970 con tre astronauti a bordo per raggiungere la luna, dovette rinunciare a causa dell'esplosione di un serbatoio di ossigeno. Noiosetto e un po' retorico nella prima parte, il film si scalda mentre scatta il piano di emergenza per salvare gli astronauti. ** [1364, 3497]

L'appartamento (*The apartment*, Billy Wilder, Usa, 1960, b/n, 125', HV). L'impiegato C. C. Baxter presta il suo appartamento ai superiori perché ci portino le ragazze. Fa carriera, ma quando l'amante del capo del personale (di cui anche lui è innamorato) tenta il suicidio, trova la forza di ribellarsi. Divertente e amarissimo, lucido apologo sul "diventare esseri umani". ****1/2 [123, 298, 300, 444, 466, 654, 682, 1120, 1851, 1908, 3724]

Appartamento al Plaza (*Plaza suite*, Arthur Hiller, Usa, 1971, col., 116', HV). Walter Matthau nel famoso albergo di New York. Tre episodi: una matura coppia torna 24 anni dopo nella stessa suite dove ha trascorso la luna di miele; un produttore seduce una donna parlando di Hollywood; i genitori di una promessa sposa in preda al panico cercano di farla uscire dal bagno. *** [1162, 1282, 2037]

Appuntamento al buio (*Blind date*, Blake Edwards, Usa, 1987, col., 93', HV). Uno yuppie chiede a una ragazza, amica di sua cognata, di accompagnarlo a un'importante cena d'affari. Ma la ragazza, quanto mai educata e tranquilla, ha un difetto: le basta anche un solo goccio di champagne per perdere ogni inibizione. E la cena d'affari diventa una catastrofica baraonda... **1/2 [1691, 2646, 3807]

Apri gli occhi (*Abre los ojos*, Alejandro Amenabar, Spagna, 1997, col., 117'). Ospite del reparto psichiatrico di una prigione, un giovane racconta come ci è arrivato. Ricco, bello e ricercato, è accusato di un omicidio di cui non ricorda quasi niente. Pian piano l'intricato puzzle si ricompone: ne fanno parte due donne, una maschera, un incidente, la realtà virtuale e la criogenetica... *** [811]

Aprile (Nanni Moretti, Italia, 1998, col., 78', HV). Appunti tra il personale e il politico: la sconfitta delle sinistre, l'ascesa e la caduta di Berlusconi, la vittoria dell'Ulivo, un documentario sull'Italia che non si riesce a fare. Al disincanto sull'appannamento degli ideali fa da controcanto la felicità privata: la nascita del figlio Pietro, la voglia di un musical. Tenero, pungente e autoironico. *** [1320, 2419, 2472, 2726, 2728, 3280, 3368]

A proposito di tutte queste... signore (*För att inte tala om alla dessa kvinnor*, Ingmar Bergman, Svezia, 1963, col., 80', HV). Un geniale violoncellista, che si era isolato dal mondo in una villa neoclassica assieme a sette donne, muore per un attacco cardiaco. Il critico Cornelius, ospite della villa per scriverne la biografia, legge il suo manoscritto... Ironica satira su artisti e critici. **1/2 [1736, 2227, 2294]

A qualcuno piace caldo (*Some like it hot*, Billy Wilder, Usa, 1959, b/n, 120', HV). Due musicisti assistono, per caso, al massacro di San Valentino del '29. Per sfuggire ai gangster si travestono da donna e vengono ingaggiati da un'orchestra femminile. Curtis si traveste anche da miliardario per corteggiare Zucchero-Marilyn Monroe, mentre Lemmon è concupito da un maturo riccone. ***** [307, 329, 351, 618, 644, 687, 993, 1185, 1717, 1967, 2272, 2620, 2934, 3123, 3137, 3195, 3199, 3318, 3364, 3554, 3641, 3644, 3742, 3865]

Arabesque (*Arabesque*, Stanley Donen, Usa, 1966, col., 104', HV). Un professore di paleografia diventa consulente di un losco petroliere per decifrare un'antica iscrizione. Ma il gioco si complica e lo studioso si trova coinvolto suo malgrado, assieme all'amante doppiogiochista del magnate, in un complotto per eliminare un primo ministro arabo. Raffinata commedia spionistica. *** [479, 929, 1154, 1198, 1503, 1852, 2668, 2761, 3034, 3811]

Arancia meccanica (*A clockwork orange*, Stanley Kubrick, Gran Bretagna/Usa, 1971, col., 136', HV). Un giovane teppista adora Beethoven, gli stupri e l'"ultraviolenza". In carcere viene sottoposto alla "cura Ludovico", che lo induce a provare repulsione fisica per la violenza. Libero e inerme, da carnefice diventa vittima. Per tornare a esercitare la violenza, verrà a patti con il potere. ***** [582, 698, 788, 1284, 1434, 2540, 2898, 2902]

Aria di Parigi (*L'air de Paris*, Marcel Carné, Francia/Italia, 1954, b/n, 101', HV). Un vecchio pugile che gestisce una palestra scopre una giovane promessa, lo accoglie in casa sua, gli trova un lavoro e lo allena. Ma sul futuro campione ha messo gli occhi anche un'affascinante modella, che rischia di traviarlo. La donna però finisce per farsi in disparte e il richiamo della boxe prevale. **1/2 [151, 218, 321, 440]

Arizona dream (*Arizona dream*, Emir Kusturica, Francia, 1992, col., 142', HV). Sogni e realtà intrecciati in maniera inestricabile. Un giovane che sogna pesci ed eschimesi va in Arizona dallo zio, che vuole insegnargli a vendere macchine. Finisce per innamorararsi di una donna matura e stramba che vuole volare senza motore, ma anche della sua infelice figliastra... ***1/2 [257 416, 500, 1377, 2188, 3300, 3316, 3831, 4022]

Armageddon-Giudizio finale (*Armageddon*, Michael Bay, Usa, 1998, col., 150', HV). Qualche ora dopo la scomparsa di uno shuttle nello spazio, una pioggia di meteoriti investe la costa occidentale degli Stati Uniti. È l'avvisaglia di una cometa grande quanto il Texas, che sta per piombare sulla Terra. Per evitare l'impatto ci sono 18 giorni, e la Nasa si affida a un gruppo di volontari... ** [1365, 2289]

L'armata Brancaleone (Mario Monicelli, Italia, 1966, col., 120', HV). Un cavaliere fanfarone e male in arnese riceve da un gruppo di scalcagnati briganti una pergamena: è il titolo di possesso del feudo di Aurocastro, in Puglia. Il cavaliere guida la strana armata verso il feudo, attraverso mille peripezie: la peste, le voglie di una vedova e di una vergine, i bizantini e i pirati saraceni... *** [1630, 3115, 3873]

L'armata degli eroi (*L'armée des ombres*, Jean-Pierre Melville, Francia, 1969, col., 107', HV). Le vicende individuali e collettive di un gruppo di partigiani francesi, durante la resistenza agli invasori nazisti. Uno dei partigiani è torturato a morte, un altro è ucciso mentre effettua una missione, una donna viene ammazzata dai compagni perché non parli... *** [3458]

Arriva John Doe (*Meet John Doe*, Frank Capra, Usa, 1941, b/n, 123', HV). Per evitare il licenziamento, una giornalista inventa una lettera di un fantomatico John Doe, che minaccia il suicidio contro le ingiustizie del mondo. La lettera ha successo e porta l'editore a inventare John Doe, impersonato da un ex giocatore di baseball. Si decide di candidarlo alla presidenza, ma... *** [3224, 3236, 3374, 3632, 3969]

Arrivano i Titani (Duccio Tessari, Italia, 1961, col., 120', HV). Creta è governata dal crudele re Cadmo, che si crede un dio. Crios, inviato da Giove assieme agli altri Titani per detronizzarlo, si fa assumere al suo servizio e gli rivolta contro i cretesi. Nel frattempo, si innamora della bella figlia di Cadmo, Antiope, costretta a fare la sacerdotessa del culto del padre. Mitologico con ironia. **1/2 [1119, 1777, 2438]

Arsenico e vecchi merletti (*Arsenic and old lace*, Frank Capra, Usa, 1944, b/n, 118', HV). Due simpatiche vecchiette di Brooklyn, animate da spirito di carità, uccidono gli anziani soli per liberarli dall'infelicità. Un nipote ritardato li sotterra in cantina. Il nipote sano, venuto per presentare la fidanzata, cerca di farle ragionare, ma arriva suo fratello, un criminale evaso... **** [245, 2149, 3084]

Arturo (*Arthur*, Steve Gordon, Usa, 1981, col., 97', HV). Un giovane miliardario stravagante, perdigiorno ma di buon cuore, assistito dall'immancabile e inappuntabile maggiordomo inglese, si trova a risolvere un dilemma per lui arduo: combinare un matrimonio d'interesse con una ragazza del suo rango oppure sposare la povera ma affascinante Liza Minnelli? **1/2 [1381, 2648, 2922, 3208]

Ascensore per il patibolo (*Ascenseur pour l'échafaud*, Louis Malle, Francia, 1957, b/n, 92', HV). Un uomo uccide il marito dell'amante. Tornato sul luogo del delitto per recuperare un oggetto, rimane intrappolato in ascensore. Intanto due giovani gli rubano l'auto e uccidono due turisti. È incriminato per questo delitto. L'amante rintraccia i due giovani e lo scagiona ma... ***1/2 [363]

L'asso nella manica (*The big carnival*, Billy Wilder, Usa, 1951, b/n, 112'). Un giornalista canaglia approfitta di un tombarolo sepolto in una caverna indiana per rilanciarsi la carriera. Ritarda gli aiuti e crea l'avvenimento, finché il posto diventa un gigantesco luna park. Ottiene il suo scoop, ma lo scavatore ci lascia le penne. Profetico, molto prima che la morte facesse audience in TV. ****1/2 [127, 1348, 1731, 2642, 2906, 3366, 3386, 3394, 3407, 3411, 3417, 3782, 3812]

L'Atalante (*L'Atalante*, Jean Vigo, Francia, 1934, b/n, 89', HV). Gli sposini Juliette e Jean vivono, con un ragazzo e un vecchio marinaio, a bordo della chiatta Atalante. Stufa della vita di bordo e sedotta dalle chiacchiere di un venditore ambulante, Juliette una notte scappa per andare a vedere Parigi. Jean si dispera e tenta persino di annegarsi, Juliette si pente. Torneranno insieme. **** [588, 2751]

Attacco al potere (*The siege*, Edward Zwick, Usa, 1998, col., 116'). I terroristi islamici fanno esplodere un autobus a Brooklyn. Scatta l'allarme generale, il presidente degli Stati Uniti decreta la legge marziale e, mentre i carri armati presidiano New York, un generale, un agente speciale dell'FBI e un dirigente della Cia lavorano per catturare i terroristi. ** [2410]

L'attimo fuggente (*Dead Poets Society*, Peter Weir, Usa, 1989, col., 130', HV).Vermont, 1959. In una scuola superiore dove si forma la futura classe dirigente, il professor Keating tiene appassionate lezioni di poesia e letteratura e sprona gli studenti a pensare con la loro testa. Keating è cacciato, ma nella memorabile scena finale gli allievi si schierano con lui. Enfatico ma commovente. ***1/2 [93, 94, 1748, 1749, 2532, 2549, 2569, 3325, 3547]

Austin Powers (*Austin Powers: International man of mystery*, Jay Roach, Usa, 1997, col., 94', HV). L'agente segreto Austin Powers, puro concentrato di swinging London e optical anni '60, viene ibernato. Scongelato trent'anni dopo, deve riprendere la lotta contro il supercattivo. Parodia non irresistibile del bondismo, con Mike Myers che rifà il verso a Peter Sellers. *1/2 [894, 1360, 2570, 3589]

L'avamposto degli uomini perduti (*Only the valiant*, Gordon Douglas, Usa, 1950, b/n, 105'). In attesa dei rinforzi, mentre gli apaches assediano il forte, capitano severo ma giusto resiste e intanto sceglie, tra i suoi uomini, i sei "scarti" che dovranno scortare un capo indiano prigioniero. Fiacca anticipazione di *Quella sporca dozzina*. *1/2 [139]

Le avventure del barone di Munchausen (*The adventures of baron Munchausen*, Terry Gilliam, Gran Bretagna/Germania, 1989, col., 126', HV). In una città assediata va in scena una rappresentazione teatrale: il vecchio barone di Munchausen racconta le sue imprese esagerate, come quando raggiunge la luna a cavalcioni di una palla di cannone... *** [3342, 3864]

Gli avventurieri dell'aria (*Only angels have wings*, Howard Hawks, Usa, 1939, b/n, 121', HV). Un gruppo di piloti postali americani in Sudamerica, comandati dallo scontroso e cinico Jeff. Un pilota muore in volo e viene sostituito da un nuovo arrivato, che in passato si era comportato da vigliacco. Il nuovo pilota si riscatta con un gesto eroico, mentre una cantante conquista Jeff. **1/2 [686, 963, 2183, 3721]

L'avvocato del diavolo (*Devil's advocate*, Taylor Hackford, Usa, 1997, col., 143', HV). Un giovane avvocato della Florida vince una causa dietro l'altra. Viene notato da John Milton, uno dei più prestigiosi legali di New York, che lo ingaggia. Dà così la scalata al successo, ma perderà la moglie e l'anima, perché Milton è il diavolo. E se fosse un sogno? Pasticcio thriller-orrorifico. *1/2 [209, 901, 1017, 1766, 3665, 3897]

Baby boom (*Baby boom*, Charles Shyer, Usa, 1987, col., 110', HV). Una yuppie d'assalto, che pensa soltanto alla carriera, riceve in "eredità" una bambina di due anni, orfana di suoi parenti. Il fidanzato la molla, l'azienda per cui lavora la costringe alle dimissioni. Lei emigra nel Vermont e, a partire da una salsa di mele, costruisce un piccolo impero di cibi naturali per bambini. ** [493, 1811, 2811]

Baciala per me (*Kiss them for me*, Stanley Donen, Usa, 1957, col., 105'). Licenza premio a San Francisco di tre ufficiali della marina, durante la seconda guerra mondiale. Nell'albergo è in corso una festa, e uno dei tre corteggia la fidanzata di un armatore, fa a pugni con lui e la conquista. Tornati alla nave, apprenderanno che è sta attaccata dai giapponesi... ** [2, 900]

Baciami, stupido (*Kiss me, stupid!*, Billy Wilder, Usa, 1964, b/n, 124', HV). Compositore di provincia, geloso ma calcolatore, cerca di ingraziarsi un celebre cantante (e donnaiolo) di passaggio, offrendogli una prostituta che spaccia per sua moglie. A letto con il cantante finirà, all'insaputa del marito, la moglie vera. Commedia acre e sottovalutata. **** [29, 343, 636, 645, 685, 1664, 2245, 3068, 3731]

Il bacio della donna ragno (*The kiss of the spider woman*, Hector Babenco, Usa/Brasile, 1985, col., 119', HV). In una dittatura dell'America Latina, la vita comune di due compagni di cella, un oppositore politico e un omosessuale. Il prigioniero politico insegna all'altro coraggio e dignità, il gay racconta vecchi film di Hollywood e sfida la prigione con la forza della fantasia. **1/2 [2581, 2876, 3607]

Il bacio della morte (*Kiss of death*, Henry Hathaway, Usa, 1947, b/n, 98', HV). Il rapinatore Nick Bianco decide di vendicarsi collaborando con la giustizia per incastrare gli ex complici. Mentre era in carcere, infatti, uno di loro gli ha sedotto la moglie, che si è uccisa. Bianco viene rimesso in libertà, ma ora gli dà la caccia un killer che lui ha accusato e che è stato mandato assolto... *** [1676, 2616]

Il bacio della pantera (*Cat people*, Jacques Tourneur, Usa, 1943, b/n, 73', HV). Irina crede di appartenere a una stirpe di donne che si trasformano in pantere per uccidere gli uomini che le amano. Così, non consuma il matrimonio. Poi, una pantera attacca il marito che vuole divorziare, e... Irina morirà nello zoo, davanti alla gabbia di una pantera. Gemma dell'horror fantastico. **** [414, 2326, 2903]

Il bacio dell'assassino (*Killer's kiss*, Stanley Kubrick, Usa, 1955, b/n, 67'). Un pugile ha come vicina di casa una ragazza che fa la ballerina in un locale. Il padrone della ragazza la molesta e arriva a sequestrarla. Il pugile accorre in suo soccorso e, dopo un inseguimento sui tetti che si conclude in un deposito di manichini, ha la meglio sull'uomo. ***1/2 [279, 1410, 2170, 3949]

Baci rubati (*Baisers volés*, François Truffaut, Francia, 1968, col., 90', HV). Terzo episodio della serie di Antoine Doinel. Congedato dal servizio militare per instabilità di carattere, Antoine torna a Parigi, passa da un lavoro all'altro e conosce Christine. Mentre fa il detective privato, si innamora della moglie di un cliente e riesce ad avere con lei un breve incontro. *** [216, 599, 1589, 2200, 2388]

Bagnomaria (Giorgio Panariello, Italia, 1998, col., 90'). Un'ordinaria giornata di settembre in Versilia. Le vicende del bambino Simone attratto da una procace "bombolonaia", del bagnino Mario che tenta di salvare il suo stabilimento, del ciclista ubriaco Merigo che tenta di difendersi dagli scherzi, e di Lello Splendor, addetto alle pubbliche relazioni e figlio degenere del sindaco. Panariello si fa in quattro. *1/2 [445]

Balla coi lupi (*Dances with wolves*, Kevin Costner, Usa, 1990, col., 181', HV). Nel 1863, durante la guerra civile fra nordisti e sudisti, il tenente nordista John Dunbar abbandona l'esercito per andare a vivere con i Sioux Lakota. Verrà ribattezzato da loro "Danza coi lupi", finirà per scoprire che i bianchi portano distruzione e violenza e che gli indiani non sono selvaggi. **** [3965]

La ballata di Cable Hogue (*The ballad of Cable Hogue*, Sam Peckinpah, Usa, 1970, col., 121', HV). Inizi del '900. Cable Hogue, cercatore d'oro abbandonato a morire di sete nel deserto di Gila da due soci, trova una sorgente d'acqua e ci si arricchisce. In attesa della vendetta, rinuncia a lasciare il deserto. Morirà investito dall'automobile della donna che ama. *** [332, 928, 935, 1062, 1063, 1204, 1209, 2081, 2228, 2229, 2848, 3023]

√ **Balle spaziali** (*Spaceballs*, Mel Brooks, Usa, 1987, col., 97', HV). Il dittatore Skroob dichiara guerra al pianeta Druidia per impossessarsi della sua aria, e fa rapire la principessa Vespa, promessa sposa del principe Valium. A liberarla provvederà l'avventuriero Stella Solitaria, assieme al "canuomo" Rutto, con l'aiuto del saggio Yogurt. Parodia leggerina di *Guerre stellari*. ** [1351, 2987, 3551]

La bambola del diavolo (*The devil-doll*, Tod Browning, Usa, 1936, b/n, 79', HV). Un banchiere condannato ingiustamente per le trame di un socio fugge dall'Isola del Diavolo assieme a un chimico folle, che ha inventato un procedimento in grado di rimpicciolire cose e persone. Travestito da giocattolaia, il banchiere userà la scoperta dello scienziato per vendicarsi. *** [3974]

La banda degli onesti (Camillo Mastrocinque, Italia, 1956, b/n, 90', HV). Bastano un cliché per banconote da diecimila lire e un po' di carta filigranata, ereditate da un inquilino, per trasformare il portinaio Antonio Bonocore, assieme a un tipografo e a un pittore di insegne, in falsari. Il terzetto, però, non ha il coraggio di spacciare le banconote false, e le brucia. **1/2 [12, 550, 1268, 2213, 3545]

Il bandito della Casbah (*Pépé le Moko*, Julien Duvivier, Francia, 1937, b/n, 90'). Un gangster parigino, braccato dalla polizia, trova rifugio nella Casbah di Algeri. Quando conosce la donna della sua vita, lascia il quartiere-rifugio e cerca di imbarcarsi assieme a lei su una nave, ma fallirà nell'impresa. Ispirato a *Scarface* di Hawks, il film che consacrò Jean Gabin. **** [1593, 2755]

Il bandito delle ore undici (*Pierrot le fou*, Jean-Luc Godard, Francia, 1965, col., 112'). Ferdinand detto Pierrot, borghese annoiato, lascia moglie e figli e fugge con Marianne verso il mare. Scandita da violenze, rapine e tradimenti, la fuga ha un epilogo tragico: Pierrot uccide Marianne e il nuovo amante della ragazza, e si fa saltare in aria con la dinamite. ***1/2 [785]

Il bandito senza nome (*Somewhere in the night*, Joseph L. Mankiewicz, Usa, 1946, b/n, 108'). George Taylor, un marine che ha perso la memoria in guerra, torna a Los Angeles per scavare nel proprio passato. E scopre di essere in realtà Larry Cravat, detective scomparso con due milioni di dollari e ricercato per alcuni delitti. Ma alla fine la sua innocenza verrà provata. *** [3263]

Barbarella (*Barbarella*, Roger Vadim, Francia/Italia, 1967, col., 97', HV). La sexy eroina Barbarella, nel XL secolo, cerca di rintracciare nel pianeta Sogo uno scienziato scomparso con la formula del raggio positronico. Bamboleggiamenti ed eros patinato in un fumettone (il film era in origine un cartoon) pensato prima per Brigitte Bardot e poi per Jane Fonda, mogli di Vadim. Noioso. *1/2 [1100]

Barry Lyndon (*Barry Lyndon*, Stanley Kubrick, Gran Bretagna, 1975, col., 184', HV). L'irresistibile ascesa e la rovinosa caduta di un avventuriero irlandese. Soldato, disertore, mercenario e spia, giocatore d'azzardo, Redmond Barry sposa la nobile Lady Lyndon e si sistema. La sua inettitudine lo manderà in rovina, il figliastro lo renderà storpio in un duello. **** [24, 325, 975, 2030, 2783]

Bassifondi (*Donzoko*, Akira Kurosawa, Giappone, 1957, b/n, 137'). Reietti di ogni tipo (un ex attore alcolizzato, un samurai in miseria, un ladro, una puttana, un giocatore, un fabbro e uno strano pellegrino) in un dormitorio posto in una discarica e gestito da un usuraio. Tutti cercano di riscattarsi, l'ex attore finirà suicida. Da una pièce di Maksim Gorkij. *** [3614, 3990]

I bassifondi di San Francisco (*Knock on any door*, Nicholas Ray, Usa, 1949, b/n, 100'). Un avvocato cresciuto in un quartiere malfamato difende dall'accusa di omicidio un giovane che ha avuto la sua stessa sorte, e nell'arringa conclusiva rievoca davanti alla giuria la sua infanzia con mille problemi. Prodotto da Humphrey Bogart, uno dei primi film generazionali made in Usa. *** [3998]

√ **Batman** (*Batman*, Tim Burton, Usa, 1989, col., 126', HV). A Gotham City, il miliardario Bruce Wayne si trasforma nel giustiziere mascherato e ipertecnologico Batman, per combattere il Male. Stavolta, l'eroe dei fumetti affronta il criminale Joker, che vuole diventare il padrone della città, per scoprire che è l'uomo che uccise i suoi genitori. Cupo, gotico, notturno. *** [2145, 2275]

Batman & Robin (*Batman and Robin*, Joel Schumacher, Usa, 1997, col., 130', HV). Batman, con l'aiuto del fido Robin e della batgirl, si trova stavolta ad affrontare il Dottor Freeze, che minaccia di congelare Gotham City, e la sua alleata Poison Ivy (Uma Thurman, la più brava del cast). Un giocattolone ricco di effetti visivi, ma tutto sommato deludente. ** [2145, 3701]

La bella brigata (*Le belle équipe*, Julien Duvivier, Francia, 1936, b/n, 100'). Cinque poveracci vincono alla lotteria e decidono di investire la somma nell'apertura di un bar. L'arrivo di una donna porta discordia fra i cinque, e la "bella brigata" si riduce a due persone. La donna cerca di metterli l'uno contro l'altro, ma l'amicizia virile trionfa e la donna viene allontanata. **1/2 [155, 3652]

Bella di giorno (*Belle de jour*, Luis Buñuel, Francia, 1967, col., 102', HV). Séverine, moglie repressa di un medico, si mostra fredda e distante con il marito e ha ricorrenti fantasie di sottomissione e umiliazione. Le realizza prostituendosi al pomeriggio con il "nom de plume" di Bella di giorno. Ma l'incontro con un giovane malvivente porterà alla tragedia. ***1/2 [669, 709, 2286]

La bella e la bestia (*La belle et la bete*, Jean Cocteau, Francia, 1946, b/n, 100', HV). Un uomo coglie una rosa nel giardino di un castello. Il proprietario, un mostro per metà uomo e per metà bestia, lo cattura e minaccia di ucciderlo se al suo posto non si offrirà prigioniera la figlia Belle. La ragazza accetta e con il suo amore redime la Bestia, vittima di un incantesimo. ***1/2 [254, 443, 1783]

La bella scontrosa (*La belle noiseuse*, Jacques Rivette, Francia, 1991, col., 125', HV). Un famoso pittore, in crisi artistica da molti anni, ha lasciato incompiuto il quadro-sintesi della sua carriera, che aveva incominciato a dipingere usando la moglie come modella. Lo riprenderà, e riuscirà a concluderlo, dopo avere incontrato una ragazza che sarà la nuova modella. *** [3039]

La belle histoire (*La belle histoire*, Claude Lelouch, Francia, 1992, col., 205'). Un film quanto mai insolito, basato sulla teoria della metempsicosi e sulla storia come eterno ritorno: un predicatore ebreo e una bella prostituta si incontrano in un lebbrosario nel 33 a.C. Si ritroveranno ai giorni nostri, lui zingaro e lei taccheggiatrice ai grandi magazzini, per scoprire di amarsi da millenni. ** [3299]

Belle of the Nineties (*Belle of the Nineties*, Leo McCarey, Usa, 1934, b/n, 73'). Mae West, cantante e avventuriera nel Far West di fine '800, entra in scena incedendo con sussiego, canta *My old flame* accompagnata dall'orchestra di Duke Ellington e, come sempre, fa strage di cuori maschili. Il regista è lo stesso della *Guerra lampo dei fratelli Marx*. Inedito in Italia. **1/2 [898]

La bellezza del diavolo (*La beauté du diable*, René Clair, Italia/Francia, 1950, b/n, 91'). Il mito di Faust e il patto con Mefistofele: lo scienziato vende l'anima al diavolo in cambio di gioventù e ricchezza. Con due novità: Faust e Mefistofele si scambiano le sembianze (nel film, all'inizio, lo scienziato è vecchio e il diavolo giovane) e Faust, alla fine, si pente del patto e il diavolo lo annulla. ** [1092, 1098, 2247]

Benjamin, ovvero le avventure di un adolescente (*Benjamin ou les mémoires d'un puceau*, Michel Deville, Francia, 1968, col., 130'). Avventure libertine nella Francia settecentesca. L'adolescente Benjamin entra al servizio di una contessa. L'amante di lei diventa il suo istruttore amoroso, ma lo spaurito e goffo adolescente supererà ben presto il maestro. ** [1902, 3779]

Bentornato Dio! (*Oh, God!*, Carl Reiner, Usa, 1977, col., 96', HV). Il giovane impiegato di un supermercato riceve un biglietto con cui Dio gli dà appuntamento al 27° piano di un grattacielo. Ci va, credendo a uno scherzo, e una voce gli dice di annunciare l'esistenza di Dio e la sua bontà. Dio in seguito gli appare in scarpe da tennis, lo nomina suo portavoce e lo mette nei guai... **1/2 [1167, 2887]

Betty Blue (*37° 2 le matin*, Jean-Jacques Beineix, Francia, 1986, col., 122', HV). L'arrivo di Betty cambia la vita del meccanico e aspirante scrittore Zorg: tra i due è amore assoluto e appassionato, lui comincia a credere nelle proprie doti. Ma la donna, esplosiva e conturbante, nasconde una fragilità che viene a galla in seguito a una mancata gravidanza, fino a sfociare in follia. **1/2 [3977]

Bianca (Nanni Moretti, Italia, 1984, col., 95', HV). Michele Apicella, insegnante di matematica alla scuola Marilyn Monroe, è il custode ossessivo della "moralità sentimentale" dei suoi amici: in caso di infedeltà, li elimina. Prigioniero dell'assoluto, a sua volta non riuscirà a vivere l'amore per la collega Bianca e si consegnerà alla polizia. Celebre la scena della Nutella. **** [7, 15, 61, 173, 319, 1164, 1308, 1480, 1914, 3087, 3102, 3590, 3624]

Big fish (*Shooting fish*, Stefan Schwartz, Gran Bretagna, 1997, col., 110', HV). Due giovani coetanei, un americano e un inglese cresciuti in povertà, si consorziano per architettare truffe ai danni dei ricchi. Lo scopo è quello di arricchire a loro volta, per comprare una casa signorile. Ma il destino vuole che incontrino una ragazza che deve salvare una fondazione per bambini Down... ** [1663]

Billy il bugiardo (*Billy liar*, John Schlesinger, Gran Bretagna, 1963, b/n, 98'). Il giovane e timido impiegato Billy Fisher si è inventato un paese immaginario, la repubblica di Ambrosia, che gli consente di evadere dalla grigia realtà. L'amore della londinese Liz lo costringe ad accantonare le fantasticherie, ma solo per poco: alla fine Billy le preferirà i sogni e la provincia. ***1/2 [3957]

La bionda e lo sceriffo (*The sheriff of fractured jaw*, Raoul Walsh, Gran Bretagna, 1958, col., 103'). Parodia del western classico: un fabbricante d'armi inglese, vestito come un dandy e incapace di sparare un colpo, capita nel West per affari. Dopo aver disarmato un gruppo di indiani con un ombrello, viene nominato sceriffo e sposa la proprietaria di un saloon. ** [138, 1734]

La bionda esplosiva (*Will success spoil Rock Hunter?*, Frank Tashlin, Usa, 1957, col., 95'). Un pubblicitario ingaggia una diva di Hollywood per pubblicizzare un rossetto. La sua idea ha successo, ma gli complica la vita, perché la diva lo spaccia per il suo boyfriend, scatenando le ire della vera fidanzata. Satira feroce (e al tempo male accolta) della pubblicità. *** [2799, 3480, 3633]

Blade runner (*Blade runner*, Ridley Scott, Usa, 1982, col., 118', HV). Nella Los Angeles del 2019, sferzata da una pioggia incessante, si aggirano alcuni replicanti Nexus 6, in tutto e per tutto simili all'uomo: sono scappati dalle colonie spaziali dove erano usati come schiavi e vogliono protrarre la loro vita oltre i termini programmati. L'ex poliziotto Rick Deckart dà loro la caccia. **** [1387, 1399, 1498, 2005, 2094, 2190, 2519, 3922, 3941]

Blood & wine (*Blood & wine*, Bob Rafelson, Usa, 1997, col., 98', HV). Un commerciante di vini in cattive acque decide di rubare i gioielli di un cliente, e ingaggia uno scassinatore. Il colpo ha successo, ma la moglie e il figliastro del commerciante lo battono sul tempo (lui sta per scappare con l'amante) e spariscono con il bottino. Ne nasce una faida da cui non si salva nessuno. **1/2 [3896]

Blue in the face (*Blue in the face*, Wayne Wang/ Paul Auster, Usa, 1995, col., 84', HV). Seguito in gran parte improvvisato – e girato in pochi giorni – di *Smoke*. Protagonista è ancora il tabaccaio di Brooklyn Augie Wren. Attorno a lui, fidanzate gelose, mogli che vogliono scappare a Las Vegas, squilibrati che fanno sondaggi, barboni in cerca della cialda belga. Numerosi camei. *** [1229]

√ **The Blues Brothers** (*The Blues Brothers*, John Landis, Usa, 1980, col., 130', HV). Appassionati di rhythm & blues, i fratelli Jake ed Elwood devono rintracciare 5.000 dollari per evitare la chiusura dell'orfanotrofio che li ha cresciuti. Rimettono in piedi la vecchia band ma combinano tanti guai da essere inseguiti dalla polizia, da una fidanzata tradita, da un gruppo country e dai nazisti. **** [470, 1039, 2063, 2723, 2909, 2913]

Blue steel-Bersaglio mortale (*Blue steel*, Kathryn Bigelow, Usa, 1990, col., 102', HV). Attrazione fatale tra una poliziotta appena diplomata dalla Police Academy di New York e uno yuppie che le ha rubato la pistola. L'uomo si rivelerà un serial killer misticheggiante e si trasformerà nel suo implacabile persecutore. Finale eccessivo, thriller non del tutto azzeccato. **1/2 [129]

Boccaccio '70 (Federico Fellini/Luchino Visconti/Vittorio De Sica/Mario Monicelli, Italia/Francia, 1962, col., 225', HV). Film in quattro episodi. Un censore è ossessionato dal gigantesco manifesto di Anita Ekberg che pubblicizza il latte. Una moglie si fa pagare per fare l'amore con il marito, coinvolto in un giro di squillo. Una donna si offre come premio a una lotteria. Due operai si sposano e mettono su casa ma non riescono a vedersi mai, perché hanno orari differenti. *** [696]

Body of evidence (*Body of evidence*, Uli Edel, Usa, 1992, col., 120', HV). Terrificante scopiazzatura, con rinforzo erotico, di *Testimone d'accusa*: donna accusata di avere ucciso attempato riccone con overdose di sesso, assume un avvocato ingenuo che scoprirà a sue spese la perfidia della cliente. Manette, cera bollente, Madonna in mutande. * [1579]

Bonzo la scimmia sapiente (*Bedtime for Bonzo*, Frederick De Cordova, Usa, 1951, b/n, 83'). Un professore, convinto che il carattere sia frutto dell'educazione, adotta lo scimpanzè Bonzo e lo tratta come un figlio. La scimmia sta al gioco a modo suo, facendo capricci e combinando guai, fino all'inevitabile ritorno alla natura. Il professore è Ronald Reagan. ** [2808]

Il boom (Vittorio De Sica, Italia, 1963, b/n, 95', HV). Un imprenditore un po' disinvolto, arrivato sull'orlo della bancarotta, pur di non essere travolto e di non mettere a repentaglio il matrimonio, accetta l'offerta di un riccone che sta per diventare cieco: vendergli un occhio in cambio di un generoso assegno. Ma a un passo dall'operazione ci ripensa. **1/2 [921]

Il boss e la matricola (*The freshman*, Andrew Bergman, Usa, 1990, col., 102', HV). Un ragazzo di provincia, derubato poco dopo essere arrivato a New York per studiare cinema, viene "adottato" da un mafioso. Il boss traffica in animali in via di estinzione, con le cui carni allestisce banchetti clandestini per buongustai, e ha bisogno di un insospettabile che gli faccia da corriere. **1/2 [126]

Una botta di vita (Enrico Oldoini, Italia, 1988, col., 92', HV). Due anziani, che i parenti hanno lasciato soli a casa per il Ferragosto, decidono una "botta di vita" : qualche giorno di vacanza in Costa Azzurra. Lì si trovano alle prese con hascisc, giovinotti e giovinotte, nudisti e tipi da spiaggia, attempate frequentatrici di casinò ecc. Bravo Bernard Blier. ** [3842]

Boudu salvato dalle acque (*Boudu sauvé des eaux*, Jean Renoir, Francia, 1932, b/n, 90', HV). Un libraio salva un clochard che sta per annegarsi nella Senna e lo ospita a casa sua. Il clochard ricambia con una presenza chiassosa e importuna e seduce la cameriera e la moglie del suo salvatore. Infine, sul punto di sposare la cameriera, ci ripensa e torna alla sua vita randagia.***1/2 [4012]

Brancaleone alle crociate (Mario Monicelli, Italia/Algeria, 1970, col., 116', HV). Partito per le crociate con una turba eterogenea, il cavaliere Brancaleone scampa a un massacro, salva la vita a un neonato e a una giovane strega, raggiunge l'esercito di Boemondo in Terrasanta ma viene scacciato per i suoi oscuri natali. Infine, combatte con la morte ma è salvato a prezzo della vita dalla strega. **1/2 [3879, 3903]

Braveheart-Cuore impavido (*Braveheart*, Mel Gibson, Usa, 1995, col., 177', HV). La vita e le imprese dello scozzese William Wallace, che alla fine del '200, dopo aver perso la moglie per mano inglese, guida la rivolta contro Edoardo I. Le sue truppe di irregolari sconfiggono l'esercito invasore, ma Wallace, tradito dai nobili, viene catturato e ucciso. Splendide scene di battaglia. *** [3448]

Brazil (*Brazil*, Terry Gilliam, Usa, 1985, col., 142', HV). Sam Lowry lavora al dipartimento informazioni del ministero della Verità. Incontra una donna, forse una terrorista, identica a quella che sogna tutte le notti. Cerca di aiutarla a sfuggire al regime tirannico e ipertecnologico, ma la donna viene uccisa, lui è imprigionato e torturato. Orwell riletto in chiave libera e visionaria. **** [2917, 3442, 3796]

Brigadoon (*Brigadoon*, Vincente Minnelli, Usa, 1954, col., 108'). Due turisti di New York, girovagando per la Scozia a caccia di anatre, capitano nel villaggio incantato di Brigadoon, che appare e ritorna in vita un solo giorno ogni cento anni. Uno dei due turisti si innamora di una bella ragazza del villaggio e sceglie di restare lì. *Musical* dai colori fiabeschi. **1/2 [1955, 2888, 3274]

Brivido caldo (*Body heat*, Lawrence Kasdan, Usa, 1981, col., 113', HV). Florida. Un avvocato spregiudicato e sciupafemmine si innamora di una donna malmaritata. Convinto da lei, fa saltare in aria il suo ricco marito. Ma la donna si eclissa dopo averlo scaricato, e l'avvocato termina in galera. Rivisitazione manierista e sessualmente torrida del noir americano anni '40. *** [6, 1622, 2484, 3194, 3279, 3326, 3822, 3975]

Broadway Danny Rose (*Broadway Danny Rose*, Woody Allen, Usa, 1984, col., 84', HV). Uno sfortunato impresario ebreo rappresenta gli artisti più bizzarri e fallimentari: suonatori di xylofono ciechi, ballerini di tip tap con una gamba sola. Anche il cantante Lou Canova, ormai alcolizzato e sul viale del tramonto, lo abbandona dopo che lui lo ha riportato al successo. ***1/2 [83, 564, 1038, 1183, 1853, 1865, 1958, 2039, 3072]

Bronx (*A Bronx tale*, Robert De Niro, Usa, 1993, col., 121', HV). Bronx, 1960. Un ragazzino del quartiere assiste a un omicidio e non lo denuncia per paura del boss. Questi, riconoscente, lo prende sotto la sua protezione e gli impartisce lezioni di vita, mentre il padre, conducente d'autobus, lo sprona all'onestà. Romanzo di formazione sui rischi della strada e le cattive amicizie. *** [320, 1366, 1568, 1725, 2509, 2890, 2891]

Il bruto e la bella (*The bad and the beautiful*, Vincente Minnelli, Usa, 1952, b/n, 118', HV). Giovanotto ambizioso e spregiudicato eredita dal padre una casa di produzione. Riuscirà ad avere successo, sacrificando via via un'attrice fragile, un vecchio produttore perbene, uno sceneggiatore cinico e la sua stessa moglie. Un film insolitamente duro contro Hollywood. ***1/2 [836]

Buddy Buddy (*Buddy Buddy*, Billy Wilder, Usa, 1981, col., 96', HV). Il killer Trabucco, appostato alla finestra di una camera d'albergo davanti al tribunale, deve eliminare il testimone chiave di un processo. Ma un aspirante suicida querulo e lamentoso, in crisi perché la moglie lo ha abbandonato, rischia di mandargli all'aria il piano. Nonostante Lemmon e Matthau, un Wilder minore. **1/2 [180, 1385, 1943, 2043, 3167]

Buffalo Bill e gli indiani (*Buffalo Bill and the Indians, or Sitting Bull's history lesson*, Robert Altman, Usa, 1976, col., 124', HV). Buffalo Bill ha creato il "Wild West Show" per trasformare la frontiera in spettacolo e leggenda a buon mercato. Tra i protagonisti del West ingaggiati c'è anche Toro Seduto, che però non accetta di essere trasformato in fenomeno da baraccone... **1/2 [140, 3311, 3447, 3788]

Bugiardo bugiardo (*Liar liar*, Tom Shadyac, Usa, 1997, col., 100', HV). Mentitore per necessità professionale e padre che non mantiene mai le promesse, un avvocato viene messo nei guai da un desiderio del figlio: che il genitore, per almeno 24 ore, dica sempre la verità. Il desiderio si avvera, con esiti catastrofici. Buone le gag basate sulla mimica di Jim Carrey, un po' meno le battute. **1/2 [1157, 1837, 3114]

Bugie, baci, bambole & bastardi-Hurlyburly (*Hurlyburly*, Anthony Drazan, Usa, 1998, col., 95'). Commedia di derivazione teatrale ambientata nel sottobosco di Hollywood. Con tre amici che abitano a due passi dalla mecca del cinema e dall'esclusiva spiaggia di Malibu. Tutto il film ruota sulle loro frequentazioni, con tanto di telefonini, donnine e piste di coca. **1/2 [146]

Bulli e pupe (*Guys and dolls*, Joseph L. Mankiewicz, Usa, 1955, col., 150', HV). Nathan Detroit, in cerca di soldi per organizzare una bisca in un garage, scommette con Cielo Masterson che questi non riuscirà a far cascare ai suoi piedi Sara Brown, dell'Esercito della Salvezza. Cielo seduce la ragazza e vince la scommessa, ma se ne scopre innamorato e la sposa. *** [124, 1171, 1952, 1965, 2320]

Il buono, il brutto, il cattivo (Sergio Leone, Italia, 1966, col., 176', HV). Durante la guerra di Secessione, la cassa scomparsa di un reparto sudista fa gola a tre fuorilegge: il Biondo detto il buono, Tuco detto il brutto e Sentenza detto il cattivo. Mentre si arrangiano per uscire incolumi dalla guerra, i tre cercano di eliminarsi a vicenda, fino al "triello" finale nel cimitero... *** [176, 718, 916, 1012, 1375, 1460, 1466, 1489]

Cabaret (*Cabaret*, Bob Fosse, Usa, 1972, col., 128', HV). Berlino, anni '30. Sally Bowles fa la cantante di cabaret e, a tempo perso, si prostituisce. Ha una relazione con il giovane inglese Brian e quando resta incinta (ma nella loro vita è passato un barone che ha sedotto entrambi) lui accetta di sposarla, anche se forse il figlio non è suo. Ma Sally, senza consultarlo, abortisce. *** [154, 1909]

La caccia (*The chase*, Arthur Penn, Usa, 1966, col., 135', HV). Un giovane evaso ritorna al suo paese, nel Texas. L'intero paese gli è contro, e nel sabato sera passato tra sbronze e adulteri in pubblico, parte una feroce e folle caccia all'uomo. Lo sceriffo e la moglie dell'evaso, che nel frattempo si è messa con il figlio di un ricco, cercano di aiutare il fuggiasco, ma inutilmente. ***1/2 [1318, 1804, 2187, 2962, 3561, 3708]

Caccia al ladro (*To catch a thief*, Alfred Hitchcock, Usa, 1955, col., 105', HV). L'ex ladro di gioielli John Robie, detto il Gatto, dopo aver preso parte alla Resistenza si è ritirato a vita privata in Costa Azzurra. Un misterioso ladro che imita il suo stile lo costringe a collaborare con la polizia. Lo smaschera e conquista una miliardaria americana che sospettava di lui. ***1/2 [118, 689, 875, 1121, 1650]

Il cacciatore (*The deer hunter*, Michael Cimino, Usa, 1978, col., 183', HV). Tre amici, operai di fonderia, dopo una battuta di caccia al cervo partono per il Vietnam, dove sono catturati e torturati dai vietcong. Uno di loro tornerà alla vita normale, il secondo perderà le gambe e verrà tradito dalla moglie,il terzo resterà a Saigon a fare il professionista della roulette russa. ****1/2 [436, 677]

La caduta degli dei (Luchino Visconti, Italia, 1969, col., 150', HV). Gli anni dell'ascesa del nazismo in Germania, dall'incendio del Reichstag alla "notte dei lunghi coltelli" in cui le SS eliminarono le SA, fino al plebiscito nella Saar, dal 1933 al 1935, raccontati attraverso la vicenda degli Essenbeck, una famiglia di industriali metallurgici dilaniata dalla corruzione e dalle lotte di potere. ***1/2 [395]

La cambiale (Camillo Mastrocinque, Italia, 1959, b/n, 91'). Un industriale, prima di essere arrestato per fallimento, rilascia una cambiale a due truffatori specializzati in false testimonianze. La cambiale passa di mano in mano, e i due loschi figuri combinano nuovi raggiri, coinvolgendo una prostituta, un cacciatore e un tosacani dongiovanni. Ma finiscono vittime dei loro imbrogli. ** [2695]

Camera con vista (*A room with a view*, James Ivory, Gran Bretagna, 1985, col., 115', HV). Inizi del secolo: Lisa, ragazza irrequieta della buona società, è in vacanza a Firenze assieme alla cugina zitella Charlotte. Qui incontra l'anticonformista George Emerson, che la bacia. Reazione furibonda di Charlotte e ritorno in Inghilterra: ma Lisa sposerà il noioso fidanzato? *** [3332]

La camera verde (*La chambre vert*, François Truffaut, Francia, 1978, col., 94', HV). Francia, anni '20. Il giornalista Gérard Mazet, sconvolto dalla perdita della giovane moglie, si dedica a un culto ossessivo di lei e degli amici scomparsi. Arriverà a restaurare una cappella sconsacrata, la "camera verde", per i suoi morti. Neanche l'amore di una donna riuscirà a distoglierlo. **** [2110, 2125, 2129]

I cammelli (Giuseppe Bertolucci, Italia, 1988, col., 100', HV). Un giovane di Carpi si presenta a un quiz televisivo come esperto di cammelli: in palio 500 milioni. Gli contestano una risposta. Sul treno che lo riporta a casa, finge di essere l'amante di una ragazza per aiutarla a liberarsi del fidanzato. All'arrivo, la ragazza è innamorata di lui e la TV gli riconosce il premio. ** [409, 3315]

Il cammino della speranza (Pietro Germi, Italia, 1950, b/n, 100', HV). Dopo la chiusura di una zolfara, un gruppo di minatori siciliani decide di emigrare in Francia. Vittime di un mediatore di braccia, vengono denunciati e costretti a tornare al paese. Ma alcuni di loro non si rassegnano e proseguono il viaggio, varcando a piedi il passo alpino. *** [3425]

Can-Can (*Can-Can*, Walter Lang, Usa, 1960, col., 131'). Nella Parigi di fine '800, un giovane e inflessibile magistrato tenta di chiudere il locale dove si balla il can-can, che considera un attentato alla morale. Finirà per innamorarsi dell'avvenente padrona. Adattamento per lo schermo del celebre musical di Cole Porter. Canzoni celebri come *I love Paris*, regia non indimenticabile. ** [1175]

I cancelli del cielo (*Heaven's gate*, Michael Cimino, Usa, 1980, col., 149', HV). Nel Wyoming di fine secolo, i ricchi allevatori si servono di squadracce per uccidere e terrorizzare i contadini poveri. Un western di grande forza lirica e ideologica, che fa a pezzi il mito della frontiera. Per le forti spese di produzione e gli scarsi incassi, fece fallire la United Artists. Da rivalutare. **** [3567]

Il candidato (*The candidate*, Michael Ritchie, Usa, 1972, col., 109', HV). Giovane avvocato pieno di passione civile si candida al Senato: verrà eletto e perderà l'innocenza. La campagna elettorale come piccolo viaggio nell'inferno degli apparati politici, dei compromessi, degli spin doctor, delle tattiche e dei trucchi di immagine. Liberal ma un po' enfatico. Bravo Robert Redford. **1/2 [2548, 2678, 3520]

Candyman-Terrore dietro lo specchio (*Candyman*, Bernard Rose, Usa, 1992, col., 93', HV). Lyle, ricercatrice dell'università di Chicago, studia le leggende metropolitane. Una di queste è legata a Candyman, un pittore nero ucciso a causa del suo amore per una bianca e trasformatosi in un mostro dalla mano uncinata. Lyle lo evoca e Candyman si materializza, seminando il terrore. ** [577]

Cantando sotto la pioggia (*Singin' in the rain*, Gene Kelly e Stanley Donen, Usa, 1952, col., 102', HV). Fine anni '20: il cinema sonoro trionfa. Per i divi del muto Don Lockwood e Lina Lamont è il momento di fare il salto. Lui, che è un discreto attore e inoltre sa cantare e ballare, non ha problemi. La sua capricciosa partner, dotata di una voce miagolante, deve ricorrere a una doppiatrice e... **** [102, 103, 789, 819, 825, 827]

Il cantante di jazz (*The jazz singer*, Alan Crosland, Usa, 1927, b/n, 89', HV). L'irresistibile ascesa verso il successo di Yussel Rabinovitch. Figlio di un cantore di sinagoga, ostacolato e cacciato di casa dal padre, esordisce truccato da negro e diventa celebre con il nome d'arte di Jack Robin. Interpretato da un vero divo del vaudeville americano, Al Jolson, fu il primo film sonoro. ** [1]

Il capitalista (*Has anybody seen my gal?*, Douglas Sirk, Usa, 1952, col., 89'). Un vecchio ed eccentrico milionario si stabilisce in incognito nel paesino dove vive la famiglia della donna che un tempo ha amato. Vuole lasciare loro la sua fortuna, ma prima vuole capire come reagiscono di fronte al denaro. Garbata rievocazione degli anni '20. Una piccola parte per James Dean. ** [2986]

Capitolo secondo (*Chapter two*, Robert Moore, Usa, 1979, col., 124'). Uno scrittore di successo, ancora sconvolto dalla morte della moglie adorata, convola a seconde nozze con una divorziata. Convinto di avere fatto un passo troppo affrettato, il vedovo ci ripensa, ma... Filmetto deludente tratto da un lavoro marcatamente autobiografico di Neil Simon. *1/2 [357]

Cappello a cilindro (*Top hat*, Mark Sandrich, Usa, 1935, b/n, 99', HV). Un ballerino cerca di conquistare una donna, che però lo crede sposato con la sua migliore amica. Equivoci, liti amorose, scambi di persona per un *musical* celeberrimo che consacrò la coppia Fred Astaire-Ginger Rogers. Coreografie scintillanti e musiche di Irving Berlin, tra tutte la classica *Cheek to cheek*. **** [3664]

Cari fottutissimi amici (Mario Monicelli, Italia, 1994, col., 113', HV). Estate del 1944. Un ex pugile, il Sor Dieci, mette in piedi nella Toscana appena liberata dagli Alleati una malassortita squadretta di boxeur dilettanti che, come le compagnie ambulanti di un tempo, si spostano da un paese all'altro, tra disavventure e strani incontri. Duri dal cuore tenero e Italia strapaesana. **1/2 [4007]

Carlito's way (*Carlito's way*, Brian De Palma, Usa, 1993, col., 144', HV). Carlito Brigante, trafficante di droga, esce di galera e cerca di "rigare dritto" facendo il gestore di un locale notturno. Ma il suo avvocato, uno yuppie cinico e ricattato, lo coinvolge nell'omicidio al boss. Carlito cerca di fuggire, ma per lui non c'è niente da fare. Bravo Pacino, rivelazione Sean Penn. **** [763, 2197]

La carne (Marco Ferreri, Italia, 1991, col., 95', HV). Amour fou con finale cannibalesco. Lui lavora in Comune e, a tempo perso, si esibisce come pianista in un pianobar. Lei ha grandi doti amatorie e un corpo prorompente. Si incontrano e si rintanano, per meglio amarsi, in una casa vicino al mare. Quando lei minaccia di lasciarlo, lui la uccide e la surgela per mangiarla. ** [1916, 2757]

Carnet di ballo (*Un carnet de bal*, Julien Duvivier, Francia, 1937, col., 135'). Rimasta vedova, una donna ritrova il carnet di ballo dei suoi sedici anni, e decide di rivedere i pretendenti di allora. Scopre che uno si è suicidato per amor suo e gli altri sono diventati prete, bandito, guida di montagna, sindaco, medico in procinto di commettere un crimine, parrucchiere. *** [1753, 2587, 3920]

Carne tremula (*Carne trémula*, Pedro Almodovar, Spagna, 1997, col., 100', HV). Un ragazzo di periferia ha una tempestosa relazione con una borghese eroinomane. Un giorno, per difenderla, il ragazzo spara a un poliziotto e finisce in galera per tentato omicidio. Il poliziotto, rimasto invalido, sposa Elena. Poi, nella storia entrano Clara e Sancho... Da un giallo di Ruth Rendell. *** [3181]

Il carnevale della vita (*Flesh and fantasy*, Julien Duvivier, Usa, 1943, b/n, 94'). Tre episodi legati l'uno all'altro dalla voce narrante: una ragazza brutta si nasconde dietro una maschera per corteggiare un uomo; un indovino predice a un avvocato che diventerà un assassino; un acrobata è ossessionato dall'idea di morire il giorno in cui la sua donna griderà mentre si esibisce. **1/2 [1991, 2324, 3535]

Caro diario (Nanni Moretti, Italia, 1993, col., 100', HV). Nanni Moretti a Roma d'estate: giri in Vespa, voglie di ballo, cinema che proiettano solo roba inguardabile. In trasferta nelle Eolie, fra dispotici figli unici, nuovismi di ogni sorta e intellettuali folgorati da *Beautiful*. E alle prese con la propria malattia, un tumore che i medici non sanno diagnosticare. Acuto e mozartiano. **** [1182, 1260, 1873, 2276, 2769, 2793, 3510, 3612, 3853]

Il caro estinto (*The loved one*, Tony Richardson, Usa, 1965, b/n, 118'). Per provvedere ai funerali dello zio suicida, un giovane inglese scopre l'impresa funebre "Sentieri melodiosi", guidata da un cinico affarista che si fa chiamare "reverendo". Si innamora di un'estetista dell'impresa, ma questa muore e il suo cadavere viene lanciato nello spazio. Dal romanzo di Evelyn Waugh. ***1/2 [114, 805, 1744, 1857, 2220, 2233]

La carovana dei mormoni (*Wagon master*, John Ford, Usa, 1950, b/n, 86', HV). Nel 1870, una carovana di mormoni diretta verso lo Utah affronta numerose prove prima di raggiungere la terra promessa: la fatica, il sudore, i sacrifici del viaggio. Ma anche l'incontro amichevole con i navajos, l'ospitalità offerta a una compagnia di teatranti, l'assalto di una banda di fuorilegge. **** [2248]

Cartoline dall'inferno (*Postcards from the edge*, Mike Nichols, Usa, 1990, col., 101', HV). Alcool per la madre, droghe e sonniferi per la figlia. Tutte e due attrici, l'una diva, tiranna e attaccata alla bottiglia, l'altra succube e infelice fino alla tossicodipendenza. Riconciliazione finale fra le due e riscatto della figlia. Dall'autobiografia di Carrie Fisher, il suo rapporto con Debbie Reynolds. **1/2 [340, 3924]

Casablanca (*Casablanca*, Michael Curtiz, Usa, 1942, b/n, 102', HV). Il più celebre dei triangoli amorosi nel più celebre bar della storia del cinema. Parigi e l'esotico Marocco, la passione e la rinuncia, il dovere e il piccolo calcolo, il cinismo e il sentimentalismo. E, sopra tutto, la lotta ai nazisti. Un supermarket dei più classici stereotipi di Hollywood: miracolosamente, un classico. ***** [48, 49, 148, 189, 225, 306, 342, 634, 699, 707, 708, 717, 748, 965, 2010, 2266, 2267, 2268, 2269, 2361, 2542, 2559, 2719, 2737, 2754, 2853, 2859, 2868, 3240, 3643]

Casa Howard (*Howards end*, James Ivory, Gran Bretagna, 1992, col., 140', HV). Nell'Inghilterra del 1910, incontri e conflitti fra tre famiglie: i ricchi e rozzi Wilcox; i piccolo-borghesi Schlegel, colti e progressisti; e il povero e orgoglioso Leonard Blast. La posta in gioco è "casa Howard", che finirà a una giovane Schlegel e al suo figlio naturale. Dal romanzo di E. M. Forster. ***1/2 [2952]

Il Casanova di Federico Fellini (Federico Fellini, Italia, 1976, col., 165', HV). Approccio personalissimo alla vita del seduttore veneziano, in un Settecento tutto ricostruito in studio. Casanova vorrebbe essere apprezzato per quel che scrive, non per le conquiste che fa. E le donne sono per lui (come per il regista) ossessioni più che preda. Funereo e beffardo. **** [344, 2042, 3740]

La Casa Russia (*The Russia House*, Fred Schepisi, Usa, 1990, col., 123', HV). Una bella ragazza russa offre a un editore inglese un manoscritto che svela l'arretrazza e i punti deboli dell'armamentario nucleare sovietico. Spia controvoglia, l'editore finisce per innamorarsi della ragazza e, dopo mille traversie, riesce a farle lasciare la Russia. Dal romanzo di John Le Carré. ** [3422, 3639]

Casinò (*Casino*, Martin Scorsese, Usa, 1995, col., 182', HV). Ascesa e rovina di Sam "Asso" Rothstein, giocatore d'azzardo che la mafia mette a capo del casinò Tangiers di Las Vegas. I suoi sogni di potere vengono rovinati dalla donna che si sceglie, l'ex prostituta Ginger, cocainomane e avida. E dalla feroce rozzezza di un amico, il gangster Nicky. **** [3046]

Casino Royale (*Casino Royale*, John Huston/ Ken Hughes/ Robert Parrish/ Joseph McGrath/ Val Guest, Gran Bretagna, 1967, col., 130', HV). Anziano e pensionato, l'agente James Bond torna in servizio per scovare, assieme alla figlia avuta da Mata Hari, l'autore di un complotto su scala mondiale. Scoprirà che è suo nipote, imbranato e invidioso di lui. Parodia inconcludente. *1/2 [2408, 2539]

Il caso Myra Breckindridge (*Myra Breckinridge*, Michael Sarne, Usa, 1970, col., 94'). Myron Breckinridge si fa operare, diventa donna e parte per Hollywood dove si spaccia per Myra, vedova di Myron, al fine di ereditare da uno zio. Riesce nello scopo ma è investita da un'auto e in ospedale la fanno ridiventare uomo. Film fiacco da un romanzo bello e "scandaloso" di Gore Vidal. *1/2 [523]

Il castello di Dragonwyck (*Dragonwyck*, Joseph L. Mankiewicz, Usa, 1946, b/n, 103', HV). Metà '800. In un castello sul fiume Hudson, il tirannico latifondista Van Ryn vive con la seconda moglie Miranda, sposata perché gli dia un figlio maschio. Ma la prima moglie di Van Ryn, forse, è stata uccisa perché era sterile, e anche Miranda, il cui figlio è nato morto, è in pericolo... *** [3239]

Le catene della colpa (*Out of the past*, Jacques Tourneur, Usa, 1947, b/n, 97', HV). Jeff Bailey gestisce una stazione di servizio. Quando faceva il detective un gangster lo aveva incaricato di rintracciare la sua donna, fuggita in Messico. La donna era stata, per qualche tempo, l'amante del detective. E ora gli chiede di sdebitarsi: è una trappola da cui non si salverà nessuno. **** [252, 549, 571, 880, 1708, 3848]

Il cattivo tenente (*The bad lieutenant*, Abel Ferrara, Usa, 1992, col., 98', HV). Un poliziotto di New York, corrotto e drogato, è "redento" da una suora che, violentata, perdona i suoi aggressori. Il tenente comincia ad avere visioni mistiche, rinuncia ai progetti di vendetta e va incontro alla morte. Cupo, visionario, sgradevole e a tratti compiaciuto. Un grande Harvey Keitel. *** [1076, 2905]

Cavalcarono insieme (*Two rode together*, John Ford, Usa, 1961, col., 109', HV). Un vecchio sceriffo opportunista lascia i suoi piccoli traffici e parte con un capitano delle giacche blu per rintracciare alcune donne prigioniere dei comanche. Poche sceglieranno di ritornare, e il ritorno non si rivelerà facile. Riscatto finale dello sceriffo. Non del tutto all'altezza del Ford maggiore. *** [978, 2069, 2086, 2469, 3933]

Il cavaliere della valle solitaria (*Shane*, George Stevens, Usa, 1953, col., 118', HV). In una vallata del Wyoming, gli allevatori combattono i contadini per prendere le loro terre. Con i contadini si schiera Shane, un cavaliere errabondo, forse un ex pistolero, che ricambia l'ospitalità ricevuta da uno di loro. In un duello, uccide l'allevatore Ryker e due suoi scagnozzi, e riparte. ***1/2 [757, 972, 1442, 1774, 3559, 3857]

Il cavaliere elettrico (*The electric horseman*, Sydney Pollack, Usa, 1979, col., 120', HV). Già campione di rodeo, un cowboy si esibisce in spettacoli da baraccone. Quando scopre che il cavallo che gli è stato assegnato è drogato, fugge con l'animale. È inseguito da una giornalista che cerca lo scoop ma trova l'amore. I due, prima di separarsi, liberano il cavallo nella prateria. ** [407]

I cavalieri del Nord-Ovest (*She wore a yellow ribbon*, John Ford, Usa, 1949, col., 103', HV). A pochi giorni dalla pensione, il capitano Nathan Brittles deve trattare con gli indiani, in fermento dopo la morte del generale Custer. Con un'audace carica in piena tempesta contro il campo indiano, Brittles disperde i cavalli ed evita una nuova guerra, senza spargere sangue. ***1/2 [1267, 1730, 2280, 2511]

Celebrity (*Celebrity*, Woody Allen, Usa, 1998, col., 114'). Lee e Robin sono divorziati. Lui è giornalista, scrittore e sceneggiatore di assai scarso successo. Lei un'insegnante con problemi sessuali che diventa star televisiva. Attorno a loro, la New York dei "ricchi e famosi": cocainomani, assatanati, isterici, vanesi, depressi sempre in giro per vernissage, prime e luoghi alla moda. **1/2 [1632, 3133, 3139, 3744]

La cena delle beffe (Alessandro Blasetti, Italia, 1941, b/n, 86', HV). Nella Firenze rinascimentale, Neri Chiaromontesi e Giannetto Malespini, entrambi innamorati di Ginevra, si contendono le grazie della giovane donna con beffe sempre più atroci. Alla fine ci scapperà il morto. Sfarzoso film in costume che all'epoca fece scandalo per il seno nudo di Clara Calamai. *** [653]

Cenerentola a Parigi (*Funny face*, Stanley Donen, Usa, 1956, col., 103', HV). Una giovane commessa che lavora in una libreria del Greenwich Village e segue la filosofia "enfaticalista" viene scelta dalla rivista *Quality* come modella. Vola a Parigi assieme a tutto lo staff e, tra slanci e baruffe, finisce per innamorarsi del fotografo. Una sciocchezzuola deliziosa. **1/2 [2629, 3405]

Le ceneri di Angela (*Angela's ashes*, Alan Parker, Gran Bretagna, 1999, col., 130'). L'infanzia poverissima di una famiglia irlandese, nella Limerick fra le due guerre. Padre fannullone, ubriaco e in conflitto perenne con il mondo, gli inglesi e i protestanti, madre che cerca di assicurare la sopravvivenza a tutti, e un bambino indistruttibile. Dallo splendido romanzo di Frank McCourt. *** [1228]

C'è posta per te (*You've got mail*, Nora Ephron, Usa, 1998, col., 119'). Joe Fox è il proprietario di una catena di bookstores. Kathleen Kelly gestisce una piccola libreria minacciata da lui. Nemici negli affari, i due si incontrano navigando in rete, senza conoscere le rispettive identità, e si innamorano. *Scrivimi fermo posta* del vecchio Lubitsch aggiornato a Internet. ** [2032]

C'era una volta il West (Sergio Leone, Italia, 1968, col., 167', HV). Un magnate delle ferrovie si serve del killer Frank per mettere le mani su un terreno dove sorgerà una stazione. In difesa della proprietaria, l'ex prostituta Jill, intervengono il bandito Cheyenne e il misterioso Armonica, al quale Frank ha ucciso il fratello. Armonica uccide Frank in duello e riparte. **** [690, 1437, 1443, 1468, 1473, 1626, 1657, 2116, 2209, 2782, 3206, 3737, 3767]

C'era una volta in America (*Once upon a time in America*, Sergio Leone, Usa, 1984, col., 218', HV). Dal 1923 al 1968, la vita di Noodles e Max, due gangster ebrei di New York. Amici per la pelle prima che una donna amata da entrambi li divida, si ritroveranno da vecchi: uno solitario e deluso dalla vita, l'altro senatore corrotto e bancarottiere. Grandioso, elegiaco. ****1/2 [761, 968, 1202, 1445, 2418, 2832, 3531, 3557]

C'eravamo tanto amati (Ettore Scola, Italia, 1974, col., 125', HV). Una donna, tre amici che la amano (un portantino comunista che finirà per sposarla, un intellettuale velleitario e un avvocato cinico e arrivista) e trent'anni di storia, dalla Resistenza agli anni '70. Commosso omaggio a De Sica e al neorealismo. Fellini, De Sica, Mastroianni e Mike Bongiorno interpretano se stessi. **** [34, 145, 555, 586, 869, 1152, 1355, 1918, 2925, 2944, 3455, 3581, 3932]

Che fine ha fatto Totò Baby? (Ottavio Alessi, Italia, 1964, b/n, 110', HV). I fratelli Totò e Pietro rubano due valigie, in una delle quali c'è un cadavere. Per sbarazzarsene, finiscono nel castello di un barone vizioso che coltiva marijuana. Totò la scambia per insalata, la mangia, impazzisce trasformandosi in un sadico e viene infine arrestato. Film mediocre, Totò strepitoso. **1/2 [10, 1300, 1334, 1623, 1624, 2051, 2328, 3048, 3054, 3347]

Che ora è (Ettore Scola, Italia/Francia, 1989, col., 102', HV). Un avvocato di successo non riesce a comunicare con il figlio. La conferma viene da una giornata passata assieme a Civitavecchia, dove il giovane fa il servizio militare. I due protagonisti (Marcello Mastroianni e Massimo Troisi) sono più che bravi, ma la storia e il film sono quanto mai esili. ** [2430]

Che vita da cani! (*Life stinks*, Mel Brooks, Usa, 1991, col., 95', HV). Un miliardario senza scrupoli accetta una scommessa: dovrà riuscire a sopravvivere, senza un soldo in tasca, per un mese tra gli emarginati e i barboni di Los Angeles. Inutile dire che vincerà la scommessa, si convertirà a princìpi più caritatevoli e sposerà un'ex ballerina diventata clochard. ** [2819]

Chi ha incastrato Roger Rabbit (*Who framed Roger Rabbit*, Robert Zemeckis, Usa, 1988, col., 103', HV). Hollywood, 1947. Il coniglio Roger Rabbit, geloso della moglie Jessica, è accusato di avere ucciso un rivale. A investigare è chiamato un detective sbevazzone, che smaschera un bieco giudice. Perfetta fusione fra cartoni animati e attori in carne e ossa. **** [265, 573, 1108, 1124, 1855, 3749]

Chinatown (*Chinatown*, Roman Polanski, Usa, 1974, col., 131', HV). Nel quartiere cinese di Los Angeles, il detective J.J. Gittes indaga sulla morte di un ingegnere e scopre una serie di speculazioni edilizie. Mandante dell'omicidio è un capitalista, suocero dell'ucciso e amante della vedova, che è anche sua figlia. Ma le indagini sono inutili e la donna è destinata a morire. ***1/2 [719, 1810, 2670]

Chi si ferma è perduto (Sergio Corbucci, Italia, 1960, b/n, 103', HV). Vita da travet, ripicche da travet. Antonio Guardialavecchia (Totò) e Peppino Colabona (Peppino De Filippo), impiegati, sono regolarmente vessati dal capufficio. Quando questi muore, faranno di tutto, compresi immancabili e fallimentari dispetti reciproci, per entrare nelle grazie del successore. ** [405, 1000, 1393, 2636, 2706, 3306, 3384]

Chi ucciderà Charley Varrick? (*Charley Varrick*, Don Siegel, Usa, 1973, col., 111'). Rapinatore di piccolo calibro assalta la banca di un paesino del New Mexico. La banca dichiara che mancano duemila dollari, lui se ne ritrova 750 mila: è denaro sporco della mafia, che gli dà la caccia quanto e più della polizia. Ma Charley Varrick, giocando d'astuzia, riesce a farla franca. ***1/2 [2792, 3138, 3204]

Christine la macchina infernale (*Christine*, John Carpenter, Usa, 1983, col., 111', HV). Arnie Cunningham, timido studente liceale, restaura una Plymouth Fury del 1958, che diventa gelosissima del ragazzo. Posseduta dal demonio, l'auto cerca di uccidergli la fidanzata e miete vittime, fino allo scontro finale con una ruspa. Da un romanzo di Stephen King. **1/2 [283, 467]

Ciao Pussycat (*What's new Pussycat?*, Clive Donner, Gran Bretagna, 1965, col., 108', HV). Un giornalista ossessionato dalle donne, per non rompere con la fidanzata, va in cura da uno psichiatra che è come lui. In un crescendo da pochade il protagonista, la fidanzata, i futuri suoceri e le donne che gli danno la caccia si ritrovano in un castello e... Sceneggiatura di Woody Allen. *** [485, 734, 742, 1961, 2577, 3188, 3189, 3285, 4013, 4015]

Il ciclone (Leonardo Pieraccioni, Italia, 1996, col., 94', HV). Toscana: la vita tranquilla del commercialista Levante, nonostante le stramberie del fratello, gli amori lesbici della sorella e la corte insistente di un'erborista. Finché davanti al cortile di casa si ferma, per sbaglio, il torpedone che porta in giro un gruppo di ballerine di flamenco. Innamorarsi di una di loro è inevitabile. ** [39, 193, 349, 1190, 2284, 3037, 3127, 3151, 3899]

Cielo giallo (*Yellow sky*, William A. Wellman, Usa, 1948, b/n, 98', HV). Sette banditi rapinano una banca e fuggono attraverso il deserto. Arrivano in un villaggio abbandonato, dove vivono soltanto una ragazza e un vecchio cercatore d'oro. I banditi vorrebbero depredarli, ma uno di loro li difende. Regolamento dei conti finale nel saloon e sconfitta dei malvagi. **1/2 [408]

Il cielo può attendere (*Heaven can wait*, Ernst Lubitsch, Usa, 1943, col., 112', HV). Il vecchio dongiovanni Henry Van Cleve, morto nel sonno, si presenta a "Sua Eccellenza" il diavolo per essere giudicato. E per lui passa in rassegna la sua vita. Conclusione? Ha molto amato le donne, ma anche sua moglie, perciò non merita l'inferno. Un gioiello di eleganza e malizia.***1/2 [244, 328, 1093, 1821, 2088, 2199, 2831, 3015, 3572]

Il cielo sopra Berlino (*Der himmel uber Berlin*, Wim Wenders, Germania, 1987, b/n e col., 130', HV). Due angeli, Daniel e Cassiel, contemplano gli abitanti di Berlino dal cielo. Scoprono che gli esseri umani sono tristi perché non sanno comunicare tra loro. Succede anchea Daniel, innamorato della trapezista Marion, che non può vederlo: per essere riamato dovrà diventare uomo. **1/2 [3261, 3543]

La Cinese (*La Chinoise*, Jean-Luc Godard, Francia, 1967, col., 90'). Un gruppo di giovani militanti marxisti-leninisti, affascinati da Mao, e in dura polemica con l'Unione Sovietica e il "revisionista" partito comunista francese, decidono di unire teoria e pratica. Così, l'attore Guillaume si dedica al teatro di strada, mentre Véronique organizza un attentato contro un ministro sovietico. *** [1319, 2729, 3621]

Ci sono dei giorni... e delle lune (*Il y a des jours... et des lunes*, Claude Lelouch, Francia, 1990, col., 117', HV). Racconti incrociati che hanno come tema dominante il caso e, in particolare, l'influenza della luna piena sul comportamento degli uomini. Un camionista licenziato per guida imprudente, due sposi che decidono il divorzio a testa o croce, e altro ancora... Frammentario. ** [2044]

La città delle donne (Federico Fellini, Italia, 1980, col., 145', HV). Seguendo una donna incontrata in treno, Snàporaz approda in una città tutta femminile. E riesamina, assieme al maschilista Sante Katzone, il proprio rapporto con l'altro sesso. Il film ha l'andamento del sogno e usa con abbondanza tutto il repertorio visivo ipertrofico-circense di Fellini. Non esaltante. **1/2 [1271, 3714]

Cleopatra (*Cleopatra*, Joseph L. Mankiewicz, Usa, 1963, col., 243', HV). Vita e amori di Cleopatra regina d'Egitto. Che prima ha una figlio da Giulio Cesare, poi un'appassionata love story con Marco Antonio. Lui si dà la morte, lei lo segue con l'aiuto di un aspide. Flop catastrofico che, nonostante i quattro Oscar, rischiò di mandare in bancarotta la Fox. **1/2 [2207, 3544]

Il club dei 39 (*The thirty-nine steps*, Alfred Hitchcock, Gran Bretagna, 1935, b/n, 87', HV). A Londra, una donna è uccisa a casa di un giovane canadese che le ha offerto rifugio. La donna era una spia ed è stata eliminata dai concorrenti. Del delitto è accusato il canadese, che andrà fino in Scozia per scagionarsi, braccato dalla polizia e dalle spie. Svelerà il mistero in un music-hall. **** [1132, 3421]

Il club delle prime mogli (*The first wives club*, Hugh Wilson, Usa, 1996, col., 102', HV). Tre antiche compagne di college si ritrovano, vent'anni dopo, al funerale di un'amica suicida perché abbandonata dal marito. La stessa sorte è capitata alle tre, che decidono di vendicarsi con un temibile club che ridurrà i loro ex consorti sul lastrico. Divertente, interpreti in gran forma. *** [524, 525, 526, 527, 528, 531, 804, 1285, 2048, 2804, 3228]

The cocoanuts-Noci di cocco (*The cocoanuts*, Joseph Santley/Robert Florey, Usa, 1929, b/n, 96', HV). In Florida, al Cocoanut Grove, un albergo gestito dall'eccentrico Hammer, soggiorna una ricca matrona la cui figlia è corteggiata da un architetto squattrinato. Alla matrona sparisce una collana, e l'architetto è accusato di furto. Ma i fratelli Marx scoprono il vero colpevole. **1/2 [727, 730, 919, 1107, 2451, 2994, 3483]

Codice penale (*The criminal code*, Howard Hawks, Usa, 1931, b/n, 95'). Un giovane finisce in carcere: ha difeso da un uomo una ragazza incontrata in un bar. La ragazza si rivela una prostituta, l'uomo un protettore e lui è condannato per omicidio. In carcere, si innamora della figlia del direttore, che è poi il procuratore che lo ha incastrato. Ma tra i galeotti cova la rivolta... *** [1549, 1566, 2454, 3380, 3523]

Colazione da Tiffany (*Breakfast at Tiffany's*, Blake Edwards, Usa, 1961, col., 115', HV). Paul è un giovane scrittore e fa il mantenuto. Vive nello stesso palazzo di Holly, una ragazza texana a caccia di un miliardario da sposare, e se ne innamora. Lei adora i brillanti, fa la postina per un gangster in carcere, e dopo essere stata scaricata da un nababbo brasiliano, accetta l'amore di Paul. ***1/2 [71, 281, 417, 703, 1767, 2561, 2605, 2631, 2923, 2950, 3018, 3019, 3237, 3635]

La collina del disonore (*The hill*, Sidney Lumet, Gran Bretagna, 1965, b/n, 122', HV). Il sadismo militare in un film robusto. Cinque soldati, detenuti durante la seconda guerra mondiale in un campo di disciplina dell'esercito britannico nel Nordafrica, vengono perseguitati dalle guardie con la connivenza degli ufficiali. Uno di loro muore. Il primo grande Sean Connery post-Bond. *** [1833, 2383]

Il colore viola (*The color purple*, Steven Spielberg, Usa, 1985, col., 145', HV). Da un romanzo in parte autobiografico di Alice Walker, le tribolazioni della nera Celie, brutta e sposata a un marito schiavista e manesco, nell'America degli anni '20. L'amicizia di un'altra donna le darà la forza di abbandonare la casa del marito e pensare al proprio riscatto. Una grande Whoopi Goldberg. *** [1052, 1293, 2259]

Colpo di fulmine (*Ball of fire*, Howard Hawks, Usa, 1941, b/n, 111', HV). Sette professori danno ospitalità a una spogliarellista amica di un gangster, inseguita da polizia e malavita. La donna sconvolge le austere abitudini dei cattedratici e uno di loro, un timido docente di glottologia che la assume come consulente per il gergo della mala, decide di chiederla in moglie. *** [779, 1784]

Il comandante (Paolo Heusch, Italia, 1964, b/n, 109', HV). Il generale Antonio Cavalli, collocato in pensione, fatica a adeguarsi alla nuova situazione. Si sente inutile e vive la moglie, che continua a lavorare, come una nemica. Viene assunto da un'immobiliare, ma presto scopre che è la moglie a versare l'esiguo stipendio che percepisce... Un insolito Totò crepuscolare. ** [3985]

Come in uno specchio (*Säsom i en spegel*, Ingmar Bergman, Svezia, 1961, b/n, 92', HV). Quattro familiari in vacanza in un'isola del Baltico: la schizofrenica Karin, l'ingenuo marito Martin, l'arido padre David, l'insicuro fratello Minus. La malattia, il male di vivere, Dio, l'arte, la famiglia. Straordinario e crudele "film da camera" sorretto da un quartetto d'archi di Bach. **** [1030, 1048, 2517, 2863, 3314]

Come le foglie al vento (*Written on the wind*, Douglas Sirk, Usa, 1956, col., 99', HV). Ritratto di famiglia di petroliere texano in un interno: il padre muore d'infarto perché il figlio è alcolizzato e la figlia ninfomane. Il figlio, credendosi sterile, picchia la moglie che attende un bambino facendola abortire. Alla fine il figlio muore, la moglie va via con l'amico buono, la figlia resta sola. **1/2 [651]

Com'era verde la mia valle (*How green was my valley*, John Ford, Usa, 1941, b/n, 118', HV). La saga familiare dei Morgan e la saga di un villaggio minerario del Galles: la famiglia patriarcale con i suoi contrasti, lo sciopero, le esplosioni di grisou, i licenziamenti, l'emigrazione. E l'amore impossibile tra un pastore protestante e Anghard Morgan, sposa infelice del figlio del padrone. *** [58, 1068, 1775, 2912, 3787]

Come sposare un milionario (*How to marry a millionaire*, Jean Negulesco, Usa, 1953, col., 95', HV). Tre modelle affittano a New York un appartamento di lusso: dovrà servire come "base" per incastrare un miliardario. Ciascuna di loro mette alla prova i suoi metodi, ma soltanto una, che ha ceduto al cuore sposando un benzinaio, scoprirà poi che è un riccone in incognito. *** [1221, 1337, 1973, 2980]

Come ti ammazzo un killer (*The survivors*, Michael Ritchie, Usa, 1983, col., 102', HV). Un dirigente d'azienda disoccupato e un benzinaio sventano, quasi per caso, una rapina commessa da un killer senza lavoro che si finge negro. Il dirigente se ne va in un campo paramilitare dove ci si addestra alla sopravvivenza. Ma è seguito dal benzinaio e anche dal furente killer... ** [1139]

Commedia sexy in una notte di mezza estate (*A midsummer night's sex comedy*, Woody Allen, Usa, 1982, col., 88', HV). Inizi del '900. In crisi matrimoniale, un bizzarro inventore e sua moglie ospitano nella loro casa di campagna due coppie di amici: un medico e un'infermiera, un anziano professore e la sua promessa sposa. Equivoci, scambi di coppie, gelosie, inseguimenti... *** [247, 1738, 1876, 1966, 2564, 3092, 3125, 3130, 3158, 3159, 3312]

Il commissario Pepe (Ettore Scola, Italia, 1969, col., 107', HV). Nella provincia veneta, un commissario di pubblica sicurezza è spinto da alcune lettere anonime a indagare sugli scandali nascosti della buona società: minorenni altolocate che si prostituiscono, chirurghi e suore col "vizietto", una donna spartita fra dieci giovani. Tutto però verrà messo a tacere. **1/2 [2487]

The Commitments (*The Commitments*, Alan Parker, Gran Bretagna, 1991, col., 118', HV). Nella periferia proletaria di Dublino, un giovane disoccupato pesca tra amici e conoscenti del quartiere per formare un complesso soul. Il gruppo ha successo, ma litiga e si divide dopo un acclamato concerto, mentre Wilson Pickett che dovrebbe arrivare in visita giungerà troppo tardi. *** [1705, 2239, 2765]

I compagni (Mario Monicelli, Italia, 1963, b/n, 128', HV). Il professor Sinigaglia, solitario ed eccentrico, alla fine dell'800 promuove e guida uno sciopero degli operai tessili a Torino. L'intervento di un gruppo di crumiri, l'arrivo della polizia, i successivi tafferugli e la morte di un lavoratore fanno fallire lo sciopero, e il professore è costretto a lasciare Torino. *** [3257]

I compari (*McCabe and Mrs. Miller*, Robert Altman, Usa, 1971, col., 121', HV). Un giocatore d'azzardo un po' spaccone gestisce, con una prostituta intraprendente, un bordello in un paese tra i ghiacci. Gli affari vanno a gonfie vele, ma una compagnia mineraria vuole il terreno su cui sorge il bordello: il gambler rifiuta e finisce ucciso. Un western anomalo sul sogno americano. ***1/2 [85, 403, 520, 739, 1402, 1762, 1901, 2550]

Con Air (*Con Air*, Simon West, Usa, 1997, col., 115', HV). Cameron Poe, ex marine appena congedato, si trova coinvolto in una rissa in cui muore uno degli aggressori. Accusato ingiustamente, è condannato a sette anni. Scontata la pena, l'aereo adibito al trasporto dei carcerati è dirottato da un gruppo di detenuti sanguinari. Come andrà a finire? Spettacolare e solido. **1/2 [1361, 1488, 2473, 2480, 3080, 3595]

The confession (*The confession*, David Jones, Usa, 1999, col., 116'). Fertig, ebreo ortodosso, uccide tre sanitari che non hanno soccorso il suo bambino, poi si costituisce e chiede di essere punito. Il suo avvocato, l'ambizioso Bleakie, punta a un clamoroso verdetto di assoluzione per seminfermità mentale, per diventare procuratore. Intricato e poco convincente, bravo Kingsley. ** [1341]

Il conformista (Bernardo Bertolucci, Italia, 1970, col., 110', HV). A Parigi per conto della polizia politica, Marcello Clerici deve avvicinare il professor Quadri, suo antico insegnante all'università e antifascista, e renderne possibile l'assassinio. Clerici esegue la missione. Il fascismo come parte malata della borghesia e la voglia d'ordine come sbocco dell'omosessualità repressa. *** [1947, 3616]

La congiuntura (Ettore Scola, Italia, 1964, col., 110'). Giuliano Maria Niccolani Burgos, rampollo dell'aristocrazia nera romana, conosce in un night una turista inglese. La ragazza deve in realtà trasferire clandestinamente un milione di dollari in Svizzera. Giuliano, del quale la ragazza si finge innamorata, la accompagna in auto, si mette nei guai e scopre di essere stato raggirato. ** [355]

La congiura degli innocenti (*The trouble with Harry*, Alfred Hitchcock, Usa, 1955, col., 99', HV). In un paesino del Vermont, un bambino scopre nei boschi un cadavere. Tre persone, ciascuna delle quali ritiene di averlo ucciso, si danno da fare per occultarlo. Il povero Harry verrà così seppellito e dissotterrato quattro volte. Commedia nera con un'ottima Shirley MacLaine esordiente. ***1/2 [3579]

Consigli per gli acquisti (Sandro Baldoni, Italia, 1997, col., 89', HV). Pubblicitari mobilitati per rispondere al quesito posto da un industriale disonesto: come riciclare una partita di carne argentina andata a male? Semplice, se ne fa un nuovo cibo per cani, Vermito, con il verme superproteico della pampa. Satira acre dell'advertising, a tratti esilarante, qualche volta esagitata. **1/2 [2468, 3536]

La contessa di Hong Kong (*A countess from Hong Kong*, Charlie Chaplin, Usa, 1967, col., 108', HV). Un miliardario americano incontra a Hong Kong una ragazza di nobile famiglia russa decaduta, che per mantenersi fa l'entraîneuse. Se la ritrova, clandestina, nella cabina del transatlantico che lo riporta in America. Ovviamente, se ne innamora. Un Chaplin stanco. ** [2660, 3548]

La contessa scalza (*The barefoot contessa*, Joseph L. Mankiewicz, Usa, 1954, col., 128'). In Italia, ai funerali di Maria Vargas, danzatrice gitana diventata stella di Hollywood e poi aristocratica italiana, prima di finire uccisa dal marito geloso, quattro personaggi raccontano in otto flashback la sua vita. Melodramma a tinte forti dalla costruzione complessa e impeccabile. **** [842, 3994]

Il coraggio (Domenico Paolella, Italia, 1954, b/n, 95', HV). Il disoccupato Gennaro Vaccariello finge il suicidio, per farsi salvare dal commendator Paoloni, un industriale filantropo. Quindi si accampa a casa del salvatore, con la numerosa famiglia a seguito. Restituirà il favore, salvando l'industriale da un'amante avida che lo sta mandando in rovina. ** [2009]

Il corridoio della paura (*Shock corridor*, Samuel Fuller, Usa, 1963, b/n e col., 101'). Un giornalista, con l'aiuto della fidanzata e di uno psichiatra, simula di essere una maniaco sessuale. Il suo obiettivo è riuscire a essere internato in manicomio, per svolgere indagini su un delitto compiuto tra le corsie. Riuscirà a fare luce sull'assassinio, ma pagherà diventando a sua volta pazzo. ***1/2 [2731, 3400]

Il corvo (*Le corbeau*, Henri-Georges Clouzot, Francia, 1943, b/n, 100'). L'esistenza placida di un paesino francese è sconvolta da una serie di lettere anonime, che mettono in circolo le accuse più atroci e infamanti, avvelenando i rapporti fra gli abitanti. Il bersaglio principale, un medico, indaga e scopre il colpevole. Requisitoria feroce contro la delazione e il collaborazionismo. **** [538, 2339]

Così è la vita (Aldo, Giovanni e Giacomo e Massimo Venier, Italia, 1998, col., 109'). Un falsario evade dal carcere e prende come ostaggi un mite poliziotto con velleità letterarie e un inventore di giocattoli. Al terzetto si aggiunge una bionda che piace soprattutto al falsario. Vagabondaggi, furtarelli, strade perse, fino alla morte e all'approdo in un paradiso che sembra un ufficio... ** [448, 1008]

Così lontano così vicino! (*In weiter ferne, so nah!*, Wim Wenders, Germania, 1993, b/n e col., 140'). Ritornano gli angeli del *Cielo sopra Berlino*. Qui Cassiel diventa a sua volta uomo per salvare una bambina, incontra Damiel che lo aveva preceduto nella trasformazione per amore di una trapezista, finisce in un giro di mala e muore dopo essersi comportato rettamente anche come uomo. ** [1659, 3532, 3537, 3539]

La costola di Adamo (*Adam's rib*, George Cukor, Usa, 1948, b/n, 101', HV). Processo per tentato omicidio: una donna ha sparato al marito sorpreso con l'amante. Ma un'altra coppia si scontra in tribunale: il pubblico ministero e sua moglie, che difende la donna. Battaglia giuridica, che continua anche a casa e rischia di minare il matrimonio. Commedia sofisticata ma non solo. **** [1163, 1479, 1545, 1575, 1863, 1929, 1998, 2478, 3416, 3716, 3753, 3780]

Cotton Club (*The Cotton Club*, Francis Ford Coppola, Usa, 1984, col., 128', HV). Harlem, anni Trenta. Nella cornice del più celebre locale di jazz di tutti i tempi, l'ascesa di un giovane trombettista bianco che salva la vita a un gangster, ne viene protetto, va a Hollywood e infine si mette con la sua donna. Storia esilina, ma belle coreografie e mattanza finale indimenticabile. *** [27, 752, 1617, 2277, 2458, 2975]

Il covo dei contrabbandieri (*Moonfleet*, Fritz Lang, Usa, 1955, col., 89'). Inghilterra, metà del '700. Un adolescente, rimasto orfano, porta una lettera che la madre gli ha consegnato prima di morire al contrabbandiere Jeremy Fox. La lettera consente di rintracciare un diamante: i due, braccati dalla legge, lo trovano. Il bandito, ferito, mette in salvo il ragazzo e il suo tesoro. ***1/2 [161, 1682]

Crimini del cuore (*Crimes of the heart*, Bruce Beresford, Usa, 1986, col., 105', HV). In una cittadina del Sud, tre sorelle rinsaldano il loro legame per fare fronte ai fallimenti: Lenny è una zitella complessata, Meg ha avuto troppo uomini e Babe ha cercato di uccidere il marito brutale. Tutto è incominciato quando la loro madre si impiccò... Bravissime Keaton, Lange e Spacek. **1/2 [183, 1525, 3271]

Crimini e misfatti (*Crimes and misdemeanors*, Woody Allen, Usa, 1989, col., 104', HV). Un oculista, perseguitato dall'amante, si rivolge al fratello malavitoso il quale assolda un sicario per eliminare la donna. Un documentarista non ha fortuna né nel lavoro né in amore. Fa da collante alle due storie un rabbino che sta perdendo la vista. La cecità degli uomini, l'indifferenza di Dio. **** [294, 1023, 2592, 2901, 3175, 4017]

La crisi! (*La crise*, Coline Serreau, Francia, 1992, col., 92', HV). Nello stesso giorno, un giovane avvocato viene licenziato dal lavoro e mollato dalla moglie. In piena crisi, alle prese per di più con amici pieni di problemi angosciosi, incontra un ometto all'apparenza un po' sballato, che gli si incolla e all'inizio lo infastidisce: finirà per diventare invece il suo guru. ** [1142, 1868, 1880, 3600]

La croce di ferro (*Cross of iron*, Sam Peckinpah, Gran Bretagna/Germania, 1977, col., 135', HV). Un reggimento tedesco combatte, nel 1943, sul fronte russo. Mentre il sergente maggiore Steiner, rude e tutto d'un pezzo, affronta la guerra con un suo codice di dignità, il capitano Stransky combatte spinto dal miraggio di un'onorificenza. E per ottenerla non esita a sacrificare i suoi uomini. **1/2 [2366]

La croce di fuoco (*The fugitive*, John Ford, Usa, 1947, b/n, 104', HV). In un paese dell'America Latina il potere è in mano a un regime anticlericale. Resiste soltanto un prete, mite ma orgoglioso. Per impartire i sacramenti a una donna morente, sfida il pericolo. Poi espatria, ma decide di tornare a morire per la fede. Liberamente tratto da *Il potere e la gloria* di Graham Greene. **1/2 [2095, 2886]

Crocevia della morte (*Miller's crossing*, Joel Coen, Usa, 1989, col., 115', HV). Il boss Leo e il consigliere Tom, amici per la pelle, rompono l'amicizia e il sodalizio per amore della stessa donna. Tom passa a un'altra banda e... Personalissima e postmoderna rilettura del gangster-movie e del filone hard-boiled (il film è ambientato nel 1929) con toni fra noir e commedia. *** [157, 1842]

Il cuoco, il ladro, sua moglie e l'amante (*The cook, the thief, his wife & her lover*, Peter Greenaway, Gran Bretagna/Francia, 1989, col., 124', HV). Amore, tradimento, cucina e cannibalismo. Adulterio in ristorante. Il marito tradito, un ladro, ammazza l'amante della moglie, complice il cuoco. La moglie fedifraga lo costringe a mangiarne il cadavere. Per stomaci robusti. **1/2 [1790]

Un cuore in inverno (*Un coeur en hiver*, Claude Sautet, Francia, 1992, col., 105', HV). Un liutaio, che si dice impermeabile ai sentimenti, è attratto da una bella violinista che ha una relazione con il suo socio e migliore amico. Anche la donna è attratta da lui, ma il liutaio giunto al dunque si tira indietro, suscitando la reazione della donna e mettendo in crisi l'amicizia con il socio. *** [303, 1786, 2246]

Il cuore nero di Paris Trout (*Paris Trout*, Stephen Gyllenhaal, Usa, 1991, col., 100', HV). Georgia, anni '50. Il negoziante Paris Trout spara contro una donna e una bambina di colore, familiari di un suo debitore. La bambina muore. Paranoico, l'uomo sevizia la moglie che ha accolto con orrore il delitto. Scontata la condanna, uccide la vecchia madre e l'avvocato, e si spara. ** [1546, 2196, 2235]

Daddy Nostalgie (*Daddy Nostalgie*, Bertrand Tavernier, Francia, 1990, col., 105', HV). Un uomo morente si ritira in Costa Azzurra. Qui, nei suoi ultimi giorni, ritrova la famiglia. La figlia Caroline, che aveva rotto con lui, padre distratto e assente, e con la madre che aveva sempre preso le parti del marito, si riaccosta e recupera il rapporto con il padre. Grandi attori, grande delicatezza. *** [1723, 2584]

Dal tramonto all'alba (*From dusk till dawn*, Robert Rodriguez, Usa, 1995, col., 107', HV). Due feroci criminali diretti verso il Messico sequestrano un predicatore e i suoi due figli e attraversano la frontiera a bordo del loro camper. Ma il motel dove trovano rifugio si rivela un covo di vampiri. Frullato goliardico di horror, thriller e splatter, da una vecchia sceneggiatura di Tarantino. ** [3350]

Danko (*Red heat*, Walter Hill, Usa, 1988, col., 106', HV). Il capitano Danko della milizia di Mosca è in trasferta a Chicago per estradare un pericoloso trafficante di droga georgiano. Ma il trafficante evade, aiutato da una banda di neri, e Danko gli dà la caccia, aiutato da un collega americano dai modi non troppo ortodossi. Inseguimento finale con i pullman al posto delle auto. ** [1438]

Da qui all'eternità (*From here to eternity*, Fred Zinnemann, Usa, 1953, b/n, 118', HV). Base militare americana a Honolulu, prima del raid giapponese a Pearl Harbour. Le vicende del soldato Prewitt, vessato perché non vuol tirare di boxe, e dell'italo-americano Maggio, ucciso da un sergente carogna. E l'amore del sergente Warden per la moglie del capitano Holmes. ***1/2 [607, 631, 1005, 1827]

Darkman (*Darkman*, Sam Raimi, Usa, 1990, col., 95', HV). Uno scienziato ha creato in laboratorio la pelle umana e sta per brevettare la sua scoperta, quando viene aggredito da alcuni gangster che lo sfigurano. Per vendicarsi utilizza la sua invenzione e assume le sembianze degli aggressori. Numerose citazioni dai classici dell'horror, primo fra tutti *Il fantasma dell'Opera*. ** [2167]

La dea dell'amore (*Mighty Aphrodite*, Woody Allen, Usa, 1995, col., 95', HV). Il cronista sportivo Lenny e la gallerista Amanda adottano Max. Dopo qualche anno Lenny, mentre il suo matrimonio vacilla, va alla ricerca della vera madre del bambino. Scopre che è la stramba prostituta Linda Ash, occasionale pornostar con il nome di Judy Orgasm. La redime e salva il suo matrimonio. **1/2 [1159, 1581, 2789, 3378]

Dead man (*Dead man*, Jim Jarmusch, Usa, 1995, b/n, 129', HV). Il mite contabile William Blake uccide, per difendersi, il figlio dell'uomo che non lo ha assunto, e viene braccato dai peggiori tagliagole. Accompagnato nella fuga da un indiano di nome Nessuno, non ne uscirà vivo. Antiwestern metafisico e allucinato, con il più smagliante bianco e nero del decennio. ***1/2 [55, 77, 741, 1464, 2155, 2899]

Decalogo 1 (*Dekalog, jeden*, Krzysztof Kieślowski, Polonia, 1989, col., 53', HV). Ispirato al primo comandamento ("Io sono il Signore Dio tuo. Non avrai altro Dio fuori di me"). Un professore di glottologia, convinto che tutto sia ragione, calcola al computer col figlio bambino fin dove ci si può spingere con i pattini in un laghetto ghiacciato. Il ghiaccio cede, il bambino muore. **** [2079, 3946]

Decalogo 2 (*Dekalog, dwa*, Krzysztof Kieślowski, Polonia, 1988, col., 57', HV). "Non nominare il nome di Dio invano." Una violinista, che ha il marito alpinista morente all'ospedale, si rivolge al primario, suo vicino di casa, per sapere se esista qualche speranza di guarigione. Dalla risposta dipende la decisione di abortire o meno il bambino che ha concepito con l'amante. *** [1867]

Decalogo 3 (*Dekalog, trzy*, Krzysztof Kieślowski, Polonia, 1989, col., 56', HV). "Ricordati di santificare le feste." Janusz trascorre il Natale in famiglia. L'ex amante Ewa, una donna sola, gli telefona. Janusz passerà la vigilia con lei, in una Varsavia livida, tra obitori e stazioni di polizia, alla ricerca del marito scomparso. Ma Ewa, si scoprirà, è stata abbandonata da tre anni... ***1/2 [3330]

Decalogo 4 (*Dekalog, cztery*, Krzysztof Kieślowski, Polonia, 1989, col., 55', HV). "Onora il padre e la madre." La giovane Anka vive sola con il padre Michal. La madre è morta di parto e ha lasciato una lettera sigillata per lei. Che cosa c'è scritto? Che Michal non è il vero padre di Anka. Ma Anka ha inventato la lettera, quella vera verrà data alle fiamme dai due senza essere letta. **** [1303]

Decalogo 5 (*Dekalog, pieć*, Krzysztof Kieślowski, Polonia, 1987, col., 57', HV). "Non uccidere." Jacek, un ragazzo sbandato che anni prima ha causato involontariamente la morte della sorellina, strangola un tassista e lo finisce a colpi di pietra. Assume la sua difesa Piotr, avvocato fresco di nomina e contrario alla pena di morte: non riuscirà a evitargli l'impiccagione. Sconvolgente. **** [1559]

Decalogo 6 (*Dekalog, sześć*, Krzysztof Kieślowski, Polonia, 1988, col., 58', HV). "Non commettere atti impuri." Tomek, un timido impiegato delle poste, è innamorato di Magda, una vicina che ha dieci anni più di lui. La spia ogni sera dalla finestra con il binocolo, alla fine si dichiara ma, quando fa all'amore con lei, l'inesperienza lo espone al ridicolo e gli fa tentare il suicidio. ***1/2 [3943]

Decalogo 7 (*Dekalog, siedem*, Krzysztof Kieślowski, Polonia, 1989, col., 55', HV). "Non rubare." Ha partorito a sedici anni, sua madre per evitare lo scandalo ha fatto registrare la figlia come sua. Ma sei anni dopo Majka, che è rimasta in famiglia covando il suo rancore, decide di rapire la bambina e di fuggire con lei. Ma chi è la vera ladra, lei o la madre? *** [1313, 3057]

Decalogo 8 (*Dekalog, osiem*, Krzysztof Kieślowski, Polonia, 1989, col., 55', HV). "Non dire falsa testimonianza." Un'anziana insegnante di filosofia si trova a confronto con la sua traduttrice americana. La donna è un'ebrea polacca che, da bambina, l'insegnante non ospitò facendola passare per cattolica, perché ciò avrebbe comportato dire il falso, anche se a fin di bene. ***1/2 [583, 3463]

Decalogo 9 (*Dekalog, dziewieć*, Krzysztof Kieślowski, Polonia, 1989, col., 59', HV). "Non desiderare la donna d'altri." Roman, un affermato cardiochirurgo, scopre di essere impotente. Rivela tutto alla moglie, offrendole il divorzio. Ma la donna, che pure lo tradisce, resta con lui e lo consola. Roman, tuttavia, continua a provare gelosia e a disprezzarsi. ***1/2 [207]

Decalogo 10 (*Dekalog, dziesieć*, Krzysztof Kieślowski, Polonia, 1989, col., 57', HV). "Non desiderare la roba d'altri." Due fratelli, un cantante rock e un metodico impiegato, ereditano la preziosa raccolta paterna di francobolli. Sono contagiati dalla stessa mania, e uno di loro arriverà a donare un rene in cambio di un raro francobollo austriaco. Caustica commedia nera. **** [463]

Deep impact (*Deep impact*, Mimi Leder, Usa, 1998, col., 116', HV). Una cometa grande quanto New York nel giro di un anno raggiungerà la Terra. Per scongiurare la catastrofe, viene approntata una navicella spaziale che deve bombardarla: fallisce la prima missione, riesce in extremis a scongiurare il peggio. Politically correct, melassoso e un po' ingenuo negli effetti. ** [774, 3095]

Il delitto perfetto (*Dial M for Murder*, Alfred Hitchcock, Usa, 1954, col., 105', HV). Un ex campione di tennis ricatta un truffatore e lo costringe a sopprimere sua moglie. A sorpresa, l'improvvisato killer viene ucciso dalla donna, che si difende, con un paio di forbici. Il marito manovra le prove in modo da fare condannare a morte per omicidio la moglie. Verrà smascherato in extremis. ***1/2 [46, 1740, 2146, 2165]

Il delitto perfetto (*A perfect murder*, Andrew Davis, Usa, 1998, col., 107', HV). Un marito miliardario, una moglie bella e infedele, un amante geloso e squattrinato. Personaggi in cerca di pretesti per eliminare chi ostacola i loro progetti. Remake dell'omonimo film di Alfred Hitchcock, con notevoli differenze di sceneggiatura e l'azione spostata da Londra a New York. **1/2 [2158]

Delitto sulla spiaggia (*Female on the beach*, Joseph Pevney, Usa, 1955, b/n, 97'). Una vedova ricca e attempata si sistema in una casa sulla spiaggia, la cui precedente inquilina è stata uccisa. Sposa l'aitante vicino di casa ma ben presto lo sospetta di omicidio e teme di essere la prossima vittima... ** [614, 692]

Destinazione Piovarolo (Domenico Paolella, Italia, 1955, b/n, 89', HV). Durante gli anni del fascismo, il capostazione Antonio La Quaglia viene mandato a Piovarolo, dove piove sempre e passa un solo accelerato al giorno. Per accontentare la famiglia, cerca una raccomandazione per essere trasferito, ma i suoi sforzi non approdano a niente. ** [1112, 2714]

Destinazione Tokyo (*Destination Tokyo*, Delmer Daves, Usa, 1943, b/n, 135', HV). Un sommergibile americano parte per una missione segreta. Deve superare gli sbarramenti nemici ed entrare nella baia di Tokyo, per effettuare dei rilevamenti che consentiranno all'aviazione di bombardare la capitale giapponese. Pur tra mille insidie, la missione ha successo. ** [2056]

Detective coi tacchi a spillo (*V. I. Warshawski*, Jeff Kanew, Usa, 1991, col., 89', HV). Un campione di hockey muore in un incidente sospetto. Sulla vicenda fa luce, per conto della figlia ragazzina del defunto, un'investigatrice sboccata e con un debole per le scarpe. Trattasi di panni sporchi in famiglia e speculazione edilizia. Non mancano neppure i perfidi giapponesi. ** [501, 512, 1440, 1584, 3750]

Detective's story (*Harper*, Jack Smight, Usa, 1966, col., 121', HV). Lo scalcinato e cinico detective Harper viene incaricato da una miliardaria di ritrovare il marito, un banchiere che è scomparso. Dopo laboriose indagini, trova il cadavere dell'uomo a bordo di una nave abbandonata. L'assassino? È più d'uno. Da *Bersaglio mobile* di Ross MacDonald. **1/2 [1926]

Diabolique (*Diabolique*, Jeremiah Chechik, Usa, 1996, col., 107', HV). Due insegnanti, moglie e amante del direttore di una scuola, uniscono le loro forze per uccidere l'uomo. Dopo averlo intontito con un sonnifero, lo soffocano nella vasca da bagno e ne gettano il corpo in piscina. Ma il cadavere scompare e... Rifacimento sciatto del ben più potente *I diabolici* di Clouzot. *1/2 [2910]

Diario di una cameriera (*The diary of a chambermaid*, Jean Renoir, Usa, 1946, b/n, 87'). Nella Francia di fine 800, la bella Celestina fa girare la testa a servi e padroni. Respinto un militare suonato che aspira alla sua mano, finisce per sposare il padroncino. Adattamento di Burgess Meredith, all'epoca secondo marito della splendida Paulette Goddard. **1/2 [3978]

Diario di una cameriera (*Le journal d'une femme de chambre*, Luis Buñuel, Francia, 1964, b/n, 97'). Celestina entra a servizio di una famiglia dell'alta borghesia di provincia, nel 1928. Il padrone di casa è un vecchio feticista, sua figlia frigida, il genero un donnaiolo. Tra i servi c'è Giuseppe, fascista e impunito assassino di bambine. Celestina finisce per sposare un anziano militare. ***1/2 [3597, 3599]

I diavoli volanti (*The flying deuces*, Edward Sutherland, Usa, 1939, b/n, 65', HV). Ollio, seguito dall'inseparabile Stanlio, si arruola nella Legione Straniera in seguito a una delusione d'amore. Quando Ollio riacquista la serenità, i due sperano di potersi congedare, ma sono costretti alla diserzione. Scappano su un aereo che però cade: Ollio muore e si reincarna in un cavallo. ** [3926]

Il diavolo è femmina (*Sylvia Scarlett*, George Cukor, Usa, 1935, b/n, 94'). In fuga con il padre ricercato dalla polizia, Sylvia si traveste da uomo e lascia la Francia per approdare in Inghilterra. Qui, incontrati due vagabondi, formano una compagnia di attori ambulanti. Quando approdano alla casa di un pittore, Sylvia se ne innamora e smette i panni maschili per tornare donna. ***1/2 [482, 1243, 3618]

Il diavolo probabilmente... (*Le diable probablement*, Robert Bresson, Francia, 1977, col., 100', HV). Il giovane Charles, che ha lasciato gli studi e la famiglia, non trova una ragione per vivere. In dissenso con il suo gruppo di estrema sinistra circa l'uso della violenza, attratto da Dio ma non dalla chiesa, diviso tra due donne, finirà per pagare un drogato perché lo uccida. ***1/2 [223, 720, 861, 1084, 1155, 1181, 2127, 2908]

"10" (*10*, Blake Edwards, Usa, 1979, col., 122', HV). Un musicista ossessionato dalle donne trova finalmente l'esemplare perfetto, a cui dare come voto il dieci del titolo. La ragazza, però, non ci sta e al musicista, che ha ripreso gusto alle gioie del sesso, non resta che ritornare dalla moglie. Commedia tra le più fiacche di Edwards. Bo Derek fa l'amore con sottofondo di Ravel. ** [2600, 3203, 3736]

Dieci in amore (*Teacher's pet*, George Seaton, Usa, 1958, b/n, 120'). Capocronista ruspante e autodidatta, invitato a tenere una lezione a una scuola di giornalismo, rifiuta con una lettera beffarda, convinto che il mestiere si impari soltanto con la pratica. Ne nasce una scaramuccia con la direttrice della scuola, che sfocerà in amore. Convenzionale, ma Clark Gable è notevole. ** [99, 1322, 1384, 1641, 1645, 3172, 3414]

Dietro la porta chiusa (*Secret beyond the door*, Fritz Lang, Usa, 1948, b/n, 98', HV). Celia sposa Mark Lamphere, un milionario che si rivelerà ossessionato dall'omicidio. La mania di Mark è ricostruire, nella propria abitazione, le stanze dove sono avvenuti delitti celebri. Una stanza è chiusa a chiave: è identica alla camera da letto della moglie di Mark. **** [2161, 3538]

I dilettanti (*I went down*, Paddy Breathnach, Irlanda/Gran Bretagna, 1998, col., 100', HV). Un ragazzo salva un amico, pestando i gorilla di un boss mandati a dargli una lezione. Per non essere punito a sua volta, assieme a un altro delinquentello ricattato dal boss va a recuperare un uomo che è sparito con 25 mila sterline. Le due vittime si alleano per sottrarre il malloppo al gangster. **1/2 [1178, 3241]

Dillinger (*Dillinger*, John Milius, Usa, 1973, col., 96', HV). La vita e le imprese di John Dillinger, gangster romantico e rodomonte. E la vita del poliziotto gentleman, Melvin Purvis, avversario irriducibile ma leale del bandito, che rievoca le gesta del suo antagonista. L'esordio dietro la macchina da presa dello sceneggiatore Milius: epico, autunnale, deboluccio. ** [3059]

I dimenticati (*Sullivan's travels*, Preston Sturges, Usa, 1941, b/n, 91', HV). Un regista abbandona le commedie per fare film impegnati. Per documentarsi, gira tra i vagabondi e gli esclusi. In seguito a uno scambio di persona, è accusato di omicidio e finisce in carcere. Chiarito l'equivoco, e fatto tesoro del divertimento con cui i detenuti accoglievano i film comici, si ricrede. *** [2954, 2957]

Il diritto di uccidere (*In a lonely place*, Nicholas Ray, Usa, 1950, b/n, 91'). Un sceneggiatore di Hollywood, che attraversa un momento di profonda crisi, è accusato di omicidio. A scagionarlo provvede una vicina di casa, della quale lo sceneggiatore si innamora. I due partono in vacanza in un luogo isolato, ma l'uomo si rivela instabile e nevrotico: un potenziale assassino... *** [350, 3588]

Il dittatore dello Stato libero di Bananas (*Bananas*, Woody Allen, Usa, 1971, col., 82', HV). L'imbranato Fielding Mellish, dopo una delusione amorosa con un'attivista dei diritti civili, parte per l'America Latina. Lì finisce tra i guerriglieri, fa la rivoluzione e diventa presidente alla Fidel Castro. Tornato in America, viene processato e si sposa. Sgangherato e a tratti irresistibile. **1/2 [47, 1192, 1311, 1382, 1763, 2534, 3429, 3432]

La diva (*The star*, Stuart Heisler, Usa, 1952, b/n, 89'). Margaret Elliott, attrice già premiata con l'Oscar, è in pieno declino: per mantenere l'antico sfarzo è costretta a vendere i suoi effetti, la arrestano perché guida in stato di ubriachezza, un provino per un film che dovrebbe rilanciarla si rivela disastroso. Riesce a salvarsi sposando un uomo che le è rimasto fedele. ** [3482]

Divorzio all'italiana (Pietro Germi, Italia, 1962, b/n, 120', HV). Articolo 587 del codice penale: delitto d'onore, che prevede pene poco più che simboliche. Ne approfitta il barone siciliano Fefé Cefalù, innamorato della cugina sedicenne, per sbarazzarsi della moglie. Come fare? Basta spingerla tra le braccia di un antico spasimante, ucciderla, scontare una lieve pena e risposarsi. **** [2488]

Doctor M (*Dr. M*, Claude Chabrol, Francia/Germania/Italia, 1990, col., 116', HV). Nella Berlino di questi anni, il dottor Marsfeldt è un genio del male che, trasmettendo l'immagine di una bellissima donna dal suo network, ipnotizza le vittime. Rivisitazione in chiave "postmoderna" della trilogia del dottor Mabuse, ideata da Fritz Lang. Ma, con tutto il rispetto per Chabrol, Lang è un'altra cosa... *1/2 [2132, 3997]

La dolce vita (Federico Fellini, Italia, 1960, b/n, 173', HV). Scrittore fallito che lavora per un giornale scandalistico, Marcello Rubini si aggira tra i vari ambienti della Roma mondana con un paparazzo al seguito. Conosce uno scrittore che si suicida, vede una diva fare il bagno nella fontana di Trevi, assiste a una festa con spogliarello... Quando lo squallore diventa epica. ***** [452, 1397, 1822, 2345, 2767]

Un dollaro d'onore (*Rio Bravo*, Howard Hawks, Usa, 1959, col., 141', HV). Lo sceriffo di Rio Bravo arresta per omicidio un cowboy, ma dovrà vedersela con gli uomini del fratello, un ricco e prepotente allevatore. Nello scontro lo aiutano soltanto un vicesceriffo ubriacone, un vecchietto brontolone, un giovanissimo pistolero e suonatore di chitarra e una bella avventuriera. **** [706, 1007, 2154, 3502]

Una domenica in campagna (*Un dimanche à la campagne*, Bertrand Tavernier, Francia, 1984, col., 94', HV). Il signor Ladmiral, un anziano pittore, riceve ogni domenica la visita del figlio Gonzague, uomo semplice e tranquillo. Una domenica arriva anche la figlia Irène, vivace e allegra, che trascinerà il padre a ballare la polka. Poi la domenica finisce e i figli ripartono. ***1/2 [1247, 1388, 3921]

La donna che visse due volte (*Vertigo*, Alfred Hitchcock, Usa, 1958, col., 128', HV). Un investigatore che soffre di vertigini è incaricato da un ex compagno di scuola di sorvegliare la moglie, che manifesta tendenze suicide. Lui se ne innamora, ma non riesce a impedire che si butti da un campanile. Qualche tempo dopo compare una donna troppo simile alla morta... ****1/2 [2870, 3190, 3247]

La donna del giorno (*Woman of the year*, George Stevens, Usa, 1942, b/n, 112', HV). Amori e scaramucce tra giornalisti. Protagonisti un cronista sportivo e una commentatrice politica. Si sposano ma continuano a litigare, e quando lei è nominata donna dell'anno, il matrimonio rischia di andare in frantumi. Sul set nacque l'amore fra Katharine Hepburn e Spencer Tracy. ***1/2 [2445, 3673]

La donna del ritratto (*The woman in the window*, Fritz Lang, 1944, b/n, 99', HV). Un criminologo solo in città, mentre moglie e figli sono in vacanza, conosce una ragazza il cui ritratto è esposto in una galleria d'arte. La segue a casa e, quando appare l'amante di lei, lo uccide e ne occulta il cadavere. Le autorità sospettano di lui, ma alla fine si scoprirà che era tutto un incubo. **** [3685]

La donna del tenente francese (*The French lieutenant's woman*, Karel Reisz, Gran Bretagna, 1981, col., 123', HV). Inghilterra vittoriana, 1867: la giovane istitutrice Sarah dice di essere stata sedotta e abbandonata da un tenente francese. Vaga per la spiaggia, fa innamorare di sé un uomo, scompare. Oggi: i protagonisti di un film su Sarah si identificano con i loro personaggi. *** [1097, 1187]

Una donna e una canaglia (*La bonne année*, Claude Lelouch, Francia, 1973, col., 128', HV). Due malviventi vogliono rapinare una gioielleria. Per studiare il colpo uno di loro, Simon, frequenta il negozio d'antiquariato accanto e s'innamora della proprietaria. Il colpo riesce, ma Simon è catturato. Uscirà di galera sette anni dopo e troverà ad attenderlo l'antiquaria e il bottino. **1/2 [777, 786, 1405, 1721, 1969]

Una donna in carriera (*Working girl*, Mike Nichols, Usa, 1988, col., 113', HV). Tess McGill è la segretaria di una manager autoritaria e arrogante, che le gioca un brutto tiro. Approfittando dell'assenza per malattia della manager, che si è infortunata sciando, Tess conclude un importante affare al posto suo. E, visto che c'è, le porta via anche il fidanzato. **1/2 [3126]

Una donna si ribella (*A woman rebels*, Mark Sandrich, Usa, 1936, b/n, 88'). Inghilterra vittoriana. Pamela Thistlewaite ha un segreto: in gioventù, senza essere sposata, ha avuto una figlia che agli occhi del mondo passa per sua nipote, figlia della sorella morta. Diventata celebre scrittrice femminista, il passato ritorna quando la giovane s'innamora del figlio del suo antico amore. **1/2 [388, 1310, 1571, 3700, 3717, 3718]

Una donna sposata (*Une femme mariée*, Jean-Luc Godard, Francia, 1964, b/n, 98'). La giornalista Charlotte si divide tra il marito Pierre, pilota d'aereo, dal quale non si decide a divorziare, e l'amante Robert, forse attore e forse anche lui pilota. Durante una visita dal ginecologo apprende di essere incinta di tre mesi, e non sa quale dei due uomini sia il padre. **1/2 [187, 944, 1685, 1693, 2074, 2709, 3604]

Donne (*The women*, George Cukor, Usa, 1939, b/n, 132', HV). Mary Haines, una ricca signora di New York, scopre che il marito la tradisce con la commessa di una profumeria e, anche su istigazione delle amiche, chiede il divorzio. A Reno conosce altre donne nella sua situazione. Due anni dopo tornerà alla carica riconquistando il marito. Graffiante, cast tutto femminile. **** [262, 270, 365, 518, 535, 753, 1856, 1989, 2002, 2027, 3134, 3683]

Donne sull'orlo di una crisi di nervi (*Mujeres al borde de un ataque de nervios*, Pedro Almodóvar, Spagna, 1988, col., 88', HV). Abbandonata dal collega Ivan dal quale aspetta un figlio, la doppiatrice Pepa si mette sulle sue tracce. Ma le capitano tra i piedi il figlio di Ivan con fidanzata al seguito, un'amica alla quale la polizia dà la caccia e, dulcis in fundo, un'ex amante di Ivan che lo cerca per ucciderlo. Commedia degli equivoci irriverente e dal ritmo frenetico. ***1/2 [478, 584, 3638]

Donnie Brasco (*Donnie Brasco*, Mike Newell, Usa, 1997, col., 126', HV). L'agente speciale dell'FBI Joe Pistone si infiltra in un clan mafioso spacciandosi per il ricettatore di gioielli Donnie Brasco e conquistando la fiducia e l'amicizia dello scalcagnato killer Lefty Ruggiero. Dopo alcuni mesi vissuti molto pericolosamente, riuscirà a fare incriminare duecento mafiosi. *** [1508, 1606, 2108]

The Doors (*The Doors*, Oliver Stone, Usa, 1991, col., 135’, HV). La storia di Jim Morrison, leader del gruppo rock The Doors, campione di trasgressione ed eroe della generazione americana del Vietnam (il suo *The end* è citato anche in *Apocalypse now*). Sciamanesimo, poesia velleitaria, droghe, una fine misteriosa. Affresco potente ma pieno di ambiguità, forzature e apologia. ** [1751, 3550]

Dopo la prova (*Efter repetitionen*, Ingmar Bergman, Svezia/Germania, 1983, col., 70’, HV). Al tramonto il regista Henrik Vogler, dopo la prova di un dramma di Strindberg, resta nel teatro vuoto a parlare con la giovane attrice Anna. Si materializza Rakel, madre di Anna e attrice a sua volta, morta alcolizzata: ha avuto una storia con Vogler, Anna potrebbe essere figlia anche sua... ***1/2 [823, 834, 850, 1264, 3826]

Il dormiglione (*Sleeper*, Woody Allen, Usa, 1973, col., 88’, HV). Ibernato nel 1973, un clarinettista e proprietario di un ristorante vegetariano si risveglia 200 anni dopo in uno stato dominato da un Grande Dittatore, in cui gli umani fanno l’amore virtualmente. Si unisce così alla resistenza e, in un’audace azione, neutralizza il tiranno, rubando la sola parte di lui che resta in vita: il naso. **1/2 [1042, 1687, 1729, 2066, 3097, 3433]

Il dottor Zivago (*Doctor Zhivago*, David Lean, Usa, 1965, col., 180’, HV). Negli anni della rivoluzione bolscevica, l’amore appassionato e disperato tra il medico idealista Zivago e l’infermiera Lara, costretti a essere divisi. Zivago muore dopo aver salvato Lara, che aspetta un figlio da lui, dalle persecuzioni politiche. Dal romanzo di Boris Pasternak. *** [184, 1219]

Dov’è la libertà...? (Roberto Rossellini, Italia, 1954, b/n, 93’, HV). Salvatore Lojacono sconta vent’anni di carcere per un omicidio passionale. Rimesso in libertà, torna in famiglia, ma deluso dalle persone che trova, chiede di tornare in galera. Film a più mani (alla regia lavorarono anche Mario Monicelli e Federico Fellini), manipolato dai produttori. Totò maschera tragica. **1/2 [1563]

Dove la terra scotta (*Man of the West*, Anthony Mann, Usa, 1958, col., 100’, HV). Arizona, 1874. Un ex bandito che da tempo si è trasformato in un onesto cittadino parte per trovare una maestra che insegni nel villaggio dove vive. È catturato, assieme a una cantante, dallo zio e dagli ex compagni di rapine. Ma resiste alla tentazione di tornare con loro e li sconfigge. *** [1985]

Dracula di Bram Stoker (*Bram Stoker’s Dracula*, Francis Ford Coppola, Usa, 1992, col., 130’, HV). Il principe Vlad, nel Medioevo, diventa vampiro dopo che la moglie si suicida. La ritrova nella Londra vittoriana, fidanzata di un agente immobiliare, e ne fa lo strumento della sua redenzione. Rilettura particolare del tema del vampiro con splendide invenzioni visive. *** [182, 291, 3349]

Due (*Deux*, Claude Zidi, Francia, 1989, col., 113’, HV). Tira e molla sentimentali di due rampanti, lui quarantenne agente musicale, lei ventottenne immobiliarista. Si incontrano, si piacciono a prima vista, finiscono subito a letto. Inevitabile mettersi assieme, quasi altrettanto inevitabile lasciarsi. Poi il caso li fa reincontrare, decidono di riprovarci, si sposano e fanno dei figli. Insomma... ** [3119, 3462]

I due colonnelli (Steno, Italia, 1962, b/n, 98', HV). Durante la seconda guerra mondiale, un paesino posto sul confine greco-albanese, è conquistato di volta in volta dall'esercito italiano e da quello inglese. I due colonnelli nemici, dopo essersi combattuti, finiscono per fare fronte comune contro i tedeschi. Commedia mediocre e grossolana. *1/2 [931]

Due cuori fra le belve (Giorgio C. Simonelli, Italia, 1943, b/n, 82', HV). Totò si imbarca come clandestino in una nave che va in Africa, dove affronterà pericoli e avventure di ogni sorta, per salvare la fidanzata da un esploratore imbroglione e aiutarla a ritrovare il padre, prigioniero di una tribù di selvaggi cannibali. Noto anche come *Totò nella fossa dei leoni.* ** [426, 432, 497, 2513, 3469]

Due figli di... (*Dirty rotten scoundrels*, Frank Oz, Usa, 1988, col., 110', HV). Due simpatici imbroglioni approfittano delle ricche signore in vacanza in Costa Azzurra. Dopo un proficuo lavoro assieme, decidono che uno dei due è di troppo: resterà sulla piazza soltanto chi riuscirà a sedurre un'ereditiera, la "regina delle saponette". Ma la donna, in realtà, è anch'essa una millantatrice... ** [2026]

Le due inglesi (*Les deux anglaises et le Continent)*, François Truffaut, Francia, 1971, col., 132', HV). Ancora un triangolo amoroso per Truffaut, ancora un film tratto come *Jules e Jim* da un romanzo di Henri-Pierre Roché. L'uomo è Claude, un francese che in Cornovaglia conosce Anne e Muriel, si innamora di Muriel e più tardi, a Parigi, sarà l'amante di Anne... ***1/2 [284, 1739, 3979]

I duellanti (*The duellist*, Ridley Scott, Gran Bretagna, 1977, col., 101', HV). Due ufficiali degli ussari, durante le guerre napoleoniche, sono ossessionati da un'assurda rivalità. Tutto comincia quando il tenente D'Hubert è incaricato di mettere agli arresti il tenente Féraud. Ne nasce un primo duello, ne seguiranno numerosi altri nel corso di quindici anni. Da un racconto di Conrad. ***1/2 [2390]

Duello al sole (*Duel in the sun*, King Vidor, Usa, 1948, col., 130', HV). La meticcia Pearl, adottata da un allevatore, ha una relazione con suo figlio Lew ma lo tradisce. Il cowboy uccide il rivale e anche il fratello Jess, che ha tentato di fermarlo. Pearl, sconvolta dal duplice omicidio, si mette alla ricerca di Lew. Lo trova nella boscaglia e ingaggia con lui un drammatico duello. *** [2193, 3050]

I due marescialli (Sergio Corbucci, Italia, 1961, b/n, 98', HV). Il ladro Antonio Capurro, travestito da prete, scambia gli abiti con un maresciallo. Siamo nei giorni successivi all'8 settembre: Capurro, scambiato per un vero maresciallo, viene usato dai tedeschi come ausiliario e ne approfitta per aiutare gli antifascisti. Condannato alla fucilazione e creduto morto, si rimette a rubare. **1/2 [694, 1519, 2064, 2490, 2535, 3053]

2001: Odissea nello spazio (*2001: A space Odyssey*, Stanley Kubrick, Gran Bretagna, 1968, col., 160', HV). L'alba dell'uomo: la scimmia scopre l'arma che uccide, e danza attorno a un monolite nero, lo stesso che compare milioni di anni dopo sulla luna. Una navicella in viaggio verso Giove, e l'equipaggio eliminato dal computer Hal 9000, a eccezione di un superstite che viaggia alla deriva e si ritrova, decrepito, nel '700. Rinascerà feto su una sfera diretta verso la Terra... ***** [1165, 2189]

I due orfanelli (Mario Mattoli, Italia, 1947, b/n, 89', HV). Francia, 1865. Due anziani orfani scoprono, grazie a una chiromante, di essere l'uno figlio del conte, l'altro figlio del boia di Parigi. Il figlio del conte (Totò) scopre inoltre che del patrimonio familiare si è impadronito uno zio usurpatore, che cerca di eliminarlo. Totò sopravvive, ma era soltanto un sogno... ** [1573, 2331, 2363, 2407, 2964, 2970]

Due o tre cose che so di lei (*Deux ou trois choses que je sais d'elle*, Jean-Luc Godard, Francia, 1966, col., 95', HV). Juliette ha un marito che fa il garagista, è di sinistra e la sera capta per radio notizie sulla guerra in Vietnam. Juliette vive in periferia, è casalinga e si prostituisce, di tanto in tanto, per avere un guardaroba alla moda. Uno spaccato impietoso della società dei consumi. *** [829, 2440, 3317, 3356]

Due padri di troppo (*Father's day*, Ivan Reitman, Usa, 1997, col., 98', HV). Un adolescente è fuggito di casa per seguire una ragazza, cacciandosi in un brutto giro. La madre, una giovane donna, per rintracciarlo si rivolge a due ex amanti, un avvocato di successo e uno scrittore in crisi, facendo credere a ciascuno dei due di essere il padre del ragazzo. Attori gradevoli, commedia fiacca. ** [1307, 2621, 3496, 3894, 4016]

Due sotto il divano (*Hopscotch*, Ronald Neame, Usa, 1980, col., 105', HV). Agente segreto della vecchia guardia, costretto a mettersi a riposo da un superiore imbecille, si vendica scrivendo le sue memorie, che raccontano gli infortuni più clamorosi della CIA, e spedendole ai servizi segreti di mezzo mondo, che cominciano a dargli la caccia. Walter Matthau e Glenda Jackson al meglio. *** [1323, 1703, 1718, 2412, 2455, 3783]

È arrivata la felicità (*Mr. Deeds goes to town*, Frank Capra, Usa, 1936, b/n, 118', HV). Longfellow Deeds, proprietario di una fabbrica di candele in un paesino, eredita venti milioni di dollari da un lontano parente. Si trasferisce a New York e decide di regalare i soldi alle vittime della Depressione. Tenteranno di farlo passare per pazzo, ma non ci riusciranno. ***1/2 [772, 1631]

Easy rider-Libertà e paura (*Easy rider*, Dennis Hopper, Usa, 1969, col., 94', HV). I motociclisti Billy e Capitan America, dopo aver venduto una partita di droga, inforcano i loro chopper e attraversano l'America diretti verso il carnevale di New Orleans. Al ritorno saranno uccisi a fucilate. Musica, ribellione, droghe e crisi dell'America nel più celebre dei film on the road. *** [1765, 3353]

Ecce bombo (Nanni Moretti, Italia, 1978, col., 100', HV). La vita agra del post-sessantottino Michele e dei suoi amici. Come in una comic strip, sedute di autocoscienza, disimpegno politico, rock e cinema d'essai, vita mancata, rapporti difficili con la famiglia, il sorgere del sole atteso invano. Ritratto dolceamaro del mondo giovanile di allora, primo film professionale di Moretti. *** [1147, 1379, 2262, 2630, 3164]

L'eclisse (Michelangelo Antonioni, Italia, 1962, b/n, 125', HV). Vittoria, giovane donna borghese, lascia l'amante più anziano di lei. Tenta di legarsi a un agente di Borsa mediocre e opportunista quanto lei è problematica. A un appuntamento che dovrebbe chiarire il loro rapporto, né lei né l'uomo si presenteranno. Film conclusivo della "trilogia dell'incomunicabilità". **1/2 [2594]

Effetto notte (*La nuit américaine*, François Truffaut, Francia, 1973, col., 115', HV). Un film sulla lavorazione di un film. Le vicende della troupe: amori, battibecchi, imprevisti, crisi, amicizie, incidenti. E il film che la troupe sta girando: il padre che fugge con la sposa del figlio, il figlio che lo cerca e lo uccide. Uno struggente omaggio alla magia del cinema. ****1/2 [793, 794, 802, 803, 809, 814, 824, 831, 835, 1227, 1295, 1807, 2013, 3212, 3512, 3676, 3677]

The elephant man (*The elephant man*, David Lynch, Gran Bretagna, 1980, b/n, 125', HV). La storia vera di John Merrick, affetto nella Londra vittoriana da una malattia che gli deforma le ossa del cranio, conferendogli un aspetto mostruoso. Sfruttato come fenomeno da baraccone, viene poi "adottato" da un medico che gli restituisce dignità, e commuove la società ricca del tempo. ***1/2 [2510, 3927]

Elizabeth (*Elizabeth*, Shekhar Kapur, Gran Bretagna, 1998, col., 118', HV). Adolescenza e iniziazione al potere di Elisabetta I (1533-1603). Che si trasforma da trepida giovinetta in volitiva sovrana, dopo avere archiviato il grande amore per il conte di Essex e sventato un complotto di cortigiani papisti. Il regista è indiano; la protagonista, la splendida Cate Blanchett, australiana. *** [288, 2528]

L'erba del vicino è sempre più verde (*The grass is greener*, Stanley Donen, Usa, 1960, col., 104', HV). Un nobile inglese al verde apre il castello ai visitatori. Un giorno capita un ricco turista americano che si innamora, ricambiato sulle prime, della moglie del nobile. Il quale non si perde d'animo e imbastisce un finto duello per riconquistarla. Sophisticated comedy. *** [117, 437, 561, 769, 1475, 1476, 1477, 1635, 1846, 1980, 2302, 2431, 2654, 2871, 3725, 3834]

È ricca, la sposo e l'ammazzo (*A new leaf*, Elaine May, Usa, 1971, col., 102'). Un playboy di mezza età, rimasto senza un soldo, evita la povertà sposando una zitella ingenua, goffa e bruttina che si diletta di botanica, studia le felci ed è miliardaria. Il suo piano è di eliminare la moglie per impadronirsi dei suoi averi: non lo metterà in atto. Irresistibile Matthau-Barbablù. *** [1009, 1633, 2945]

Eroe per caso (*Accidental Hero*, Stephen Frears, Usa, 1992, col., 112', HV). Padre e marito tutt'altro che impeccabile, teorico dell'egoismo, Bernie Laplante si trova a salvare i passeggeri di un aereo. Una giornalista televisiva attribuisce l'impresa a un barbone, che diventa eroe nazionale. Quando la verità è ristabilita, Bernie bada ai vantaggi che il suo nuovo status di eroe gli può procurare. *** [994, 1240, 1367, 3392]

Ero uno sposo di guerra (*I was a male war bride*, Howard Hawks, Usa, 1949, b/n, 105', HV). Ufficiale francese e ausiliaria americana, dopo una missione in Germania e numerosi battibecchi, si innamorano e si sposano. Ma lei deve rimpatriare e lui non può seguirla, perché l'ingresso negli Usa è consentito solo alle mogli dei soldati e non viceversa. Che fare? Travestirsi da donna... *** [290, 722, 902, 1823, 2426, 3196, 3444]

Essi vivono (*They live*, John Carpenter, Usa, 1988, col., 97', HV). Gli alieni hanno invaso la Terra confondendosi con i suoi abitanti. Metafora del "pericolo rosso" caro alla fantascienza degli anni '50? No, stavolta gli extraterrestri sono vestiti come gli yuppies, e plagiano gli umani con messaggi subliminali. E per scoprirli occorrono speciali occhiali neri, che un vagabondo e un operaio... **1/2 [3352, 3918]

Un'estate d'amore (*Sommarlek*, Ingmar Bergman, Svezia, 1950, b/n, 90', HV). Ricevuto il diario di un antico amore, che si è suicidato tredici anni prima, la ballerina Marie lascia Stoccolma e raggiunge il posto di mare dov'era fiorito quell'amore. Incontra un amico di famiglia con cui aveva avuto una breve relazione, e consegna il diario a un giornalista innamorato di lei. ***1/2 [960, 1238, 3265, 3940]

L'eternità e un giorno (*Mia eoniotita ke mia mera*, Theo Anghelopoulos, Grecia/Francia/Italia, 1998, col., 130'). L'ultimo giorno di "libertà" di uno scrittore, che sta per entrare in ospedale e forse non ne uscirà più. Vagando per Atene, incontra un bambino povero, ricorda i momenti felici trascorsi con la moglie e si interroga sul senso della vita. *** [3540]

E. T. l'extra-terrestre (*E. T. the extra-terrestrial*, Steven Spielberg, Usa, 1982, col., 115', HV). Abbandonato nei boschi californiani da un'astronave, l'alieno E. T. viene soccorso e nascosto dal bambino Elliott. Catturato da poliziotti e scienziati e allontanato dal piccolo amico, E. T. rischia di morire, ma Elliott lo aiuta a riunirsi ai suoi, che sono venuti a riprenderlo. ***1/2 [2492]

E tutti risero (*They all laughed*, Peter Bogdanovich, Usa, 1981, col., 115', HV). I detective dell'agenzia Odyssey devono sorvegliare mogli infedeli per conto dei mariti. Spesso, però, si concedono avventure con le donne. Tra le interpreti del film anche Dorothy Stratten, ex playmate che fu uccisa da un marito geloso, a causa della sua relazione con Bogdanovich. **1/2 [895, 1135, 3501]

Eva contro Eva (*All about Eve*, Joseph L. Mankiewicz, Usa, 1950, b/n, 138', HV). Margo Channing, una celebre attrice teatrale non più giovanissima, assume come segretaria e prende sotto la sua ala protettrice una giovane ammiratrice che sogna di recitare. Ma la ragazza è in realtà un'astuta arrivista che sfrutterà la situazione per scalzare la diva dal suo trono. **** [847, 856, 1256, 1760, 2256, 2869, 3338, 3472]

Facciamo l'amore (*Let's make love*, George Cukor, Usa, 1960, col., 118', HV). Un miliardario si innamora di una ballerina, ma per essere certo che lei lo ami per quel che è e non per i suoi soldi, si finge attore disoccupato. Intanto, si fa dare lezioni di canto da Bing Crosby, di comicità da Milton Berle e di danza da Gene Kelly. Commedia con canzoni, gradevole ma un po' scialba. **1/2 [773, 922, 2460]

Face/Off-Due facce di un assassino (*Face/Off*, John Woo, Usa, 1997, col., 137', HV). Per raccogliere informazioni su una bomba batteriologica a tempo, un agente dell'FBI si fa trapiantare la faccia del supercriminale che l'ha collocata, in coma dopo essere stato arrestato. Ma il criminale si risveglia, si fa trapiantare la faccia del poliziotto, e il gioco degli specchi comincia... *** [947, 3218, 3895]

Fahrenheit 451 (*Fahrenheit 451*, François Truffaut, Gran Bretagna, 1966, col., 112', HV). In una società del futuro, Montag è un pompiere che brucia i libri, proibiti dalla legge. Clarissa, un'insegnante ribelle, gli fa scoprire il piacere della lettura. Montag finirà per disertare e per unirsi agli uomini-libro, che contro la dittatura imparano i libri a memoria. Imperfetto ma toccante. *** [1242, 1789, 1791]

I falsari di Cuba (*The big boodle*, Richard Wilson, Usa, 1957, b/n, 83'). Un giovanotto, che fa il croupier in una sala da gioco all'Avana, è coinvolto con una ragazza in un giro dei falsari: entrato casualmente in possesso di una mazzetta di banconote false, è sospettato di avere anche le matrici e usato come capro espiatorio. Il croupier riuscirà però a provare la sua innocenza. *1/2 [1465]

Falso movimento (*Falsche bewegung*, Wim Wenders, Germania, 1974, col., 103', HV). Su consiglio della madre, il giovane aspirante scrittore Wilhelm attraversa la Germania da nord a sud per mettere alla prova la sua vocazione. Alla fine del viaggio comincerà a scrivere. Ispirato al *Wilhelm Meister Lehrjahre* di Goethe e sceneggiato da Peter Handke. **1/2 [1761, 3839]

La famiglia (Ettore Scola, Italia/Francia, 1986, col., 127', HV). Il patriarca Carlo e la sua famiglia della media borghesia romana, dal 1906 al 1986. La grande Storia resta fuori dalla porta e filtra attraverso gli eventi privati: battesimi, nozze, lutti, litigi, accomodamenti. Grande prova di attori con Vittorio Gassman, Massimo Dapporto, Stefania Sandrelli e Fanny Ardant in evidenza. ***1/2 [1481, 2643, 3449]

Fandango (*Fandango*, Kevin Reynolds, Usa, 1985, col., 91', HV). All'inizio degli anni '70, prima che due di loro vadano a combattere in Vietnam, un gruppo di giovani amici di liceo celebrano l'addio alla giovinezza con un lungo e sconclusionato viaggio per l'America. Da un soggetto giovanile di Steven Spielberg, il film che ha fatto conoscere Kevin Costner. *** [1773, 3584]

Fanny e Alexander (*Fanny och Alexander*, Ingmar Bergman, Svezia/Francia/Germania, 1982, col., 197', HV). Svezia, 1907. Il padre di Fanny e Alexander, direttore del teatro di una cittadina svedese, muore all'improvviso. La vedova si risposa con un fanatico vescovo luterano, che maltratta i figliastri. I bambini vengono fatti fuggire, il vescovo muore in un incendio e la famiglia si ricompone. ****1/2 [367, 1050, 1194, 1831, 2175, 2599, 3337, 3341, 3491]

Fantasma d'amore (Dino Risi, Italia/Francia/Germania, 1981, col., 96', HV). Un attempato commercialista di Pavia incontra, vent'anni dopo, la donna di cui era innamorato da giovane. La donna però è morta. Nel frattempo, una portinaia viene assassinata. È stato il fantasma della donna a vendicarsi con il delitto? Insolita e non risolta *ghost story* con risvolti parapsicologici. ** [385]

Il fantasma e la signora Muir (*The ghost and Mrs. Muir*, Joseph L. Mankiewicz, Usa, 1947, b/n, 104', HV). Una giovane vedova si stabilisce in Cornovaglia. Qui è corteggiata dal fantasma di un burbero marinaio. Il fantasma scompare quando la signora Muir accetta le attenzioni di un vivo. Si ritroveranno alla morte di lei. Delicato e a tratti struggente apologo sull'amore impossibile. ***1/2 [53, 913, 914, 1745, 3269, 3345, 3917]

Fantasmi a Roma (Antonio Pietrangeli, Italia, 1960, col., 100', HV). L'ultimo erede dei principi di Roviano, tormentato da un'amante avida, sta per vendere il palazzo di famiglia. Temendo che venga demolito per fare posto a una palazzina, i quattro fantasmi che infestano la dimora si alleano con la Sovrintendenza ai beni culturali per vincolarla. *** [695, 2391]

I favolosi Baker (*The fabulous Baker boys*, Steve Kloves, Usa, 1989, col., 113', HV). Un duo pianistico formato da due fratelli, uno brillante e l'altro metodico, batte da oltre un decennio i piano bar, adattandosi ai gusti mutevoli del pubblico. La cantante Susie, che si aggiunge a loro, li porta al successo e li fa innamorare tutti e due, spezzando la loro unione. *** [2536, 3207]

Il federale (Luciano Salce, Italia, 1961, b/n, 100', HV). Il miliziano fascista Arcovazzi è mandato ad arrestare il professor Bonafé, un filosofo oppositore del regime. I due attraversano l'Italia occupata del 1944, diventando nel frattempo amici, fino ad arrivare a Roma. Nella capitale, liberata dagli Alleati, Arcovazzi sfila in divisa fascista, viene aggredito dalla folla e salvato da Bonafé. *** [2717]

Femmina folle (*Leave her to heaven*, John M. Stahl, Usa, 1945, col., 110', HV). Ellen, per restare l'unico oggetto d'amore del marito, ne annega il fratello handicappato e si getta dalle scale per abortire. Poi, quando scopre che il marito ha un'amante, si avvelena e lascia una lettera in cui accusa l'amante della sua morte. Melò estremo, splendida Gene Tierney. ***1/2 [301, 1795, 2112]

Ferdinando I re di Napoli (Gianni Franciolini, Italia, 1959, col., 105'). Dopo il congresso di Vienna, Ferdinando I è il re di Napoli. Si rivela un "re lazzarone": e mentre gira travestito per taverne, bische e avventure galanti, nel suo regno monta la rivolta. Film deboluccio, anche se con un cast strepitoso: Peppino De Filippo è Ferdinando, Eduardo è Pulcinella. *1/2 [3797]

Fermata d'autobus (*Bus stop*, Joshua Logan, Usa, 1956, col., 96', HV). Bo, cowboy da rodeo, arrivato a Phoenix conosce in un locale notturno la cantante Cherie. Se ne innamora e convince la ragazza, perplessa, a seguirlo in autobus sino al Montana e a sposarlo. In una locanda, Cherie si lascia sedurre dal cowboy e accetta di seguirlo liberamente. **1/2 [3747]

Fermo con le mani! (Gero Zambuto, Italia, 1937, b/n, 73', HV). Vagabondo, dopo mille ceffoni e mille peripezie (si traveste da donna e viene assunto in un salone di bellezza dove massaggiando una cliente provoca una rissa, si improvvisa direttore d'orchestra), scopre di essere il discendente e l'erede di una nobile e ricca famiglia. Esordio cinematografico di Totò. *1/2 [910, 3443]

Il ferroviere (Pietro Germi, Italia, 1955, b/n, 120', HV). La vita amarognola del macchinista romano Andrea Marcocci, galantuomo e bevitore. Sospeso dal lavoro per un incidente di cui non ha colpa, poi isolato dai colleghi perché fa il crumiro, litiga con la famiglia e, pensionato, vaga di osteria in osteria. Finché un infarto lo fa riavvicinare alla moglie e ai figli. *** [987]

La fiamma del peccato (*Double indemnity*, Billy Wilder, Usa, 1944, b/n, 107', HV). L'assicuratore Walter Neff, divenuto amante di una cliente (Barbara Stanwyck, dark lady con braccialetto alla caviglia), ne uccide il marito per riscuotere la polizza sulla vita. Viene smascherato dal tenace detective dell'assicurazione, dopo avere ucciso la donna. Un classico del nero. ****1/2 [258, 1587, 1696, 2159]

Fifa e arena (Mario Mattoli, Italia, 1948, b/n, 78', HV). Un farmacista è scambiato per l'assassino di sette donne. Per evitare l'arresto fugge in aeroporto e, travestito da hostess, sbarca a Siviglia. Qui un bandito cerca di convincerlo a eliminare un'ereditiera americana, di cui egli invece si innamora. Per sfuggire all'incarico, si trasforma nel torero Nicolete e, alle prese con un toro enorme... *** [411, 2657, 3049, 3365, 3863]

Figaro qua... Figaro là (Carlo Ludovico Bragaglia, Italia, 1950, b/n, 87'). Parodia del *Barbiere di Siviglia* di Rossini, con Totò nei panni del barbiere Figaro che dà manforte al conte di Almaviva, deciso a rapire Rosina di cui è innamorato per evitare che sposi il comandante delle guardie don Alonzo. Gradevole ma inutilmente complicata. Totò è troppo imbrigliato. *1/2 [2505]

La figlia del soldato non piange mai (*A soldier's daughter never cries*, James Ivory, Stati Uniti, 1998, col., 126'). Scrittore americano con famiglia, nella Parigi degli anni '60. Lo scrittore è Bill Willis, autore di best-seller e perseguitato dai fantasmi della seconda guera mondiale. Ispirato alla figura di James Jones, autore di *Da qui all'eternità* e *La sottile linea rossa*. **1/2 [1304]

I figli del deserto (*Sons of the desert*, William A. Seiter, Usa, 1934, b/n, 69', HV). Stanlio e Ollio fingono di andare a Honolulu, e all'insaputa delle moglie si precipitano a Chicago, al raduno annuale del loro club. Quando la nave per Honolulu naufraga, le consorti li danno per dispersi e si disperano. Ma poi, un cinegiornale li mostra mentre folleggiano a Chicago, e al loro ritorno... **1/2 [1987, 2309]

Il figlio di Bakunin (Gianfranco Cabiddu, Italia, 1997, col., 96', HV). Un giovane munito di registratore va in giro per la Sardegna a raccogliere testimonianze su Tullio Saba, vissuto tra i '20 e i '50: figlio di un calzolaio anarchico, minatore, donnaiolo, amico degli americani, cantante alle feste matrimoniali, dirigente comunista, speculatore, uomo solo. Uno, nessuno e centomila. **1/2 [1378]

Finalmente domenica (*Vivement dimanche!*, François Truffaut, Francia, 1983, b/n, 110', HV). Un agente immobiliare è costretto a nascondersi per evitare l'arresto: la polizia lo accusa ingiustamente di avere ucciso la moglie e l'amante di lei. Lo tira fuori da guai la bella e coraggiosa segretaria, che per amor suo si trasforma in investigatrice. Raffinata commedia noir. *** [297, 372, 509, 801, 1776, 2150, 2828, 3372, 3757]

La finestra sul cortile (*Rear window*, Alfred Hitchcock, Usa, 1954, col., 112', HV). Un fotoreporter con la gamba fratturata è costretto all'immobilità dall'ingessatura. Per distrarsi, osserva gli inquilini del palazzo di fronte e si convince che una donna scomparsa è stata uccisa dal marito. Con l'aiuto dell'infermiera e della fidanzata riuscirà a smascherare l'assassino. **** [1686, 3403]

Fino all'ultimo respiro (*A bout de souffle*, Jean-Luc Godard, Francia, 1960, b/n, 87', HV). Un delinquente nevrotico uccide un poliziotto e, braccato, si aggira per Parigi. Ha una relazione breve e tempestosa con una studentessa americana aspirante giornalista. Lei, alla fine, telefona alla polizia e lo denuncia, provocando la sua morte. Il manifesto della Nouvelle Vague. **** [121, 489, 906, 1553, 2054, 2203, 2576, 2607, 2867, 2966, 3281, 3486, 3671, 3674]

Fiori d'acciaio (*Steel magnolias*, Herbert Ross, Usa, 1989, col., 118', HV). L'amicizia che lega tra loro negli anni, in una cittadina della Louisiana, sei donne assai differenti tra loro per età, carattere e ceto. La più giovane di loro, interpretata da Julia Roberts, muore di diabete dopo aver dato alla luce un figlio in una scena fra le più strappalacrime dell'ultimo decennio. ** [3082]

Fitzcarraldo (*Fitzcarraldo*, Werner Herzog, Germania, 1981, col., 157'). Carlos Firmin Fitzgerald detto Fitzcarraldo, ingegnere, avventuriero e megalomane, ha un sogno: costruire un teatro d'opera nel cuore dell'Amazzonia perché il suo idolo, Caruso, vi si esibisca. Per realizzare il progetto sfida la natura e gli indios, ma il suo sogno è destinato al fallimento. *** [3302]

Il fiume rosso (*Red river*, Howard Hawks, Usa, 1948, b/n, 133', HV). Il dispotico allevatore Tom Dunson decide di guidare la propria mandria in un'impresa difficilissima: mille miglia di pista fino ad Abilene, dove riuscirà a vendere il bestiame a un prezzo migliore. Lo segue il sensibile figlio adottivo Matthew, che gli si ribella. Ad Abilene, i due si affronteranno in una rissa selvaggia. **** [1066, 1342, 2858]

Follia d'amore (*Fool for love*, Robert Altman, Usa, 1985, col., 106', HV). Da un testo teatrale di Sam Shepard, in uno squallido motel nei pressi del deserto Mojave, nel New Mexico, Eddie prova in tutti i modi a persuadere Mary, che lo ha lasciato stufa dei suoi continui tradimenti, a rimettersi con lui. Fanno da contorno personaggi simili a fantasmi del passato. ** [3816]

Le folli notti del dottor Jerryl (*The nutty professor*, Jerry Lewis, Usa, 1963, col., 107', HV). Il bruttissimo Kelp, docente di chimica con una sola allieva, inventa una pozione che lo trasforma nell'affascinante e volgare Buddy Love, cantante dongiovanni. Ma l'allieva ama il professore e detesta il cantante, e quando in un concerto il cantante si trasforma nel professore... *** [2800]

La fontana della vergine (*Jungfrukällan*, Ingmar Bergman, Svezia, 1960, b/n, 89', HV). In un Medioevo ancora sospeso tra paganesimo e fede cristiana, tre pastori violentano e uccidono una giovane e si fanno ospitare dai genitori di lei, ai quali cercano di vendere la sua tunica. Il padre della ragazza li ucciderà. Intanto, nel luogo dove la giovane è stata uccisa sgorga una fonte. *** [1065]

La fonte meravigliosa (*The fountainhead*, King Vidor, Usa, 1949, b/n, 114', HV). Un architetto geniale e intransigente si adatta a fare il minatore. La donna che ama sposa un magnate della stampa. Quando l'editore gli commissiona un edificio e modifica il suo progetto, lui fa saltare in aria la costruzione. Biografia romanzata di Frank Lloyd Wright. ***1/2 [782, 863, 2784, 3626]

La foresta pietrificata (*The petrified forest*, Archie Mayo, Usa, 1936, b/n, 83', HV). Un gangster in fuga prende in ostaggio un gruppo di persone in una stazione di servizio vicina al deserto dell'Arizona. Tra gli ostaggi ci sono una cameriera e un poeta stanco della vita, che si farà uccidere dal gangster per consentire alla cameriera di incassare la sua polizza sulla vita. *** [202]

La formula (*The Spanish prisoner*, David Mamet, Usa, 1997, col., 112'). Joe Ross ha inventato una misteriosa formula di straordinario valore, ma ha paura che qualcuno gli rubi l'idea. Diffida così di un uomo d'affari che gli offre il suo appoggio, e anche delle persone che lo circondano: sono suoi amici o aspettano soltanto il momento giusto per truffarlo? **1/2 [3843]

Forrest Gump (*Forrest Gump*, Robert Zemeckis, Usa, 1994, col., 142', HV). Forrest Gump, tardo di mente ma puro di cuore, attraversa la storia americana del dopoguerra senza rendersi conto di niente: si laurea grazie alle doti sportive, va in Vietnam ed è decorato, conosce tre presidenti, ispira Presley e Lennon, diventa miliardario, sposa un'amica d'infanzia che muore forse di Aids. ***1/2 [160, 974, 1077, 1675, 1720, 3570, 3866, 3986]

Four rooms (*Four rooms*, Allison Anders/ Alexandre Rockwell/ Robert Rodriguez/ Quentin Tarantino, Usa, 1995, col., 97', HV). Nella notte di San Silvestro, all'albergo Mon Signor il fattorino Ted si imbatte in quattro streghe in cerca di sperma, in una coppia sadomaso, in due bambini pestiferi e incendiari e in un uomo che scommette il proprio mignolo contro una Chevrolet. Film a episodi: una goliardata un po' scemotta. ** [110, 1197, 3162]

Fra Diavolo (*The devil's brother*, Hal Roach, Usa, 1933, b/n, 88', HV). Stanilo e Olivero, vagabondi derubati, diventano briganti. Ma la loro prima vittima è il bandito Fra Diavolo, che risparmia loro la vita se lo aiuteranno a derubare Lord Rockburg. I due vagabondi accettano, ma la loro goffaggine manderà a monte il piano di Fra Diavolo. **1/2 [422]

Frank Costello faccia d'angelo (*Le samourai*, Jean-Pierre Melville, Francia/Italia, 1967, col., 107', HV). Il killer Jeff Costello è stato ingaggiato per eliminare il proprietario di un night. La pianista del locale lo riconosce ma non lo denuncia. Braccato dai mandanti ma anche dalla polizia, il sicario andrà incontro alla morte disarmato. Sotto forma di noir, un apologo sulla solitudine umana. **** [2414, 3256]

Frankenstein (*Frankenstein*, James Whale, Usa, 1931, b/n, 71', HV). Il dottor Frankenstein trapianta un cervello nel corpo di un cadavere. Il cervello apparteneva a un criminale e la nuova creatura è un mostro (celebre il volto di Boris Karloff) che si rivolta contro il suo creatore e semina distruzione e morte, fino a morire in un mulino bruciato da una folla di contadini inferociti. **** [3898]

Frankenstein junior (*Young Frankenstein*, Mel Brooks, Usa, 1974, b/n, 105', HV). Nipote del barone Frankenstein, un giovane neurobiologo americano torna in Transilvania per prendere possesso della dimora avita. Qui, con il gobbo Igor e la procace Inga, dà vita a una Creatura gigantesca e subnormale, che dopo alcune disavventure sposerà un'ereditiera. ***1/2 [418, 434, 747]

Frankenstein oltre le frontiere del tempo (*Frankenstein unbound*, Roger Corman, Usa, 1990, col, 86', HV). Nella Los Angeles del 2031, uno scienziato che indaga sull'implosione della materia si ritrova nella Ginevra del 1817, dove conosce Mary Shelley, il dottor Frankenstein e la sua creatura e apprende che i fatti narrati nel romanzo della Shelley sono veri. Il set è in gran parte italiano. *** [3096]

Fratelli messicani (*The naked dawn*, Edgar G. Ulmer, Usa, 1955, col., 82'). Dopo aver rapinato un treno, un bandito ed ex rivoluzionario incontra una coppia di contadini messicani. L'uomo cerca di derubarlo; la donna, stanca del marito brutale, chiede al bandito di portarla con sé. Il rapinatore accetta, ma poi torna indietro per salvare il contadino che sta per essere ucciso al posto suo. *** [1044]

Fronte del porto (*On the waterfront*, Elia Kazan, Usa, 1954, b/n, 108', HV). Terry Malloy, scaricatore di porto ed ex pugile, il cui fratello fa parte di una gang che controlla il sindacato dei portuali, assiste all'assassinio di un lavoratore. Accetterà di rompere il muro dell'omertà e di testimoniare, spinto da un prete e dalla sorella dell'ucciso, e verrà pestato a sangue. **** [1411, 3500, 3613]

La fuga (*Dark passage*, Delmer Daves, Usa, 1947, b/n, 106', HV). Condannato per la morte della moglie, Vincent Parry evade. Lo nasconde Irene, che lo crede innocente e il cui padre è stato condannato con la stessa accusa. Vincent fa una plastica facciale e comincia a indagare: i due delitti li ha commessi un'amica di Irene che, scoperta, si suicida, mentre i due espatriano in Perù. ***1/2 [472, 529, 1531, 2514, 2628]

Full metal jacket (*Full metal jacket*, Stanley Kubrick, Usa, 1987, col., 116', HV). L'iniziazione alla crudeltà della guerra in un campo di addestramento, dove un sadico sergente istruttore punta a trasformare le reclute in killer: uno di loro non ce la fa e si suicida dopo aver ucciso il sergente. Le reclute finiscono in Vietnam, dove metteranno in pratica gli insegnamenti ricevuti. ****1/2 [88, 91, 98, 536, 1021, 1105, 1131, 1415, 1452, 1456, 1457, 1484, 2111, 2364, 2365, 2376, 2384, 2392, 2394, 2403, 2406, 2481, 2701, 2918, 2920, 3962]

Full Monty-Squattrinati organizzati (*The Full Monty*, Peter Cattaneo, Gran Bretagna, 1997, col., 91', HV). A Newcastle, la crisi della siderurgia produce un esercito di disoccupati. Due di loro, il casinista Gus che tenta di non perdere la potestà sul figlio, e il grasso e complessato Dave, organizzano con alcuni colleghi uno spettacolo di spogliarello per guadagnare qualche soldo. *** [1353, 1928, 3727, 4021]

Fuochi d'artificio (Leonardo Pieraccioni, Italia, 1997, col., 100', HV). Alle Maldive, Ottone racconta la sua storia a uno psicanalista in vacanza. Faceva il dog-sitter a Firenze, ed era indeciso fra quattro donne: l'amica del cuore, la socia autoritaria, una stramba ereditiera sudamericana e la tranquilla extracomunitaria del piano di sopra. Come ne è venuto fuori? ** [2317, 2949]

Fuori dal mondo (Giuseppe Piccioni, Italia, 1999, col., 100'). Dopo cinque anni di noviziato, trascorsi in convento, Caterina sta per prendere i voti. Ma il ritrovamento di un neonato, che è stato abbandonato in un parco di Milano, sconvolge la sua vita e quella di altre persone e la costringe a interrogarsi sulle scelte che ha fatto. *** [1117]

√ **Fuori orario** (*After hours*, Martin Scorsese, Usa, 1985, col., 97', HV). Il giovane impiegato Paul conosce in un bar Marcy e la raggiunge a Soho da una scultrice. È l'inizio di un "tutto in una notte" a metà tra l'incubo e la commedia nera: solo e senza un soldo, Paul si imbatte in ladri, punk, gay, suicidi, taxisti ecc., fino a ritrovarsi al mattino, stremato, nel suo ufficio. ***1/2 [73, 3051]

La furia umana (*White heat*, Raoul Walsh, Usa, 1949, b/n, 114', HV). Feroce e spietato, il gangster Arthur Cody Jarrett nutre un affetto morboso per la madre, che lo ha spinto sulla via del crimine. Un poliziotto, che si infiltra nella banda e riesce a diventare il suo migliore amico, gli seduce la moglie. Disperato, il bandito si suicida facendosi saltare in aria. **** [648, 2972]

Furore (*The grapes of wrath*, John Ford, Usa, 1940, b/n, 129', HV). Tom Joad e la sua famiglia contadina lasciano l'Oklahoma flagellato dalla siccità. Arrivati in California, vengono assunti in un campo di raccolta per fare i crumiri. Un amico di Tom, il predicatore Casy, organizza uno sciopero e viene ucciso dalle guardie. Tom lo vendica e fugge. Dal romanzo di John Steinbeck. ****1/2 [56, 2530, 2681, 2878, 3992]

Gallo cedrone (Carlo Verdone, Italia, 1998, col., 105'). Armando Feroci, quarantenne assatanato di donne e soprannominato "gallo cedrone" ("L'unico gallo che si sveglia a mezzogiorno") è stato condannato, nel Sahara, da un gruppo di integralisti islamici. Intanto, in Italia, la moglie, la figlia ragazza madre e gli altri familiari lo ricordano, credendolo già morto... **1/2 [1812, 1814]

Gambe d'oro (Turi Vasile, Italia, 1958, b/n, 109'). Barone ed esportatore di vini pugliese, avaro presidente della squadra di calcio di Cerignola, vuole vendere due calciatori, uno dei quali sgradito pretendente di sua figlia. Cambia idea quando un industriale milanese decide di acquistare il "genero" e quando il Cerignola vince un'amichevole con la Nazionale. Fiacchissimo. * [976, 1408, 2984]

Gang (*Thieves like us*, Robert Altman, Usa, 1974, col., 123', HV). Nell'America della Depressione, Bowie evade di galera assieme ad altri uomini. Con loro forma una gang, nella ragazzotta Keechie trova l'amore. Nel corso di una rapina, uno dei complici viene ucciso, l'altro arrestato. Bowie lo libera, poi se ne separa. I poliziotti lo uccidono mentre torna al suo rifugio. ***1/2 [2571, 3198, 3470, 3489]

Gangster story (*Bonnie and Clyde*, Arthur Penn, Usa, 1967, col., 111', HV). A Dallas, negli anni '30, il ladro d'auto Clyde Barrow e la cameriera Bonnie Parker, assieme ad alcuni complici, diventano i più famosi rapinatori di banche dell'America. Traditi dal padre di un ragazzotto che hanno preso con loro, i due banditi ribelli finiranno accerchiati e uccisi dai poliziotti. **** [1013, 1618, 3030]

Gatto nero, gatto bianco (*Chat noir, chat blanc*, Emir Kusturica, Francia/Jugoslavia/Gran Bretagna, 1998, col., 120'). Imbrogli e storie movimentate in Serbia, sulle rive del Danubio. Dove un gitano figlio del padrone di un cementificio chiede soldi in prestito a un boss delle discariche per comprare benzina da vendere al mercato nero. E viene imbrogliato dal socio. ***1/2 [2991]

Il gattopardo (Luchino Visconti, Italia/Francia, 1963, col., 205', HV). Sicilia, 1860. Mentre i garibaldini sbarcano, il principe don Fabrizio di Salina accetta che il nipote Tancredi si arruoli volontario tra le camicie rosse e si fidanzi con la bella e ricca – ma non nobile – Angelica. Quanto a lui, si sente parte di un mondo scomparso. Dal romanzo di Giuseppe Tomasi di Lampedusa. **** [36, 38, 200, 420, 2068, 2279, 3136]

Il gaucho (Dino Risi, Italia/Argentina, 1964, b/n, 110', HV). Un gruppo di italiani va in Argentina per partecipare a un festival del cinema. C'è l'industriale che illude un'attrice, convinta di aver trovato l'amore della sua vita. E c'è il press-agent, convinto di aver trovato un mecenate. Ma le illusioni si dissolvono presto. Satira acre del sottobosco cinematografico. **1/2 [3478]

La gente mormora (*People will talk*, Joseph L. Mankiewicz, Usa, 1951, b/n, 110'). Il dottor Noah Pretorius, medico gentile, insegnante e direttore d'orchestra per diletto, è amico di un uomo taciturno e strambo e sta per sposare una ragazza madre. Il suo anticonformismo gli attira l'ostilità di un collega invidioso, che cerca di screditarlo frugando nel suo passato. ***1/2 [2053]

Geronimo (*Geronimo-An American legend*, Walter Hill, Usa, 1993, col., 115', HV). Nel 1885-86 il capo degli Apaches Chirichaua, Geronimo, scappa con i suoi dalla riserva di Turkey Creek e dà filo da torcere all'esercito. Si arrende a un tenente che stima, il quale gli promette di rimandarlo nelle sue terre dopo due anni in Florida. La promessa non verrà mantenuta. *** [2413]

Getaway! (*The getaway*, Sam Peckinpah, Usa, 1972, col., 122', HV). Dopo essere evaso dal carcere, un rapinatore ritrova la moglie che forse progettava di tradirlo, fa un grosso colpo e scappa con lei verso il Messico, inseguito dalla polizia e da un complice. Contro tutte le convenzioni del genere, la fuga ha successo e i "cattivi" vincono. ***1/2 [2424]

Ghost-Fantasma (*Ghost*, Jerry Zucker, Usa, 1990, col., 122', HV). Un bancario viene ucciso da un killer assoldato dal suo migliore amico. Prima di raggiungere compiutamente l'al di là, diventa grazie all'aiuto di una medium estroversa e cialtrona (una strepitosa Whoopi Goldberg) l'angelo custode della giovane moglie, che guida a smascherare l'amico traditore. **1/2 [3346]

I giardini dell'Eden (Alessandro D'Alatri, Italia, 1998, col., 95'). Il periodo della vita di Gesù trascurato dai Vangeli, dai tredici ai trent'anni. Per D'Alatri Gesù è figlio di un costruttore-geometra, ha modo di viaggiare e di entrare in contatto con la setta degli Esseni, e gli riesce anche di raggiungere il mitico Paradiso terrestre. Tra gli interpreti c'è Jovanotti. ** [2296]

Gigi (*Gigi*, Vincente Minnelli, Usa, 1958, col., 116', HV). Nella Parigi di fine '800, una candida ragazza di provincia è allevata a Parigi dalla nonna e dalla zia, ex cortigiane. Le due donne vorrebbero avviarla alla loro stessa professione, per fare della ragazza l'amante mantenuta di un giovin signore. Gigi seguirà a modo suo i consigli: conquistato un giovanotto, si farà sposare. *** [2609]

Gilda (*Gilda*, Charles Vidor, Usa, 1945, b/n, 110', HV). Johnny Farrell è il braccio destro di Ballin Mundson, proprietario di un casinò di Buenos Aires che cela loschi traffici. Ballin ha sposato l'ex ballerina Gilda, che Johnny ha amato tempo prima. I due fingono di non conoscersi, ma dopo mille colpi di scena si metteranno assieme. E quando Ballin, dato per morto, ricompare... **** [14, 92, 386, 389, 1207, 1524, 1975, 2990, 3711]

Ginger e Fred (Federico Fellini, Italia/Francia/Germania, 1985, col., 126', HV). Due ballerini d'avanspettacolo, celebri in gioventù per la loro imitazione di Fred Astaire e Ginger Rogers, vengono chiamati in televisione, dove compariranno per qualche minuto a riproporre l'antico numero. Una dolente elegia del tempo che fu e una rassegnata radiografia dell'orrendo presente televisivo. ***1/2 [59, 421]

Il giocatore (*Rounders*, John Dahl, Usa, 1998, col., 120'). Mike McDermott, talentuoso giocatore di poker uscito dal giro per mettersi a studiare legge, molla la fidanzata e torna alle carte per aiutare l'amico Verme, un imbroglioncello appena uscito di galera che ha un enorme debito di gioco. L'avversario da sfidare è Teddy Kgb, un mafioso russo con la passione per l'azzardo. *** [2637, 2638]

I gioielli di Madame de... (*Madame de...*, Max Ophuls, Francia/Italia, 1953, b/n, 100'). Louise, una signora della Parigi altolocata, vende un paio di orecchini avuti in dono dal marito, per pagare dei debiti. I gioielli finiscono nelle mani del marito, che li regala a un'altra donna, e passando di mano in mano tornano, tramite un nobile italiano, a Louise. Ma la tragedia è in agguato. *** [973, 1963, 2606, 3013, 3020, 3452, 3466]

Giorni di gloria... giorni d'amore (*For the boys*, Mark Rydell, Usa, 1991, col., 145', HV). L'attività quarantennale di Eddie e Dixie, coppia di cantanti e fantasisti che si esibiscono, dalla seconda guerra mondiale fino al Vietnam, per intrattenere i soldati americani. Commedia vecchio stile, retorica e prevedibile. Bravi gli attori, ma lo spettacolo non fa faville. *1/2 [3313]

Un giorno alle corse (*A day at the races*, Sam Wood, Usa, 1937, b/n, 111', HV). Il dottor Hugo Z. Hackensbush, veterinario che si spaccia per medico, salva la clinica della graziosa Judy, su cui grava un'ipoteca e che lo speculatore di turno vorrebbe trasformare in un casinò, grazie al denaro vinto scommettendo alle corse dei cavalli. *** [220, 433, 683, 1881, 2677]

Un giorno a New York (*On the town*, Gene Kelly e Stanley Donen, Usa, 1949, col., 98', HV). Tre marinai in licenza per ventiquattr'ore vanno a caccia di ragazze e si lasciano sedurre da New York, dimenticando lo scorrere del tempo. Alla fine, si ritroveramnno in cima all'Empire State Building e torneranno a imbarcarsi, mentre un'altra nave arriva in porto. Un musical storico. ***1/2 [74, 911]

Il giorno della civetta (Damiano Damiani, Italia, 1968, col., 112', HV). In un paese siciliano, un costruttore viene ucciso dopo avere assistito a un delitto di mafia, e la mafia stessa cerca di accreditare la tesi del delitto d'onore. Il capitano Bellodi tenta di scoprire la verità e arresta un boss. Non approda a niente a viene trasferito. Dall'omonimo romanzo di Leonardo Sciascia. *** [3611]

Un giorno, per caso (*One fine day*, Michael Hoffman, Usa, 1997, col., 108', HV). Architetto e giornalista, entrambi divorziati e incarogniti con l'altro sesso, nonché pressati dal lavoro, si trovano a occuparsi per un giorno dei figli che hanno perso la gita scolastica. Tra battibecchi e reciproco aiuto, insulti e interventi di salvataggio in extremis, scoprono di amarsi. Godibile. **1/2 [503, 1252, 1854, 2826, 3764, 3769]

Giovane e innocente (*Young and innocent*, Alfred Hitchcock, Gran Bretagna, 1937, b/n, 80', HV). Un giovanotto, ingiustamente accusato di avere assassinato una sua amica, evita l'arresto dandosi alla latitanza, per poter cercare il vero colpevole delitto. Lo aiuta nell'impresa la figlia di un poliziotto, che crede alla sua innocenza. Uno degli ultimi film inglesi di Hitchcock. *** [2321]

Il giovane normale (Dino Risi, Italia, 1969, col., 105', HV). Un giovane a corto di quattrini viene accolto da tre americani "trasgressivi", che lo portano con loro in Tunisia, Spagna e Costa Azzurra. Ha un flirt con la moglie di uno di essi, un professore di storia dell'arte, ma la donna è ben presto stufa di lui, e il giovane che si era illuso di vivere alle loro spalle è scaricato. *1/2 [2589]

Gioventù bruciata (*Rebel without a cause*, Nicholas Ray, Usa, 1955, col., 111', HV). Solitudine, insicurezza, fragilità. E ancora sbronze, corse suicide in automobile per dimostrare il proprio valore, amicizia, amore: la ribellione confusa ma carica di rancore contro il mondo degli adulti di un gruppo di ragazzi di buona famiglia, negli anni '50. Un classico in anticipo sui tempi. **** [316, 1191, 2319, 3251, 3254, 3823]

Gioventù perduta (Pietro Germi, Italia, 1947, b/n, 95'). Una banda di giovani rapinatori, nella Roma inquieta del secondo dopoguerra, ha come capo il figlio di un professore universitario. Lo scopre, molto malvolentieri, un ispettore di polizia che per investigare si è infiltrato tra i giovani delinquenti, finendo per innamorarsi della sorella del capo. **1/2 [1316]

Les girls (*Les girls*, George Cukor, Usa, 1957, col., 114'). Molti anni dopo, i componenti di una compagnia di ballo si riuniscono in tribunale. Oggetto del contendere il capocomico, del quale le tre ballerine Angela, Sibilla e Joy erano inmnamorate. Sibilla, che ha sposato un lord inglese, ha scritto un'autobiografia che ha irritato Angela. E il capocomico, chiamato a testimoniare... *** [264, 354]

Una gita in campagna (*Partie de campagne*, Jean Renoir, Francia, 1936, b/n, 40'). Estate 1860. Domenica in campagna per il commerciante Dufour. Lui va a pescare con il futuro genero, la moglie e la figlia sono corteggiati da due giovani. Mentre scoppia un temporale, la figlia cede a uno dei due. Lo rivedrà qualche anno dopo, sfiorito come lei. Da un racconto di Maupassant. **** [205]

Il giudice (*Judge Priest*, John Ford, Usa, 1934, b/n, 80'). Kentucky, 1890. In una cittadina ancora impregnata, trent'anni dopo la guerra di secessione, di bigottismo e pregiudizi razziali, il giudice Billie Priest amministra la giustizia usando il buon senso. A costo di sfidare l'impopolarità, salverà un negro dal linciaggio. E riuscirà a essere rieletto. **1/2 [1570]

Giù la testa (Sergio Leone, Italia, 1971, col., 154', HV). Il bandito messicano Juan Miranda si mette in società con l'irlandese Sean Mallory, un ex terrorista fuggito in America, per rapinare una banca. Mallory, però, combatte con Pancho Villa ed Emiliano Zapata. Dopo aver perso i figli in una rappresaglia dei governativi, anche Miranda si unirà ai rivoluzionari. *** [1109, 1453, 2690]

Giulia (*Julia*, Fred Zinnemann, Usa, 1977, col., 118', HV). Da *Pentimento*, romanzo autobiografico di Lilian Hellman, l'intensa amicizia che lega la futura scrittrice e compagna di Dashiell Hammett a Giulia, che negli anni '30 studia a Vienna con Freud e milita nella resistenza antinazista. Si vedranno per l'ultima volta in Germania, prima che Giulia muoia sotto le torture. ***1/2 [1684, 3890]

Giungla d'asfalto (*The asphalt jungle*, John Huston, Usa, 1950, b/n, 112', HV). Uscito di galera, un ladro vuole attuare una rapina da manuale a una gioielleria, e cerca i complici adatti. Il colpo va in porto, ma la divisione del bottino scatena l'avidità dei rapinatori: uno viene ucciso; un altro, ferito, muore dissanguato. E l'avvocato che deve smerciare i gioielli si suicida. **** [1610]

Goin' to town (*Goin' to town*, Alexander Hall, Usa, 1935, b/n, 74'). La ballerina Cleo Borden, alla morte del fidanzato, eredita i suoi pozzi di pertrolio. Li affida in gestione all'ingegnere inglese Carrington, si dà alla bella vita e sposa un finanziere per diventare una "signora". Ma quando torna a incontrare Carrington, l'ingegnere è diventato il conte di Stratton, e... Inedito in Italia. ** [356, 574, 3726]

Goodbye amore mio! (*The goodbye girl*, Herbert Ross, Usa, 1977, col., 110', HV). Una ballerina disoccupata con figlioletta a carico viene mollata dal convivente. Il quale in più, a insaputa della donna, subaffitta la loro casa a un attore. I due, costretti a una convivenza forzata, cominciano litigando su ogni cosa e finiscono innamorandosi. Sceneggiatura di Neil Simon. *** [181, 312, 820, 893, 1067, 1231, 1432, 1819, 2601]

Gothic (*Gothic*, Ken Russell, Gran Bretagna, 1986, col., 90', HV). Nel giugno del 1816, Lord Byron, Mary Shelley e John William Polidori, in preda ai deliri del laudano, si sfidano a chi produrrà la migliore storia d'orrore: nascono così *Frankenstein* e *Il vampiro*. Intanto, il poeta Shelley vaga nudo sui tetti. Genio e sregolatezza in salsa pop. Uffa! *1/2 [1752, 2778]

Il grande caldo (*The big heat*, Fritz Lang, Usa, 1953, b/n, 90', HV). Un poliziotto si suicida: era al soldo di un boss mafioso. A indagare provvede il sergente Bannion, testardo e poco accomodante, che non si ferma neppure quando gli uccidono la moglie e lo cacciano dalla polizia. A dargli man forte interviene l'amante del braccio destro del boss, che è stata sfigurata con il vetriolo. **** [522, 532, 1352, 1781, 1934, 2055, 2662, 2977, 3490]

Il grande cielo (*The big sky*, Howard Hawks, Usa, 1952, b/n, 122', HV). Nel 1830, due cacciatori di pellicce risalgono il Missouri. Dopo aver salvato una bella principessa indiana, decidono di riportarla alla sua tribù per stipulare con loro accordi commerciali che spezzino il monopolio di una grossa compagnia. Ma la risalita del fiume è irta di insidie... ***1/2 [130, 764]

Il grande dittatore (*The great dictator*, Charlie Chaplin, Usa, 1940, b/n, 128', HV). Il dittatore Adenoid Hynkel ha preso il potere in Tomania. Un barbiere ebreo che è finito in un campo di concentramento, sfruttando la sua somiglianza con il tiranno, evade, si sostituisce a lui e davanti alle folle naziste pronuncia un appello alla pace universale. Satira umanitaria. ***1/2 [956, 2682, 2696]

Il grande freddo (*The big chill*, Lawrence Kasdan, Usa, 1983, col., 103', HV). Un gruppo di ex contestatori degli anni Sessanta si ritrovano vent'anni dopo, ai funerali di un amico morto suicida. Chi è diventato divo TV, chi fa l'industriale, chi il giornalista, chi è sposato e chi è rimasto attaccato alle droghe. C'è anche la single che avrà in prestito il marito dell'amica per farci un figlio. ***1/2 [1974, 2118, 2292, 2796, 2818, 2963, 3128, 3268, 3381, 3387, 3642, 3906]

La grande guerra (Mario Monicelli, Italia/Francia, 1959, b/n, 140', HV). Durante la prima guerra mondiale un milanese e un romano, scansafatiche e per niente eroici, cercano di imboscarsi. Mandati al fronte, fanno di tutto per fuggire i pericoli ed evitare i combattimenti. Si riscattano però quando, catturati dagli austriaci e accusati di spionaggio, affrontano la morte con dignità. **** [1576, 1839, 2191, 2359, 3232]

La grande illusione (*La grande illusion*, Jean Renoir, Francia, 1937, b/n, 114', HV).Nel 1914-18, due ufficiali francesi sono catturati dai tedeschi. Tentano di evadere, vengono trasferiti in un castello-fortezza, ci riprovano. Il capitano, l'aristocratico Boieldieu, si sacrifica per far fuggire il proletario tenente Maréchal e un ebreo, che riescono a raggiungere la frontiera svizzera. ***** [1850, 2349, 2385, 3426]

Il grande Lebowski (*The big Lebowski*, Joel Coen, Usa, 1997, col., 117', HV). Lo sfigato Jeff Lebowski detto il Drugo, ex ragazzo degli anni '60 che conduce una vita pigra tra partite di bowling e spinelli, viene scambiato per il suo omonimo riccone. Parte così un'intricata storia di rapimenti e miliardi. Intrigante galleria di vite marginali nella Los Angeles degli anni '90. ***1/2 [1414, 3178, 3495, 3608]

Il grande sentiero (*Cheyenne autumn*, John Ford, Usa, 1964, col., 145', HV). La drammatica fuga dei Cheyenne, confinati in un'arida riserva dell'Oklahoma, verso le terre dei padri nel Nord. L'esercito, inseguendoli, li costringe a lasciare indietro donne e bambini che si arrendono ma, maltrattati, tornano a fuggire. Alla fine, il governo di Washington ascolta le loro ragioni. **1/2 [2531]

Il grande sonno (*The big sleep*, Howard Hawks, Usa, 1946, b/n, 114', HV). Il detective Philip Marlowe è assunto da un vecchio generale per scoprire chi ricatta la figlia minore, psicolabile e ninfomane. Indaga anche sulla misteriosa scomparsa del marito della figlia maggiore, della quale finisce per innamorarsi, e dopo numerosi morti... Atmosfera torbida, dialoghi perfetti. ****1/2 [323, 474, 600, 605, 680, 728, 733, 745, 1272, 1461, 1530, 1585, 1586, 1924, 2303, 3468, 3875]

Grand Hotel (*Grand Hôtel*, Edmund Goulding, Usa, 1932, b/n, 113', HV). Personaggi e destini si incrociano nel Grand Hotel di Berlino, nel 1928. Un barone che vivacchia facendo il topo d'albergo salva una danzatrice russa dal suicidio e se ne innamora. Per partire con lei deruba un industriale, che lo uccide. La segretaria dell'industriale ripiega su un impiegato ai suoi ultimi giorni di vita. *** [286, 606, 635, 846, 1911, 1915, 3277, 3289, 3569, 3868, 3869, 4008]

Grandi manovre (*Les grandes manoeuvres*, René Clair, Francia/Italia, 1955, col., 107'). Alla vigilia della prima guerra mondiale, un tenente dell'esercito francese scommette con gli altri ufficiali che riuscirà a sedurre una giovane modista divorziata. Finisce per innamorarsene quando la notizia della scommessa arriva alle orecchie della donna, che decide di lasciarlo. *** [2265]

Grisbi (*Touchez pas au grisbi*, Jacques Becker, Francia/Italia, 1954, b/n, 94', HV). Max decide di fare l'ultimo colpo prima di ritirarsi: riciclare 96 chili d'oro. Il suo luogotenente Riton però ne parla con l'amante, e questa va a sua volta a riferirlo al boss della gang rivale. Riton viene sequestrato e Max accetta di trattare per salvarlo. In uno scontro a fuoco tra le due gang, il bottino va perduto. ***1/2 [166, 3024]

Gruppo di famiglia in un interno (Luchino Visconti, Italia/Francia, 1974, col., 120', HV). Il proprietario di un palazzo romano, un vecchio professore americano che vive isolato tra i libri e i quadri, affitta un piano del palazzo a una donna volgare la cui figlia ha un mènage à trois con due giovani. Il professore è al tempo stesso attratto e disgustato dai suoi affittuari... ** [870, 2312, 2703]

Guardia del corpo (*The bodyguard*, Mick Jackson, Usa, 1992, col., 129', HV). Frank Farmer, guardia del corpo tormentato dal senso di colpa perché non era di turno il giorno in cui un folle tentò di uccidere Ronald Reagan, è assunto per proteggere la pop-star nera Rachel Marron, bersaglio di lettere minatorie. Finisce per innamorarsi di lei. *1/2 [1383]

Guardie e ladri (Steno/ Mario Monicelli, Italia, 1951, b/n, 106', HV). Il brigadiere Bottoni deve catturare il truffatore Esposito, se non vuole essere sospeso dal servizio. Il carabiniere finisce per affezionarsi , ricambiato, alla sua preda, e anche le due famiglie stringono amicizia. Andrà a finire che il truffatore finirà per farsi arrestare, purché la famiglia non lo venga a sapere. *** [1629]

La guerra lampo dei fratelli Marx (*Duck soup*, Leo McCarey, Usa, 1933, b/n, 70', HV). La ricca signora Tuesdale finanzia lo staterello balcanico di Freedonia, con le casse dissestate, ma impone come presidente Rufus Firefly, autoritario e anarchico al tempo stesso. Firefly, con i suoi scatti dittatoriali, farà scoppiare una guerra da operetta con Sylvania, che vincerà malgrado tutto. **** [851, 1574, 1590, 1714, 2003, 2282, 2373, 2441, 2524, 3056]

√ **Guerre stellari** (*Star wars*, George Lucas, Usa, 1977, col., 121', HV). La principessa Leila Organa, con un gruppo di fedelissimi, resiste allo strapotere dell'Impero Galattico, dotato di un'arma terribile, la "morte nera". In loro soccorso arrivano il giovane Luke Skywalker, il cavaliere jedi Obi-Wan Kenobi e il burbero pilota Han Solo. Uno dei più grandi successi di tutti i tempi. **** [1416, 2332]

Gunny (*Heartbreak ridge*, Clint Eastwood, Usa, 1986, col., 130', HV). Il sergente Gunny Highway, un rude veterano della guerra di Corea che i superiori mal digeriscono, ha il compito di addestrare un gruppo di marines che battono la fiacca, mentre evita i colpi bassi e le manovre di un giovane ufficiale. Nell'invasione di Grenada, avrà modo di dimostrare il suo valore. Ironico. *** [878, 1514, 1733, 2401, 2404, 2421]

Hannah e le sue sorelle (*Hannah and her sisters*, Woody Allen, Usa, 1985, col., 106', HV). Tre sorelle quasi cechoviane a Manhattan. Hannah, che ha rinunciato al teatro per la famiglia. Lee, scapestrata che vive con un pittore più anziano di lei e lo lascia per il secondo marito di Hannah. Holly, attrice frustrata in amore che si rifà una vita con il primo marito di Hannah. ***1/2 [185, 868, 1029, 1153, 1722, 1792, 2647, 2798, 2854, 2894, 2897, 3182, 3999]

Harley Davidson & Marlboro Man (*Harley Davidson & the Marlboro Man*, Simon Wincer, Usa, 1991, col., 99', HV). Due motociclisti, per consentire a un bar di amici di non chiudere, rapinano il furgone valori di una banca. Al posto del denaro però trovano una nuova terribile droga , il "Crystal dream". E un gruppo di killer al soldo della banca dà loro la caccia. Fracassone. *1/2 [1286, 2939, 3692, 3693]

Harold e Maude (*Harold and Maude*, Hal Ashby, Usa, 1971, col., 90'). Harold è un ventenne di famiglia ricca, grande frequentatore di funerali e aspirante suicida costantemente frustrato. Proprio a un funerale incontra una scultrice ottantenne, estroversa e vitalissima, che lo guarisce dal suo pessimismo e gli insegna ad accettare l'esistenza. *** [3923]

Harry a pezzi (*Deconstructing Harry*, Woody Allen, Usa, 1998, col., 96', HV). Harry, scrittore nevrotico e sessuomane, rivive la sua vita mentre va a ricevere l'omaggio della sua antica università. Lunghi flashback, sogni e allucinazioni mischiano persone e personaggi. Greve, ossessivo e ripetitivo. Qualche buona invenzione, come la discesa all'inferno in ascensore. ** [32, 546, 637, 1095, 2033, 2450, 2506, 2744, 2820, 2825, 3100, 3132, 4003]

Harry, ti presento Sally... (*When Harry meet Sally...*, Rob Reiner, Usa, 1989, col., 95', HV). La conoscenza occasionale dei tempi dell'università tra Harry e Sally viene rinfrescata di cinque anni in cinque anni: al secondo incontro hanno tutti e due una storia, al terzo sono liberi loro malgrado. Ne nasce una complicata amicizia che si trasformerà in amore. Commedia brillante e acuta. *** [167, 338, 593, 792, 1802, 1921, 2004, 2036, 2644, 3124, 3129, 3169, 3309, 3752]

Harvey (*Harvey*, Henry Koster, Usa, 1950, b/n, 104'). Il quarantenne Elwood P. Dowd vede un coniglio bianco alto un metro e ottanta, con cui parla abitualmente. Preoccupata da queste sue fantasie, la sorella lo fa internare in una clinica psichiatrica. Lì, un giovane medico vuole tentare una terapia d'urto. La sorella, per niente convinta, decide di tenersi Elwood così com'è. *** [428, 3355]

Health (*Health*, Robert Altman, Usa, 1980, col., 102'). In Florida, la delirante convention della Health, azienda che vuole preservare la salute degli americani con i cibi macrobiotici. Tra venditori di vitamine, uomini-asparago, puttane computerizzati e altri strambi tipi, il duello per l'elezione alla presidenza tra una vergine ottuagenaria e una profetessa. Inedito in Italia. **1/2 [3171]

Heat-La sfida (*Heat*, Michael Mann, Usa, 1996, col., 172', HV). Sfida mortale tra due maniaci del loro lavoro: un poliziotto divorato dall'angoscia e con la vita familiare a pezzi, e un rapinatore solitario e metodico. Benché messo in guardia dal poliziotto, il rapinatore si lancia in un'ultima impresa prima di sparire con la sua donna, che ignora il lavoro che fa. Finirà male. ***1/2 [1599, 1628, 2023, 2035, 2210, 2812, 3273]

Highlander-L'ultimo immortale (*Highlander*, Russell Mulcahy, Usa, 1986, col., 111', HV). A New York, uno scozzese immortale sconfigge l'eterno rivale, grazie all'aiuto di un'esperta di arti marziali che dopo molti secoli gli ha fatto riscoprire l'amore. Fantasy e videoclip fusi insieme, metropoli postmoderna e trovarobato celtico. Cameo per Sean Connery. **1/2 [1509, 2787]

Highlander II-Il ritorno (*Highlander II-The quickening*, Russell Mulcahy, Usa, 1991, col., 88', HV). Lo scozzese immortale, si apprende, è in realtà un alieno, cacciato dal suo pianeta cinquecento anni prima. Ora aiuta un'ecoterrorista a liberare la Terra da uno scudo radioattivo che ha reso insopportabile la temperatura del pianeta. Dal fantasy alla fantascienza. *1/2 [1614]

Hiroshima, mon amour (*Hiroshima, mon amour*, Alain Resnais, Francia/Giappone, 1959, b/n, 91', HV). Un'attrice francese, a Hiroshima per girare un film pacifista, ha una breve e intensa relazione con un architetto giapponese. Nell'amore attuale spera di rivivere l'amore vissuto in Francia, durante la guerra, con un giovane soldato tedesco che venne ucciso proprio davanti a lei. **** [1446, 3079, 3465, 3707]

Hollywood o morte (*Hollywood or bust*, Frank Tashlin, 1956, col., 95', HV). Un cinefilo, che sa recitare tutti i cast dei film all'incontrario e sogna di conoscere Anita Ekberg, divide un'automobile vinta alla lotteria con un cantante indebitato con i bookmaker. Insieme partono per Hollywood, e per strada danno un passaggio a un'aspirante attrice. Il cinefilo sarà baciato dalla Ekberg. **1/2 [3301]

Hollywood Party (*The party*, Blake Edwards, Usa, 1968, col., 99', HV). Una comparsa indiana, dopo avere fatto saltare in aria per malaccortezza il set di un film in costume, viene invitato per sbaglio alla festa del produttore che ne ha appena ordinato il licenziamento. Inutile dire che, goffo com'è, riuscirà a sabotare la festa e a distruggere la villa del tycoon. Divertentissimo. **** [84, 2640, 2756, 2758, 3022]

Hoodlum (*Hoodlum*, Bill Duke, Usa, 1997, col., 105', HV). Harlem, anni '30. L'irresistibile ascesa dello spavaldo e sanguinario Bumpy Johnson, gangster e re del racket che controlla le scommesse e le lotterie popolari, la sua storia d'amore con Vanessa Williams e i suoi scontri con Lucky Luciano e Dutch Schultz. Le atmosfere e i temi di *Cotton Club* in un'ottica nera. ** [1031, 2470, 2705, 2873, 3033]

Hook-Capitan Uncino (*Hook*, Steven Spielberg, Usa, 1991, col., 144', HV). Peter Pan crescendo ha dimenticato la sua infanzia incantata e si è trasformato in un avvocato yuppie con tanto di telefonino. Ma quando Capitan Uncino gli rapisce i due figli, ricorda di colpo l'Isola Che Non C'è, ritrova i ragazzi perduti e con il loro aiuto riprende a volare e sconfigge i cattivi. ** [1330, 1580, 2499]

Horse feathers (*Horse feathers*, Norman Z. McLeod, Usa, 1932, b/n, 68'). Nuovo rettore del college di Huxley, Quincey Adam Wagstaff per conservare la carica deve far vincere la squadra di football. Ingaggia un accalappiacani e un barista per rapire gli assi avversari: i due falliscono, ma il loro intervento in campo sarà decisivo. Alla fine tutti e tre sposeranno una ricca vedova. ***1/2 [89, 468, 939, 1138, 3036]

L'idiota (*Hakuchi*, Akira Kurosawa, Giappone, 1951, b/n, 166'). La vicenda del principe Myskin, protagonista con il suo candore e la sua bontà d'animo dell'omonimo romanzo di Dostoevskij, il suo amore per Nastasja Filpovna che diviene l'amante del violento Rogozin, trasposta dal regista giapponese in una Sapporo imbiancata dalla neve. Inedito in Italia. ***1/2 [375]

L'idolo cinese (*Three strangers*, Jean Negulesco, Usa, 1946, b/n, 92'). Tre estranei (un alcolizzato accusato a torto di un delitto, un banchiere in difficoltà e una donna che cerca di riconquistare il marito) acquistano un biglietto della lotteria e invocano un idolo cinese perché li faccia vincere. I soldi arriveranno ma nessuno ne potrà godere. Strano miscuglio di noir ed esotico-esoterico. ** [213, 1643, 2464]

Le iene (*Reservoir dogs*, Quentin Tarantino, Usa, 1992, col., 99', HV). Un gruppo di rapinatori, per non rivelare la loro identità, si chiamano con nomi di colori. Il colpo che tentano va a finire male e i sopravvissuti si trovano in un capannone industriale: fra loro ci sono anche un poliziotto infiltrato e un folle che tortura il poliziotto. Nessuno riesce a sopravvivere. Durissimo. ***1/2 [1598, 1923, 3077]

Illuminata (*Illuminata*, John Turturro, Usa, 1998, col., 119', HV). Teatro e vita nella New York di inizio '900. Il drammaturgo Tuccio cerca di fare rappresentare la commedia *Illuminata*, che ha scritto per Rachel, la donna che ama. La prima prova ottiene critiche feroci, il rapporto fra Tuccio e Rachel sembra incrinarsi, c'è una sbandata per la diva Célimène, ma poi una "congiura"... *** [68, 251, 830, 1690, 1770, 2059, 3180, 3818]

L'immagine allo specchio (*Ansikte mot ansikte*, Ingmar Bergman, Svezia, 1976, col., 135', HV). Una psichiatra, rimasta sola in casa perché il marito è in America e la figlia al campeggio, va a vivere dai nonni. La loro vecchiaia la deprime, i fantasmi dell'infanzia la assillano, un tentativo di violenza la spinge a tentare il suicidio. Saprà superare la crisi e ricominciare da zero. ***1/2 [191, 402, 2520]

L'immorale (Pietro Germi, Italia/Francia, 1966, b/n, 100'). La vita privata frenetica e faticosa del violinista Sergio Masini, che ha una moglie con tre figli e due amanti, che gli hanno dato altri tre figli. Non sapendo rinunciare a nessuna delle tre, si destreggia a tenere in piedi tre famiglie. L'impresa a lungo andare è fatale, un infarto lo stronca e le tre donne assistono al funerale. **1/2 [2186]

L'impareggiabile Godfrey (*My man Godfrey*, Gregory La Cava, Usa, 1936, b/n, 95'). Una famiglia di nuovi ricchi assume Godfrey come maggiordomo. Godfrey, che è un ex ricco rovinato dalla Depressione, metterà tutti in riga con il suo aplomb e la sua saggezza, salvando il padre dal disastro economico, umiliando la figlia arrogante e viziata e finendo per sposare l'altra figlia. ***1/2 [980, 1567, 1835, 2618]

L'imperatore di Capri (Luigi Comencini, Italia, 1950, b/n, 90', HV). Il cameriere napoletano Totò, scambiato per il Bey di Agipur, sta al gioco e si trasferisce a Capri diventando l'uomo più conteso dalle donne e più riverito dagli esercenti. Quando il gioco viene scoperto, rischia la galera per truffa. Salva però la vita al vero Bey che lo ricompensa con tante gemme quanto pesa. **1/2 [813, 2065, 2375, 3706]

L'imperatrice Caterina (*The scarlet empress*, Josef von Sternberg, Usa, 1934, b/n, 110', HV). Una giovane principessa tedesca, Sofia Federica, va in sposa al granduca Pietro di Russia, tarato nel corpo e nello spirito. La giovane sposa si trasforma ben presto in una cinica e spietata donna di potere. E, fatto strangolare il marito, diventa l'imperatrice Caterina II. **** [2104, 3439]

Incantesimo (*Holiday*, George Cukor, Usa, 1938, b/n, 93', HV). Una ragazza della buona società rompe il fidanzamento con un giovane intelligente e ambizioso, ma di scarsi mezzi, che si ostina a voler lavorare e non accetta di farsi assorbire dal "bel mondo". Sua sorella, ribelle e sensibile, si innamora di lui e lo segue, rompendo con la famiglia. Una grande Katharine Hepburn. ***1/2 [2562, 2958, 3007]

Un incantevole aprile (*Enchanted April*, Mike Newell, Gran Bretagna, 1991, col., 101', HV). Per la serie: signore inglesi in vacanza al sole italiano. Siamo negli anni '20 e quattro donne decidono di trascorrere un mese a Portofino. Sono della partita una vecchia zitella, una giovane nobile apatica e due mogli trascurate che riusciranno a riconquistare i mariti. Impeccabile ma noiosetto. ** [1997, 2602]

Independence Day (*Independence Day*, Roland Emmerich, Usa, 1996, col., 145', HV). Dal 2 al 4 luglio (il Giorno dell'Indipendenza, festa nazionale americana) gigantesche astronavi aliene appaiono sopra le principali città della terra. È l'invasione, e mezzo mondo viene distrutto. Un tecnico di computer e un eroico capitano mettono a punto il contrattacco. *** [3351]

Indiana Jones e il tempio maledetto (*Indiana Jones and the temple of doom*, Steven Spielberg, Usa, 1984, col., 118', HV). Nel 1935, Indiana Jones fugge da Shangai con una cantante di cabaret e un ragazzino. Si ritroverà in un villaggio indiano dove un maragià che vuole reintrodurre i sacrifici umani fa rapire i bambini, riuscirà a liberarli e a restituire al villaggio il suo talismano. **1/2 [3192]

Indiana Jones e l'ultima crociata (*Indiana Jones and the last crusade*, Steven Spielberg, Usa, 1989, col., 127', HV). Un collezionista americano crede di aver localizzato il luogo dov'è custodito il Santo Graal, e per recuperarlo ingaggia il padre di Indiana Jones. Ma l'uomo scompare a Venezia e il figlio scende in campo per rintracciarlo. Inevitabile lo scontro con i nazisti... ***1/2 [735, 923, 2585, 2724, 2725, 2766, 2916]

Indiscreto (*Indiscreet*, Stanley Donen, Gran Bretagna, 1958, col., 100', HV). Un diplomatico si innamora di un'attrice teatrale. Ma, per non sposarla, le fa credere di avere già moglie e di non potere ottenere il divorzio. La donna scopre la menzogna e si vendica facendo finta di avere un amante. Happy end immancabile, Cary Grant e Ingrid Bergman in forma strepitosa. ***1/2 [601, 613, 625, 1158, 2864, 3722, 3814, 3833]

Indovina chi viene a cena? (*Guess who's coming to dinner*, Stanley Kramer, Usa, 1967, col., 108', HV). Una coppia liberal di San Francisco, da sempre favorevole all'integrazione razziale, entra in crisi quando la figlia annuncia l'intenzione di sposare un giovane medico nero. Il padre, in particolare, sembra il più contrario, anche se l'approvazione finale non mancherà. **1/2 [548, 3622]

Infedeli per sempre (*Faithful*, Paul Mazursky, Usa, 1996, 88', HV). Nel ventesimo anniversario di matrimonio, un killer viene pagato dal marito per eliminare la moglie. La quale, depressa, sta per suicidarsi. Anche il killer ha qualche problema: legata la vittima, telefona ogni cinque minuti all'analista per chiedere consiglio. Finirà per allearsi con la moglie per punire il marito. ** [266, 510, 563, 1206, 1343, 1448, 1671, 1709, 1801, 1990, 2595, 2997, 3245, 3558, 3656]

L'infernale Quinlan (*Touch of evil*, Orson Welles, Usa, 1958, b/n, 108'). Il poliziotto messicano Vargas, in viaggio di nozze in California, assiste a un attentato. Decide di indagare assieme al capo della polizia locale, il brutale Quinlan, che gli è ostile, usa metodi discutibili e vuole incastrare il ricco e innocente Sanchez. In un finale a sorpresa, emergerà che Quinlan aveva ragione. **** [1542, 2101, 3575]

L'ingorgo-Una storia impossibile (Luigi Comencini, Italia/Francia/Germania/Spagna, 1979, col., 126', HV). Un ingorgo di proporzioni inaudite nei pressi di Roma, che inchioda per un giorno e mezzo una folla di automobilisti alle loro vetture. Liti, risse, isterismi, violenze e amori. Da un grande racconto dell'argentino Julio Cortázar, *L'autostrada del Sud*, un film che non riesce a lievitare. ** [1070]

√ **Innamorati cronici** (*Addicted to love*, Griffin Dunne, Usa, 1997, col., 100', HV). Astronomo mollato da maestrina, che a New York si è messa con un cuoco, si allea con l'ex partner di lui, una pittrice motociclista. Obiettivo comune: rendere la vita impossibile ai due traditori. Finiranno per innamorarsi. Griffin Dunne ricalca *Fuori orario* di Scorsese, di cui è stato interprete. **1/2 [308, 1208, 1485, 3108, 3140, 3154]

In nome della legge (Pietro Germi, Italia, 1949, b/n, 99', HV). Un pretore giovane e testardo, in Sicilia, si scontra con l'omertà generale e con la "legge" del capomafia Turi Passalacqua. Soltanto l'omicidio di un suo amico, Paolino, che lo ha aiutato nelle indagini, riuscirà a scalfire il muro del silenzio. Il pretore "processa" tutto il paese e il mafioso gli fa consegnare il colpevole. **1/2 [1550]

In nome del Papa Re (Luigi Magni, Italia, 1977, col., 103', HV). Ultimi giorni del potere temporale dei papi. Tre giovani cospiratori sono condannati a morte per avere ucciso venti soldati. Un giudice ecclesiastico, scoperto che uno dei tre giovani è suo figlio naturale, riesce a liberarlo e lo nasconde. Ma il giovane è ucciso da un padre geloso e il monsignore finisce in carcere. **1/2 [1255]

In nome del popolo italiano (Dino Risi, Italia, 1971, col., 103', HV). Un magistrato indaga sulla morte di una giovane drogata. Sospettato è un industriale destrorso, spregiudicato e opportunista. L'uomo è innocente ma, mentre la città è in festa per la vittoria della squadra di calcio, il magistrato decide di sopprimere la prova che scagiona l'industriale. *** [567, 2679]

Insoliti criminali (*Albino alligator*, Kevin Spacey, Usa, 1997, col., 97', HV). A New Orleans, dopo aver fallito una rapina e ucciso un poliziotto, tre criminali male assortiti (uno saggio e mite, uno irresoluto, il terzo psicopatico) si barricano in un bar-scantinato, prendendo in ostaggio il proprietario, la cameriera e i pochi avventori. Si salveranno soltanto un bandito e due ostaggi. *** [1497, 2518]

L'insolito caso di Mr. Hire (*Monsieur Hire*, Patrice Leconte, Francia, 1989, col., 81', HV). La polizia indaga sull'omicidio di una donna. L'autore è l'amante di Alice, ma i sospetti cadono su un ometto triste che spia Alice dalla finestra. L'uomo ha visto tutto, e propone ad Alice di tacere se lei fuggirà con lui. Ma Alice non accetta . Da un romanzo di Georges Simenon. *** [3627]

Interiors (*Interiors*, Woody Allen, Usa, 1978, col., 93', HV). Primo film drammatico di Woody Allen, non troppo apprezzato all'uscita. Ritratto di famiglia della media borghesia intellettuale con nevrosi: il padre, dopo molti anni, lascia la madre, che tenta il suicidio, e dopo un periodo di solitudine si risposa. L'ex moglie si annega, il fragile equilibrio delle tre figlie è sconvolto. ***1/2 [776, 925, 1724, 3956]

Gli intrighi del potere-Nixon (*Nixon*, Oliver Stone, Usa, 1995, col., 192', HV). Potente biografia, soprattutto psicologica, del 37° presidente degli Stai Uniti, Richard Nixon. A partire dallo scandalo del Watergate, che lo costringe alle dimissioni, per risalire, in una serie di flashback, all'infanzia povera, alla madre quacchera e oppressiva, ai suoi complessi. Straordinario Anthony Hopkins. *** [3430]

Intrigo internazionale (*North by northwest*, Alfred Hitchcock, Usa, 1959, col., 136', HV). Il pubblicitario Roger Thornhill è scambiato da un'organizzazione spionistica per un uomo che non esiste, l'agente Kaplan, inventato dal controspionaggio americano. Accusato di omicidio, inseguito da polizia e spie, verrà salvato da una bella doppiogiochista. Uno dei vertici della spy-story. **** [256, 1104, 3667, 3861]

Invito a cena con delitto (*Murder by death*, Robert Moore, Usa, 1976, col., 94', HV). Un miliardario eccentrico (interpretato dallo scrittore Truman Capote) invita nel suo castello i cinque investigatori più famosi del mondo (che fanno il verso a Sam Spade, Hercule Poirot, Miss Marple, Charlie Chan e Nick e Nora Charles) per indagare su un omicidio che non è ancora avvenuto. **1/2 [771, 1494, 1517, 1658, 2152, 2500, 3246]

Io ballo da sola (*Stealing beauty*, Bernardo Bertolucci, Gran Bretagna/Italia/Francia, 1996, col., 118', HV). Una ragazza americana, figlia di una poetessa suicida, va in vacanza nel Chianti presso una coppia di amici artisti. Alla ricerca del suo vero padre e del fantasma materno che qui visse i suoi primi amori, cambierà la vita di chi la circonda e perderà la verginità. *** [175, 203, 3792]

Io e Annie (*Annie Hall*, Woody Allen, Usa, 1977, col., 94', HV). Alwy Singer, comico di New York in analisi da quindici anni, si innamora di Annie Hall, intellettuale svitata proveniente da una famiglia wasp del Midwest. Lei lo lascia per un produttore musicale e va a vivere in California, lui ricava una commedia dalla love story. Qualche tempo dopo si ritroveranno, buoni amici. ****1/2 [246, 454, 754, 783, 1151, 1278, 1646, 1649, 2399, 2461, 2566, 2666, 2802, 3112, 3121, 3122, 3183, 3219, 3514, 3746, 3902, 3925]

Io, io, io... e gli altri (Alessandro Blasetti, Italia, 1965, b/n, 116'). Uno scrittore, che sta conducendo un'inchiesta sull'egoismo umano, è spinto a riflettere e a mettersi in discussione. Man mano che procede nel suo lavoro, confrontandosi con gli altri, diventa consapevole dell'importanza di vivere la vita in funzione degli altri. Morale evangelica ma esiti bozzettistici. ** [578, 3235, 3587]

Io sono un autarchico (Nanni Moretti, Italia, 1976, col., 95'). Un gruppo di giovani teatranti, reclutati da un regista loro coetaneo, velleitario quanto tirannico, provano e riprovano per mettere in scena uno spettacolo "off". In primo piano le disavventure di Michele, ragazzo padre abbandonato da Silvia. La generazione postsessantottina allo specchio in un ritratto beffardo. **1/2 [796, 2466]

Irma la dolce (*Irma la douce*, Billy Wilder, Usa, 1963, col., 142', HV). Un poliziotto parigino si innamora della prostituta Irma e, cacciato dalla polizia, diventa il suo protettore. Tormentato dalla gelosia, si traveste da lord inglese e si propone alla donna come suo unico cliente. Quando cerca di liberarsi del suo doppio, viene accusato di omicidio, ma alla fine tutto si sistema. ***1/2 [558, 1526, 1541, 1603, 2762, 3278, 3751, 3758, 3984]

L'isola del diavolo (*Strange cargo*, Frank Borzage, Usa, 1940, b/n, 113'). Su una nave, si ritrovano un gruppo di galeotti in fuga, una donna di dubbia moralità e uno strano predicatore. Tra il capo dei galeotti e la donna nasce l'amore, il predicatore ammansisce e converte gli evasi. Alla fine, il capo dei galeotti si costituisce, deciso a sposare la donna dopo aver scontato la sua pena. **1/2 [324, 393]

Jack Frusciante è uscito dal gruppo (Enza Negroni, Italia, 1996, col., 100', HV). La storia d'amore del diciassettenne bolognese Alex per Aidi, narrata in flashback tra molto spleen adolescenzial-metropolitano, il suicidio di un amico e la partenza di Aidi per gli Stati Uniti. Dal fortunato romanzo d'esordio di Enrico Brizzi, qui anche sceneggiatore. ** [2580]

Jackie Brown (*Jackie Brown*, Quentin Tarantino, Usa, 1997, col., 155', HV). Hostess quarantenne di una scalcinata linea aerea messicana, Jackie Brown trasporta valuta per conto del mercante d'armi Ordell. Incastrata dagli agenti federali, accetta di collaborare per fare arrestare Ordell, ma ingannando il trafficante e i poliziotti riesce a mettere le mani su mezzo milione di dollari. ***1/2 [579, 816, 1277, 1501, 1828, 2142]

JFK-Un caso ancora aperto (*JFK*, Oliver Stone, Usa, 1991, col., 188', HV). L'assassinio del presidente John Fitzgerald Kennedy in un film che mescola ricostruzione e inserti documentari. L'angolo visuale di Stone è l'indagine svolta dal procuratore distrettuale di New Orleans, Jim Garrison, che sospetta l'esistenza di un complotto ordito dalla CIA e da Lyndon Johnson. *** [2357]

Johnny Guitar (*Johnny Guitar*, Nicholas Ray, Usa, 1954, col., 110', HV). Odiata per la sua avvenenza e la sua intraprendenza, Vienna gestisce un saloon in Arizona. Accusata di aver preso parte a una rapina dalla rivale Emma, Vienna sta per essere impiccata ma in suo aiuto arriva l'ex pistolero Johnny Guitar. Il film si chiude con duello mortale fra le due donne. **** [693, 988, 1439, 3691, 3760, 3777]

Johnny Stecchino (Roberto Benigni, Italia, 1991, col., 115', HV). Il mite conducente di uno scuolabus per handicappati con il tic di rubare le banane dal fruttivendolo è il sosia di un boss pentito. La moglie del boss lo incontra casualmente e, fingendosene innamorata, lo fa andare da lei a Palermo, per farne un bersaglio da offrire ai mafiosi in cerca di vendetta. **1/2 [78, 347, 619, 1115]

Jules e Jim (*Jules et Jim*, François Truffaut, Francia, 1962, b/n, 110', HV). Parigi, 1912: il tedesco Jules e il francese Jim amano Catherine, che sposa Jules. Dopo la guerra, Jules accetta che Catherine divenga l'amante di Jim. Qualche anno dopo, quando Jim sta per sposarsi con un'altra, Catherine lo invita a fare una gita in auto e spinge la vettura nella Senna. I due muoiono. **** [248, 317, 369, 380, 879, 1257, 1670, 1757, 2370, 3170, 3295, 3660, 3748]

Jungle fever (*Jungle fever*, Spike Lee, Usa, 1991, col., 132', HV). La storia d'amore tra un architetto nero, che lascia la moglie, e una donna bianca. Le rispettive famiglie si oppongono ferocemente alla loro unione e rendono la vita impossibile ai due, costringendoli a tornare sui loro passi. Intanto, il fratello tossico dell'architetto muore per overdose. ** [383, 3605]

Jurassic Park (*Jurassic Park*, Steven Spielberg, Usa, 1993, col., 126', HV). In un'isoletta al largo del Costa Rica, un miliardario ha impiantato Jurassic Park, un grandioso parco con dinosauri veri, clonati dal DNA di rettili estinti preservato nell'ambra. Fatalmente, però, gli animali ricreati dall'uomo sfuggono al suo controllo, e il disastro è in agguato. **1/2 [1223]

Kagemusha-L'ombra del guerriero (*Kagemusha*, Akira Kurosawa, Giappone, 1980, col., 179', HV). Un generale che alla fine del '500 punta alla conquista di Kyoto, è ferito in battaglia. Ordina che tengano nascosta la sua morte per tre anni e che lo sostituiscano con un "kagemusha", un sosia.

La controfigura, un brigante scampato al supplizio, finirà per identificarsi con il guerriero. **** [3892]

L.A. Confidential (*L.A. Confidential*, Curtis Hanson, Usa, 1997, col., 137', HV). Los Angeles, anni '50. Una squillo sosia di Veronica Lake, un poliziotto buono e aggressivo, un collega opportunista ma capace di riscattarsi, il capo della polizia corrotto. E poi miliardari equivoci, giornalisti disinvolti, procuratori distrettuali ricattabili, criminali, morti ammazzati e un grande scandalo. *** [276, 726, 732, 1592, 2663, 3093, 3488, 3889]

I ladri (Lucio Fulci, Italia/Spagna, 1959, b/n, 95', HV). Gangster italoamericano, rimpatriato, torna a Napoli con ventimila sterline, nascoste in centinaia di barattoli di marmellata. I soldi finiscono nelle mani di un facchino e di sua moglie, che tentano di ricattare il gangster ma finiscono per diventarne complici. A sbrogliare la matassa provvede il commissario Di Sapio-Totò. ** [2119, 2842, 3044]

Il ladro di Bagdad (*The thief of Bagdad*, Ludwig Berger/ Michael Powell/ Tim Whelan, Gran Bretagna, 1940, col., 106'). Ahmed, califfo di Bagdad, riconquista il trono che gli è stato sottratto dal perfido Jaffar grazie all'aiuto del piccolo ladro Abu. Nella storia tratta dalle *Mille e una notte* hanno un posto di rilievo anche un Genio, un ragno gigante e un tappeto volante. **** [3058]

Lady Eva (*The Lady Eve*, Preston Sturges, Usa, 1941, b/n, 94'). La figlia di un baro si innamora di un miliardario, che però scopre la verità sul suo conto e si affretta a lasciarla. Senza perdersi d'animo, la ragazza s'inventa una nuova identità. E, nei panni dell'aristocratica inglese "Lady Eve", riuscirà a irretire il giovanotto e a farlo capitolare, finendo con lo sposarlo. **1/2 [1951, 2936]

Lady Lou-La donna fatale (*She done him wrong*, Lowell Sherman, Usa, 1933, b/n, 66'). New York, anni '90 dello scorso secolo: Lady Lou è proprietaria di un locale malfamato nella Bowery, dove si esibisce come cantante. Sospettata di attività illegali, la donna viene sorvegliata da un poliziotto in incognita che la corteggia. Ma quando la arresta, il poliziotto s'innamora di lei. *** [269, 740, 1166, 2598, 3017, 3153]

Larry Flynt-Oltre lo scandalo (*The people vs. Larry Flynt*, Milos Forman, Usa, 1996, col., 127', HV). Larry Flynt, pioniere della pornografia Usa, costruisce le sue fortune sulla rivista "Hustler", contraltare osceno del patinato "Playboy". Condannato a ripetizione, inchiodato su una sedia a rotelle da un attentato, si vede dare ragione dalla Corte Suprema contro un telepredicatore. **1/2 [806]

Lawrence d'Arabia (*Lawrence of Arabia*, David Lean, Gran Bretagna, 1962, col., 222', HV). La vita dell'inglese T.E. Lawrence, che durante la prima guerra mondiale guida gli arabi contro i turchi e conquista Aqaba. Catturato e seviziato dagli ottomani, liberato dallo sceicco Alì, espugna Damasco e torna in patria, dove morirà in un incidente di moto. Eroe o avventuriero? *** [57, 967, 2343]

La legge è legge (*La loi... c'est la loi*, Christian-Jacque, Italia/Francia, 1958, b/n, 95', HV). In un paese diviso in due dal confine italo-francese, il contrabbandiere Totò decide di giocare un brutto tiro al doganiere francese Fernandel: racconta alle autorità che l'avversario è nato dalla parte italiana. Dopo mille disavventure di Fernandel, Totò ristabilisce la verità. Ed è arrestato. ** [446, 865, 1395, 1719, 3424]

La leggenda del pianista sull'oceano (Giuseppe Tornatore, Italia, 1998, col., 140'). Il Virginian è un transatlantico che fa la rotta Europa-America. A bordo c'è Novecento, un pianista del quale si racconta che sia stato trovato, all'inizio del secolo, in una cesta sulla nave, e che non sia mai sceso a terra. Un giorno, sul Virginian si imbarca il jazzista Jelly Roll Morton... *** [2271]

La leggenda del Re Pescatore (*The Fisher King*, Terry Gilliam, Usa, 1991, col., 137', HV). Un disc-jockey molla il lavoro, in preda ai sensi di colpa: con il suo programma senza volerlo ha incitato un folle a fare una strage fra i clienti di un bar. Finché incontra un ex professore, la cui moglie è morta in quel bar, che vive come un barbone e va in cerca del Santo Graal, e... ***1/2 [235, 237, 701, 946, 995, 1028, 1110, 1127, 1172, 1743, 1896, 2022, 2544, 2568, 2578, 2914, 2915, 3061, 3081, 3106, 3243, 3508, 3768]

Leon (*Leon*, Luc Besson, Francia, 1994, col., 119', HV). A New York, il killer solitario Leon ospita la dodicenne Mathilda, la cui famiglia è stata sterminata per questioni di droga da un poliziotto corrotto. La bambina si innamora platonicamente del killer, che si sacrifica per lei quando il poliziotto, dopo un falitto attentato ai suoi danni, la sta per catturare. *** [476, 1386, 1425, 2128]

Il leone d'inverno (*The Lion of the winter*, Anthony Harvey, Gran Bretagna, 1968, col., 135', HV). Natale del 1183. Il re d'Inghilterra Enrico II ha convocato nel castello di Chinon la moglie Eleonora d'Aquitania, i tre figli e il re di Francia Filippo II. Scoppieranno risse furibonde, intrighi, tradimenti per scegliere l'erede al trono. Peter O'Toole e Katharine Hepburn mattatori. *** [394, 864, 1273, 1492, 1840, 2371, 2420, 2921, 3334, 3434]

Léon Morin, prete-La carne e l'anima (*Léon Morin, prêtre*, Jean-Pierre Melville, Francia/Italia, 1961, b/n, 130'). Durante gli anni dell'occupazione nazista in Francia, l'attrazione di Barny, vedova di un ebreo comunista e anche lei militante marxista attiva nella Resistenza, per il rigoroso prete Léon Morin, con il quale ha lunghi colloqui e che crede di amare. **1/2 [3799]

Lettera a tre mogli (*A letter to three wives*, Joseph L. Mankiewicz, Usa, 1949, b/n, 103', HV). Eva Ross scrive una lettera a tre amiche: è scappata con il marito di una di loro. Panico e riflessioni sui loro matrimoni in crisi da parte dell'ingenua Deborah, della rampante scrittrice di radiodrammi Rita e della bella Lora che si è sposata per interesse. Ma a sera i tre mariti sono a casa... *** [2344, 3485, 3522]

Lettera da una sconosciuta (*Letter from an unknown woman*, Max Ophuls, Usa, 1948, b/n, 90', HV). Nella Vienna absburgica, una donna ha un figlio da un pianista e si sposa con un diplomatico. Quando il loro figlio muore di tifo la donna, ammalata anche lei, gli scrive per dirgli il suo amore. Il pianista, sfidato a duello dal diplomatico, accetterà di andare incontro alla morte. **** [671, 1636, 2308, 4000]

Il letto racconta... (*Pillow talk*, Michael Gordon, Usa, 1959, col., 105'). Lei è un'arredatrice, lui un canzonettista. Non si conoscono, ma in comune hanno il telefono in duplex, di cui lui abusa. Lei protesta, lui risponde per le rime. Un giorno però si incontrano e lui si innamora, ma per non farsi respingere finge di essere un altro, fino all'inevitabile agnizione con lite e ovvio happy end. ** [125, 204, 608, 615, 2494, 2612, 2930, 3174, 3197, 3267]

La lettrice (*La lectrice*, Michel Deville, Francia, 1988, col., 99', HV). L'ingenua Constance, appassionata di lettura, si identifica con Marie, protagonista di un romanzo, che fa la lettrice di professione. Come lei, anche Constance si offre di leggere brani a domicilio per chi non può farlo. Incontra così generali comunisti, giudici cochon, paraplegici sensibili. Insolito e affascinante. *** [8, 1797]

Una lezione d'amore (*En lektion i kärlek*, Ingmar Bergman, Svezia, 1954, b/n, 96', HV). Un ginecologo rompe con l'amante e decide di riconquistare la moglie. La insegue in treno fino a Copenaghen, dove la donna è diretta per trovare un vecchio amante. Dopo numerose discussioni e una scena di gelosia in un night, i due tornano insieme. Commedia alla Lubitsch. *** [227, 1099, 1944, 2018, 2034, 2139, 2591, 2625, 3264, 3653, 3669, 3729, 3745, 3776, 3778, 3871]

Lola Montès (*Lola Montès*, Max Ophuls, Francia/Germania, 1955, col., 140', HV). La ballerina e cortigiana Lola Montès, alias contessa Maria Dolores de Lansfeld, rievoca la sua vita dissoluta per il pubblico di un circo americano che paga un dollaro pur di poterla baciare. Raccontando le sue liaisons con Frantz Liszt e Luigi II di Baviera: per lei, "la vita è movimento"... ***1/2 [1078, 3324, 3948]

Lolita (*Lolita*, Stanley Kubrick, Gran Bretagna, 1962, b/n, 152', HV). L'ossessione amorosa del cinquantenne intellettuale Humbert Humbert per una ninfetta tredicenne, figlia della sua padrona di casa. Pur di averla accanto, Humbert sposa sua madre, e quando la ragazza si allontana da lui, arriva a uccidere il commediografo che gliel'ha sottratta. Dal romanzo di Nabokov. **** [2141, 2444]

Love Story (*Love Story*, Arthur Hiller, Usa, 1970, col., 99', HV). Giovanotto bello e molto ricco si innamora di una compagna d'università bella e molto povera. La sposa, sfidando l'opposizione dei genitori. Sarebbero felici, se lei non si ammalasse di leucemia e non ne morisse. Un successo clamoroso, che ha inzuppato milioni e milioni di fazzoletti. ** [249]

Luci della ribalta (*Limelight*, Charlie Chaplin, Usa, 1952, b/n, 145', HV). Calvero, clown vecchio e dimenticato, cura una giovane ballerina che ha tentato il suicidio, restituendole la voglia di vivere e di danzare. Lei si innamora di lui che, invece, cerca di farsi in disparte. Allo spettacolo organizzato in suo onore, Calvero viene acclamato ma un attacco di cuore lo stronca. ***1/2 [35, 280, 611, 812, 815, 844, 852, 1396, 1900, 2194, 2836, 2951, 3259, 3528, 3573, 3786, 3960, 3981]

Luci d'inverno (*Nattvardsgästerna*, Ingmar Bergman, Svezia, 1961, b/n, 81', HV). Nell'estremo nord della Svezia, un pastore luterano tormentato dal ricordo della moglie morta, scopre di avere perso la fede o, forse, di non averla mai posseduta. E di essere incapace di accettare l'amore della maestra Marta, così come è incapace di confortare un parrocchiano che si suiciderà. **** [1025, 1046, 1049, 1054, 3801]

Lulu on the bridge (*Lulu on the bridge*, Paul Auster, Usa, 1998, col., 103'). Il sassofonista Izzy Maurer, a Manhattan, trova un cadavere per strada. Lo fruga per identificarlo e in una tasca trova un numero di telefono. È quello di Celia Burns, una giovane attrice che sta lavorando nel remake di *Lulu-Il vaso di Pandora*, un celebre film muto di Georg Wilhelm Pabst... ** [3980]

Il lungo addio (*The long goodbye*, Robert Altman, Usa, 1973, col., 112', HV). In un'invivibile Los Angeles anni '70, il detective Philip Marlowe torna in campo, stavolta con le fattezze di Elliott Gould. Marlowe qui cerca di scagionare un amico accusato di uxoricidio. A conclusione dell'indagine, scoprirà che l'amico ha davvero ucciso la moglie e lo uccide a sua volta. ***1/2 [430]

Maccheroni (Ettore Scola, Italia, 1985, col., 107', HV). Un manager americano ritorna per lavoro a Napoli, dove quarant'anni prima aveva combattuto nelle fila della Quinta Armata. Ritrova un vecchio amico napoletano, fratello di una donna con cui aveva vissuto una breve storia d'amore, riscopre il fascino dimenticato della città e arriva persino a credere nei miracoli. **1/2 [2078, 2978, 3524, 3775]

Madadayo-Il compleanno (*Madadayo*, Akira Kurosawa, Giappone, 1993, col., 134', HV). Un anziano professore e i suoi allievi, che lo festeggiano a ogni compleanno. Alla domanda se si senta pronto al trapasso, risponde immancabilmente "madadayo", non ancora. La convivialità, l'amicizia, la capacità di gioire per i piccoli piaceri della vita e di disperarsi per la morte di un gatto. *** [3215]

Madonna che silenzio c'è stasera (Maurizio Ponzi, Italia, 1982, col., 93', HV). Una giornata nella vita di Francesco, stralunato giovane di Prato, dal trillo mattutino della sveglia alla riconciliazione serale con la fidanzata. In mezzo, inutili ricerche di lavoro, un bizzarro concorso per cantautori e l'avventura inconcludente con una prostituta. Il film che ha fatto conoscere Francesco Nuti. **1/2 [930, 1328, 3120]

Mafia! (*Jane Austen's Mafia*, Jim Abrahams, Usa, 1998, col., 84'). Un vecchio boss mafioso con un figlio paranoico e un altro eroe di guerra. Ma anche pecore da guardia, murales su Mussolini, una nave di emigranti che si chiama "Il Pacino". Finale con nozze fra la presidentessa Usa e un capomafia. Satira demenziale e divertentissima dei mafia-movies, con citazioni per cinefili. **1/2 [940, 1335]

La magnifica preda (*River of no return*, Otto Preminger, Usa, 1954, col., 91', HV). May, cantante da saloon (è una provocante Marilyn Monroe, in corsetto scarlatto e calze a rete) è l'amante di un avventuriero. Quando finisce assieme a lui nel ranch di Matt, l'allevatore e il bandito se la contendono. May alla fine sceglie di stare con l'allevatore. **1/2 [2993]

Il magnifico scherzo (*Monkey business*, Howard Hawks, Usa, 1952, b/n, 97', HV). In un laboratorio, uno scimpanzè-cavia rovescia accidentalmente il contenuto di alcune provette nel recipiente dell'acqua, creando l'elisir della lunga vita. Cavie involontarie sono uno scienziato e sua moglie, che regrediscono prima allo stadio di ventenni, poi a quello di ragazzini terribili. ***1/2 [1237, 2641]

Il mago di Oz (*Wizard of Oz*,Victor Fleming, Usa, 1939, b/n e col., 101', HV). Un uragano porta la ragazzina Dorothy dall'altra parte dell'arcobaleno, nel paese incantato di Oz. Ostacolata da una strega, Dorothy s'incammina con i suoi amici (lo spaventapasseri, il leone codardo, l'uomo di latta) verso la città di smeraldo del mago. Una formula magica la farà tornare a casa. **1/2 [2533, 2855, 2856]

Mamma Roma (Pier Paolo Pasolini, Italia, 1962, b/n, 105', HV). La prostituta Mamma Roma, quando il suo protettore si sposa, decide di ritirarsi e di fare la fruttivendola. Prende con sé il figlio cresciuto in campagna, ma il ragazzo non ha voglia di studiare e lavorare e, quando viene a sapere la verità sulla madre, si dà al furto. Morirà in carcere per le percosse subite. ***1/2 [721, 1179, 1613]

Mancia competente (*Trouble in Paradise*, Ernst Lubitsch, Usa, 1932, b/n, 83', HV). Due ladri, Gaston e Lily, dopo aver tentato di derubarsi reciprocamente a Venezia, fanno coppia nel lavoro e in amore. Una ricca parigina, che li assume come segretario e dattilografa, s'innamora di Gaston. Il ladro vacilla, ma alla fine sceglie Lily e, rinunciando a derubare la signora, riparte con lei. **** [261, 1326, 1950, 3041, 3042]

Manhattan (*Manhattan*, Woody Allen, Usa, 1979, b/n, 96', HV). La complicata vita sentimentale dello scrittore televisivo Isaac Davis, che si è licenziato per darsi alla letteratura ed è stato piantato dalla moglie diventata lesbica. Si lega all'adolescente Tracy, la lascia a causa della sua verde età per mettersi con la nevrotica Mary, e torna in extremis da lei. Un canto d'amore a New York. **** [122, 370, 410, 775, 1258, 1301, 1528, 1651, 1689, 1728, 2028, 2029, 2483, 2722, 2996, 3109, 3145, 3152, 3221, 3517, 3754, 3765, 3947]

Mano pericolosa (*Pickup on South Street*, Samuel Fuller, Usa, 1953, b/n, 80'). A New York, un borsaiolo ruba in metropolitana la borsetta sbagliata: è quella di una ragazza e contiene, a sua insaputa, preziosi microfilm. Braccato da tutti il ladruncolo, dopo aver cercato di lucrare sul furto, collabora con la polizia per smantellare l'organizzazione spionistica. **1/2 [4005]

Ma papà ti manda sola? (*What's up, Doc?*, Peter Bogdanovich, Usa, 1972, col., 94', HV). Un musicologo imbranato, a San Francisco con la fidanzata arpia per ritirare un premio, si imbatte in una ragazza vivace e squinternata che lo trascina in ogni sorta di avventure. Quattro valigette in tessuto scozzese costantemente scambiate fanno il resto. Omaggio alla screwball comedy. *** [70, 250, 477, 708, 1113, 1656, 3578]

Margherita Gauthier (*Camille*, George Cukor, Usa, 1936, b/n, 108', HV). La cortigiana Margherita Gauthier si innamora del ricco e giovane Armand Duval. Lo lascia, cedendo alle insistenze del padre di lui. Minata dalla tisi, ritrova Armand e muore tra le sue braccia. *La signora delle camelie* di Dumas figlio in salsa hollywoodiana. Splendida Greta Garbo. *** [498, 580]

Maria di Scozia (*Mary of Scotland*, John Ford, Usa, 1936, b/n, 123', HV). Rievocazione storica, faziosa ma riuscita – Ford è di origini irlandesi e non lo dimentica – di Maria Stuarda, regina di Scozia: l'ostilità dei nobili scozzesi, l'amore per Lord Bothwell, lo scontro con Elisabetta I d'Inghilterra, fino alla cattura. Poi la prigione, il processo e la condanna al patibolo. **1/2 [2883, 3440]

Mariti e mogli (*Husbands and wives*, Woody Allen, Usa, 1992, col., 107', HV). Vite di coppia a Manhattan. Jack e Sally si separano, disapprovati dagli amici Gabe e Judy. Dopo una serie di esperienze (Jack imbastisce una relazione con un'insegnante di aerobica, Sally si consola con il redattore di una rivista d'architettura) tornano assieme, mentre Gabe e Judy divorziano. *** [37, 212, 358, 992, 1288, 1688, 1755, 1759, 3163, 3168, 3511, 3916]

Il marito della parrucchiera (*Le mari de la coiffeuse*, Patrice Leconte, Francia, 1990, col., 80', HV). Antoine, folgorato da bambino da una bionda e opulenta parrucchiera alsaziana, da adulto sposa la parrucchiera Mathilde e, per un decennio, vive una serena vita coniugale, contemplandola mentre lei lavora. Ma la felicità non è di questo mondo e un giorno lei... **1/2 [2077, 2178, 2634]

Un marito ideale (*An ideal husband*, Alexander Korda, Gran Bretagna, 1948, col., 96'). Un segretario diventa uomo politico approfittando di un segreto di Stato. A un ricevimento incontra un antico amore, che lo ricatta per farsi aiutare in un suo progetto finanziario. La moglie lo sprona a resistere. Da una commedia di Oscar Wilde. Deliziosa come sempre Paulette Goddard. **1/2 [492]

Un marito per Tillie (*Pete 'n' Tillie*, Martin Ritt, Usa, 1972, col., 100'). La quarantenne Tillie riesce finalmente a sposare uno scapolo impenitente. Il matrimonio va in crisi quando Robbie, il loro figlio, muore di leucemia. Dopo un periodo di separazione, però, i due ritrovano il loro equilibrio e si rimettono assieme. Bravi Carol Burnett e Walter Matthau, fiacco il film. ** [447, 873, 1946, 3165, 3288]

Marrakech Express (Gabriele Salvatores, Italia, 1989, col., 110', HV). Quattro sessantottini invecchiati si ritrovano, dieci anni dopo, per aiutare un amico finito in carcere in Marocco per possesso di droga. Portano con loro trenta milioni, ma dell'amico non c'è traccia. Comincia così un viaggio pieno di imprevisti lungo il deserto del Sahara, con una sorpresa finale. *** [169, 2893, 3505]

Mary Poppins (*Mary Poppins*, Robert Stevenson, Usa, 1964, col., 140', HV). Una governante fatata, venuta direttamente dal cielo con un ombrello che le consente di volare, si prenderà cura dei bambini Banks, figli di un funzionario di banca e di una suffragetta. E assieme a un amico spazzacamino troverà modi insoliti per divertirli ed educarli. L'esordio di Julie Andrews. *** [104, 712, 743, 3715]

Mary Reilly (*Mary Reilly*, Stephen Frears, Usa, 1996, col., 108', HV). Londra, metà '800. La governante Mary Reilly, che ha avuto un'infanzia segnata dalle sevizie di un padre brutale, è assunta in casa del dottor Henry Jekyll, ed è oggetto delle attenzioni non gradite del perfido mister Hyde. Il celebre romanzo di Stevenson riletto da un punto di vista particolare. **1/2 [2827, 3242]

La maschera di ferro (*The man in the iron mask*, Randall Wallace, Usa, 1998, col., 130', HV). Luigi XIV affama il popolo, perseguita i gesuiti, ruba la donna al figlio di Athos. Gli antichi tre moschettieri lo sostituiscono con il gemello, incarcerato con una maschera di ferro. E D'Artagnan? Il re è suo figlio, frutto dell'amore con Anna d'Austria, come pure il gemello... **1/2 [627, 1462, 1677, 2087, 3437, 3804]

La maschera di Zorro (*The mask of Zorro*, Martin Campbell, Usa, 1998, col., 136'). Ultimo film dedicato al giustiziere mascherato, che ruba ai ricchi per dare ai poveri e sigla le sue imprese con una vistosa Z ricamata a fil di spada sugli abiti o sulla pelle degli avversari. Qui di nuovo c'è uno Zorro vicino alla pensione, Anthony Hopkins, che addestra il successore Antonio Banderas. **1/2 [1458, 1640]

Masquerade (*The honey pot*, Joseph L. Mankiewicz, Usa, 1966, col., 150'). Cecil Fox assiste alla commedia *Volpone* e decide di sfruttarne la trama per giocare un tiro a tre ex amanti: una diva del cinema, una principessa e una miliardaria. Si spaccia per moribondo e le convoca a Venezia per decidere chi erediterà le sue (inesistenti) fortune. Ma una delle tre donne viene uccisa e... **** [3533, 3534, 3929, 3930]

Il massacro di Fort Apache (*Fort Apache*, John Ford, Usa, 1948, b/n, 127', HV). Il generale Thursday, frustrato per il trasferimento in una guarnigione in territorio apache, va a caccia di gloria scatenandosi contro gli indiani. Morirà nel corso di un attacco alla tribù di Cochise e il capitano York, per l'onore della cavalleria, conserverà il segreto sugli errori del suo superiore. ***1/2 [2382]

Mata Hari (*Mata Hari*, George Fitzmaurice, Usa, 1932, b/n, 90', HV). Francia, prima guerra mondiale. Mata Hari, danzatrice e spia al soldo dei tedeschi, deve sedurre il tenente russo Rosanoff ma se ne innamora. Per amor suo uccide un generale ex amante, torna ad assistere l'amato ferito in ospedale, si lascia arrestare e affronta con dignità il plotone d'esecuzione. **1/2 [2281, 3464, 3571]

Matrimonio all'italiana (Vittorio De Sica, Italia, 1964, col., 104', HV). Un pasticciere convive per vent'anni con una prostituta, trattandola come una serva. La donna, fingendosi morente, riesce a farsi sposare. Quando il matrimonio sta per essere annullato, la donna rivela che uno dei suoi tre figli è stato concepito con il pasticciere. Da *Filumena Marturano* di Eduardo De Filippo. *** [2615, 2624]

Maverick (*Maverick*, Richard Donner, Usa, 1994, col., 129', HV). Sfida all'ultima carta in un campionato di poker in cui partecipano i migliori giocatori del West. Tra loro anche Bret Maverick, simpatico avventuriero e imbroglione dalla lingua sciolta, e l'abilissima e astuta giocatrice Annabelle. Western parodistico, dall'omonima serie TV del 1957-61. ** [2538]

Mean streets-Domenica in chiesa, lunedì all'inferno (*Mean streets*, Martin Scorsese, Usa, 1972, col., 110', HV). A Little Italy, la vita agra del giovane Charlie, che passa le giornate tra giri balordi e amici sbagliati. Uno zio mafioso vuole dargli lavoro e cerca di fargli troncare la relazione con la cugina epilettica Teresa e l'amicizia con lo sballato Johnny Boy, che si rovinerà da sé. **** [1089, 1168]

Il medico dei pazzi (Mario Mattoli, Italia, 1954, col., 85', HV). Ciccillo fa la bella vita a Napoli mantenuto dallo zio, che lo crede direttore di una clinica psichiatrica. Quando lo zio arriva a Napoli in visita, viene dirottato alla Pensione Stella, dove gli artisti che vi dimorano vengono spacciati dal nipote per malati di mente. Commedia degli equivoci da una farsa di Scarpetta del 1908. **1/2 [1993, 2222, 2702, 2803, 3085, 3887]

Mediterraneo (Gabriele Salvatores, Italia, 1991, col., 95', HV). Durante la seconda guerra mondiale, un gruppo di soldati italiani spedito a presidiare un'isoletta greca dimentica la guerra e fraternizza con gli abitanti. Elogio della fuga e ambientazione negli anni '40 per parlare in realtà del presente, con risultati spesso incongrui. Oscar per il miglior film straniero. ** [2354, 2428]

Men in black (*Men in black*, Barry Sonnenfeld, Usa, 1997, col., 97', HV). Un agente dei "men in black", apparato supersegreto che controlla gli alieni di passaggio sulla Terra, recluta un poliziotto nero di New York e con una macchina prodigiosa gli cancella la memoria. Assieme, i due combattono contro uno scarafaggio galattico che ha preso possesso del corpo di un terrestre. **1/2 [3629, 3952]

Una meravigliosa domenica (*Subarashiki nichiyobi*, Akira Kurosawa, Giappone, 1947, b/n, 108'). L'ordinaria domenica di due fidanzati senza un soldo, nella livida Tokyo del dopoguerra. La ricerca infruttuosa di un alloggio da affittare. Il tentativo di farsi ricevere da un ex commilitone che potrebbe offrire lavoro. La vana caccia a due biglietti per un concerto... **1/2 [3328]

Un mercoledì da leoni (*Big Wednesday*, John Milius, Usa, 1978, col., 120', HV). Tre amici californiani uniti dal surf, dall'adolescenza negli anni '60 all'età matura. Due di loro mettono su famiglia, uno va in Vietnam. Si tornano a incontrare nel 1974, armati delle loro tavole, quando si annuncia l'ondata più alta degli ultimi venticinque anni. Non si rivedranno più. ***1/2 [153]

Un mese al lago (*A month by the lake*, John Irvin, Usa, 1995, col., 92', HV). Lago di Como, 1937. La signorina Bentley, una matura zitella, si innamora del maggiore Wilshaw. Ma una giovane e bella istitutrice americana, per pura crudeltà, si diverte a sedurlo. A rimettere in sesto le cose provvederà un irruento italiano. Patinato e curato nelle atmosfere, ma un po' inerte. ** [731, 1816]

La messa è finita (Nanni Moretti, Italia, 1985, col., 94', HV). Tornato a Roma dopo dieci anni trascorsi in una lontana isola, Don Giulio opera in una parrocchia di periferia. Alle prese con i problemi, i dolori, gli affanni dei fedeli e dei familiari, si scopre intransigente, tenta di modificare le cose, si ritrova oppresso dall'impotenza. Deciderà di partire missionario. ***1/2 [1174, 3253, 3450]

Mezzanotte nel giardino del bene e del male (*Midnight in the garden of good and evil*, Clint Eastwood, Usa, 1997, col., 155', HV). A Savannah un ricco antiquario, gay non dichiarato, uccide a colpi di pistola il giovane amante, violento e drogato. Il processo lo manda assolto per legittima difesa, l'antiquario morirà di infarto poco dopo. Thriller con personaggi eccentrici. *** [609, 1726, 2124, 2133, 2941, 3793]

Mezzogiorno di fuoco (*High noon*, Fred Zinnemann, Usa, 1952, b/n, 84', HV). Willy Kane è uno sceriffo rispettato. Ma la notizia dell'arrivo in città di un bandito che Kane aveva arrestato gli fa il vuoto attorno. Lo sceriffo non ascolta la moglie, che lo esorta a fuggire, affronta il bandito e lo uccide. E poi lascia il paese assieme a lei, dopo avere gettato la stella di latta nella polvere. **** [1422]

Mezzogiorno e mezzo di fuoco (*Blazing saddles*, Mel Brooks, Usa, 1974, col., 93', HV). Mel Brooks alle prese con il mito del West e con il mito di Hollywood, smontati entrambi da una parodia spesso irresistibile. Qui lo sceriffo è un nero, che affronta nel duello finale il cattivo di turno in un cinema in cui viene proiettato *Mezzogiorno di fuoco*, dopo una rissa colossale. ***1/2 [473, 1627]

La mia bella pollastrella (*My little chickadee*, Edward F. Cline, Usa, 1940, b/n, 83'). La provocante ballerina di saloon Flower Belle Lee, cacciata dal paese in cui è nata perché sospettata di essere l'amante di un bandito mascherato, sposa un commerciante di olio di serpenti per diventare rispettabile, ma non gli concede le sue grazie e sceglie invece un giornalista. ** [2236, 3147, 3287, 3720]

La mia droga si chiama Julie (*La sirène du Mississippi*, François Truffaut, Francia, 1969, col., 120', HV). L'amour fou, che conduce alla morte, tra un giovane piantatore di tabacco dell'isola di Réunion e la moglie che arriva in nave, ma non è la vera Julie conosciuta attraverso un'inserzione. Da un romanzo di Cornell Woolrich, con omaggio a Jean Renoir. ***1/2 [199]

La mia notte con Maud (*Ma nuit chez Maud*, Eric Rohmer, Francia, 1969, b/n, 110'). A Clermont-Ferrand, un ingegnere nota in chiesa una ragazza e non osa accostarla. La sera di Natale, è invitato da un amico marxista a casa della divorziata Maud. Passa la notte con lei ma si permette solo un bacio. Il mattino dopo cerca la ragazza vista in chiesa. Rivedrà Maud cinque anni dopo. **** [2733, 3104]

Mica scema la ragazza! (*Une belle fille comme moi*, François Truffaut, Francia, 1972, col., 98', HV). Ragazza vivace e amorale, Camille Bliss è in riformatorio per una serie di omicidi. Stanislao Prévine, sociologo imbranato, se ne innamora e riesce a farla scagionare. La ragazza diventa una cantante di successo, il sociologo si ritrova accusato del nuovo omicidio di Camille. ** [670]

Michael Collins (*Michael Collins*, Neil Jordan, Usa/ Gran Bretagna, 1996, col., 132', HV). La vita di Michael Collins, anima democratica dell'irredentismo irlandese, fondatore dell'IRA e primo presidente dell'Irlanda libera, fatto assassinare in un'imboscata, nel 1922, dal rivale politico e futuro presidente Eamon De Valera. Ricostruzione potente e a tratti schematica. **1/2 [390]

1941-Allarme a Hollywood (*1941*, Steven Spielberg, Usa, 1979, col., 118', HV). Poco dopo Pearl Harbour, un sommergibile giapponese giunge al largo della costa californiana, deciso a cannoneggiare Hollywood. A difendere l'America, tra gli altri, un pilota pazzo, un generale che adora Dumbo, un borghese che ha installato un cannone in giardino. Demenziale e iconoclasta. *** [108, 933, 1472]

1492-La scoperta del Paradiso (*1492: Conquest of Paradise*, Ridley Scott, Gran Bretagna/Francia/Spagna, 1992, col., 150', HV). Cristoforo Colombo: eroe moderno, utopista, libero pensatore, ingenuo e involontario strumento dei re di Spagna. Nel quinto centenario della scoperta dell'America, una ricostruzione visivamente affascinante ma assai imprecisa. ** [2937]

Il mio amore eri tu (*Suzy*, George Fitzmaurice, Usa, 1936, b/n, 99'). Convinta di essere vedova, la ballerina americana Suzy si innamora di un aristocratico francese, che durante la prima guerra mondiale fa il pilota. Il neomarito la coinvolge in un'intricata vicenda di spionaggio in cui la ballerina si ritrova faccia a faccia con il marito defunto. Improbabile. ** [508]

Il mio West (Giovanni Veronesi, Italia, 1998, col., 110'). Uno stravagante medico pacifista, che cura i suoi pazienti con le erbe, è sposato con un'indiana e ha un figlio meticcio. Ha un padre vagabondo che torna al villaggio dopo vent'anni di assenza. C'è anche un pistolero, che lo cerca per ammazzarlo... Strano ma non sgradevole film con Pieracconi, Keitel e Bowie. ** [1499, 2070, 2849]

Miracolo a Milano (Vittorio De Sica, Italia, 1951, b/n, 100', HV). Nell'area di periferia occupata da un gruppo di barboni viene scoperto il petrolio. Un avido industriale li vuole sfrattare e chiama la polizia, ma in soccorso dei barboni viene dal cielo la buona signora Lolotta, che aveva allevato l'orfano Totò. E i barboni vanno in cielo cavalcando le scope degli spazzini. *** [72, 955]

Miseria e nobiltà (Mario Mattoli, Italia, 1954, col., 95', HV). Felice e Pasquale Sciosciammocca, scrivano pubblico e fotografo ambulante, patiscono la fame e sognano un pasto decente. La promessa di un compenso li spinge così a spacciarsi per i parenti nobili e ricchi di un giovanotto che deve fare colpo sui genitori della fidanzata. L'inganno è scoperto, ma tutto va a finire bene. *** [1897, 1903]

Missione di morte (*Cornered*, Edward Dmytryk, Usa, 1945, b/n, 102'). Un aviatore canadese, finita la guerra, insegue dall'Europa a Buenos Aires un collaborazionista al soldo dei nazisti, responsabile della morte di sua moglie. Soltanto la vittima ha visto in faccia l'assassino: ma l'aviatore, sventando gli agguati degli agenti nazisti, riesce a identificarlo e lo uccide. ***1/2 [2356]

Mister Hula Hoop (*The Hudsucker proxy*, Joel Coen, Usa, 1994, col., 111', HV). Quando il presidente della Hudsucker si suicida, il suo luciferino vice progetta di prendere il potere con un piano di aggiotaggio e fa nominare presidente un uomo di paglia, un ingenuo e incapace fattorino. Le azioni precipitano, ma l'ex fattorino salverà l'azienda inventando l'hula hoop. *** [1398, 3370, 3580]

Misterioso omicidio a Manhattan (*Manhattan murder mystery*, Woody Allen, Usa, 1993, col., 107', HV). Una donna di mezza età sospetta il vicino di piano di uxoricidio. Non riuscendo a coinvolgere il marito nelle indagini, si rivolge a un amico comune, che un tempo la corteggiava. Il matrimonio vacilla, ma gli improvvisati detective colpiscono nel segno. Giallorosa cinefilo. *** [1281, 2014, 2153, 2173, 2241, 2635, 2652, 2805, 2823, 2824, 3076, 3937]

Il mistero del cadavere scomparso (*Dead men don't wear plaid*, Carl Reiner, Usa, 1982, b/n, 89', HV). Un industriale del formaggio è scomparso.Un detective scopre che l'uomo è prigioniero dei nazisti, che vogliono distruggere il mondo con la muffa dei latticini. Parodia del noir anni '40, con ospiti insoliti (grazie al montaggio): Bogart, Lancaster, Mitchum, Stanwyck, Cagney e altri. *** [3678]

Il mistero del falco (*The Maltese falcon*, John Huston, Usa, 1941, b/n, 100', HV). Un detective ironico e disincantato, ma sentimentale e rigoroso. Una dark lady avida e bugiarda. Trafficanti e gangster. E l'antica statuetta di un falco che lascia dietro di sé una scia di sangue e si rivela un falso. Dal romanzo di Hammett. Bogart, non ancora Marlowe, si prepara a diventarlo. **** [45, 63, 660, 1483, 1565, 1660, 1818, 2502, 2523, 3820, 3825, 3836]

Mister Smith va a Washington (*Mr. Smith goes to Washington*, Frank Capra, Usa, 1939, b/n, 129', HV). L'onesto e ingenuo Jefferson Smith, che ama Lincoln e dedica il tempo libero agli scout, viene fatto eleggere al Senato dal governatore del suo Stato che lo vuole utilizzare come uomo di paglia. Poiché è ingestibile, si cerca di scaricarlo accusandolo di corruzione, ma inutilmente. **** [2551, 2552, 2556, 2560, 3945]

Moby Dick, la balena bianca (*Moby Dick*, John Huston, Usa, 1956, col., 116', HV). Dal romanzo di Herman Melville, il duello mortale tra il capitano Achab e la balena bianca Moby Dick, che coinvolge anche l'equipaggio del Pequod. Tra i marinai, si salva soltanto il giovane Ismaele. La sceneggiatura si deve, oltre che a Huston, allo scrittore di fantascienza Ray Bradbury. *** [1045, 2096, 2310]

The Moderns (*The Moderns*, Alan Rudolph, Usa, 1988, col., 128', HV). Parigi, anni '20. Nel bistrot frequentato anche da Hemingway e da Gertrude Stein, ai tempi della "lost generation", si incontrano un pittore-falsario e le tre donne che lo amano. Tra queste c'è anche la ex moglie, che ora vive con un mercante d'arte miliardario, e che il pittore cerca di riconquistare. **1/2 [3712]

La moglie di Frankenstein (*The bride of Frankenstein*, James Whale, Usa, 1935, b/n, 90', HV). Il mostro creato dal barone Frankenstein, sfuggito alla morte, uccide ancora, impara a parlare da un vilinista cieco e diventa succube dello scienziato pazzo Pretorius. Una donna-mostro, creata per fare compagnia a Frankenstein, lo respinge scatenando così la sua furia distruttiva. *** [643, 2322, 3099]

Il monaco di Monza (Sergio Corbucci, Italia, 1963, b/n, 103', HV). Totò, ciabattino del Seicento con numerosa prole a carico, viene cacciato dal suo villaggio perché non paga le decime. Travestito da monaco, arriva a un castello dove il perfido marchese Egidio cerca di costringere alle nozze la cognata Fiorenza. Il finto monaco, aiutato da un gruppo di suore guerrigliere, la salva. Mah! *1/2 [780, 781, 996, 1860, 1894, 2093, 2100, 2845]

Un mondo di marionette (*Aus der leben der marionetten*, Ingmar Bergman, Germania, 1980, col. e b/n, 104', HV). L'industriale Peter strangola una prostituta, il cui indirizzo gli era stato dato da un amico omosessuale che voleva allontanarlo dalla moglie. Dietro il gesto, la rivolta contro la moglie Katarina, la madre, lo psichiatra Jensen, visti come burattinai ma anch'essi marionette. **1/2 [400, 3329]

Monica e il desiderio (*Sommaren med Monika*, Ingmar Bergman, Svezia, 1953, b/n, 95', HV). Due giovani commessi, Monica ed Henry, si licenziano, scappano di casa e vanno a vivere su un'isola. Trascorrono un'estate d'amore, Monica resta incinta. Tornati a Stoccolma, si sposano. Monica però è insoddisfatta. Scapperà con una vecchia fiamma, lasciando il figlio a Henry. *** [1002, 3860]

Monkey business (*Monkey business*, Norman Z. McLeod, Usa, 1931, b/n, 77', HV). Clandestini a bordo di un transatlantico che va in America, i quattro fratelli Marx sfuggono a ogni controllo. Riescono a farsi assumere come guardie del corpo da due gangster – Groucho corteggia la moglie insoddisfatta di uno di loro – e ritrovano la figlia del gangster "buono", rapita dal "cattivo". *** [1995]

Mon oncle d'Amérique-Mio zio d'America (*Mon oncle d'Amérique*, Alain Resnais, Francia, 1980, col., 126', HV). Tre personaggi (un operaio arricchito, un funzionario e una donna in fuga) come cavie da laboratorio, che agiscono in base alle tesi del sociobiologo Henri Laborit: il comportamento degli esseri umani è determinato dalla loro educazione primaria. *** [105, 1794, 3461, 3961]

Monsieur Verdoux (*Monsieur Verdoux*, Charlie Chaplin, Usa, 1947, b/n, 123', HV). Un impiegato di banca è licenziato ai tempi della Grande Depressione. Per mantenere moglie e figlio ammalati, sposa e uccide ricche vedove. Scoperto, si lascia catturare e viene condannato alla ghigliottina. Al processo, si difende affermando di aver fatto suo lo sterminio di massa delle guerre. ***** [194, 401, 1019, 1173, 1615, 2164, 2182, 2297, 3359, 3658, 3950]

Morte a Venezia (Luchino Visconti, Italia, 1971, col., 133', HV). 1911. Il compositore Gustav von Aschenbach, in vacanza al Lido, è folgorato dalla bellezza efebica dell'adolescente polacco Tadzio. Lo segue per la città colpita da un'epidemia. Muore sulla spiaggia, davanti al ragazzo, mentre il trucco con cui cela la vecchiaia si scioglie. Da un racconto di Thomas Mann. ***1/2 [1270, 1737]

La morte corre sul fiume (*The night of the hunter*, Charles Laughton, Usa, 1955, b/n, 93'). Un predicatore folle sposa la vedova di un rapinatore per mettere le mani sul bottino del defunto marito. La donna non sa niente e il predicatore la uccide. I due figli, depositari del segreto, fuggono in barca, inseguiti dall'uomo. Trovano rifugio da un'energica signora che li proteggerà. ****1/2 [1071, 1225, 1423, 1447, 1520, 2000, 2143]

Mosca a New York (*Moscow on the Hudson*, Paul Mazursky, Usa, 1984, col., 115', HV). Vladimir, sassofonista del circo di Mosca in tournée a New York, chiede asilo politico. A contatto con le minoranze e gli immigrati, e in preda a un'acuta nostalgia della Russia, trova sulle prime l'America assai deludente. Salvo ricredersi e arrivare a convincersi che è davvero la "Terra promessa"... ** [1289]

I mostri (Dino Risi, Italia/Francia, 1963, b/n, 87', HV). Venti episodi sull'Italia becera del boom. Padri che insegnano la disonestà ai figli, carabinieri esibizionisti, fratelli cinici, mariti cornuti, baraccati che impazziscono per il calcio, democristiani maneggioni, avvocati canaglie, amanti ipocriti, signori perbene che inaugurano la Cinquecento andando a puttane, pugili suonati, frati vanesi... *** [1049, 2947]

Moulin Rouge (*Moulin Rouge*, John Huston, Usa, 1952, col., 123', HV). La vita del pittore Henri Toulouse-Lautrec, alcolista e solitario a causa della deformità (era nano), che ritrasse la Parigi più pittoresca ed equivoca di fine '800: locali notturni, caffè-concerto, case d'appuntamento, sale da ballo, teatri, circhi. José Ferrer rese la statura di Lautrec recitando in ginocchio. **1/2 [198, 450, 679, 715, 1218, 1948]

Il mucchio selvaggio (*The wild bunch*, Sam Peckinpah, Usa, 1969, col., 144', HV). Un gruppo di banditi, dopo avere rapinato una banca, scappano in Messico. Qui rubano un carico d'armi per conto di un generale-bandolero che fa uccidere uno di loro, un messicano che ha regalato una cassa di fucili ai suoi paesani. I banditi lo vendicano con un massacro che non lascia superstiti. ****1/2 [150, 629, 649, 666, 1234, 2185]

My beautiful laundrette (*My beautiful laundrette*, Stephen Frears, Gran Bretagna, 1985, col., 98', HV). Omar, figlio di un giornalista pachistano alcolizzato, riceve da uno zio trafficone una lavanderia scassata in una zona periferica di Londra. La farà funzionare assieme al dipendente e amante Johnny, ex nazipunk. I due verranno presi di mira dai rispettivi clan. *** [612, 755, 1895]

My Fair Lady (*My Fair Lady*, George Cukor, Usa, 1964, col., 170', HV). A Londra, agli inizi del secolo, lo studioso di fonetica Higgins scommette con un amico che in un paio di mesi trasformerà pronuncia e modi di Eliza Doolittle, rozza fioraia di Covent Garden, in quelli di una signora dell'alta società. Vince la scommessa e si innamora, ricambiato. Da *Pigmalione* di G. B. Shaw. *** [101, 603, 874, 2433]

Nata ieri (*Born yesterday*, George Cukor, Usa, 1950, b/n, 103', HV). Un ex ballerina vistosa e ignorante, mantenuta da un ricco e disonesto affarista, si innamora del giornalista reclutato per istruirla. Lascerà per lui il milionario rovinandogli un affare per il quale era a Washington, intento a "ungere" i politici. ***1/2 [883, 1716, 1803, 3883]

Nazarin (*Nazarin*, Luis Buñuel, Messico, 1958, b/n, 94'). Messico, fine '800. Il prete Nazarin, incline a prendere alla lettera il messaggio evangelico, va incontro a dure sconfitte. È sospeso a divinis per avere dato asilo a una prostituta accusata di omicidio, venerato come un santo per avere guarito una bambina, arrestato per aver difeso un contadino dai soprusi di un militare. ***1/2 [1072, 1106, 1156, 3040, 4018]

Nei panni di una bionda (*Switch*, Blake Edwards, Usa, 1991, col., 104', HV). Un dongiovanni, affogato nella vasca da bagno dalle sue tre amanti, ritorna sulla Terra con il corpo di una bionda irresistibile, ma continua a essere attratto dal sesso al quale anche lui/lei ora appartiene. Per non finire all'inferno, dovrà trovare tra tutte le donne che ha conosciuto una che l'abbia amato. **1/2 [9]

Nemici, una storia d'amore (*Enemies, a love story*, Paul Mazursky, Usa, 1989, col., 119', HV). Un ebreo, sopravvissuto ai lager, ha sposato la donna che gli ha salvato la vita, ma ha una relazione molto appassionata con una giovane profuga. Nella vita dell'uomo torna anche la prima moglie, che tutti credevano morta in un campo di concentramento. E l'uomo si divide fra le tre donne. *** [2107]

Nemico pubblico (*The public enemy*, William a. Wellman, Usa, 1931, b/n, 84', HV). Tom Powers, cresciuto in strada a New York ed entrato nelle fila della malavita durante gli anni del proibizionismo, diventa uno dei gangster più potenti. Finisce ucciso da una banda rivale, che deposita il suo corpo davanti alla porta della casa in cui abita sua madre. **** [2998, 3649]

Nessuna pietà per Ulzana (*Ulzana's raid*, Robert Aldrich, Usa, 1972, col., 103', HV). Un vecchio scout e un giovane ufficiale, contrario alla politica del pugno di ferro, sono sulle tracce di dieci apache fuggiti dalla riserva. Le crudeltà e le devastazioni compiute dagli indiani convincono l'ufficiale della loro crudeltà. Gli indiani sono annientati e Ulzana si fa uccidere. **1/2 [133, 142, 2214, 2837, 2850, 3813]

New York, New York (*New York, New York*, Martin Scorsese, Usa, 1977, col., 153', HV). Jimmy e Francine si conoscono a una festa organizzata nel '45 a New York per la fine della guerra. Lui è un sassofonista, lei una cantante. Si amano, si sposano, hanno un figlio, poi si lasciano per litigi banali. Si ritrovano anni dopo, entrambi famosi: l'amore c'è ancora, ma non torneranno insieme. ***1/2 [2496, 3296]

New York stories (*New York stories*, Martin Scorsese/ Francis Ford Coppola/ Woody Allen, Usa, 1989, col., 123', HV). Tre episodi legati alla Grande Mela. In *Lezioni di vero*, di Scorsese, un pittore affermato cerca giovani assistenti per fare di loro le sue amanti. In *La vita senza Zoe*, di Coppola, una ragazzina che vive al Ritz fa riconciliare i genitori in crisi. In *Edipo relitto*, Woody Allen è perseguitato da una madre ebraica invadente, che arriva a sorvegliarlo dal cielo. *** [1486, 2015, 2255]

Night after night (*Night after night*, Archie Mayo, Usa, 1932, b/n, 70'). Un proprietario di night club è infatuato della raffinata Jerry Healy. Ma quando arriva la bionda e provocante Maudie... L'esordio cinematografico di Mae West, più in forma che mai. Il film è inedito in Italia. **1/2 [239, 3012, 3110]

Nikita (*Nikita*, Luc Besson, Francia/Italia, 1990, col., 114', HV). La tossicodipendente Nikita, arrestata durante una rapina cruenta, ha davanti a sé due possibilità: restare a marcire in carcere oppure accettare di diventare un sicario dei servizi segreti. Sceglie la seconda ipotesi e viene addestrata all'uopo, ma riuscirà a tornare a un'esistenza normale, o quasi. *** [3679]

Ninotchka (*Ninotchka*, Ernst Lubitsch, Usa, 1939, b/n, 110', HV). Mandata in missione a Parigi per controllare l'operato di tre agenti pasticcioni, l'ispettrice sovietica Nina Ivanovna Yakusciova detta Ninotchka dopo l'iniziale rigore si innamora del playboy aristocratico Léon d'Algout e si lascia sedurre dalle attrattive dell'Occidente capitalistico. *** [18, 255, 2685, 3186]

Noi siamo le colonne (*A chump at Oxford*, Alfred Goulding, Usa, 1940, b/n, 63', HV). Stanlio e Ollio, dopo avere sventato una rapina, ottengono come ricompensa la possibilità di frequentare Oxford. All'università, sono lo zimbello di tutti gli studenti finché Stanlio, dopo aver battuto la testa, non si trasforma in un lord colto e snob e costringe Ollio a fargli da cameriere... *** [1642]

Non ci resta che piangere (Massimo Troisi e Roberto Benigni, Italia, 1984, col., 111', HV). Sorpresi da un furioso temporale nei dintorni di Firenze, un maestro elementare e un bidello si ritrovano nel 1492. Decidono allora di partire verso Palos, per impedire a Cristoforo Colombo di scoprire l'America. Nel viaggio incontrano anche Leonardo da Vinci, che inventa il treno. ** [2090]

Non drammatizziamo... È solo questione di corna (*Domicile conjugal*, François Truffaut, Francia, 1970, col., 95', HV). Quarto capitolo della saga di Antoine Doinel. Antoine e Christine, freschi sposi, attendono il primo figlio. Il bambino nasce, ma Christine lascia Antoine, che ha una storia con una giapponese. Un anno dopo i due torneranno insieme. Titolo italiano criminale. *** [4023]

Non mandarmi fiori (*Send me non flowers*, Norman Jewison, Usa, 1964, col., 100', HV). Un ipocondriaco, origliando nello studio del medico, fraintende una conversazione e si convince di essere un malato terminale, al quale il dottore non ha il coraggio di dire la verità. Si mette così alla ricerca di un uomo che prenda il suo posto accanto alla moglie, suscitando molti equivoci. ** [1864, 1877, 1879, 1885]

Non per soldi... ma per denaro (*The fortune cookie*, Billy Wilder, Usa, 1966, b/n, 125', HV). Un cameraman è investito, mentre riprende una partita di football americano, da un giocatore nero. La moglie e il cognato, un avvocato imbroglione, lo convincono a simulare una paralisi per truffare l'assicurazione, ma il cameraman alla fine si ravvede. Commedia amara sull'avidità. ***1/2 [565, 1578, 1654, 1702, 1886, 1937, 3498]

Non rimpiango la mia giovinezza (*Waga seishun ni kuinashi*, Akira Kurosawa, Giappone, 1946, b/n, 110'). Giappone, anni '30. La borghese Yukie, corteggiata dal formale Itokawa, gli preferisce l'impulsivo Noge, oppositore del militarismo montante. La loro vita comune è breve: i due vengono arrestati, Noge è ucciso. Tornata libera, Yukie sceglie di fare la contadina dai genitori di Noge. *** [1244, 3790]

Non sono un angelo (*I'm no angel*, Wesley Ruggles, Usa, 1933, b/n, 88'). Mae West, domatrice di leoni e di uomini, adopera tutte le sue arti per conquistare l'unico uomo che si dimostra insensibile al suo fascino. E per costringerlo a capitolare lo trascina in tribunale, dove lei è allo stesso tempo avvocato difensore, accusa e giudice e dove sfilano tutti i suoi amanti come testimoni. **1/2 [576, 2665, 3640]

Non torno a casa stasera (*The rain people*, Francis Ford Coppola, Usa, 1969, col., 102'). Una casalinga in preda alla depressione, dopo essersene andata di casa mollando il marito e i figli, vaga per l'America in compagnia di un ex giocatore di football, un ragazzone un po' ritardato al quale ha dato un passaggio in auto. Il vagabondaggio avrà un finale tragico. **1/2 [3343]

Non tradirmi con me (*Two-faced woman*, George Cukor, Usa, 1941, b/n, 94', HV). Una maestra di sci, fresca sposa di un proprietario di giornali assai sensibile al fascino femminile, si mette al riparo dai possibili tradimenti di lui inventandosi una sorella gemella quanto mai vivace. Com'è facile intuire, sorgeranno parecchi equivoci. L'ultimo film di Greta Garbo. ** [572, 1953, 3262, 3951]

Non tutti hanno avuto la fortuna di avere avuto i genitori comunisti (*Tout le monde n'a pas eu la chance d'avoir des parents communistes*, Jean-Jacques Zilbermann, Francia, 1993, col., 90', HV). Parigi, 1958: alla vigilia del referendum per la Quinta Repubblica, la casalinga Irene diventa militante comunista e cerca di convertire il marito, un bottegaio gollista. **1/2 [2730]

Nosferatu, il principe della notte (*Nosferatu, phantom der nacht*, Werner Herzog, Germania/Francia, 1978, col., 107', HV). Il conte Dracula, dopo avere vampirizzato l'olandese Jonathan Harker che si era recato in Transilvania per vendergli una casa, si trasferirà a Delft, seminando la peste per la città. Verrà sconfitto dalla moglie di Harker, Lucy, che sacrificherà la vita pur di annientarlo. Omaggio a Murnau visivamente splendido, con qualche intoppo narrativo. *** [243, 1634, 2327, 2881]

Notorious-L'amante perduta (*Notorious*, Alfred Hitchcock, Usa, 1946, b/n, 101', HV). Un agente segreto americano infiltra la figlia di una spia nazista fra i suoi camerati brasiliani. I due si innamorano, ma il capo dei nazisti brasiliani chiede la mano di lei. Scoperto il suo inganno, tenterà di avvelenarla. Spionaggio e melò sentimentale. Il più lungo bacio del cinema. ****1/2 [259, 1597, 2264, 2409, 2516]

La notte (Michelangelo Antonioni, Italia, 1960, b/n, 122', HV). Uno scrittore, sua moglie, un matrimonio in crisi. La visita a un amico morente, un party letterario, la festa a casa di un industriale. Corteggiamenti tentati (lo scrittore con la figlia dell'industriale), avances respinte (la moglie dello scrittore e un invitato). All'alba i due parlano di loro e si amano. *** [271, 872, 1248, 2574, 2626, 2938, 3266, 3460, 3582, 3880]

Una notte a Casablanca (*A night in Casablanca*, Archie Mayo, Usa, 1946, b/n, 85', HV). I fratelli Marx alle prese con la parodia di *Casablanca*. Dove c'è un nazista che, pur di impossessarsi delle opere d'arte di un albergo, ne uccide tutti i proprietari. E il gestore Groucho che, con l'aiuto della guardia del corpo Chico, combatte il cattivo e lo sconfigge. **1/2 [1655, 2301]

Una notte all'Opera (*A night at the Opera*, Sam Wood, Usa, 1935, b/n, 92', HV). Il direttore della New York Opera, a Milano con una ricca vedova desiderosa di esercitare il suo mecenatismo, ingaggia il tenore Lasparri, beniamino della Scala. Tre stravaganti burloni riescono invece a sostituirgli il giovane e meno fortunato Ricardo Baroni. Uno dei vertici dei fratelli Marx. **** [1534, 1701, 1710, 1913, 3292, 3862]

La notte dell'iguana (*The night of the iguana*, John Huston, Usa, 1964, b/n, 118', HV). Shannon, ex religioso semialcolizzato e ridotto a fare la guida turistica, accompagna in Messico un gruppo di mature signore e un'adolescente che lo corteggia mettendolo nei guai. Shannon è conteso anche da altre due donne: una pittrice vagabonda e una sensuale vedova. Sceglierà quest'ultima. *** [1354, 1815, 2311, 3851]

La notte ha mille occhi (*Night has a thousand eyes*, John Farrow, Usa, 1948, b/n, 80'). Un illusionista lascia la promessa sposa perché "vede" che morirà dando alla luce il loro figlio, e scompare per vent'anni. Ritorna per salvare il suo migliore amico, marito della donna che amava allora, e soprattutto per scongiurare la morte della loro figlia, a prezzo della sua vita. **1/2 [964, 1601, 2058, 2166]

Novecento atto I (Bernardo Bertolucci, Italia, 1976, col., 155', HV). Nello stesso giorno del 1900, in una fattoria emiliana, nascono il figlio del padrone Alfredo e il figlio di una coppia contadina Olmo. Cresceranno insieme, Olmo sposerà una maestra socialista che morirà di parto, Alfredo l'irrequieta borghese Ada. E vivranno la prima guerra mondiale e l'ascesa del fascismo. ***1/2 [2201, 4011]

Novecento atto II (Bernardo Bertolucci, Italia, 1976, col., 146', HV). Alfredo, proprietario terriero, e Olmo, contadino, vivranno in Emilia la lunga stagione del fascismo e la Liberazione. Alfredo, troppo conciliante con il fascismo, sarà abbandonato dalla moglie. Olmo, durante la Liberazione, guiderà i contadini contro di lui. Ma la loro amicizia non si incrinerà. ***1/2 [2715]

Nulla sul serio (*Nothing sacred*, William A. Wellman, Usa, 1937, b/n, 75'). Un giornalista offre a una ragazza, colpita da un male incurabile, di vivere lussuosamente i suoi ultimi giorni a spese del giornale, purché lui li possa raccontare. La ragazza, che sa di non avere niente, accetta e simula. Scoperto l'inganno, verranno celebrati falsi funerali e la ragazza sposerà il giornalista. *** [3389]

Nuovo Cinema Paradiso (Giuseppe Tornatore, Italia/Francia, 1988, col., 160', HV). Salvatore Di Vita, regista affermato, ritorna nel paese siciliano dove è nato dopo un'assenza di quarant'anni: ha ricevuto una telefonata che gli annuncia la morte di Alfredo, proiezionista del cinema che lui frequentava quand'era bambino. Ma il paese è irriconoscibile e il cinema chiuso... ***1/2 [163, 1668, 2503, 2847, 3991]

L'occhio del diavolo (*Djävulens öga*, Ingmar Bergman, Svezia, 1959, b/n, 87', HV). Il diavolo manda sulla terra Don Giovanni per attentare alla castità di Britt-Marie, la giovane figlia di un pastore che sta per sposare l'agronomo Jonas. Ma l'inferno perderà la battaglia perché Don Giovanni, innamoratosi della ragazza, non riuscirà a sedurla. Un "rondò capriccioso". **1/2 [87, 543, 1091, 1417, 1949, 3670]

Oceano rosso (*Blood alley*, William A. Wellman, Usa, 1955, col., 115'). Su un vecchio ferry-boat, alcuni contadini cinesi scappano verso Hong Kong. È con loro un americano, capitano di una nave incarcerato dal regime di Pechino, che i contadini hanno aiutato a evadere. Dopo numerose traversie, riusciranno a raggiungere la libertà. Film da guerra fredda. ** [513]

L'odio (*La haine*, Mathieu Kassovitz, Francia, 1995, b/n, 97', HV). Ventiquattr'ore allo sbando nella vita di tre giovani della periferia parigina (un ebreo, un africano e un maghrebino). I loro coetanei sono in rivolta perché un poliziotto ha ucciso un sedicenne, uno dei tre ragazzi ha una pistola persa dalle forze dell'ordine durante gli scontri e vorrebbe usarla. *** [3362]

L'odore della notte (Claudio Caligari, Italia, 1998, col., 101'). Negli anni '70, le vicende di un gruppo di rapinatori di borgata. Le tecniche ricordano da vicino quelle del clan di "Arancia meccanica", che in quel periodo fece irruzione in numerose case di vip romani, derubandoli e qualche volta stuprandoli. Film insolito e acre, molto ben recitato e assai poco edulcorato. **1/2 [1561]

Oltre il giardino (*Being there*, Hal Ashby, Usa, 1979, col., 130', HV). Chance, un gentile e timido analfabeta che ha passato la vita facendo il giardiniere e guardando la TV, rimane solo quando muore il suo padrone. Quando incontra il mondo esterno, i suoi discorsi ingenui vengono presi per parabole geniali. Chance diventa così un idolo dei media e viene candidato alla presidenza. ***1/2 [3987]

Oltre Rangoon (*Beyond Rangoon*, John Boorman, Gran Bretagna/Usa, 1995, col., 99', HV). Una turista americana che cerca di superare il dolore per la morte dei suoi familiari, uccisi da un pazzo, è in vacanza in Birmania. Qui si trova di fronte a una tragedia più grande della sua: quella di un popolo sotto il tallone della dittatura militare. La turista sceglierà di schierarsi con la resistenza. *** [379]

Ombre e nebbia (*Shadows and fog*, Woody Allen, Usa, 1991, b/n, 86', HV). Europa centrale, anni '20. Il mite impiegato Kleinman è costretto a unirsi, di notte, a una banda di esagitati vigilantes che danno la caccia a uno strangolatore, ma la sua paura è presa per colpevolezza, e contro di lui si scatena la caccia. Kleinman si rifugia in un circo e diventa l'assistente di un mago. ***1/2 [188, 335, 384, 766, 845, 1034, 1829, 2597, 3062, 3201, 3205, 3213, 3214, 3361]

Ombre malesi (*The letter*, William Wyler, Usa, 1940, b/n, 95', HV). Malesia. Folle di di gelosia, la moglie di un piantatore uccide l'amante. Una lettera compromettente è fatta sparire e la donna viene assolta per legittima difesa. Il marito la perdona, ma la donna continua ad amare l'ucciso. Verrà assassinata anche lei, da un sicario pagato dalla convivente cinese dell'amante. ***1/2 [1195, 2151]

Ombre rosse (*Stagecoach*, John Ford, Usa, 1939, b/n, 97', HV). Un medico alcolizzato, una prostituta, un giocatore, un rappresentante di liquori, la moglie incinta di un ufficiale, un banchiere disonesto, uno sceriffo (e poco dopo un bandito) viaggiano sulla diligenza per Lordsburg, che verrà attaccata dagli apaches e salvata dalla cavalleria. Il più classico dei western. ***** [54, 65, 495, 598, 961, 962, 1808, 2204, 2475, 3431, 3596]

L'onore dei Prizzi (*Prizzi's honor*, John Huston, Usa, 1985, col., 129', HV). Charlie Partanna, affiliato al clan mafioso dei Prizzi, è il promesso sposo della figlia del boss. S'innamora però di una losangelina bionda, che scopre essere un killer, e la sposa. Dovrà riparare al torto fatto alla famiglia eliminandola. Ma anche lei ha un contratto per uccidere... Commedia grottesca. ***1/2 [299, 1403, 1992]

Gli onorevoli (Sergio Corbucci, Italia, 1963, b/n, 106', HV). Film a episodi, con cinque candidati alle elezioni tutti regolarmente trombati. Totò, nell'episodio più godibile, è Antonio La Trippa, monarchico e candidato del Partito Nazionale della Restaurazione, che conduce una campagna all'insegna del tormentone "votàntonio, votàntonio, votàntonio" e alla fine si ritira per onestà. *1/2 [892, 1210, 2669, 2675, 2676]

Operazione Cicero (*Five fingers*, Joseph L. Mankiewicz, Usa, 1952, b/n, 108', HV). Nella seconda guerra mondiale, un cameriere presso l'ambasciata inglese ad Ankara consegna ai tedeschi documenti segreti: prima falsi, poi veri, ma che i tedeschi credono falsi. Abile a districarsi nel doppio gioco, Cicero salva la vita ma scopre di essere stato pagato con soldi falsi. ***1/2 [2335, 2704, 2707]

Operazione sottoveste (*Operation petticoat*, Blake Edwards, Usa, 1959, col., 124', HV). Il sommergibile Sea Tiger è colpito e danneggiato dai giapponesi. Il comandante riesce a ripararlo grazie ad alcune razzie di pezzi di ricambio fatte dal suo secondo. Ma quando il sommergibile viene dipinto di rosa e ospita a bordo alcune ausiliarie in fuga... Divertente commedia di guerra. *** [21, 334, 1032, 2389, 2967, 2968]

The opposite of sex (*The opposite of sex*, Don Roos, Usa, 1998, col., 105'). Deedee, una cinica sedicenne incinta e scontenta del fatto, va dal fratellastro gay che insegna in una cittadina. Seduce Matt, il boyfriend del fratellastro, e parte per la California tirandoselo dietro. Alle sue calcagna il fratellastro, una donna innamorata di lui, il fidanzato di Deedee e uno sceriffo... ** [3142, 3149]

L'ora del lupo (*Vargtimmen*, Ingmar Bergman, Svezia, 1968, col., 90'). Un famoso pittore vive su un'isola assieme alla moglie. È ossessionato da incubi e fantasmi, soprattutto nell'"ora del lupo", tra la notte e l'alba. La moglie, pur di aiutarlo, accetta di farsi trascinare nei suoi deliri, ma invano: lui tenta di ucciderla e viene a sua volta ucciso dai "fantasmi". Si tratta di suicidio? **1/2 [3730]

L'orgoglio degli Amberson (*The magnificent Ambersons*, Orson Welles, Usa, 1942, b/n, 88', HV). Tra la fine dell'800 e i primi decenni del '900, scontro fra la vecchia aristocrazia terriera del Sud e la nuova borghesia. Eugene Morgan, che si butta nella nascente industria automobilistica, è respinto dalla ricca Isabel Amberson. Vent'anni dopo lo stesso accadrà a sua figlia con un rampollo degli Amberson, ma i rapporti di forza sono nel frattempo cambiati. Tagliato dai produttori. **** [465, 2465, 3697]

Orizzonte perduto (*Lost horizon*, Frank Capra, Usa, 1937, b/n, 132', HV). Cinque americani in fuga dalla Cina invasa dai giapponesi precipitano con l'aereo tra le nevi himalaiane e vengono accolti a Shangri-La, dove gli abitanti hanno il dono dell'eterna giovinezza. Gli americani fuggono, ma quattro di loro muoiono e il superstite decide di tornare nel regno incantato. ***1/2 [877, 1216]

Orizzonti di gloria (*Paths of glory*, Stanley Kubrick, Usa, 1957, b/n, 86', HV). Francia, prima guerra mondiale. Un generale fanatico e carrierista ordina l'attacco a un'imprendibile postazione tedesca. Quando la missione fallisce, ordina per rappresaglia la fucilazione di tre soldati accusati di codardia. Un colonnello assume invano la difesa dei tre. Lucido, raggelante atto d'accusa contro l'ipocrisia e la ferocia dei militari. In Francia il film è stato proibito per diciotto anni. ***** [396, 1057, 1451, 1556, 2097, 2377, 2400, 2557, 2892, 3035, 3423]

Ormai è fatta! (Enzo Monteleone, Italia, 1999, col., 95'). La storia vera di Horst Fantazzini, "rapinatore gentiluomo", anarchico condannato a 22 anni per una serie di piccole rapine compiute con armi giocattolo e senza spargimento di sangue. Pena aggravata da un tentativo di evasione, tanto che Fantazzini, a 60 anni, ha ancora 30 anni di galera da scontare. **1/2 [3029]

Oscar-Un fidanzato per due figlie (*Oscar*, John Landis, Usa, 1991, col., 109', HV). Il gangster Angelo "Snaps" Provolone promette al padre, sul letto di morte, di chiudere con gli affari illeciti e diventare onesto. Nascono complicazioni, e intanto la figlia è incinta dell'autista e spunta a sorpresa una sedicente figlia naturale, intenzionata a sposare il suo contabile... **1/2 [3028]

L'ospite d'inverno (*The winter guest*, Alan Rickman, Gran Bretagna, 1997, col., 110', HV). Dopo la morte del marito, la fotografa Frances si rifugia nell'apatia, lasciando che il figlio sedicenne mandi avanti la casa. A riportarla alla vita provvede la madre, un'anziana tenace che con Frances ha sempre avuto un rapporto burrascoso. Girato in Scozia, tra la neve e il ghiaccio del Forth. *** [889, 908, 2237, 3406]

Ossessione (Luchino Visconti, Italia, 1943, b/n, 112', HV). Un vagabondo frequenta uno spaccio lungo il Po e diviene l'amante della moglie del proprietario. I due uccidono l'uomo per riscuoterne l'assicurazione sulla vita. Quando la donna muore incidentalmente, il vagabondo viene arrestato e accusato del delitto che non ha commesso. Ispirato al *Postino suona sempre due volte* di Cain. **** [2971]

L'ottava moglie di Barbablù (*Bluebeard's eighth wife*, Ernst Lubitsch, Usa, 1938, b/n, 80'). Un industriale, reduce da sette matrimoni, corteggia la figlia di un nobile squattrinato, La ragazza accetta di sposarlo a patto che, in caso di divorzio, le venga versato un assegno annuo di 100 mila dollari. Una volta sposati, fa di tutto per provocarlo, ma alla fine cambia idea. *** [646, 1680, 1785]

8 1/2 (Federico Fellini, Italia, 1963, b/n, 138', HV). Guido, regista in crisi creativa e con un film da fare, diviso tra la moglie borghese e l'amante sensuale, si rifugia alle terme. Qui, sotto forma di sogni, ricordi, incubi e incontri, rivive tutta la propria vita: l'iniziazione sessuale con la selvaggia Saraghina, il repressivo collegio cattolico... Caotico, barocco, visivamente straordinario. ***** [2586, 3339, 3931]

Il padre di famiglia (Nanni Loy, Italia/Francia, 1967, col., 110'). Coppia di sinistra nell'Italia che cambia. Marco è un architetto che vota socialista, in disaccordo con il suocero, e ospita in casa un anarchico. Sua moglie lascia il lavoro per badare ai figli. Lui ha una relazione con un'altra ma alla fine torna in famiglia. E si interroga: sarà stato un buon padre? **1/2 [2734]

Padre padrone (Paolo e Vittorio Taviani, Italia, 1977, col., 117', HV). Un padrone sardo, costretto dal padre a lasciare la scuola fin dalle elementari per aiutarlo nel lavoro, manifesta un desiderio così forte di apprendere e di emanciparsi che lo porta a passare dall'analfabetismo alla laurea, e poi alla docenza universittaria. Dall'omonimo libro autobiografico di Gavino Ledda. *** [1325]

Il padrino (*The godfather*, Francis Ford Coppola, Usa, 1972, col., 175', HV). Vito Corleone, il Padrino, è un mafioso di vecchio stampo che non vuole entrare nel giro della droga. Una famiglia rivale cerca perciò di eliminarlo. Il figlio minore Mike, eroe di guerra all'inizio estraneo all'attività di famiglia, lo vendica con un sanguinoso regolamento di conti e ne raccoglie l'eredità. ***1/2 [106, 149, 1292, 1426, 1487, 2522, 2785]

Il padrino-Parte seconda (*The godfather, Part II*, Francis Ford Coppola, Usa, 1974, col., 200', HV). In parallelo, la storia di don Vito Corleone, scappato bambino dalla Sicilia per sottrarsi a una faida, e le imprese del nuovo boss Mike, che ristruttura gli affari di famiglia e uccide il fratello traditore Fredo. Sede dell'impero dei Corleone è adesso il Nevada, con le sue case da gioco. **** [228, 438, 1678, 2019, 3446]

Una pallottola per Roy (*High Sierra*, Raoul Walsh, Usa, 1941, b/n, 100', HV). Uscito di galera, Roy "Mad Dog" Earle prende parte a una rapina che finisce male. Rifiutato dalla giovane Velma, alla quale ha fatto curare il piede zoppo, fugge con la ballerina Marie. Per salvare la donna, si fa inseguire dai poliziotti fino alla Sierra Nevada, dove sarà accerchiato e ucciso. **** [655, 2300, 2305]

Pallottole su Broadway (*Bullets over Broadway*, Woody Allen, Usa, 1994, col., 99', HV). New York, anni '20. Un giovane commediografo trova come finanziatore un gangster deciso a fare recitare la sua pupa, una ballerina. A salvare il lavoro provvede la guardia del corpo Cheech, che riscrive il copione ed elimina la ballerina, incapace di dire le sue battute. *** [642, 724, 3008, 3118]

Palombella rossa (Nanni Moretti, Italia/Francia, 1989, col., 89', HV). Il funzionario del PCI e giocatore di pallanuoto Michele Apicella, colto da amnesia, non riesce più a ricordare il gesto clamorso che avrebbe compiuto e di cui tutti parlano. Un rigore sbagliato, una giornalista scema, due fanatici importunatori, un sol dell'avvenire di cartapesta: un film di brutale sincerità contro la perdita di ideali e di memoria della sinistra (e non solo) e contro il bla bla ininterrotto. ***1/2 [1798, 2432, 2543, 3376]

Pandora (*Pandora and the Flying Dutchman*, Albert Lewin, Gran Bretagna, 1951, col., 123', HV). Pandora Reynolds fa perdere la testa agli uomini, in Costa Brava. Sposata a un pilota automobilistico, perde a sua volta la testa per il padrone dello yacht. Il quale è in realtà l'Olandese Volante, destinato a non trovare pace finché una donna non gli sacrifichi la vita per amore. *** [201, 397, 449, 2880, 3563]

Pane e cioccolata (Franco Brusati, Italia, 1973, col., 115'). Nino, emigrato italiano in Svizzera, fa il cameriere ma perde l'impiego e il permesso di soggiorno per aver pisciato in pubblico. Vive da clandestino, viene assunto da un compatriota che si suicida dopo che lui gli ha affidato i risparmi, e infine si tinge i capelli di biondo per fingersi svizzero. Scoperto, è espulso ma... *** [2999]

La pantera rosa (*The pink panther*, Blake Edwards, Usa, 1963, col., 113', HV). A Cortina, e poi a Roma, un ladro gentiluomo e playboy cerca di rubare a una principessa indiana il più grande diamante del mondo. Viene catturato dal goffo ispettore Clouseau e salvato dalla moglie del poliziotto, che è la sua amante. La prima di una fortunata serie di commedie. *** [423, 610, 640, 678]

La pantera rosa colpisce ancora (*The return of the pink panther*, Blake Edwards, Usa, 1975, col., 113', HV). L'ispettore Clouseau, di fronte a un nuovo furto del diamante, torna a sospettare, a torto, del ladro gentiluomo sir Lytton. Riesce ugualmente a risolvere il caso, e per la rabbia il collega-rivale Dreyfuss finisce in manicomio. Godibile il cameriere giapponese Cato. ** [391]

La parola ai giurati (*Twelve angry men*, Sidney Lumet, Usa, 1957, b/n, 95'). Dodici giurati, in camera di consiglio, devono decidere della vita di un diciottenne accusato di omicidio. Alla prima votazione, un solo giurato è per l'innocenza del ragazzo. Riuscirà a fare capitolare, uno dopo l'altro, i colpevolisti, mostrando le falle del processo. Splendido esordio di Sidney Lumet. **** [595, 1539, 1540]

Le parole che non ti ho detto (*Message in a bottle*, Luis Mandoki, Stati Uniti, 1999, col., 132'). Una donna in vacanza a Cape Cod, sulla costa atlantica, trova una bottiglia con un messaggio commovente firmato soltanto "G.". Comincia a cercare l'autore, e crede di individuarlo in un costruttore di barche del North Carolina che, rimasto vedovo, vive da solo. ** [3566]

Parole, parole, parole... (*On connait la chanson*, Alain Resnais, Francia, 1998, col., 120', HV). Nicolas, autista che si finge uomo d'affari, incontra dopo otto anni Odille, che sta acquistando un appartamento. Camille, sorella di Odille, si innamora dell'immobiliarista, un suo dipendente si innamora di lei. Commedia degli equivoci scandita da mezzo secolo di canzoni. ***1/2 [2608, 2747]

Partita a quattro (*Design for living*, Ernst Lubitsch, Usa, 1933, b/n, 90'). Indecisa fra due uomini, un pittore e uno scrittore, una donna suggerisce una convivenza a tre suggellata dall'astinenza. Quando il gioco si fa insopportabile, la donna sposa un terzo pretendente, più anziano degli altri due. Fallito il matrimonio, convivenza e astinenza riprendono: a quattro, stavolta. ***1/2 [544, 594, 1754, 1979]

Passione (*En passion*, Ingmar Bergman, Svezia, 1969, col., 101'). Quattro persone trovano il loro inferno nell'isola di Faro, dove vivono: il solitario Andreas, che soffoca ogni sentimento; Anna, rimasta zoppa a seguito d'un incidente in cui sono morti il marito e il figlio; e i coniugi Vergérus, l'irrequieta Eva e l'egoista Elis. Intanto, attorno avvengono strane uccisioni di animali... **1/2 [1771]

Patch Adams (*Patch Adams*, Tom Shadyac, Usa, 1998, col., 115'). Patch Adams, brillante e bizzarro studente di medicina poco amato dai docenti, diventa un medico assai poco convenzionale, che privilegia il rapporto con i pazienti e arriva al punto di travestirsi da clown. Per niente apprezzato dai colleghi, riesce però a fare miracoli. Ispirato a una storia vera. **1/2 [1830, 1883]

Pat Garrett e Billy the Kid (*Pat Garrett and Billy the Kid*, Sam Peckinpah, Usa, 1973, col., 122', HV). Gli ex amici Pat Garrett e William Bonney detto Billy the Kid combattono su fronti opposti: il primo è al servizio degli allevatori, il secondo resta bandito. Garrett, dopo aver cercato di cacciare Billy e averlo catturato una prima volta, è costretto a ucciderlo. Musiche di Bob Dylan. **** [40, 1283]

Paura e delirio a Las Vegas (*Fear and loathing in Las Vegas*, Terry Gilliam, Usa, 1998, col., 118'). Nel 1971, il giornalista alternativo Raoul Duke parte per Las Vegas assieme al suo avvocato Gonzo, per seguire una corsa di moto nel deserto. I due viaggiano su una decapottabile e portano con sé ogni tipo di droga possibile. Dall'omonimo romanzo di Hunter S. Thompson. **1/2 [1892]

Payback (*Payback*, Brian Helgeland, Usa, 1999, col., 110'). Lasciato per morto dal socio Val, che dopo un colpo fatto assieme gli ha rubato la moglie e il bottino, Porter ha un solo scopo: vendicarsi e riavere i soldi, non importa in che modo. Remake di *Senza un attimo di tregua* di John Boorman, tratto da un romanzo del giallista Donald E. Westlake. **1/2 [31, 1359]

Peccato che sia una canaglia (Alessandro Blasetti, Italia, 1954, b/n, 95', HV). Un giovane tassista si innamora di una bella ragazza, figlia di un ladro e anche lei svelta di mano. E infatti lei ne approfitta, assieme a due complici, per rubargli il taxi. Dopo questa e altre spiacevoli sorprese, i due hanno un tempestoso chiarimento in cella. E si avviano verso il lieto fine. **1/2 [1832]

I peccatori di Peyton (*Peyton Place*, Mark Robson, Usa, 1957, col., 157'). Tradimenti, ricatti, vizi assortiti, invidia e violenze varie. E sesso, tanto sesso, soprattutto se illecito e occultato da una patina di rispettabilità. I vizi privati e le pubbliche virtù di una cittadina del New England. Da un best-seller allora scandaloso di Grace Metalious, diede vita anche a una serie TV. **1/2 [360]

Peggy Sue si è sposata (*Peggy Sue got married*, Francis Ford Coppola, Usa, 1986, col., 104', HV). Alla riunione annuale degli ex allievi di un liceo Peggy Sue, reginetta della serata, sviene vedendo il marito dal quale vuole divorziare. Si ritrova nel 1960, rivive l'adolescenza e posa gli occhi sul fidanzato di allora, non ancora sposato. Quando rinviene, decide di dargli un'altra chance. *** [926, 1756]

Pensavo fosse amore invece era un calesse (Massimo Troisi, Italia, 1991, col., 106', HV). Tommaso, proprietario di un ristorante, sta per sposarsi con la libraia Cecilia, ma all'ultimo momento lei lo lascia per un altro. Tommaso fa di tutto per riconquistarla, ricorrendo anche all'aiuto di una fattucchiera, poi si convince di avere paura degli obblighi e del matrimonio. ** [1940, 3821]

Per caso o per azzardo (*Hasards ou coincidences*, Claude Lelouch, Francia, 1998, col., 120'). Una stella della danza vive sola con il figlio e, priva di un amore, è infelice. A Venezia le accade di incontrare l'uomo dei suoi sogni e di innamorarsene, corrisposta. Ma il destino le riserverà una sorpresa brutale. Intanto, a Montreal, una sorta di santone disserta sui massimi sistemi... *** [3733]

Per qualche dollaro in più (Sergio Leone, Italia/Spagna/Germania, 1965, col., 130', HV). Due cacciatori di taglie, il Monco e il colonnello Douglas Mortimer, sono sulle tracce del bandito messicano Indio, che è evaso dal carcere e ha rapinato la banca di El Paso. Rintracceranno la banda nel villaggio di Agua Caliente, e Mortimer ucciderà in duello Indio, che aveva causato la morte della sorella. *** [1136, 1469, 1527, 2299, 3282]

Persona (*Persona*, Ingmar Bergman, Svezia, 1966, b/n, 86', HV). Un'ammalata (un'attrice che si è chiusa nel mutismo) e la sua giovane infermiera, faccia a faccia, nella camera di un ospedale e in una casa solitaria davanti al mare, dove la donna trascorre la convalescenza. L'apparire e l'essere, la parola e il silenzio, l'angoscia e la morte, i rapporti cannibaleschi fra le persone. **** [318, 439, 822, 1369, 1370, 2442, 3217]

Per un pugno di dollari (Sergio Leone, Italia/Spagna/Germania, 1964, col., 100', HV). Un pistolero senza nome arriva in groppa a un mulo a San Miguel, un paese dominato da due famiglie di trafficanti divise da una feroce rivalità. Mettendosi al servizio ora dell'uno ora dell'altro e soffiando sul fuoco, riuscirà a far sì che le due famiglie si distruggano. Il capostipite del western all'italiana. ***1/2 [1454, 1455, 2120, 2346, 2791, 2940]

Un pesce di nome Wanda (*A fish called Wanda*, Carles Crichton, Gran Bretagna, 1988, col., 108', HV). Una seducente ladra cerca di irretire il pomposo avvocato di un socio in carcere, per sapere dove questi ha nascosto i gioielli, cercando al contempo di non far troppo ingelosire il paranoico amante-fratello Kevin Kline. I quattro criminali cercheranno di farsi le scarpe a vicenda. ***1/2 [1706]

Le petit soldat (*Le petit soldat*, Jean-Luc Godard, Francia, 1960, b/n, 88'). Bruno, fotoreporter di estrema destra, è a Ginevra per uccidere un giornalista radiofonico schierato con gli algerini. Un commando algerino lo cattura ma lui riesce a fuggire: ne fa parte Veronica, di cui s'innamora. Bruno uccide il giornalista, e scopre che Veronica è stata torturata ed eliminata dai suoi. ** [791, 810]

Piace a troppi... (*Et Dieu créa la femme*, Roger Vadim, Francia, 1956, col., 95', HV). La giovane orfana Juliette, arrivata a Saint-Tropez dove lavora in una libreria, con la sua bellezza e la sua sete di vita affascina tutti gli uomini che incontra. Ha un paio di storie, si sposa, lascia il marito che tenta di ucciderla per un altro e poi ritorna. Il film che creò il mito di Brigitte Bardot. *** [366, 3583]

Il piacere (*Le plaisir*, Max Ophuls, Francia, 1951, b/n, 95'). Film a episodi da tre novelle di Guy de Maupassant. Un anziano viveur che simula la gioventù una sera crolla sulla pista da ballo. La tenutaria di un bordello porta le sue ragazze in campagna a una prima comunione. Un pittore si prende cura di una modella che ha tentato il suicidio per amor suo, restando paralizzata. ***1/2 [2596, 3663, 3907]

Piccole donne (*Little women*, George Cukor, Usa, 1933, b/n, 115'). Di buona famiglia decaduta e povera di mezzi, le quattro sorelle March vivono, nell'America della guerra civile, tra privazioni e affetti domestici, sogni d'amore e voglia di realizzazione. Una di loro morirà. Indimenticabile Katharine Hepburn nel ruolo della ribelle e genialoide Jo. Tra commedia e melò. *** [26, 2486, 2844, 3789]

Piccolo Cesare (*Little Caesar*, Mervyn LeRoy, Usa, 1930, b/n, 80', HV). Nel protitipo di tutti i gangster-movie, la lotta per la supremazia e la fine cruenta di Rico, ignorante teppista italo-americano di quartiere che diventa con feroce determinazione il boss di Chicago. Tadito da una donna, finisce ucciso dalla polizia. Perfetta l'interpretazione di Edward G. Robinson. ***1/2 [2206, 2274, 2504]

Il piccolo diavolo (Roberto Benigni, Italia, 1988, col., 111', HV). Un prete americano esorcizza una parrucchiera napoletana. Dal corpo del donnone esce un diavoletto candido e beffardo, che combina un mucchio di guai e rischia di fare impazzire il prete. Viene ricondotto all'inferno, dopo una notte d'amore, da una diavolessa che ama il gioco d'azzardo e non porta le mutandine. **1/2 [1086, 1087]

Piccolo grande uomo (*Little big man*, Arthur Penn, Usa, 1970, col., 147', HV). Unico superstite della battaglia di Little Big Horn, all'età di 121 anni Jack Crabb racconta la sua vita ai giornalisti. Figlio di pionieri, viene allevato dagli indianni cheyenne. Tornato fra i bianchi, apprende la religione da un pastore e il sesso da sua moglie. Finirà per fare lo scout del generale Custer. **** [143, 554, 1222, 1444, 2084, 2839]

Picnic (*Picnic*, Joshua Logan, Usa, 1956, col., 115', HV). Un paesino del Kansas, durante una festa campestre, è sconvolto dall'arrivo di un affascinante vagabondo che vorrebbe stabilirsi lì. L'uomo seduce una zitella di mezz'età frustrata e la ragazza più bella del paese, fidanzata con l'uomo più ricco. Il vagabondo ripartirà con lei. Un affresco acuto della provincia americana. *** [1212, 3855, 3858]

Picnic ad Hanging Rock (*Picnic at Hanging Rock*, Peter Weir, Australia, 1975, col., 110', HV). Nel 1900, durante una gita ai piedi di una collina fatta di rocce ripide e scoscese, tre allieve di un collegio femminile scompaiono misteriosamente assieme a un'insegnante. Soltanto una di loro verrà ritrovata, in preda all'amnesia. Film inquietante di "fantasmi" alla Henry James. ***1/2 [1368, 3529, 3988]

Il pirata (*The pirate*, Vincente Minnelli, Usa, 1947, col., 102', HV). Nei Caraibi, Serafina deve sposare il grasso sindaco del suo paese, costretta dalla famiglia, ma sogna di essere rapita dal pirata Mococo. Un saltimbanco, per conquistarla, finge di essere il pirata, ma la gelosia spinge il vecchio sindaco a tradirsi svelando la sua vera identità. Un musical ricco di ironia. *** [886, 1605, 2931]

Il pistolero (*The shootist*, Don Siegel, Usa, 1976, col., 99', HV). All'inizio del secolo, a Carson City, Nevada, un vecchio pistolero al quale l'amico medico ha diagnosticato un cancro si reca, su un tram a cavalli, all'ultimo duello della sua vita con tre vecchi avversari che lo hanno sfidato. Li uccide ma viene a sua volta colpito a tradimento. L'ultimo film di John Wayne. *** [399, 2098, 2907]

La più bella serata della mia vita (Ettore Scola, Italia, 1972, col., 108'). Un industriale, in Svizzera per traffico di valuta, ha un guasto all'auto e chiede ospitalità in un castello. Qui, quattro ex magistrati lo processano e lo condannano a morte. Sconvolto, l'uomo scopre il giorno che era un "servizio" dell'albergo, riparte e si schianta con l'auto. Da un racconto (tradito) di Durrenmatt. ** [30]

La più grande avventura (*Drums along the Mohawks*, John Ford, Usa, 1939, col., 103'). America, 1776: due coloni, sposati da poco, perdono il figlioletto durante un attacco indiano che distrugge la loro fattoria. Gli indiani sono alleati degli inglesi, in guerra contro gli americani. Ma dopo tante battaglie, l'America otterrà l'indipendenza e i due coloni avranno un nuovo figlio. *** [1003]

Planet of love-Galassie in collisione (*Galaxies are colliding*, poi *Planet of love*, John Ryman, Usa, 1992, col., 97'). Adam è un trentenne ossessionato del destino del pianeta. È fidanzato, ma i suoi pensieri fissi non gli fanno trovare tempo per lei. Un giorno parte per il deserto del Mojave e vaga, mentre a casa lo credono morto. Finché l'incontro con una ragazza non lo riporta alla realtà. ** [1075]

Platoon (*Platoon*, Oliver Stone, Usa, 1986, col., 120', HV). Un soldatino nell'inferno del Vietnam. E due sergenti: Elias che fuma marijuana ma conserva una certa umanità, Barnes diventato un macellaio. Barnes distrugge un villaggio vietnamita e fa strage di civili. Poi, temendo che Elias possa denunciarlo, gli tende una trappola. Ma Elias verrà vendicato dal soldatino Chris. ***1/2 [1088, 1200]

Point break-Punto di rottura (*Point break*, Kathryn Bigelow, Usa, 1991, col., 122', HV). Un agente dell'FBI si infiltra in una comunità di surfisti californiani, per scoprire una banda di rapinatori che assaltano le banche nascondendosi con maschere di ex presidenti Usa. Il poliziotto resterà affascinato da Bohdi, capo del gruppo, che predica una filosofia dell'atto estremo. ***1/2 [3032]

Pomodori verdi fritti (alla fermata del treno) (*Fried green tomatoes at the Whistle Stop Café*, Jon Avnet, Usa, 1991, col., 130', HV). Una casalinga piena di complessi ritrova la fiducia in sé e nella vita grazie all'amicizia con un'ottuagenaria che le racconta la storia del profondo legame tra due ragazze, nel Sud brutale e machista di sessant'anni prima. E le spiega un'originale ricetta di carne... **1/2 [2080, 2672]

Il portaborse (Daniele Luchetti, Italia, 1991, col., 93', HV). Luciano Sandulli, professore in una cittadina del Sud, viene chiamato a Roma per scrivere i discorsi del ministro rampante Cesare Botero. I favori non mancano: auto lussuose, la fidanzata trasferita a Roma, la sua casa restaurata a spese dello Stato. Ma Sandulli si ribella a quell'ambiente corrotto. In anticipo su Tangentopoli. *** [551, 552, 1741, 1800, 3606]

Il porto delle nebbie (*Quai des brumes*, Marcel Carné, Francia, 1938, b/n, 90'). Un disertore si innamora di una ragazza angariata dal tutore, il capo della malavita del porto di Le Havre. Sospettato di avere ucciso il fidanzato della ragazza, il disertore fugge ma torna per salvarla: ammazza il tutore e sarà ucciso a sua volta. Sceneggiatura di Prévert. **** [938, 2179, 2992, 3625, 3773, 3856]

Il postino (Michael Radford, Italia, 1994, col., 113', HV). In un'isola del golfo di Napoli, nei primi anni '50, l'amicizia tra il portalettere Mario Ruoppolo e il poeta in esilio Pablo Neruda, che è il suo unico cliente. Mario apprende da Neruda i segreti della poesia, e usa i versi di Neruda, attribuendoseli, per conquistare la bella Beatrice. Morirà durante una manifestazione. **1/2 [1750]

Un posto al sole (*A place in the sun*, George Stevens, Usa, 1951, b/n, 122', HV). Un giovane ambizioso fa la corte a un'ereditiera. Unico ostacolo alla scalata sociale è un'operaia che da lui attende un figlio. Il giovane decide di sopprimerla ma non ne ha il coraggio, e quando la ragazza cade dalla barca la guarda affogare senza intervenire. Verrà condannato alla sedia elettrica. *** [44, 190]

Il posto delle fragole (*Smultronstället*, Ingmar Bergman, Svezia, 1957, b/n, 91', HV). L'anziano professore di medicina Isak Borg parte con la nuora per andare all'università di Lund, dove è festeggiato. Rivede la vecchissima madre, carica dei giovani autostoppisti, rivive in sogni e incubi l'infanzia (il posto delle fragole) e la vita adulta segnata dall'egoismo. Dopo i festeggiamenti, cerca di riconciliare il figlio e la nuora. Si addormenta sognando la sua fanciullezza. ***** [540, 2134, 3882, 3983]

Potere assoluto (*Absolute power*, Clint Eastwood, Usa, 1997, col., 120', HV). Un anziano ladro ha deciso di svaligiare la casa dell'uomo più ricco di Washington. Vi sorprende il presidente degli Stati Uniti, ubriaco, che sevizia la moglie del padrone di casa. La donna reagisce e i gorilla del presidente la uccidono. Il ladro, che ha visto tutto, è braccato da servizi segreti e polizia. *** [2526]

Pranzo alle otto (*Dinner at eight*, George Cukor, Usa, 1933, b/n, 113', HV). La moglie di un armatore sull'orlo del fallimento organizza un pranzo di gala a cui invita il rivale del marito, il suo amante con la moglie, un'attrice di teatro ex amante del marito. Tra gli ospiti, anche un attore sul viale del tramonto, che ha una relazione con la figlia dei padroni di casa e che si suiciderà. **** [855, 2485, 3904]

Il pranzo di Babette (*Babettes gaestebud*, Gabriel Axel, Danimarca, 1987, col., 103', HV). La cuoca Babette lascia Parigi dopo aver partecipato alla Comune. In un piccolo villaggio norvegese, diventa governante di due vecchie signorine figlie di un pastore luterano. Quando vince alla lotteria, spende tutto per offrire un panzo indimenticabile. Da un racconto di Karen Blixen. ***1/2 [455]

I predatori dell'Arca perduta (*Raiders of the lost Ark*, Steven Spielberg, Usa, 1981, col., 115', HV). Indiana Jones, archeologo "d'azione", è incaricato nel 1936 dal governo degli Stati Uniti di rintracciare l'Arca dell'Alleanza con le tavole di Mosè prima che se ne impossessino i nazisti. Dal Perù al Nepal all'Egitto, inseguimenti e avventure a ritmo indiavolato. ***1/2 [736]

Prendi i soldi e scappa (*Take the money and run*, Woody Allen, Usa, 1969, col., 85', HV). Criminale fin dall'infanzia, ma in realtà completamente inetto, Virgil colleziona rapine andate a male e disastrosi tentativi di evasione. Alla fine riceve una condanna a ottocento anni di carcere. Umorismo paradossale, gag strepitose, finto documentarismo. L'esordio di Allen alla regia. ***1/2 [293, 309, 1616, 1910, 2919]

Pretty woman-Una ragazza deliziosa (*Pretty woman*, Garry Marshall, Usa, 1990, col., 117', HV). Un affascinante uomo d'affari in trasferta a Hollywood ingaggia per quindici giorni una candida prostituta perché lo accompagni nelle occasioni mondane, e le insegna a vivere nel bel mondo. Il rapporto d'affari si trasforma in storia d'amore e culmina nel matrimonio. ** [1404, 2988]

La prigione (*Fängelse*, Ingmar Bergman, Svezia, 1949, b/n, 79'). Un film su un film che non si farà. Lo propone al regista Martin un professore di matematica: tesi, il vero inferno è su questa terra. Lo sceneggiatore Thomas offre invece la storia della prostituta Birgitte, conosciuta durante un'inchiesta. In crisi coniugale, andrà a stare con lei e quando Birgitte si suicida tornerà a casa. ** [2801]

I prigionieri del sogno (*La fin due jour*, Julien Duvivier, Francia, 1938, b/n, 108'). Vecchi attori in una casa di riposo. Ci arriva anche Raphaël Saint-Clair, anziano dongiovanni convinto di non aver tuttora rivali nel sedurre le donne. Ci prova con una servetta, che per amor suo tenta il suicidio. La ragazza viene salvata in extremis, mentre il vecchio attore impazzisce. ** [3191, 3746]

Prima comunione (Alessandro Blasetti, Italia/Francia, 1950, b/n, 87', HV). Pasqua. La figlia del commendator Carloni deve fare la prima comunione e l'abitino bianco non arriva. Il padre va in sartoria, ma gliene capitano di tutti i colori: ritardi, contrattempi, persino una rissa con uno sconosciuto, che lo costringe ad affidare l'abito a uno zoppo. L'abito sembra smarrito, ma ... **1/2 [909]

Prima della rivoluzione (Bernardo Bertolucci, Italia, 1964, b/n, 112', HV). Fabrizio, borghese parmense iscritto al PCI (evidente il riferimento al protagonista della *Certosa di Parma*), ha una relazione con la nevrotica zia. Saprà però rientrare nei binari, accettando un matrimonio "normale" e rinunciando alla militanza politica. Tra gli interpreti il critico Morando Morandini. ***1/2 [2340, 2680, 2684, 2686, 3340]

Prima di mezzanotte (*Midnight run*, Martin Brest, Usa, 1988, col., 122', HV). Un cacciatore di taglie cerca un contabile che ha derubato Cosa Nostra, per elargire alcuni milioni di dollari in beneficienza. Lo scova, ma ha alle calcagna la mafia e l'FBI: i primi vogliono la pelle del contabile, i secondo vogliono farlo testimoniare. Se aggiungiamo che il contabile non sta mai zitto... ** [1847]

La prima è stata Eva (*It started with Eve*, Henry Koster, Usa, 1941, b/n, 90'). Un miliardario in punto di morte chiede al figlio di poter conoscere la sua fidanzata. Il figlio, non riuscendo a rintracciare quella vera, ingaggia una centralinista perché la sostituisca. Ma il miliardario guarisce e si affeziona alla ragazza che, dopo molte complicazioni, finirà per sposare il figlio. **1/2 [311, 1004, 1315, 2452, 2699, 3379, 3382, 3395]

Prima pagina (*The front page*, Billy Wilder, Usa, 1974, col., 105'). Il cronista Hildy Johnson vuole lasciare il mestiere per sposarsi. Il suo direttore usa tutti i trucchi possibili per mandare a monte il matrimonio, e alla fine ottiene che Hildy segua almeno la caccia che la polizia sta dando a un condannato a morte evaso. Giornalisti cinici e potenti imbecilli in una commedia irresistibile. **** [521, 1010, 1230, 1504, 1506, 1968, 2732, 2830, 3385, 3397, 3398, 3399, 3402, 3413, 3415, 3418, 3555, 3560, 3637]

Primo amore (*Alice Adams*, George Stevens, Usa, 1935, b/n, 99'). Una ragazza di modeste condizioni si finge ricca per poter frequentare il giovane dell'alta società di cui è innamorata. Viene assecondata dai genitori: il padre di lei, impiegato presso il padre del giovanotto, si licenzia e approfitta di un'invenzione che aveva messo a punto mentre era dipendente, ma... **1/2 [1250]

Il principe e il povero (*The prince and the pauper*, William Keighley, Usa, 1937, b/n, 120', HV). Mentre Enrico VIII agonizza, il suo giovane figlio Edoardo scambia per gioco gli abiti con un mendicante che gli assomiglia in maniera straordinaria, e lascia il palazzo. Rischia di non farvi più ritorno, ma è salvato dal soldato di ventura Errol Flynn. Gradevole. *** [667, 2089, 2788]

Il principe e la ballerina (*The prince and the showgirl*, Laurence Olivier, Gran Bretagna/Usa, 1957, col., 117', HV). Il dispotico reggente di Carpazia, a Londra nel 1911 per l'incoronazione di Giorgio V, viene ammaliato da una prorompente e ingenua ballerina americana. Pensa di concedersi un flirt ma finisce per innamorarsene, anche perché lei lo fa riconciliare con il figlio erede al trono. **1/2 [330, 657, 924, 2692, 3696]

I professionisti (*The professionals*, Richard Brooks, Usa, 1966, col., 117', HV). Un ricco texano ingaggia quattro "professionisti" per riportargli a casa la moglie, rapita da un rivoluzionario messicano. I quattro eseguono l'incarico ma, scoperto che non c'è stato nessun rapimento e che il messicano e la donna si amano, danno una lezione al texano e riportano i due in Messico. **** [2691]

Profumo di donna (Dino Risi, Italia, 1974, col., 100', HV). Reso cieco da un'esplosione, il capitano Fausto Consolo ha adottato la posa del donnaiolo sprezzante per mascherare amarezza e solitudine. Un giovane soldato lo scorta in viaggio da Torino a Napoli, dove il capitano ha deciso di uccidersi. L'amicizia del soldato e l'amore di una giovane donna gli faranno cambiare idea. *** [165, 2838, 2840, 3211]

Pronti a morire (*The quick and the dead*, Sam Raimi, Usa, 1995, col., 105', HV). Sfida all'ultimo sangue tra sedici pistoleri, indetta dal malvagio padrone della città di Redemption. Tra i pistoleri, una donna, un ex killer diventato pastore e un giovanissimo gunman figlio del boss. Western parodistico piuttosto insulso nei contenuti ma ipercinetico e ricco di invenzioni visive. **1/2 [746, 981, 1014, 1345, 1441]

I protagonisti (*The player*, Robert Altman, Usa, 1992, col., 123', HV). A Hollywood, un giovane e rampante produttore esecutivo è minacciato da uno sceneggiatore. Decide di passare al contrattacco e lo uccide. La farà franca, e vivrà felice e contento con la sua vedova. Ritratto al vetriolo dell'industria cinematografica, con un'impressionante galleria di divi che fanno loro stessi. ***1/2 [790, 2655]

Provaci ancora Sam (*Play it again, Sam*, Herbert Ross, Usa, 1972, col., 87', HV). Un critico cinematografo maniaco di *Casablanca* e abbandonato dalla moglie si rivolge al fantasma di Bogart perché lo aiuti a vincere la timidezza con le donne. Finirà a letto con la moglie del suo amico più caro, ma nel finale all'aeroporto riconsegnerà la donna al marito, come il suo mito Bogey. **** [172, 507, 519, 797, 951, 989, 991, 1429, 1652, 1866, 1962, 2047, 2314, 3075, 3166, 3173, 3193, 3227, 3675, 3690, 4009]

Prova d'orchestra (Federico Fellini, Italia/Germania, 1979, col., 70', HV). Un arrogante direttore d'orchestra è contestato dai musicisti, prima con mugugni, battute e scatti d'ira, infine con l'aperta ribellione. La situazione degenera, finché un'enorme palla nera sfonda la parete della sala prove. Sbigottiti, i musicisti si arrendono e gli ordini del direttore si fanno sempre più tirannici. **1/2 [2243, 2244]

Providence (*Providence*, Alain Resnais, Francia/Svizzera, 1977, col., 105'). La lunga notte inquieta dell'anziano scrittore Clive Langham, che nel dormiveglia vede i suoi due figli protagonisti delle storie che immagina, mischiate con ricordi sgradevoli e pulsioni di morte. Il giorno dopo, l'arrivo dei due figli e della nuora dissipa i fantasmi. Grande interpretazione di John Gielgud. **** [641, 891, 2057, 2061, 2137, 2688, 3230, 3304, 4010]

Psyco (*Psyco*, Alfred Hitchcock, Usa, 1960, b/n, 109', HV). Una giovane donna ruba 40 mila dollari al suo principale e fugge. Si ferma in un motel isolato di cui è gestore il timido Norman Bates, che ha l'hobby della tassidermia e una madre autoritaria che si sente ma non si vede. La giovane è uccisa a coltellate sotto la doccia, e viene soppresso anche un detective, prima che... **** [560, 1331, 1845, 2651, 2933]

Puerto Escondido (Gabriele Salvatores, Italia, 1992, col., 109', HV). Dopo aver assistito per caso a due delitti commessi da un commissario milanese, un bancario è perseguitato dal poliziotto, che tenta di ucciderlo. Scappa così in Messico e si unisce a due sbandati italiani: smercia marijuana, passa al furto, finisce in galera. Terzomondismo da cartolina e luoghi comuni. *1/2 [3976]

✓ **Pulp Fiction** (*Pulp Fiction*, Quentin Tarantino, Usa, 1994, col., 154', HV). Due balordi rapinano un drugstore. Due killer recuperano una valigia e ammazzano per caso un piccolo delinquente. Uno dei killer porta a ballare la pupa del boss, che finisce in overdose. Un pugile rifiuta di perdere un incontro truccato: inseguito dal boss, è catturato con lui da due gay psicopatici. Pirotecnico. **** [282, 750, 1129, 1391, 1513, 1849, 1891, 2900, 3070, 3467, 3493, 3891]

Qualcosa di travolgente (*Something wild*, Jonathan Demme, Usa, 1986, col., 113', HV). Uno yuppie viene abbordato a un drugstore da una ragazza con un caschetto nero che si fa chiamare Lulù e imita Louise Brooks. Sesso stravagante, furti e bizzarrie. Poi entra in campo il marito di lei, che intanto si è trasformata nella bionda Audrey: è un malvivente, ha fatto cinque anni di galera e... *** [62, 80, 1490, 1505, 1813, 2180, 3216]

Qualcosa è cambiato (*As good as it gets*, James L. Brooks, Usa, 1997, col., 138', HV). Uno scrittore intrattabile e pieno di tic maniaco-ossessivi cerca di diventare normale quando incontra una cameriera di cui s'innamora. Aiuta così lei a curare il figlio privo di difese immunitarie e ospita un vicino di casa, un pittore gay in difficoltà. Jack Nicholson ed Helen Hunt strepitosi. **1/2 [128, 1806, 2816, 3723]

Qualcuno verrà (*Some came running*, Vincente Minnelli, Usa, 1959, col., 136'). Congedato dall'esercito, uno scrittore torna dopo sedici anni al suo paese. È accolto con malcelato fastidio dal fratello notabile e dalla moglie di lui. Si innamora di una professoressa, ma è respinto. Si accompagna allora a un gambler e sposa una prostituta, che si sacrifica per salvargli la vita. ***1/2 [296, 517, 986, 1324, 1692, 1727, 2381, 3156]

Qualcuno volò sul nido del cuculo (*One flew over the cuckoo's nest*, Miloš Forman, Usa, 1975, col., 133', HV). In un manicomio arriva un teppista che si è finto pazzo e che si ribella alla sadica infermiera Ratched. Sottoposto con un indiano all'elettrochoc, cerca di strangolare l'infermiera. Gli faranno la lobotomia, riducendolo a un vegetale, e l'indiano lo sopprimerà per pietà. ***1/2 [705, 3083]

Quando la moglie è in vacanza (*The seven year itch*, Billy Wilder, 1955, col., 105', HV). Il direttore di una piccola casa editrice, marito esemplare al settimo anno di matrimonio, manda in vacanza moglie e figlioletto e, rimasto solo in città, fantastica di sedurre l'avvenente vicina di casa. Dopo alcuni goffi approcci, decide di raggiungere i suoi. ***1/2 [11, 1977, 2251, 2806, 3335]

Quarantaduesima Strada (*42nd Street*, Lloyd Bacon, Usa, 1933, b/n, 89'). A Broadway è in allestimento un nuovo musical, diretto da un regista malandato in salute. Lo finanzia un vecchio milionario innamorato della star Dorothy Brock. Ma alla sera della prima, Dorothy si storta una caviglia e una ballerina di fila, Peggy Sawyer, è chiamata a prendere il suo posto per salvare lo spettacolo. ** [1137]

Il quartiere dei lillà (*Porte des lilas*, René Clair, Francia/Italia, 1957, b/n, 95'). Un fuorilegge braccato dalla polizia si rifugia nella cantina di un musicista (il cantautore Georges Brassens) e del suo amico Juju. Poi seduce la ragazza di cui è innamorato Juju per farsi dare del denaro e per proteggere la sua fuga con lei. Il musicista scopre le intenzioni del bandito e lo uccide. *** [700]

Quarto comandamento (*La passion Béatrice*, Bertrand Tavernier, Francia, 1987, col., 131', HV). Nella metà del '300, il nobile François de Cortemart torna nel suo castello dopo quattro anni di guerra e prigionia. È diventato un uomo violento e brutale, che non crede più in Dio. Ne farà le spese la giovane figlia che lo attende con gioia: dopo essere stata da lui violentata, lo uccide. **1/2 [1094]

Quarto potere (*Citizen Kane*, Orson Welles, Usa, 1941, b/n, 119', HV). Un giornalista indaga, raccogliendo la testimonianza di chi lo ha conosciuto, sulle ultime parole pronunciate in punto di morte dal re della stampa Charles Foster Kane: "Rosebud". Non riuscirà a sciogliere l'enigma. Politica, affari, amore, ossessioni, potere, solitudine, innocenza perduta. Rivoluzionario. ***** [464, 659, 971, 1672, 2106, 2202, 2790, 2932, 3003, 3010, 3255, 3371, 3377, 3390, 3396, 3409, 3410, 3631]

I quattrocento colpi (*Les 400 coups*, François Truffaut, Francia, 1959, b/n, 93', HV). Figlio indesiderato dalla madre e trascurato dal patrigno, l'adolescente Antoine Doinel frequenta la scuola con scarso profitto e frequenti punizioni. Due fughe di casa e un furtarello lo porteranno in riformatorio. Straordinario primo film di Truffaut, inaugura il ciclo di Doinel. ****1/2 [3475]

Quattro matrimoni e un funerale (*Four weddings and a funeral*, Mike Newell, Gran Bretagna, 1994, col., 117', HV). Un trentenne gaffeur e ritardatario è il testimone abituale ai matrimoni degli amici. Conteso da due donne, si innamora di un'americana che va in sposa a un ricco scozzese, ma che alla fine sarà sua. Commedia all'acqua di rose, ma briosa e perfetta nel ritmo. *** [69, 339, 639, 1346, 1939, 1954, 2814, 3185]

Quei bravi ragazzi (*Goodfellas*, Martin Scorsese, Usa, 1990, col., 146', HV). L'italo-irlandese Ray Hill, a Brooklyn, corona il suo sogno di ragazzino: diventare un gangster. Ma dopo un'onorata e gregaria carriera tra ammazzamenti, rapine, droga e contrabbando, nel timore di essere eliminato vuota il sacco e incastra gli "amici". I mafiosi come squallidi e gretti impiegati del crimine. **** [1607]

Quell'oscuro oggetto del desiderio (*Cet obscur objet du désir*, Luis Buñuel, Francia, 1977, col., 100', HV). In una Parigi funestata da continui attentati, un ricco vedovo cinquantenne è preso da ossessione amorosa per la giovanissima Conchita, che si lascia corteggiare ma non gli si concede. Ritroverà la ragazza a Siviglia, che fa lo spogliarello in un locale. Ironico e graffiante. ***1/2 [959, 3705]

Quel pomeriggio di un giorno da cani (*Dog day's afternoon*, Sidney Lumet, Usa, 1975, col., 130', HV). Due reduci del Vietnam, diventati rapinatori, sono intrappolati in una banca a Brooklyn. La folla parteggia per loro (uno dei rapinatori voleva aiutare l'amico travestito a cambiare sesso), l'FBI sembra accettare la loro richiesta di imbarcarli su un aereo, ma è una trappola... ***1/2 [2168, 2169]

Quel treno per Yuma (*3.10 to Yuma*, Delmer Daves, Usa, 1957, b/n, 92', HV). Il contadino Dan, rovinato dalla siccità e nei guai con la banca, accetta di scortare per denaro il bandito Wade fino al carcere di Yuma. I due uomini aspettano che arrivi il treno nell'hotel della città. E quando, alla stazione, i complici del bandito cercheranno di liberarlo, lui stesso lo impedirà. ***1/2 [3648]

Questa è la mia vita (*Vivre sa vie*, Jean-Luc Godard, Francia, 1962, b/n, 85', HV). Costruita in dodici blocchi, con le movenze dell'inchiesta sociologica, la storia di Nanà, prostituta prima per necessità e poi per abitudine. La ragazza cerca di svincolarsi dal suo protettore, che la vorrebbe vendere, e finisce uccisa nel corso di uno scontro a fuoco fra tre magnaccia. *** [415, 484, 489, 575, 1772, 2449, 3202, 3210, 3689, 3794]

Questa è la vita (Giorgio Pàstina/ Mario Soldati/ Luigi Zampa/ Aldo Fabrizi, Italia, 1954, b/n, 101', HV).Quattro episodi tratti da novelle di Luigi Pirandello. Giare da aggiustare e vecchi litigiosi, ragazze madri che spendono l'elemosina in un ventaglio, un testimone di nozze irritato dalla marsina stretta. E soprattutto, Totò che chiede di avere la patente ufficiale di jettatore. **1/2 [999]

Questo pazzo sentimento (*That old feeling*, Carl Reiner, Usa, 1997, col., 105', HV). Un'attrice e un romanziere, divorziati da quattordici anni, si ritrovano per le nozze della figlia con un politico repubblicano. Prima litigano platealmente davanti a tutti, poi finiscono a letto, mandando all'aria i loro matrimoni, ma anche quello della figlia, che lascerà il marito per un paparazzo. **1/2 [3, 368, 630, 1253, 1667, 1930, 2822]

Quigley Carabina (*Quigley down under*, Simon Wincer, Usa, 1990, col., 119', HV). Singolare e tutt'altro che spregevole "canguro-western" che sostituisce le grandi praterie e i canyon con le distese dell'Australia. Carabina "Quigley", tiratore scelto del Wyoming, viene assoldato da un proprietario terriero australiano per sterminare gli aborigeni, ma farà causa comune con loro. **1/2 [2740]

Il quinto elemento (*Le cinquième elèment*, Luc Besson, Francia, 1997, col., 122', HV). 2200 d. C.. Il malefico Zorg vuole impadronirsi del "quinto elemento", indispensabile per la sopravvivenza della Terra e dei suoi abitanti. Verrà sconfitto da un taxista newyorchese, da un vecchio saggio e dalla misteriosa e angelica Leeloo. Kolossal fantascientifico tutto esteriorità. ** [2147, 2567, 3503, 3972]

Quinto potere (*Network*, Sidney Lumet, Usa, 1976, col., 121', HV). Licenziato perché il suo programma ha un'audience molto bassa, l'anchorman televisivo Howard Beale annuncia in diretta che si suiciderà. Ha un successo strepitoso e il network è costretto a riassumerlo. Ma quando gli ascolti tornano a precipitare, i dirigenti decidono di farlo assassinare davanti alle telecamere. *** [109, 111, 1401, 2989, 3516]

Radio days (*Radio days*, Woody Allen, Usa, 1987, col., 85', HV). Un ragazzo ebreo di Brooklyn e la sua vivace e rumorosa famiglia dagli anni '30 al 1944, quando la radio era un'ingenua fabbrica di sogni, presentatori, cantanti e cronisti sportivi erano eroi e una sigaraia poteva diventare una star. Nostalgia, ricordi, battute, canzoni: elegia di un passato più ingenuo e più vero. ***1/2 [1406, 1964, 1999, 3457, 3870]

Radiofreccia (Luciano Ligabue, Italia, 1998, col., 120', HV). A Correggio, in Emilia, una radio libera chiude i battenti un minuto prima di compiere diciott'anni. E ricorda il fondatore, Ivan detto Freccia, strafottente e disperato, che flirta con l'eroina, s'innamora di una ragazza borghese, smette di bucarsi e riprende dopo una delusione d'amore, fino a morire di overdose. Sincero e amaro. *** [3798, 3944]

La ragazza della Quinta Strada (*Fifth Avenue girl*, Gregory La Cava, Usa, 1939, b/n, 83'). Un anziano miliardario che non sopporta i parenti snob, conosce mentre passeggia nel parco una deliziosa ragazza senza lavoro. Quando alcuni paparazzi la fotografano assieme a lui, gli viene un'idea: farla passare per la sua amante. La ragazza finirà per sposare il figlio del miliardario. *** [1130, 1780, 2935, 2942]

La ragazza del secolo (*It should happen to you*, George Cukor, Usa, 1954, b/n, 87'). Una modella disoccupata ha un'idea brillante: affitta un immenso cartellone pubblicitario e ci fa scrivere il suo nome e cognome. La trovata ha successo e la ragazza si ritrova famosa e sommersa di proposte di lavoro, ma rinuncia a tutto per amore di un fotografo. Quasi profetico. **** [545, 675, 949]

I ragazzi irresistibili (*The sunshine boys*, John Erman, Usa, 1995, col., 120', HV). Due anziani comici del varietà, che tra screzi costanti hanno lavorato assieme per decenni e si sono divisi dopo un litigio più aspro del solito, vengono chiamati a Hollywood per rifare i loro sketch. Rifacimento televisivo del film di Herbert Ross (1975) tratto da una commedia di Neil Simon. **1/2 [41, 1493, 1537, 1836]

Il ragazzo selvaggio (*L'enfant sauvage*, François Truffaut, Francia, 1969, b/n, 85', HV). Alla fine del '700, all'Istituto nazionale dei sordomuti di Parigi arriva un ragazzo cresciuto allo stato brado nei boschi dell'Aveyron. Il dottor Jean Itard se lo porta a casa e, con l'aiuto di una governante, cerca di insegnargli a parlare. Una storia vera, che lo stesso Itard raccontò in un libro. **** [2447]

Il raggio verde (*Le rayon vert*, Eric Rohmer, Francia, 1986, col., 98', HV). La segretaria Delphine, che da due anni ha rotto con Jean-Pierre e non sa farsene una ragione, soffre la solitudine ma non sa aprirsi agli altri. In vacanza, abbandona un gruppo di amici che la ospitavano, va in montagna per un giorno e finalmente, a Biarritz, incontra un ragazzo che le ispira fiducia. Sopravvalutato. **1/2 [42, 2553, 3249]

Rambo 2-La vendetta (*Rambo: First blood part II*, George Pan Cosmatos, Usa, 1985, col., 95', HV). A Rambo, reduce disadattato che, nel primo episodio, ha messo a soqquadro un paese ed è stato arrestato, viene offerta la libertà in cambio di una missione rischiosa: tornare in Vietnam a cercare i soldati americani prigionieri e dimenticati. Li trova e, contro gli ordini, li libera. ** [2415]

Rambo 3 (*Rambo 3*, Peter MacDonald, Usa, 1988, col., 101', HV). Il reduce John Rambo, che ormai fa vita monastica dopo le precedenti imprese, torna in attività quando apprende che il suo antico comandante è stato catturato dai russi in Afghanistan. Mitra alla mano, fascia che trattiene i capelli e t-shirt nera, Rambo annienta armata russa e alleati afghani dei russi. ** [1339]

Ran (*Ran*, Akira Kurosawa, Giappone/Francia, 1985, col., 163', HV). Hidetora, signore giapponese, divide i suoi domini fra i tre figli, che oltre a farsi la guerra fra loro si mostrano ingrati verso il padre. Scacciato e ridotto a errare per la brughiera in compagnia di un buffone, Hidetora impazzisce e maledice l'umanità. Un *Re Lear* alla giapponese. ****1/2 [3615]

Rapina a mano armata (*The killing*, Stanley Kubrick, Usa, 1955, b/n, 83', HV). Johnny Clay organizza una rapina all'ippodromo. Un bandito, informato dalla moglie di un complice di Johnny, uccide tutti i rapinatori riuniti per dividere. Johnny, che non si era presentato, riesce a fuggire con il bottino, ma un incidente fa volare via tutti i dollari. Innovativo nella scansione temporale. **** [566, 1482, 2021, 2981, 3234]

Rapporto confidenziale (*Mr. Arkadin*, Orson Welles, Francia/Spagna, 1955, b/n, 99', HV). Un avventuriero corteggia la figlia del miliardario Arkadin per ricattare il padre. Questi lo ingaggia per fare luce sul suo passato, che dice di avere dimenticato. In realtà se ne serve per rintracciare (e uccidere) i testimoni dei suoi loschi trascorsi. Ma non riuscirà a completare l'opera... **** [658, 665, 1608, 1619, 1712, 1978, 3005, 3735, 3828]

Il ratto delle Sabine (Mario Bonnard, Italia, 1945, b/n, 84', HV). Il capocomico Aristide Tromboni, pur di racimolare un po' di quattrini per la sua compagnia ridotta alla fame, accetta di mettere in scena un dramma in versi di bruttezza impressionante, scritto da un ricco professore. L'insuccesso è, ovviamente, assicurato: risate, fischi, pernacchie. Fallimentare anche il film. *1/2 [833, 3558]

Un re a New York (*A king in New York*, Charlie Chaplin, Gran Bretagna, 1957, b/n, 109', HV). Un monarca detronizzato trova rifugio a New York. Qui fa una comparsata per uno spot pubblicitario, accetta di farsi una plastica facciale che gli esplode quando ride, aiuta un giovanotto ingenuo che si professa marxista e per questo compare davanti alla commissione per le attività antiamericane... **1/2 [2693]

La recluta (*The rookie*, Clint Eastwood, Usa, 1990, col., 121', HV). Un poliziotto veterano si ritrova accanto, per sostituire il collega ucciso che lavorava con lui, un pivellino. Dopo i prevedibili screzi e le difficoltà di partenza, i due combatteranno con successo un supercriminale tedesco. Insolita scena di sesso sadomaso tra Clint Eastwood e Sonia Braga. ** [2144]

La regina Cristina (*Queen Christina*, Rouben Mamoulian, Usa, 1933, b/n, 100', HV). La regina Cristina di Svezia – nella realtà storica assai meno romantica e ben più feroce – fugge dal palazzo reale travestita da paggio. Incontra l'ambasciatore di Spagna e se ne innamora, rinunciando al trono per amor suo. Ma un pretendente, non contento, la costringe all'esilio. ** [3436, 3441]

La Regina d'Africa (*The African Queen*, John Huston, Usa, 1951, col., 105', HV). Lago Vittoria, 1914: per sottrarsi all'avanzata delle truppe tedesche, un capitano alcolizzato e una zitella missionaria fuggono con un malconcio battello fluviale, La Regina d'Africa. Con il battello usato a mo' di ariete, riusciranno ad affondare una nave da guerra tedesca. E si innamoreranno. **** [1074, 1826, 3226, 3876]

La regola del gioco (*La règle du jeu*, Jean Renoir, Francia, 1939, b/n, 113'). Un gruppo di borghesi si ritrova, per una caccia alla lepre, dal marchese Chesnaye. Amori e tradimenti vengono tollerati e ignorati, secondo le "regole del gioco" mondano. Il gioco s'inceppa quando il guardacaccia uccide un ospite, che credeva di aver sorpreso con la moglie. Ma la festa presto riprende. ****1/2 [144, 376, 2835, 3819]

Re per una notte (*The king of the comedy*, Martin Scorsese, Usa, 1983, col., 109', HV). L'aspirante comico Rupert Pupkin assilla Jerry Langford, conduttore di un noto show televisivo, perché lo inviti. Finirà per rapirlo con l'aiuto di un'amica, chiedendo un'apparizione televisiva come riscatto. Langford accetta, e Pupkin a sua volta è felice di scontare tre anni di galera. *** [702, 3031, 3435]

Ricomincio da capo (*Groundhog day*, Harold Ramis, Usa, 1993, col., 103', HV). Un giornalista televisivo, inviato a fare un servizio sul "giorno della marmotta", come per uno strano incantesimo, continua a svegliarsi sempre allo stesso giorno e alla stessa ora, persino con la stessa musica alla radio. Dopo aver tentato il suicidio, cercherà di costruire la "giornata perfetta". **1/2 [3541]

Ricomincio da tre (Massimo Troisi, Italia, 1981, col., 109', HV). Il timido e inibito Gaetano decide di "ricominciare da tre", perché un paio di cose buone nella vita le ha fatte e non vuole azzerarle. Lascia la famiglia ed emigra a Firenze dove incontra Marta. Quando la ragazza gli rivela di essere incinta, accetta di fare da padre al nascituro, che forse non è suo. *** [1357]

Ridicule (*Ridicule*, Patrice Leconte, Francia, 1996, col., 102', HV). Un nobile di provincia, che fa l'ingegnere idrografo e vuole bonificare le paludi della sua regione, arriva nel 1780 a Versailles per farsi ricevere da Luigi XVI. Un aristocratico gli spiega gli usi di corte: dovrà brillare in società, adulare e usare l'ironia, soprattutto evitare il ridicolo. Impresa disperata... *** [3071]

La rimpatriata (Damiano Damiani, Italia, 1963, b/n, 100', HV). Un gruppo di amici quarantenni, nella Milano che vive gli anni euforici del boom economico, organizzano una serata di "libera uscita". All'alba, finiti i festeggiamenti, se ne vanno alla spicciolata, consapevoli che forse non si rivedranno più. Molto bravo Walter Chiari nel ruolo del "giovane di lungo corso". ** [2645, 3993]

Rio Bravo (*Rio Grande*, John Ford, Usa, 1950, b/n, 105', HV). Il colonnello Yorke, impegnato ad affrontare gli indiani che, dopo i loro attacchi, sconfinano in Messico, vede arrivare al forte sua moglie. Non si incontrano da quindici anni: la donna non lo ha mai perdonato perché durante la guerra civile lei stava con i sudisti e lui le ha bruciato la piantagione. Si riappacificheranno. *** [632, 3445, 3802]

Rita, la figlia americana (Piero Vivarelli, Italia, 1965, b/n, 101'). Un arricchito, che si diletta di musica classica e sogna di dirigere un concerto, adotta un'orfana cilena (la cantante Rita Pavone, allora assai popolare) per farne una cantante lirica. La ragazza, però, preferisce la musica yè-yè e, dopo l'iniziale delusione, contagia anche il padre adottivo che diventa un divo del rock. *1/2 [1150, 2240]

Il rito (*Riten*, Ingmar Bergman, Svezia, 1969, b/n, 72', HV). Un giudice-censore interroga tre attori – il capocomico, la moglie, il suo amante – il cui spettacolo è stato accusato di oscenità. Il confronto con loro lo eccita e lo turba allo stesso tempo: andrà in chiesa a confessarsi, pur essendo miscredente, e stuprerà l'attrice. Vedendo il loro spettacolo, morirà d'infarto. *** [1056, 2874, 3063]

Ritorno al futuro (*Back to the future*, Robert Zemeckis, Usa, 1985, col., 116', HV). Un teen-ager è scaraventato indietro di trent'anni, dal 1985 al 1955, dalla macchina del tempo creata da un suo amico inventore. Negli anni '50 incontra i suoi genitori adolescenti e fa in modo che si mettano assieme, sconfiggendo il bullo che aspira a sua madre e "inventando" il rock 'n'roll. ***1/2 [4, 3427]

Ritorno dal nulla (*The basketball diaries*, Scott Kalvert, Usa, 1995, col., 102', HV). Dal diario di Jim Carroll, poeta e romanziere tardo-beat nonché cantante rock in stile Lou Reed. Anni Sessanta a New York: scuola cattolica, partite di basket, preti detestabili e allenatori a caccia di ragazzine. E poi la morte di un amico leucemico, le prime esperienze con la droga, l'inferno dell'eroina... ** [412, 1043]

Il ritratto di Jennie (*Portrait of Jennie*, William Dieterle, Usa, 1949, b/n, 86', HV). Un pittore incontra a Central Park una ragazza sola , vestita in modo antiquato. La rivede qualche giorno dopo e la ritrae. Innamorato, il pittore fa ricerche e scopre che è morta annegata. Si reca nel luogo dove è morta durante una tempesta, cerca di salvarla e fallisce. Rimane soltanto il ritratto. Onirico. *** [95, 96, 2627]

Ritratto di signora (*The portrait of a Lady*, Jane Campion, Usa/Australia, 1996, col., 144', HV). La giovane e indipendente americana Isabel Archer, amata dal cugino mortalmente malato, rifiuta varie proposte di matrimonio e, in Italia, sposa l'avventuriero-esteta Gilbert Osmond, che la segrega dal mondo e dal quale finirà per fuggire. Dall'omonimo romanzo di Henry James. **** [113, 352, 533, 966, 1211, 1768, 2184, 2249, 2313, 2547, 2613, 2794, 2795, 2860, 3915]

Robin e Marian (*Robin and Marian*, Richard Lester, Gran Bretagna, 1976, col., 112', HV). Alla morte di Riccardo Cuor di Leone, Robin Hood torna a Sherwood dopo vent'anni di crociata in Terrasanta. Qui ritrova Marian, che stanca di aspettarlo si è fatta monaca. Robin Hood uccide lo sceriffo di Nottingham e Marian, per paura di perderlo ancora, lo avvelena e si suicida. ***1/2 [236, 2091, 2617]

Rocco e i suoi fratelli (Luchino Visconti, Italia, 1960, b/n, 116', HV). Negli anni del boom economico, una vedova lucana con i quattro figli raggiunge a Milano il quinto figlio. I fratelli cercano di inserirsi nella realtà del Nord. Ma lo scontro fra il violento Simone e il mite fratello Rocco, innamorati entrambi della stessa donna, finirà in tragedia e disgregherà la famiglia. **** [977]

The rock (*The rock*, Michael Bay, Usa, 1996, col., 136', HV). Militari americani ribelli prendono in ostaggio i turisti in visita ad Alcatraz, si trincerano nell'ex carcere e puntano contro San Francisco sei missili di carichi di gas nervino. A sconfiggerli sono chiamati un esperto di armi chimiche e una spia inglese in galera da trent'anni, l'unico uomo che sia mai evaso da Alcatraz. ** [2293, 2422]

Rocky IV (*Rocky IV*, Sylvester Stallone, Usa, 1985, col., 91', HV). Il pugile Rocky Balboa, dopo i trionfi degli episodi precedenti, si trova di fronte un avversario insolito: il mastodontico sovietico Drago, che durante un match ha ucciso il suo avversario abituale (e in *Rocky III* suo allenatore) Apollo Creed. Riuscirà a sconfiggerlo in un combattimento terribile. ** [1510]

Ro. Go. Pa. G. (Roberto Rossellini/Jean-Luc Godard/Pier Paolo Pasolini, Ugo Gregoretti, Italia/Francia, 1963, b/n e col., 111'). Film a episodi. Una hostess alle prese con un corteggiatore sfacciato. Parigi dopo la bomba atomica. Una famigliola vittima della pubblicità. E soprattutto l'episodio diretto da Pasolini, con un sottoproletario che muore in croce per indigestione. *** [2231, 3628]

Roma città aperta (Roberto Rossellini, Italia, 1945, b/n, 103', HV). I tragici mesi del 1944-45, con Roma occupata dai nazifascisti. Le sofferenze, i patimenti e la ribellione degli abitanti sono concentrati nelle vicende di tre personaggi: un prete che verrà fucilato all'alba, una popolana che sarà abbattuta da una raffica di mitra e un ingegnere comunista ucciso dai torturatori nazisti. ***** [2131, 3959]

Il romanzo di Mildred (*Mildred Pierce*, Michael Curtir, Usa, 1945, b/n, 109'). Una casalinga abbandonata dal marito trova lavoro come cameriera e, sgobbando sgobbando, diventa proprietaria di una catena di ristoranti. Ma ha una figlia viziata e il suo secondo marito, un aristocratico, viene ucciso... *** [3728]

La ronde-Il piacere e l'amore (*La ronde*, Max Ophuls, Francia, 1950, b/n, 97').In un perfetto gioco a incastri, le avventure galanti di dieci coppie, nella Vienna dei primi del secolo. La puttana e il soldato, il soldato e la servetta, la servetta e il padroncino, il padroncino e la donna sposata, la donna sposata e suo marito, il marito e l'amante, l'amante e il poeta, il poeta e l'attrice, l'attrice e il conte, il conte e la puttana con cui è iniziata la storia. Da *Girotondo* di Arthur Schnitzler. ****1/2 [253, 2572, 2582, 3294, 3564, 3568]

Ronin (*Ronin*, John Frankenheimer, Usa, 1998, col., 121'). Cinque mercenari, a Parigi, accettano di compiere un lavoro per una coppia di terroristi irlandesi: a Nizza dovranno sottrarre una valigetta dal misterioso contenuto. L'impresa ha successo, ma la valigetta scompare e da quel momento tutti giocano contro tutti. Finché a Parigi, durante uno spettacolo di pattinaggio su ghiaccio... ***1/2 [174, 1363, 1862, 3073, 3827]

La rosa purpurea del Cairo (*The purple rose of Cairo*, Woody Allen, Usa, 1985, col. e b/n , 82', HV). Durante la Depressione, la cameriera Cecilia dimentica la precarietà del presente e il marito fannullone e manesco al cinema. Una sera l'esploratore Baxter, protagonista di un film esotico, lascia lo schermo per corteggiarla. Hollywood e la polizia gli danno la caccia... **** [346, 3354, 3357]

Roselyne e i leoni (*Roselyne et les lions*, Jean-Jacques Beineix, Francia, 1989, col., 129', HV). Roselyne e Thierry, giovani emarginati, si amano e sognano di diventare domatori di leoni. Riescono ad aggregarsi a un circo e, dopo numerose peripezie, allestiscono un numero di successo che consente ai due ragazzi di realizzare il sogno e suggella il loro amore. ** [3303]

Rosemary's baby-Nastro rosso a New York (*Rosemary's baby*, Roman Polanski, Usa, 1968, col., 137', HV). Una giovane coppia va ad abitare in un condominio di lusso a New York. I loro invadenti e servizievoli vicini sono adepti di una setta satanista e la donna, complice il marito, sarà vittima dei loro sortilegi, fino a dare alla luce un mostro figlio del demonio. **** [1083, 3321]

Rosso sangue (*Mauvais sang*, Leos Carax, Francia, 1986, col., 125', HV). Alex, figlio di un gangster eliminato da Cosa Nostra, è allevato da due amici del padre. Il giovane dovrà rubare un medicinale che cura il virus contratto da quelli che "fanno l'amore senza amore". Dopo qualche riluttanza, fa il colpo ma è ferito e muore vicino all'aereo che doveva portarlo in Svizzera. **1/2 [1016, 2205, 2545, 3298]

'Round midnight-A mezzanotte circa (*'Round Midnight*, Bertrand Tavernier, Francia/Usa, 1986, col., 130', HV). A Parigi, nel 1959, il giovane illustratore francese Francis si occupa del vecchio sassofonista Dale Turner, minato dall'alcool e dalla droga. Rinfrancato e curato, il musicista conosce nuovi successi e ritorna a New York, dove muore di lì a poco. **** [2270]

I ruggenti anni Venti (*The roaring Twenties*, Raoul Walsh, Usa, 1939, b/n, 104', HV). Tre reduci della prima guerra mondiale tornano alla vita civile.

Lloyd fa l' avvocato, Eddie e George si danno al contrabbando di alcolici. Finito il proibizionismo Eddie, ridotto a fare il taxista, interviene per salvare la vita a Lloyd, finito nel mirino di George che nel frattempo è diventato un boss. *** [952, 2498]

Sabrina (*Sabrina*, Billy Wilder, Usa, 1954, b/n, 113', HV). Sabrina, figlia dell'autista dei miliardari Larrabee, è innamorata del rampollo David, che non la nota. Dopo aver tentato il suicidio, va a Parigi per due anni e torna trasformata in donna sofisticata. David se ne innamora, ma il fratello maggiore, il compassato Linus, impedisce il matrimonio. Finirà per sposarla lui... ***1/2 [331, 937, 2752, 2753, 2982, 3333, 3401, 3553, 3928]

La saggezza nel sangue (*Wise blood*, John Huston, Usa, 1979, col., 110'). Un reduce della seconda guerra mondiale, Hazel Motes, ritorna in Georgia e fonda una "Chiesa di Cristo senza Cristo", che non offre né redenzione né miracoli. Finirà per uccidere un falso predicatore che lo imita anche negli abiti, e per accecarsi. Le sette religiose americane viste da un maestro. ***1/2 [547]

Salvate il soldato Ryan (*Saving private Ryan*, Steven Spielberg, Usa, 1998, col., 163'). Seconda guerra mondiale, dopo lo sbarco degli Alleati in Normandia e il massacro di Omaha Beach. Al comando del capitano Miller, otto soldati americani passano le linee tedesche per salvare il paracadutista Ryan, unico sopravvissuto di quattro fratelli tutti andati sotto le armi. **** [2368]

Salvate la tigre (*Save the tiger*, John G. Avildsen, Usa, 1973, col., 101', HV). Quarantenne, presidente di una ditta di abbigliamento femminile, Harry Stoner si sente un animale in via d'estinzione, come la tigre che dà il titolo al film. Difficoltà finanziarie, una crisi d'età e il cambiamento del mondo attorno a lui lo portano a rimpiangere l'America dei suoi vent'anni. *** [112, 1254, 2348, 3358]

San Giovanni decollato (Amleto Palermi, Italia, 1940, b/n, 88', HV). Un portinaio-ciabattino napoletano, devoto a San Giovanni, è afflitto da una moglie bisbetica e da un guappo di quartiere che vuole imporre un marito a sua figlia. La ragazza però, grazie al santo, riesce a sposare l'uomo che ama e nel corso del matrimonio la madre bisbetica si morde la lingua, tacendo. **1/2 [419, 1321, 1390]

Sangue blu (*Kind hearts and coronets*, Robert Hamer, Gran Bretagna, 1949, b/n, 104', HV). Il figlio di una nobile, ripudiata dalla famiglia per avere sposato un borghese, uccide uno dopo l'altro i suoi otto parenti per diventare Lord. Condannato a morte per un delitto che non ha commesso, è scagionato dalla fidanzata ma... *Humour* nero, Alec Guinness fa tutte le otto vittime. ***1/2 [751]

Sanjuro (*Tsubaki Sanjuro*, Akira Kurosawa, Giappone, 1962, b/n, 96'). In uno staterello feudale dell'antico Giappone, un ronin astuto e propenso al doppio gioco, ma pronto a dare ascolto alla saggezza femminile, fa da maestro a nove inesperti e imprudenti aspiranti samurai, che vogliono deporre il corrotto Kurofuji. Da lui, i giovani avranno lezioni di esperienza. *** [1471]

La scala a chiocciola (*The spiral staircase*, Robert Siodmak, Usa, 1946, b/n, 83', HV). In una cittadina del New England, nel 1906, un ignoto assassino si accanisce contro giovani donne menomate. A casa del professor Warren, che ospita la matrigna paralitica e un ambiguo fratellastro, la governante muta Helen è destinata a essere l'ultima vittima della catena... **** [1424, 1521, 2325, 2611]

Scandalo (*Shubun*, Akira Kurosawa, Giappone, 1950, b/n, 104'). Due fotoreporter sorprendono una cantante e un pittore in apparente intimità. Un settimanale scandalistico pubblica le foto accompagnate da un articolo diffamatorio. Segue querela, e l'editore tenta di truccare le carte. Ma l'avvocato che ha assoldato, al processo, lo sconfessa. *** [3412]

Scandalo a Filadelfia (*The Philadelphia story*, George Cukor, Usa, 1940, b/n, 112', HV). L'ereditiera Tracy Lord sta per risposarsi con un uomo politico. L'ex marito della donna, Dexter Haven, ne è però ancora innamorato, e si rifà vivo alla vigilia delle nozze. Con l'aiuto dell'amico reporter Mike Connor, convincerà Tracy a sposare lui. Vertice della *sophisticated comedy*. **** [233, 3225]

Scappo dalla città-La vita, l'amore e le vacche (*City slickers*, Ron Underwood, Usa, 1991, col., 112', HV). Tre amici quarantenni in crisi esistenziale lasciano New York per fare quindici giorni di vacanza nel Far West. Lì, con l'aiuto di un anziano cowboy, devono scortare una mandria di mucche. Ma il cowboy muore mentre sono in viaggio e i tre devono cavarsela da soli. **1/2 [3148]

Scarface (*Scarface*, Brian De Palma, Usa, 1983, col., 170', HV). In Florida, trionfi e caduta del cubano Tony Montana, killer, poi gorilla e infine luogotenente di un trafficante di droga, che uccide per prenderne il posto. Il potere, i soldi e la droga, assieme al morboso attaccamento alla sorella, gli danno alla testa. Finirà ammazzato quando rifiuterà di eliminare la famiglia di un testimone. *** [5]

Scarface-Lo sfregiato (*Scarface, the shame of a nation*, Howard Hawks, Usa, 1932, b/n, 90', HV). Ascesa e rovina di Tony Camonte, capo della malavita di Chicago ispirato ad Al Capone. Camonte dà la scalata al potere eliminando il vecchio boss. Geloso della sorella Cesca, uccide anche il suo amico Rinaldo, che l'ha sposata. Finirà abbattuto a raffiche di mitra dalla polizia. **** [1459, 1463]

Scarpette rosse (*The red shoes*, Michael Powell e Emeric Pressburger, Gran Bretagna, 1948, col., 133', HV). Lermontov, direttore di una compagnia di danza, porta al successo la ballerina Vicky con il balletto *Scarpette rosse*. Convinta dal fidanzato compositore, Vicky lascia il palcoscenico, ma finirà per tornarci. Epilogo tragico. Film di culto per Coppola, Scorsese e De Palma. **** [2273]

Lo sceicco bianco (Federico Fellini, Italia, 1952, b/n, 85', HV). Fresca sposa, Wanda va in viaggio di nozze a Roma con il marito. Accanita lettrice di fotoromanzi, scappa per incontrare il suo idolo, lo Sceicco Bianco, al quale ha scritto numerose lettere firmandosi "bambola appassionata". Ma l'inconsistenza del suo eroe la delude e la porta a tornare dal marito, e alla realtà. ***1/2 [3331]

Scene da un matrimonio (*Scener ur ett äktenskap*, Ingmar Bergman, Svezia, 1973, col., 168', HV). In sei capitoli, la vita di coppia di Marianne e Johan, il cui rapporto termina, tra liti e accuse reciproche, nel divorzio. I due si ritroveranno dopo sette anni, ognuno con una nuova famiglia, per scoprire di amarsi ancora. Riduzione di uno sceneggiato TV che durava due ore in più. *** [215, 387, 1259, 2865]

Lo schiaffo (*Red dust*, Victor Fleming, Usa, 1932, b/n, 86', HV). In Indocina, il sovrintendente di una piantagione di caucciù, un seduttore che non riesce a sfuggire alle donne, si innamora di una giovane prostituta nei guai. Prima di convincersi che è la donna adatta per lui avrà però una relazione con l'altera e annoiata moglie di un collega. **1/2 [1869]

Schindler's list-La lista di Schindler (*Schindler's list*, Steven Spielberg, Usa, 1993, b/n e col., 195', HV). L'industriale tedesco Oskar Schindler intrallazza con i nazisti e ottiene che i prigionieri ebrei lavorino nella sua fabbrica di stoviglie come manodopera a basso costo. Tra mille ambiguità, Schindler da sfruttatore degli ebrei diventa il loro salvatore, strappandone 1.100 alla morte. **** [2721, 3905, 3935]

Lo sciacallo (*L'aîné des fercheaux*, Jean-Pierre Melville, Francia/Italia, 1962, col., 102'). Il banchiere Ferchaux, per evitare uno scandalo, fugge in America con il segretario Maudet, un ex pugile che gli fa anche da autista e guardia del corpo. Maudet deruba Ferchaux e fugge ma, colto dal rimorso, torna sui suoi passi. Trova Ferchaux accoltellato e agonizzante. Da un romanzo di Simenon. *** [3220]

La seconda moglie (Ugo Chiti, Italia, 1998, col., 110'). Toscana, 1957. Fosco, camionista precocemente vedovo, arriva in Sicilia per consegnare un carico. Qui si innamora della ragazza madre Anna. La sposa e la porta con sé in Maremma. Ma Fosco ha un figlio adolescente, il quale è soggiogato dal fascino della bella matrigna... ** [2746, 3000]

La seconda volta (Mimmo Calopresti, Italia, 1995, col., 80', HV). Alberto Sajevo, professore universitario a Torino, incontra dodici anni dopo la terrorista che gli sparò alla testa e la pallottola della quale porta ancora conficcata nel cranio. La accosta fingendo di corteggiarla, lei non lo riconosce. Svelata la verità, il dialogo fra i due risulterà impossibile. *** [177]

Il secondo tragico Fantozzi (Luciano Salce, Italia, 1976, col., 110', HV). Vessato da superiori e colleghi, il ragionier Ugo Fantozzi moltiplica le sue disavventure. Per aver definito "una boiata pazzesca" *La corazzata Potemkin* è costretto a fare il neonato in carrozzina nella scena della scalinata, ad libitum. Suicida mancato, lo ripescano e lo mettono in vendita come pesce surgelato. E la sua azienda, infine, lo riassume per fare il parafulmine. *** [799]

Sedotta e abbandonata (Pietro Germi, Italia/Francia 1964, b/n, 125', HV). Agnese, sedicenne siciliana, è messa incinta da Peppino, fidanzato della sorella Matilde. Dopo molte vicissitudini (botte ai due da parte del padre di Agnese, un tentato omicidio, un'udienza in pretura), pur riluttante, si decide a sposarla. E la sorella? Si ritira in un convento. *** [1638, 3774]

Il segno (*De tva saliga*, Ingmar Bergman, Svezia, 1986, col., 81'). Una donna, Viveka, è convinta di essere tradita dal marito e di essere perseguitata dalle forze del male. Il suo delirio e le sue allucinazioni coinvolgono anche il marito Sune, che la fa fuggire dall'ospedale psichiatrico dove è stata ricoverata e decide di suicidarsi assieme a lei. È l'ultimo film di Bergman. **1/2 [196]

La segretaria quasi privata (*The desk set*, Walter Lang, Usa, 1957, col., 103', HV). Una donna dalla memoria formidabile dirige l'ufficio informazioni di una catena televisiva, ma teme di perdere il posto quando un ingegnere viene ingaggiato per informatizzare gli uffici. Tra numerosi equivoci e scaramucce, la donna conserverà il posto e finirà per sposare l'ingegnere. **1/2 [337, 737, 3272, 3276]

Seguendo la flotta (*Follow the fleet*, Mark Sandrich, Usa, 1936, b/n, 110', HV). Il marinaio Bake Baker incontra la ballerina Sherry, con cui faceva coppia sul palcoscenico qualche anno prima: inevitabile che si innamorino e che la coppia si riformi. Un altro marinaio si innamora di Connie, sorella di Sherry. Uno spettacolo raccoglierà fondi per riparare la vecchia nave delle ragazze. *** [511, 1697]

6 giorni, 7 notti (*6 days, 7 nights*, Ivan Reitman, Usa, 1998, col., 120'). Un pilota scorbutico che odia i turisti e la scontrosa direttrice di una rivista di New York, in viaggio per lavoro, in seguito a un incidente finiscono in un'isola deserta. Irritatissimi entrambi sia dell'incidente sia di trovarsi assieme, trasformeranno le scaramucce iniziali in una romantica avventura. **1/2 [3762]

6 gradi di separazione (*Six degrees of separation*, Fred Schepisi, Usa, 1993, col., 111', HV). Un giovane nero, facendosi passare per il figlio di Sidney Poitier, si fa ospitare da una ricca famiglia newyorchese. Scacciato quando è sorpreso a letto con un giovane raccattato per strada, ripeterà la stessa finzione con altre famiglie. Satira a tratti inquietante del politically correct. *** [1644, 1787, 2943, 3090, 3336, 3610]

Le sei mogli di Barbablù (Carlo Ludovico Bragaglia, Italia, 1950, b/n, 87', HV). In fuga dalla moglie arpia, Totò Esposito è scambiato per un celebre detective americano che si trova in Italia per indagare su un misterioso Barbablù che ha ucciso cinque mariti per rapire le loro mogli. Si finge sposato con una giornalista, che spera di attirare Barbablù in una trappola. ** [1825, 1972]

Senso (Luchino Visconti, Italia, 1954, col., 120', HV). A Venezia, sullo sfondo della terza guerra d'indipendenza italiana, il tragico incontro tra la contessa Livia Serpieri e lo squallido tenente austriaco Franz Mahler. Per amor suo la contessa tradisce i patrioti e lo ospita quando lui diserta. Ma dopo l'ultima umiliazione patita, finisce per denunciarlo agli austriaci che lo fucilano. ****1/2 [2355, 2398]

Sentieri selvaggi (*The searchers*, John Ford, Usa, 1956, col., 119', HV). Il reduce sudista Ethan Edwards, assieme al mezzosangue Martin, si mette sulle tracce di due giovani nipoti, rapite dai comanches che hanno ucciso suo fratello Aaron e sua cognata. Dopo lunghe ricerche, rintraccia una delle ragazze, scopre che è diventata un'indiana e ha la tentazione di ucciderla. ****1/2 [131, 141, 2099, 3809]

Il sentiero della gloria (*Gentleman Jim*, Raoul Walsh, Usa, 1942, b/n, 104'). Le gesta boxistiche di James Corbett, che nel 1892 a New Orleans sconfisse John L. Sullivan, togliendogli il titolo di campione dei pesi massimi. Due pugili, due concezioni del mondo: la brutalità e la forza per Sullivan; lo stile, l'amore per Shakespeare e la voglia di emergere per Corbett. ***1/2 [2417]

Senza tetto né legge (*Sans toit ni loi*, Agnès Varda, Francia, 1985, col., 105', HV). La vagabonda Monà viene trovata morta per assideramento in un fossato. Ex segretaria d'azienda e stenodattilografa, aveva scelto di mollare gli ormeggi e aveva pagato la libertà con la solitudine e l'incomprensione. Il film ne ricostruisce in forma semidocumentaria gli ultimi giorni di vita. *** [729, 1769, 3248]

Il sergente York (*Sergeant York*, Howard Hawks, Usa, 1941, b/n, 134', HV). Alvin York è un montanaro del Tennessee che coltiva una terra difficile. Convertito a una setta non violenta, rifiuta sulle prime di andare a combattere in Europa dove è in corso la prima guerra mondiale. Sul fronte diventa un eroe nazionale, catturando da solo più di cento tedeschi. **1/2 [2362]

Sesso, bugie e videotape (*Sex, lies and videotape*, Steven Soderbergh, Usa, 1989, col., 100', HV). Un giovane avvocato di successo di Baton Rouge, Louisiana, tradisce la moglie frigida con la cognata. Un giorno accoglie in casa un vecchio compagno di scuola, che registra interviste di donne e colleziona le videocassette: il precario equilibrio familiare andrà in crisi. **1/2 [2588]

Sesso e potere (*Wag the dog*, Barry Levinson, Usa, 1997, col., 105', HV). A dodici giorni dalle elezioni, il presidente degli Stati Uniti è accusato di avere molestato una ragazzina nello Studio Ovale. Per fare passare in secondo piano la notizia, un faccendiere e un produttore di Hollywood inventano una guerra con l'Albania, rigorosamente ricostruita in studio. **1/2 [841, 1356, 2477, 2739, 3074, 3474]

Sette anni in Tibet (*Seven years in Tibet*, Jean-Jacques Annaud, Usa, 1997, col., 135', HV) L'austriaco Heinrich Harrer, partito nel '39 per scalare il Nanda Pargat, è internato dagli inglesi. Evade, raggiunge Lhasa e ci resta fino al '50, anno dell'invasione cinese, diventando consigliere e amico del Dalai Lama. Patinato e scenografico ma inerte e quanto mai schematico. *1/2 [178, 179, 858, 1186, 2306, 3526, 3850]

Settembre (*September*, Woody Allen, Usa, 1987, col., 82', HV). Lane, che da ragazza uccise il brutale amante della madre, la ospita in campagna, nel Vermont, ma litiga costantemente con lei, che incolpa di tutti i suoi fallimenti. Lane ospita anche uno scrittore di cui è innamorata, e un'amica che avrà un flirt con lo scrittore. Nevrosi a nudo, cinema "da camera" alla Bergman. **1/2 [17, 1276, 2285, 3982, 4004]

I sette samurai (*Shichi nin no samurai*, Akira Kurosawa, Giappone, 1954, b/n, 200', HV). Cinque samurai, scelti dal saggio Kambei, accettano di difendere i contadini di un villaggio angariati dai briganti. A loro si aggiunge un contadino fanfarone che vuole diventare guerriero. Quattro dei sette samurai moriranno per difendere il villaggio, ma assieme ai contadini batteranno i banditi. ***** [2360, 2760]

La settima alba (*The seventh dawn*, Lewis Gilbert, Gran Bretagna, 1964, col., 123'). Malesia, anni '50. Gli inglesi condannano a morte una maestra per un attentato che non ha commesso. La donna è un'esca. Ha combattuto i giapponesi assieme a un malese che ora dirige la lotta per l'indipendenza e a un americano diventato piantatore. All'americano viene proposto un baratto... **1/2 [158, 240, 553, 1073, 2809, 3006, 3800]

Il settimo sigillo (*Det sjunde inseglet*, Ingmar Bergman, Svezia, 1956, b/n, 96', HV). Dopo aver combattuto in Terrasanta, il cavaliere Antonius Blok torna in patria con il suo scudiero, tormentato dai dubbi e scettico sulla propria fede. Trova ad attenderlo la peste e la desolazione. E la Morte che lo sfida a scacchi. Ma anche una famiglia di saltimbanchi che serba la fiducia nella vita. **** [272, 398, 1033, 1053, 2882, 2885, 3454, 3709, 3919]

Sex crimes-Giochi pericolosi (*Sex crimes*, John McNaughton, Usa, 1998, col., 108', HV). A Blue Bay, in Florida, il prestante e sensuale insegnante Sam Lombardo attira l'attenzione di Kelly Van Ryan, bella ragazza della società bene, che gli si introduce in casa. Salvo accusarlo di stupro il giorno dopo. E quando anche un'altra ragazza rilancia l'accusa... ** [2007]

La sfida del samurai (*Yojimbo*, Akira Kurosawa, Giappone, 1961, b/n, 110'). Sanjuro, samurai senza padroni, arriva in un villaggio dove due clan si contendono ferocemente il potere. Schierandosi ora con l'uno e ora con l'altro, e soprattutto aizzandoli, Sanjuro riuscirà a far sì che i contendenti si annientino a vicenda. L'ispiratore di *Per un pugno di dollari*. ***1/2 [2172]

Sfida infernale (*My darling Clementine*, John Ford, Usa, 1946, b/n, 97', HV). Lo sceriffo Wyatt Earp, con l'aiuto dell'alcolizzato e tisico Doc Holliday, si batte all'O.K. Corral con i Clanton, ladri di bestiame che gli hanno ucciso il fratello. Da un mito del West, gli onesti contro i malvagi. Wyatt Earp vince anche sul fronte sentimentale, conquistando l'ex fidanzata di Holliday. ****1/2 [135, 136, 137, 305, 1512, 1758, 2226, 2230, 2263, 2278, 2462, 2639, 3654]

Sfida nell'Alta Sierra (*Ride the High Country,* Sam Peckinpah, Usa, 1962, col., 94', HV). Un vecchio sceriffo, assieme all'aiutante e a un suo giovane amico, trasporta in banca l'oro estratto in una miniera. I due cercano di convincere lo sceriffo a rubare l'oro, che fa gola anche a cinque banditi, i quali vogliono inoltre riprendersi una ragazza promessa a uno di loro... **** [541]

Lo sguardo di Ulisse (*To vlemma tou Odyssea*, Thodoros Anghelopulos, Grecia/Italia/Francia/Germania, 1995, col., 175', HV). Un regista greco esule da anni negli Stati Uniti torna nella città natale, Ptolemais, per trovare le bobine del primo film greco. Comincia così un'Odissea balcanica che lo conduce, lungo il Danubio, fino a Belgrado e a Sarajevo assediata, dove trova il film perduto. *** [3838]

Shakespeare in love (*Shakespeare in love*, John Madden, Stati Uniti, 1998, col., 120'). Nel 1593 un William Shakespeare alle prime armi è in crisi creativa e ricorre persino all'analista. Si sbloccherà scoprendo la vera natura della nobildonna Viola, che si è travestita da maschio per recitare e che, divenuta la sua amante, gli ispirerà *Giulietta e Romeo*. *** [371, 853, 2815, 3141]

Shangai Express (*Shangai Express*, Josef von Sternberg, Usa, 1932, b/n, 80', HV). Sul treno Shangai-Pechino, Shangai Lily, attrice di varietà ma in realtà prostituta di lusso, incontra un medico inglese di cui era stata l'amante. Quando il medico viene catturato dai ribelli, la donna si offre di concedere le proprie grazie al capo, pur di salvargli la vita. Non sarà necessario... *** [1662, 2457, 2741, 2879]

She's so lovely-Così carina (*She's so lovely*, Nick Cassavetes, Usa, 1997, col., 100' HV). Eddie e Maureen, due giovani sposi fuori di testa, si amano alla follia. Ma è proprio nella follia che sprofonda Eddie, il quale in preda a un raptus uccide un uomo e viene rinchiuso per dieci anni in manicomio. Quando esce, Maureen si è risposata e, oltre a suo figlio, ne ha altri due... **1/2 [2008, 3659]

Shining (*The shining*, Stanley Kubrick, Gran Bretagna, 1980, col., 146', HV). Lo scrittore Jack Torrance si trasferisce, assieme alla moglie al figlioletto, a fare il guardiano invernale nel deserto Overlook Hotel, sulle Montagne Rocciose. L'albergo è saturo di influenze malefiche e Torrance se ne lascia contagiare. Ma il figlio, dotato di poteri extrasensoriali, si saprà difendere. **** [82]

Siamo uomini o caporali? (Camillo Mastrocinque, Italia, 1955, b/n, 94', HV). La comparsa Totò Esposito finisce in manicomio per avere aggredito l'odioso capocomparse. Al medico che lo visita racconta la sua vita, un condensato di sfortuna condito da una personale filosofia che divide il mondo in "uomini" (che subiscono) e "caporali" (che sfruttano). Qualunquista ma imperdibile. *** [120, 1742, 3609, 3617]

Sierra Charriba (*Major Dundee*, Sam Peckinpah, Usa, 1965, col., 134', HV). Il fanatico maggiore Dundee, alla fine della guerra civile, recluta la peggiore feccia dell'esercito sudista, compresi disertori e delinquenti comuni, per dare la caccia a un gruppo di apache che hanno sconfinato in territorio messicano. Lì, si scontra con i francesi che sostengono Massimiliano d'Asburgo... *** [2358]

La signora della porta accanto (*La femme d'à côté*, François Truffaut, Francia, 1981, col., 106', HV). Dopo otto anni Bernard e Mathilde, che hanno avuto una relazione burrascosa, si ritrovano vicini di casa. Sono tutti e due sposati, ma la passione riesplode e diventano amanti clandestini. Tenteranno di troncare la relazione ma invano, fino a una conclusione tragica. **** [285, 289, 304, 382, 2232, 2258, 2821, 3471, 3702]

La signora del venerdì (*His girl Friday*, Howard Hawks, Usa, 1940, b/n, 92'). La giornalista Hildy ha deciso di sposarsi e restare a casa. Il suo capo ed ex amante le chiede, come ultimo lavoro, di seguire l'esecuzione di un condannato a morte. Poi fa arrestare il promesso sposo della donna, si precipita in carcere e... Billy Wilder firmerà nel 1974 un fortunato remake, *Prima pagina*. *** [3383, 3806]

La signora di Shangai (*The Lady from Shangai*, Orson Welles, Usa, 1948, b/n, 87', HV). Un marinaio, dopo aver salvato una donna da un'aggressione, viene assunto dal ricco e losco marito di lei sul suo yacht. Mentre il marinaio si lascia irretire dalla donna, il marito gli propone di accusarsi di averlo ucciso, in modo che egli possa sparire. Ma è un diabolico inganno, che finirà male. **** [115, 230, 427, 647, 691, 1161, 1275, 2071, 2173, 2192, 2429, 3854]

I signori della truffa (*Sneakers*, Phil Alden Robinson, Usa, 1992, col., 126', HV). Una squadra di pirati informatici è costretta dal governo a recuperare un prezioso decodificatore finito in mano alla mafia. All'FBI finisce una "scatola vuota", mentre il vero decodificatore consente agli hacker nuove gesta alla Robin Hood: dirottare i fondi dei repubblicani ad Amnesty International, ecc... *** [107, 948, 1560, 2414, 2959]

Signori si nasce (Mario Mattoli, Italia, 1960, col., 96', HV). Il barone Zazà, gagà e *bon vivant*, dedito al gioco e alle belle donne, è in bolletta. Con una serie di espedienti cerca di farsi dare il denaro che gli serve dal taccagno fratello Pio, titolare di una sartoria ecclesiastica. E arriva anche a spacciare una ballerina per sua figlia: il fratello finanzia uno spettacolo, che ha successo, e... **1/2 [504, 596, 1715, 1778, 2031, 2338, 3209, 3668]

Il silenzio (*Tystnaden*, Ingmar Bergman, Svezia, 1963, b/n, 95', HV). Anna è in viaggio con il figlio e con la sorella Ester. A causa di un attacco del male che sta uccidendo Ester, si fermano in un paese straniero, dove è in corso una guerra e si parla una lingua incomprensibile. Ester beve, Anna si dà a sconosciuti. Le due sorelle litigano. Anna riparte e lascia Ester sola a morire. *** [1061]

Il silenzio degli innocenti (*The silence of the lambs*, Jonathan Demme, Usa, 1991, col., 118', HV). L'allieva dell'Fbi Clarice Starling visita in carcere Hannibal Lecter, ex psichiatra cannibale che divorava i suoi pazienti. Deve chiedergli informazioni su Buffalo Bill, un serial killer che ha l'abitudine di scuoiare le vittime. Le otterrà dopo avere raccontato i suoi incubi infantili. **** [241, 591, 1103, 1128, 1912, 3487]

Il silenzio del mare (*Le silence de la mer*, Jean-Pierre Melville, Francia, 1947, b/n, 86'). Durante l'occupazione nazista, un ufficiale tedesco prende alloggio in Francia presso un vecchio e una ragazza. Ama il loro paese, ma loro rifiutano di parlare con lui. Solo quando, in dissidio con i superiori, chiederà di partire per il fronte, la ragazza gli dirà "addio". Dal romanzo di Vercors. *** [2387]

Il silenzio è d'oro (*Le silence est d'or*, René Clair, Francia, 1946, b/n, 90', HV). Parigi, 1906. Un anziano regista cinematografico del muto, grande seduttore in declino, dà lezioni di libertinaggio al suo giovane assistente. Il quale dimosterà di avere appreso la lezione, innamorandosi della ragazza che il maestro voleva sposare, la figlia dell'unica donna che gli avesse resistito. ***1/2 [2656]

Silverado (*Silverado*, Lawrence Kasdan, Usa, 1985, col., 132', HV). Quattro irregolari, tre bianchi e un nero, alle prese con uno sceriffo che vuole mandare in galera uno di loro, e con un prepotente allevatore di bestiame che si accanisce contro i piccoli proprietari. Dopo aver fatto giustizia, tre di loro partono per la California, mentre il quarto diventa sceriffo e sposa una bella pioniera. ***1/2 [1349, 2290, 3473]

Simon del deserto (*Simón del desierto*, Luis Buñuel, Messico, 1965, b/n, 42'). Simone è un eremita che vive da otto anni in cima a una colonna. La sua ascesi e i suoi miracoli (guarisce un monco) suscitano ammirazione ma anche invidia tra i monaci e i fedeli. Il diavolo lo tenta apparendogli come bambina oscena, nelle vesti di Gesù e infine come donna, e lo porta con sé a New York. *** [3619]

Sinfonia d'autunno (*Höstsonaten*, Ingmar Bergman, Norvegia/Germania, 1978, col., 93', HV) La pianista Charlotte è invitata dalla figlia Eva, che non vede da sette anni, a trascorrere una vacanza da lei. Eva ha sposato un pastore, ospita una sorella handicappata che la madre aveva rinchiuso in una clinica, e ha perso un figlio. Presto i rancori tra madre e figlia affiorano... **1/2 [1040, 1180, 1312, 2439, 2508, 3963]

Singapore (*Singapore*, John Brahm, Usa, 1947, b/n, 79'). Gordon e Linda vivono a Singapore e sono fidanzati, ma la guera li divide. Tornata la pace, Gordon scopre che Linda ha perso la memoria e che si è sposata con un altro. Fitto mistero, quindi, anche sulle perle che la donna aveva occultato. Ma, ovviamente, l'amnesia si può curare e il divorzio risolve tutto... *1/2 [3761]

Sirene (*Mermaids*, Richard Benjamin, Usa, 1990, col., 111', HV). Mamma single ed eccentrica cambia costantemente città, trascinandosi dietro le due figlie, per non tornare a commettere gli errori sentimentali del passato. La figlia maggiore intanto medita di farsi suora, mentre la minore reagisce con più tranquillità. L'uomo giusto rimetterà le cose a posto. ** [1011, 3542, 3630]

Sliding doors (*Sliding doors*, Peter Howitt, Usa, col., 108'). Il destino è una metropolitana che si prende o si perde. Se Helen, licenziata in tronco che manca la metropolitana per un soffio, l'avesse presa, avrebbe scoperto il fidanzato Gerry a letto con un'altra donna. Ma forse avrebbe anche incontrato James, un affascinante sconosciuto che invece... **1/2 [1125, 2833, 3688, 3738]

Smoke (*Smoke*, Wayne Wang, Usa, 1995, col., 112', HV). Uomini e storie che gravitano attorno alla tabaccheria di Auggie Wren, a Brooklyn. C'è lo scrittore che ha perso la moglie e non sa rassegnarsi, il ragazzo nero che cerca il padre, il tabaccaio che da anni fotografa sempre la stessa porzione di marciapiede davanti al suo negozio. Cordiale e umanissimo. ***1/2 [171, 1006, 1522, 1535, 3954]

S.O.B. (*S.O.B.*, Blake Edwards, Usa, 1981, col., 121', HV). Un regista di successo, angosciato dal colossale fiasco del suo ultimo film e abbandonato da tutti, salva il salvabile trasformando la catastrofe in un porno e inducendo la moglie star a spogliarsi. Successo strepitoso che provoca la morte del regista. Commedia acre. S.O.B. è "son of a bitch" (figlio di puttana), "Standard operational bullshit" (stronzata standard pronta) o l'onomatopeico singhiozzo dei fumetti. ***1/2 [119, 3832, 3878]

Sogni (*Konna yume wo mita/ Dreams*, Akira Kurosawa, Usa/Giappone, 1990, col., 117', HV). Otto sogni (del regista?) lungo il secolo. Frutteti salvati, volpi che si sposano, demoni che minacciano alpinisti, soldati morti che appaiono, centenari saggi, la catastrofe nucleare, Van Gogh che viaggia dentro i suoi quadri. Visionario, frammentario, di livello figurativo emozionante. *** [3955]

Sogni d'oro (Nanni Moretti, Italia, 1981, col., 105', HV). Il giovane regista Michele Apicella sta girando, fra crisi, ripensamenti, soprassalti nevrotici, il film *La mamma di Freud*. Nella vita, a fare le spese del suo carattere indocile e dei suoi scatti sono la madre e Silvia, una ragazza dalla quale Michele cerca di prendere continuamente le distanze perché teme di innamorarsene. *** [3107]

Un sogno lungo un giorno (*One from the heart*, Francis Ford Coppola, Usa, 1982, col., 100'). A Las Vegas, una vetrinista e uno sfasciacarrozze vivono insieme ma sono in crisi. Approfittano dell'Independence Day per una giornata di libera uscita: lei incontra un cameriere, lui incontra un'acrobata. All'alba ritorneranno insieme. Una favola esile condita con prodigi tecnologici. *** [195, 3759]

I soliti ignoti (Mario Monicelli, Italia, 1958, b/n, 111', HV). Cinque improvvisati scassinatori, che hanno preso invano ripetizioni da Totò (il fotografo Tiberio, il pugile Peppe, il ladro di mezza tacca Mario, l'ombroso siciliano Ferribotte e lo stalliere Capannelle) tentano il colpo grosso ai danni di un Monte di Pietà. Bucano la parete sbagliata, e al posto del grisbi trovano pasta e fagioli. **** [475, 2135, 3043, 3055, 3375]

Son contento (Maurizio Ponzi, Italia, 1983, col., 99', HV). Un comico in crisi sentimentale ha pesanti ricadute anche sul piano professionale: il pubblico delle discoteche non ride più alle sue battute. Tornato assieme alla donna che lo aveva piantato, trasforma le sue vicende private in un numero di cabaret: stavolta però la fidanzata lo lascia una volta per tutte. **1/2 [1114]

Sono innocente (*You only live once*, Fritz Lang, Usa, 1938, b/n, 86', HV). Eddie, un piccolo malvivente, è accusato a torto di rapina e omicidio. Evade ma nella fuga uccide un prete. Mentre emergono le prove della sua innocenza, Eddie scappa con la sua donna, che partorirà in un rifugio di fortuna. Braccati dalla polizia, i due vengono abbattuti vicino al confine con il Canada. **** [2085]

Il sorpasso (Dino Risi, Italia, 1962, b/n, 104', HV). Sbruffone ed estroverso, Bruno Cortona fa salire sulla sua decappottabile il timido studente Roberto, appena conosciuto. Roma è deserta per il Ferragosto, l'idea è di un giro "fuori porta" ma i due arrivano a Castiglioncello dove incontrano l'ex moglie e la figlia di Bruno. Poi via verso Viareggio, un sorpasso azzardato, e la tragedia... **** [469, 710, 867, 1217, 1232, 2770]

Sorrisi di una notte d'estate (*Sommarnattens leende*, Ingmar Bergman, Svezia, 1955, b/n, 108', HV). Inizio secolo. A casa dell'attrice Désirée, il militare amante in carica e l'avvocato ex amante vivono una notte insolita. Alla fine il militare si riconcilia con la moglie, l'avvocato ritorna dall'attrice, la giovane moglie dell'avvocato scappa con il figlio di primo letto di lui. ****1/2 [170, 210, 214, 268, 302, 364, 377, 506, 585, 650, 652, 1239, 1246, 1249, 1287, 1291, 1358, 1474, 1665, 1669, 1824, 1957, 2040, 2041, 2334, 2453, 2633, 2861, 3064, 3065, 3066, 3150, 3327, 3492, 3650, 3741]

Il sospetto (*Suspicion*, Alfred Hitchcock, Usa, 1941, b/n, 99', HV). Lina MacKinlaw, una giovane e timida aristocratica inglese, sfidando il volere dei genitori, sposa John Aysgarth. L'uomo è donnaiolo e spendaccione, e vive di espedienti. Pian piano, Lina comincia a sospettare che il marito la voglia uccidere per intascare l'assicurazione sulla sua vita. ***1/2 [353, 3484]

La sottile linea rossa (*The thin red line*, Terrence Malick, Usa, 1998, col., 171'). Le vicende individuali e collettive di una compagnia di fucilieri americani che, durante la seconda guerra mondiale, prendono parte alla terribile battaglia di Guadalcanal, per arrestare l'avanzata giapponese nel Pacifico. Grande ritorno di Malick dopo un lungo silenzio. Da un romanzo di James Jones. **** [2350, 2379, 3252]

Sotto il cielo di Parigi (*Le ciel de Paris*, Michel Bena, Francia, 1991, col., 90', HV). Il gay Marc e la commessa Suzanne dividono la stessa casa e vanno in piscina assieme. Lì, Suzanne viene soccorsa da Lucien. Nasce un triangolo virtuale: Lucien ama Suzanne, Suzanne ama Marc, Marc ama Lucien. Nessuno concluderà niente. Unico film di un regista morto a 40 anni di Aids. **1/2 [147, 2260, 2583, 3844]

Sotto il sole di Satana (*Sous le soleil de Satan*, Maurice Pialat, Francia, 1987, col., 113', HV). Un sacerdote fedele fino in fondo alla sua missione combatte con il diavolo e cerca di salvare la sedicenne infanticida Mouchette, ma non riesce a impedire che si suicidi. La fede gli permetterà di operare un miracolo, riportando in vita un bambino. Duro e teso, con momenti straordinari. ***1/2 [496, 1085, 1170, 1266, 2911]

Lo spaccone (*The hustler*, Robert Rossen, Usa, 1961, b/n, 135', HV). Giocatore di biliardo, Eddie Felson ha un solo scopo nella vita: battere il campione Minnesota Fats. Perderà l'incontro, si accorgerà di avere rinunciato all'unica cosa importante della sua vita, l'amore per una ragazza fragile, e maturerà attraverso il dolore. Il film che ha fatto del biliardo un monumento. **** [231, 1420]

Spartacus (*Spartacus*, Stanley Kubrick, Usa, 1960, col., 198', HV). Il gladiatore trace Spartaco guida la rivolta di sessantamila schiavi contro Roma. Vince la prima battaglia, poi viene sconfitto e crocifisso assieme ad altri seimila schiavi sulla via Appia. Ma la moglie Varinia, schiava liberata, gli mostra il figlio, nato libero. Kubrick subentrò nella regia ad Anthony Mann. ***1/2 [866, 2138, 2405, 2416, 2772, 3530]

Speed (*Speed*, Jan de Bont, Usa, 1994, col., 116', HV). Un ex poliziotto diventato criminale piazza, su un autobus di linea con quindici passeggeri, un congegno che esplode se il veicolo scende sotto gli ottanta chilometri orari. Una studentessa che sostituisce l'autista nel frattempo messo fuori gioco e un poliziotto acrobatico e spericolato evitano la catastrofe. *** [1600]

Speriamo che sia femmina (Mario Monicelli, Italia, 1986, col., 120', HV). Nel grossetano, Elena abita in una fattoria assieme alle due figlie e alla governante. Un giorno nella fattoria arriva l'ex marito con l'amante. L'uomo finirà per uccidersi in macchina e le donne, finalmente sole, instaureranno una sorta di matriarcato. In bilico tra toni drammatici e umori beffardi. *** [3284]

Spettacolo di varietà (*The band wagon*, Vincente Minnelli, Usa, 1953, col., 112'). Tony Hunter, ballerino e attore di Broadway sul viale del tramonto, torna a calcare le scene con un musical velleitario ispirato al *Faust*. Lo spettacolo è un fiasco ma Hunter non si perde d'animo: lo riadatta, inventa nuovi numeri e lo porta al successo, conquistando anche la prima ballerina. ***1/2 [502]

Gli spietati (*Unforgiven*, Clint Eastwood, Usa, 1992, col., 127', HV). Le prostitute di una cittadina del West fanno una colletta e assoldano un killer: dovrà vendicare una di loro, che è stata sfregiata da due uomini. Accetta l'incarico l'ex sicario William Munny, che da dieci anni fa il contadino ma non riesce a mantenere i figli. Si scontrerà con il dispotico sceriffo del villaggio. **** [1215, 2181]

Lo spione (*Le doulos*, Jean-Pierre Melville, Francia/Italia, 1962, b/n, 108'). Un gangster in prigione sospetta di essere stato tradito da Silien, un piccolo delinquente che ha fama di informatore di polizia. Incarica un killer di ucciderlo, ma poi scopre che Silien è innocente e, anzi, è riuscito a individuare il colpevole. Cerca invano di fermare il killer e muore assieme a Silien. ***1/2 [2198, 3810]

Splendore nell'erba (*Splendor in the grass*, Elia Kazan, Usa, 1961, col., 124', HV). In una cittadina del Kansas, nel 1928, i liceali Deannie e Bud si amano, ma vengono ostacolati dall'opprimente conformismo sessuale dei loro genitori. Deannie finirà in manicomio, Bud vedrà la sua famiglia andare a picco. Struggente elegia sulla giovinezza che se ne va. **** [1233]

La sposa in nero (*La mariée était en noir*, François Truffaut, Francia, 1968, col., 107', HV). Cinque amici, facendo il tiro al bersaglio da una finestra mentre sono ubriachi, uccidono un uomo mentre esce dalla chiesa dove si è appena sposato. La vedova accosta quattro di loro e, dopo essere entrata in confidenza, li uccide. Il quinto è in carcere: la vedova si fa arrestare e... ***1/2 [499, 621, 676, 1203, 1205, 2658, 3250, 3363, 3694, 3704, 3938]

Gli spostati (*The misfits*, John Huston, Usa, 1961, b/n, 124', HV). Roselyn arriva a Reno nel Nevada da Chicago per divorziare. Lì frequenta un garagista, un allevatore e un cowboy. Lei s'innamora del cow-boy Langland, che cattura cavalli selvaggi per un'industria di mangimi e che, per amor suo, lascerà libero un branco. Ultimo film di Clark Gable e di Marilyn Monroe. *** [483, 1674, 1956, 2130, 3620, 3681, 3755, 3908, 3911]

Spy (*The long kiss goodnight*, Renny Harlin, Usa, 1997, col., 114', HV). Vive in un paesino, fa l'insegnante, è affetta da amnesia. Ma un giorno il passato si ripresenta: scopre di essere stata un sicario della CIA, che ora in combutta con alcuni criminali vuole eliminarla. Un detective nero la aiuta. Action movie fracassone, Geena Davis in azione sembra Terminator. *1/2 [557, 656, 1495, 1713]

Le stagioni del nostro amore (Florestano Vancini, Italia, 1966, b/n, 93'). Un maturo giornalista di sinistra è alle prese con una difficile crisi esistenziale. Lascia la moglie e, dopo una relazione presto fallita con una ragazza, abbandona la grande città per tornare nei luoghi dov'è cresciuto. Sempre più critico nei confronti dei cedimenti della sinistra, si avviluppa nei suoi tormenti. Mah... *1/2 [2884, 3576]

Stand by me-Ricordo di un'estate (*Stand by me*, Rob Reiner, Usa, 1986, col., 87', HV). Un romanziere riceve la notizia della morte di un amico. Lasciandosi trasportare dalla memoria, rievoca un'avventura d'infanzia, quando con lui e altri due ragazzi scappò di casa per andare nei boschi a ritrovare il corpo di un coetaneo scomparso. Da un racconto di Stephen King. ***1/2 [152, 848, 849, 1235, 1532, 2115, 3803]

La stangata (*The sting*, George Roy Hill, Usa, 1973, col., 129', HV). Nella Chicago degli anni '30, due imbroglioni architettano una truffa, ovvero una "stangata" ai danni di un feroce gangster che ha ucciso un loro amico. E riescono a soffiargli il malloppo attraverso un telegramma. Newman e Redford ancora insieme dopo *Butch Cassidy*, deliziosi i motivi ragtime di Scott Joplin. *** [457]

Stanotte sorgerà il sole (*We were strangers*, John Huston, Usa, 1949, b/n, 106'). A Cuba, negli anni '30, un gruppo di oppositori che vogliono mettere fine alla dittatura del generale Machado progettano un attentato contro un suo ministro. Li guida l'americano Toby Fenner, che finisce ucciso, mentre l'attentato fallisce. La rivolta però scoppia ugualmente. **1/2 [2697]

Stardust memories (*Stardust memories*, Woody Allen, Usa, 1980, b/n, 91', HV). Il regista ebreo Sandy Bates, stufo di fare film comici, ha problemi con i produttori. Durante una retrospettiva dei suoi lavori è perseguitato da cacciatori d'autografi e questuanti, incontra una violinista intrigante, pensa all'amante finita in clinica, è incerto se sposare una divorziata francese... Pretenzioso. **1/2 [359, 840, 871, 1647, 1844, 1872, 2565, 2875, 3177, 3223, 4919]

Lo Stato dell'Unione (*State of the Union*, Frank Capra, Usa, 1948, b/n, 124'). Un uomo d'affari accetta di candidarsi alla Casa Bianca per conto del partito repubblicano. Scoprirà in extremis di essere stato manovrato da una giornalista disinvolta, da un gruppo editoriale e da una cordata di industriali. Li denuncerà alla radio, rinunciando alla presidenza ma riconquistando la moglie. **1/2 [950, 2555, 2673, 2674, 3771]

Stavisky il grande truffatore (*Stavisky*, Alain Resnais, Francia, 1974, col., 120', HV). Alexander Stavisky, finanziere ebreo di origine russa, nella Francia degli anni '30 costruisce un impero economico e finanziario grandioso e di breve durata, basato sulla truffa e sulla corruzione dei pubblici poteri. Il film ricostruisce i suoi ultimi sei mesi di vita, fino al misterioso suicidio. *** [854, 2590, 2924, 3002]

Una storia americana (*Made in Usa*, Jean-Luc Godard, Francia, 1966, col., 90', HV). Una giornalista francese arriva negli Stati Uniti per conoscere la verità sulla morte di un amico comunista. Film ipersperimentale, girato in una ventina di giorni, contro la "colonizzazione americana", denso di citazioni. I personaggi si chiamano Don Siegel, Richard Widmark... ** [2727]

Storie di amori e infedeltà (*Scenes from a mall*, Paul Mazursky, Usa, 1991, col., 87', HV). Anniversario di matrimonio di una coppia benestante. Al centro commerciale, dove sono andati a comprare il sushi per la festa che terranno in serata, scoppia un clamoroso litigio pubblico, con tanto di confessioni di reciproci tradimenti. Poi, tutto si aggiusterà. Non originalissimo. ** [16, 292, 738, 1931]

La strada (Federico Fellini, Italia, 1954, b/n, 104', HV). Favola *on the road*. La mite Gelsomina, con la sua faccia da clown – o da carciofo – è venduta al brutale e primitivo girovago Zampanò, che fa il forzuto nelle sagre di paese. Nei loro vagabondaggi, i due incontrano il Matto, equilibrista filosofo che fa conoscere a Gelsomina la gentilezza. Zampanò lo uccide e Gelsomina fugge. ***1/2 [907, 1371]

La strada scarlatta (*Scarlet street*, Fritz Lang, Usa, 1946, b/n, 103', HV). Un anziano cassiere con la passione per la pittura è tiranneggiato dalla moglie. S'innamora di una ragazza che si rivela una prostituta. Spinta dal protettore, la ragazza vende i quadri del vecchio. Il cassiere la uccide, ma per il delitto è condannato il protettore. Cupo remake di *La cagna* di Jean Renoir. **** [451, 3305]

Strade perdute (*Lost highway*, David Lynch, Usa, 1998, col., 105', HV). Il sassofonista Fred riceve una videocassetta in cui lo si vede accanto al cadavere della moglie, la bruna Renee. Arrestato per uxoricidio, scompare dalla cella: al suo posto c'è il giovane meccanico Pete, che viene scarcerato e s'innamora di Alice, bionda sosia di Renee e pupa di un re del porno. Thriller allucinato. *** [1558]

La strana coppia (*The Odd couple*, Gene Saks, Usa, 1968, col., 105', HV). Il divorziato felice Oscar ospita nella sua casa Felix, appena lasciato dalla moglie. Felix è lagnoso, ipocondriaco, maniaco dell'ordine, e sconvolge le abitudini di vita gaudenti e disordinate dell'amico. Il quale, sull'orlo di una crisi di nervi, finisce per cacciarlo. Lemmon e Matthau godibilissimi. *** [66, 67, 1496, 1907, 1917, 1927, 3593, 3594, 3885, 4014]

Lo straniero (*The stranger*, Orson Welles, Usa, 1946, b/n, 95', HV). Un criminale nazista cerca rifugio in una cittadina del Connecticut, dove assume una nuova identità e sposa la figlia di un giudice. Un ispettore gli dà però la caccia e riesce a identificarlo grazie alla sua passione per l'orologeria. Epilogo drammatico nel gigantesco orologio di un campanile. ** [2017, 3601]

La strategia del ragno (Bernardo Bertolucci, Italia, 1970, col., 100'). Athos Magnani, che porta lo stesso nome del padre, un eroe antifascista, torna a Tara, il paese d'origine nella Bassa padana. Per scoprire che il padre non è stato un eroe, ma un traditore che si è fatto uccidere dagli stessi compagni che aveva denunciato. Ispirato da un racconto di Borges. *** [668, 3655]

Le strategie del cuore (*Après l'amour*, Diane Kurys, Francia, 1992, col., 95', HV). La scrittrice Lola si innamora di un architetto, ma anche di un giovane musicista. Entrambi gli uomini, però, hanno mogli e figli. Finiranno per ritornare a casa mentre Lola, rimasta incinta, cerca la sua libertà. Voglie di parabola sulla liberazione non realizzate, molto sesso parlato. *1/2 [1193, 2049, 3651, 3910]

Stregata dalla luna (*Moonstruck*, Norman Jewison, Usa, 1987, col., 102', HV). Nel Bronx, la quarantenne vedova Loretta Castorini è disposta a sposare, per calcolo più che per amore, l'agiato Johnny Cammareri. Costui, in partenza per la Sicilia, le chiede di aiutarlo a riconciliarsi con il fratello Ronny. Ma appena Loretta vede il futuro cognato, è passione istantanea... **1/2 [206, 2212]

The Stupids (*The Stupids*, John Landis, Usa, 1996, col., 94', HV). Stupida di nome e di fatto la famiglia, emblema del ceto medio americano, e stupido anche il film, con immondizia "rapita", figli investigatori, una madre in pena, un cane e un gatto che si chiamano Kitty e Xylophone, e un traffico d'armi internazionale. Povero Landis, che brutta fine! Numerosi i camei. * [2045]

Sua Eccellenza si fermò a mangiare (Mario Mattoli, Italia, 1961, b/n, 101', HV). Un ladro scopre una tresca (il marito fedifrago, per nascondere una scappatella, ha detto di essere stato a cena con il dottor Tanzarella, medico personale di Mussolini) e si presenta a casa dell'adultero per ricattarlo, spacciandosi appunto per Tanzarella. Finirà per immedesimarsi nella sua finzione. ** [28, 81, 581, 887, 1123, 1882, 2976]

Sud (Gabriele Salvatores, Italia, 1993, col., 90', HV). In un paesino del profondo Sud, la domenica delle elezioni, quattro disperati (tre disoccupati italiani e un eritreo) occupano per protesta il seggio elettorale. Sequestreranno, per puro caso, la figlia del boss democristiano della zona assieme al suo fidanzato, trasformando l'occupazione in un braccio di ferro con le forze dell'ordine. **1/2 [2834, 3518]

Sugata Sanshiro (*Sugata Sanshiro*, Akira Kurosawa, Giappone, 1943, b/n, 80'). La formazione e l'educazione interiore di Sugata Sanshiro, campione di judo, nel Giappone di fine '800. Il judo come controllo e padronanza di se stessi, contro il jujutsu che è soltanto forza bruta, la rigenerazione dell'eroe attraverso la meditazione, il rapporto discepolo-maestro. **1/2 [1412]

Sui mari della Cina (*China seas*, Tay Garnett, Usa, 1935, b/n, 90', HV). Un piroscafo che va da Hong Kong a Singapore trasporta oro. L'amante gelosa del capitano, che si è intanto fidanzato con una ricca vedova, informa il capo dei pirati. Assalto alla nave, respinto dal capitano e dai suoi uomini, pirati uccisi, ragazza scoperta. Ma il capitano la perdona e promette di sposarla. **1/2 [392, 2177, 3886]

Sul lago dorato (*On golden pond*, Mark Rydell, Usa, 1981, col., 109', HV). Un anziano professore, che festeggia l'ottantasimo compleanno e le nozze d'oro, ospita nel suo cottage sulle rive di un lago del New Hampshire la figlia, il nuovo fidanzato di lei e il nipotino tredicenne. Dopo le prime schermaglie, il ragazzino conquisterà il nonno. Ultimo film di Henry Fonda. **1/2 [1265, 1269, 1290, 3995]

Sulle orme della Pantera rosa (*Trail of the Pink panther*, Blake Edwards, Usa, 1982, col., 97', HV). L'ispettore Clouseau, sulle tracce del celebre diamante, scompare in un volo aereo e viene dato per morto. A nulla servono i tentativi di rintracciarlo. A causa della morte improvvisa del protagonista Peter Sellers, il film è confezionato con scarti e spezzoni dei film precedenti. ** [1699]

Superman (*Superman*, Richard Donner, Usa, 1978, col., 143', HV). Unico superstite del pianeta esploso di Krypton, Superman è invulnerabile o quasi e dotato di superpoteri, e si nasconde nei panni del timido giornalista Clark Kent, innamorato della collega Lois Lane che invece ama Superman. L'eroe si trova a combattere contro il supercriminale Lex Luthor e lo sconfigge. ** [2558, 3103]

Susanna (*Bringing up Baby*, Howard Hawks, Usa, 1938, b/n, 102', HV). Un tranquillo e impacciato paleontologo, impegnato a ricostruire lo scheletro di un dinosauro, incontra per caso un'ereditiera bizzarra e capace di combinare ogni disastro possibile. Il suo imminente matrimonio, come pure lo scheletro del dinosauro, andranno all'aria. Commedia irresistibile dal ritmo frenetico. ***** [1116, 1133, 2846, 3772]

Sussurri e grida (*Viskningar och rop*, Ingmar Bergman, Svezia, 1973, col., 91', HV). In una villa alla periferia di Stoccolma, le ultime ore di vita di Agnese, malata terminale di cancro. La assistono due sorelle in lite costante, la cui rappacificazione andrà in frantumi dopo il funerale, e una governante premurosa la cui figlia è morta in tenera età. Capolavoro. ****1/2 [915, 1058, 2604, 3958]

Svegliati Ned (*Waking Ned Devine*, Kirk Jones, Irlanda, 1998, col., 95'). A Tullamore, un paesino di 52 abitanti, il vecchio Ned Devine ha realizzato una vincita miliardaria al lotto. Ed è morto per l'emozione, tenendo in mano il biglietto. Del quale si impossessano due coetanei del defunto, che decidono di coinvolgere tutto il paese nella truffa ai danni del lotto. Esilarante. *** [2218, 2974]

Il tagliagole (*Le boucher*, Claude Chabrol, Francia/Italia, 1969, col., 95'). Popaul, macellaio del Perigord che ha passato quindici anni nell'esercito e ha combattuto in Indocina, intreccia una tenera storia d'amore con la maestrina Hélène, che corteggia offrendole bistecche a mo' di fiori. Intanto, il paese è scosso da alcuni atroci delitti di cui è sospettato proprio il macellaio... *** [2402]

Tamburi lontani (*Distant drums*, Raoul Walsh, Usa, 1951, col., 101'). Florida, 1840. Una pattuglia dell'esercito americano, mandata a distruggere un deposito dei contrabbandieri che riforniscono di armi gli indiani Seminole, deve tornare indietro fuggendo attraverso le paludi delle Everglades. Intanto, al capitano-scout che comanda i soldati è stata uccisa la moglie indiana... ***1/2 [716]

Tangos-L'esilio di Gardel (*Tangos-El exilio de Gardel*, Fernando E. Solanas, Francia/Argentina, 1985, col., 120'). Anni '70. Un gruppo di argentini, esuli a Parigi per scelta o per necessità, decidono di imbastire uno spettacolo che racconti le loro nostalgie, la condizione dell'esilio, il rapporto con Parigi. Nasce così la "tanguedia", tragedia e commedia impastata con il tango. ***1/2 [2748]

I tartassati (Steno, Italia, 1959, b/n, 105', HV). Totò e Aldo Fabrizi replicano i fuochi d'artificio di *Guardie e ladri*. Totò è il proprietario di un negozio d'abbigliamento che vuole frodare il fisco, Fabrizi il maresciallo della Guardia di Finanza che lo deve incastrare. I figli dei due si innamorano, ma la battaglia tra i consuoceri prosegue senza esclusione di colpi finché, grazie a un prete... **1/2 [912, 1925]

Taxi driver (*Taxi driver*, Martin Scorsese, Usa, 1976, col., 113', HV). Travis Bickle, ex marine e reduce del Vietnam, è tornato in patria e fa il taxista di notte a New York. La sua guerra però non è finita: armato di un revolver e della sua metodica follia, Travis si trasforma in "giustiziere". I media si impadroniscono del caso, trasformando lo psicopatico omicida in un eroe. **** [768, 2435, 3270]

Telefoni bianchi (Dino Risi, Italia, 1976, col., 120', HV). L'irresistibile ascesa, l'inevitabile discesa e la riemersione di Alba Doris, ex cameriera veneziana divenuta diva di regime passando da un letto all'altro (anche in quello di Mussolini), mentre il fidanzato soldato salta di guerra in guerra, dall'Africa alla Spagna fino alla Russia. Ambizioni di saga storica non sempre riuscite. ** [2720]

Tempo di guerra, tempo d'amore (*The Americanization of Emily*, Arthur Hiller, Usa, 1964, b/n, 117, HV). Durante la seconda guerra mondiale, un tenente americano pigro, codardo e imboscato fa innamorare di sé una vedova inglese. Per ironia della sorte, il tenente viene scelto per girare un documentario sullo sbarco in Normandia, ed erroneamente è dato per morto da eroe. *** [2367]

Tenderly (Franco Brusati, Italia/Gran Bretagna, 1968, col., 97'). Il medico in carriera Franco e l'anticonformista Jolanda hanno una storia d'amore complicata da incomprensioni e separazioni. Decidono alla fine di sposarsi, ma lei si tira indietro all'ultimo minuto. Si ritovano anni dopo, ma l'amore di un tempo è evaporato. Commedia sofisticata anomala e a tratti caustica. **1/2 [1027, 3038]

Il tè nel deserto (*The sheltering sky*, Bernardo Bertolucci, Gran Bretagna/Italia, 1990, col., 137', HV). Nel 1947 i ricchi americani Port e Kit sbarcano in Marocco, accompagnati dal più giovane amico Tunner. Il loro matrimonio è ormai come svuotato, il viaggio dovrebbe salvarlo, ma Port muore di febbre tifoidea e Kit si unisce a una tribù di tuareg. Dal romanzo di Paul Bowles. **** [4981, 630, 1037, 3310, 3527, 3852, 3909, 3942]

La terra del desiderio (*Skepp till Indialand*, Ingmar Bergman, Svezia, 1947, b/n, 99'). La sciantosa Sally è contesa da due uomini: il capitano Blom, di cui è l'amante, e suo figlio Johannes, di cui s'innamora. Il capitano Blom cerca di uccidere il figlio e si toglie la vita. Johannes parte per l'India a bordo di una nave. Tornerà dopo sette anni a cercare Sally, che accetterà di seguirlo. **1/2 [217, 2425]

La terrazza (Ettore Scola, Italia/Francia, 1980, col., 155', HV). Serate in terrazza nella Roma radical-chic (o è più corretto dire communist-chic?). Ci sono il deputato del PCI senza più ideali, il produttore volgare, il critico frustrato, il giornalista politico egocentrico e trombone, lo sceneggiatore in crisi, il consigliere RAI. Ci si piange addosso, fra qualche adulterio. **1/2 [838, 1245, 1698, 1976, 2585, 2683, 3222]

Il terzo uomo (*The third man*, Carol Reed, Gran Bretagna/Usa, 1949, b/n, 104', HV). Uno scrittore cerca a Vienna un vecchio amico, Harry Lime, morto in uno strano incidente. Il cadavere viene esumato ma nella bara c'è un altro uomo: Lime è vivo e contrabbanda medicinali. Sarà lo scrittore, per salvare una donna che entrambe amano, a condurre la polizia sulle tracce dell'amico. **** [539, 1051, 1595, 2632, 2777]

Il tesoro dell'Africa (*Beat the devil*, John Huston, Usa/Italia, 1954, b/n, 100', HV). Un gruppo di avventurieri sono bloccati in un porto italiano. Poi s'imbarcano su un malconcio mercantile in rotta per l'Africa Orientale, dove sono certi di trovare un giacimento di uranio. Parodia del film di avventura, con Bogart e Lorre che si rifanno il verso. Dialoghi di Truman Capote. *** [936, 2979]

Il tesoro della Sierra Madre (*The treasure of the Sierra Madre*, John Huston, Usa, 1948, b/n, 124', HV). Tre gringos sbandati, Dobbs, Curtin e il vecchio Howard, vanno in Messico a cercare l'oro. Sulla Sierra Madre trovano un filone che potrebbe fare la loro fortuna, ma l'avidità ha la meglio. I tre si combattono tra loro, Dobbs ci lascia la pelle, l'oro se ne vola con il vento. **** [542, 2307, 3025]

Testimone d'accusa (*Witness for the prosecution*, Billy Wilder, Usa, 1957, b/n, 114'). Un anziano principe del foro reduce da un infarto difende un disoccupato dall'accusa di avere assassinato una ricca vedova. La moglie tedesca dell'imputato testimonia contro di lui, l'avvocato la smaschera e fa assolvere il cliente, ma... Da un dramma di Agatha Christie. Dietrich e Laughton strepitosi. ****1/2 [1491, 1583, 1861, 2103, 2763, 3808]

Il texano dagli occhi di ghiaccio (*The outlaw Josey Wales*, Clint Eastwood, Usa, 1976, col., 135', HV). Negli anni immediatamente successivi alla guerra di secessione Josey Wales, un contadino del Missouri al quale una banda nordista ha sterminato la famiglia, si dà alla macchia e viene braccato dalla legge. Riuscirà a rintracciare gli assassini, a fare vendetta e a trovare la pace. ***1/2 [76, 2136, 2471]

Thelma & Louise (*Thelma & Louise*, Ridley Scott, Usa, 1991, col., 128', HV). Due amiche che abitano in una cittadina dell'Arkansas, stufe una del marito e l'altra del lavoro, partono in auto per un week-end di libertà. Durante una sosta, la più giovane di loro sta per essere stuprata: l'amica interviene uccidendo l'aggressore. La vacanza si trasforma in una fuga dal finale tragico. **** [1118, 2610, 3088]

La timida (*La discrète*, Christian Vincent, Francia, 1990, col., 95', HV). Lo scrittore Antoine, abbandonato dalla donna che amava, decide di vendicarsi: sedurrà la prima donna che gli capita a tiro, la abbandonerà e racconterà la storia in un diario destinato alla pubblicazione. Sceglie come vittima l'anonima dattilografa Catherine, che però saprà capovolgere la situazione. **1/2 [3734]

Tin men-Due imbroglioni con signora (*Tin men*, Barry Levinson, Usa, 1986, col., 112', HV). Baltimora, 1963. La chiassosa e rissosa inimicizia di due venditori di rivestimenti in alluminio, cialtroni e imbroglioni quanto basta e maniaci di Cadillac. Nella storia è coinvolta anche la moglie di uno dei due, che viene sedotta dall'altro. Commedia brillante ma di notevole ferocia. *** [1681, 2316]

Titanic (*Titanic*, James Cameron, Usa, 1997, col., 194', HV). Nel transatlantico più lussuoso del mondo, l'amore travolgente tra l'artista squattrinato Jack e l'aristocratica Rose, promessa sposa di un miliardario. Lui muore per salvarla e lei, ottantaquattro anni dopo, rievoca la loro storia. Film multistrato: romanticismo, cronaca puntigliosa di un disastro, un pizzico di lotta di classe. **** [13, 60, 459, 638, 985, 1055, 1673, 2953, 3438, 3549, 3666, 3684, 3867]

Tolgo il disturbo (Dino Risi, Italia, 1990, col., 98', HV). L'ex direttore di banca Augusto Scribani torna a casa, dopo diciotto anni trascorsi in una clinica psichiatrica. I familiari però gli sono ostili, la nuora e il suo nuovo marito non lo sopportano. L'unica a manifestargli affetto è la nipotina Rosa, di nove anni, che farà anche una breve fuga in campagna con lui. **1/2 [1314, 2083]

Tombstone (*Tombstone*, George Pan Cosmatos, Usa, 1993, col., 128', HV). Wyatt Earp, ex sceriffo, arriva a Tombstone con i due fratelli per aprire una casa da gioco. La presenza della banda Clanton lo costringe però a rimettere mano alla pistola: è la leggendaria sfida all'O.K. Corral. Film con pretese di scrupolosità storica, ma frettoloso e carico di retorica. ** [2337, 3967]

Tootsie (*Tootsie*, Sydney Pollack, Usa, 1982, col., 116', HV). Michael Dorsey, attore teatrale dal carattere difficile e perennemente disoccupato, si traveste da donna e diventa la diva di una soap-opera. Il travestimento provoca però diversi inconvenienti. Michael è mollato dalla fidanzata, non può dichiararsi alla partner televisiva ed è corteggiato dal padre di lei... *** [3636, 3645]

Toro scatenato (*Raging bull*, Martin Scorsese, Usa, 1980, b/n, 128', HV). La vita del pugile italo-americano Jake La Motta, campione mondiale dei pesi medi dal 1949 al 1951, detto "il toro del Bronx" per la sua furia e le sue capacità di incassatore. Splendido bianco e nero, i migliori incontri di boxe mai visti sul grande schermo e uno straordinario De Niro ingrassato di trenta chili. **** [990, 3703]

Totò a colori (Steno, Italia, 1952, col., 96', HV). Un musicista incompreso tenta di piazzare una composizione a un editore musicale. Si dirige perciò a Milano facendo prima tappa per Capri, poi esasperando un onorevole in wagon-lit, infine travestendosi da infermiere per entrare nello studio dell'editore e da marionetta per sfuggire al cognato al quale ha rubato i soldi del viaggio. **** [890, 2446, 2667, 2771, 2841, 3592, 3647]

Totò al giro d'Italia (Mario Mattoli, Italia, 1948, b/n, 90', HV). Un anziano professore in barbetta e pizzo alla D'Annunzio si invaghisce della bella Doriana, che accetta di sposarlo se vincerà il giro d'Italia. Il professore, che non sa andare in bicicletta, vende l'anima al diavolo pur di battere campioni come Coppi e Bartali. Vincerà il giro, riuscirà a salvare l'anima e a sposare la bella. **1/2 [998, 1081, 1407, 1413, 3244]

Totò all'inferno (Camillo Mastrocinque, Italia, 1955, col. e b/n, 90', HV). Un ladro depresso, dopo svariati tentativi di suicidio, annega involontariamente in un fiume. Si ritrova all'inferno, dove corteggia Cleopatra ingelosendo Satana. Con lei fugge sulla terra, a Parigi, viene riportato all'inferno dai diavoli, processato e giudicato colpevole. Ma era soltanto un sogno... ** [1082, 1817, 1936, 2117, 2121, 2219, 2224, 3348]

Totò a Parigi (Camillo Mastrocinque, Italia/Francia, 1958, b/n, 110'). Un marchese dall'animo criminale scova un sosia italiano, un barbone che vive su un albero a Roma, e lo invita in Francia. Lo scopo di tanta generosità? Assassinare il barbone, fare passare il cadavere per il suo e intascare il premio dell'assicurazione. Inutile dire che la macchinazione del nobile non avrà successo. *1/2 [982]

Totò cerca casa (Mario Monicelli e Steno, Italia, 1949, b/n, 90', HV). Un impiegato comunale vive con la famiglia in un'aula scolastica. Sfrattato, ruba le carte di un raccomandato e trova casa in un cimitero, con l'obbligo di fare il guardiano. Lasciata anche questa lugubre abitazione si accampa al Colosseo, vince una lotteria, compra una casa ma viene truffato, e finisce in manicomio. ***1/2 [458, 942, 1336, 2052, 2225]

Totò cerca moglie (Carlo Ludovico Bragaglia, Italia, 1950, b/n, 76'). Uno scultore squattrinato e scapolo riceve, dalla ricca zia australiana,una lettera con la foto della ragazza che dovrebbe sposare: una nera di bruttezza impressionante. Lo scultore ricorre a ogni trucco per evitare il matrimonio, ma alla fine si scopre che la foto è sbagliata e che la promessa sposa è bionda e bella. ** [460, 590, 897, 920, 1996, 3874]

Totò cerca pace (Mario Mattoli, Italia, 1954,b/n, 90'). Un vedovo senza figli va ogni giorno al cimitero per visitare la tomba della moglie, e lì incontra una signora, anch'essa vedova. I due si frequentano e decidono di sposarsi, ma il matrimonio suscita il rancore di tutto il parentado, che semina zizzania fra marito e moglie. Fino a un feroce litigio, che si rivela chiarificatore. *1/2 [1859, 1983, 2223]

Totò contro i 4 (Steno, Italia, 1963, b/n, 98', HV). Il commissario Antonio Saracino indaga per ritrovare la sua auto, rubata dai ladri. Nel frattempo, si imbatte in un detective pazzo, in un marito tradito il quale teme che la moglie voglia avvelenarlo con il bitter, in un commendatore ricattato e in un prete amico dei ladri. Nel corso delle indagini, si travestirà anche da passeggiatrice. ** [404, 1707, 1884]

Totò contro Maciste (Fernando Cerchio, Italia, 1962, col., 90', HV). Parodia insipida del genere "peplum". Qui Totò, anzi Totokamen, è un artista mingherlino che, nei sui numeri, si spaccia per l'uomo più forte del mondo. I dignitari del faraone gli credono e lo ingaggiano per combattere contro il gigante Maciste, che marcia contro Tebe. Ma lo scontro, per fortuna, non ci sarà. *1/2 [534, 2529, 3105]

Totò d'Arabia (José Antonio De La Loma, Italia/Spagna, 1965, col., 88', HV). Mister Totò è il cameriere del capo dei servizi segreti inglesi. In sostituzione di una vera spia, va nel Kuwait per convincere lo sceicco Alì El Buzùr a concedere agli inglesi lo sfruttamento dei giacimenti petroliferi. Porta a termine con successo la missione convincendo le trenta mogli dello sceicco. *1/2 [3732]

Totò diabolicus (Steno, Italia, 1962, b/n, 98', HV). Totò si fa in cinque. È il marchese Galeazzo di Torrealta, misteriosamente ucciso. Ed è anche i suoi quattro fratelli gemelli, che si spartiranno l'eredità: il fascista Scipione, il chirurgo Carlo, l'ecclesiastico Antonio e la zitella Laudamia. Tre fratelli vengono assassinati a loro volta e una scoperta casuale permette di trovare l'assassino. ** [1888]

Totò di notte n. 1 (Mario Amendola, Italia, 1962, col., 100', HV). Due musicisti ambulanti, che stazionano di solito in Piazza Navona, partono a caccia di un ingaggio prestigioso nei night club di mezzo mondo: non combinano niente e alla fine decidono di tornare a Roma. Un film sciatto usato per sfruttare il successo di documentari "piccanti" come *Mondo di notte.* *1/2 [1848]

Totò e Carolina (Mario Monicelli, Italia, 1952, b/n, 85', HV). Durante una retata di prostitute a Villa Borghese, è arrestata per sbaglio una ragazza fuggita di casa perché incinta. La ragazza tenta il suicidio e un agente di P.S. si prende cura di lei, finendo per "adottarla". Da un soggetto di Ennio Flaiano, fu boicottato perché ritenuto filocomunista e offensivo della morale cattolica. *** [979, 1001, 2113, 3939, 4020]

Totò e Cleopatra (Fernando Cerchio, Italia, 1963, col., 100', HV). Le avventure egiziane dei due gemelli Marc'Antonio e Totonno. Marc'Antonio, invaghito di Cleopatra, tradisce la moglie Fulvia. Totonno, mandato da Fulvia, maltratta invece Cleopatra per farla disamorare. Totonno finisce per sostituirsi in tutto al fratello e, tornato a Roma trionfatore, ripudia Fulvia per sposare Ottavia. *1/2 [1898]

Totò e i re di Roma (Steno e Mario Monicelli, Italia, 1952, b/n, 104', HV). Impiegato statale con moglie e cinque figlie viene licenziato dal capufficio, che lo detesta, quando questi scopre che è sprovvisto della licenza elementare. L'impiegato decide allora di uccidersi per comunicare alla moglie, dall'aldilà, un terno secco al lotto. Tratto da due racconti di Anton Čechov. **1/2 [2216, 2304]

Totò e Peppino divisi a Berlino (Giorgio Bianchi, Italia, 1962, b/n, 101', HV). L'imbroglione Totò accetta la proposta di un gruppo di nazisti di sostituire l'ammiraglio Canaris, processato dagli alleati a Berlino. Dopo una serie di peripezie, Totò assieme al compare Peppino fugge a Berlino Est per mettersi al servizio dei russi. Nuova fuga, e i due finiscono nelle mani dei cinesi... *1/2 [597]

Totò, Eva e il pennello proibito (Steno, Italia/Francia/Spagna, 1959, b/n, 104', HV). Un pittore italiano di scarsa fortuna viene attirato a Madrid da una bella donna che gli promette avventure indimenticabili. In realtà la donna, che opera con un complice, vuole fare di lui un falsario e lo spronerà a dipingere una "Maya in camicia da notte" da spacciare per un inedito di Goya. *1/2 [456, 461, 943, 1890, 3657, 3682]

Totò, Fabrizi e i giovani d'oggi (Mario Mattoli, Italia, 1960, b/n, 87'). Due giovani innamorati rischiano di non sposarsi a causa dei contrasti e delle risse tra i rispettivi genitori: il pasticciere Cocozza e l'avarissimo ragionier D'Amore. I ragazzi fanno di testa loro e il sospirato matrimonio si celebra, ma il pasticciere e l'impiegato continueranno a litigare come prima. ** [1199, 1933, 1981, 2333]

Totò, lascia o raddoppia? (Camillo Mastrocinque, Italia, 1958, b/n, 94', HV). Un nobile decaduto e squattrinato vive scommettendo sulle corse dei cavalli. Quando ritrova la figlia naturale, che lavora in un bar, decide di presentarsi a un noto quiz televisivo, come esperto d'ippica, per regalare un bar alla ragazza e consentirle di sposare un cameriere. Ma due gangster scommettono su di lui e... ** [406, 884, 1435, 1779, 2330, 2708]

Toto le héros-Un eroe di fine millennio (*Toto le héros*, Jaco Van Dormael, Belgio/Francia/Germania, 1991, col., 90', HV). Convinto di essere stato scambiato nella culla e, di conseguenza, di essere stato derubato della vita che gli sarebbe spettata dal ricco Alfred, Thomas detto Toto, dopo aver vissuto un'esistenza anonima, finisce in una casa di riposo. E qui medita di uccidere Alfred. **1/2 [1274, 3699]

Totò le Mokò (Carlo Ludovico Bragaglia, Italia, 1949, b/n, 90', HV). Parodia di *Il bandito della Casbah* di Duvivier con Jean Gabin. Alla morte di Pepé le Moko, un cugino napoletano che fa il musicista è chiamato ad Algeri per ereditarne la banda. Convinto che si tratti di una formazione musicale, accetta ma scopre di avere a che fare con la malavita e con Pepé redivivo... **1/2 [1102, 1176, 1557, 1564, 1604, 1704, 2257, 3591]

Totò nella luna (Steno, Italia, 1958, b/n, 101', HV). L'editore di una rivista per uomini maltratta il fattorino, che è squattrinato e corteggia sua figlia. Al fattorino, scrittore di fantascienza a tempo perso, si interessano gli americani quando scoprono che ha nel sangue il blumonio, sostanza rara che lo rende adatto ai voli spaziali. Sulla luna però, invece del fattorino, finisce l'editore... *1/2 [904, 1841, 4001]

Totò, Peppino e i fuorilegge (Camillo Mastrocinque, Italia, 1956, b/n, 104', HV). Sposato a una moglie spilorcia, Totò inscena il proprio rapimento, aiutato dall'amico barbiere, per spillarle un po' di quattrini. Con il riscatto, i due vanno a fare la bella vita a Roma ma la moglie di Totò scopre la truffa. Tornato a casa, Totò viene rapito per davvero, ma la moglie non interviene... *1/2 [378, 604, 622, 1988, 2512, 2928, 3184, 3695]

Totò, Peppino e la dolce vita (Sergio Corbucci, Italia, 1960, b/n, 89', HV). Il segretario comunale di un paesino va a Roma per fare deviare l'autostrada fino al paese. Chiede aiuto al cugino, credendolo potente, ma scopre che fa il posteggiatore abusivo. Scordando la missione, il segretario s'immerge nell'atmosfera della "dolce vita": belle straniere, night, un'orgia in un castello... ** [674, 1922, 2114]

Totò, Peppino e la... malafemmina (Camillo Mastrocinque, Italia, 1956, b/n, 118', HV). Due fratelli che abitano in campagna nei pressi di Napoli arrivano, allarmatissimi, fino a Milano per mettere fine alla relazione dell'unico nipote con una soubrette. Ritenuta una poco di buono, la ragazza rifiuta il loro denaro, si rivela una fidanzata modello e tranquillizza i due zii. *** [1146, 2491, 2773]

Totò, Peppino e le fanatiche (Mario Mattoli, Italia, 1958, b/n, 89', HV). Due amici, il cavalier Vignarello e il ragionier Caprioli, finiti in manicomio, si sfogano raccontando al direttore le angherie familiari – e lavorative – che li hanno portati a uscire fuori di senno: il campeggio, la corsa all'acquisto di elettrodomestici, le vendite di beneficienza, i soprusi del capufficio. *1/2 [1639]

Totò sceicco (Mario Mattoli, Italia, 1950, b/n, 95', HV). Maggiordomo napoletano parte al seguito del marchesino Gastone, che si è arruolato nella Legione Straniera per una delusione d'amore. Il maggiordomo finisce in un campo di ribelli arabi che lo scambiano per il figlio dello sceicco. Fugge con il marchesino, finisce ad Atlantide, fa innamorare la regina Antinea, torna a Napoli. *** [381, 487, 1418, 1984, 2075, 2126, 2287, 3233]

Tototarzan (Mario Mattoli, Italia, 1950, b/n, 90', HV). Abbandonato nella foresta da bambino, Antonio Della Buffas è diventato noto come Tarzan, l'uomo scimmia. Tre loschi individui lo raggiungono per riportarlo alla civiltà e impossessarsi delle sue ricchezze. Totò-Tarzan sventa i loro piani, si innamora di una bella ragazza, evade e torna nella giungla con lei e l'eredità. **1/2 [859, 1700, 2456, 3646]

Totò terzo uomo (Mario Mattoli, Italia, 1951, b/n, 95'). Due fratelli gemelli sono assai diversi quanto a carattere: Pietro, il sindaco, è tutto d'un pezzo; Paolo è un allegrone e un bon vivant. Il sarto del paese scopre un terzo gemello, Totò, appena uscito di galera e lo usa per ordire un imbroglio ai danni dei due, in lite per un terreno su cui dovrebbe sorgere il carcere. **1/2 [1551, 2171, 3872]

Tototruffa '62 (Camillo Mastrocinque, Italia, 1961, b/n, 107', HV). Antonio è un truffatore che, con i suoi imbrogli, si finge uomo d'affari per mantenere la figlia in collegio. Della ragazza si innamora il figlio di un commissario di polizia che dà la caccia ad Antonio. Per di più, Antonio riesce a truffare anche il futuro genero. Finirebbe assai male, se una cospicua eredità... ** [1126, 1679]

Totò, Vittorio e la dottoressa (Camillo Mastrocinque, Italia/Francia/Spagna, 1957, b/n, 98'). Totò è un investigatore privato di mezza tacca, assunto da due vecchie signore le quali sospettano che la moglie del nipote, che fa il medico, tradisca il marito e scambiano i pazienti per amanti. E quando la dottoressa assiste un marchese dongiovanni impallinato al sedere da un marito geloso... *1/2 [1148, 1858, 2109]

La tragedia di un uomo ridicolo (Bernardo Bertolucci, Italia, 1981, col., 110', HV). Industriale caseario della Bassa Padana, Primo Spaggiari, ha il figlio sequestrato dai terroristi, che chiedono un miliardo di riscatto. L'uomo prepara il denaro, ma quando il figlio viene dato per morto pensa di utilizzarlo per salvare il suo caseificio, che è sul punto di fallire. *** [1309]

Train de vie-Un treno per vivere (*Train de vie*, Radu Mihaileanu, Romania/Francia, 1998, col., 101'). Centroeuropa, 1941: lo scemo del villaggio avvisa gli abitanti di uno shtetl ebraico che stanno arrivando i nazisti per fare i loro rastrellamenti. Gli abitanti decidono di giocare d'anticipo: allestiscono un convoglio, travestono alcuni di loro da tedeschi e si fingono deportati. **1/2 [1022, 3086]

Trainspotting (*Trainspotting*, Danny Boyle, Gran Bretagna, 1996, col., 94', HV). A Edimburgo, gli eroinomani Mark Renton, Sick Boy e Spud vivono assieme. La loro esistenza passa tra sussidi di disoccupazione, buchi e tentativi di disintossicarsi. Uno psicopatico loro amico li coinvolge nella vendita di una grossa partita di eroina, e Mark scappa con il bottino: ha scelto la "normalità". *** [2759, 3144, 3953]

Un tram che si chiama desiderio (*A streetcar named desire*, Elia Kazan, Usa, 1951, b/n, 122', HV). Da poco vedova, Blanche Dubois lascia New Orleans per andare a New York dalla sorella Stella. Corteggiata dal timido Mitch e insidiata dal brutale cognato Stanley Kowalsky, Blanche viene da lui stuprata e finisce in manicomio. Da un dramma di Tennessee Williams. **** [556, 983, 2315, 3817, 3824]

Tre amici, le mogli e (affettuosamente) le altre (*Vincent, François, Paul et les autres*, Claude Sautet, Francia, 1974, col., 118'). Gli incontri domenicali di tre amici accompagnati da mogli e amiche (un piccolo industriale con problemi di soldi, un medico abbandonato dalla moglie, un giornalista con velleità di scrittore) con un amico più giovane, pugile dilettante. *** [90, 2965, 3027]

Tre colori-Film bianco (*Trois couleurs: Blanc*, Krzysztof Kieślowski, Francia/Svizzera/Polonia, 1994, col., 91', HV). Il parrucchiere Karol Karol è costretto al divorzio dalla moglie francese Dominique e torna in Polonia. Qui, arricchitosi con il traffico di valuta, inscena la propria morte per vendicarsi della consorte, ma all'ultimo momento... Uguaglianza sinonimo di ingiustizia? *** [1143]

Tre colori-Film blu (*Trois couleurs: Bleu*, Krzysztof Kieślowski, Francia/Svizzera/Polonia, 1993, col., 100', HV). Julie ha perduto in un incidente d'auto il marito, compositore celebre, e la figlia. All'inizio reagisce cambiando casa e rifiutando ogni contatto con i vecchi amici. Poi decide di immergersi nella vita: cede la vecchia casa all'amante del marito, che attende un figlio, e completa la partitura incompleta di un suo concerto. Libertà come amore.***1/2 [263, 2050, 2242, 2622, 2904, 3069]

Tre colori-Film rosso (*Trois couleurs: Rouge*, Krzysztof Kieślowski, Francia/Svizzera/Polonia, 1994, col., 99', HV). A Ginevra, la modella Valentine investe un cane. Entra così in contatto con il proprietario, un misantropo giudice in pensione che passa le giornate spiando le conversazioni telefoniche dei vicini. Il rosso della bandiera francese: fratellanza, cioè comunicazione. ***1/2 [633, 1569, 1572, 2495, 3791, 3829]

Tre giorni di gloria (*Uncertain glory*, Raoul Walsh, Usa, 1944, b/n, 102'). Durante la seconda guerra mondiale, nella Francia occupata dai tedeschi un ladruncolo condannato a morte per omicidio scappa da un treno assaltato dai partigiani. Recuperata la libertà, sceglierà l'eroismo, autodenunciandosi come autore di un sabotaggio per salvare la vita a cento ostaggi. **1/2 [208, 1591]

I tre ladri (Lionello De Felice, Italia, 1954, b/n, 95', HV). Ladruncolo entra nella casa di un finanziere e viene scoperto. Intanto, un altro ladro estorce dieci milioni alla moglie del finanziere, in cambio di lettere compromettenti. La donna simula il furto, del quale è incolpato il ladruncolo. Dopo varie vicissitudini, i due ladri si mettono in società con il finanziere, cioè il terzo ladro. *1/2 [888, 3045, 3047]

Tristana (*Tristana*, Luis Buñuel, Francia/Italia/Spagna, 1970, col., 105', HV). L'orfana Tristana va a vivere dal tutore Don Lope, un libertino che fa di lei la sua amante. Fugge con un pittore e, quando le viene amputata una gamba in cancrena, si rassegna a tornare da Don Lope e a sposarlo. Ma si trasforma nella sua persecutrice e, quando il vecchio è ammalato, cercherà di affrettarne la morte. **** [192, 1376, 3297]

Il trono di sangue (*Kumonosu-jo*, Akira Kurosawa, Giappone, 1957, b/n, 110'). Il nobile Washizu, spronato dalla moglie Asaji, compie una sanguinaria scalata al potere nel Giappone del XVI secolo funestato dalla guerra civile. Una profezia gli ha predetto che conserverà il trono finché la foresta non muoverà contro il castello, il che puntualmente avviene. *Macbeth* più teatro No. **** [3970]

Troppo bella per te (*Trop belle pour toi*, Bertrand Blier, Francia, 1989, col., 91', HV). Il padrone di un garage, sposato con una bellissima donna e padre di due bambini, la lascia per la sua insignificante segretaria, tutt'altro che bella e tutt'altro che giovane, ma più affine a lui. Commedia fiacca con due ottimi interpreti: Gérard Depardieu e Josiane Balasko, in seguito anche regista. ** [277, 278, 3686, 3901, 3913]

The Truman show (*The Truman show*, Peter Weir, Usa, 1998, col., 102', HV). In un'isola che è in realtà uno studio televisivo, Truman Burbank vive da trent'anni, ignaro protagonista fin dal giorno della sua nascita della più grande e longeva soap-opera della TV. Tutto intorno a lui è falso e programmato, anche il suo lavoro e il suo matrimonio: ma lui riuscirà a lasciare lo show. ***1/2 [52, 79, 3504, 3507, 3515, 3847]

Trust-Fidati (*Trust*, Hal Hartley, Usa, 1991, col., 105', HV). Due giovani vite ribelli. Lei ha diciassette anni, è incinta, e suo padre è morto d'infarto nell'apprendere la notizia. Lui è ribelle e a tratti quasi psicopatico, lavora in una radio, ha una bomba in tasca con cui vuole uccidersi ed è vessato da un padre tiranno. Si innamorano. Free cinema all'americana. *** [1296]

Tucker-Un uomo e il suo sogno (*Tucker: a man and his dream*, Francis Ford Coppola, Usa, 1988, col., 111', HV). A Chicago, nel 1945, Preston Tucker progetta e realizza una vettura rivoluzionaria, ma le grandi case automobilistiche di Detroit, preoccupate dalle sue invenzioni, lo bloccano. Storia vera di un insuccesso, ma anche metafora della sfida a Hollywood dello stesso Coppola. *** [2546, 2664, 3319, 3428]

Un turco napoletano (Mario Mattoli, Italia, 1953, col., 92', HV). Felice Sciosciammocca, appena evaso dal carcere, si spaccia per un eunuco turco e viene assunto dal ricco e geloso don Pasquale, per fare la guardia a moglie e figlia. Le due donne lo coccolano credendolo innocuo, ma scopriranno presto che è assai dotato... Da una farsa del 1888 di Eduardo Scarpetta. *** [86, 997, 1419, 1421, 1562, 1986, 2427, 3687]

Turista per caso (*The accidental tourist*, Lawrence Kasdan, Usa, 1988, col., 121', HV). Macon è uno scrittore di guide per turisti riluttanti. Suo figlio dodicenne è stato ucciso da un rapinatore in un fast-food. Un anno dopo la tragedia, la moglie di Macon chiede il divorzio. Lui reagisce chiudendosi sempre più in sé. Lo salverà una bizzarra e umanissima ammaestratrice di cani. *** [211, 1919, 1942, 2024, 2813, 3840, 3845]

Turné (Gabriele Salvatores, Italia, 1989, col., 91', HV). Due attori teatrali, l'estroverso Dario e il depresso Federico, amici per la pelle, partono per una tournée in provincia. Dario deve trovare il modo di dire a Federico che si è innamorato della sua fidanzata. La storia avrà un finale imprevisto, ma l'amicizia fra i due attori ne uscirà rafforzata. *** [2011]

Tutta la città ne parla (*The whole town's talking*, John Ford, Usa, 1935, b/n, 95'). Un tranquillo impiegato è il sosia di un feroce bandito. Il criminale, venuto a sapere della sua esistenza, si installa a casa dell'impiegato e ne assume l'identità, per meglio camuffarsi. Ovviamente, il bene trionferà. Scoppiettante gangster comedy con un grande Edward G. Robinson nei due ruoli. ***1/2 [50, 1507, 1533, 1621, 2148]

Tutta una vita (*Toute une vie*, Claude Lelouch, Francia, 1974, col., 130', HV). Due vite parallele nel Ventesimo secolo. Quella di Sarah, figlia di un ebreo ex deportato divenuto il "re delle scarpe", innamorata senza speranza del cantante Gilbert Bécaud. E quella di Simon, orfano ed ex ladro divenuto fotografo e regista, del quale Sarah finirà per innamorarsi. Patinato. ** [314, 1302, 2698, 3004]

Tutte le ore feriscono... l'ultima uccide (*Le deuxième souffle*, Jean-Pierre Melville, Francia, 1966, b/n, 150'). L'evaso Gustave Menda detto Gu partecipa a una sanguinosa rapina a un furgone carico di platino. La polizia lo arresta e sparge la voce che abbia tradito. Gu torna a evadere nuovamente per difendere il suo onore. Nella sparatoria finale moriranno tutti. **** [1449, 2122]

Tutti a casa (Luigi Comencini, Italia/Francia, 1960, b/n, 120', HV). 8 settembre 1943. Il sottenente Alberto Innocenzi, non ricevendo ordini dai superiori, scioglie la compagnia e si mette in marcia verso casa. Attraversa l'Italia da nord a sud, arriva a Napoli assieme a un soldato dopo aver visto gli eccidi dei nazisti, e decide di riprendere le armi contro i tedeschi. ***1/2 [2195]

Tutti dicono I love you (*Everyone says I love you*, Woody Allen, Usa, 1996, col., 101', HV). Famiglie allargate nella New York benestante vicino a Central Park: turbamenti amorosi, matrimoni all'aria, genitori liberal alle prese con un figlio reazionario, attivismo radical-chic, avventure veneziane e Natali parigini. Il primo musical di Woody Allen. **1/2 [345, 1018, 1893, 3161]

Tuttobenigni (Giuseppe Bertolucci, Italia, 1986, col., 87', HV). Docu-film su una tournée estiva effettuata dal comico toscano nel 1983. Benigni dialoga con Dio, riscrive la storia della creazione, sfotte Democrazia Cristiana, Craxi e affini, sproloquia sui sette vizi capitali e sulla Svizzera. Più di una volta esilarante, essenziali gli interventi di regia. **1/2 [1333, 2776, 2779, 3117, 3577, 3877]

Tutto quello che avreste voluto sapere sul sesso ma non avete mai osato chiedere (*Everything you always wanted to know about sex but were afraid to ask*, Woody Allen, Usa, 1972, col., 87', HV). Parodia di un celebre manuale sessuale in sette sezioni: ci sono il medico che ama una pecora, il marito che adora travestirsi, la moglie che lo fa solo in situazioni pericolose, il quiz TV sulle perversioni, il sessuologo pazzo che crea la "supertetta", il lancio degli spermatozoi... ** [778, 3067, 3135, 3157]

Uccellacci e uccellini (Pier Paolo Pasolini, Italia, 1966, b/n, 88', HV). Totò e Ninetto Davoli in un doppio ruolo: buttafuori incaricati di sfrattare la gente che non paga l'affitto e fraticelli francescani che predicano pace e amore. Sono seguiti da un corvo parlante che fa analisi marxiste e che finirà mangiato dai due, stufi dei suoi discorsi. Finiscono nel film anche i funerali di Togliatti. ***1/2 [2060, 2123, 2288, 2877]

L'udienza (Marco Ferreri, Italia, 1971, col., 112', HV). Amedeo, ufficiale in congedo, ha un segreto terribile che vuole confidare personalmente al

Papa. Ostacolato dai burocrati, dalla nobiltà nera e dai poliziotti, morirà di polmonite in Piazza San Pietro prima di riuscire a farsi ricevere da Paolo VI. Notevole Enzo Jannacci nei panni dello stralunato militare. ***1/2 [899]

L'ultima follia di Mel Brooks (*Silent movie*, Mel Brooks, Usa, 1976, col., 86', HV). Il regista imbranato e sbevazzone Mel Spass cerca di salvare la sua piccola casa di produzione dalle mire della multinazionale Trangugia & Divora. Riuscirà a farcela con un film muto in cui compaiono star del calibro di Liza Minnelli, Paul Newman, Burt Reynolds e il mimo Marcel Marceau. **1/2 [2443]

L'ultima minaccia (*Deadline Usa*, Richard Brooks, Usa, 1952, b/n, 87'). Mentre i suoi cronisti indagano su un temuto gangster, il direttore del quotidiano "The Day" apprende dalla proprietaria che il giornale sta per essere venduto ai concorrenti. Il direttore decide di pubblicare un ultimo numero memorabile: tutte le prove necessarie per fare incriminare il gangster. *** [3367]

L'ultima volta che mi sono suicidato (*The last time I committed suicide*, Stephen Kay, Usa, 1997, col., 98'). A Denver, tra gli anni '40 e i '50, tra sbronze, auto rubate, amori, tentativi di suicidio e di fuga, la giovinezza di Neal Cassady, beatnik della prima ora e amico inseparabile di Jack Kerouac, del quale ispirò molti personaggi tra i quali il Dean Moriarty di *Sulla strada*. ** [3837]

L'ultima volta che vidi Parigi (*The last time I saw Paris*, Richard Brooks, Usa, 1954, col., 116'). Tornato a Parigi per rivedere la figlia, Charles Willis rievoca l'estate del 1945 quando, corrispondente di guerra, sposa Helen. Il matrimonio dura poco: la donna ha un'intensa vita mondana e un altro amore. L'uomo non riesce a decollare come scrittore e si dà al bere. Quando Helen si ammala e muore, Charles affida la figlia alla cognata e ritorna a New York. **1/2 [2575, 3477]

L'ultimo appello (*The chamber*, James Foley, Usa, 1996, col., 113', HV). Un giovane avvocato, un mese prima che l'esecuzione abbia luogo, cerca di provare l'innocenza del nonno. Il vecchio è un razzista del Ku Klux Klan, condannato per un attentato di trent'anni prima in cui persero la vita due bambini ebrei. Non riesce a evitare che il nonno sia giustiziato ma porta alla luce un verminaio. ** [905, 1299, 3598]

L'ultimo buscadero (*Junior Bonner*, Sam Peckinpah, Usa, 1972, col., 103', HV). Cowboy da rodeo, Junior Bonner torna al paese natale, in Arizona, per scoprire che il fratello ha venduto il ranch di famiglia per darsi alle speculazioni immobiliari. Cavalca un toro per otto secondi e, con il premio, compra al padre cercatore d'oro un biglietto aereo per l'Australia. *** [3499]

L'ultimo contratto (*Grosse Pointe Blank*, George Armitage, Usa, 1997, col., 103', HV). Un killer in crisi decide di tornare al paese da cui è partito dieci anni prima, subito dopo aver preso il diploma superiore. Lì lo attendono un ultimo lavoro da sbrigare, una riunione di ex compagni di scuola e la fidanzata di un tempo. E un killer concorrente deciso a farlo fuori... ** [1392]

L'ultimo imperatore (*The last emperor*, Bernardo Bertolucci, Gran Bretagna/Italia/Hong Kong, 1987, col., 160', HV). La storia di Pu Yi, incoronato imperatore della Cina a tre anni nel 1908, deposto dalla repubblica nel 1912, reinsediato dai giapponesi nel 1934 come imperatore fantoccio della Manciuria, "rieducato" dai maoisti e morto come giardiniere nel 1967. *** [2436]

L'ultimo metrò (*Le dernier métro*, François Truffaut, Francia, 1980, col., 133', HV). Mentre i nazisti occupano Parigi, Marion Steiner assume la direzione del Teatro Montmartre che il marito regista, un ebreo tedesco, ha dovuto abbandonare. Il regista in realtà vive nascosto nella cantina del teatro. L'arrivo di un nuovo attore garantisce il successo al teatro, ma tra lui e Marion... ***1/2 [199, 725, 821, 826, 1430, 2092, 2745, 2781, 3391, 3602]

Ultimo tango a Parigi (Bernardo Bertolucci, Italia/Francia, 1972, col., 131', HV). Un americano alla deriva, vedovo da poche ore, e una ragazza della buona borghesia parigina si incontrano in un appartamento vuoto di Passy. La relazione tra i due è puramente carnale, ed esclude persino la conoscenza dei loro nomi. Finirà in tragedia. Da rivedere scordando lo scandalo. **** [25, 1224, 1279, 1298, 1982, 2467, 3116]

L'ultimo urrà (*The last hurrah*, John Ford, Usa, 1958, b/n, 121'). Il sindaco irlandese di una città del New England, vecchio populista spregiudicato nei metodi ma onesto, affronta la sua ultima campagna elettorale. Ha come sfidante un giovane opaco, marionetta nelle mani della lobby wasp, che lo sconfigge grazie all'appoggio di media e TV. Il vecchio sindaco muore d'infarto. ***1/2 [1189, 2215, 2221, 2659, 2661, 2671, 2710, 3521, 3881, 3973]

L'ultimo valzer (*The last waltz*, Martin Scorsese, Usa, 1978, col., 117', HV). Al Winterland Theatre di San Francisco, l'ultimo concerto prima dello scioglimento del gruppo rock The Band, noto per la lunga collaborazione con Bob Dylan. Momenti di musica emozionanti (Dylan, Van Morrison, uno stralunato Neil Young e altri) alternati a interviste. *** [767, 2238]

Umberto D. (Vittorio De Sica, Italia, 1952, b/n, 89', HV). Un anziano professore non riesce a sopravvivere con la misera pensione. Dopo essersi ridotto a mangiare alla mensa dei poveri e aver cercato di chiedere l'elemosina, decide di buttarsi sotto un treno, ma il suo cagnolino lo salva. Capolavoro del neorealismo, ha anche il merito di essere spiaciuto a Giulio Andreotti. ***** [881]

Una di quelle (Aldo Fabrizi, Italia, 1953, b/n, 98'). Il provinciale Rocco, venuto a Roma con un amico per spassarsela, incontra per strada una donna che crede una prostituta e la segue fino a casa. La donna in realtà è costretta a vendersi per mantenere il figlioletto, che è ammalato. E l'avventura del provinciale Rocco si trasforma così in una notte spesa a vegliare il bambino. **1/2 [953]

Uno, due, tre! (*One, two, three!*, Billy Wilder, Usa, 1961, b/n, 108'). McNamara, capo della filiale tedesca della Coca-Cola, cerca di siglare un accordo commerciale con i russi per ottenere il trasferimento a Londra. Ma il suo capo gli manda da Atlanta la scatenata figlia Rossella, perché la controlli. La ragazza però scappa a Berlino Est, sposa un giovane comunista, resta incinta e... *** [568, 1536, 2329, 2687, 2694, 2711, 3360]

The untouchables-Gli intoccabili (*The untouchables*, Brian De Palma, Usa, 1987, col., 119', HV). A Chicago, negli anni del proibizionismo, l'agente del Tesoro Elliott Ness, circondato da un gruppetto di poliziotti fedelissimi, ingaggia una lotta senza quartiere contro Al Capone. Riuscirà a portarlo in tribunale e a farlo condannare. Ricco di scene da antologia, Connery strepitoso. ***1/2 [648, 1024, 1518, 1594, 1596, 1602, 1625, 2157, 2374, 3830]

Uomini e donne: istruzioni per l'uso (*Hommes et femmes*, Claude Lelouch, Francia, 1996, col., 122'). Un poliziotto ed ex attore e un uomo d'affari cinico e donnaiolo si incontrano nella sala d'aspetto di una dottoressa. Sospettano entrambi di avere un tumore allo stomaco, e uno dei due è in effetti malato. Ma il medico scambierà intenzionalmente le diagnosi... **1/2 [798]

Gli uomini preferiscono le bionde (*Gentlemen prefer blondes*, Howard Hawks, Usa, 1953, col., 91', HV). Due ballerine, una bionda e una bruna, si imbarcano per l'Europa. La bionda, attratta dai diamanti, spera di essere raggiunta a Parigi dal figlio di un miliardario, ma verrà accusata di aver rubato un diadema. Poi la bionda sposerà il riccone e la bruna un detective che le spiava. ***1/2 [169, 315, 327, 662, 749, 1149, 1683, 1732, 1971, 2593, 2960, 3009, 3011, 3014, 3016, 3021, 3094, 3634, 3849]

Uomo bianco tu vivrai (*No way out*, Joseph L. Mankiewicz, Usa, 1950, b/n, 106'). Un chirurgo nero, che si è conquistato la posizione sgobbando ed è stimato dai colleghi, si trova a soccorrere due bianchi, delinquenti e fratelli. Uno dei due muore e l'altro, un razzista fanatico, gli scatena contro i bianchi della città, prima di entrare in azione di persona. Durissimo, un po' enfatico. **1/2 [1648, 2619]

Uomo bianco va' col tuo Dio! (*Man in the wilderness*, Richard C. Sarafian, Usa, 1971, col., 105'). Un trapper che fa parte di una spedizione di esploratori, dilaniato da un grizzly, viene dato per morto dai compagni e abbandonato. Riuscirà a guarire con le sue forze, solo in una natura selvaggia, e salverà i compagni da un attacco indiano. Memorabile prova di John Huston. *** [1060, 4002]

L'uomo che amava le donne (*L'homme qui aimait les femmes*, François Truffaut, Francia, 1977, col., 118', HV). Al funerale di Bertrand Morane, ingegnere quarantenne che ha raccontato tutte le donne della sua vita in un'autobiografia pubblicata da un'editore donna, ci sono soltanto donne. Commedia di grande finezza psicologica su un dongiovanni alter ego del regista. ***1/2 [19, 287, 934, 1793, 1920, 2217, 2573, 2579, 3662, 3766]

L'uomo che sapeva troppo (*The man who knew too much*, Alfred Hitchcock, Usa, 1956, col., 120', HV). Due turisti americani in vacanza a Marrakech, un medico e sua moglie, fanno strani incontri, assistono a un omicidio, vengono fortuitamente a conoscenza di un complotto e si vedono rapire il figlioletto perché non parlino. Epilogo a Londra, tra la Royal Albert Hall e un'ambasciata. ***1/2 [1870, 1871, 2208, 2738]

L'uomo che sussurrava ai cavalli (*The horse whisperer*, Robert Redford, Usa, 1998, col., 164'). Una ragazza a cavallo è investita da un camion: la bestia riporta lesioni serie e diventa intrattabile, alla ragazza amputano una gamba. Sua madre si rivolge a un cowboy del Montana che cura e guarisce l'animale e la bambina. Natura e sentimenti, cura del corpo come cura dell'anima.*** [424, 1347, 2497]

L'uomo che uccise Liberty Valance (*The man who shot Liberty Valance*, John Ford, Usa, 1962, b/n, 123', HV). L'anziano senatore Ramson Stoddard torna nel West per il funerale di un amico di gioventù, il cowboy Tom Doniphon. Il cowboy uccise il bandito Liberty Valance, il senatore ne ottenne il merito. Entrambi amavano la stessa donna. Struggente elegia sul West che fu. ***** [132, 862, 1511, 1552, 3388, 3393, 3408, 3481, 3859]

L'uomo che volle farsi re (*The man who would be king*, John Huston, Usa, 1975, col., 129', HV). In India, alla fine dell'800, Rudyard Kipling incontra due militari inglesi decisi a fare fortuna. Nel Kafiristan salvano un capovillaggio e vengono onorati come dei. Ma uno dei due sposa la bella Roxana, che lo morde facendolo sanguinare e rivela la sua mortalità. L'uomo viene ucciso, il suo compagno fugge e, reincontrato Kipling, gli racconta la storia. **** [2380]

L'uomo dai sette capestri (*The life and times of judge Roy Bean*, John Huston, Usa, 1972, col., 120', HV). Texas, fine '800. Sfuggito alla forca, l'ex bandito Roy Bean si autoproclama giudice e amministra la legge nel suo saloon in modo singolare. Quando la moglie muore di parto, sconvolto, lascia la città. Tornerà molti anni dopo per bruciare i pozzi di petrolio che la deturpano. *** [1543, 1544]

Un uomo da marciapiede (*Midnight cowboy*, John Schlesinger, Usa, 1969, col., 113', HV). Un cowboy texano approda a New York, deciso a fare fortuna come gigolò per signore annoiate. Finisce nel giro omosessuale e incontra il clochard italo-americano Rico, ammalato di tubercolosi. Il cowboy spende gli ultimi soldi per portare Rico in Florida, nel vano tentativo di guarirlo. *** [885, 2072]

L'uomo della pioggia (*The rainmaker*, Francis Ford Coppola, Usa, 1997, col., 135', HV). Un avvocato al primo processo combatte contro una potente assicurazione. Cura gli interessi di una famiglia povera, con un ragazzo che muore di leucemia benché abbia una polizza sanitaria. Vince, ma invano. Film "alimentare" da un romanzo di Grisham, ma il tocco del maestro si avverte. *** [1577, 2397]

Un uomo in prestito (*The truth about cats and dogs*, Michael Lehmann, Usa, 1996, col., 100', HV). Un fotografo è attratto dalla voce di una veterinaria che tiene una rubrica radiofonica sugli animali, e le telefona per proporle un appuntamento. Insicura, la donna manda al suo posto l'amica fotomodella. Equivoci a non finire fino al consueto happy end. Cyrano al femminile. ** [514, 1450, 1796]

L'uomo invisibile (*The invisible man*, James Whale, Usa, 1933, b/n, 71', HV). Lo scienziato inglese Jack Griffin scopre un siero che rende invisibili e se lo inietta. Mentre cerca invano di scoprire l'antidoto, impazzisce e terrorizza il mondo con delitti e rapine. Braccato dalla polizia e tradito dalle sue impronte, verrà ucciso durante un inseguimento sulla neve. ***1/2 [2786]

L'uomo, la bestia e la virtù (Steno, Italia, 1952, col., 102', HV). Una donna, sposata a un capitano di marina sempre in giro per il mondo, si fa un amante e ne rimane incinta. Per correre ai ripari, cerca di costringere con un filtro il distratto coniuge a fare l'amore con lei. Ma, per una volta, non c'è bisogno di nessun filtro... Versione di una commedia di Pirandello con Totò e Orson Welles. ** [1711]

Un uomo tranquillo (*The quiet man*, John Ford, Usa, 1952, col., 129', HV). Un ex pugile, che ha ucciso un uomo sul ring e ne è ossessionato, torna in Irlanda dall'America dov'era emigrato bambino. Sposa una focosa ragazza dai capelli rossi, ma il matrimonio entra in crisi perché l'intrattabile fratello di lei non vuole scucire la dote. La faccenda si risolverà a cazzotti. ***1/2 [587, 697, 1428, 1935, 2482]

L'uovo del serpente (*Das schlangenei*, Ingmar Bergman, Germania/Usa, 1977, col., 119', HV). Germania, 1923. Abel Rosenberg, acrobata ebreo americano il cui fratello Max si è suicidato, incontra la cognata Manuela. Entrambi si trovano a lavorare per il dottor Vergerus, prototipo dello scienziato nazista, che assassina la gente per i suoi deliranti esperimenti. **1/2 [1096, 1196]

Uragano (*The hurricane*, John Ford, Usa, 1937, b/n, 102', HV). In un'isola dei Mari del Sud, il polinesiano Terangi è incarcerato per aver picchiato un bianco che lo aveva insultato, nell'indifferenza dell'autoritario governatore. Terangi evade mentre un uragano infuria, salvando la sua famiglia ma anche la moglie del governatore, che lo lascia andare libero. **1/2 [1637]

U-turn-Inversione di marcia (*U-turn*, Oliver Stone, Stati Uniti, 1997, col., 125', HV). Un giocatore d'azzardo è bloccato in un paesino dell'Arizona, da un guasto all'automobile. Conoscerà emarginati, personaggi pittoreschi e tipi pericolosi, e si metterà più d'una volta nei guai, arrivando a rischiare la pelle. Commedia noir dai risvolti masochistici con un bravo Sean Penn. **1/2 [3574]

Va' dove ti porta il cuore (Cristina Comencini, Italia, 1996, col., 106', HV). Un'anziana signora prossima alla morte scrive alla giovane nipote, per rivelarle le parti in ombra della sua esistenza: il matrimonio senza passione, l'amore infelice per un uomo che morì dopo averla resa incinta, le incomprensioni con la figlia. Dal best-seller di Susanna Tamaro. **1/2 [2852]

Valmont (*Valmont*, Miloš Forman, Francia/Gran Bretagna, 1989, col., 137', HV). Dal romanzo epistolare di Choderlos de Laclos, la congiura del visconte di Valmont e della marchesa di Merteuil, ex amanti, per spingere all'adulterio Madame de Tourvel e far perdere l'innocenza alla giovane Cécile. Più fine e meno efferato della versione di Frears, sottovalutato. *** [1959]

Velvet goldmine (*Velvet goldmine*, Todd Haynes, Gran Bretagna, 1998, col.,123'). Dieci anni dopo il periodo dei grandi successi, un giornalista ripercorre l'ascesa e la caduta di Brian Slade, mitica star del glam rock, i suoi rapporti con la moglie e con il rocker “maledetto” Curt Wild. Uno spaccato del mondo musicale dei primi anni ’70, con il suo narcisismo e i suoi travestimenti. **1/2 [441, 442, 1694]

Vent’anni dopo-Stanlio e Ollio teste dure (*Blockheads*, John G. Blystone, Usa, 1938, b/n, 55’, HV). Il soldato Stanlio, vent’anni dopo la fine della prima guerra mondiale, sta ancora in trincea perché nessuno lo ha avvertito. Quando torna in patria, lo festeggiano come un eroe e incontra il vecchio commilitone Ollio: riuscirà a rovinargli il matrimonio e a distruggergli la casa. *** [3373]

Il ventre dell’architetto (*The belly of an architect*, Peter Greenaway, Gran Bretagna/Italia, 1987, col., 118’, HV). Un architetto di Chicago arriva a Roma con la moglie per organizzare una mostra sull’architetto illuminista Boullée. L’uomo e la donna hanno dolori allo stomaco: la donna è incinta, l’uomo ha un tumore e si suicida. Un po’ artefatto, ma con una Roma inedita. *** [1878, 2718]

Vera Cruz (*Vera Cruz*, Robert Aldrich, Usa, 1954, col., 94’, HV). Messico, 1866. Durante la rivolta contro Massimiliano d’Asburgo, un ex colonnello sudista a caccia di soldi e un bandito scortano una contessa fino a Vera Cruz, ignorando che la carrozza cela un ingente carico d’oro. Quando lo scoprono, il sudista uccide il bandito e l’oro finisce al popolo. ***1/2 [413, 1214, 1661]

Verdetto finale (*True believer*, Joseph Ruben, Usa, 1989, col., 103’, HV). Ex figlio dei fiori, un penalista convertito al cinismo e abituato a difendere i narcotrafficanti, ritrova la grinta e gli ideali di un tempo quando una vecchia coreana gli chiede di difendere il figlio, ingiustamente accusato di duplice omicidio. Riuscirà a farlo assolvere. Bravo James Woods. **1/2 [1582]

La vergogna (*Skammen*, Ingmar Bergman, Svezia, 1968, col., 103’). Due violinisti, marito e moglie, si sono ritirati in un’isola a coltivare piante e frutti. La guerra li raggiunge: accusati di collaborazionismo, vengono arrestati e poi liberati. Il loro matrimonio è in crisi, Jan diventa aggressivo e arriverà a uccidere. I due scappano in barca: il mare è pieno di soldati morti. *** [453, 3307]

Verso sera (Francesca Archibugi, Italia/Francia, 1990, col., 99’, HV). Conflitto politico e generazionale tra un anziano professore di letteratura russa, comunista di matrice amendoliana, e la nuora, reduce dalle contestazioni estreme del movimento del ’77, che gli scarica in casa la nipotina Pàpere di quattro anni. I due impareranno a convivere. A tratti un po’ troppo verboso. **1/2 [3089, 3546]

Via col vento (*Gone with the wind*, Victor Fleming, Usa, 1939, col., 222’, HV). La storia d’amore più celebre di Hollywood. Rossella O’Hara, capricciosa quanto risoluta rampolla dell’aristocrazia terriera sudista, ama invano il mite e irresoluto Ashley. Impalma due mariti, li seppellisce, sposa l’avventuriero Rhett Butler che finisce per lasciarla. Ma domani è un altro giorno... **** [20, 242, 260, 275, 341, 348, 516, 559, 589, 616, 758, 760,

860, 1090, 1184, 1939, 1970, 2156, 2336, 2342, 2353, 2369, 2372, 2527, 2554, 2985, 3238, 3323, 3585, 3805]

Viaggi di nozze (Carlo Verdone, Italia, 1995, col., 108', HV). Tre coppie in luna di miele. Un professore pignolo fino alla mania, che esaspera la seconda moglie spingendola al suicidio. Due giovani costretti a rimandare continuamente la partenza da parenti pieni di problemi. E due borgatari vistosi e burini che decidono di fare il tour delle discoteche. **1/2 [3146]

Il viaggio di Capitan Fracassa (Ettore Scola, Italia/Francia, 1990, col., 133', HV). Una carovana di guitti senza un soldo, alla quale si unisce il giovane barone di Sigognac, viaggia dalla Guascogna a Parigi per incontrare il re Luigi XIII. Duelli, illusioni, amori, teatro: il barone rinuncia al casato per l'arte e diventa Capitan Fracassa. Dal romanzo di Théophile Gautier. ** [857]

La via lattea (*La voie lactée*, Luis Buñuel, Francia, 1968, col., 102'). Due vagabondi, Pierre e Jean, sono in viaggio per Santiago de Compostela. Attraverso visioni e personaggi storici o comuni, passano in rassegna la storia del cristianesimo: gnostici che predicano la mortificazione del corpo tramite la lussuria, gesuiti e giansenisti che duellano, il marchese De Sade che nega Dio... **** [1548, 2872, 3200]

Viale del tramonto (*Sunset Boulevard*, Billy Wilder, Usa, 1950, b/n, 110', HV). Un giovane sceneggiatore capita per caso nella vita di una diva del muto che vuole rientrare in scena. Convinto a scriverle una sceneggiatura per De Mille, il giovane diventa l'amante della diva. E quando decide di abbandonarla per una coetanea, viene ucciso. Il più crudele dei film su Hollywood. ***** [23, 602, 744, 770, 784, 795, 800, 807, 817, 828, 832, 839, 1263, 2105, 3320, 3562]

Victor Victoria (*Victor-Victoria*, Blake Edwards, Usa, 1982, col., 133', HV). Nella Parigi degli anni '30, una cantante disoccupata finge, su consiglio di una "vecchia zia", di essere un conte polacco omosex e, travestito da uomo, diventa la regina del music-hall. Le cose si complicano quando, ignorando la sua vera identità, di lui-lei s'innamora un gangster di Chicago. **** [1140, 1188, 3291]

Le vie del Signore sono finite (Massimo Troisi, Italia, 1987, col., 84', HV). Un giovane barbiere meridionale, durante il fascismo, soffre di paralisi psicomotoria per ragioni sentimentali. Ama infatti una ragazza francese di cui si è invaghito anche un paralitico vero, che lei ha conosciuto a Lourdes. Il barbiere, conquistata la francesina, guarirà dai suoi mali. ** [2713]

Viola bacia tutti (Giovanni Veronesi, Italia, 1998, col., 90', HV). Tre amici in vacanza ospitano sul camper, a loro insaputa, una giovane rapinatrice ricercata dalla polizia. La ragazza ha rubato delle monete "di inestimabile valore" e gli amici, conquistati da lei, la portano sino in Svizzera per venderle a un collezionista. Ma la sfortuna è in agguato e... ** [2623, 2780, 3934]

Viridiana (*Viridiana*, Luis Buñuel, Messico, 1961, b/n, 91'). La novizia Viridiana lascia il convento dopo che lo zio ha cercato di violentarla e si è ucciso. Nella tenuta che ha ereditato, accoglie dei mendicanti per redimerli, ma appena li lascia soli questi devastano la casa nel corso di un'orgia. Diventata più "normale", forse ora Viridiana accetterà le attenzioni del cugino. **** [756]

Visite a domicilio (*House calls*, Howard Zieff, Usa, 1978, col., 98'). Chirurgo vedovo di fresco, durante un periodo di scappatelle, s'imbatte in una quarantenne volitiva e indipendente. Lei lo mette alla porta per un suo presunto tradimento e soprattutto per la sua codardia (per questioni di carriera, appoggia la rielezione di un direttore sanitario rincoglionito). Torneranno assieme. **1/2 [64, 713, 1666, 1843, 1874, 1945]

Il visone sulla pelle (*That touch of mink*, Delbert Mann, Usa, 1962, col., 99', HV). Un industriale playboy corteggia una segretaria nubile e la invita a trascorrere ua vacanza con lui alle Bermuda. Dopo numerose schermaglie che non approdano a nulla, il playboy capisce che la seduzione passa inevitabilmente per il matrimonio. Doris Day trilla e cinguetta più che mai. ** [2493, 3290]

La vita agra (Carlo Lizzani, Italia, 1964, b/n, 100', HV). Un provinciale anarchico arriva a Milano con l'intenzione di far saltare in aria un grattacielo con la dinamite. Rinuncerà ben presto al suo progetto e si lascerà invischiare nelle spire della società del benessere, diventando un pubblicitario di successo. Dal romanzo omonimo di Luciano Bianciardi, un film annacquato e sommario. ** [1080, 3623]

Una vita difficile (Dino Risi, Italia, 1961, b/n, 117', HV). Il giornalista ed ex partigiano Silvio Magnozzi paga cara la sua coerenza nel dopoguerra democristiano: è emarginato, finisce in carcere, la moglie lo lascia. Finirà per mettersi al servizio di un industriale truffaldino che aveva denunciato, ma quando costui cerca di umiliarlo lo manda a finire in piscina con uno schiaffo. ***1/2 [2774]

La vita è bella (Roberto Benigni, Italia, 1997, col., 120', HV). Un cameriere ebreo negli anni '30 si innamora di una bella maestrina, le fa una corte serrata e bizzarra, la sposa. Catturato dai nazisti e spedito in un campo di concentramento assieme al figlioletto Giosuè, fa credere al bambino che la loro brutta avventura sia solo una caccia al tesoro con un carro armato vero in premio. *** [471, 672, 958, 1782, 1805]

La vita è meravigliosa (*It's a wonderful life*, Frank Capra, Usa, 1946, b/n, 129', HV). Un onest'uomo, che ha passato la vita a sacrificarsi per il prossimo, è sull'orlo del fallimento, rovinato da un bieco speculatore. Decide di uccidersi, ma un angelo di seconda classe che deve guadagnarsi le ali lo dissuade, mostrandogli come diventerebbe il mondo senza il suo altruismo. ****1/2 [156, 1101, 1220, 1820]

Una vita esagerata (*A life less ordinary*, Danny Boyle, Gran Bretagna, 1997, col., 103', HV). Colpa di due angeli pasticcioni, che scelgono male le coppie da assortire. Così Robert si innamora di Celine, figlia del padrone che l'ha appena licenziato, e scappa con lei nello Utah, simulando un sequestro. Ma è imbranato, e sarà presto Celine a prendere le redini del gioco... ** [704]

La vita è un romanzo (*La vie est un roman*, Alain Resnais, Francia, 1983, col., 110', HV). Tre storie incrociate in un castello. Nel 1919, il conte Forbek costruisce un "tempio della felicità" e invita gli amici a una festa che finisce male. Nel 1982, nello stesso castello si tiene un caotico convegno sull'educazione dei sentimenti, mentre i figli dei congressisti inventano una fiaba. **1/2 [238]

Una vita non basta (*Itinéraire d'un enfant gâté*, Claude Lelouch, Francia, 1988, col., 126', HV). Un ex acrobata del circo, diventato imprenditore miliardario, un giorno decide di scomparire e si mette a girare il mondo con il suo yacht, sotto falso nome. Un suo dipendente lo riconosce e lo riporta in seno alla famiglia e all'azienda, ma l'uomo sceglierà di vivere in Africa. *1/2 [1297]

La vita privata di Sherlock Holmes (*The private life of Sherlock Holmes*, Billy Wilder, Usa/Gran Bretagna, 1970, col., 125', HV). Uno Sherlock Holmes dedito alla cocaina si innamora di una donna che lo incarica di trovare il marito scomparso ma che in realtà è una spia tedesca, e si cimenta nella soluzione del mistero di Lochness: il mostro è un'arma segreta inglese. *** [664, 1609, 3459]

I vitelloni (Federico Fellini, Italia, 1953, b/n, 104', HV). Una cittadina balneare d'inverno. Le vite inutili di cinque giovani perditempo: il dongiovanni Fausto che si è sposato ma insiste con le scappatelle, il burlone e mammone Alberto, i velleitari e patetici Riccardo e Leopoldo con le loro aspirazioni artistiche, e il sensibile Moraldo che finirà per partirsene. **** [653, 1834, 3494]

Viva Zapata! (*Viva Zapata!*, Elia Kazan, Usa, 1952, b/n, 113'). Vita e imprese di Emiliano Zapata, campione dei peones oppressi contro il tiranno Porfirio Diaz e per breve tempo presidente del Messico. Resosi conto che il potere corrompe, Zapata torna a lottare tra i suoi contadini e muore in un agguato. Sceneggiatura del Nobel John Steinbeck, notevolissimo Marlon Brando. *** [229, 759, 1547, 2341, 2689, 2700]

Vivere (*Ikiru*, Akira Kurosawa, Giappone, 1952, b/n, 143', HV). Un anziano impiegato municipale, ammalato di tumore allo stomaco e con pochi mesi da vivere, si impegna in un progetto che egli stesso aveva bocciato: la bonifica di una zona palustre da trasformare in un campo giochi per l'infanzia. Morirà nel parco realizzato, lodato ipocritamente dai colleghi. **** [3968]

La voce della luna (Federico Fellini, Italia/Francia, 1990, col., 118', HV). Due strani vagabondi girano per le campagne: il mite Salvini, che cerca messaggi misteriosi in fondo ai pozzi, e il paranoico prefetto in pensione Gonnella, che si ritiene vittima di un complotto. La volgarità dell'Italia contemporanea, l'atrocità del rumore di fondo, il bisogno di silenzio in una fiaba amarognola. ***1/2 [2501, 3293, 3936]

La voglia matta (Luciano Salce, Italia, 1962, b/n, 105'). Un ingegnere milanese quarantenne, egoista e compiaciuto di sé, va in Toscana per trascorrere il week-end con il figlio. Si imbranca in un gruppetto di ragazzi, sedotto da una di loro. Per fare colpo e per essere accettato, assume le pose di un giovanotto, si innamora e va incontro all'inevitabile delusione. Satira acre del boom. *** [917, 1344, 1960, 2716]

Voglio la testa di Garcia (*Bring me the head of Alfredo Garcia*, Sam Peckinpah, Usa/Messico, 1974, col., 112', HV). Un signorotto messicano mette una taglia sulla testa di Alfredo Garcia, un ex dipendente che gli ha messo incinta la figlia. Garcia è nel frattempo morto: gli stacca la testa, nel cimitero, un americano alla deriva, la cui donna è uccisa da killer concorrenti. L'uomo si vendica. ***1/2 [2234]

Voglio tornare a casa (*I want to go home*, Alain Resnais, Francia, 1989, col., 90', HV). Un disegnatore di fumetti americano, a Parigi per una mostra, scopre un mondo che non gli piace e vorrebbe tornare a casa. A una cena trova sua figlia Elsie, che non vedeva da anni, in Francia per una tesi di laurea su Flaubert. Padre e figlia si ritrovano, lei torna in America, lui resta. *** [116, 224]

La volpe e la duchessa (*The duchess and the dirtwater fox*, Melvin Frank, Usa, 1976, col., 103'). Nella California dell'800, un bandito salva un baro dalla forca a patto che partecipi a una rapina. Il baro accetta, fugge con il bottino e se lo fa a sua volta sottrarre da un'intraprendente ballerina di saloon che si spaccia per duchessa. Ma tra i due le cose si accomodano e... ** [310]

Il volto (*Ansiktet*, Ingmar Bergman, Svezia, 1958, b/n, 101', HV). L'illusionista Vogler arriva in una cittadina svedese con un gruppo di girovaghi. Il medico Vergerus lo sfida a mostrare su di lui i suoi poteri magici. Non succede niente e Vogler, umiliato, si vendica fingendosi morto. Dopo aver terrorizzato Vergerus che si appresta a fargli l'autopsia, Vogler svela i suoi trucchi. ***1/2 [681, 1059, 1653, 2515, 2926, 3098, 3344, 3784, 3785, 3795, 3996]

Volto di donna (*A woman's face*, George Cukor, Usa, 1941, b/n, 105', HV). Una donna sfregiata vive di ricatti. Un losco individuo la seduce per farle uccidere un bambino da cui dovrebbe ereditare. Ma un medico si innamora di lei, la opera e la trasforma: per salvare il bambino, la donna uccide il complice. Da antologia le sequenze della teleferica e della corsa sulle slitte. *** [267, 1620]

Un volto nella folla (*A face in the crowd*, Elia Kazan, Usa, 1957, b/n, 125', HV). Una giornalista scopre un cantante folk vagabondo e lo trasforma in un divo della televisione. Ma dietro una facciata di demagogia e populismo, il cantante si rivela cinico, spregiudicato e assetato di potere. Sarà la stessa giornalista a distruggerlo, trasmettendo un suo sfogo "dietro le quinte". **** [1015, 2254, 3509, 3519, 3846]

Wall Street (*Wall Street*, Oliver Stone, Usa, 1987, col., 124', HV). Un giovane agente di Borsa in carriera si allea con il potente e cinico finanziere Gordon Gekko, al quale fornisce informazioni. Ma quando Gekko decide di mettere le mani sulla compagnia aerea dove lavora, come operaio, suo padre, il giovane agente sceglie di finire sotto processo pur di incastrare il finanziere. **1/2 [1400, 2712, 2946, 3001, 3060]

Wilde (*Wilde*, Brian Gilbert, Gran Bretagna, 1997, col., 116', HV). Oscar Wilde, scrittore e provocatore, in un accurato profilo biografico. Il ritorno dal giro di conferenze negli Stati Uniti e in Canada, la pubblicazione del *Ritratto di Dorian Gray*, il matrimonio con Constance e, soprattutto, la pubblica ammissione della sua omosessualità, che lo condurrà in carcere. *** [945]

X-Files-Il film (*X-Files-The movie*, Rob Bowman, Usa, 1998, col., 120', HV). Mulder e Scuddy, agenti specializzati in misteri e in paranormale, sono stavolta alle prese con una girandola di intrighi. La loro indagine parte da un attentato dinamitardo che ha distrutto un edificio commerciale di Dallas, seppellendo sotto le macerie i segreti che esso celava. ** [3586]

Zardoz (*Zardoz*, John Boorman, Gran Bretagna/Usa, 1973, col., 105', HV). Lotta di classe nel fantascientifico anno 2293. Il mondo è dominato da Zardoz, una testa di pietra volante che sputa armi per gli Sterminatori, feroci kapò dei Bruti. Ma lo Sterminatore Zed si ribella, scoprendo che Zardoz è al servizio degli "immortali" privi di sentimenti che vivono nell'eremo di Vortex... **1/2 [2351]

Zelig (*Zelig*, Woody Allen, Usa, 1983, b/n e col., 79', HV). Negli anni '20 scoppia il caso di Leonard Zelig: un ometto mite e dimesso, che possiede la straordinaria capacità di cambiare apparenza e personalità a seconda degli interlocutori, come un "camaleonte umano". Una satira dolente del conformismo, dell'intolleranza e dei miti di massa americani. **** [1177, 1433, 1436, 2743, 2797, 2807, 3229, 3603]

Z-L'orgia del potere (*Z*, Costa-Gavras, Francia/Algeria, 1968, col., 126', HV). Il deputato di sinistra Z, di ritorno da una manifestazione pacifista, muore in un incidente d'auto. Un giudice coraggioso scopre che in realtà l'incidente è stato organizzato dalla polizia, ma i colpevoli sono assolti e il magistrato rimosso. Ispirato alla morte del deputato greco Gregorios Lambrakis, a Salonicco nel 1963. *** [1467]

Lo zio indegno (Franco Brusati, Italia, 1989, col., 110', HV). Lo scontro pressoché costante tra il vecchio zio Luca e il giovane nipote Riccardo. Cicala il primo, formica il secondo. Imbroglione, donnaiolo, artistoide il primo, perbenista e integrato il secondo. Ovviamente, la cicala vince sulla formica, e lo zio ruba la donna (e un quadro) al nipote. Duello di attori e poco più. ** [1236, 1747]

Lo zoo di Venere (*A zed & two noughts*, Peter Greenaway, Gran Bretagna/Olanda, 1985, col., 115', HV). Due gemelli ex siamesi, di mestiere zoologi, perdono le mogli in un incidente d'auto. Diventano amanti di Alba, che ha perso una gamba nello scontro con un cigno. Alba partorisce due gemelli, ma rifiuta i "padri", che organizzano il loro suicidio. Ma alcune lumache... Ipercerebrale. *** [425, 431]

I GRANDI TEMI

INDICE

Saggi Tascabili Bompiani
Periodico quindicinale anno XVIII numero 160
Registr. Tribunale di Milano n.133 del 2/4/1976
Direttore responsabile: Elisabetta Sgarbi
Finito di stampare nel mese di gennaio 2006 presso
il Nuovo Istituto Italiano d'Arti Grafiche - Bergamo
Printed in Italy

RCS Libri
ISBN 88-452-4547-0